윤 창 술 지음

DB 도서출판 동방문화사

머리말

이 책은 예비창업자와 초기창업자에게 창업법규 관련 지식을 제공하고자 실무 중심으로 저술하였다. 창업을 이해하기 위해 창업절차를 개괄적으로 소개하고, 창업법규 체계의 틀 속에서 창업과 밀접한 관련이 있는 상법의 기초지식을 소개하여 실무를 이해하는데 밑받침이 되도록 꾸며 보았다. 이를 바탕으로 프랜차이즈, 개인사업자, 상법상의 익명조합과 회사, 농어업경영체 육성 및 지원에 관한 법률상의 농업법인(영농조합법인, 농업회사법인), 협동조합기본법상의 협동조합과 사회적협동조합, 전자상거래창업(인터넷쇼핑몰, 오픈마켓)과 같은 다양한 종류의 기업을 창업하는데 있어 실무적으로 필요한 사안들을 요약 정리하여 이해당사자들에게 도움이 되도록 엮었으며, 코스닥상장 관련법규도 소개를 하여 창업 성공의 로드맵까지 제시해 보았다.

기존의 졸저로는 창업과 관련한 근래의 많은 변화를 다 수용할 수 없게 되었으며 또한 창업과 관련하여 강조할 분야가 다양해지다 보니 새로운 교재의 발행이 불가피해져 이 책을 발간하게 되었다. 이에 따라 기존의 졸저에 수록하지 못했던 내용을 많이 추가하였고 전체의 흐름상 맞지 않았던 기존의 내용들을 많이 삭제하여 이 책이 창업과 관련한 실무지침서가 될 수 있도록 하였다. 아무쪼록 이 책이 창업과 관련된 법률지식을 이해하고 이를 체계적으로 정리하는데 도움이 되기를 바란다. 끝으로 새 책의 출판을 도와주신 분들께 지면을 통해 감사를 드린다.

2014년 3월 1일

윤 창 술

차례

차례

제 1 편
서 설

Ⅰ. 창업의 의의

1. 일반창업의 의의

ㅇ 『창업』이란 사업의 기초를 세우는 것이다.

ㅇ 기업가의 능력을 갖춘 개인이나 단체가 사업아이디어를 가지고서 사업목표를 세우고, 적절한 사업기회에 자본·인원·설비 등 경영자원을 확보하여 재화의 생산 또는 서비스를 제공하는 기업을 설립하는 것이다.

ㅇ 기업을 하나의 유기체로 인식하는 시각에서 볼 때, 창업이란 기업이라는 생명체를 탄생시키는 과정으로 볼 수 있다.

ㅇ 협의의 창업이란 제품이나 서비스를 생산 또는 판매하기 위하여 이제까지 존재하지 않았던 새로운 기업조직을 설립하는 행위를 말한다.

2. 중소기업 창업지원법상의 의의

1) 『창업』이라 함은 새로이 중소기업을 설립하는 것으로서 창업지원법시행령 제2조제1항 각호의 규정에 해당되지 아니하는 경우를 의미한다 ⇒ 즉, 새로운 사업자(법인 또는 개인사업자)로서 기존 사업과 연관이 없이 원시적이고 실질적으로 사업을 개시하는 것을 의미한다.

2) 창업지원법상 창업의 범위

중소기업기본법에 따른 중소기업의 신규 설립행위로서 설립일로부터 7년 이내의 기업에 대하여 적용한다.

(1) 대상 업종

사치·향락을 조장하거나 비생산적인 업종(숙박·음식점업, 금융·보험업, 부동산업, 무도장운영업, 골프장·스키장운영업, 도박장운영업, 미용·목욕탕 등 기타 서비스업)과 기타 제조업이 아닌 업종으로서 산업통상자원부령이 정하는 업종 제외한 모든 업종

(2) 창업지원 제외 대상(창업지원법시행령 제2조제1항)

ㅇ 타인으로부터 사업을 승계해 승계전 사업과 동종의 사업을 계속하는 경우

- 상속이나 양도에 의해 사업체를 취득하여 동종사업을 계속하는 경우
- 폐업한 타인의 공장을 인수하여 동일한 사업을 계속하는 경우
- 기존 공장을 임차하여 기존 법인의 사업과 동종의 사업을 영위하는 경우
- 다만, 사업을 승계하여 동종의 사업을 계속하는 경우에도 사업의 일부를 분리하여

당해 기업의 임원·직원 또는 그 외의 자가 사업을 계속하는 경우(분사)로서 산업통상자원부령이 정하는 요건에 해당하는에는 창업으로 인정

o 법인전환, 조직변경 등 기업형태를 변경한 후 이전과 동종의 사업을 계속하는 경우
- 개인사업자가 법인으로 전환하여 동종사업을 계속하는 경우
- 합명회사, 합자회사, 유한회사, 주식회사 상호간 법인 형태를 변경하여 동종사업을 계속하는 경우
- 기업을 합병하여 동종사업을 영위하는 경우 (A기업과 B기업이 합병하여 C기업을 설립하는 경우)

o 폐업 후 사업을 개시하여 이전과 동종사업을 계속하는 경우
- 사업의 일시적인 휴업이나 정지 후에 다시 사업을 재개하는 경우
- 공장을 이전하기 위하여 이전전의 장소에는 그 사업활동을 해지하고 새로운 장소에서 그 사업을 재개하는 경우

o 사치·향락을 조장하거나 비생산적인 업종(숙박·음식점업, 금융·보험업, 부동산업, 무도장운영업, 골프장·스키장운영업, 도박장운영업, 미용·목욕탕 등 기타 서비스업)

3. 농어업경영체 육성 및 지원에 관한 법률상의 의의

1) 영농조합법인(영어조합법인)

협업적 농업경영을 통하여 생산성을 높이고 농산물의 출하·가공·수출 등을 공동으로 하고자 하는 농업인은 5인 이상을 조합원으로 하여 영농조합법인을 설립할 수 있다.

2) 농업회사법인(어업회사법인)

기업적으로 농업을 경영하거나 농산물의 유통·가공·판매를 하고자 하는 자 또는 농업인의 농작업을 대행하고자 하는 자는 대통령령이 정하는 바에 의하여 농업회사법인을 설립할 수 있다.

4. 협동조합기본법상의 의의

o 협동조합기본법의 시행으로 "협동조합(영리법인)"과 "사회적협동조합(비영리법인)"이라는 새로운 법인격이 도입되었다.

o 협동조합과 사회적협동조합은 새로운 경제적·사회적 수요가 반영된, 상법상 회사나 민법상 법인과는 다른 대안적인 기업모델이다.

5. 벤처기업 육성에 관한 특별조치법상의 의의

1) 벤처기업의 정의

- 1998년 12월 30일 개정된 벤처기업법에서는 벤처기업의 개념을 벤처캐피탈 투자기업, 연구개발 투자기업, 특허기술(또는 신기술)개발기업, 기술평가 기업으로 정의하고 있다.
- 벤처캐피탈 투자기업으로 창업투자회사(조합)·신기술사업금융업자(조합) 또는 한국벤처투자조합으로부터 총주식의 10%이상(주식<신주에 한함>, 전환사채 포함 20% 이상) 투자받은 기업과 연구개발투자기업으로 직전 사업연도의 연구개발비가 직전사업연도의 총매출액의 5% 이상인 기업(직전 사업연도 또는 당해 사업연도 중에 창업된 기업은 직전 2분기 이상의 매출액 또는 연구개발비를 직전 사업연도의 매출액 또는 수출액으로 산정)
- 특허기술개발기업으로 특허권, 실용신안권(실시권은 제외) 및 기술개발사업에 의한 매출액(수출액)이 총매출액(총수출액)의 50%(25%) 이상인 기업
- 기술평가기업으로 벤처기업평가기관에서 기술성 또는 사업화 능력이 우수하다고 평가받은 기업(창업기업, 자체기술 개발기업, 상기기준 미달된 기업)

2) 벤처기업 확인절차

- 벤처캐피탈협회에서 투자실적 증명서를 발급받고 관할 지방중소기업청에 신청하는 방법
- 기업이 관할 지방중소기업청(확인기관)에 신청하면 확인기관에서 증명기관(공인회계사 등) 선정하여 R&D확인 후 벤처기업 확인서 발급받는 방법
- 특허청에 특허등록원부(출연중인 경우 특허청장의 증명서)를 발급받은 다음, 지방중소기업청(확인기관)에 신청하면 확인기관이 증명기관(공인회계사, 세무사 등)을 무작위로 선정 후 매출실적 확인받아 벤처기업 확인서 발급받는 방법
- 개별법에 의한 기술개발 성과 등을 기초로 벤처기업확인을 받으려면 주무부장관 등으로부터 기술개발관련 증명서를 발급받은 다음, 관할 지방중소기업청(확인기관)에 신청하면 확인기관이 증명기관(공인회계사, 세무사 등)을 무작위로 선정 후 매출실적 확인받아 벤처기업 확인서를 발급 하는 경우 등이 있다.

3) 벤처관련산업 지원 법령

우리나라의 벤처관련산업을 지원하기 위한 법령은 크게 벤처기업의 육성을 지원하기 위한 벤처기업법과 창업지원법, 여신전문금융업법 등이 있다. 주변 관련 법률로는 상법 및 자본시장 및 금융투자업에 관한 법률, 민법, 세법 등이 있다. 여신전문금융업법은 신기술사업금융업자에 대한 규정을 하고 있으나 벤처기업이나 중소기업에 관한 중심적 법률은 벤처기업법과 창업지원법이라고 할 수 있다.

Ⅱ. 연대별 기업환경의 변화와 창업

- 1950년대 : 원재료 확보경쟁시대
- 1960년대 : 코스트 경쟁시대 (Mass Production과 Scale Economy)
- 1970년대 : 품질경쟁시대(값싸고 좋은 상품이 아니면 팔리지 않는 시대)
- 1980년대 : Lean Production, 욕구의 다양화, 고차원화
- 1990년대 : 새로운 사업기회를 추구하는 경쟁시대(신상품/신사업개발)
- 2000년대 : 벤처창업의 시대

※ IMF 체제는 종신고용시스템을 파괴하고 구조조정을 가속화시켜 벤처창업의 시대를 도래시킴

- 2010년대 : 협동조합창업의 시대

Ⅲ. 창업의 유형

1. 무점포 창업

- 인터넷의 발발로 공장을 설립하거나 점포를 갖는 창업보다는 온라인 중심의 창업이 바로 무점포창업으로 이어지고 있다.
- 예를 들면 인터넷 창업, 정보제공사업, 번역사업 등이 이에 해당한다.

2. 개인중심 창업

- 개인 중심의 창업으로 개인이 자금조달과 경영 등을 주도하는 경우를 말한다.

3. 프랜차이즈 가맹 창업

- 최근 유행처럼 번지고 있는 창업 유형이다.
- 프랜차이즈 가맹 창업이 계속 성장하고 있는 이유는 다점포의 동일 물건 공급을 위한 공동구매가 제공하는 규모의 경제 효과가 발생하게 되며, 가맹본부의 여러 가지 노하우를 가맹점이 활용할 수 있고 그 후광효과를 누릴 수 있다는 것이다.

4. 업종별 창업

- 산업분류에 따라 제조업 창업, 유통업 창업, 서비스업 창업 등으로 분류해 볼 수 있다.

Ⅳ. 창업절차 안내

1. 창업의 계획단계에서 해두어야 할 일

1) 창업 준비절차

ㅇ 창업예비절차의 첫 번째 단계인 사업구상 단계에서

- 창업자는 업종 및 사업 아이템 선정, 사업규모 결정, 기업형태 결정, 창업팀과 조직구성 등 사업핵심요소를 먼저 결정해야 한다.

ㅇ 두 번째로 사업성공 가능성을 분석하기 위한 절차로서

- 주로 창업자의 경영능력, 제품의 기술력, 시장 및 판매전망, 수익성 등을 분석하여야 하며, 필요시에는 외부전문기관에 사업타당성 분석을 의뢰하여 실시할 수도 있다.

ㅇ 세 번째로 창업자의 구상을 보다 체계화하고 가시화하기 위해서

- 사업계획서를 작성하여야 하며, 동 계획서는 외부 투자자나 채권자들을 설득하기 위한 중요한 자료로 활용할 수 있다.

2) 창업 설립절차

ㅇ 사업 인·허가 신고

ㅇ 법인설립등기

ㅇ 법인설립신고 및 사업자등록 신청

ㅇ 통신판매업 신고

3) 공장설립 및 자금조달 절차

4) 개업 준비절차

〈창업의 계획단계에서 해두어야 할 일 요약〉

계 획	해두어야 할 일
1. 개업 예정일	- 개업 예정일을 설정한다.
2. 자금계획	- 목표를 세우고 개업자금을 마련한다. - 자기자금은 얼마나 만들 수 있는가 - 차입금, 출자금은 얼마나 모을 수 있는가
3. 보증인	- 보증인 확보를 위한 준비를 한다.
4. 판매전략	- 누구에게 무엇을 팔 것인가 - 어떤 방법으로 팔 것인가 - 점포, 사무실을 어떻게 마련할 것인가

계 획	해두어야 할 일
	- 어디에서 개업하는 것이 좋은가 - 어떤 가격과 조건으로 팔 것인가
5. 제조	- 무엇을 제조하고 무엇을 외주로 줄 것인가 - 어떤 공장이나 설비로 제조할 것인가 - 누가 얼마나 제조할 것인가
6. 종업원	- 종업원 예상인원수 및 동원방법을 고려한다 - 파트타이머를 쓰는 법을 배운다
7. 사업형태	- 개인사업인가 법인사업인가 - 유한회사인가 주식회사인가 - 법인의 경우 설립등록준비 및 절차를 알아 본다
8. 은행거래	- 은행거래, 수표, 어음 등에 대한 공부를 한다
9. 세금	- 세금에 대해 공부한다

2. 기업설립 및 사업자등록 절차

1) 개인기업(개인사업자) - 세법상의 사업자등록(관할 세무서)

2) 법인기업
  (1) 법인설립등기(관할 등기소)
  (2) 법인설립신고 및 사업자등록(관할 세무서)
  (3) 통신판매업신고(관할 지방자치단체)

3) 법인기업의 설립 근거법
  (1) 회사기업 : 상법
  (2) 농업법인 : 농어업경영체 육성 및 지원에 관한 법률
  (3) 협동조합 : 협동조합기본법
  (4) 벤처기업 : 벤처기업 육성 및 지원에 관한 특별조치법

〈개인기업과 법인기업의 차이〉

구 분	개인기업(개인사업자)	법인기업(예:주식회사)
설립 절차	단순(세법상의 사업자등록)	(복잡) - 정관작성, 주주확정, 자본모집, 회사기관 구성, 창립총회 등 - 법인설립등기 - 법인설립신고 및 사업자등록

구 분	개인기업(개인사업자)	법인기업(예:주식회사)
적정 규모	소/중 규모	중/대 규모
출자 금액	금액 제한 없음	100원 이상
사원(대표자)책임	무한책임	출자액한도 유한책임
상법, 세법상 제약	상대적으로 적은 편	(상대적으로 많은 편) - 주식회사의 규모와 관계없이 지분이 51%가 넘는 과점주주에게는 세법상의 체납세금에 대해 2차납입의무를 부담하므로 이 경우에는 실질적으로 개인사업자와 별 차이가 없음 - 주식회사의 경우 자금사용이 더 번거롭고 까다로움
소득에 대한 세부담	규모가 커짐에 따라 상대적으로 세 부담이 큼	규모가 커짐에 따라 상대적으로 세 부담이 적음(과세표준이 세법의 규정에 의한 일정금액 이상의 경우 법인기업이 더 절세효과를 가져올 수 있음)
신 용 도	- 상대적으로 취약 - 대표자 변경시 폐업으로 간주	- 상대적으로 우월 - 자금조달 용이
사업양도	- 각 자산, 부채의 개별적 이전 - 양도시 영업권 또는 부동산에 대해 높은 양도소득세 부과	- 주식양도 - 주식양도에 대해 원칙적으로 낮은 양도세(상장 후 양도하면 세금 부과되지 아니함)
조직변경	법인기업 전환 가능(전환시 절차가 복잡하고 추가비용 발생)	법인기업 상호간 조직변경 가능(일정한 제한 있음)
청 산	단 순	복 잡

(1) 개인사업자로 창업하는 경우

o 개인사업자로 창업하는 경우에는 별도의 회사설립절차 없이 사업장 관할세무서장에게 사업자등록을 신청하면 된다.

- 창업하고자 하는 해당사업이 인·허가 대상사업인 경우에는 준비서류의 종류와 인·허가 승인절차를 미리 숙지하여 관할관청에 신청하여야 한다.
  - 보통 사업 인·허가 신청인이 시·군·구청의 민원실에 비치된 인·허가 신청서양식에 내용을 기재하고 관련서류를 첨부하여 신청하여야 하고
  - 관할관청은 인·허가 여부를 현장실사 또는 서류심사 등을 통해 결정하고 이를 신청인에게 통지하여 준다.

ㅇ 신규로 사업을 개시하는 자는 사업장마다 사업개시일로부터 20일내 사업장을 관할하는 세무서에 사업자등록을 신청하여야 한다.

ㅇ사업자등록 신청시 구비서류
- 사업자등록신청서(세무서에 비치)
- 사업장을 임차한 경우에는 임대차계약서 사본
- 법령에 의하여 허가·등록·신고를 받아야 하는 사업의 경우에는 사업허가증 사본·사업등록증 사본 또는 신고필증 사본

※ 상가건물의 일부분을 임차하는 경우에는 해당 부분의 도면(상가건물임대차보호법의 적용을 받는 경우에 한함)

(2) 법인사업자로 창업하는 경우

ㅇ법인기업 중 대표적인 회사형태인 주식회사의 설립절차에 대하여 알아보면 주식회사의 설립절차는 크게 3단계로 나눌 수 있는데

- 첫째, 회사의 조직과 활동에 관한 기본규칙인 정관의 작성단계이며,
- 둘째, 주주확정, 자본모집, 회사기관 구성 등 회사의 실체를 형성하는 절차이고,
- 셋째, 회사가 법인격을 부여받기 위한 설립등기절차로 나눌 수 있다.

〈절차 흐름도〉

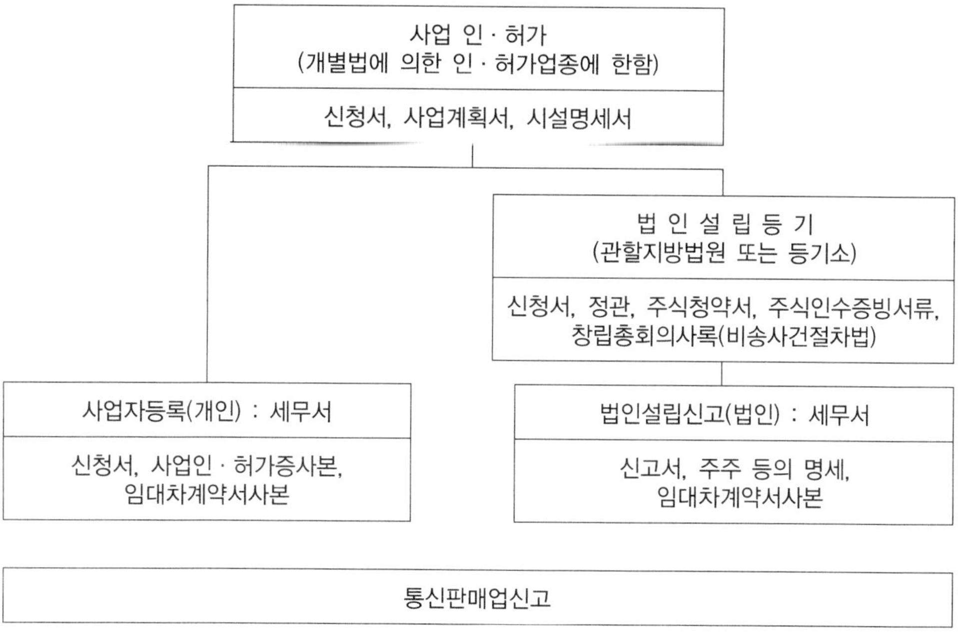

사업 인 · 허가 (개별법에 의한 인 · 허가업종에 한함)
신청서, 사업계획서, 시설명세서

법 인 설 립 등 기 (관할지방법원 또는 등기소)
신청서, 정관, 주식청약서, 주식인수증빙서류, 창립총회의사록(비송사건절차법)

사업자등록(개인) : 세무서
신청서, 사업인 · 허가증사본, 임대차계약서사본

법인설립신고(법인) : 세무서
신고서, 주주 등의 명세, 임대차계약서사본

통신판매업신고

3. 표준사업계획서 형식(외부기관 제출용)

1. 기업체 현황
 1) 회사 개요 2) 업체 연혁
 3) 창업 동기 및 사업의 기대 효과
 4) 사업 전개 방향 및 향후 계획
2. 조직 및 인력 현황
 1) 조직도 2) 조직 및 인력 구성의 특징
 3) 대표자 및 경영진 현황 4) 주주현황
 5) 관계회사 내용
 6) 종업원 현황 및 고용 계획
 7) 교육 훈련 현황 및 계획
3. 기술 현황 및 기술개발 계획
 1) 제품(상품)의 내용
 2) 제품(상품)아이템 선정과정 및 사업전망
 3) 기술 현황
 4) 기술개발 투자 현황 및 계획
4. 생산 및 시설 계획
 1) 생산 및 시설 현황
  (1) 최근 2년간 생산 및 판매 실적
  (2) 시설 현황 (3) 조업 현황
 2) 생산 공정
  (1) 생산공정도
  (2) 생산 공정상의 제문제 및 개선 대책
 3) 원·부자재 사용 및 조달 계획
  (1) 제품 단위당 소요 원재료
  (2) 원재료 조달 상황
  (3) 원재료 조달 문제점 및 대책
 4) 시설투자 계획 및 효과
  (1) 시설투자 계획 (2) 시설투자 효과
5. 시장성 및 판매 전망
 1) 관련 산업의 최근 상황
 2) 동업계 및 경쟁회사 현황
 3) 판매 현황
  (1) 최근 2년간 판매 실적
  (2) 판매 경로 및 방법
 4) 시장 총규모 및 자사 제품 수요 전망
 5) 연도별 판매 계획 및 마케팅 전략
  (1) 연도별 판매 계획
  (2) 판매시스템 및 마케팅전략
  (3) 마케팅전략상 제문제 및 해결방안
6. 재무 계획
 1) 재무 현황
  (1) 최근결산기 주요 재무상태, 영업실적
  (2) 금융기관 차입금 현황
 2) 재무 추정
  (1) 자금조달 운용계획표(자금흐름 분석표)
  (2) 추정 재무상태표 및 포괄손익계산서
 3) 향후 수익 전망
  (1) 손익분기분석 (2) 향후 5개년 수익전망
  (3) 순현가법 및 내부수익률에 의한 투자수익률
7. 자금운용 조달 계획
 1) 소요자금 2) 조달 계획
 3) 연도별 증자 및 차입 계획
 4) 자금조달상 문제점 및 해결방안
8. 사업추진 일정 계획
9. 특정 분야별 계획
 1) 공장입지 및 공장 설립 계획
  (1) 공장 입지 개황
  (2) 현 공장 소재지 약도 및 공장 건물, 부대시설 배치도
  (3) 설비 현황 및 시설투자 계획
  (4) 공장자동화 현황 및 개선 대책
  (5) 환경 및 공해 처리 계획
  (6) 공장 설치 인·허가 및 의제 처리 인·허가 관련 기재 상황
  (7) 공장 설치 일정 계획
 2) 자금조달
  (1) 자금조달의 필요성 (2) 소요자금총괄표
  (3) 소요자금 명세
  (4) 자금조달 형태, 용도, 규모
  (5) 보증 및 담보 계획
  (6) 차입금 상환 계획
 3) 기술개발 사업 계획
  (1) 사업 내용 및 연구 목표
  (2) 연구 개발 인력 구성
  (3) 개발 효과 (4) 개발공정도
  (5) 개발사업 추진계획 및 소요자금
 4) 시설근대화 및 공정개선 계획
  (1) 추진 목적 (2) 분야별 추진 계획
  (3) 시설근대화 계획 (4) 공정개선 계획
  (5) 신제품 개발 계획
10. 첨부서류 : 정관, 법인등기부등본, 사업자등록증 사본, 최근 2년간 결산서류, 최근 월합계 잔액시산표, 경영진 이력서, 공업소유권 등 보유 관계 증빙서류, 기타 필요 서류

4. 공장의 설립절차 및 준비서류

ㅇ 공장을 설립할 장소를 선정한 후, 아래와 같이 관할 시장·군수·구청장에게 「공장설립 승인」을 얻어야 한다. 다만, 계획입지인 공단지역에 공장을 설립하는 경우에는 별도의 승인 절차 없이 「공업단지 입주계약」을 체결하면 된다.

절 차	내 용	준 비 서 류
1. 부지선정	• 업종의 특성상 유리한 지역선정 • 도로, 전기사용이 용이한 지역 • 민원발생이 적은 지역, 공장밀집 지역	-
2. 입지검토	• 창업지원법상 창업해당 여부 파악 • 공장입지 파악(국토이용관리법, 농지법, 산림법 등 법률 검토) • 업종파악, 환경보전법 파악(공해문제)	토지이용계획확인원, 지적도, 토지대장, 토지등기부등본, 기계시설내역
3. 부지계약	• 계약금 등으로 토지계약 • 부동산사용승낙서, 인감증명서발급	-
4. 사업계획서 작성	• 창업사업계획서 또는 공장설립사업 계획서 작성 • 인·허가사항검토 • 건물배치도, 지적도 작성 • 지형도 준비	토지이용계획확인원, 지적도, 토지대장, 공시지가확인원, 토지등기부등본, 사용승낙서, 인감증명서, 법인등기부등본·정관(법인에 한함)
5. 사업계획서 접수	• 시지역 중소기업과, 군지역 지역경제과 1차 검토 • 민원실 접수, 처리기간 20일 소요	-
6. 사업계획 승인	• 인·허가 관련법률에 의한 법률검토 후 승인 (시·군 협의부서 : 지역경제과, 환경과, 도시과, 농지과, 산림과, 건축과, 면사무소)	-
7. 농지, 산지 조성비, 각종 부담금 납부	• 승인후 각종 부담금 전용부담금 및 농지조성비, 산지조성비, 국유지점용료 등 납부 • 창업승인업체 농지 및 산지조성비 100% 감면	-
8. 공장 건축	• 승인에 의한 공장 건축 • 공장 건축 완료보고	-

5. 기타 국민건강보험공단 및 노동부에 신고하여야 할 사항

ㅇ 부동산등기, 취업규칙 신고, 사업장설치계획 신고, 산업재해보상 보험성립신고, 국민건강보험공단신고 등의 행정절차를 마무리해야 한다.

신고		내용
부동산 등기 (관할지방법원/등기소)	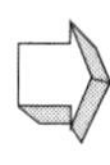	- 신청서, 등기원인 증빙서류 - 주민등록등본, 법인등기부등본 - 대리인 신청시 권한증빙서류 - 등기의무자의 권리에 관한 등기필증 (부동산등기법 제40조)
취업규칙신고 (고용노동부 지방사무소)		- 신고서, 취업규칙, 의견서 : 근로자 10인이상 사업장(근로기준법 제96조)
사업장설치계획신고 (고용노동부 지방사무소)	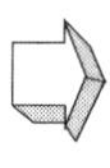	- 신고서 - 유해위험방지계획서, 각층의 건물평면도 - 기계 설비배치도면 - 제조공정 및 기계설비구조의 표시도면 (산업안전보건법 제48조)
산업재해보험관계 성립신고 (근로복지공단)	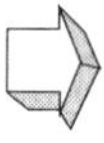	- 신고서 (산업재해보상보험법 제12조)
국민건강보험 공단관련신고 (국민건강보험공단)	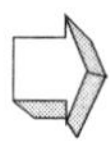	- 신고서 (국민건강보험법)
고용보험신고 (지방노동청/사무소)	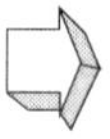	- 신고서 (고용보험법)

창업법실무

제 2 편

창업 관련 상법 기초

제1장 총칙

1. 상법의 정의

1-1. 기업법설 입장에서의 상법 정의

- ㅇ 기업법은 기업생활관계를 규율하는 모든 법규를 뜻한다.
- ㅇ 기업법은 크게 기업조직법, 기업거래활동법, 기업규제법의 세 분야로 구성할 수 있다.
- ㅇ 기업의 개념은 대체로 일정한 계획에 따라 영리의 목적으로 계속적인 경영활동을 하는 경제적 조직체라 보고 있으며(자본적 계산방법 하에 경영되며 법률상 독립체로 취급되는 계속적·영리 적인 경제단위), 기업법은 기업이 생산수단으로서의 인적·물적 설비가 일정한 질서 하에 통합·조직되도록 하는 측면에 중점을 두고 있다.
- ㅇ 상법은 기업생활관계를 규율하는 특별사법이다.
- ㅇ 상법은 기업의 조직과 활동에 관한 기본법이다. 따라서 상법은 기업법의 영역에서 가장 중요한 위치를 차지하고 있다.
- ㅇ 상법은 기업법 중 기업의 조직과 활동에 관한 기본법으로서 기업법 가운데 가장 중요한 일부분이라고 볼 수 있다.
- ㅇ 상법이 기업법의 전부는 아니다. 상법 속에는 기업조직의 내부법 중 근로자의 생존권에 관한 노동법적인 부분이 포함되어 있지 않다.

1-2. 기업에 관한 법률관계 - 상법

1-2-1. 시간적 의미 : 기업의 성립 · 변경 · 소멸에 관한 법

1-2-2. 대상

- ㅇ 기업조직(내부적 활동) - 운영·관리(인사, 재무, 결재)
- ㅇ 기업거래(외부적 활동)

1-2-3. 기업관계자

1-3. 민법의 특별법

- ㅇ 상법은 민법과 같이 경제생활관계를 규율하지만, 민법이 개인 또는 단체의 경제생활관계를 일반적으로 규율하는데 대하여, 상법은 경제생활관계만을 규율하고 있으므로 일반법과 특별법의 관계에 있다.

- ㅇ 민법의 상화 : 경제생활이 발전함에 따라 상법에서 발달한 원칙과 제도가 민법에 채택되고, 반면에 원래 민법에 속하였던 법률제도 및 법률관계가 상법 지배하에 들어가는 경향이 있다. 그러나 민법의 상화현상에는 일정한 한계가 있다.

1-4. 상법과 자본시장 및 금융투자업에 관한 법률의 성격

- ㅇ 상법(회사법) : 기업의 조직과 운영에 관한 법(사법)
- ㅇ 자본시장 및 금융투자업에 관한 법률(공법)
  : 기업이 발행하는 유가증권의 발행·유통시장의 질서를 유지하기 위한 시장법

2. 상인과 상행위

2-1. 논의의 중요성

1) 상법 = 기업법

기업 : 영업수행을 위한 사회적 조직체일 뿐, 권리의무의 귀속주체는 아니다.
→ 법률상의 주체를 누구로 할 것인가? → 상인으로 하자 → 상인의 기준은 무엇인가?

2) "상인이 하는 행위가 상행위냐? 아니면, 상행위를 하는 자가 상인이냐?"가 문제된다. 따라서 상인과 상행위의 개념 정립이 필요하다.

3) 개념정립의 목적

- ㅇ 상법적용의 대상 확정. 즉, 누구에게(상인 - 인적 적용범위)
- ㅇ 어떤 행위에 대하여(상행위 - 사항적 범위)

4) 상인과 상행위 개념의 상호관련성

- ㅇ 양자를 별도로 고찰하는 것은 무의미하므로 일원적으로 고찰한다.

2-2. 상인 개념

2-2-1. 당연상인(상법 제4조)

1) 「자기명의」로 - 영업행위로 인한 권리의무의 주체(cf. 타인명의 - 대리인)
2) 「상행위」를 - 상법 제46조의 22가지 기본적 상행위(영업적 상행위)
3) 「영업으로」하는 자 - 영리목적, 동종행위의 계속·반복·집단의사(상적 색채), 대외적 인식 가능

2-2-2. 의제상인(상법 제5조) - 상법 제46조의 상행위를 하지 않더라도 상인

1) 설비상인(규정형식상 - 형식주의, 실질적 - 실질주의)

① 점포 기타 유사한 설비에 의하여

② 상인적 방법으로 - 당연상인의 영업방법(기업적 방법)과 같은 방법으로

③ 영업을 하는 자

2) 회사 - 순수한 형식주의, cf. 민사회사(영리목적, 사단법인)

- 상사회사 : 상법 제46조의 상행위를 목적으로 하는 회사(당연상인)
- 민사회사 : 상행위 외의 영리행위를 목적으로 하는 회사(의제상인)
- 영리를 목적으로 하는 사단(민사회사)은 상사회사 설립의 조건에 좇아 이를 법인으로 할 수 있으며(민법 제39조 ①), 이 법인(민사회사)에는 상사회사의 규정을 준용한다고 규정하고 있다(민법 제39조 ②).
- 민법상의 영리법인이 상법상의 회사로 인정되는 경우가 있는데(민법 제39조), 이는 원래 상법에 속해야 할 것이 입법기술의 미비로 민법에 들어가 있던 것으로 제 집을 찾아온 것에 지나지 않으므로 크게 문제되지 않는다.
- 상사회사와 민사회사를 구별하지 않고 그리고 상법에서 민사회사를 상인으로 의제하여(상법 제5조 ②) 민사회사의 행위에 관한 규정을 준용하고 있으므로(상법 제66조) 상법상 상사회사와 민사회사를 구별할 필요가 없다.

2-2-3. 소(小)상인(상법 제9조 ↔ 완전상인) : 위 요건을 갖추었더라도

- 자본금액(영업재산의 총액)이 1천만원에 미달하는 상인으로서 회사가 아닌 자를말한다.
- 지배인(선임할 수 없음), 상호(상호권 인정되지 않음), 상업장부(작성의무 없음), 상업등기(할 수 없음)

2-3. 상행위

2-3-1. 절대적 상행위(객관적 상행위) → 당연상인

- 상행위법주의에 입각한 상행위이다.
- 영업성이 없더라도 상행위가 된다(ex. 사채총액의 인수)

2-3-2. 기본적 상행위

- 당연상인이 영업으로 하는 행위이다(당연상인의 주된 영업활동 - 영업의 목적).
- 영업으로 하는 상법 제46조 각호의 행위(22가지)
- 영업성이 있을 것, 기업성이 있을 것

ㅇ 제한적 열거, 채권행위(물권행위는 이행행위 → 영리성 없음)
ㅇ 예시적 열거로 본다면 의제상인을 인정한 의미가 없다.

〈개정 1995.12.29, 2010.5.14.〉

1. 동산, 부동산, 유가증권 기타의 재산의 매매
2. 동산, 부동산, 유가증권 기타의 재산의 임대차
3. 제조, 가공 또는 수선에 관한 행위
4. 전기, 전파, 가스 또는 물의 공급에 관한 행위
5. 작업 또는 노무의 도급의 인수
6. 출판, 인쇄 또는 촬영에 관한 행위
7. 광고, 통신 또는 정보에 관한 행위
8. 수신·여신·환 기타의 금융거래
9. 공중(公衆)이 이용하는 시설에 의한 거래
   (기존 : 객의 집래를 위한 시설에 의한 거래)

> <개정 취지> 공중접객업(公衆接客業)의 정의 중 '객의 집래'와 같이 의미 전달이 어려운 용어를 알기 쉽게 개정할 필요가 있어 '객의 집래를 위한 시설에 의한 거래'라는 용어를 '공중이 이용하는 시설에 의한 거래'로 개정함. 또한 상법 제10장에서 연혁적 사유에서 비롯된 공중접객업자에 대한 비현실적 엄격책임은 오늘날 경제 환경에 적합하지 않으므로 "공중접객업자가 고객으로부터 임치를 받은 물건이 멸실 또는 훼손된 경우 불가항력의 경우에만 면책되는 비현실적 엄격책임을 다른 업종과 같이 주의의무를 게을리 하지 아니하였음을 증명하는 경우에는 면책되도록" 완화함. 이렇게 공중접객업자에 대한 비현실적 엄격책임을 완화함으로써 공중접객업자의 법적 부담이 감소될 것으로 기대됨 [시행 2010.11.15 · 2010.5.14, 일부개정]

10. 상행위의 대리의 인수
11. 중개에 관한 행위
12. 위탁매매 기타의 주선에 관한 행위
13. 운송의 인수
14. 임치의 인수
15. 신탁의 인수
16. 상호부금 기타 이와 유사한 행위
17. 보험
18. 광물 또는 토석의 채취에 관한 행위

19. 기계, 시설, 그 밖의 재산의 금융리스에 관한 행위
(기존 : 기계·시설 기타 재산의 물융에 관한 행위)

<개정 취지> 금융리스업의 법률관계를 구체화하는 차원에서 용어를 변경함. 또한 상법 제12장에서 금융리스계약의 중도해지를 명시하고, 금융리스이용자가 공급자에게 직접 손해를 청구할 수 있도록 하는 등 금융리스업의 법률관계를 구체화 함 [시행 2010.11.15 : 2010.5.14, 일부개정]

20. 상호·상표등의 사용허락에 의한 영업에 관한 행위 - 프랜차이즈

< 가맹업(加盟業)의 법률관계 구체화(상법 제13장 신설) >
[시행 2010.11.15 : 2010.5.14, 일부개정]
◦ 현재 가맹업은 상행위로 명시되어 있으나 구체적인 법률관계에 관한 규정이 없어 약관 등에 의존하여 규율되고 있는 상태임.
◦ 가맹업의 특성을 반영하여 가맹업자(加盟業者) 경업금지 의무와 가맹상(加盟商)의 비밀준수 의무를 부여하고, 가맹상은 가맹업자의 동의를 받아 영업양도를 하도록 하며, 가맹계약의 중도해지를 인정하는 등 가맹업의 법률관계를 구체화 함.
◦ 가맹업의 법률관계를 구체화함으로써 당사자간 분쟁 방지 및 가맹업의 활성화에 기여할 것으로 기대됨.

21. 영업상 채권의 매입·회수등에 관한 행위 - 팩토링

< 채권매입업의 법률관계 구체화(상법 제14장 신설) >
[시행 2010.11.15 : 2010.5.14, 일부개정]
◦ 현재 채권매입업(債權買入業)은 상행위로 명시되어 있으나 구체적인 법률관계에 관한 규정이 없는 상태임.
◦ 영업채권 및 채권매입업자의 개념을 정의하고, 채권매입업자의 거래상대방에 대한 상환청구가 가능하도록 함.
◦ 채권매입업의 법률관계를 구체화함으로써 채권매입업의 활성화에 기여할 것으로 기대됨.

22. 신용카드, 전자화폐 등을 이용한 지급결제 업무의 인수
<개정 1995.12.29, 2010.5.14>

<신설 취지> 변화된 상거래 현실을 반영하는 차원에서 지급결제 업무의 인수 등을 새로운 상행위로 도입하여 지급결제 업무의 인수 등에 상법이 적용됨을 명확히 함 [시행 2010.11.15 : 2010.5.14, 일부개정])

2-3-3. 준상행위

- ㅇ 의제상인이 영업으로 하는 행위이다.
- ㅇ 상법 제66조
- ㅇ 경제발전에 따라 계속 확대되고 있다.

2-3-4. 보조적 상행위(부속적 상행위)

- ㅇ 상인이 영업을 위하여 하는 행위이다.
- ㅇ 보조적 상행위는 영업과 관련하여 판단되는 상대적 개념이다.
- ㅇ 영업적 상행위와 보조적 상행위는 시간적인 선후관계가 아니라 논리적인 선후 관계만 있으면 성립된다(ex. 영업준비행위).

2-3-5. 일방적 상행위 · 쌍방적 상행위

- ㅇ 일방적상행위 - 거래당사자 중 일방에 대해서만 상행위가 되는 행위이다(ex. 슈퍼마켓 : 고객).
- ㅇ 쌍방적상행위 - 거래당사자 모두에게 상행위가 되는 행위이다(ex. 술도매상 : 술소매상).

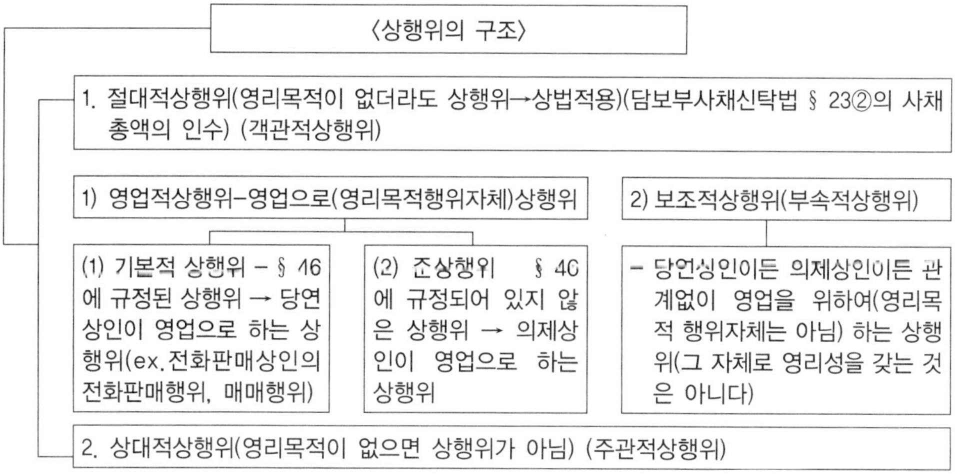

〈상행위의 구조〉

1. 절대적상행위(영리목적이 없더라도 상행위→상법적용)(담보부사채신탁법 § 23②의 사채 총액의 인수) (객관적상행위)

1) 영업적상행위-영업으로(영리목적행위자체)상행위

(1) 기본적 상행위 – § 46에 규정된 상행위 → 당연상인이 영업으로 하는 상행위(ex.전화판매상인의 전화판매행위, 매매행위)

(2) 준상행위 § 46에 규정되어 있지 않은 상행위 → 의제상인이 영업으로 하는 상행위

2) 보조적상행위(부속적상행위)

– 당연상인이든 의제상인이든 관계없이 영업을 위하여(영리목적 행위자체는 아님) 하는 상행위(그 자체로 영리성을 갖는 것은 아니다)

2. 상대적상행위(영리목적이 없으면 상행위가 아님) (주관적상행위)

* 형식적상행위(법에 의해 명문으로 형식적으로 인정된 상행위) : 절대적 상행위, 상대적상행위의 영업적 상행위 중 기본적 상행위

* 실질적상행위(명문의 규정은 없으나 행위의 성질상 인정된 상행위) : 상대적 상행위의 영업적 상행위 중 준상행위와 상대적 상행위 중 보조적 상행위

- 일방적 상행위 : 거래당사자중 일방에게만 상행위가 되는 행위
- 쌍방적 상행위 : 거래당사자 모두에게 상행위가 되는 행위

CASE 상인자격의 판단과 상법 제46조 제1항의 매매의 의미

1 문제

밭에서 재배한 오이를 자신이 직접 시장에 있는 점포에서 판매하여 생계를 유지하고 있는 갑은 상인인가?

2 결론

상법 제46조 제1호의 매매의 의미를 매수 또는 매도로 보면서 양자간에 내면적 연관성을 요한다는 견해에 의할 때 갑은 당연상인이 될 수 없고 설비상인으로서 상인에 해당한다(제5조 제1항)

3 논거

1) 상인의 개념과 상인자격 판단 방법

상인은 형식적으로는 '기업활동에서 발생하는 권리의무의 귀속자(명의인)' 이고, 실질적으로는 '기업에 내재하여 기업활동을 영위하는 자' 를 말한다. 상인자격의 판단은 우선적으로 회사(제5조 제2항)인지 여부를 판단하고 자연인의 경우는 당연상인인지, 당연상인이 아니라면 의제상인(설비상인)이 되는가를 판단한다.

2) 당연상인인지 여부

본 사안은 갑의 당연상인여부 판단과 관련한 상법 제46조 제1호 매매의 의미에 있어서 원시생산업자의 상인성을 인정할 것인지 여부와 관련된다. 제46조 제1호의 매매가 전형적인 상인의 활동방식을 규정한 것이라는 점을 고려할 때 싸게 사서 비싸게 되팔아 그 차액을 이윤으로 하는 행위를 규정한 것이라는 점에서 매매의 의미는 매수와 매도간에 내적 관련을 요하는 견해에 따라 팔기 위하여 사는 행위나 산 물건을 파는 행위만을 의미한다고 보는 것이 타당하므로 갑은 당연상인이 될 수 없다.

3) 설비상인인지 여부

설비상인이란 점포 기타 유사한 설비에 의하여 상인적 방법으로 상행위이외의 행위를 영업으로 하는 자를 말한다. 갑은 점포 기타 유사한 설비에 의하여 상인적 방법으로 상행위이외의 행위를 하고 있으며, 이러한 행위를 영업의사를 가지고 영리를 목적으로 계속적으로 행하고 있는바 영업성도 인정된다. 따라서 갑은 설비상인에 해당한다.

CASE 상인자격취득 시기 1

1 문제 : 자연인은 언제 상인자격을 취득하는가?

2 결론

자연인은 영업의사를 객관적으로 인식 가능한 행위를 한 때로부터 상인자격을 취득한다.

3 논거

1) 서

자연인은 생존한 동안 권리능력이 있으므로 생존한 동안 원칙적으로 아무런 제한 없이 자기의 의사에 기하여 상법 제4조 또는 제5조의 요건을 구비하여 상인자격을 취득하게 되는데, 언제 상법 제4조 또는 제5조의 요건을 구비하였다고 볼 것인가가 문제이다. 판례·통설은 개업준비행위는 보조적 상행위(제47조)이고 이 개업준비행위를 한 때부터 상인 자격을 취득한다고 한다. 따라서 언제 개업준비행위가 있었는가의 문제는 자연인의 상인자격취득시기의 기준이 되고 이는 곧 상법의 적용시점을 정하는 기준이 되므로 중요성을 가지는 것이다.

2) 판례

"영업의 목적인 기본적 상행위를 개시하기 전에 영업을 위한 준비행위를 하는 자는 영업으로 상행위를 할 의사를 실현하는 것이므로 그 준비행위를 한 때 상인자격을 취득함과 아울러 이 개업준비행위는 영업을 위한 행위로서 그의 최초의 보조적 상행위가 되는 것이고, 이와 같은 개업준비행위는 반드시 상호등기·개업공고·간판부착 등에 의하여 영업의사를 일반적·대외적으로 표시할 필요는 없으나 점포구입·영업양수·상업고용인의 고용 등 그 준비행위의 성질로 보아 영업의사를 상대방이 객관적으로 인식할 수 있으면 당해 준비행위는 보조적 상행위로서 여기에 상행위에 관한 상법의 규정이 적용된다(98다1584)"고 판시하여 영업의사 객관적인식가능시설을 취하였다.

3) 학설

이와 관련하여 영업의사표백설, 영업의사객관적인식가능시설, 영업의사주관적실현설, 단계적결정설이 있다. 상인자격의 취득시기를 결정하는 문제는 상법의 적용범위를 밝히는 문제이고, 상법의 적용범위를 정하는 것은 곧 거래의 당사자 중 누구를 보호할 것인가의 문제로 된다. 거래의 안전을 위하여 상인자격 취득시기를 획일적으로 결정하되, 행위자 및 상대방 모두에게 영업의사가 분명하게 인식되는 때로부터 행위자의 상인성이 인정되는 것으로 정하는 영업의사객관적인식가능시설이 타당하다. 즉 개업준비행위에 의하여 영업의사가 주관적으로 실현된 것만으로는 부족하고, 상대방에 의하여 영업의사가 객관적으로 인신될 수 있어야만 상인자격을 인정할 수 있다.

CASE 상인자격취득 시기 2

1 문제

갑은 시장에서 알공예품을 팔기 위해 점포용 상가건물을 매입하였다. 매도인 을은 갑이 점포매매대금을 지급하지 않자 소송을 제기하려고 한다. 을의 채권의 소멸시효는 몇 년인가?

2 결론

갑이 영업을 위해 점포를 구입한 행위는 객관적으로 영업의사를 인식할 수 있는 행위이므로 개업준비행위에 해당한다. 갑은 상인자격을 취득하며 을의 상사채권으로서 5년의 시효에 걸린다.

3 논거

본 문제는 채권의 시효기간을 묻고 있는데 이는 상사채권이냐 민사채권이냐에 따라 달라지므로 결국 위 상가건물매입행위에 상법이 적용될 것인가가 문제된다. '상법 제3조는 당사자 중 그 1인의 행위가 상행위인 때에는 전원에 대하여 본법을 적용한다'고 규정하고 있는바 을의 상인여부와 무관하게 갑이 상인이면 상법이 적용된다. 갑이 상인인지와 관련하여 통설이 개업준비행위를 보조적 상행위(상법 제47조)로 보고, 상인자격취득을 인정하고 있으므로 위 상가건물매입행위를 개업준비행위로 볼 수 있을 것인지, 즉 개업준비행위의 시기를 언제로 볼 것인지에 대한 논의가 필요하다. 이에 대하여는 영업의사객관적인식가능시설이 타당하다.

3. 창업과 영업소

3-1. 개념

- 영업소라 함은 상인의 영업활동을 위한 조직의 중심을 이루며 그에 필요한 인적·물적 시설을 갖춘 장소를 뜻한다.

3-2. 영업소의 수와 종류

- 지점 : 전체 영업 중 수량적 일부를 차지하며 영업을 수행하는 영업소(여러 개)
- 본점 : 지점을 전체적으로 통할하고 그 영업결과를 하나의 경영단위로 집중시키는 영업소(한 개)

3-3. 영업소의 판단

객관적 사실, 즉 영업소로서의 실체를 구비하고 있는지의 여부에 따라 판단한다(통설).

3-4. 영업소의 법적 효과

3-4-1. 영업소 일반에 대한 효과

1) 채무변제의 장소
  - ○ 지참채무(채권자의 영업소 - 특정물인도 이외의 영업에 관한 채무의 변제)
  - ○ 추심채무(채무자의 영업소 - 지시채권, 무기명채권)

2) 지배인의 선임 단위

3) 등기관할의 표준(상법 제34조)

4) 재판적 등의 표준(민사소송법 제4조)

3-4-2. 지점에 대한 효과

1) 지점거래로 인한 채무의 이행장소
  - ○ 채권자의 지점 거래의 경우에만 그 지점이 채무이행 장소가 되도록 규정하여, 채무자의 지점 거래의 경우에는「민법」제467조제2항 단서에 따라 채권자의 현 영업소가 채무이행 장소가 되도록 하였다(상법 제56조 [시행 2010.11.15 : 2010.5.14, 일부개정]).
  - ○ 지점이 채무이행장소가 되는 경우를 채권자의 지점에서의 거래로 한정함으로써 「민법」과의 모순이 해결될 것으로 기대된다.
  - ○ 상법개정 전의 규정은 지점에서의 거래의 경우 채무이행 장소를 그 지점으로 하고 있어, 채무자의 지점에서 거래가 이루어진 경우에는 채무자의 지점이 채무이행 장소가 되어 지참채무(持參債務)의 일반원칙 및 채권자의 현 영업소를 채무이행 장소로 하는「민법」제467조제2항 단서에 배치되는 문제점이 있었다.

2) 지점에서의 등기(상법 제35조)

3) 지점의 영업만을 독립하여 영업양도의 대상으로 할 수 있다(상법 제374조 ①).

4. 창업과 상호

4-1. 서설

4-1-1. 상호의 기능

- ○ 상인은 상호를 사용함으로써 자신의 기업과 타인의 기업을 구별 짓고, 기업생활로 인한 법적·경제적 효과를 자신에게 귀속시킬 수 있으며, 기업주체의 변동에도 불구하고 영속적으로 기업을 존속시킬 수 있다.

ㅇ 상인이 장기간 상호를 사용함으로써 그 상인이 쌓아 온 신용과 명성은 상인이 누구냐를 떠나 상호가 영업과 결합되어 기업 자체의 대외적 신용도를 표현해 준다. 소비자가 생활용품을 구입할 때, 대기업의 메이커를 선호하는 것을 보면 알 수 있듯이, 상호는 기업의 중대한 영업재산으로서의 가치를 갖는다.

ㅇ 기업과 기업 간, 또는 기업과 소비자 간에 이루어지는 거래에 있어서 상호는 상인의 동일성을 판단하는 기준이 되므로 상호의 선정과 사용은 일반인이 신뢰할 수 있도록 엄정하고 선명해야 하며, 이를 믿고 거래한 제3자는 보호되어야 한다.

4-1-2. 상호의 개념

ㅇ 상호는 상인이 영업활동에서 자신을 나타내는 명칭이다.

ㅇ 상호는 상인의 명칭이므로 상인이 아닌 사업자, 사업의 명칭은 상호가 아니다.

ㅇ 상품의 동일성을 표시하는 상표(상표법 제2조), 영업의 대외적인 인상을 부각시키기 위하여 사용하는 표장인 영업표와 구별된다.

- 상호 : 상인의 명칭
- 상표 : 상품의 동일성 표시, 제품의 출처(참眞이슬露, HITE)
- 영업표 : 영업의 대외적인 인상 부각(LG그룹 마크)

ㅇ 상호는 명칭이므로 구두로 발음할 수 있고, 문자로 기록할 수 있어야 한다.

(상업등기규칙 제2조)

① 등기를 하거나 신청서, 그 밖의 등기에 관한 서면(「전자서명법」 제2조의 전자문서를 포함한다)을 작성할 때는 한글과 아라비아숫자를 사용하여야 한다.

② 제1항에도 불구하고 상호와 외국인 성명은 대법원예규로 정하는 바에 따라 한글 또는 한글과 아라비아숫자로 기록한 다음 괄호 안에 로마자, 한자, 아라비아숫자 그리고 부호를 병기할 수 있다.

③ 신청서의 첨부서면이 외국어로 작성된 경우에는 번역문을 첨부하여야 한다.

ㅇ 다만, 개인상인의 경우 외국어를 상호로 사용할 수 있고, 등기를 전제로 하지 않은 상법상의 보호도 받는다.

ㅇ 개인이 영업활동 이외에 사용하는 예명·별명, 아호 등은 상호가 아니다.

4-2. 상호선정의 자유와 제한

4-2-1. 상호선정의 자유

ㅇ 상인은 그 성명 기타의 명칭으로 상호를 정할 수 있으므로(상법 제18조) 상호자유주의를 원칙으로 한다.

ㅇ 평양하고 전혀 인연이 없는 사람이 '평양냉면'이라는 상호를 걸고 백반을 팔아도 무방하다.

4-2-2. 상호선정의 제한

1) 상호단일성

ㅇ 동일한 영업에는 하나의 상호를 사용하여야 한다(상법 제21조 ①).

- 제주지법 1998.4.23. 선고 97가합3244판결

ㅇ 개인상인의 경우에는 수 개의 영업별로 상호를 달리 할 수 있지만, 회사의 경우에는 두 개 이상의 영업을 하더라도 하나의 상호를 사용하여야 한다.

ㅇ 하나의 영업에 관해 수 개의 영업소를 갖는 경우에도 영업은 하나이므로 각 영업소는 동일한 상호를 사용하여야 하며, 지점의 상호에는 본점과의 종속관계를 표시하여야 한다(상법 제21조 ②).

2) 회사상호의 사용제한

회사가 아니면 회사임을 표시하는 문자를 사용하지 못한다(상§20). 이에 위반한 자는 200만원 이하의 과태료에 처한다.

3) 회사의 상호표시 방법

회사의 상호에는 그 종류에 따라 합명회사, 합자회사, 유한책임회사, 주식회사, 유한회사의 문자를 사용하여야 한다(상법 제19조).

4) 특정업종을 나타내는 상호의 규율

ㅇ 은행·보험·증권·신탁 등의 영업을 하는 자는 그 상호 중에 은행·보험·증권·신탁 등의 문자를 사용하여야 하고, 보험회사는 상호 중에 주로 영위하는 보험사업의 종류(생명보험, 손해보험)를 표시하여야 한다.

ㅇ 특별법인에 관하여는 특별법에서 그 명칭을 정하고, 타인은 그 명칭 또는 유사명칭을 사용하지 못하게 하고 있다.

5) 주체를 오인시킬 수 있는 상호의 사용금지

ㅇ 누구든지 부정한 목적으로 타인의 영업으로 오인할 수 있는 상호를 사용하지 못한다(상법 제23조 ①) - 사례 : 국립도서관 직영서점

ㅇ 상인이 비상인의 저명인사의 성명이나 유명기관의 명칭을 자기의 상호에 사용한 경우

ㅇ 부정한 목적으로 타인의 영업으로 오인할 수 있는 상호를 사용한 자에 대하여는 200만원 이하의 과태료에 처한다(상법 제28조).

6) 부정경쟁을 위한 상호사용의 금지

「부정경쟁방지 및 영업비밀보호에 관한 법률」에서는 상인 간에 부정한 수단으로 경쟁하는 것을 방지하기 위한 수단의 하나로 부정한 상호사용을 금지한다.

⇒ 특별법인 부정경쟁방지법에 의하여 널리 인식된 상호는 특별한 보호를 받는다.

7) 유사상호금지 제도 폐지(상업등기법 제30조 - 2009.05.28. 개정)

- 유사상호에 대한 규제를 폐지하여 '**동일 상호가 아닌 한' 유사상호도 등기 허용한다**.
- 기존법은 동일한 특별시·광역시·시 또는 군 내에서 동일한 영업을 하려는 경우 동일상호뿐 아니라 유사상호도 등기할 수 없도록 규정하고 있으나(기존법에 따르면, 유사상호에 해당하면 먼저 상호등기를 한 자의 동의가 있어도 유사상호의 등기는 할 수 없음 - 선례 1993. 3. 10. 등기 제570호), 개정법은 동일상호에 한하여 등기할 수 없도록 하고 있다.
- 기존법에 의하면 회사를 설립하기 위하여 동일 또는 유사한 상호가 이미 등기되어 있는지 여부를 조사·확인하기 위한 시간의 지연과 추가 상호선정에 많은 시간이 소요되어 신속한 법인 설립에 걸림돌이 되고 있고, 기업활동의 광역화 추세에 부합하지 못하며, 등기관이 상호의 유사성 여부를 자의적으로 판단할 우려가 있다(법인설립 시 설립자 중 32.4%가 유사상호라는 이유로 등기관으로부터 등기 신청 반려를 경험).
- 이번 개정으로 유사상호라도 등기할 수 있게 됨으로써 상호선정에 소요되는 시간과 노력을 절약하여 신속한 창업절차를 기대할 수 있고, 등기관의 자의적인 판단을 방지하여 예측가능성과 등기업무의 투명성을 높이는 효과를 거둘 수 있을 것이다.
- 다만, 개정법이 유사상호 등기를 허용한다고 해서 상호권 보호를 포기하려는 것은 결코 아니다.
- 즉 「상법」에 의하여 상호권을 침해하는 자에 대하여 상호 사용 폐지나 손해배상을 청구할 수 있고, 「부정경쟁방지 및 영업비밀보호에 관한 법률」은 영업 주체를 오인시켜 이를 이용하는 행위를 현행과 같이 처벌한다.
- 요컨대 금번 개정은 유사상호 금지라는 사전적 규제를 사후 책임 추궁이라는 사후적 규제로 전환하는 것이다.
- 동일한 상호가 아닌 한, 유사한 상호라도 등기가 가능해진다(회사 설립 시, 등기관은 동일한 상호가 아닌 한 유사한 상호라는 이유로 등기를 거부할 수 없음).

4-3. 상호의 등기와 가등기

4-3-1. 취지 및 강제성

- 상호는 여러 사람이 중대한 이해관계를 가지므로, 상호사용의 실태를 널리 공시하여 그 법률관계를 선명하게 해결할 필요에 의해 등기제도를 두고 있다.
- 회사의 상호는 설립등기사항이므로 반드시 등기해야 한다.

- ㅇ 회사에 있어서는 회사설립등기 신청서에 상호도 기재해야 하므로 상호신설등기 신청을 별도로 하지 않아도 된다.
- ㅇ 개인상인의 경우에는 상호등기를 강제하지 아니한다. 개인상인의 등기여부는 개인상인의 재량에 맡겨져 있다. 다만, 상호를 등기하면, 등기된 상호의 폐지·변경은 의무적으로 등기할 사항이 된다.
- ㅇ 상호의 폐지·변경시 2주간 내에 그 등기를 하지 아니하는 때에는 이해관계인은 등기말소를 청구할 수 있다(상법 제27조).

구분	등기 여부	사용 여부	
회사상인	반드시 등기	등기해야 사용 가능	
개인상인	반드시 등기하지 않아도 됨	미등기시에도 사용 가능	
		등기시 부정사용자가 입증해야 하므로 부정목적 추정이 용이	미등기시 상호권자가 부당성 입증해야하는 번거로움

4-3-2. 등기절차

- ㅇ 상호의 등기절차는 비송사건절차법과 대법원규칙인 상업등기처리규칙에 따른다.
- ㅇ 등기는 당사자의 신청에 의하며(비송사건절차법 제147조), 신청인의 영업소재지의 등기소가 관할한다(상법 제34조). 본점소재지에서 상호를 등기할 경우에는 지점소재지에서도 등기하여야 한다(상법 제35조).
- ㅇ 개인상인의 상호는 상호등기부에 등기한다(비송 제136조 i).
- ㅇ 회사의 경우는 각 회사의 종류별로 일체의 회사관계등기를 다루는 회사등기부가 별도로 마련되어 있으므로(비송 제136조 v ~ ix), 회사상호는 설립등기에 포함시켜 회사등기부에 등기하고 상호등기부에는 별도로 등기하지 않는다(비송 제172조).

〈상호의 가등기의 공탁금액(상업등기규칙 별표 1)〉

공탁금액 \ 상호의 가등기의 종류	상호의 가등기 신청시		예정기간 연장의 등기 신청시
	예정기간이 6월 이하인 경우	예정기간이 6월을 초과하는 경우	
상법 제22조의2 제1항의 규정에 의한 상호의 가등기	200만원	200만원에다가 초과되는 예정기간 6월(6월미만의 기간은 6월로 봄)마다 100만원을 추가한 금액	연장기간 6월(6월미만의 기간은 6월로 봄)마다 100만원을 추가한 금액
상법 제22조의2 제2항 및 제3항의 규정에 의한 상호의 가등기	150만원	150만원에다가 초과되는 예정기간 6월(6월미만의 기간은 6월로 봄)마다 70만원을 추가한 금액	연장기간 6월(6월미만의 기간은 6월로 봄)마다 70만원

〈상호신설등기(개인상인) 양식〉

상호신설등기신청

<table>
<tr><td rowspan="2">접
수</td><td>년 월 일</td><td rowspan="2">처
리
인</td><td>접 수</td><td>조 사</td><td>기 입</td><td>교 합</td><td>각종통지</td></tr>
<tr><td>제 호</td><td></td><td></td><td></td><td></td><td></td></tr>
</table>

<table>
<tr><td>등 기 의 목 적</td><td>상호 신설</td></tr>
<tr><td>등 기 의 사 유</td><td></td></tr>
<tr><td colspan="2">등 기 할 사 항</td></tr>
<tr><td>상 호</td><td></td></tr>
<tr><td>영 업 소</td><td></td></tr>
<tr><td>상호사용자의
성명 · 주소와
주민등록번호</td><td></td></tr>
<tr><td>영 업 의 종 류</td><td></td></tr>
<tr><td>기 타</td><td></td></tr>
</table>

<table>
<tr><td>등 록 세</td><td>금 원</td><td>교육세</td><td>금 원</td></tr>
<tr><td>세액 합계</td><td>금 원</td><td>기신청
수수료</td><td>금 원</td></tr>
<tr><td colspan="4">첨 부 서 면</td></tr>
<tr><td colspan="2">1. 상인임을 소명하는 서면
(사업자등록증사본 등) 통
1. 주민등록표등본 통
1. 인감신고서 통
1. 등록세영수필확인서 및 통지서
각 통
1. 위임장 통</td><td colspan="2">〈기 타〉</td></tr>
<tr><td colspan="4">년 월 일
신청인 성 명 (인) (전화 :)
주 소
대리인 성 명 (인) (전화 :)
주 소
지방법원 등기소 귀중</td></tr>
</table>

- 신청서 작성요령 및 등기수입증지 첩부란 -

1. 해당란이 부족할 때에는 별지를 이용합니다.
1. 해당 등기신청과 관계없는 사항에 대하여는 “해당없음”으로 기재하거나 삭제하고, 필요한 사항은 추가 기재합니다.
1. 등기신청수수료 상당의 대법원등기수입증지를 이 난에 붙입니다.

(용지규격 21㎝×29.7㎝)

4-3-3. 등기의 효력

- 상호를 등기하면 동일한 서울특별시·광역시·시·군에서 동종 영업을 하는 다른 상인의 같은 상호의 등기를 배척하는 효력이 있다(상법 제22조).
- 동일상호를 사용하는 타인이 있으면 그에게 부정한 목적이 추정된다(상법 제23조 ④).
- 정당한 사유 없이 2년간 상호를 사용하지 않으면 폐지한 것으로 간주하며(상법 제26조), 상호의 폐지·변경 후 2주간 내에 등기하지 아니하면 이해관계인이 그 말소를 청구할 수 있다(상법 제27조).

4-3-4. 상호의 가등기

- 상법은 회사 설립시, 상호 또는 목적변경시, 그리고 본점 이전시에 그에 필요한 절차를 밟고 있는 동안 타인이 상호를 가로채는 것을 방지하고 상호권을 보호할 수 있도록 가등기제도를 두고 있다.
- 주식회사 또는 유한회사를 설립하고자 할 때에는 본점의 소재지를 관할하는 등기소에 상호의 가등기를 신청할 수 있고(상법 제22조의2 ①). 회사는 상호나 목적을 변경하거나, 상호와 목적을 변경하고자 할 때에는 본점의 소재지를 관할하는 등기소에 상호의 가등기를 신청할 수 있으며(상법 제22조의2 ②), 회사는 본점을 이전하고자 할 때에는 이전할 곳을 관할하는 등기소에 상호의 가등기를 신청할 수 있다(상법 제22조의2 ③).
- 상호의 가등기는 동일한 상호의 등기금지에 관한 상법 제22조의 적용에 있어서는 상호의 등기로 본다(상법 제222조의2 ④).
- 가등기의 남용방지를 위해 공탁, 가등기의 존속기간의 제한, 가등기의 말소 등을 상정하고 이에 관해 구체적인 사항을 상업등기처리규칙으로 정하도록 하고 있다(상법 제22조의2 ⑤).

4-4. 상호의 불사용

- 상호를 등기한 자가 정당한 사유 없이 2년간 상호를 사용하지 아니하는 때에는 이를 폐지한 것으로 본다(상법 제26조).

〈상호가등기(주식 · 유한회사 설립) 양식〉

상호가등기신청

<table>
<tr><td rowspan="2">접
수</td><td>년 월 일</td><td rowspan="2">처
리
인</td><td>접 수</td><td>조 사</td><td>기 입</td><td>교 합</td><td>각종통지</td></tr>
<tr><td>제 호</td><td></td><td></td><td></td><td></td><td></td></tr>
</table>

<table>
<tr><td>등 기 의 목 적</td><td>회사의 설립에 관한 상호 가등기</td></tr>
<tr><td>등 기 의 사 유</td><td></td></tr>
<tr><td colspan="2">등 기 할 사 항</td></tr>
<tr><td>설립에 의하여 사용할 상호</td><td></td></tr>
<tr><td>본점이 소재할 특별시 · 광역시 · 시 또는 군</td><td></td></tr>
<tr><td>목 적</td><td></td></tr>
<tr><td>본등기를 할 때까지의 예정기간</td><td>2년을 초과할 수 없다(상업등기법 § 38 ③)
※ 본등기를 하지 아니하고 예정기간을 지난 때에는 가등기를 직권말소한다(국고 귀속).</td></tr>
<tr><td>발기인(사원) 전원의 성명 · 주소 및 주민등록번호</td><td></td></tr>
<tr><td>기 타</td><td></td></tr>
</table>

<table>
<tr><td>등 록 세</td><td>금 원</td><td>교육세</td><td>금 원</td></tr>
<tr><td>세액 합계</td><td>금 원</td><td>등기신청
수수료</td><td>금 원</td></tr>
<tr><td colspan="4">첨 부 서 면</td></tr>
<tr><td colspan="2">1. 정관 통
1. 공탁서사본 통
(원본과 동시제출-원본환부)

1. 주민등록표등본 통
1. 발기인 또는 사원의 인감증명서 통
1. 등록세영수필확인서 및 통지서 각 통
1. 위임장 통</td><td colspan="2">〈기 타〉</td></tr>
<tr><td colspan="4">년 월 일
신 청 인
발기인(사원) 성 명 (인) (전화 :)
주 소
대 리 인 성 명 (인) (전화 :)
주 소
지방법원 등기소 귀중</td></tr>
</table>

<table>
<tr><td>- 신청서 작성요령 및 등기수입증지 첨부란 -
1. 해당란이 부족할 때에는 별지를 이용합니다.
1. 해당 등기신청과 관계없는 사항에 대하여는 “해당 없음”으로 기재하거나 삭제하고, 필요한 사항은 추가 기재합니다.
1. 등기신청수수료 상당의 대법원등기수입증지를 이 난에 붙입니다.</td></tr>
</table>

(용지규격 21㎝×29.7㎝)

4-4. 상호권의 보호

4-4-1. 의의

- o 상인은 그가 적법하게 선정 또는 승계한 상호의 사용에 관해 중대한 경제적 이익을 가지는데 이를 상호권이라 한다.
- o 상호권의 성질에 관하여 상호권의 침해는 명예와 신용을 손상하는 점(인격권적 성질), 동시에 상호가 상인에게 주는 경제적 이익과 그 양도성(재산권적 성질)으로 보아 인격권적 성질을 포함하는 재산권이라고 본다(겸병설).

4-4-2. 상호사용권 - 사용주의

- o 상인이 자신이 선정하거나 승계한 상호를 타인의 방해를 받지 않고 사용할 권리를 상호사용권 또는 적극적 상호권이라 한다.
- o 상호사용권은 절대권으로서 이에 대한 침해는 불법행위를 구성하며, 등기유무에 관계없이 보호받는다.

4-4-3. 상호전용권

- o 상인은 타인이 부정한 목적으로 자기가 사용하는 상호와 동일 또는 유사한 상호를 사용할(자신의 영업으로 오인할 수 있는 상호를 사용할) 경우에 이를 배척할 수 있는 권리를 상호전용권이라 한다.
  ⇒ 적극적 청구권을 인정하는 것을 의미한다.
- o 상호전용권은 등기유무와 관계없이 상호의 선정 및 사용만으로 발생한다.
  ⇒ 상호의 등기는 상호전용권을 강화시킬 뿐이다.
  ⇒ 상호전용권의 내용을 상법 제23조에서 규정하고 있는 사용폐지청구권이라고 설명하면서 상호에 관한 상법상의 나머지 규율은 등기상호에 있어서의 전용권의 강화제도로 설명하고 따라서 미등기 상호권자에게도 상호전용권이 인정된다고 보는 것이 타당하다고 본다(이에 대한 학설과 판례가 존재).
- o 상호전용권의 내용에는 상호폐지청구권과 손해배상청구권이 있다.

4-4-3-1. 상호폐지청구권

1) 의의

누구든지 부정한 목적으로 타인의 영업으로 오인할 수 있는 상호를 사용하지 못하고, 이에 위반하여 상호를 사용하는 자가 있는 경우에는 이로 인하여 손해를 받을 염려가 있는 자는 그 사용폐지를 청구할 수 있는데, 이것이 미등기 상호권자의 상호전용권의 내용으로서 사용폐지청구권이다.

2) 부정 목적

ㅇ 사용자가 부정한 목적으로 상호를 사용하였어야 한다.

ㅇ '부정한 목적'이란 자기의 영업을 타인의 영업으로 오인시켜 그 타인이 가지는 사회적 신용을 자기의 영업에 이용하려는 목적을 말한다.

3) 상호권자의 영업으로 오인할 수 상호의 사용

ㅇ 상호권자의 상호와 동일 또는 유사한 상호를 법률상(예 : 계약서 등) 및 사실상(예 : 간판, 공고 등) 사용하는 것을 말한다.

⇒ 상호권자의 상호와 완전히 일치하지는 않더라도 일반인의 입장에서 영업의 주체를 혼동할 우려가 있는 상호를 사용하는 이상 인정된다.

⇒ 그 판단기준은 상호 자체에 관한 동일·유사성뿐만 아니라 사회통념을 기준으로 영업의 종류와 규모, 지역적 상권 등을 종합적으로 고려하여 객관적·추상적으로 결정한다. 판례는 수원보령약국과 보령제약주식회사라는 상호 사이에는 오인가능성을 부정하여 상호의 유사성을 부정한 바가 있다.

ㅇ 반드시 상호권자의 상호와 동종영업일 필요는 없다.

⇒ 상법 제23조는 상호의 부정사용에 의한 영업주체의 혼동으로 인해 일반 공중이 거래상대방의 선택에 있어 오류를 범하는 피해를 입거나 그로 인해 영업의 주체로 오인당한 자가 재산상의 손해, 신용의 저하 또는 인격상의 침해를 당하는 것을 방지하고자 하는 것에도 있다고 할 것이므로 동종영업 요건은 불필요하다고 하겠다.

4) 손해를 받을 염려

상호권자의 재산 또는 인격에 관하여 발생하는 불이익을 말하며, 이러한 손해는 '받을 염려'가 있어야 하기 때문에 현재의 손해가 발생한 경우뿐만 아니라 장래에 불이익을 받을 염려가 있는 경우까지 포함한다.

5) 상호권자의 허락이 없을 것

상호권자가 동일 유사상호의 사용을 허락한 경우에는 상호권자는 명의대여자의 책임을 지게 된다.

6) 입증책임

ㅇ 상호전용권에 기한 입증책임은 피해자인 상호권자가 부담한다.

ㅇ 그러나 상호권자의 상호가 이미 등기되어 있는 경우에는 당연히 상호전용권을 행사할 수 있다.

⇒ 이는 미등기상호의 경우와 달리 그 입증책임이 부정사용자에게 전환됨으로써 배타성의 주장이 쉬워지게 된다.

4-4-3-2. 손해배상청구권

- ㅇ 상호의 부정사용으로 매출액의 감소, 신용의 훼손 등 손해가 발생한 경우에 상호권자는 상호폐지의 청구와는 별도로 손해배상을 청구할 수 있다(상§23③).
- ㅇ 이는 민법상의 불법행위 책임에 대한 특칙으로 상호권자는 사용자의 고의·과실 등의 불법행위의 요건을 모두 증명할 필요 없이 상호의 부정사용으로 인해 손해가 발생하였다는 사실만을 증명하면 손해배상을 청구할 수 있다고 본다.

CASE 상호전용권

1 문제

1959년부터 상인 을은 마산에 '고려당'이라는 상호를 등기하고 제과점영업을 하고 있었다. 갑이 마산에서 주식회사 고려당과 대리점계약을 체결하고 영업을 시작하면서 그의 간판에 'SINCE 1945 신용의 양과 고려당 마산본점'이라고 표시하자 을은 갑에게 상호폐지청구를 하였다. 을의 청구는 정당한가?

2 결론

갑이 간판에 '고려당'이란 상호를 내세운 것은 주식회사 고려당과의 대리점계약을 체결한 사실에 기인한 것으로 을의 상호인 '고려당'이 가지는 신용 또는 경제적 가치를 자신의 영업에 이용하고자하는 의도는 없었다고 보이며 더욱이 주식회사 고려당이 1945년부터 이 상호를 사용해 온 점에서 보아도 을의 상호사용폐지청구는 부당하다.

3 판례(대법원 1993. 7. 13. 선고 92다49492 판결)

- 신청인(마산 토속점인 고려당)
- 피신청인(주식회사고려당, 즉 서울고려당의 마산체인점)
  - ◦ 피신청인이 그의 간판에 "SINCE 1945 신용의 양과 서울 고려당 마산분점"이라고 표시한 것이
  - ◦ 주식회사고려당과의 관계를 나타내기 위하여 위 회사의 상호를 표시한 것이라면 피신청인에게 위 상호의 사용과 관련하여 부정경쟁의 목적이 있는가를 판단함에 있어서 원심이 피신청인(1945. 9. 1 「서울 고려당」으로 영업, 1971. 10. 1 「주식회사

고려당」설립)이 아닌 위 회사와 신청인(1959. 7. 21 등기「고려당」)의 명성과 신용을 비교한 것을 잘못이라고 할 수 없다.

- 또한 원심은, 피신청인이 신청인보다 명성이나 신용이 더 큰 위 회사의 판매대리점 경영자로서 구태여 신청인의 명성이나 신용에 편승할 필요가 없었고,
- 간판에도 위 회사와의 관계(마산분점이라는 표시를 하여 신청인의 상호와 구분되도록 하고 있다)를 표시한 점,
- 신청인(마산 합포구 창동)과 피신청인(마산 회원구 양덕동)의 영업소가 서로 원거리인 다른 구에 있는 점,
- 전술한 근거 등을 종합하여 볼 때 양자 사이에 오인의 염려가 없으므로 피신청인에게 부정한 목적이 없다고 판결하였다.

4-4-4. 등기배척권

- ㅇ 타인이 등기한 상호는 동일한 서울특별시·광역시·시·군에서 동종영업의 상호로 등기하지 못한다(상법 제22조).
- ㅇ 등기가 배척되는 상호는 등기된 상호와 동일한 것 일뿐만 아니라 확연히 구별할 수 없는 것도 포함된다(비송 제214조).

4-5. 상호권의 변동

4-5-1. 상호의 양도

- ㅇ 상호는 등기와 관계없이 경제적 가치가 있는 일종의 무체재산권으로 볼 수 있기 때문에 그 양도성이 인정된다.
- ㅇ 상호의 양도는 영업과 함께 양도하는 경우나 영업을 폐지하는 경우에 한하여 양도할 수 있다(상법 제25조 ①). 이때 영업의 폐지란 사실상 영업을 중단함을 말하고, 행정관청에 내는 폐업신고와 같은 절차는 폐업의 요건이 아니다(대법원 1988. 1. 19. 선고 87다카1295 판결)
- ㅇ 상호의 양도는 등기하지 아니하면 제3자에게 대항하지 못한다(상법 제25조 ②).
  - 등기신청에는 상호의 양도에 관한 양도증서를 첨부해야 하며, 영업과 함께 양도한다는 사실 또는 영업을 폐지하고 양도한다는 사실을 증명하는 서면도 첨부해야 한다(비송 제167조).

4-5-2. 상호의 임대차

상법에 명문의 규정은 없으나 상호의 양도를 허용하는 것은 상호의 임대차도 아울러 허용하는 뜻으로 이해해야 한다.

〈 판례 : 대법원1967. 10. 25. 선고 66다2362 판결 〉

피고는 용당정미소라는 상호를 가지고 경영하던 정미소를 갑에게 임대하고 갑은 같은 상호를 그대로 사용하면서 그 정미소를 경영할 경우 갑이 그 정미소를 경영하는 동안에 원고로부터 백미를 보관하고 보관전표를 발행한 것이며 그 때에 원고가 피고를 용당정미소의 영업주로 오인하였다는 사실이 인정된다면 피고는 그 백미보관으로 인한 책임을 면할 수 없다.

4-5-3. 상호의 상속

상호권은 재산권적 성질을 가지므로 당연히 상속의 대상이 될 수 있으며, 상호의 양도와는 달리 대항요건으로서 등기를 요하지 아니한다. 다만 등기상호의 승계인이 계속 상호를 사용하고자 할 때에는 상속을 증명하는 서면을 첨부하여 등기를 신청하여야 한다(비송 제167조 ①).

4-5-4. 상호의 폐지

- ㅇ 상호의 폐지는 상호권자가 상호권을 포기하는 것으로, 이에 의해 상호권은 절대적으로 소멸하고 상호는 사회에 개방된다.
- ㅇ 상호권자는 상호를 폐지 또는 변경하고도 2주간 내에 등기하지 아니하는 때에는 이해관계인은 등기의 말소를 청구할 수 있다(상법 제27조).
- ㅇ 상호를 등기한 자가 정당한 사유 없이 2년간 상호를 사용하지 아니하는 때에는 이를 폐지한 것으로 본다(상법 제26조).

4-6. 명의대여자의 책임

4-6-1. 의의

- ㅇ 타인(명의차용자)에게 자기의 성명 또는 상호를 사용하여 영업할 것을 허락한 자(명의대여자)는 자기를 영업주로 오인하여 거래한 제3자에 대하여 그 타인과 연대하여 책임을 진다(상법 제24조).
- ㅇ 명의차용은 사회적으로 또는 특정 영업분야에서 명성과 신용을 가지고 있는 자의 이름을 빌어 영업을 하려 할 때 또는 행정관청의 특허·면허 등 수익적 행정처분을 받아야 하는 영업을 하고자 하나 이를 받지 못한 자가 이미 면허받은 타인의 이름을 빌어 영업을 하려 할 때 흔히 행해진다.
- ㅇ 외관법리 및 금반언의 원칙에 기하여 상호진실주의를 간접적으로 인정한 규정이다.

4-6-2. 적용요건

1) 명의대여

(1) 명의

- 명의란 성명 또는 상호에 국한되지 않고 거래 통념상 대여자의 영업으로 오인하기에 적합한 명칭이다.
- 지점·영업소·출장소·현장사무소 기타 명의대여자의 영업소로 여겨질 만한 명칭을 부가시켜 사용하게 하는 것이다.

〈 판례 : 대법원 1976. 9. 28. 선고 76다955 판결 〉

대한통운주식회사가 소외인과 동 회사 신탄진출장소 운영에 관한 계약을 체결하고 출장소장으로 임명하여 현장에서 자기의 상호를 사용하여 그의 목적사업인 운송업을 하도록 하여왔다면 위 회사는 특별한 사정이 없는 한 그 사업에 관하여 자기가 책임을 부담할 지위에 있음을 표시한 것이라 볼 수 있으므로 상법 제24조의 소정의 명의대여자의 책임에 따라 위 회사를 영업주로 오인하고 거래한 제3자에 대하여 소외인이 부담한 대여금채무를 지급할 의무가 있다.

- 거래시의 세무처리를 위해 필요한 납세번호증 사본을 타인으로 하여금 사용하게 한 것만으로는 명의대여라 할 수 없다.

(2) 명의사용의 허락

- 허락은 대여자와 차용자간의 명의대여계약에 의해 행해 질 수도 있고, 명의대여자의 일방적인 동의·승인 등으로 행해질 수도 있다.
- 명의사용의 대가의 유무는 문제되지 않으며, 명의대여의 적법여부도 문제되지 않는다.

〈 판례 : 대법원 1988. 2. 9. 선고 87다카1304 〉

농약판매등록명의자가 그 등록명의를 대여하였다거나 그 명의로 등록할 것을 다른 사람에게 허락하였다면 농약의 판매업에 관한 한 등록명의자 스스로 영업주라는 것을 나타낸 것이라 할 것이므로 상법 제24조에 의한 명의대여자로서 농약거래로 인하여 생긴 채무를 변제할 책임이 있다.

- 타인이 자기의 성명·상호를 사용하는 것을 알고 이를 저지하지 아니하거나 묵인한 경우에도 명의사용의 허락으로 본다.

〈 판례 : 대법원 1977. 7. 26. 선고 77다797 판결 〉

회사가 같은 업종에 종사하는 타인에게 회사의 사무실내에서 같은 사업을 경영할 수 있도록 허용하여 왔다면 거래 상대방이 별개의 업체임을 알면서 거래를 하였다고 인정된 자료가 없는 한 회사는 명의대여자로서의 책임을 면하기 어렵다.

〈 판례 : 대법원 1982. 12. 28. 선고 82다카887 판결 〉

묵시적 명의대여자의 책임을 인정하기 위하여는 영업주가 자기의 성명 또는 상호를 타인이 사용하는 것을 알고 이를 저지하지 아니하거나 자기의 성명 또는 상호를 타인이 사용함을 묵인한 사실 및 제3자가 타인의 성명 또는 상호를 사용하는 자를 영업주로 오인하여 거래를 한 사실이 인정되어야 할 것이므로, 영업주가 자기의 상점, 전화, 창고 등을 타인에게 사용하게 한 사실은 있으나 그 타인과 원고와의 거래를 위하여 영업주의 상호를 사용한 사실이 없는 경우에는 영업주가 자기의 상호를 타인에게 묵시적으로 대여하여 원고가 그 타인을 영업주로 오인하여 거래하였다고 단정하기에 미흡하다고 할 것이다.

- ㅇ 프랜차이즈의 경우에 프랜차이즈의 제공자와 그 이용자는 각기 독립된 상인으로서 영업을 하지만, 명의의 사용을 허락한 프랜차이즈 제공자는 그 이용자가 도산한 경우에 명의대여자의 책임을 면할 수 없다고 할 것이다.
- ㅇ 프랜차이즈란 상품을 제조하고 판매하는 메이커 또는 판매업자가 체인본부를 구성, 독립소매점을 가맹점으로 지정하여 그들 가맹점에게 일정한 지역내에서 독점적 영업권을 부여하는 것을 말한다. 이 때, 판매 상품의 종류, 점포, 광고 및 기타 영업에 관련되는 것을 직영점이 관리하고 가맹점에 경영지도 및 판촉지원을 제공한다. 프랜차이즈는 계약에 의해 프랜차이지가 프랜차이저의 물품을 일정한 형식에 의하여 판매하는 마케팅 전략의 하나이며 다른 사람의 시간과 노동력 또는 돈을 통해 물품을 유통시키는 사업 전략이다.

2) 대여자와 차용자의 요건

명의차용자는 상인이어야 하지만, 명의대여자는 명의대여의 주체이면 족하고 상인임을 요하지 않으므로 공공기관도 본조의 책임을 질 수 있다.

〈 판례 : 대법원 1987. 3. 24. 선고 85다카2219 판결 〉

원심이 소외 사단법인 한국병원관리연구소에게 피고의 명칭을 부가한 인천직할시립 병원이라는 이름을 사용하여 병원업을 경영할 것을 승낙한 피고는 특단의 사정이 없는 한 위 법리에 따라 위 병원을 피고가 경영하는 것으로 믿고 의약품을 납품한 원고에 대하여 그 대금을 변제할 책임이 있다고 판단하고 상법 제24조의 적용범위가 상인 또는 사법인에 한정하여 적용되는 것은 아니라 하여 이 점에 대한 피고의 주장을 배척하였음은 정당하다고 한 사례

3) 영업상의 명칭사용

- 명의차용자가 명의대여자의 명칭을 자신의 영업에 사용하는 것을 명의대여자가 허락한다는 뜻으로, 차용자의 영업 자체에 대한 허락은 아니다.
- 명의차용자가 차용한 명의를 명의대여자의 허락 없이 전대한 경우에는 그 전차인의 거래에 대해 책임지지 않는다.
- 명의차용자의 사용인이 차용한 명의로 거래한 경우, 거래가 명의차용자의 영업범위 내의 행위로서 그의 승낙을 받은 것이라면 이에 대해서도 명의대여자는 책임을 진다.

4) 제3자의 오인

- 제3자란 명의차용자와 영업상의 거래를 한 직접의 상대방을 가리키며 거래상대방 이외의 제3자(전득자, 상대방의 채권자)는 보호대상이 아니다. 그러나 거래상대방이 갖는 영업상의 채권을 양수 한 자는 본조에서 말하는 제3자에 해당(대법원 1970. 9. 29. 선고 70다1703 판결)
- 명의대여자가 영업주가 아님을 알고 차용자와 거래한 자는 명의대여자의 책임을 묻지 못한다.
- 명의대여자를 영업주로 오인함에 있어 경과실이 있는 경우에는 책임을 물을 수 있으나 중과실은 법상 악의와 같이 다루는 것이 일반적이므로 이 경우에는 명의대여자에게 책임을 물을 수 없다(대법원 1991. 11. 12. 선고 91다18309 판결)
- 지입차량의 경우 : 실질적인 의미에서는 명의대여라고 할 수 있으나 차량의 소유가 회사에 귀속하므로 차주의 영업행위는 법률적으로 운수회사의 행위가 되므로 차주의 영업에 관련된 채무에 대해 운수회사는 명의대여자가 아니라 본인으로서 책임을 진다. 거래상대방이 지입자인 사실을 알더라도 같다(대법원 1989. 10. 27. 선고 89다카319 판결). 다만, 거래상대방과의 사이에 지입차주가 직접책임을 부담하기로 하는 특

약이 있다면 운수회사의 책임을 물을 수 없다(대법원 1986. 6. 10. 선고 85다카2636 판결).

4-6-3. 책임의 범위와 형태

1) 책임의 범위

ㅇ 거래상의 책임 : 영업으로 인한 책임에 국한되므로 명의차용자가 영업과 관계없이 부담한 채무에 대해 책임을 지지 않음은 물론, 영업과 관련되더라도 불법행위에 대해서는 책임지지 않는다. 다만 명의대여로 인해 명의차용자가 사용인과 같은 외관을 가진 경우 명의차용자의 불법행위에 관해 명의대여자가 사용자배상책임을 지는 경우가 있을 수 있다(대법원 1996. 5. 10. 선고 95다50462).

ㅇ 명의와 거래의 연계성 : 영업거래로 인한 책임이라 하더라도 그 범위는 대여한 명의에서 객관적으로 추론되는 영업거래로 인한 책임에 한정된다(대법원 1983. 3. 22. 선고 8다카1852 판결).

ㅇ 거래상의 부수적 책임 : 영업상의 책임은 거래상의 이행책임에 국한되지 않고, 목적물에 관한 담보책임, 불이행시의 손해배상책임, 계약해제시의 원상회복의무 등 영업거래에 따르는 모든 책임을 포함한다.

2) 책임의 형태

ㅇ 명의대여자는 명의차용자와 연대하여 영업상의 채무를 변제할 책임을 진다.

ㅇ 부진정연대책임이므로 거래상대방이 명의차용자에게 한 이행청구는 명의대여자 에게 효력이 미치지 아니하며, 기타 명의대여자와 명의차용자 중 한 사람에 대하여 생긴 사유는 다른 자에게 영향을 미치지 아니한다.

ㅇ 명의대여자가 채무를 변제하면, 이는 명의차용자와의 내부관계에서는 타인의 채무를 변제한 것이므로 명의차용자에게 구상할 수 있다.

4-6-4. 표현대리와의 관계

ㅇ 제3자에 대하여 타인에게 대리권을 수여함을 표시하는 행위를 명의대여로 정형화시킴으로써 책임요건의 입증을 간명하게 한다.

ㅇ 표현대리의 경우 그 행위는 본인의 행위가 되고 표현대리인은 책임지지 아니하나, 상법 제24조는 명의대여자와 명의차용자의 연대책임을 규정하여 상대방 보호를 강화한다.

ㅇ 거래상대방이 명의차용자를 명의대여자 자신으로 오인한 경우에는 표현대리에 해당하지 아니한다.

5. 창업과 상표

※ 상호 : 사업자의 이름
※ 상표 : 제품의 출처 표시
※ 상표등록이 상호등기보다 더 까다로우므로 상표를 먼저 정하는 것이 현명함
※ 상호와 상표는 연계되는 경우가 많음(하이트맥주(주) - HITE)

5-1. 상표권

- 상표권은 일정한 사업자가 자기의 상품을 타사업자의 상품과 구별하기 위하여 문자·도형·색채 등을 결합하여 만든 상징을 독점적으로 사용하는 권리이다.
- 상표는 일정한 상품의 동일성을 표시하는 식별표식이라는 점에서 자연법칙을 이용한 기술적 창작인 특허의 대상과는 다르다. 상표권은 일정한 상징을 특정한 상품에 사용할 것을 등록함으로써 그 상징의 배타적 사용권을 취득한다.
  - 상표권은 상표권자의 상품을 타 상품과 구별시켜서 상표권자의 상품의 품질·성능 등 우수성을 보장하는 작용을 하는 반면에 일반 소비자들이 상품구별을 쉽게 할 수 있도록 도와줌으로써 이들을 보호하는 작용도 한다.
  - 같은 산업재산권인 특허권·실용신안권은 산업상 이용가능하고 신규이며 진보적인 것을 그 대상으로 하는데 대하여 상표권은 자타 상품을 구별할 수 있는 상징을 대상으로 한다는 데서 큰 차이점이 있다. 또한 상표권은 산업재산권 중에서 역사가 가장 오래된 것으로써 고대에 기원을 두고 있기도 하다.
  - 상표보호의 본질은 창작행위에 있는 것이 아니므로 상표의 선택이나 구성에 있어서 신규성이나 독창성은 불필요하다. 상표보호제도는 기업이 상표를 선택하여 표준화된 상품을 시기에 맞추어 계획적으로 판매할 수 있는 영업의 발전 조성 기능을 촉진시키며 기업이 상표를 사용함으로써 획득하게 된 명성이나 신용을 계속적으로 독점할 수 있는 법적 독점을 보장해 줌과 동시에 경쟁자에 의한 상표의 모방행위를 금지시키고 상표에 의한 고객관계를 보호함으로써 경쟁질서를 깨끗하게 하고 거래활동을 보호한다는 제 기능을 수행하는 것이다. 그러므로 상표법은 산업재산권법의 일부임과 동시에 경쟁법의 일부를 구성한다.

5-2. WTO와 상표(권)

- 우리나라의 WTO가입이후 상표권과 상표, 브랜드에 대한 관심이 고조되고 있다. 상표는 상호·서비스명·상품명과 그 도형 등을 지칭하는 것이며, 상표권은 특허청에 등록된 산업재산권을 의미한다.

ㅇ 상표(권)의 제도화 및 활성화로 사업을 영위하는 경우 상표와 브랜드의 활용과 상표권의 확보 및 대책을 강구해야 할 필요성이 절대적이다. WTO체제하에서 지적재산권이 현실화 되면서 상표권침해행위에 대한 민·형사적인 고소·고발로 인하여 분쟁이 격화되고 막대한 재산적인 손해를 양산하고 있으며, 앞으로 사회적 일반화의 수용과정을 겪으면서 이용하는 자와 이용당하는 자와의 많은 괴리를 초래하기 때문이다.

◦ 상표권은 세계적으로 사용주의를 배격하고 선원주의를 채택하고 있으므로 기존의 사용여부에 불문하고 선출원자를 보호하고 있다. 따라서 시대의 조류와 제도의 변화에 빠르게 대처하는 사람은 더욱 많은 이익을 소유하고, 이에 적응하지 못하는 사람은 기존의 이익을 침해당하는 지식에 의한 부익부 빈익빈현상이 21세기 지식사회의 한 현상이다. 지식에 의한 부의 창출이 현실임을 자각하고 능동적인 마인드를 가지고 행동하는 사람이 새로운 시대를 열어갈 것이다.

5-2-1. 상표권의 현황

1949년 11월 상표제도가 도입된 이래 2001년 8월 29일 (주)크라운베이커리가 출원한 '빵 및 케이크류' 상표인 '추카도리'가 50만번째 상표로 등록되어 상표등록 50만건 시대를 맞이하였다. 우리나라의 상표등록 제1호는 천일산업의 (천) 상표다.

5-2-2. 상표권의 특징

1) 산업재산권성

상표권은 법에 의하여 독점·배타성이 부여되어 있으므로 물권에 유사한 절대권이며 이른바 대세적 권리이다.

2) 신규성이나 창작성을 요하지 않는 권리

상표권은 당해 상표가 대상물을 다른 상품으로부터 구별할 수 있는 식별력만 있으면 공익상, 사익상의 장애사유가 없는 한 그 자체로서는 창작성이나 신규성이 결여되어 있어도 권리로서 보호받을 수 있다.

3) 상품에 관한 권리

상표권은 기본적으로는 상표에 화체된 당해 상품에 관한 상표권자의 영업상의 신용 내지 고객획득능력을 보호법익으로 하며 이 점에서 상호사용자의 일반적인 영업상 이익보호를 위하여 인정되는 상호권과 유사한 권리를 말한다.

4) 공익적 권리

상표는 개성화된 상품의 동일성을 표시하며(상품식별의 기능), 또 다른 상품과의 출처의 혼동을 방지(출처표시의 기능)하기 위하여 사용되는 것으로서, 상표권은 상표의 이러한 기능을 상표권자의 이익을 위하여 보호하는 것을 주된 목적으로 하는 권리이다.

5) 거래의 수단으로서의 상표를 보호하는 권리

상표권은 경제거래의 수단으로서 산업의 발전을 도모하기 위하여 인정된 권리이므로 특허권 등 발명, 고안을 산업적으로 이용시키기 위하여 인정되는 다른 공업소유권과 마찬가지로 재산권적인 색채가 강하며, 이런 점에서 인격권적인 색채가 강한 저작권이나 성명권 등과는 그 성격을 달리한다.

5-2-3. 상표권의 활용

ㅇ 상표권은 돈이다. 즉 산업재산권이므로 부동산과 똑같이 재산권으로서 매매, 사용수익, 상속 등이 가능하며 유체재산권과 무체재산권이란 차이점이 있을 뿐이다. 따라서 상표권을 활용함으로서 얻는 이익은 부동산에 비할 바가 아닌 것이다. 특히 우리나라는 선진국과 달리 용어에 대한 상표권이 남아 있으므로 상표권투자사업도 권장할 만하다.

ㅇ 상표권이 제도화한 선진국에서는 제조공장을 갖지 아니하고 상표권만 가지고 사용수익을 얻는 행위가 일반화되어 있으며, 그러한 예는 우리나라에 도입된 외국의 유명 의류상표나 제화 중에서도 흔히 볼 수 있다. 근래 우리나라에서도 제조업이나 프랜차이즈업 등과 같은 서비스업에서 상표권을 가지고 사용수익을 얻는 경우가 증대하고 있다. 좋은 상표권을 하나 가지고 있으면 이에 대한 관리행위만으로도 높은 수익의 증대를 꾀할 수 있는 것이다.

ㅇ 기존의 성명철학에 기반한 네임제작은 쇠퇴하고 상표권에 기반한 네임제작산업이 활황세를 띄고 있다. 개인의 이름 등을 작명하는 경우는 성명철학에 기반하나, 상호·서비스명·제품명을 상표권에 기반하지 않는 경우 독점적인 권리가 보장되지 않으며, 기존의 상표권 침해가 있을 경우 민·형사적인 제재로 많은 곤란을 겪을 수 있다. 따라서 상표권을 확보하여 수익을 얻고자 하는 상표권투자 및 컨설팅산업, 상표(권)의 매매 및 사용수익에 필요한 상표가치분석 및 평가산업, 상표권관리산업, 네임제작산업이 분야별로 생기고 있으며, 상표(권)에 대한 중요성 및 제도화가 크게 제고되고 있다.

5-2-4. 기업활동과의 연계성

1) 상표등록 없이 상표를 사용하고 있는 경우, 제3자가 등록 시에는 해당 상표를 사용할 수 없다. 이는 상표는 창작물이 아닌 사용의 선택이기에 선등록자에게 권리가

주어지기 때문이다(선원주의).

2) 타인의 등록상표를 무단 사용하는 상표권침해의 경우 민사(손해배상, 사용중지등), 형사(5년 이하의 징역)적인 제재를 받는다. 타인의 등록상표를 무단 침해하는 것은 그 상표가 표방하는 제품, 서비스의 품질을 믿고 구매, 사용하게 되는 제3자인 소비자를 기만하는 행위이기 때문이다.

3) 식당체인, 학원체인, 의류판매체인, 유통체인점 등의 프랜차이즈업의 경우 상표등록을 하지 않으면 상표의 독점권이 없으므로 경제성과 시장성이 없다.

4) 상표권은 누구나 그 침해사실을 고발할 수 있는 비친고죄이므로 침해시에 피소당할 우려가 높다.

5) 상표권은 산업재산권, 지식재산권으로서 부동산(유체재산권과 무체재산권의 차이)과 같은 권리행사가 보장되며 재산적인 가치가 높다.

5-3. 상표관리

- 상표(브랜드)는 단어 자체가 뜻하는 단순한 이름의 차원을 넘어서서, 우리의 '인격'에 해당하는 무형의 가치를 포함하는 개념이며, "잘 키운 브랜드 하나 열 기업 부럽지 않다"라는 말이 나올 만큼 상표관리에 기업들이 심혈을 기울이고 있다.
- 상표권은 한국 내에서의 독점배타적인 사용권을 가지는 산업재산권이다. 따라서 물품을 제조하는 제조업이든 서비스를 제공하는 서비스업이든 간에 자신의 상표를 등록하여 관리할 필요가 있으며 이를 게을리 하면 자신의 상표가 타인(경쟁업체)에 의하여 등록되어 오히려 피소당할 우려가 있다.
- 전국적인 독점성을 갖고 있는 것은 상표권이므로 상표권이 없는 상호, 상품, 서비스는 한정적일 수밖에 없기에 이에 따른 발 빠른 움직임이 필요하다. 특히 상표권관리사업의 활성화로 상표권의 권리행사가 확대되고 있는 시점에서 시간을 다투어 상표권에 대한 대책을 사업경영자는 강구해야 한다.
- 상표권은 기업 또는 개인의 산업재산권으로서 그 가치의 보존과 증대를 위한 관리가 필요하다. 그러나 상표권의 현실화와 함께 전문지식의 결여로 많은 문제 상황이 발생하는 데, 그 관련 사례를 살펴봄으로써 문제의식과 상표관리의 효율성을 기해나간다.

6. 상업장부와 상업등기

6-1. 상업장부와 재무제표의 비교

구 분	상업장부	재무제표
의의	상인이 영업상의 재산 및 손익의 상황을 명백히 하기 위하여 작성하는 장부	주식회사 및 유한회사의 이사가 결산기에 작성하는 결산에 관한 서류
작성의무자	모든 상인(소상인 제외)	물적회사(주식회사, 유한회사)
종류	* 회계장부 * 재무상태표	* 재무상태표 * 포괄포괄손익계산서 * 자본변동표 * 현금흐름표 * 주석
평가원칙	* 유동자산 - 원칙 : 원가주의 또는 시가주의 병용 - 예외 : 시가주의 * 고정자산 : 원가주의(감가상각후)	* 유동자산 - 원칙 : 원가주의 - 예외 : 시가주의 * 고정자산 : 원가주의(감가상각후) * 금전채권, 사채, 주식, 영업권 : 규정
위반시 제재	* 개인상인 : 제재 없음 * 회 사 : 과태료	과태료

6-2. 상업등기

6-2-1. 공시방법으로의 상업등기

상업등기란 일반인의 열람이 가능한 상업등기부라는 공부에 일정한 기업내용을 기재하는 것으로서 간접적 공시방법의 하나이다.

6-2-2. 상업등기의 종류

상호등기부, 무능력자등기부, 법정대리인등기부, 지배인등기부, 합명회사등기부, 합자회사등기부, 주식회사등기부, 유한회사등기부, 외국회사등기부의 9가지

6-2-3. 상업등기법[2007.8.3 법률 제8582호][제정]

◇ 제정이유

상업등기사무의 전산화사업이 완료됨에 따라 변화된 환경에 맞추어 상업등기사무의 처리절차 및 방법 등을 정비하고, 기업의 등기편의를 위하여 전산정보처리조직에 의하여 등기를 신청할 수 있도록 하며, 회사의 설립·이전 및 합병 등에 있어서의 등기절차를 간소화하는 한편, 「비송사건절차법」 및 대법원규칙 등에서 규정하고 있는 상업등기에 관한 규정을 통합하여 상업등기에 관한 단일 법률을 제정함으로써 상업등기사무의 적정성과 효율성을 높이고 상업등기의 기능을 보다 충실하게 하려는 것이다.

제2장 상행위

1. 상사매매

- 상법의 매매에 관한 규정은 상인간의 상행위로 인한 매매를 대상으로 하며, 그 특징은 기업의 유지와 거래의 원활 및 활성화를 위하여 주로 매도인을 보호하고 거래의 신속과 안전을 도모하고 있다.
- 매도인에게 공탁권과 경매권 등이 주어져 있으며, 이는 민법보다 특수성이 있고, 매수인에게는 목적물의 검사의무와 하자통지의무를 부여하고 있다.

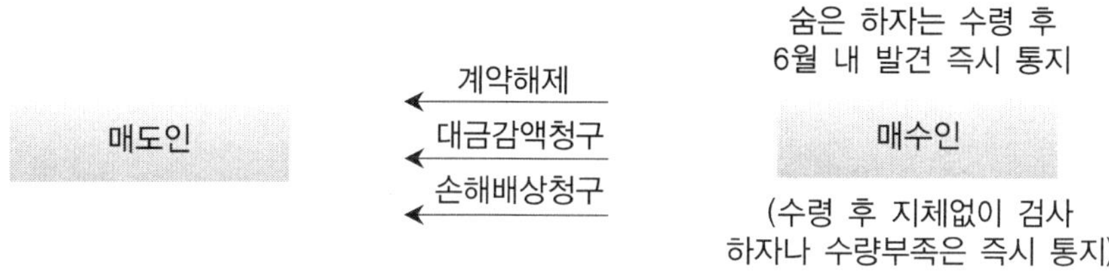

〈 목적물의 검사 및 통지의무 〉

사 례

갑의 상점에서는 연말연시 선물용 상품을 을 도매상에 주문하면서 12월 20일까지는 반드시 도착되도록 한다는 내용으로 계약을 하였다. 그런데 기일이 되어도 그 상품이 도착하지 않았다. 3-4일이 지나도록 도착하지 않으므로 이제는 먼 곳에 있는 을 도매상에 독촉해도 시일이 맞지 않게 되어 부득이 가까운 곳에 있는 정도매상에 주문하여 겨우 연말 선물로 팔수가 있었다. 그런데 12월 28일경이 되어서 을 도매상에서 상품이 도착했는데 갑은 이미 그 계약은 해제된 것이라고 하여 대금지급을 거절하였다. 을 도매상은 계약을 해제한다는 통지도 없었고 또 상품이 연말 안에 도착한 것이므로 갑의 상점에서 대금을 지급해야 한다고 주장하고 있으나 갑의 상점에서는 이를 인정하지 않았다. 갑의 행동은 정당한가?

해 설

상인간의 매매에 있어서 매매의 성질 또는 당사자의 의사표시에 의하여 일정한 시일 또는 일정한 기간 내에 이행하지 않으면 계약의 목적을 달성할 수 없는 경우에 당사자의 일방이 이행시기를 넘긴 때에는 상대방은 즉시 그 이행을 청구하지 아니하면 계약을 해제한 것으로 본다.

이 사례의 경우에도 어느 쪽이나 상인이며 연말의 선물용 상품매매이므로 계약의 성질상 위와 같은 내용의 확정기 매매라고 보아도 좋다. 따라서 기일에 을 도매상이 이행하지 않았고 갑은 곧 이행의 청구를 하지 않았기 때문에 특별한 사정이 없는 한 계약은 당연히 해제되게 된다.

사 례

상인간 매매에 있어서 매도인이 하자있는 목적물을 인도한 경우에 매수인은 상법상 어떤 구제수단을 취할 수 있는가?

해 설

매수인이 매도인으로부터 목적물을 수령한 때에는 지체 없이 이를 검사하고 하자를 발견한 때에는 즉시 매도인에게 그 하자를 통지하여야 하고, 하자가 즉시 발견할 수 없는 것이면 6월내에 그 하자를 통지하여야 한다.

매수인이 이러한 검사 · 하자의 통지를 한 때에는 그 하자가 추완 가능한 경우에는 완전한 대체물의 인도나 하자보수 등의 완전이행을 청구할 수 있고, 또 하자로 인하여 매매의 목적을 달성할 수 없는 경우에는 계약을 해제할 수 있으며, 손해가 있으면 손해배상을 청구할 수 있다.

그러나 매도인이 악의인 때에는 매수인은 목적물의 하자통지를 하지 않고도 그 권리를 행사할 수 있다.

사 례

청과물수입상인 갑은 매매계약에 따라 100만원 상당의 바나나를 소매상인인 을에게 보냈으나 을은 바나나가 너무 익었다는 이유로 그 수령을 거절하였다. 그리하여 갑은 자신이 40만원 가격으로 경락인이 되었다. 갑은 을에게 매매대금의 잔액(40만원 공제한 60만원)을 청구할 수 있는가?

해 설

갑이 적법하게 경매를 한 때에는 매매대금의 지급을 청구할 수 있다. 즉 양당사자는 모두 상인이며 상사매매계약이 성립되었으며, 을은 적법한 매도인 갑의 이행에 대하여 수령을 거절함으로써 채권자지체가 된다. 바나나는 멸실의 위험이 있으므로 최고를 하지 않고 경매할 수 있다. 따라서 갑은 자신이 경락인이 될 수 있으므로 을은 매매대금에서 경락대금을 공제한 잔액(60만원)을 지급하여야 한다.

2. 상호계산

2-1. 서

2-1-1. 의의

상호계산이란 상시 거래관계에 있는 상인간에 또는 상인과 비상인간에 일정기간의 거래로 인한 채권·채무의 총액을 상계하고 그 잔액을 지급할 것을 약정하는 계약을 말한다(상법 제72조).

2-1-2. 기능

① 채권결제의 번잡과 비용·위험방지 - 빈번한 거래관행상의 결제의 편의도모

② 자금의 비생산적 고정회피

③ 신용제공(일정시기까지 상호간에 금융제공의 효과)

④ 담보기능(서로 대등액에 대한 담보취득의 효과)

→ 영업활동상 특유한 채권·채무제도 : 그 자체는 영업상의 편의를 위한 부속적 상행위

2-1-3. 연혁

- 중세(13C초) 상업도시(이탈리아 등)의 은행거래관습
- 부기기술 → 법제도(19C이후)

2-2. 상호계산의 개념요소

2-2-1. 당사자

- 쌍방이 상인이거나 일방이 상인이어야 하고, 비상인간의 효력은 상법의 적용을 받지 않는다.
- 3인 이상간의 집합적 결제방법(ex. 어음교환결제)은 상법상의 상호계산이 아니다.

2-2-2. 상시거래관계

계약체결당시에 이미 존재하거나, 장차 상시 거래관계가 생길 것을 예상하고 계약을 체결하여도 상호계산이라 할 수 있다.

2-2-3. 상호간에 채권 · 채무관계 발생

- 처음부터 당사자 일방만이 채권을 취득할 것으로 예상하고 체결하는 계약(일방적 상호계산)은 상법상의 상호계산이 아니다(ex. 소매상 - 소비자).
- 계약체결 당시 상호간에 채권발생을 예상하였으나 기간만료시 결과적으로 당사자 일방에게만 채권 발생했어도 상호계산의 효력이 발생한다.

2-2-4. 대상 : 일정기간의 거래로 인한 채권 · 채무

1) 일정기간 - 상호계산기간 ; 특약 없으면 6월(상법 제74조)
2) 거래 - 불법행위·부당이득·사무관리의 법정채권, 양수채권, 어음채권, 담보부 채권 제외
3) 채권·채무 - 동종채권(금전채권)

2-2-5. 법적 성질 : 상법상 특수한 낙성계약

2-3. 상호계산의 효력

2-3-1. 상호계산기간 중의 효력(소극적 효력)

1) 당사자간의 효력

ㅇ 원칙 - 상호계산불가분의 원칙 : 상호계산기간 중에 생긴 각채권·채무는 독립성을 잃고 하나의 계산단위에 흡수된다.

① 개별적 채권행사 금지 - 이행지체가 되지 않음

② 상호계산에 계입되지 않은 다른 채권과 상계금지

③ 각 채무의 시효가 진행되지 않음

④ 각 채권을 분리하여 양도·입질·압류할 수 없음(제3자에 대한 효력)

ㅇ 예외(상법 제73조) - 상업증권상의 채권·채무

어음 기타 상업증권으로 인한 채권·채무를 상호계산에 계입한 경우에 그 증권채무자가 변제하지 아니한 때에는 당사자는 그 채무의 항목을 상호계산에서 제거할 수 있다.

2) 제3자에 대한 효력

(1) 절대적 효력설

제3자의 양수, 입질, 압류를 인정한다면 상법이 상호계산을 인정하는 취지가 몰각될 것이므로 양수인·질권자·압류권자의 선의·악의에 불문하고 제3자는 이에 계입된 채권을 개별적으로 양수, 입질, 압류할 수 없다는 견해이다.

(2) 상대적 효력설(상호계산불가분의 원칙은 제3자에게는 미치지 않는다는 견해)

당사자 한쪽이 상호계산불가분의 원칙에 위반하여 채권양도·입질 등을 하였을 때는 선의의 제3자에게는 그 제한을 대항할 수 없고 상대방에 대하여 손해배상책임만을 발생시킬 뿐이며 압류의 경우에는 선의·악의를 불문하고 언제나 유효하다는 견해이다.

(3) 절충설

거래의 안전을 위하여 제3자가 상호계산에 계입된 채권을 양도받거나 입질하는 것을 막을 수는 없지만, 제3자의 압류신청은 인정할 필요가 없다고 하는 견해이다.

ㅇ 양도·입질 - 상대적 효력설(채무자에게 통지·승낙해야 하므로 묵시승인)

ㅇ 압류 - 절대적 효력설(당사자로서의 채권자 보호): 담보적 기능 중시

(4) 결 어

상거래의 간이결제를 위하여 상호계산제도를 채택할 것인가의 여부는 거래당사자의 임의의 의사에 속하는 것인데 당사자가 우연히 이 제도를 채택하였다고 하여 선의의 제3자를 해할 수 없고 또한 당사자간의 약정에 의하여 국가의 강제집행권을 제한하는 재산권을 만들 수도 없으므로 상호계산불가분의 원칙은 제3자에게는 미치지 않는다는 상대적 효력설이 타당하다.

CASE 상호계산의 제3자에 대한 효력

1 문제

상인 갑과 상인 을은 상시 거래관계가 있어 6월에 한번씩 거래상의 채권채무의 총액에 관하여 상계하고 그 잔액을 지급하기로 하는 상호계산계약을 체결하였다. 계약기간중 갑의 채권자 A는 갑의 을에 대한 1000만원의 물품대금채권을 압류하고자 한다. 가능한가?

2 결론 및 논거

설문은 상호계산불가분의 원칙이 제3자에 대하여도 적용되는가의 문제인데, 당사자간의 약정에 의하여 국가의 강제집행권을 제한하는 재산권을 만들 수는 없다 할 것이므로 동 원칙은 제3자에 대하여는 적용되지 않는다 할 것이며 A는 갑의 채권을 압류할 수 있다고 볼 것이다.

2-3-2. 상호계산 기간만료 후의 효력(적극적 효력)

1) 잔액채권의 성립

(1) 기간경과로 기간 중에 생긴 채권·채무 상계되어 소멸하고 그 결과 잔액채권이 성립한다.

(2) 잔액청구의 성립 - 객관적 수치의 가감에 의한 자동적 계산
계산서 승인 - 이의제기 불가라는 창설적 효력 발생

(3) 상법 제76조 제1항 : 잔액에 대한 법정이자의 기산일 - 계산폐쇄일(년6분)
→ 계산기간경과로 잔액채권이 성립하는 것이 전제

(4) 기간의 경과로 잔액채권행사가능, 이때부터 시효진행, 양도·압류가능

(5) 기간 중 채권·채무소멸 - 갱개 ; 구채무의 담보권·보증채무 소멸

2) 계산서 승인의 효력

ㅇ 승인의 의의

(1) 상호계산기간이 종료하면 당사자는 계산서를 작성하여 이를 승인하는 절차이다.

(2) 일방이 각 채권·채무·그 잔액을 기재한 계산서를 작성하여 제시한다.
→ 상대방 승인(묵시적 승인<잔액채권 이행청구에 이의 없이 변제 또는 지급연기요청>도 가능하다).

ㅇ 승인의 효과

(1) 당사자가 계산서를 승인하면 그 각 항목에 대하여 이의를 제기하지 못한다(법률관계의 혼란방지) → 승인하면 어떤 채무가 실질상 무효라 하더라도 일단 그 채무가 존재하는 것으로 본다.

(2) 다만 승인행위자체에 하자가 있는 경우 승인이 무효·취소될 수 있다.

ㅇ 착오·탈루의 경우

(1) 계산서의 각 항목 or 계산의 착오·탈루가 있는 경우 무인적 잔액채권의 확정자체를 다툴 수 있는 것은 아니다.

(2) 계산서 승인시의 착오·탈루로 보아야 한다.

2-4. 상호계산의 종료

1) 일반적 종료 원인

ㅇ 존속기간의 만료

- 계약의 존속기간으로 그 기간이 만료하면 계약이 소멸한다.
- 예고제도 없다.

ㅇ 상호계산기간

- 채권·채무의 상호계산 계입의 단위이다.
- 기간이 만료되더라도 계약이 소멸하지는 않는다.

2) 해지 - 상법 제77조(상대방의 신속한 권리행사 보장)

3) 거래관계의 종료

4) 기타 - 당사자 일방의 파산, 회사정리절차의 개시

3. 익명조합

3-1. 개념과 기능

ㅇ 당사자의 일방(익명조합원)이 상대방(영업자)의 영업을 위해 출자하고 상대방은 이에 대해 그 영업으로 인한 이익을 분배할 것을 약정하는 계약이다(상법 제78조).

ㅇ 대내적 - 익명조합원과 영업자의 공동기업(계약)

ㅇ 대외적 - 영업자의 단독기업

ㅇ 기 능

1) 익명조합원 - 경영능력의 한계, 사회적 신분에 따른 제약, 법률상의 장애(경업금지의무) 등으로 영업을 직접 수행하기 어려운 경우 이익획득 가능

2) 영업자 - 자금조달, 확정이자 면제, 자본관계비밀유지 가능, 손실위험분담

ㅇ 현물출자를 한 때에는 금전으로 평가한 가액을 반환한다.

ㅇ 출자가 손실로 인해 감소된 때에는 그 잔액을 반환한다. 다만, 익명조합원이 손실을 부담하지 않기로 하는 특약이 있다면 출자가액 전액을 반환하여야 한다.

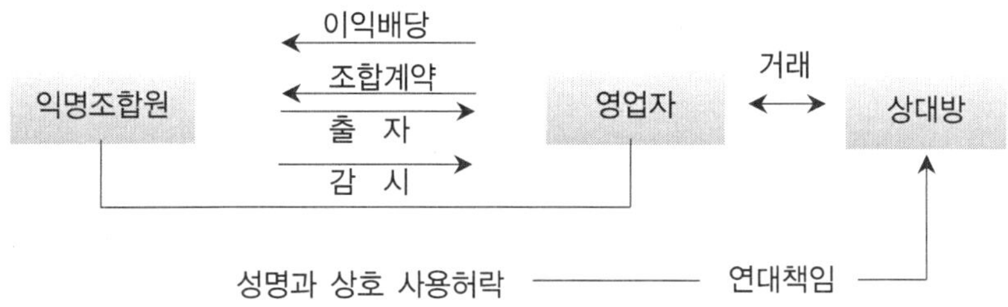

3-2. 비 교

1) 공동기업

ㅇ 공동기업이란 공동으로 운영하는 기업을 말한다.

ㅇ 공동기업은 조합, 익명조합, 합자조합 및 회사로 나눌 수 있다.

ㅇ 조합, 익명조합, 합자조합은 법인격을 갖고 있지 않지만 회사는 법인격을 가진다.

2) 익명조합과 소비대차와의 비교

구 분	익 명 조 합	소 비 대 차
본 질	이익분배	이자지급
손실분담	손실분담 전제	손실분담 없음
반 환	출자가 손실에 의해 감소한 때는 그 잔액만 반환	원금반환
감시권	익명조합원은 영업에 대한 감시권을 가짐	원금사용에 관여할 권한 없음

3) 익명조합과 민법상의 조합과의 비교

구 분	익 명 조 합	민 법 상 의 조 합
당 사 자	2당사자에 한정	당사자의 수에 제한 없다
사 업 주 체	영업자의 단독기업	조합원 전원의 공동기업
사업 계속성	영업을 전제	일시적인 경우에도 성립
출 자	재산출자에 한정	노무출자도 인정
대외적 책임	영업자만이 부담	각 조합원 분할채무 부담
재 산 귀 속	영업자에 재산귀속	조합원의 공동재산
이 익 분 배	이익분배가 계약의 요소	이익분배 외에 조합해산시 잔액재산분배를 약정할 수 있다
출 자 반 환	계약종료시 영업자가 출자가액 반환	해산시 잔액재산을 출자가액에 비례하여 분배
	다만, 내부관계에 관해서는 조합에 관한 규정 적용	

※ 조합은 조직적으로 힘을 합하여 운영되는 기업이며 여기서의 「조합」은 일종의 「동업」을 의미한다.

※ 익명조합은 익명이지만 조직적으로 힘을 합하여 사업할 것을 약정하는 계약이다.

4. 기업보조제도(기업보조자)

1) 전체 도표

1. 내부보조자 : 특정상인에 종속 (독립된 상인 자격 없음)	(1) 생산활동보조(사실관계) (생산적 보조자) (2) 유통활동보조(법률관계) (영업적 보조자)	·사용자(상인)와 노동자의 내부관계 - 노동법에 일임 대외적인 법률문제 없음 ·상인과 거래상대방과의 대외적 거래활동 관계
1) 상업사용인 (상법총칙상의 보조자) (폐쇄적보조자)	① 지배인 ② 부분적 포괄대리권을 갖는 사용인 ③ 물건판매점포의 사용인(점원)	
2) 선장(해상법상의 보조자)		
2. 외부보조자 : 독립된 상인 자격 있음 (각종보조자-상행위법상의 보조자)	< 피보조자의 특정 유무에 따라 > (1) 폐쇄적보조자 : 특정상인의 영업활동을 보조-대리상 (2) 개방적보조자 : 불특정다수인의 영업활동 보조-운송인, 창고업자 등	

※ 상업사용인(商業使用人)이란 상업적으로 사용되는 인간 즉 특정한 상인에 종속되어 영업에 관한 대외적 거래를 대리하는 자를 말한다.

※ 폐쇄적보조자

- 특정상인만을 보조
- 상업사용인과 대리상은 독립된 상인자격 유무에 차이가 있을 뿐 특정상인을 보조하는 폐쇄적보조자라는 점에서 공통(법률상 대리인)

2) 상업사용인의 비교(대리권의 범위에 따른 분류)

구 분	지 배 인	부분적 포괄대리권을 가진 사용인	물건판매점포 사용인(점원)
대리권 범 위	영업에 관한 재판상 또는 재판외의 모든 권한	*위임받은 특정한 종류·사항에 한정된 권한 *재판상 대리권 없음	*점포의 물건판매에 관한 모든 권한(대리권 의제) *재판상 대리권 없음
대리권 제 한	선의의 제3자에게 대항할 수 없음	*범위 내에서는 선의의 제3자에게 대항할 수 없음 *범위에 속하지 않는 행위 :선의의 제3자에게도 대항할 수 있음	상대방의 선의를 전제로 한 것임(악의의 상대방에게는 대항할 수 있음)
선임자	영업주	영업주, 지배인	영업주, 지배인
사용명칭	본부장, 지점장 등	과장, 주임 등	점원 등
등기여부	대항요건(선임,종임)	없음	없음
적용배제	소상인	없음	없음

※ 지배인(支配人)이란 영업소를 지배하는 인간 즉 영업주에 갈음하여 영업에 관한 포괄적인 행위를 할 수 있는 상업사용인을 말한다.

※ 표현지배인(表見支配人)이란 사실은 지배인이 아니지만 겉으로(表) 나타나기에는(見) 지배인인자를 말하며, 진정한 지배인은 아니지만 진정한 지배인과 동일한 권한이 있는 것으로 본다(상법 제14조).

5. 금융리스

ㅇ 상법상 기본적 상행위에 해당한다(제46조 19호).

- 기계, 시설, 그 밖의 재산의 금융리스에 관한 행위이다.

ㅇ 여신전문금융업법상 개념

- "시설대여업"이란 시설대여를 업으로 하는 것을 말한다(동법 제3조 제9호).
- "시설대여"란 대통령령으로 정하는 물건을 새로 취득하거나 대여받아 거래상대방에게 대통령령으로 정하는 일정 기간 이상 사용하게 하고, 그 사용 기간 동안 일정한 대가를 정기적으로 나누어 지급받으며, 그 사용 기간이 끝난 후의 물건의 처분에 관하여는 당사자 간의 약정으로 정하는 방식의 금융을 말한다(동법 제3조 제10호).
- 시설대여업자와 시설대여계약을 체결한 자(대여시설이용자)가 기업의 설비투자를 지원하기 위하여 운용되는 자금의 융자대상자인 경우에는 시설대여업자가 그 대여시설이용자를 위하여 그 자금을 융자받아 특정물건을 취득하거나 대여받아 시설대여를 할 수 있다(동법 제29조).

〈 유사계약과의 비교표 〉

구 분	임 대 차	렌 탈	금융리스
관련법규	민법	민법	상법
하자담보책임	임대인	렌탈회사	리스이용자
유지, 관리책임	임대인	렌탈회사	리스이용자

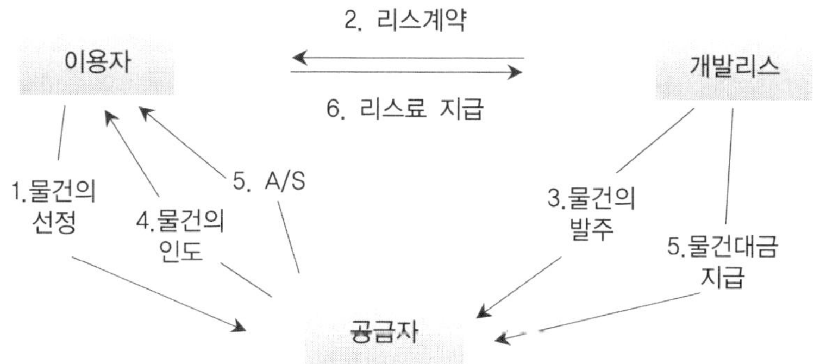

6. 팩터링(채권회수업)

1) 의의

- ㅇ 영업상 채권의 매입·회수에 관한 행위이다(상법 제46조 21호) - 팩터링업
- ㅇ 팩터링(factoring) - 물건을 판매하는 상인이 외상판매채권을 전문적인 채권회수업자에게 양도하여 관리·회수하게 하는 것을 내용으로 하는 거래이다.
- ㅇ 신용사회가 정착됨에 따라 차츰 외상거래가 많아지고, 외상채권이 다양화함에 따라 채권의 회수도 전문적인 기술을 요하게 된다 → 외상채권의 회수만을 전문으로 하는 자에게 채권을 양도하여 회수하게 한다면 판매상인은 저렴한 비용(수수료)으로 채권회수가 가능하다(채권의 조기회수 효과).

2) 팩터링의 구조

(1) 기본구조

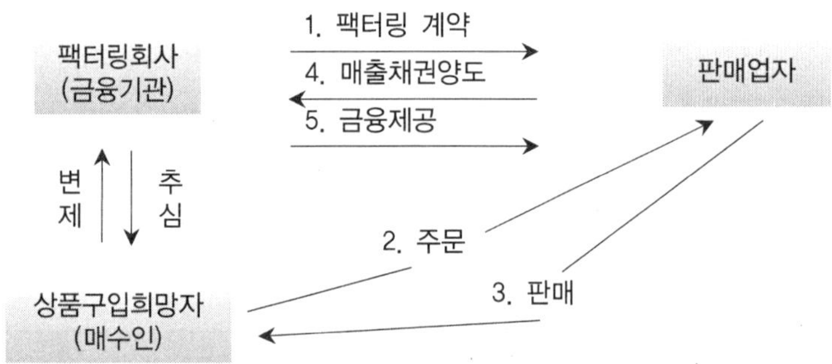

(2) 팩터링금융

- ㅇ 판매상인이 채권회수업자에게 채권을 양도하고 이를 담보(채권질)로 하여 금융(전도금융)을 얻는 것이 보통이다 → 채권회수업자가 소비자로부터 변제 받아서 이를 가지고 판매상인에 대한 채권과 상계 → 팩터링금융(가장 중요한 기능)
- ㅇ 소비자의 무자력, 물건매매계약의 무효·취소·해제 등으로 인해 채권회수업자가 소비자로부터 채권을 변제 받지 못하는 경우 - 채권의 회수불능으로 인한 위험부담 → 진정팩터링(echte factoing) - 채권회수업자가 부담하는 팩터링

3) 팩터링의 법적 특색

(1) 기본계약

- ㅇ 특정의 판매상인과 특정의 채권회수업자 간의 기본계약(팩터링계약)에 기초한다.

ㅇ 판매상인과 채권회수업자는 사전에 일정기간 발생하는 외상채권에 관해 팩터링을 하기로 하는 계약(수수료·이율·위험부담 등 약정)이다 → 이 계약에서 앞으로 행할 팩터링거래의 일반적인 사항

(2) 개별팩터링행위 - 채권계약(혼합된 무명계약)

(3) 팩터링의 상행위성

ㅇ 채권회수업자는 당연상인이다(상법 제4조).

- 기본계약 및 팩터링행위가 바로 채권회수업자의 영업행위

ㅇ 채권회수업자는 수수료와 이자의 수령을 통해 그의 영리성을 실현한다.

7. 프랜차이즈(franchise)

1) 의의

ㅇ 상호, 상표 등의 사용허락에 의한 영업에 관한 행위이다(상법 제46조 20호).

ㅇ 독립된 상인간에 일방(프랜차이즈 이용자: franchisee)이 타방(프랜차이즈 설정자: franchisor)의 상호나 상표 기타 영업에 관한 표지를 이용하며 아울러 자신의 영업에 관해 부분적으로 타방의 지휘감독을 받기로 하고 그에 대한 대가를 지급하기로 하는 계약이다.

- 시장개척을 위한 비용과 노력의 절감
- 국내기업간은 물론 세계적으로 지명도가 높은 기업이 외국에 진출하고자 할 때 이용하기 좋은 시장개척방법

2) 프랜차이즈 사업의 정의

ㅇ 'The Franchise'는 공민권, 시민권을 의미

ㅇ 프랜차이즈 사업이란 체인본부(franchisor)가 가맹점(franchisee)에게 비즈니스 구조 및 조직형태, 브랜드의 사용권한, 점포 개설, 영업 관리, 교육훈련을 통한 인력개발 등의 경영노하우를 제공하며 사업을 영위해 나가는 형태를 의미한다.

→ 결국 프랜차이즈란 가맹본부와 가맹점간의 지속적인 관계를 말한다.

ㅇ 가맹본부는 해당지역 내에서의 독점적 영업권을 가맹점에게 준다.

ㅇ 가맹본부가 가맹점이 취급하는 상품의 종류, 점포 인테리어, 광고, 서비스 등을 직접 구성하고 관리하며, 가맹점에 대한 교육지원, 경영지도, 판촉지원 등 각종 경영 노우를 제공한다.

ㅇ 가맹점은 가맹본부에 가맹비, 로열티 등의 일정한 대가를 지불하고 가맹점 사업에 필요한 자금을 직접 투자해서 본사의 협조와 지도아래 독립된 사업을 영위한다.

ㅇ 프랜차이즈 사업의 성장 계기
- 미국 뉴욕 45번가에 80년 역사를 가진 어느 카페테리아가 1985년경 급격한 매출액 감소로 막대한 손실을 입어 경영위기를 맞게 되자 '버거킹'의 가맹점으로 전환하여 대성공을 거두면서 본격적인 체인사업으로 발전하게 되었다.
- 초기에는 대체로 제조 및 도매업자가 본부가 되고 소매점이 가맹점이 되는 형태가 대부분이었으나 최근 거의 모든 산업 분야에서 프랜차이즈 사업이 이루어지고 있다.

3) 프랜차이즈계약의 내용

ㅇ 프랜차이즈 설정자가 제시하는 약관

ㅇ 프랜차이즈 설정자의 영업정책에 따라 다양

4) 영업상의 책임

ㅇ 프랜차이즈계약에서는 필히 이용자가 설정자의 상호 등 영업상의 표지를 사용하는데, 상호를 사용할 경우에는 상법 제24조에 의해 설정자가 이용자의 영업상의 채무에 대해 연대책임을 져야 한다.

ㅇ 그 밖의 영업표지를 이용하는 경우에도 거래상대방으로 하여금 설정자의 영업으로 오인하게 하는 경우에는 표현대리(민법 제125조)에 의한 책임을 져야 할 경우가 대부분일 것이다.

5) 프랜차이즈(외식업) 표준계약서

이 표준계약서의 목적은 외식업을 운영하는 가맹사업에 있어서 가맹본부와 가맹점사업자 간에 공정한 계약조건에 따라 가맹계약(프랜차이즈계약)을 체결하도록 하기 위한 표준적 계약조건을 제시함에 있다.

이 표준계약서에서는 외식업 가맹사업의 운영에 있어서 표준이 될 계약의 기본적 공통사항만을 제시하였다. 따라서 실제 가맹계약을 체결하려는 계약당사자는 이 표준계약서의 기본 틀과 내용을 유지하는 범위에서 이 표준계약서보다 더 상세한 사항을 계약서에 규정하거나 특약으로 달리 약정할 수 있다.

또한 이 표준계약서의 일부 내용은 현행 「가맹사업거래의 공정화에 관한 법률」 및 그 시행령을 기준으로 한 것이므로 계약당사자는 이들 법령이 개정되는 경우에는 개정내용에 부합되도록 기존의 계약을 수정 또는 변경할 수 있으며 특히 개정법령에 강행규정이 추가되는 경우에는 반드시 그 개정규정에 따라 계약내용을 수정하여야 한다.

이 표준계약서는 하위가맹본부(지사 등)가 가맹본부로부터 계약체결권을 부여받아 가맹점사업자를 모집할 경우에도 그 하위가맹계약의 표준이 될 수 있다.

제1장 총 칙

제1조 (목 적)

이 표준계약서는 외식업을 영업으로 하는 가맹사업에 있어서 가맹본부와 가맹점사업자 간에 공정한 계약조건에 따른 가맹계약을 체결하도록 하기 위한 표준적 계약조건을 제시함을 목적으로 한다.

제2조 (용어의 정의)

이 계약서에서 사용된 용어는 다음 각 호와 같은 의미를 갖는다.

1. "가맹사업"이라 함은 가맹본부가 가맹점사업자(가맹희망자를 포함한다)로 하여금 자신의 상표·서비스표·상호·간판 그 밖의 영업표지(이하 "영업표지"라 한다)를 사용하여 일정한 품질기준이나 영업방식에 따라 외식업을 영위함과 아울러 이에 따른 경영 및 영업활동 등에 대한 지원·교육과 통제를 하고, 가맹점사업자는 이에 대한 대가로 가맹본부에 가맹금을 지급하는 것을 내용으로 하는 계속적인 거래관계를 말한다.
2. "가맹본부"라 함은 가맹계약과 관련하여 가맹점사업자에게 가맹점운영권을 부여하는 사업자를 말한다.
3. "가맹점사업자"라 함은 가맹계약과 관련하여 가맹본부로부터 가맹점운영권을 부여받은 사업자를 말한다.
4. "가맹금"이라 함은 명칭이나 지급형태의 여하에 관계없이 가맹점사업자가 가맹계약에 따라 가맹본부에 지급하는 대가를 말하며, 최초가맹금, 계속가맹금, 계약이행보증금을 포함한다.
5. "최초가맹금"이라 함은 가입비·입회비·계약금·할부금·오픈지원비·최초교육비 등 명칭을 불문하고 가맹점사업자가 가맹점운영권을 부여받아 가맹사업에 착수하기 위하여 가맹본부에 지급하는 대가를 말한다.
6. "계속가맹금"이라 함은 상표사용료, 교육비, 경영지원비 등 명칭을 불문하고 가맹점사업자가 가맹사업에 착수한 이후 가맹사업을 유지하기 위하여 영업표지의 사용과 영업활동 등에 관한 지원·교육, 그 밖의 사항과 관련하여 가맹본부에 정기적으로 또는 비정기적으로 지급하는 모든 대가를 말한다.
7. "계약이행보증금"이란 가맹점사업자가 가맹본부로부터 공급받는 상품의 대금 등에 관한 채무액이나 이와 관련한 손해배상액의 지급을 담보하기 위하여 가맹본부에 지급하는 대가를 말한다.
8. "영업비밀"이라 함은 공공연히 알려져 있지 아니하고 독립된 경제적 가치를 가지는 것으로서, 가맹본부의 상당한 노력에 의하여 비밀로 유지된 생산방법, 판매방법, 그 밖에

영업활동에 유용한 기술상 또는 경영상의 정보를 말한다.

제3조 (계약당사자의 지위)

① 가맹본부와 가맹점사업자는 상호간에 독립한 사업자로서 대등한 관계에서 이 건 가맹계약을 체결한다.

② 가맹본부와 가맹점사업자 사이에는 상호간에 대리관계나 위임관계, 사용자와 피용자 관계, 동업자 관계 등 여하한 특별한 관계도 존재하지 아니한다.

제4조 (신의성실의 원칙)

가맹본부와 가맹점사업자는 이 가맹계약에 따라 가맹사업을 영위함에 있어서 각자의 업무를 신의에 따라 성실하게 수행하여야 한다.

제5조 (가맹본부의 준수사항)

가맹본부는 이 계약에서 정한 의무 외에 다음 각 호의 사항을 준수한다.

1. 가맹사업의 성공을 위한 사업구상
2. 상품이나 용역의 품질관리와 판매기법의 개발을 위한 계속적 노력
3. 가맹점사업자에 대하여 합리적 가격과 비용에 의한 점포설비의 설치, 상품 또는 용역 등의 공급
4. 가맹점사업자와 그 직원에 대한 교육·훈련
5. 가맹점사업자의 경영·영업활동에 대한 지속적인 조언과 지원
6. 정보공개서에서 달리 밝힌 경우가 아닌 한, 가맹계약기간 중 가맹점사업자의 영업지역에서 자기의 직영점을 설치하거나 가맹점사업자와 유사한 업종의 가맹점을 설치하는 행위의 금지
7. 가맹점사업자와의 대화와 협상을 통한 분쟁해결 노력

제6조 (가맹점사업자의 준수사항)

가맹점사업자는 이 계약에서 정한 의무 외에 다음 각 호의 사항을 준수한다.

1. 가맹사업의 통일성 및 가맹본부의 명성을 유지하기 위한 노력
2. 가맹본부의 공급계획과 소비자의 수요충족에 필요한 적정한 재고유지 및 상품진열
3. 가맹본부가 상품 또는 용역에 대하여 제시하는 적절한 품질기준의 준수
4. 제3호의 규정에 의한 품질기준의 상품 또는 용역을 구입하지 못하는 경우 가맹본부가 제공하는 상품 또는 용역의 사용
5. 가맹본부가 사업장의 설비와 외관, 운송수단에 대하여 제시하는 적절한 기준의 준수
6. 취급하는 상품·용역이나 영업활동을 변경하는 경우 가맹본부와의 사전 협의
7. 상품 및 용역의 구입과 판매에 관한 회계장부 등 가맹본부의 통일적 사업경영 및 판매

전략의 수립에 필요한 자료의 유지와 제공

8. 가맹점의 업무현황 및 제7호의 규정에 의한 자료의 확인과 기록을 위한 가맹본부의 임직원 그 밖의 대리인의 사업장 출입 허용
9. 가맹본부의 동의를 얻지 아니한 경우 사업장의 위치변경 또는 가맹점운영권의 양도금지
10. 가맹계약기간 중 가맹본부와 동일한 업종을 영위하는 행위의 금지
11. 가맹본부의 영업기술이나 영업비밀의 누설 금지
12. 가맹본부의 영업표지 기타 지적재산권에 대한 침해사실을 인지하는 경우 가맹본부에 대한 침해사실의 통보와 금지조치에 필요한 적절한 협력

제7조 (불공정거래행위의 금지)

가맹본부는 다음 각 호의 어느 하나에 해당하는 행위로서 가맹사업의 공정한 거래를 저해할 우려가 있는 행위를 하거나 다른 사업자로 하여금 이를 행하도록 하는 행위를 하지 아니한다.

1. 영업지원 등의 거절, 부당한 계약갱신 거절, 부당한 계약해지 등의 방법으로 가맹점사업자에 대하여 상품이나 용역의 공급 또는 영업의 지원 등을 부당하게 중단 또는 거절하거나 그 내용을 현저히 제한하는 행위
2. 가격구속, 거래상대방 구속, 상품 또는 용역의 판매제한, 영업지역 준수강제 등의 방법으로 가맹점사업자가 취급하는 상품 또는 용역의 가격, 거래상대방, 거래지역이나 가맹점사업자의 사업활동을 부당하게 구속하거나 제한하는 행위
3. 구입강제, 경제적이익제공 또는 비용부담 강요, 부당한 계약조항의 설정 또는 변경, 경영간섭, 판매목표강제 기타 불이익제공 등의 방법으로 거래상의 지위를 이용하여 부당하게 가맹점사업자에게 불이익을 주는 행위
4. 가맹계약을 위반하여 부당하게 가맹계약기간 중 가맹점사업자의 영업지역 안에서 가맹점사업자와 동일한 업종의 자기 또는 계열회사(「독점규제 및 공정거래에 관한 법률」 제2조 제3호에 따른 계열회사를 말한다)의 직영점이나 가맹점을 설치하는 행위
5. 부당하게 경쟁가맹본부의 가맹점사업자를 자기와 거래하도록 유인하는 행위 등 제1호 내지 제4호 외의 행위로서 가맹사업의 공정한 거래를 저해할 우려가 있는 행위

제2장 개점의 준비

제8조 (가맹점의 표시)

이 계약에 의하여 가맹점사업자가 개설하게 되는 가맹점의 표시는 다음과 같다.

(1) 점포 명 :

(2) 상호 및 대표자 :

(3) 점포 소재지 :

(4) 점포 규모 : ㎡

(5) 영업지역 : 별첨[1]에 표시된 지역

제9조 (가맹점운영권의 부여)

① 가맹본부는 가맹점사업자가 계약기간 중에 가맹본부의 영업시스템에 따라 외식업을 운영하도록 하기 위하여 필요한 범위에서 가맹점사업자에게 다음 각 호의 권리를 부여한다.

1. 가맹본부의 영업표지의 사용권
2. 가맹사업과 관련하여 등기·등록된 권리나 영업비밀의 사용권
3. 상품 또는 원·부재료(이하 "원·부재료 등"이라 한다)를 공급받을 권리
4. 노하우(know-how) 전수, 지도, 교육 기타 경영지원을 받을 권리
5. 기타 가맹본부가 본 계약상의 영업과 관련하여 보유하는 권리로서 당사자가 사용허가의 대상으로 삼은 권리

② 이 계약에서 가맹점사업자에게 사용이 허가된 영업표지의 표시는 별첨[2]와 같다.

제10조 (지식재산권의 확보)

① 가맹본부는 가맹사업에 사용하는 영업표지에 대한 배타적 독점권을 확보하여야 한다.

② 가맹본부는 가맹점사업자에게 사용을 허가한 각종 권리의 진정성과 적법성 및 대항력에 대하여 책임을 진다.

③ 가맹본부가 사용을 허가한 지식재산권이 기간 만료 등으로 인하여 더 이상 사용할 수 없게 된 경우 가맹본부는 가맹본부의 책임과 비용으로 가맹점사업자에게 이를 대체할 수 있는 수단을 제공하여야 하며 이로 인하여 발생한 손해를 배상할 책임을 진다.

제11조 (계약의 발효일과 계약기간)

이 계약은 20 년 월 일부터 발효되며 그 기간은 계약 발효일로부터 20 년 월 일까지 ( )년간으로 한다.

제12조 (영업지역의 보호)

① 가맹본부는 정당한 사유 없이 계약기간 중 별첨[1]에 표시된 가맹점사업자의 영업지역에서 직영점이나 가맹점을 개설할 수 없다.

② 가맹계약의 당사자는 계약기간 중 상대방의 동의 없이 영업지역을 변경할 수 없다. 가맹본부는 도로사정의 변경이나 재개발 등으로 인하여 영업지역이 충돌되는 경우에는 가맹점사업자 상호간의 이해관계를 합리적으로 조정할 수 있다.

③ 가맹점사업자는 가맹본부와 약정한 영업지역을 준수하며, 영업지역을 벗어나 다른 가맹점의 영업지역을 침범하지 아니한다.가맹점사업자가 자신의 영업지역을 벗어나 다른 가맹점사업자의 영업지역에 속한 고객에게 영업활동을 하는 경우 가맹본부는 다음 각 호의 어느 하나의 조치를 취하여 가맹점사업자 상호간의 이해관계를 합리적으로 조정할 수 있다.

1. 가맹본부가 두 가맹점사업자 간의 보상금 지불에 대한 중재안을 제시
2. 영업지역을 침해받은 가맹점사업자의 영업지역 조정 요구가 있는 경우 매출액 현황 조사 등 필요한 조치 수행
3. 특정 가맹점사업자가 다른 가맹점사업자의 영업지역을 반복적으로 침해하여 다른 가맹점사업자의 영업과 가맹본부의 가맹사업 경영에 심각한 손해를 가한 경우 그 가맹점사업자에게 행위의 시정을 요구하고 손해배상 청구

제13조 (점포의 설비)

① 가맹점사업자의 점포설비(인테리어)는 가맹사업 전체의 통일성과 독창성을 유지할 수 있도록 가맹본부가 정한 사양에 따라 설계·시공한다(기존시설을 변경하는 경우에도 같다). 가맹본부는 기본적인 설계도면과 시방서를 마련하고 계약체결 이후 가맹점사업자에게 이를 제공하여야 한다.

② 가맹점사업자는 가맹본부가 정한 사양에 따라 직접 시공하거나 가맹본부가 지정한 업체를 선정하여 시공할 수 있다. 이 경우 가맹본부는 공사의 원활한 진행을 위하여 자신의 비용으로 직원을 파견할 수 있고, 영업설비기간·공사세부내역·구체적인 부담액 ·담보기간 등 구체적인 내용은 별도로 협의하여 정한다.

③ 가맹점사업자의 의뢰가 있는 경우에는 가맹본부가 직접 시공할 수 있다.

④ 점포설비에 따른 제반 인·허가는 이 계약체결일로부터 (　)일 이내에 가맹점사업자가 자신의 책임과 비용으로 취득한다. 다만, 가맹본부가 직접 시공한 경우 또는 가맹본부가 지정하거나 권유한 업체를 통하여 시공한 경우에는 당사자간 협의하여 그 책임과 비용을 분담할 수 있다.

⑤ 가맹본부는 가맹사업의 개선을 위하여 필요한 때에는 점포의 실내장식, 시설, 각종의 기기를 교체·보수할 것을 요구할 수 있다. 이 경우 비용분담은 가맹본부와 가맹점사업자가 협의하여 결정한다.

제14조 (가맹점사업자 피해보상보험계약 등의 체결)

① 가맹본부는 가맹점사업자의 피해를 보상하기 위하여 다음 각 호의 어느 하나에 해당하는 계약(이하 "가맹점사업자 피해보상보험 등"이라 한다)을 체결할 수 있다.

1. 「보험업법」에 따른 보험계약
2. 가맹점사업자 피해보상금의 지급을 확보하기 위한 「금융감독기구의 설치 등에 관한 법률」 제38조에 따른 기관의 채무지급보증계약
3. 공정거래위원회의 인가를 받아 설립된 공제조합과의 공제계약

② 가맹본부가 가맹점사업자 피해보상보험 등을 체결한 경우, 가맹본부는 가맹점사업자로부터 최초가맹금을 직접 수령할 수 있다.

제3장 가맹점사업자의 부담

제15조 (최초가맹금)

① 가맹점사업자가 가맹본부에 지급하여야 할 최초가맹금의 내역은 다음 표와 같다.

최초가맹금 내역	금액 (단위: 천원)	포함내역	지급기한	반환조건	반환될 수 없는 사유
가입비		장소선정 지원비, 가맹사업운영 매뉴얼 제공비, 오픈지원비 등			
최초교육비					
합계					

② 가맹점사업자는 가맹점 영업이 개시되거나 계약체결일로부터 ( )일이 경과할 때까지 제1항의 최초가맹금 중 다음 표에 기재된 내역을 가맹본부가 지정하는 아래 금융회사에 예치하여야 한다. 다만, 가맹본부가 제14조의 가맹점사업자 피해보상보험 등을 체결한 경우에는 가맹본부가 직접 지급받을 수 있다.

예치가맹금 내역	금액(단위: 천원)
가입비	
최초교육비	
합계	

* 예치금융회사: 은행 지점 부
  계좌번호: 예금주:

③ 가맹본부는 다음 각 호의 어느 하나에 해당하는 경우에 위 예치기관의 장에게 예치가

맹금의 지급을 요청할 수 있다.

1. 가맹점사업자가 영업을 개시한 경우
2. 가맹계약 체결일로부터 2개월이 경과한 경우

제16조 [가맹금의 반환]

① 가맹점사업자 또는 가맹희망자는 다음 각 호의 어느 하나에 해당하는 경우에 이 계약의 체결일로부터 2개월 이내(제3호의 경우 가맹본부의 영업중단일로부터 2개월 이내)에 가맹본부에 서면으로 가맹금의 반환을 청구할 수 있다. 이 경우 반환하는 가맹금의 금액은 가맹계약의 체결 경위, 금전이나 그 밖에 지급된 대가의 성격, 가맹계약기간, 계약이행기간, 가맹사업당사자의 귀책정도 등을 고려하여 당사자의 협의에 의하여 결정한다.

1. 가맹본부가 등록된 정보공개서를 제공하지 아니하거나 정보공개서를 제공한 날로부터 14일(제41조에 따라 변호사 또는 가맹거래사의 자문을 받은 경우에는 7일)이 지나지 아니하였음에도 가맹금을 수령(가맹금을 예치하는 경우에는 예치)하거나 가맹계약을 체결한 경우
2. 가맹본부가 가맹희망자에게 정보를 제공함에 있어 허위 또는 과장된 정보를 제공하거나 중요사항을 누락하여 계약 체결에 중대한 영향을 준 것으로 인정되는 경우
3. 가맹본부가 정당한 사유 없이 가맹사업을 일방적으로 중단한 경우

② 가맹점사업자는 계약기간 내에 자기의 귀책사유 없는 사유로 계약이 해지되는 등 가맹계약이 중도에 종료되는 경우에는 영업표지 사용료, 영업시스템의 계속적 이용료 등과 같이 전체 계약기간에 대한 선급금의 성질을 갖는 가맹금 중 미경과 잔여계약기간의 비율에 해당하는 금액의 반환을 청구할 수 있다. 다만, 이는 손해배상의 청구에 영향을 미치지 아니한다.

③ 제2항의 경우에 최초교육비 등과 같이 계약기간에 따른 선급금의 성질을 갖지 않는 가맹금 중 이행이 완료된 급부의 대가에 해당하는 가맹금에 관하여는 공평의 관념에 어긋나지 않는 범위에서 당사자의 약정에 따라 반환하지 아니할 수 있다.

④ 제2항에 의해 가맹본부가 가입비의 일부를 반환해야 하는 경우에는 가맹점사업자의 청구가 있는 날로부터 (　)일 이내에 반환하여야 한다.

※ 가맹사업법 제10조 제2항에 의하여 가맹점사업자의 청구가 있는 날로부터 1개월을 초과할 수 없음

제17조 (계속가맹금)

① 가맹점사업자가 가맹본부에 지급하여야 할 계속가맹금의 내역은 다음 표와 같다.

계속가맹금 내역	금액(단위: 천원)	지급기한	반환조건	반환될 수없는 사유
영업표지 사용료				
수시교육비				
광고비				
판촉비				
합계				

② 가맹점사업자는 분기 종료 후 (　　)일 까지 직전 분기의 총매출액을 서면 또는 POS시스템을 통하여 가맹본부에게 통지하여야 한다.

第18조 (계약이행보증금)

① 가맹점사업자는 영업표지 사용료, 광고·판촉비(가맹점사업자가 부담하게 되는 금액에 한한다) 등 계속가맹금 및 상품 등의 대금과 관련한 채무액 또는 손해배상액의 지급을 담보하기 위하여 직전년도 전체 가맹점사업자의 1회 평균 상품 등의 대금 (원·부재료 대금 포함)의 3배이내에서 계약이행보증금으로 (　　　)원을 가맹본부에게 지급하거나 이에 상당하는 계약이행보증보험증권 또는 담보를 제공하여야 한다.

② 전항의 계약이행보증금을 금전으로 지급하는 경우, 가맹점사업자는 가맹점 영업이 개시되거나 계약체결일로부터 (　)일이 경과할 때까지 위 금전을 제15조 제2항에 지정된 금융기관에 예치하여야 한다. 다만, 가맹본부가 제14조의 가맹점사업자 피해보상보험 등을 체결한 경우에는 가맹본부에 직접 지급할 수 있다.

③ 계약이 기간만료 또는 해지 등의 사유로 인하여 종료된 경우 가맹본부는 기간만료일 또는 해지일로부터 (　)일 이내에 가맹점사업자에게 계약이행보증금으로 잔존 채무액과 손해배상액을 정산한 잔액을 상환하고 정산서를 교부하여야 한다.

④ 물적담보가 제공된 경우에는 가맹본부는 가맹점사업자로부터 잔존 채무액과 손해배상액을 지급받음과 동시에 물적담보의 말소에 필요한 서류를 담보권설정자에게 교부하여야 한다.

⑤ 가맹본부는 가맹점사업자가 적정한 계약이행보증금 등을 제공하였음에도 인적보증 등 담보를 추가로 요구해서는 아니 된다.

제4장　영업활동의 조건

第19조 (교육 및 훈련)

① 가맹본부가 정한 교육 및 훈련과정을 이수하지 아니하는 자는 가맹점의 관리자로 근무할 수 없다.

② 가맹본부의 교육훈련은 다음 표와 같이 구분하여 실시한다.

교육훈련과정	실시시기	가맹점사업자 부담비용(단위: 천원)
최초교육		
정기교육	연 ( )회	
특별교육		

③ 정기교육은 이를 실시하기 ( )일 전에 그 교육계획을 수립하여 가맹점사업자에게 서면으로 통지한다.

④ 특별교육은 이를 실시하기 ( )일 전에 장소와 시간을 정하여 서면으로 통지한다.

⑤ 가맹본부는 실비를 기준으로 교육비용을 산출하고, 그 산출근거를 명시한 서면에 의하여 가맹점사업자에게 그 지급을 요구하여야 한다.

⑥ 가맹점사업자는 자신이 비용을 부담하여 가맹본부에게 교육 및 훈련요원의 파견을 요청할 수 있다.

제20조 (경영지도)

① 가맹본부는 가맹점사업자의 경영활성화를 위하여 경영지도를 할 수 있다.

② 가맹점사업자는 자신의 비용부담으로 가맹본부에게 경영지도를 요청할 수 있다. 다만, 가맹점사업자가 부담하여야 할 비용은 가맹금에 포함된 통상의 경영지도 비용을 초과한 부분에 한한다.

③ 제2항의 요청을 받은 가맹본부는 경영지도계획서를 가맹점사업자에 제시하여야 한다.

④ 제3항의 경영지도계획서에는 경영지도내용, 기간, 경영진단 및 지도관계자의 성명, 소요비용 등이 포함되어야 한다.

⑤ 가맹본부는 경영지도결과 및 경영개선 방안을 경영지도 후 ( )일 이내에 가맹본부 담당자가 가맹점사업자에게 직접 방문하여 서면으로 제시하고 이를 설명하도록 한다.

제21조 (감독 및 통제)

① 가맹본부는 가맹점사업자의 경영상태를 파악하기 위하여 월(주)( )회 점포를 점검하고 가맹점사업자에 그 결과를 지체 없이 통지하여야 하며 기준에 위반하는 사항에 대해 시정을 요구할 수 있다.

② 점포의 점검은 청결, 위생, 회계처리, 각종설비관리, 원·부재료관리 등의 상태를 대상으로 한다.

③ 가맹본부는 점포관리기준을 가맹점사업자에게 제시하고, 제시 후 ( )일부터 그 기준에 의하여 점검한다. 점포관리기준을 변경하는 경우에도 같다.

제22조 [주방기기의 설치 및 유지]

① 가맹점사업자는 가맹본부가 제시한 모델과 동일한 주방기기를 설치 및 사용하여야 한다.

② 가맹점사업자가 주방기기를 설치하는 경우 공사의 원활한 진행을 위하여 가맹본부는 자신의 비용으로 직원을 파견하여 지원할 수 있다.

③ 가맹본부는 가맹사업의 통일적인 운영을 위하여 가맹점사업자에게 일정 사양의 주방기기를 직접 공급하거나 업체를 지정하여 공급하도록 할 수 있다.

④ 제3항의 경우 가맹점사업자는 가맹본부 또는 가맹본부가 지정한 업체로부터 공급받은 주방기기의 수리를 가맹본부에 의뢰할 수 있다.

⑤ 제4항의 경우 가맹본부는 수리비의 견적 및 수리에 소요되는 기간을 즉시 통지하여야 하고, 수리가 불가능한 때에는 이유를 명시하여 소정기일 내에 회수하여야 하며 이유 없이 신품의 교체를 강요할 수 없다.

제23조 (POS 등 설비 및 기기]

① 가맹점사업자는 가맹점운영에 필요한 POS 등 설비 및 기기를 구비하여야 한다.

② 가맹본부는 가맹점사업자의 요청이 있는 경우 가맹점 영업에 필요한 설비·기기를 유상으로 대여할 수 있다. 이 경우 대여할 설비 및 기기의 내역, 대여비용 등 구체적인 사항은 당사자간에 합의하여 별도로 결정한다.

③ 가맹점사업자는 대여 받은 설비·기기를 제3자에게 양도하거나 담보로 제공할 수 없다.

④ 가맹점사업자는 대여 받은 설비·기기를 자신의 비용으로 유지·보수한다.

⑤ 가맹점사업자가 대여 받은 설비·기기를 멸실·훼손한 경우에는 구입가격에서 감가상각한 금액으로 배상한다.

제24조 (광고)

① 가맹본부는 가맹사업 및 가맹점 영업의 활성화를 위하여 전국단위 및 지역단위로 광고를 시행할 수 있다. 다만, 해당지역 가맹점사업자 과반수의 반대가 있는 경우에는 그러하지 아니하다.

② 광고의 목적·횟수·시기·매체 등에 관한 기본적 사항은 가맹본부가 정하는 바에 의한다. 이와 관련하여 필요한 세부사항은 가맹본부가 합리적으로 결정하여 시행하고 위 세부사항을 기재한 서면으로 가맹점사업자에게 사후 통지한다.

③ 전국단위 광고에 소요되는 비용은 가맹본부가 ( )%, 해당 가맹점사업자가 ( )%씩 각각 분담한다. 가맹점사업자 간의 개별 분담액은 광고시행 직전 분기의 각 가맹점사업자의 총매출액 비율에 따라 산정한다.

④ 가맹본부는 당해분기에 지출한 광고비 중에서 각 가맹점사업자가 부담해야 할 금액을

다음 분기 첫달의 말일까지 명세서를 첨부하여 통지하고, 가맹점사업자는 그 통지를 받은 날로부터 (   )일 이내에 지급한다.

⑤ 가맹점사업자는 자기의 비용으로 영업지역 내에서 광고를 시행할 수 있다. 이 경우 가맹점사업자는 광고의 계획과 문안, 기타 광고와 관련된 세부사항에 관하여 사전에 가맹본부의 승인을 받아야 한다.

제25조 (판촉)

① 가맹본부는 가맹사업 및 가맹점 영업의 활성화를 위하여 전국단위 및 지역단위로 할인판매, 경품제공, 이벤트 등과 같은 판촉활동을 시행할 수 있다. 다만, 해당지역 가맹점사업자 30%이상이 판촉활동의 시행여부 및 판촉행사의 주요내용에 반대가 있는 경우에는 그러하지 아니하다.

② 제1항의 절차에 따라 판촉행사를 실시하는 경우에 가맹본부는 판촉행사의 주요내용(판촉시기, 판촉물품의 종류, 가맹본부와 가맹점사업자 간의 비용분담 기준)을 포함한 판촉계획을 사전에 가맹점사업자에게 제공하여야 한다.

③ 가맹점에서 판매하는 상품의 할인비용이나 제공하는 경품·기념품 등의 비용, 판촉활동을 위한 통일적 팜플렛·전단·리플렛·카달로그 등의 제작비용 등 판촉행사에 소요되는 비용은 가맹본부와 가맹점사업자가 균등하게 분담한다.

④ 가맹점사업자는 자기의 비용으로 자기 지역 내에서 판촉활동을 할 수 있다. 이 경우 가맹점사업자는 판촉활동의 구체적 내용에 관하여 가맹본부와 사전에 협의하여야 한다.

제26조 (원·부재료 등의 조달과 관리)

① 가맹본부가 가맹점사업자에게 공급하여야 할 원·부재료 등의 내역 및 가격은 별첨[3]와 같다. 다만, 물가인상 기타 경제여건의 변동으로 인하여 원·부재료 등의 공급내역, 가격의 변경이 필요할 경우 가맹본부는 변경내역, 변경사유 및 변경가격 산출 근거를 가맹점사업자에 서면으로 제시하고 양 당사자가 협의하여 결정한다.

② 가맹본부는 가맹사업의 목적달성에 필요한 합리적 사유가 있는 경우에는 원·부재료 등의 공급원을 자기 또는 특정한 제3자로 한정할 수 있다.

③ 가맹본부와 가맹점사업자는 관련 법률에서 정한 설비와 장비를 갖추고 원·부재료 등의 성질에 적합한 방법으로 운반·보관하여야 한다.

④ 가맹점사업자는 공급받은 원·부재료 등을 가맹본부의 허락 없이 타인에게 제공하거나 대여할 수 없다.

제27조 [원·부재료 등의 직접 조달]

① 가맹본부가 공급하지 아니하거나 합리적 사유 없이 공급을 지연하는 원·부재료 등 및

가맹본부로부터 사전에 승인을 얻은 원·부재료 등은 가맹점사업자가 직접 조달하여 판매할 수 있다. 이 경우 가맹점사업자는 브랜드의 동일성을 해치지 않도록 하여야 한다.

② 가맹본부는 가맹점사업자가 제2항에 의하여 직접 조달하는 원·부재료 등에 대하여 품질관리기준을 제시하고 그 기준의 준수여부를 검사할 수 있다. 이 경우 가맹점사업자는 가맹본부의 품질검사에 협조하여야 한다.

제28조 (원·부재료 등의 검사와 하자통지의무)

① 가맹점사업자는 원·부재료 등을 공급받는 즉시 수량 및 품질을 검사하여야 하고, 하자를 발견하였을 경우 지체 없이 이를 서면으로 가맹본부에게 통지하여야 한다.

② 가맹점사업자가 원·부재료 등의 성질상 수령 즉시 하자를 발견할 수 없는 경우에는 6개월 이내에 이를 발견하여 통지하고 완전물로 교환을 청구할 수 있다.

③ 가맹점사업자가 제1항 및 제2항의 검사를 태만히 하여 이로 인한 손해가 발생한 경우에는 가맹본부에 대하여 반품·수량보충 또는 손해배상을 청구할 수 없다. 다만, 가맹본부가 상품 등에 하자가 있음을 알면서 공급한 경우에는 제2항의 기간과 상관없이 가맹본부에 손해배상 등을 청구할 수 있다.

④ 가맹본부는 그의 상표를 사용하여 공급한 원·부재료 등의 하자로 인하여 소비자 등 제3자가 입은 손해에 대하여 책임이 있다. 다만, 가맹본부가 공급하지 않은 원·부재료 등을 가맹점사업자가 판매하여 제3자에게 손해를 가한 경우나 가맹점사업자의 보관상의 주의의무위반, 가맹점사업자의 상품제공상의 별도 과실로 인한 경우에는 이에 대한 책임을 지지 아니한다.

⑤ 계약이 기간만료, 해지 등으로 인하여 종료한 때에는 가맹점사업자는 공급된 원·부재료 등의 중에서 완전물을 가맹본부에 반환할 수 있고, 이에 대하여 가맹본부는 공급가격으로 상환하여야 한다. 다만, 가맹점사업자의 책임있는 사유로 인하여 해지된 경우에는 그러하지 아니하다.

⑥ 제5항의 경우에 하자 있는 원·부재료 등에 대하여는 그 상태를 감안하여 가맹본부와 가맹점사업자의 협의에 의하여 상환가격을 결정한다.

제29조 (원·부재료 등 공급의 중단)

① 가맹본부는 다음 각 호의 어느 하나에 해당하는 경우에는 ( )일 전에 해당사유를 적시한 서면으로 예고하고 가맹점사업자에 대한 원·부재료 등의 공급을 중단할 수 있다. 다만, 위 기간 중 가맹점사업자가 해당사유를 시정한 경우에는 그러하지 아니하다.

1. 가맹점사업자가 ( )개월에 걸쳐 3회 이상 원·부재료 등에 관한 대금 등의 지급의무를 지체하는 경우

2. 가맹점사업자가 2회 이상 정기납입경비의 지급을 연체하는 경우
3. 가맹점사업자가 정기납입경비의 산정을 위한 총매출액 또는 매출액 증가비율을 3회 이상 허위로 통지하는 경우
4. 가맹본부의 품질관리기준을 (　)개월에 걸쳐 3회 이상 위반하는 경우
5. 가맹점사업자가 가맹본부와의 협의 없이 점포 운영을 3일 이상 방치하는 경우
6. 가맹점사업자가 가맹본부와 약정한 판매촉진활동을 이행하지 않는 경우
7. 가맹점사업자가 정당한 사유 없이 제13조 제5항에 의한 노후 점포설비의 교체·보수 요청에 따르지 않는 경우
8. 가맹점사업자가 가맹본부로부터 본 계약상의 의무위반을 지적받고 상당한 기간 내에 시정조치를 취하지 않는 경우

② 가맹본부는 다음 각 호의 어느 하나에 해당하는 경우에는 즉시 원·부재료 등의 공급을 중단할 수 있다.

1. 가맹점사업자에게 파산 신청이 있거나 강제집행절차 또는 회생절차가 개시된 경우
2. 가맹점사업자가 발행한 어음·수표가 부도 등으로 지급거절된 경우
3. 천재지변, 중대한 일신상의 사유 등으로 가맹점사업자가 더 이상 가맹사업을 경영할 수 없게 된 경우
4. 가맹점사업자가 공연히 허위사실을 유포함으로써 가맹본부의 명성이나 신용을 뚜렷이 훼손하거나 가맹본부의 영업비밀 또는 중요 정보를 유출하여 가맹사업에 중대한 장애를 초래한 경우
5. 가맹점사업자가 가맹사업의 운영과 관련되는 법령의 위반사실을 통보받은 후 10일 이내에 이를 시정하지 아니한 경우
6. 가맹점사업자의 가맹사업과 관련한 가맹본부의 시정요구에 따른 후에 다시 같은 위반행위를 2회 이상 반복한 경우
7. 가맹점사업자가 가맹점 운영과 관련된 행위로 형사처벌을 받은 경우
8. 가맹점사업자가 공중의 건강이나 안전에 급박한 위해를 일으킬 염려가 있는 방법이나 형태로 가맹점을 운영하는 경우
9. 가맹점사업자가 정당한 사유 없이 연속하여 7일 이상 영업을 중단한 경우

③ 제1항 및 제2항의 경우 가맹본부는 원·부재료 등의 공급중단조치를 취함과 동시에 재공급조건을 가맹점사업자에 서면으로 통지하여야 한다.

제30조 (영업)

① 가맹점사업자는 주 (　)일 이상 월 (　)일 이상 개장하여야 하고, 연속하여 (　)일

이상 임의로 휴업할 수 없다.

② 가맹점사업자가 특정일에 점포를 열지 못할 특별한 사정이 있는 경우에는 이를 3일 전부터 매장 입구에 개시하여 고객이 알 수 있도록 하여야 한다.

③ 가맹점사업자가 일정기간 휴업할 경우에는 사전에 가맹본부에게 그 사유를 서면으로 통지하고 가맹본부의 승인을 얻어야 한다.

제31조 (복장)

① 가맹점사업자와 종업원은 가맹점영업과 관련하여 가맹본부가 지정한 복장을 착용하여야 한다.

② 가맹본부는 복장의 색상, 규격을 가맹점사업자에게 서면으로 통지한다.

③ 가맹본부는 가맹점사업자의 청구에 따라 종업원의 복장을 공급할 수 있다.

④ 가맹점사업자는 임직원 및 종업원이 외식업소에 근무하는 자로서의 품격에 어긋나지 않는 복장상태를 유지하도록 하여야 한다.

제32조 (보고의무)

① 가맹점사업자는 가맹점 영업과 관련하여 영업장부와 회계자료를 성실히 작성·유지하여야 한다.

② 가맹점사업자는 년(월, 주) ( )회 매출상황과 회계원장 등을 가맹본부에 서면 또는 POS시스템을 통하여 보고하여야 한다.

③ 가맹점사업자는 가맹본부가 파견한 경영지도원의 서면에 의한 요구가 있을 때에는 영업장부 등 관련서류를 제시하여야 한다.

④ 가맹점사업자는 가맹본부로부터 사용허가를 받은 영업표지와 특허권 등에 대한 침해를 이유로 제3자가 소를 제기한 경우에는 이를 가맹본부에 보고하여야 한다.

제33조 (보험)

① 가맹본부는 가맹점사업자가 영업상 과실, 상품의 하자, 점포의 화재 등으로 가맹점 이용 고객이나 제3자에게 부담하는 손해배상책임을 보장하기 위하여 책임보험에 가입할 것을 권유할 수 있다.

② 가맹점사업자는 자신의 책임으로 보험업자, 보험의 종류, 피보험자를 정한다.

제34조 (영업양도 및 담보제공)

① 가맹점사업자는 가맹본부의 승인을 얻어 영업을 양도, 임대하거나 영업재산을 담보로 제공(이하 "영업양도 등"이라 한다)할 수 있다.

② 제1항의 경우 가맹점사업자는 영업양도일(또는 영업임대일, 담보제공일. 이하 같다)( )일 전에 가맹본부에 대하여 서면으로 영업양도 등의 승인을 요청하여야 한다.

③ 가맹본부는 전항의 승인을 요청받은 날로부터 ( )일 이내에 그 사유를 명시한 서면으

로 승인 또는 거절의 의사를 표시하여야 한다. 가맹본부가 이 기간 중에 이유를 적시하여 거절하지 않으면 영업양도 등을 승인한 것으로 본다.

④ 영업양도의 경우 영업양수인은 가맹점사업자의 가맹본부에 대한 권리와 의무를 승계한다.

⑤ 영업양수인, 영업임차인은 제15조의 최초가맹금의 지급의무가 면제된다. 다만, 양도 등에 따라 가맹본부에게 초래된 행정적 실비 및 소정의 교육비, 계약이행보증금은 면제되지 아니한다.

⑥ 가맹본부는 영업양수인이 요청하는 경우에는 영업양도인의 잔여 계약기간 대신에 완전한 계약기간을 영업양수인에게 부여할 수 있다. 이 경우에는 신규계약을 체결하여야 한다.

⑦ 가맹본부가 가맹사업을 타인에게 양도하는 경우 가맹점사업자는 가맹계약을 종료하고 계약관계에서 탈퇴할 수 있다. 이 경우 가맹본부는 가맹점사업자에 대하여 제16조 제2항의 금원을 반환하여야 한다.

⑧ 가맹본부는 가맹점운영권의 양도와 관련된 분쟁을 예방하기 위하여, 승인 전후를 불문하고 양도인의 투자비 내역, 영업 현황 등의 자료를 양수희망자 또는 양수인에게 제공할 수 있다.

제35조 (영업의 상속)

① 가맹점사업자의 상속인은 가맹점 영업을 상속할 수 있다.

② 상속인이 영업을 상속할 경우에는 상속개시일로부터 3개월 이내에 상속사실을 가맹본부에게 통지하여야 한다.

③ 상속인이 미성년자, 금치산자, 한정치산자에 해당하거나 이에 준하는 사유가 있는 경우 가맹본부는 영업의 상속을 승인하지 아니할 수 있으며, 이 경우 가맹계약은 종료한다. 다만, 가맹본부는 상속인에게 제38조 제2항 및 제3항의 금원을 지급하여야 한다.

④ 상속인에 대해서는 제15조의 최초가맹금이 면제된다. 단, 소정의 교육비, 계약이행보증금은 면제되지 아니한다.

제5장 계약의 갱신, 해지, 종료

제36조 (계약의 갱신과 거절)

① 가맹본부는 가맹점사업자가 가맹계약기간 만료 전 180일부터 90일까지 사이에 가맹계약의 갱신을 요구하는 경우에는 정당한 사유가 없으면 이를 거절하지 못한다. 다만 가맹점사업자가 다음 각 호의 어느 하나에 해당하는 경우에는 갱신을 거절할 수 있다.

1. 가맹계약상의 가맹금 등의 지급의무를 지키지 아니한 경우
2. 다른 가맹점사업자에게 통상적으로 적용되는 계약조건이나 영업방침을 가맹점사업자가 수락하지 아니한 경우
3. 가맹점의 운영에 필요한 점포·설비의 확보나 법령상 필요한 자격·면허·허가의 취득에 관한 가맹본부의 중요한 영업방침을 지키지 아니한 경우
4. 상품의 품질을 유지하기 위하여 필요한 조리법, 식자재 구입 및 관리 또는 서비스기법의 준수에 관하여 가맹본부가 정한 영업방침을 지키지 아니한 경우
5. 가맹본부의 가맹사업 경영에 필수적인 지식재산권의 보호에 관하여 가맹본부가 정한 영업방침을 지키지 아니한 경우
6. 다른 가맹본부가 통상적으로 요구하는 비용에 의하여 가맹본부가 가맹점사업자에게 정기적으로 실시하는 교육·훈련의 준수에 관한 가맹본부의 영업방침을 지키지 아니한 경우.

② 제1항의 가맹점사업자의 계약갱신요구권은 최초 가맹계약기간을 포함한 전체 가맹계약기간이 10년을 초과하지 아니하는 범위 내에서만 행사할 수 있다.

③ 가맹본부가 제1항에 따른 갱신요구를 거절하는 경우에는 갱신을 요구받은 날로부터 15일 이내에 가맹점사업자에게 거절사유를 적은 서면으로 통지하여야 한다.

④ 가맹본부가 제1항 단서의 어느 사유를 들어 계약만료 전 180일부터 90일까지 갱신하지 않는다는 사실을 서면으로 통지하거나 제3항의 거절통지를 한 경우가 아니면, 가맹계약은 종전계약과 동일한 조건으로 (　　)년간 갱신된 것으로 본다.

⑤ 다음 각 호의 어느 하나에 해당하는 경우에는 제4항을 적용하지 아니한다.

1. 가맹점사업자가 계약만료 60일전까지 이의를 제기한 경우
2. 천재지변 등 양 당사자에게 책임 없는 사유로 인하여 가맹계약을 유지하기 어려운 경우
3. 가맹본부나 가맹점사업자에게 파산신청이 있거나 강제집행절차 또는 회생절차가 개시된 경우
4. 가맹본부나 가맹점사업자가 발행한 어음·수표가 부도 등으로 지급거절된 경우
5. 가맹점사업자에게 중대한 일신상의 사유가 발생하여 더 이상 가맹사업을 경영할 수 없게 된 경우

제37조 (계약의 해지)

① 가맹본부는 가맹점사업자에게 제29조 제1항 각호의 사유가 있는 경우에는 가맹계약을 해지할 수 있다. 이 경우 가맹계약을 해지하기 위해서는 가맹점사업자에게 2개월 이상의 유예기간을 두고 계약의 위반사실을 구체적으로 밝히고 이를 시정하지 아니하면 그

계약을 해지한다는 사실을 서면으로 2회 이상 통지하여야 하고, 이 절차를 거치지 아니한 가맹계약의 해지는 그 효력이 없다.

② 가맹본부는 가맹사업의 거래를 지속하기 어려운 경우로서 다음 각 호의 어느 하나에 해당하는 경우에는 제1항의 절차를 거치지 아니하고 계약을 해지할 수 있다.

1. 가맹점사업자에게 파산신청이 있거나 강제집행절차 또는 회생절차가 개시된 경우
2. 가맹점사업자가 발행한 어음·수표가 부도 등으로 지급거절된 경우
3. 천재지변, 중대한 일신상의 사유 등으로 가맹점사업자가 더 이상 가맹사업을 경영할 수 없게 된 경우
4. 가맹점사업자가 공연히 허위사실을 유포함으로써 가맹본부의 명성이나 신용을 뚜렷이 훼손하거나 가맹본부의 영업비밀 또는 중요정보를 유출하여 가맹사업에 중대한 장애를 초래한 경우
5. 가맹점사업자가 가맹사업의 운영과 관련되는 법령의 위반사실을 통보받은 후 10일 이내에 이를 시정하지 아니한 경우
6. 가맹점사업자가 제1항 후문에 따른 가맹본부의 시정요구에 따른 후 다시 같은 위반행위를 2회 이상 반복한 경우
7. 가맹점사업자가 가맹점운영과 관련된 행위로 형사처벌을 받은 경우
8. 가맹점사업자가 공중의 건강이나 안전에 급박한 위해를 일으킬 염려가 있는 방법이나 형태로 가맹점을 운영하는 경우
9. 가맹점사업자가 정당한 사유 없이 연속하여 7일 이상 영업을 중단한 경우.

③ 가맹점사업자는 가맹본부가 약정한 원·부재료 등의 공급, 경영지원 등을 정당한 이유없이 이행하지 않거나 지체하는 경우 등 이 계약상의 의무를 불이행하는 경우에는 상당한 기간을 정하여 서면으로 그 시정을 요구하고 그래도 시정하지 않을 경우에는 가맹계약을 해지할 수 있다.

④ 가맹점사업자는 다음 각 호의 어느 하나에 해당하여 재정상태가 객관적으로 악화됨에 따라 본 계약의 유지가 어렵다고 합리적·객관적으로 판단되는 경우에는 최고 없이 즉시 계약을 해지할 수 있다.

1. 가맹본부가 파산한 경우
2. 가맹본부가 발행한 어음·수표가 부도 등으로 지급거절된 경우
3. 가맹본부가 (가)압류, 가처분, 강제집행, 체납처분 또는 이와 유사한 법적·행정적 처분을 당한 경우
4. 천재지변으로 가맹점 운영이 곤란한 경우

⑤ 가맹본부와 가맹점사업자는 계약기간 중에도 서면에 의하여 양 당사자가 합의하여 해지할 수 있다. 다만, 해지를 원하는 당사자는 상대방에 대하여 「약관의 규제에 관한 법률」 제8조(손해배상액의 예정)에 위반되지 아니하는 범위 내에서 금 (   )원을 위약금으로 지급하여야 하며, 이는 손해배상액의 예정으로서의 성격을 갖는다.

제38조 (계약의 종료와 조치)

① 계약이 기간만료나 해지로 인하여 종료된 경우, 가맹점사업자는 지체 없이 가맹본부의 상호·간판 등 영업표지의 사용을 중단하고 이를 철거 내지 제거하여야 하며, 가맹본부가 제공한 설비, 전산시스템 등 영업관련 자산을 가맹본부에 반환하여야 한다.

② 제1항의 규정에도 불구하고 가맹점사업자가 계약이행보증금을 지급한 경우에는 가맹본부로부터 제18조 제3항의 정산잔액과 정산서를 받을 때까지(계약이행보증보험증권이나 물적 담보를 제공한 경우에는 잔존 채무·손해배상액의 통지서를 받을 때까지) 제1항의 의무이행을 거절할 수 있다. 가맹본부가 제16조 제2항에 의하여 가맹금의 일부를 반환해야 하는 경우에도 또한 같다.

③ 제1항의 철거·원상복구의 비용은 계약이 가맹점사업자의 귀책사유로 종료되는 경우에는 가맹점사업자가 부담하고 가맹본부의 귀책사유로 종료되는 경우에는 가맹본부가 부담한다. 다만, 합의해지의 경우에는 가맹본부와 가맹점사업자가 협의하여 비용을 분담할 수 있다.

④ 가맹본부는 가맹계약서를 가맹사업의 거래가 종료된 날부터 3년간 보관하여야 한다.

제6장 기 타

제39조 (가맹점사업자의 비밀유지, 경업금지 의무)

① 가맹점사업자는 계약 및 가맹점 운영상 알게 된 가맹본부의 조리법 등 영업비밀을 계약기간은 물론 계약종료 후에도 제3자에게 누설해서는 안 된다.

② 가맹점사업자는 가맹본부의 허락 없이 교육과 세미나 자료 기타 가맹점운영과 관련하여 가맹본부의 영업비밀이 담긴 관계서류의 내용을 인쇄 또는 복사할 수 없다.

③ 가맹점사업자는 계약의 존속 중에 가맹본부의 허락 없이 자기 또는 제3자의 명의로 가맹본부의 영업과 동종의 영업을 하지 않는다.

제40조 (지연이자)

계약의 일방당사자가 본 계약과 관련하여 상대방에게 부담하는 일체의 금전지급의무를 지체하는 경우에는 미지급액에 대하여 지급기일의 다음날부터 지급하는 날까지 연 ( )%의 비율에 의한 지연이자를 가산하여 지급한다.

제41조 (손해배상)

이 계약의 당사자는 상대방의 계약위반이나 불법행위로 인한 손해에 대하여 본 계약상 구제수단 외에 별도로 손해배상을 청구할 수 있다.

제42조 (분쟁의 해결)

① 이 계약의 당사자는 이 계약의 해석 또는 이 계약에 의하여 명시되지 아니한 사항에 관하여 다툼이 있을 경우 우선적으로 대화와 협상을 통하여 분쟁을 해결하도록 최선을 다한다.

② 제1항에 의한 해결이 되지 아니한 경우에는 「가맹사업거래의 공정화에 관한 법률」 제22조에 따라 한국공정거래조정원의 가맹사업거래분쟁조정협의회에 조정을 신청하거나 다른 법령에 의하여 설치된 중재기관에 중재를 신청할 수 있다.

③ 가맹본부 및 가맹점사업자의 협의에 의하여 제2항에 의한 중재를 신청하지 아니하는 경우, 이 계약에 관한 분쟁의 관할법원은 가맹점사업자의 주소지나 점포소재지를 관할하는 법원으로 한다. 다만, 가맹본부와 가맹점사업자가 합의하여 관할법원을 달리 정하는 경우에는 그러하지 아니하다.

제43조 (정보공개서의 자문)

① 가맹본부는 이 계약을 체결하기 전에 가맹희망자에게 정보공개서를 제공하고 충분한 숙고기간을 부여하여야 하며 정보공개서의 이해를 돕기 위하여 가맹거래사 또는 변호사의 자문을 받을 수 있다는 사실을 고지하여야 한다.

② 가맹점사업자는 제1항의 자문을 받은 경우 자문일자가 기재된 확인서를 가맹본부에 제출하여야 한다.

제44조 (정보공개서 및 가맹계약서의 수령일)

① 가맹점사업자는 가맹금의 일부를 지급하거나 이 계약을 체결하는 날로부터 14일(제43조의 자문을 받은 경우에는 7일) 이상 이전인 20 년 월 일에 가맹본부로부터 관련 정보공개서를 제공받았음을 확인한다.

② 가맹점사업자는 가맹본부가 가맹금을 최초로 수령한 날(가맹금을 예치한 경우에는 예치한 날, 예치하기로 합의한 경우에는 예치 예정일)과 이 계약을 체결한 날 중 빠른 날 전인 20 년 월 일에 이 계약서를 사전제공 받았음을 확인한다.

별첨 [1] : 영업지역의 표시

별첨 [2] : 가맹점사업자에게 사용이 허가된 영업표지의 표시

별첨 [3] : 공급 원·부재료 등의 내역

가맹본부와 가맹점사업자는 이 가맹계약서에 열거된 각 조항을 면밀히 검토하고 충분히 이해하였으며, 이 계약의 체결을 증명하기 위하여 계약서 2통을 작성하여 각각 기명·날인한 후 각 1통씩 보관한다.

20 년 월 일

[가맹본부]

대 표 자: (인)
사업자등록번호:
상 호:
주 소:
연 락 처:

[가맹점사업자]

성 명: (인)
주민등록번호:
점 포 명:
주 소:
연 락 처:

별첨 [1] : 영업지역의 표시

※ 영업지역을 표시한 지도를 첨부하여 주십시오

별첨 [2] : 가맹점사업자에게 사용이 허가된 영업표지의 표시

(1) 허용대상 영업표지

영업표지 견본	
등록번호(출원번호)	
등록결정(심결) 연월일	
존속기간 (예정) 만료일	
지정상품 또는 지정서비스업	
등록권리자	

(2) 영업표지 사용방법 : 간판, 상징물, 홍보물, 집기 비품, 문구류 등에 표시

(3) 영업표지의 사용기간 : 이 계약의 효력이 존속되는 기간과 원칙적으로 동일함

(4) 영업표지의 사용지역 : 별도 약정이 없는 한 해당 영업지역 내로 한정됨

별첨 [3] : 공급 원·부재료 등의 내역

연번	원 · 부재료명	공급가격

6) 가맹사업거래의 공정화에 관한 법률[시행 2012.5.18]공정거래위원회(가맹거래과)

제1장 총 칙

제1조(목적) 이 법은 가맹사업의 공정한 거래질서를 확립하고 가맹본부와 가맹점사업자가 대등한 지위에서 상호보완적으로 균형있게 발전하도록 함으로써 소비자 복지의 증진과 국민경제의 건전한 발전에 이바지함을 목적으로 한다.

제2조(정의) 이 법에서 사용하는 용어의 정의는 다음과 같다. <개정 2007.8.3>

1. "가맹사업"이라 함은 가맹본부가 가맹점사업자로 하여금 자기의 상표·서비스표·상호·간판 그 밖의 영업표지(이하 "영업표지""라 한다)를 사용하여 일정한 품질기준이나 영업방식에 따라 상품(원재료 및 부재료를 포함한다. 이하 같다) 또는 용역을 판매하도록 함과 아울러 이에 따른 경영 및 영업활동 등에 대한 지원·교육과 통제를 하며, 가맹점사업자는 영업표지의 사용과 경영 및 영업활동 등에 대한 지원·교육의 대가로 가맹본부에 가맹금을 지급하는 계속적인 거래관계를 말한다.
2. "가맹본부"라 함은 가맹사업과 관련하여 가맹점사업자에게 가맹점운영권을 부여하는 사업자를 말한다.
3. "가맹점사업자"라 함은 가맹사업과 관련하여 가맹본부로부터 가맹점운영권을 부여받은 사업자를 말한다.
4. "가맹희망자"란 가맹계약을 체결하기 위하여 가맹본부나 가맹지역본부와 상담하거나 협의하는 자를 말한다.
5. "가맹점운영권"이란 가맹점사업자가 가맹본부의 가맹사업과 관련하여 가맹점을 운영할 수 있는 계약상의 권리를 말한다.
6. "가맹금"이란 명칭이나 지급형태가 어떻든 간에 다음 각 목의 어느 하나에 해당하는 대가를 말한다. 다만, 가맹본부에 귀속되지 아니하는 것으로서 대통령령으로 정하는 대가를 제외한다.

   가. 가입비·입회비·가맹비·교육비 또는 계약금 등 가맹점사업자가 영업표지의 사용허락 등 가맹점운영권이나 영업활동에 대한 지원·교육 등을 받기 위하여 가맹본부에 지급하는 대가

   나. 가맹점사업자가 가맹본부로부터 공급받는 상품의 대금 등에 관한 채무액이나 손해배상액의 지급을 담보하기 위하여 가맹본부에 지급하는 대가

   다. 가맹점사업자가 가맹점운영권을 부여받을 당시에 가맹사업을 착수하기 위하여 가맹본부로부터 공급받는 정착물·설비·상품의 가격 또는 부동산의 임차료 명목으로 가

맹본부에 지급하는 대가

라. 가맹점사업자가 가맹본부와의 계약에 의하여 허락받은 영업표지의 사용과 영업활동 등에 관한 지원·교육, 그 밖의 사항에 대하여 가맹본부에 정기적으로 또는 비정기적으로 지급하는 대가로서 대통령령으로 정하는 것

마. 그 밖에 가맹희망자나 가맹점사업자가 가맹점운영권을 취득하거나 유지하기 위하여 가맹본부에 지급하는 모든 대가

7. "가맹지역본부"라 함은 가맹본부와의 계약에 의하여 일정한 지역 안에서 가맹점사업자의 모집, 상품 또는 용역의 품질유지, 가맹점사업자에 대한 경영 및 영업활동의 지원·교육·통제 등 가맹본부의 업무의 전부 또는 일부를 대행하는 사업자를 말한다.

8. "가맹중개인"이라 함은 가맹본부 또는 가맹지역본부로부터 가맹점사업자를 모집하거나 가맹계약을 준비 또는 체결하는 업무를 위탁받은 자를 말한다.

9. "가맹계약서"라 함은 가맹사업의 구체적 내용과 조건 등에 있어 가맹본부 또는 가맹점사업자(이하 "가맹사업당사자"라 한다)의 권리와 의무에 관한 사항(특수한 거래조건이나 유의사항이 있는 경우에는 이를 포함한다)을 기재한 문서를 말한다.

10. "정보공개서"란 다음 각 목에 관하여 대통령령으로 정하는 사항을 수록한 문서를 말한다.

가. 가맹본부의 일반 현황

나. 가맹본부의 가맹사업 현황(가맹점사업자의 매출에 관한 사항을 포함한다)

다. 가맹본부와 그 임원(「독점규제 및 공정거래에 관한 법률」 제2조제5호에 따른 임원을 말한다. 이하 같다)이 이 법 또는 「독점규제 및 공정거래에 관한 법률」을 위반한 사실, 사기·횡령·배임 등 타인의 재산을 영득 또는 편취하는 죄에 관련된 민사소송에서 패소의 확정판결을 받았거나 민사상 화해를 한 사실, 사기·횡령·배임 등 타인의 재산을 영득 또는 편취하는 죄를 범하여 형을 선고받은 사실

라. 가맹점사업자의 부담

마. 영업활동에 관한 조건과 제한

바. 가맹사업의 영업 개시에 관한 상세한 절차와 소요기간

사. 교육·훈련에 대한 설명(교육·훈련계획이 있는 경우에 한한다)

제2조(정의) 이 법에서 사용하는 용어의 정의는 다음과 같다. <개정 2007.8.3, 2013.8.13>

1. "가맹사업"이라 함은 가맹본부가 가맹점사업자로 하여금 자기의 상표·서비스표·상호·간판 그 밖의 영업표지(이하 "영업표지"라 한다)를 사용하여 일정한 품질기준이나 영업방식에 따라 상품(원재료 및 부재료를 포함한다. 이하 같다) 또는 용역을 판매하도록 함과 아울러 이에 따른 경영 및 영업활동 등에 대한 지원·교육과 통제를 하며, 가맹점

사업자는 영업표지의 사용과 경영 및 영업활동 등에 대한 지원·교육의 대가로 가맹본부에 가맹금을 지급하는 계속적인 거래관계를 말한다.

2. "가맹본부"라 함은 가맹사업과 관련하여 가맹점사업자에게 가맹점운영권을 부여하는 사업자를 말한다.
3. "가맹점사업자"라 함은 가맹사업과 관련하여 가맹본부로부터 가맹점운영권을 부여받은 사업자를 말한다.
4. "가맹희망자"란 가맹계약을 체결하기 위하여 가맹본부나 가맹지역본부와 상담하거나 협의하는 자를 말한다.
5. "가맹점운영권"이란 가맹점사업자가 가맹본부의 가맹사업과 관련하여 가맹점을 운영할 수 있는 계약상의 권리를 말한다.
6. "가맹금"이란 명칭이나 지급형태가 어떻든 간에 다음 각 목의 어느 하나에 해당하는 대가를 말한다. 다만, 가맹본부에 귀속되지 아니하는 것으로서 대통령령으로 정하는 대가를 제외한다.
   가. 가입비·입회비·가맹비·교육비 또는 계약금 등 가맹점사업자가 영업표지의 사용허락 등 가맹점운영권이나 영업활동에 대한 지원·교육 등을 받기 위하여 가맹본부에 지급하는 대가
   나. 가맹점사업자가 가맹본부로부터 공급받는 상품의 대금 등에 관한 채무액이나 손해배상액의 지급을 담보하기 위하여 가맹본부에 지급하는 대가
   다. 가맹점사업자가 가맹점운영권을 부여받을 당시에 가맹사업을 착수하기 위하여 가맹본부로부터 공급받는 정착물·설비·상품의 가격 또는 부동산의 임차료 명목으로 가맹본부에 지급하는 대가
   라. 가맹점사업자가 가맹본부와의 계약에 의하여 허락받은 영업표지의 사용과 영업활동 등에 관한 지원·교육, 그 밖의 사항에 대하여 가맹본부에 정기적으로 또는 비정기적으로 지급하는 대가로서 대통령령으로 정하는 것
   마. 그 밖에 가맹희망자나 가맹점사업자가 가맹점운영권을 취득하거나 유지하기 위하여 가맹본부에 지급하는 모든 대가
7. "가맹지역본부"라 함은 가맹본부와의 계약에 의하여 일정한 지역 안에서 가맹점사업자의 모집, 상품 또는 용역의 품질유지, 가맹점사업자에 대한 경영 및 영업활동의 지원·교육·통제 등 가맹본부의 업무의 전부 또는 일부를 대행하는 사업자를 말한다.
8. "가맹중개인"이라 함은 가맹본부 또는 가맹지역본부로부터 가맹점사업자를 모집하거나 가맹계약을 준비 또는 체결하는 업무를 위탁받은 자를 말한다.

9. “가맹계약서”라 함은 가맹사업의 구체적 내용과 조건 등에 있어 가맹본부 또는 가맹점사업자(이하 “가맹사업당사자”라 한다)의 권리와 의무에 관한 사항(특수한 거래조건이나 유의사항이 있는 경우에는 이를 포함한다)을 기재한 문서를 말한다.
10. “정보공개서”란 다음 각 목에 관하여 대통령령으로 정하는 사항을 수록한 문서를 말한다.
  가. 가맹본부의 일반 현황
  나. 가맹본부의 가맹사업 현황(가맹점사업자의 매출에 관한 사항을 포함한다)
  다. 가맹본부와 그 임원(「독점규제 및 공정거래에 관한 법률」 제2조제5호에 따른 임원을 말한다. 이하 같다)이 다음의 어느 하나에 해당하는 경우에는 해당 사실
    1) 이 법, 「독점규제 및 공정거래에 관한 법률」 또는 「약관의 규제에 관한 법률」을 위반한 경우
    2) 사기·횡령·배임 등 타인의 재산을 영득하거나 편취하는 죄에 관련된 민사소송에서 패소의 확정판결을 받았거나 민사상 화해를 한 경우
    3) 사기·횡령·배임 등 타인의 재산을 영득하거나 편취하는 죄를 범하여 형을 선고받은 경우
  라. 가맹점사업자의 부담
  마. 영업활동에 관한 조건과 제한
  바. 가맹사업의 영업 개시에 관한 상세한 절차와 소요기간
  사. 가맹본부의 경영 및 영업활동 등에 대한 지원과 교육·훈련에 대한 설명
11. “점포환경개선”이란 가맹점 점포의 기존 시설, 장비, 인테리어 등을 새로운 디자인이나 품질의 것으로 교체하거나 신규로 설치하는 것을 말한다. 이 경우 점포의 확장 또는 이전을 수반하거나 수반하지 아니하는 경우를 모두 포함한다.
12. “영업지역”이란 가맹점사업자가 가맹계약에 따라 상품 또는 용역을 판매하는 지역을 말한다. [시행일 : 2014.2.14] 제2조

제3조(적용배제) 이 법은 다음 각 호의 어느 하나에 해당하는 경우에는 적용하지 아니한다. 다만, 제9조 및 제10조의 규정의 경우에는 그러하지 아니하다. <개정 2012.2.17>

1. 가맹점사업자가 가맹금의 최초 지급일부터 6개월까지의 기간동안 가맹본부에게 지급한 가맹금의 총액이 100만원 이내의 범위에서 대통령령으로 정하는 금액을 초과하지 아니하는 경우
2. 가맹본부의 연간 매출액이 2억원 이내의 범위에서 대통령령으로 정하는 일정규모 미만인 경우

제3조(적용배제) ①이 법은 다음 각 호의 어느 하나에 해당하는 경우에는 적용하지 아니한다. <개정 2012.2.17, 2013.8.13>

1. 가맹점사업자가 가맹금의 최초 지급일부터 6개월까지의 기간동안 가맹본부에게 지급

한 가맹금의 총액이 100만원 이내의 범위에서 대통령령으로 정하는 금액을 초과하지 아니하는 경우

2. 가맹본부의 연간 매출액이 2억원 이내의 범위에서 대통령령으로 정하는 일정규모 미만인 경우. 다만, 가맹본부와 계약을 맺은 가맹점사업자의 수가 5개 이상의 범위에서 대통령령으로 정하는 수 이상인 경우는 제외한다.

② 제1항에도 불구하고 제9조 및 제10조(제10조제1항제1호는 제외한다)는 모든 가맹사업거래에 대하여 적용한다. <신설 2013.8.13> [시행일 : 2014.2.14] 제3조

제2장 가맹사업거래의 기본원칙

제4조(신의성실의 원칙) 가맹사업당사자는 가맹사업을 영위함에 있어서 각자의 업무를 신의에 따라 성실하게 수행하여야 한다.

제5조(가맹본부의 준수사항) 가맹본부는 다음 각호의 사항을 준수한다.

1. 가맹사업의 성공을 위한 사업구상
2. 상품이나 용역의 품질관리와 판매기법의 개발을 위한 계속적인 노력
3. 가맹점사업자에 대하여 합리적 가격과 비용에 의한 점포설비의 설치, 상품 또는 용역 등의 공급
4. 가맹점사업자와 그 직원에 대한 교육·훈련
5. 가맹점사업자의 경영·영업활동에 대한 지속적인 조언과 지원
6. 가맹계약기간중 가맹점사업자의 영업지역안에서 자기의 직영점을 설치하거나 가맹점사업자와 유사한 업종의 가맹점을 설치하는 행위의 금지
7. 가맹점사업자와의 대화와 협상을 통한 분쟁해결 노력

제6조(가맹점사업자의 준수사항) 가맹점사업자는 다음 각호의 사항을 준수한다.

1. 가맹사업의 통일성 및 가맹본부의 명성을 유지하기 위한 노력
2. 가맹본부의 공급계획과 소비자의 수요충족에 필요한 적정한 재고유지 및 상품진열
3. 가맹본부가 상품 또는 용역에 대하여 제시하는 적절한 품질기준의 준수
4. 제3호의 규정에 의한 품질기준의 상품 또는 용역을 구입하지 못하는 경우 가맹본부가 제공하는 상품 또는 용역의 사용
5. 가맹본부가 사업장의 설비와 외관, 운송수단에 대하여 제시하는 적절한 기준의 준수
6. 취급하는 상품·용역이나 영업활동을 변경하는 경우 가맹본부와의 사전 협의
7. 상품 및 용역의 구입과 판매에 관한 회계장부 등 가맹본부의 통일적 사업경영 및 판매전략의 수립에 필요한 자료의 유지와 제공

8. 가맹점사업자의 업무현황 및 제7호의 규정에 의한 자료의 확인과 기록을 위한 가맹본부의 임직원 그 밖의 대리인의 사업장 출입허용
9. 가맹본부의 동의를 얻지 아니한 경우 사업장의 위치변경 또는 가맹점운영권의 양도 금지
10. 가맹계약기간중 가맹본부와 동일한 업종을 영위하는 행위의 금지
11. 가맹본부의 영업기술이나 영업비밀의 누설 금지
12. 영업표지에 대한 제3자의 침해사실을 인지하는 경우 가맹본부에 대한 영업표지침해사실의 통보와 금지조치에 필요한 적절한 협력

제3장 가맹사업거래의 공정화

제6조의2(정보공개서의 등록 등) ①가맹본부는 가맹희망자에게 제공할 정보공개서를 공정거래위원회에 등록하여야 한다. 등록한 정보공개서를 변경하려는 경우에도 또한 같다. 다만, 대통령령으로 정하는 경미한 사항을 변경하려는 경우에는 신고하여야 한다.

②공정거래위원회는 제1항에 따라 등록하거나 신고한 정보공개서를 공개할 수 있다.

③공정거래위원회는 제2항에 따라 정보공개서를 공개하는 경우 당해 가맹본부에 공개하는 내용과 방법을 미리 통지하여야 하고, 사실과 다른 내용을 정정할 수 있는 기회를 주어야 한다.

④공정거래위원회는 제2항에 따라 정보공개서를 공개하기 위하여 예산의 범위 안에서 가맹사업정보제공시스템을 구축·운용할 수 있다.

⑤그 밖에 정보공개서의 등록, 변경등록, 신고 및 공개의 방법과 절차는 대통령령으로 정한다. [본조신설 2007.8.3]

제6조의2(정보공개서의 등록 등) ① 가맹본부는 가맹희망자에게 제공할 정보공개서를 공정거래위원회에 등록하여야 한다. <개정 2013.8.13>

② 가맹본부는 제1항에 따라 등록한 정보공개서의 기재사항 중 대통령령으로 정하는 사항을 변경하려는 경우에는 대통령령으로 정하는 기한 이내에 공정거래위원회에 기재사항의 변경등록을 하여야 한다. 다만, 대통령령으로 정하는 경미한 사항을 변경하려는 경우에는 신고하여야 한다. <신설 2013.8.13>

③공정거래위원회는 제1항 또는 제2항에 따라 등록·변경등록하거나 신고한 정보공개서를 공개할 수 있다. <개정 2013.8.13>

④공정거래위원회는 제3항에 따라 정보공개서를 공개하는 경우 당해 가맹본부에 공개하는 내용과 방법을 미리 통지하여야 하고, 사실과 다른 내용을 정정할 수 있는 기회를 주어야 한다. <개정 2013.8.13>

⑤공정거래위원회는 제3항에 따라 정보공개서를 공개하기 위하여 예산의 범위 안에서 가맹사업정보제공시스템을 구축·운용할 수 있다. <개정 2013.8.13>

⑥그 밖에 정보공개서의 등록, 변경등록, 신고 및 공개의 방법과 절차는 대통령령으로 정한다. <개정 2013.8.13> [본조신설 2007.8.3] [시행일 : 2014.2.14] 제6조의2

제6조의3(정보공개서 등록의 거부 등) ①공정거래위원회는 제6조의2에 따라 등록을 신청한 정보공개서나 그 밖의 신청서류에 거짓이 있거나 필요한 내용을 적지 아니한 경우에는 정보공개서의 등록을 거부하거나 그 내용의 변경을 요구할 수 있다.

②공정거래위원회는 정보공개서의 등록을 하였을 때에는 신청인에게 등록증을 내주어야 한다. [본조신설 2007.8.3]

제6조의4(정보공개서 등록의 취소) 공정거래위원회는 정보공개서가 제1호에 해당하는 경우에는 그 등록을 취소하여야 하며, 제2호에 해당하는 경우에는 등록을 취소할 수 있다.

1. 거짓이나 그 밖의 부정한 방법으로 정보공개서가 등록된 경우
2. 제2조제10호 각 목의 기재사항 중 대통령령으로 정하는 중요한 사항(이하 "중요사항"이라 한다)이 누락된 경우 [본조신설 2007.8.3]

제6조의4(정보공개서 등록의 취소) ①공정거래위원회는 정보공개서가 제1호에 해당하는 경우에는 그 등록을 취소하여야 하며, 제2호부터 제4호까지의 어느 하나에 해당하는 경우에는 등록을 취소할 수 있다. <개정 2013.8.13>

1. 거짓이나 그 밖의 부정한 방법으로 정보공개서가 등록된 경우
2. 제2조제10호 각 목의 기재사항 중 대통령령으로 정하는 중요한 사항(이하 "중요사항"이라 한다)이 누락된 경우
3. 가맹본부가 폐업 신고를 한 경우
4. 가맹본부가 정보공개서 등록취소를 요청하는 경우

②공정거래위원회는 정보공개서 등록이 취소된 가맹본부의 명단을 공개할 수 있다. <신설 2013.8.13> [본조신설 2007.8.3] [시행일 : 2014.2.14] 제6조의4

제6조의5(가맹금 예치 등) ①가맹본부는 가맹점사업자(가맹희망자를 포함한다. 이하 이 조, 제15조의2 및 제41조제3항제1호에서 같다)로 하여금 가맹금(제2조제6호가목 및 나목에 해당하는 대가로서 금전으로 지급하는 경우에 한하며, 계약체결 전에 가맹금을 지급한 경우에는 당해 가맹금을 포함한다. 이하 "예치가맹금"이라 한다)을 대통령령으로 정하는 기관(이하 "예치기관"이라 한다)에 예치하도록 하여야 한다. 다만, 가맹본부가 제15조의2에 따른 가맹점사업자피해보상보험계약 등을 체결한 경우에는 그러하지 아니하다.

②예치기관의 장은 가맹점사업자가 예치가맹금을 예치한 경우에는 예치일부터 7일 이내

에 그 사실을 가맹본부에 통지하여야 한다.

③가맹본부는 다음 각 호의 어느 하나에 해당하는 경우에는 예치기관의 장에게 대통령령으로 정하는 바에 따라 예치가맹금의 지급을 요청할 수 있다. 이 경우 예치기관의 장은 10일 이내에 예치가맹금을 가맹본부에 지급하여야 한다.

1. 가맹점사업자가 영업을 개시한 경우
2. 가맹계약 체결일부터 2개월이 경과한 경우. 다만, 2개월이 경과하기 전에 가맹점사업자가 제5항제1호부터 제3호까지의 규정 중 어느 하나에 해당하는 조치를 취한 사실을 예치기관의 장에게 서면으로 통보한 경우에는 그러하지 아니하다.

④가맹본부는 거짓이나 그 밖의 부정한 방법으로 예치가맹금의 지급을 요청하여서는 아니 된다.

⑤예치기관의 장은 제1호부터 제3호까지의 규정 중 어느 하나에 해당하는 경우에는 제24조에 따른 가맹사업거래분쟁조정협의회의 조정이나 그 밖의 분쟁해결의 결과(이하 "분쟁조정 등의 결과"라 한다) 또는 제33조에 따른 공정거래위원회의 시정조치가 확정될 때(공정거래위원회의 시정조치에 대하여 이의신청이 제기된 경우에는 재결이, 시정조치나 재결에 대하여 소가 제기된 경우에는 확정판결이 각각 확정된 때를 말한다. 이하 이 조에서 같다)까지 예치가맹금의 지급을 보류하여야 하고, 제4호에 해당하는 경우에는 예치가맹금의 지급요청을 거부하거나 가맹본부에 그 내용의 변경을 요구하여야 한다.

1. 가맹점사업자가 예치가맹금을 반환받기 위하여 소를 제기한 경우
2. 가맹점사업자가 예치가맹금을 반환받기 위하여 알선, 조정, 중재 등을 신청한 경우
3. 가맹점사업자가 제10조의 위반을 이유로 가맹본부를 공정거래위원회에 신고한 경우
4. 가맹본부가 제4항을 위반하여 거짓이나 그 밖의 부정한 방법으로 예치가맹금의 지급을 요청한 경우

⑥예치기관의 장은 가맹본부 또는 가맹점사업자가 분쟁조정 등의 결과나 시정조치 결과를 첨부하여 예치가맹금의 지급 또는 반환을 요청하는 경우 요청일부터 30일 이내에 그 결과에 따라 예치가맹금을 가맹본부에 지급하거나 가맹점사업자에게 반환하여야 한다.

⑦예치기관의 장은 가맹점사업자가 가맹본부의 동의를 받아 예치가맹금의 반환을 요청하는 경우에는 제5항 및 제6항에도 불구하고 요청일부터 10일 이내에 예치가맹금을 가맹점사업자에게 반환하여야 한다.

⑧그 밖에 가맹금의 예치 등에 관하여 필요한 사항은 대통령령으로 정한다.

[본조신설 2007.8.3]

제7조(정보공개서의 제공의무 등) ①가맹본부(가맹지역본부 또는 가맹중개인이 가맹점사업자를 모집하는 경우를 포함한다. 이하 같다)는 가맹희망자에게 제6조의2제1항에 따라 등

록한 정보공개서를 대통령령으로 정하는 바에 따라 제공하여야 한다. <개정 2007.8.3>

②가맹본부는 등록된 정보공개서를 제공하지 아니하였거나 정보공개서를 제공한 날부터 14일(가맹희망자가 정보공개서에 대하여 변호사 또는 제27조에 따른 가맹거래사의 자문을 받은 경우에는 7일로 한다)이 지나지 아니한 경우에는 다음 각 호의 어느 하나에 해당하는 행위를 하여서는 아니 된다. <신설 2007.8.3>

1. 가맹희망자로부터 가맹금을 수령하는 행위. 이 경우 가맹희망자가 예치기관에 예치가맹금을 예치하는 때에는 최초로 예치한 날(가맹본부가 가맹희망자와 최초로 가맹금을 예치하기로 합의한 때에는 그 날)에 가맹금을 수령한 것으로 본다.
2. 가맹희망자와 가맹계약을 체결하는 행위

③공정거래위원회는 대통령령이 정하는 바에 따라 정보공개서의 표준양식을 정하여 가맹본부 또는 가맹본부로 구성된 사업자단체에게 그 사용을 권장할 수 있다. <개정 2007.8.3> [제목개정 2007.8.3]

제7조(정보공개서의 제공의무 등) ①가맹본부(가맹지역본부 또는 가맹중개인이 가맹점사업자를 모집하는 경우를 포함한다. 이하 같다)는 가맹희망자에게 제6조의2제1항 및 제2항에 따라 등록 또는 변경등록한 정보공개서를 내용증명우편 등 제공시점을 객관적으로 확인할 수 있는 대통령령으로 정하는 방법에 따라 제공하여야 한다. <개정 2007.8.3, 2013.8.13>

②가맹본부는 제1항에 따라 정보공개서를 제공할 경우에는 가맹희망자의 장래 점포 예정지에서 가장 인접한 가맹점 10개(정보공개서 제공시점에 가맹희망자의 장래 점포 예정지가 속한 광역지방자치단체에서 영업 중인 가맹점의 수가 10개 미만인 경우에는 해당 광역지방자치단체 내의 가맹점 전체)의 상호, 소재지 및 전화번호가 적힌 문서(이하 "인근가맹점 현황문서"라 한다)를 함께 제공하여야 한다. 다만, 정보공개서를 제공할 때 장래 점포 예정지가 확정되지 아니한 경우에는 확정되는 즉시 제공하여야 한다. <신설 2013.8.13>

③가맹본부는 등록된 정보공개서 및 인근가맹점 현황문서(이하 "정보공개서등"이라 한다)를 제1항의 방법에 따라 제공하지 아니하였거나 정보공개서등을 제공한 날부터 14일(가맹희망자가 정보공개서에 대하여 변호사 또는 제27조에 따른 가맹거래사의 자문을 받은 경우에는 7일로 한다)이 지나지 아니한 경우에는 다음 각 호의 어느 하나에 해당하는 행위를 하여서는 아니 된다. <신설 2007.8.3, 2013.8.13>

1. 가맹희망자로부터 가맹금을 수령하는 행위. 이 경우 가맹희망자가 예치기관에 예치가맹금을 예치하는 때에는 최초로 예치한 날(가맹본부가 가맹희망자와 최초로 가맹금을

예치하기로 합의한 때에는 그 날)에 가맹금을 수령한 것으로 본다.

2. 가맹희망자와 가맹계약을 체결하는 행위

④공정거래위원회는 대통령령이 정하는 바에 따라 정보공개서의 표준양식을 정하여 가맹본부 또는 가맹본부로 구성된 사업자단체에게 그 사용을 권장할 수 있다. <개정 2007.8.3, 2013.8.13> [제목개정 2007.8.3] [시행일 : 2014.2.14] 제7조

제8조 삭제 <2007.8.3>

제9조(허위·과장된 정보제공 등의 금지) ①가맹본부는 가맹희망자에게 정보를 제공함에 있어서 허위 또는 과장된 정보를 제공하거나 중요사항을 누락하여서는 아니된다. <개정 2007.8.3>

②가맹본부는 가맹희망자나 가맹점사업자에게 다음 각 호의 어느 하나에 해당하는 정보를 제공하는 경우에는 서면으로 하여야 한다. <개정 2007.8.3>

1. 가맹희망자의 예상매출액·수익·매출총이익·순이익 등 장래의 예상수익상황에 관한 정보
2. 가맹점사업자의 매출액·수익·매출총이익·순이익 등 과거의 수익상황이나 장래의 예상수익상황에 관한 정보

③가맹본부는 제2항에 따라 정보를 제공하는 경우에는 그 정보의 산출근거가 되는 자료로서 대통령령으로 정하는 자료를 가맹본부의 사무소에 비치하여야 하며, 영업시간 중에 언제든지 가맹희망자나 가맹점사업자의 요구가 있는 경우 그 자료를 열람할 수 있도록 하여야 한다. <개정 2007.8.3>

제9조(허위·과장된 정보제공 등의 금지) ① 가맹본부는 가맹희망자나 가맹점사업자에게 정보를 제공함에 있어서 다음 각 호의 행위를 하여서는 아니 된다. <개정 2013.8.13>

1. 사실과 다르게 정보를 제공하거나 사실을 부풀려 정보를 제공하는 행위(이하 "허위·과장의 정보제공행위"라 한다)
2. 계약의 체결·유지에 중대한 영향을 미치는 사실을 은폐하거나 축소하는 방법으로 정보를 제공하는 행위(이하 "기만적인 정보제공행위"라 한다)

② 제1항 각 호의 행위의 유형은 대통령령으로 정한다. <신설 2013.8.13>

③가맹본부는 가맹희망자나 가맹점사업자에게 다음 각 호의 어느 하나에 해당하는 정보를 제공하는 경우에는 서면으로 하여야 한다. <개정 2007.8.3, 2013.8.13>

1. 가맹희망자의 예상매출액·수익·매출총이익·순이익 등 장래의 예상수익상황에 관한 정보
2. 가맹점사업자의 매출액·수익·매출총이익·순이익 등 과거의 수익상황이나 장래의 예상수익상황에 관한 정보

④가맹본부는 제3항에 따라 정보를 제공하는 경우에는 그 정보의 산출근거가 되는 자료로

서 대통령령으로 정하는 자료를 가맹본부의 사무소에 비치하여야 하며, 영업시간 중에 언제든지 가맹희망자나 가맹점사업자의 요구가 있는 경우 그 자료를 열람할 수 있도록 하여야 한다. <개정 2007.8.3, 2013.8.13>

⑤제3항에도 불구하고 다음 각 호의 어느 하나에 해당하는 가맹본부는 가맹계약을 체결할 때 가맹희망자에게 대통령령으로 정하는 예상매출액의 범위 및 그 산출 근거를 서면(이하 "예상매출액 산정서"라 한다)으로 제공하여야 한다. <신설 2013.8.13>

1. 중소기업자(「중소기업기본법」 제2조제1항 또는 제3항에 따른 자를 말한다)가 아닌 가맹본부
2. 직전 사업연도 말 기준으로 가맹본부와 계약을 체결·유지하고 있는 가맹점사업자(가맹본부가 복수의 영업표지를 보유하고 있는 경우에는 동일 영업표지를 사용하는 가맹점사업자에 한정한다)의 수가 대통령령으로 정하는 수 이상인 가맹본부

⑥가맹본부는 예상매출액 산정서를 가맹계약 체결일부터 5년간 보관하여야 한다. <신설 2013.8.13>

⑦공정거래위원회는 예상매출액 산정서의 표준양식을 정하여 사용을 권장할 수 있다. <신설 2013.8.13> [시행일 : 2014.2.14] 제9조

제10조(**가맹금의 반환**) ①가맹본부는 다음 각 호의 어느 하나에 해당하는 경우에는 가맹희망자나 가맹점사업자가 대통령령으로 정하는 사항이 적힌 서면으로 요구하는 날부터 1개월 이내에 가맹금을 반환하여야 한다. <개정 2007.8.3>

1. 가맹본부가 제7조제2항을 위반한 경우로서 가맹희망자 또는 가맹점사업자가 가맹계약 체결 전 또는 가맹계약의 체결일부터 2개월 이내에 가맹금의 반환을 요구하는 경우
2. 가맹본부가 제9조제1항을 위반한 경우로서 가맹희망자가 가맹계약 체결 전에 가맹금의 반환을 요구하는 경우
3. 가맹본부가 제9조제1항을 위반한 경우로서 허위 또는 과장된 정보나 중요사항의 누락된 내용이 계약 체결에 중대한 영향을 준 것으로 인정되어 가맹점사업자가 가맹계약의 체결일부터 2개월 이내에 가맹금의 반환을 요구하는 경우
4. 가맹본부가 정당한 사유 없이 가맹사업을 일방적으로 중단하고 가맹점사업자가 대통령령으로 정하는 가맹사업의 중단일부터 2개월 이내에 가맹금의 반환을 요구하는 경우

②제1항의 규정에 의하여 반환하는 가맹금의 금액을 정함에 있어서는 가맹계약의 체결경위, 금전이나 그 밖에 지급된 대가의 성격, 가맹계약기간, 계약이행기간, 가맹사업당사자의 귀책정도 등을 고려하여야 한다. <개정 2007.8.3>

제10조(**가맹금의 반환**) ①가맹본부는 다음 각 호의 어느 하나에 해당하는 경우에는 가맹희

망자나 가맹점사업자가 대통령령으로 정하는 사항이 적힌 서면으로 요구하는 날부터 1개월 이내에 가맹금을 반환하여야 한다. <개정 2007.8.3, 2013.8.13>

1. 가맹본부가 제7조제3항을 위반한 경우로서 가맹희망자 또는 가맹점사업자가 가맹계약 체결 전 또는 가맹계약의 체결일부터 4개월 이내에 가맹금의 반환을 요구하는 경우
2. 가맹본부가 제9조제1항을 위반한 경우로서 가맹희망자가 가맹계약 체결 전에 가맹금의 반환을 요구하는 경우
3. 가맹본부가 제9조제1항을 위반한 경우로서 허위 또는 과장된 정보나 중요사항의 누락된 내용이 계약 체결에 중대한 영향을 준 것으로 인정되어 가맹점사업자가 가맹계약의 체결일부터 4개월 이내에 가맹금의 반환을 요구하는 경우
4. 가맹본부가 정당한 사유 없이 가맹사업을 일방적으로 중단하고 가맹점사업자가 대통령령으로 정하는 가맹사업의 중단일부터 4개월 이내에 가맹금의 반환을 요구하는 경우

②제1항의 규정에 의하여 반환하는 가맹금의 금액을 정함에 있어서는 가맹계약의 체결경위, 금전이나 그 밖에 지급된 대가의 성격, 가맹계약기간, 계약이행기간, 가맹사업당사자의 귀책정도 등을 고려하여야 한다. <개정 2007.8.3>

[시행일 : 2014.2.14] 제10조

제11조(가맹계약서의 기재사항 등) ①가맹본부는 가맹희망자가 가맹계약의 내용을 미리 이해할 수 있도록 제2항 각 호의 사항이 적힌 문서를 다음 각 호의 날 중 빠른 날 전에 가맹희망자에게 제공하여야 한다. <개정 2007.8.3>

1. 가맹계약의 체결일
2. 가맹금의 최초 수령일(가맹희망자가 예치기관에 예치가맹금을 예치하는 경우에는 최초로 예치한 날로 한다. 다만, 가맹희망자가 최초로 가맹금을 예치하기로 가맹본부와 합의한 날이 있는 경우에는 그 날로 한다)

②가맹계약서는 다음 각호의 사항을 포함하여야 한다. <개정 2007.8.3>

1. 영업표지의 사용권 부여에 관한 사항
2. 가맹점사업자의 영업활동 조건에 관한 사항
3. 가맹점사업자에 대한 교육·훈련, 경영지도에 관한 사항
4. 가맹금 등의 지급에 관한 사항
5. 영업지역의 설정에 관한 사항
6. 계약기간에 관한 사항
7. 영업의 양도에 관한 사항
8. 계약해지의 사유에 관한 사항

9. 가맹희망자 또는 가맹점사업자가 가맹계약을 체결한 날부터 2개월(가맹점사업자가 2개월 이전에 가맹사업을 개시하는 경우에는 가맹사업개시일)까지의 기간 동안 예치가맹금을 예치기관에 예치하여야 한다는 사항. 다만, 가맹본부가 제15조의2에 따른 가맹점사업자피해보상보험계약 등을 체결한 경우에는 그에 관한 사항으로 한다.
10. 가맹희망자가 정보공개서에 대하여 변호사 또는 제27조에 따른 가맹거래사의 자문을 받은 경우 이에 관한 사항
11. 그 밖에 가맹사업당사자의 권리·의무에 관한 사항으로서 대통령령이 정하는 사항

③가맹본부는 가맹계약서를 가맹사업의 거래가 종료된 날부터 3년간 보관하여야 한다.

④공정거래위원회는 가맹본부에게 건전한 가맹사업거래질서를 확립하고 불공정한 내용의 가맹계약이 통용되는 것을 방지하기 위하여 일정한 가맹사업거래에서 표준이 되는 가맹계약서의 작성 및 사용을 권장할 수 있다. [제목개정 2007.8.3]

제12조(불공정거래행위의 금지) ①가맹본부는 다음 각호의 1에 해당하는 행위로서 가맹사업의 공정한 거래를 저해할 우려가 있는 행위를 하거나 다른 사업자로 하여금 이를 행하도록 하여서는 아니된다. <개정 2007.8.3>

1. 가맹점사업자에 대하여 상품이나 용역의 공급 또는 영업의 지원 등을 부당하게 중단 또는 거절하거나 그 내용을 현저히 제한하는 행위
2. 가맹점사업자가 취급하는 상품 또는 용역의 가격, 거래상대방, 거래지역이나 가맹점사업자의 사업활동을 부당하게 구속하거나 제한하는 행위
3. 거래상의 지위를 이용하여 부당하게 가맹점사업자에게 불이익을 주는 행위
4. 가맹계약을 위반하여 가맹계약기간 중 가맹점사업자의 영업지역 안에서 가맹점사업자와 동일한 업종의 자기 또는 계열회사(「독점규제 및 공정거래에 관한 법률」 제2조제3호에 따른 계열회사를 말한다)의 직영점이나 가맹점을 설치하는 행위
5. 제1호 내지 제4호외의 행위로서 부당하게 경쟁가맹본부의 가맹점사업자를 자기와 거래하도록 유인하는 행위 등 가맹사업의 공정한 거래를 저해할 우려가 있는 행위

②제1항 각호의 규정에 의한 행위의 유형 또는 기준은 대통령령으로 정한다.

제12조(불공정거래행위의 금지) ①가맹본부는 다음 각호의 1에 해당하는 행위로서 가맹사업의 공정한 거래를 저해할 우려가 있는 행위를 하거나 다른 사업자로 하여금 이를 행하도록 하여서는 아니된다. <개정 2007.8.3, 2013.8.13>

1. 가맹점사업자에 대하여 상품이나 용역의 공급 또는 영업의 지원 등을 부당하게 중단 또는 거절하거나 그 내용을 현저히 제한하는 행위
2. 가맹점사업자가 취급하는 상품 또는 용역의 가격, 거래상대방, 거래지역이나 가맹점사

업자의 사업활동을 부당하게 구속하거나 제한하는 행위
3. 거래상의 지위를 이용하여 부당하게 가맹점사업자에게 불이익을 주는 행위
4. 삭제 <2013.8.13>
5. 계약의 목적과 내용, 발생할 손해 등 대통령령으로 정하는 기준에 비하여 과중한 위약금을 부과하는 등 가맹점사업자에게 부당하게 손해배상 의무를 부담시키는 행위
6. 제1호부터 제3호까지 및 제5호 외의 행위로서 부당하게 경쟁가맹본부의 가맹점사업자를 자기와 거래하도록 유인하는 행위 등 가맹사업의 공정한 거래를 저해할 우려가 있는 행위

②제1항 각호의 규정에 의한 행위의 유형 또는 기준은 대통령령으로 정한다.

[시행일 : 2014.2.14] 제12조

제12조의2(부당한 점포환경개선 강요 금지 등) ①가맹본부는 대통령령으로 정하는 정당한 사유 없이 점포환경개선을 강요하여서는 아니 된다.

②가맹본부는 가맹점사업자의 점포환경개선에 소요되는 비용으로서 대통령령으로 정하는 비용의 100분의 40 이내의 범위에서 대통령령으로 정하는 비율에 해당하는 금액을 부담하여야 한다. 다만, 다음 각 호의 어느 하나에 해당하는 경우에는 그러하지 아니하다.
1. 가맹본부의 권유 또는 요구가 없음에도 가맹점사업자의 자발적 의사에 의하여 점포환경개선을 실시하는 경우
2. 가맹점사업자의 귀책사유로 인하여 위생·안전 및 이와 유사한 문제가 발생하여 불가피하게 점포환경개선을 하는 경우

③제2항에 따라 가맹본부가 부담할 비용의 산정, 청구 및 지급절차, 그 밖에 필요한 사항은 대통령령으로 정한다. [본조신설 2013.8.13] [시행일 : 2014.2.14] 제12조의2

제12조의3(부당한 영업시간 구속 금지) ①가맹본부는 정상적인 거래관행에 비추어 부당하게 가맹점사업자의 영업시간을 구속하는 행위(이하 "부당한 영업시간 구속"이라 한다)를 하여서는 아니 된다.

②다음 각 호의 어느 하나에 해당하는 가맹본부의 행위는 부당한 영업시간 구속으로 본다.
1. 가맹점사업자의 점포가 위치한 상권의 특성 등의 사유로 대통령령으로 정하는 심야 영업시간대의 매출이 그 영업에 소요되는 비용에 비하여 저조하여 대통령령으로 정하는 일정한 기간 동안 영업손실이 발생함에 따라 가맹점사업자가 영업시간 단축을 요구함에도 이를 허용하지 아니하는 행위
2. 가맹점사업자가 질병의 발병과 치료 등 불가피한 사유로 인하여 필요 최소한의 범위에서 영업시간의 단축을 요구함에도 이를 허용하지 아니하는 행위

[본조신설 2013.8.13] [시행일 : 2014.2.14] 제12조의3

제12조의4(부당한 영업지역 침해금지) ①가맹본부는 가맹계약 체결 시 가맹점사업자의 영업지역을 설정하여 가맹계약서에 이를 기재하여야 한다.

②상권의 급격한 변화 등 대통령령으로 정하는 사유가 발생하는 경우에는 가맹계약 갱신과정에서 가맹본부와 가맹점사업자가 협의를 통하여 기존 영업지역을 합리적으로 변경할 수 있다.

③가맹본부는 정당한 사유 없이 가맹계약기간 중 가맹점사업자의 영업지역 안에서 가맹점사업자와 동일한 업종(수요층의 지역적·인적 범위, 취급품목, 영업형태 및 방식 등에 비추어 동일하다고 인식될 수 있을 정도의 업종을 말한다)의 자기 또는 계열회사(「독점규제 및 공정거래에 관한 법률」 제2조제3호에 따른 계열회사를 말한다)의 직영점이나 가맹점을 설치하는 행위를 하여서는 아니 된다.

[본조신설 2013.8.13] [시행일 : 2014.8.14] 제12조의4

제12조의5(업종별 거래기준 권고) 공정거래위원회는 가맹사업거래의 공정한 거래질서 확립을 위하여 필요한 경우 업종별로 바람직한 거래기준을 정하여 가맹본부에 이의 준수를 권고할 수 있다.

[본조신설 2013.8.13] [시행일 : 2014.2.14] 제12조의5

제13조(가맹계약의 갱신 등) ①가맹본부는 가맹점사업자가 가맹계약기간 만료 전 180일부터 90일까지 사이에 가맹계약의 갱신을 요구하는 경우 정당한 사유 없이 이를 거절하지 못한다. 다만, 다음 각 호의 어느 하나에 해당하는 경우에는 그러하지 아니하다.

1. 가맹점사업자가 가맹계약상의 가맹금 등의 지급의무를 지키지 아니한 경우
2. 다른 가맹점사업자에게 통상적으로 적용되는 계약조건이나 영업방침을 가맹점사업자가 수락하지 아니한 경우
3. 가맹사업의 유지를 위하여 필요하다고 인정되는 것으로서 다음 각 목의 어느 하나에 해당하는 가맹본부의 중요한 영업방침을 가맹점사업자가 지키지 아니한 경우
   가. 가맹점의 운영에 필요한 점포·설비의 확보나 법령상 필요한 자격·면허·허가의 취득에 관한 사항
   나. 판매하는 상품이나 용역의 품질을 유지하기 위하여 필요한 제조공법 또는 서비스기법의 준수에 관한 사항
   다. 그 밖에 가맹점사업자가 가맹사업을 정상적으로 유지하기 위하여 필요하다고 인정되는 것으로서 대통령령으로 정하는 사항

②가맹점사업자의 계약갱신요구권은 최초 가맹계약기간을 포함한 전체 가맹계약기간이 10년을 초과하지 아니하는 범위 내에서만 행사할 수 있다.

③가맹본부가 제1항에 따른 갱신 요구를 거절하는 경우에는 그 요구를 받은 날부터 15일 이내에 가맹점사업자에게 거절 사유를 적어 서면으로 통지하여야 한다.

④가맹본부가 제3항의 거절 통지를 하지 아니하거나 가맹계약기간 만료 전 180일부터 90일까지 사이에 가맹점사업자에게 조건의 변경에 대한 통지나 가맹계약을 갱신하지 아니한다는 사실의 통지를 서면으로 하지 아니하는 경우에는 계약 만료 전의 가맹계약과 같은 조건으로 다시 가맹계약을 체결한 것으로 본다. 다만, 가맹점사업자가 계약이 만료되는 날부터 60일 전까지 이의를 제기하거나 가맹본부나 가맹점사업자에게 천재지변이나 그 밖에 대통령령으로 정하는 부득이한 사유가 있는 경우에는 그러하지 아니하다. [전문개정 2007.8.3]

제14조(가맹계약해지의 제한) ①가맹본부는 가맹계약을 해지하려는 경우에는 가맹점사업자에게 2개월 이상의 유예기간을 두고 계약의 위반 사실을 구체적으로 밝히고 이를 시정하지 아니하면 그 계약을 해지한다는 사실을 서면으로 2회 이상 통지하여야 한다. 다만, 가맹사업의 거래를 지속하기 어려운 경우로서 대통령령이 정하는 경우에는 그러하지 아니하다. <개정 2007.8.3>

②제1항의 규정에 의한 절차를 거치지 아니한 가맹계약의 해지는 그 효력이 없다.

제14조의2(가맹점사업자단체의 거래조건 변경 협의 등) ①가맹점사업자는 권익보호 및 경제적 지위 향상을 도모하기 위하여 단체(이하 "가맹점사업자단체"라 한다)를 구성할 수 있다.

②특정 가맹본부와 가맹계약을 체결·유지하고 있는 가맹점사업자(복수의 영업표지를 보유한 가맹본부와 계약 중인 가맹점사업자의 경우에는 동일한 영업표지를 사용하는 가맹점사업자로 한정한다)로만 구성된 가맹점사업자단체는 그 가맹본부에 대하여 가맹계약의 변경 등 거래조건(이하 이 조에서 "거래조건"이라 한다)에 대한 협의를 요청할 수 있다.

③제2항에 따른 협의를 요청받은 경우 가맹본부는 성실하게 협의에 응하여야 한다. 다만, 복수의 가맹점사업자단체가 협의를 요청할 경우 가맹본부는 다수의 가맹점사업자로 구성된 가맹점사업자단체와 우선적으로 협의한다.

④제2항에 따른 협의와 관련하여 가맹점사업자단체는 가맹사업의 통일성이나 본질적 사항에 반하는 거래조건을 요구하는 행위, 가맹본부의 경영 등에 부당하게 간섭하는 행위 또는 부당하게 경쟁을 제한하는 행위를 하여서는 아니 된다.

⑤가맹본부는 가맹점사업자단체의 구성·가입·활동 등을 이유로 가맹점사업자에게 불이익을 주는 행위를 하거나 가맹점사업자단체에 가입 또는 가입하지 아니할 것을 조건으로 가맹계약을 체결하여서는 아니 된다.

[본조신설 2013.8.13] [시행일 : 2014.2.14] 제14조의2

제15조(자율규약) ①가맹본부 또는 가맹본부를 구성원으로 하는 사업자단체는 가맹사업의 공정한 거래질서를 유지하기 위하여 자율적으로 규약을 정할 수 있다.

②가맹본부 또는 가맹본부를 구성원으로 하는 사업자단체는 제1항의 규정에 의하여 자율규약을 정하고자 하는 경우 그 규약이 제12조제1항의 규정에 위반하는 지에 대한 심사를 공정거래위원회에 요청할 수 있다.

③공정거래위원회는 제2항의 규정에 의하여 자율규약의 심사를 요청받은 때에는 그 요청을 받은 날부터 60일 이내에 심사결과를 신청인에게 통보하여야 한다.

제15조의2(가맹점사업자피해보상보험계약 등) ①가맹본부는 가맹점사업자의 피해를 보상하기 위하여 다음 각 호의 어느 하나에 해당하는 계약(이하 "가맹점사업자피해보상보험계약 등"이라 한다)을 체결할 수 있다. <개정 2012.2.17>

1. 「보험업법」에 따른 보험계약
2. 가맹점사업자 피해보상금의 지급을 확보하기 위한 「금융위원회의 설치 등에 관한 법률」 제38조에 따른 기관의 채무지급보증계약
3. 제15조의3에 따라 설립된 공제조합과의 공제계약

②가맹점사업자피해보상보험계약 등에 의하여 가맹점사업자 피해보상금을 지급할 의무가 있는 자는 그 지급사유가 발생한 경우 지체 없이 이를 지급하여야 한다. 이를 지연한 경우에는 지연배상금을 지급하여야 한다.

③가맹점사업자피해보상보험계약 등을 체결하고자 하는 가맹본부는 가맹점사업자피해보상보험계약 등을 체결하기 위하여 매출액 등의 자료를 제출함에 있어서 거짓 자료를 제출하여서는 아니 된다.

④가맹본부는 가맹점사업자피해보상보험계약 등을 체결함에 있어서 가맹점사업자의 피해보상에 적절한 수준이 되도록 하여야 한다.

⑤가맹점사업자피해보상보험계약 등을 체결한 가맹본부는 그 사실을 나타내는 표지를 사용할 수 있다.

⑥가맹점사업자피해보상보험계약 등을 체결하지 아니한 가맹본부는 제5항에 따른 표지를 사용하거나 이와 유사한 표지를 제작 또는 사용하여서는 아니 된다.

⑦그 밖에 가맹점사업자피해보상보험계약 등에 대하여 필요한 사항은 대통령령으로 정한다. [본조신설 2007.8.3]

제15조의3(공제조합의 설립) ①가맹본부는 제15조의2제1항제3호에 따른 공제사업을 영위하기 위하여 공정거래위원회의 인가를 받아 공제조합(이하 "공제조합"이라 한다)을 설립할 수 있다.

②공제조합은 법인으로 하며, 주된 사무소의 소재지에 설립등기를 함으로써 성립한다.
③공제조합에 가입한 가맹본부는 공제사업의 수행에 필요한 출자금 등을 조합에 납부하여야 한다.
④공제조합의 기본재산은 조합원의 출자금 등으로 조성한다.
⑤공제조합의 조합원의 자격, 임원에 관한 사항 및 출자금의 부담기준에 관한 사항은 정관으로 정한다.
⑥공제조합의 설립인가 기준 및 절차, 정관기재사항, 운영 및 감독 등에 관하여 필요한 사항은 대통령령으로 정한다.
⑦공제조합이 제1항에 따른 공제사업을 하고자 하는 때에는 공제규정을 정하여 공정거래위원회의 인가를 받아야 한다. 공제규정을 변경하고자 하는 때에도 또한 같다.
⑧제7항의 공제규정에는 공제사업의 범위, 공제료, 공제사업에 충당하기 위한 책임준비금 등 공제사업의 운영에 관하여 필요한 사항을 포함하여야 한다.
⑨공제조합에 관하여 이 법에 규정된 것을 제외하고는 「민법」 중 사단법인에 관한 규정을 준용한다.
⑩이 법에 따른 공제조합의 사업에 대하여는 「보험업법」을 적용하지 아니한다.
[본조신설 2007.8.3]

제15조의4(**가맹본부와 가맹점사업자 간 협약체결의 권장 등**) ① 공정거래위원회는 가맹본부와 가맹점사업자가 가맹사업 관계 법령의 준수 및 상호 지원·협력을 약속하는 자발적인 협약을 체결하도록 권장할 수 있다.
② 공정거래위원회는 가맹본부와 가맹점사업자가 제1항에 따른 협약을 체결하는 경우 그 이행을 독려하기 위하여 포상 등 지원시책을 마련하여 시행하여야 한다.
③ 공정거래위원회는 제1항 및 제2항에 따른 협약의 내용·체결절차·이행실적평가 및 지원시책 등에 필요한 사항을 정한다.
[본조신설 2013.8.13] [시행일 : 2014.2.14] 제15조의4

제4장 분쟁의 조정 등

제16조(**가맹사업거래분쟁조정협의회의 설치**) 가맹사업에 관한 분쟁을 조정하기 위하여 「독점규제 및 공정거래에 관한 법률」 제48조의2제1항에 따른 한국공정거래조정원(이하 "조정원"이라 한다)에 가맹사업거래분쟁조정협의회(이하 "협의회"라 한다)를 둔다. [전문개정 2007.8.3]

제17조(**협의회의 구성**) ①협의회는 위원장 1인을 포함한 9인의 위원으로 구성한다.
②위원은 공익을 대표하는 위원, 가맹본부의 이익을 대표하는 위원, 가맹점사업자의 이익

을 대표하는 위원으로 구분하되 각각 동수로 한다.

③위원은 조정원의 장이 추천한 자와 다음 각 호의 어느 하나에 해당하는 자중 공정거래위원회 위원장이 임명 또는 위촉하는 자가 된다. <개정 2005.12.29, 2007.8.3>

1. 대학에서 법률학·경제학·경영학을 전공한 자로서 「고등교육법」 제2조제1호·제2호 또는 제5호에 따른 학교나 공인된 연구기관에서 부교수 이상의 직 또는 이에 상당하는 직에 있거나 있었던 자
2. 판사·검사 직에 있거나 있었던 자 또는 변호사의 자격이 있는 자
3. 독점금지 및 공정거래업무에 관한 경험이 있는 4급 이상 공무원(고위공무원단에 속하는 일반직공무원을 포함한다)의 직에 있거나 있었던 자

④위원장은 공익을 대표하는 위원중에서 공정거래위원회 위원장이 위촉한다. <개정 2007.8.3>

⑤위원의 임기는 3년으로 하고 연임할 수 있다.

⑥위원중 결원이 생긴 때에는 제3항의 규정에 의하여 보궐위원을 위촉하여야 하며, 그 보궐위원의 임기는 전임자의 잔임기간으로 한다.

제18조(**공익을 대표하는 위원의 위촉제한**) ①공익을 대표하는 위원은 위촉일 현재 가맹본부 또는 가맹점사업자의 임원·직원으로 있는 자중에서 위촉될 수 없다.

②공정거래위원회 위원장은 공익을 대표하는 위원으로 위촉받은 자가 가맹본부 또는 가맹점사업자의 임원·직원으로 된 때에는 즉시 해촉하여야 한다. <개정 2007.8.3>

제19조(**협의회의 회의**) ①협의회의 회의는 위원 전원으로 구성되는 회의(이하 "전체회의"라 한다)와 공익을 대표하는 위원, 가맹본부의 이익을 대표하는 위원, 가맹점사업자의 이익을 대표하는 위원 각 1인으로 구성되는 회의(이하 "소회의"라 한다)로 구분한다. <개정 2007.8.3>

②협의회의 소회의는 전체회의로부터 위임받은 사항에 관하여 심의·의결한다. <신설 2007.8.3>

③협의회의 전체회의는 위원장이 주재하며, 재적위원 과반수의 출석으로 개의하고, 출석위원 과반수의 찬성으로 의결한다. <개정 2007.8.3>

④협의회의 소회의는 공익을 대표하는 위원이 주재하며, 구성위원 전원의 출석과 출석위원 전원의 찬성으로 의결한다. 이 경우 소회의의 의결은 협의회의 의결로 보되, 회의의 결과를 전체회의에 보고하여야 한다. <신설 2007.8.3>

⑤위원장이 사고로 직무를 수행할 수 없을 때에는 공익을 대표하는 위원중에서 공정거래위원회 위원장이 지명하는 위원이 그 직무를 대행한다. <개정 2007.8.3>

⑥조정의 대상이 된 분쟁의 당사자인 가맹사업당사자(이하 "분쟁당사자"라 한다)는 협의회의 회의에 출석하여 의견을 진술하거나 관계자료를 제출할 수 있다. <개정 2007.8.3>

제19조(협의회의 회의) ①협의회의 회의는 위원 전원으로 구성되는 회의(이하 "전체회의"라 한다)와 공익을 대표하는 위원, 가맹본부의 이익을 대표하는 위원, 가맹점사업자의 이익을 대표하는 위원 각 1인으로 구성되는 회의(이하 "소회의"라 한다)로 구분한다. <개정 2007.8.3>

②협의회의 전체회의는 다음 각 호의 사항을 심의·의결한다. <신설 2013.8.13>

1. 소회의가 전체회의에서 처리하도록 결정한 사항
2. 협의회 운영세칙의 제정·개정에 관한 사항
3. 그 밖에 전체회의에서 처리할 필요가 있다고 인정하는 사항으로서 협의회의 위원장이 전체회의에 부치는 사항

③협의회의 소회의는 제2항 각 호 외의 사항을 심의·의결한다. <개정 2013.8.13>

④협의회의 전체회의는 위원장이 주재하며, 재적위원 과반수의 출석으로 개의하고, 출석위원 과반수의 찬성으로 의결한다. <개정 2007.8.3, 2013.8.13>

⑤협의회의 소회의는 공익을 대표하는 위원이 주재하며, 구성위원 전원의 출석과 출석위원 전원의 찬성으로 의결한다. 이 경우 소회의의 의결은 협의회의 의결로 보되, 회의의 결과를 전체회의에 보고하여야 한다. <신설 2007.8.3, 2013.8.13>

⑥위원장이 사고로 직무를 수행할 수 없을 때에는 공익을 대표하는 위원중에서 공정거래위원회 위원장이 지명하는 위원이 그 직무를 대행한다. <개정 2007.8.3, 2013.8.13>

⑦조정의 대상이 된 분쟁의 당사자인 가맹사업당사자(이하 "분쟁당사자"라 한다)는 협의회의 회의에 출석하여 의견을 진술하거나 관계자료를 제출할 수 있다. <개정 2007.8.3, 2013.8.13> [시행일 : 2014.2.14] 제19조

제20조(위원의 제척·기피·회피) ①위원은 다음 각호의 1에 해당하는 경우에는 당해 조정사항의 조정에서 제척된다.

1. 위원 또는 그 배우자나 배우자이었던 자가 당해 조정사항의 분쟁당사자가 되거나 공동권리자 또는 의무자의 관계에 있는 경우
2. 위원이 당해 조정사항의 분쟁당사자와 친족관계에 있거나 있었던 경우
3. 위원 또는 위원이 속한 법인이 분쟁당사자의 법률·경영 등에 대하여 자문이나 고문의 역할을 하고 있는 경우
4. 위원 또는 위원이 속한 법인이 당해 조정사항에 대하여 분쟁당사자의 대리인으로 관여하거나 관여하였던 경우 및 증언 또는 감정을 한 경우

②분쟁당사자는 위원에게 협의회의 조정에 공정을 기하기 어려운 사정이 있는 때에 협의회에 당해 위원에 대한 기피신청을 할 수 있다.

③위원이 제1항 또는 제2항의 사유에 해당하는 경우에는 스스로 당해 조정사항의 조정에서 회피할 수 있다.

제21조(협의회의 조정사항) 협의회는 공정거래위원회 또는 분쟁당사자가 요청하는 가맹사업거래의 분쟁에 관한 사항을 조정한다.

제22조(조정의 신청 등) ①분쟁당사자는 제21조의 규정에 의하여 협의회에 대통령령이 정하는 사항이 기재된 서면으로 그 조정을 신청할 수 있다.

②공정거래위원회는 가맹사업거래의 분쟁에 관한 사건에 대하여 협의회에 그 조정을 의뢰할 수 있다.

③협의회는 제1항의 규정에 의하여 조정을 신청받은 때에는 즉시 그 조정사항을 분쟁당사자에게 통지하여야 한다. <개정 2007.8.3>

제23조(조정 등) ①협의회는 분쟁당사자에게 조정사항에 대하여 스스로 조정하도록 권고하거나 조정안을 작성하여 이를 제시할 수 있다.

②협의회는 다음 각호의 1에 해당되는 경우에는 그 조정을 거부하거나 중지할 수 있다. <개정 2007.8.3>

1. 분쟁당사자의 일방이 조정을 거부한 경우
2. 이미 법원에 소를 제기하였거나 조정의 신청이 있은 후 법원에 소를 제기한 경우 또는 조정의 신청이 있은 후 분쟁당사자가 「중재법」에 따른 중재합의를 한 경우
3. 신청의 내용이 관계법령 또는 객관적인 자료에 의하여 명백하게 인정되는 등 조정을 할 실익이 없는 것으로서 대통령령이 정하는 사항이 발생하는 경우

③협의회는 다음 각호의 1에 해당되는 경우에는 조정절차를 종료하여야 한다. <개정 2007.8.3>

1. 분쟁당사자가 협의회의 권고 또는 조정안을 수락하거나 스스로 조정하는 등 조정이 성립된 경우
2. 조정을 신청 또는 의뢰 받은 날부터 60일(분쟁당사자 쌍방이 기간연장에 동의한 경우에는 90일로 한다)이 경과하여도 조정이 성립하지 아니한 경우
3. 제2항의 규정에 의하여 조정이 중지된 경우로서 조정절차를 진행할 실익이 없는 경우

④협의회는 제2항의 규정에 의하여 조정을 거부 또는 중지하거나 제3항의 규정에 의하여 조정절차를 종료한 경우에는 대통령령이 정하는 바에 따라 공정거래위원회에 조정의 경위, 조정거부·중지 또는 종료의 사유 등과 관계서류를 서면으로 지체없이 보고하여야 하

고 분쟁당사자에게 그 사실을 통보하여야 한다.

⑤협의회는 당해 조정사항에 관한 사실을 확인하기 위하여 필요한 경우 조사를 하거나 분쟁당사자에 대하여 관련자료의 제출이나 출석을 요구할 수 있다.

⑥공정거래위원회는 조정사항에 관하여 조정절차가 종료될 때까지 당해 분쟁당사자에게 시정조치를 권고하거나 명하여서는 아니된다. 다만, 공정거래위원회가 이미 제32조의 규정에 의하여 조사중인 사건에 대하여는 그러하지 아니하다.

第24조(**조정조서의 작성과 그 효력**) ①협의회는 조정사항에 대하여 조정이 성립된 경우 조정에 참가한 위원과 분쟁당사자가 기명날인한 조정조서를 작성한다. 이 경우 분쟁당사자간에 조정조서와 동일한 내용의 합의가 성립된 것으로 본다.

②협의회는 분쟁당사자가 조정절차를 개시하기 전에 조정사항을 스스로 조정하고 조정조서의 작성을 요구하는 경우에는 그 조정조서를 작성할 수 있다.

第25조(**협의회의 조직 등에 관한 규정**) 제16조 내지 제24조의 규정외에 협의회의 조직·운영·조정절차 등에 관하여 필요한 사항은 대통령령으로 정한다.

第26조 삭제 <2007.8.3>

第27조(**가맹거래사**) ①공정거래위원회가 실시하는 가맹거래사 자격시험에 합격한 후 대통령령이 정하는 바에 따라 실무수습을 마친 자는 가맹거래사의 자격을 가진다. <개정 2004.1.20, 2007.8.3>

②다음 각 호의 어느 하나에 해당하는 자는 가맹거래사가 될 수 없다. <개정 2007.8.3>

1. 미성년자·금치산자 또는 한정치산자
2. 파산선고를 받고 복권되지 아니한 자
3. 금고 이상의 실형의 선고를 받고 그 집행이 종료(종료된 것으로 보는 경우를 포함한다) 되거나 집행을 받지 아니하기로 확정된 후 2년이 경과되지 아니한 자
4. 금고 이상의 형의 집행유예를 받고 그 집행유예기간중에 있는 자
5. 제31조의 규정에 의하여 가맹거래사의 등록이 취소된 날부터 2년이 경과되지 아니한 자

③가맹거래사 자격시험의 시험과목·시험방법, 실무수습의 기간 등 자격시험 및 실무수습에 관하여 필요한 사항은 대통령령으로 정한다. <신설 2004.1.20, 2007.8.3>

[제목개정 2007.8.3]

第28조(**가맹거래사의 업무**) 가맹거래사는 다음 각 호의 사항에 관한 업무를 수행한다.

1. 가맹사업의 사업성에 관한 상담이나 검토
2. 정보공개서와 가맹계약서의 작성 및 수정에 관한 상담이나 자문
3. 가맹점사업자의 부담, 가맹사업 영업활동의 조건 등에 관한 상담이나 자문

4. 가맹사업당사자에 대한 교육·훈련에 관한 상담이나 자문
5. 가맹사업거래 분쟁조정 신청의 대행
6. 정보공개서 등록 신청의 대행

[전문개정 2007.8.3]

제28조(가맹거래사의 업무) 가맹거래사는 다음 각 호의 사항에 관한 업무를 수행한다. <개정 2013.8.13>

1. 가맹사업의 사업성에 관한 검토
2. 정보공개서와 가맹계약서의 작성·수정이나 이에 관한 자문
3. 가맹점사업자의 부담, 가맹사업 영업활동의 조건 등에 관한 자문
4. 가맹사업당사자에 대한 교육·훈련이나 이에 대한 자문
5. 가맹사업거래 분쟁조정 신청의 대행
6. 정보공개서 등록 신청의 대행

[전문개정 2007.8.3] [시행일 : 2014.2.14] 제28조

제29조(가맹거래사의 등록) ①가맹거래사 자격이 있는 자가 제28조에 따른 가맹거래사의 업무를 개시하고자 하는 경우에는 대통령령이 정하는 바에 따라 공정거래위원회에 등록하여야 한다. <개정 2004.1.20, 2007.8.3>

②제1항의 규정에 의하여 등록을 한 가맹거래사는 공정거래위원회가 정하는 바에 따라 5년마다 등록을 갱신하여야 한다. <개정 2007.8.3>

③제1항의 규정에 의하여 등록을 한 가맹거래사가 아닌 자는 제27조의 규정에 의한 가맹거래사임을 표시하거나 이와 유사한 용어를 사용하여서는 아니된다. <개정 2007.8.3>

[제목개정 2007.8.3]

제30조(가맹거래사의 책임) ①가맹거래사는 성실히 직무를 수행하며 품위를 유지하여야 한다. <개정 2007.8.3>

②가맹거래사는 직무를 수행함에 있어서 고의로 진실을 감추거나 허위의 보고를 하여서는 아니된다. <개정 2007.8.3> [제목개정 2007.8.3]

제31조(가맹거래사의 등록취소와 자격정지) ①공정거래위원회는 제29조의 규정에 의하여 등록을 한 가맹거래사가 다음 각 호의 어느 하나에 해당하는 경우에는 그 등록을 취소할 수 있다. 다만, 제1호 및 제2호에 해당하는 경우에는 그 등록을 취소하여야 한다. <개정 2007.8.3>

1. 허위 그 밖의 부정한 방법으로 등록 또는 갱신등록을 한 경우
2. 제27조제2항의 규정에 의한 결격사유에 해당하게 된 경우

3. 업무수행과 관련하여 알게 된 비밀을 다른 사람에게 누설한 경우
4. 가맹거래사 등록증을 다른 사람에게 대여한 경우
5. 업무수행과 관련하여 고의 또는 중대한 과실로 다른 사람에게 중대한 손해를 입힌 경우

②제29조제2항의 규정에 의한 갱신등록을 하지 아니한 가맹거래사는 그 자격이 정지된다. 이 경우 공정거래위원회가 고시로서 정하는 바에 따라 보수교육을 받고 갱신등록을 한 때에는 그 때부터 자격이 회복된다. <개정 2007.8.3>

③제1항에 따라 가맹거래사의 등록을 취소하려는 경우에는 청문을 실시하여야 한다. <신설 2012.2.17> [제목개정 2007.8.3]

제31조의2(**가맹사업거래에 대한 교육 등**) ①공정거래위원회는 공정한 가맹사업거래질서를 확립하기 위하여 다음 각 호의 업무를 수행할 수 있다.

1. 가맹본부에 대한 교육·연수
2. 가맹희망자 및 가맹점사업자에 대한 교육·연수
3. 가맹거래사에 대한 교육·연수(제27조제1항에 따른 실무수습을 포함한다)
4. 가맹본부가 이 법을 자율적으로 준수하도록 유도하기 위한 자율준수프로그램의 보급·확산
5. 그 밖에 공정한 가맹사업거래질서 확립을 위하여 필요하다고 인정하는 업무

②공정거래위원회는 제1항의 업무를 대통령령으로 정하는 시설·인력 및 교육실적 등의 기준에 적합한 법인으로서 공정거래위원회가 지정하는 기관 또는 단체(이하 "교육기관 등"이라 한다)에 위탁할 수 있다.

③교육기관 등은 제1항에 따른 업무를 수행하는데 필요한 재원을 조달하기 위하여 수익사업을 할 수 있다.

④공정거래위원회는 교육기관 등이 제1항에 따른 업무를 충실히 수행하지 못하거나 대통령령으로 정하는 기준에 미치지 못하는 경우에는 지정을 취소하거나 3개월 이내의 기간을 정하여 지정의 효력을 정지할 수 있다.

⑤교육기관 등의 지정절차 및 방법, 제3항에 따른 수익사업 등에 관하여 필요한 사항은 공정거래위원회가 정하여 고시한다. [본조신설 2007.8.3]

제5장 공정거래위원회의 사건처리절차 등

제32조(**조사개시대상행위의 제한**) 이 법의 규정에 의하여 공정거래위원회의 조사개시대상이 되는 가맹사업거래는 그 거래가 종료된 날부터 3년을 경과하지 아니한 것에 한한다. 다만, 그 거래가 종료된 날부터 3년 이내에 신고된 가맹사업거래의 경우에는 그러하지 아니하다.

제32조의2(서면실태조사) ①공정거래위원회는 가맹사업거래에서의 공정한 거래질서 확립을 위하여 가맹본부와 가맹점사업자 등 사이의 거래에 관한 서면실태조사를 실시하여 그 결과를 공표할 수 있다.

②공정거래위원회가 제1항에 따라 서면실태조사를 실시하려는 경우에는 조사대상자의 범위, 조사기간, 조사내용, 조사방법, 조사절차 및 조사결과 공표범위 등에 관한 계획을 수립하여야 하고, 조사대상자에게 거래실태 등 조사에 필요한 자료의 제출을 요구할 수 있다.

③공정거래위원회가 제2항에 따라 자료의 제출을 요구하는 경우에는 조사대상자에게 자료의 범위와 내용, 요구사유, 제출기한 등을 명시하여 서면으로 알려야 한다.

[본조신설 2013.8.13] [시행일 : 2014.2.14] 제32조의2

제33조(시정조치) ①공정거래위원회는 제6조의5제1항·제4항, 제7조제2항, 제9조제1항, 제10조제1항, 제11조제1항·제2항, 제12조제1항, 제15조의2제3항·제6항을 위반한 가맹본부에 대하여 가맹금의 예치, 정보공개서의 제공, 가맹금 반환, 위반행위의 중지, 위반내용의 시정을 위한 필요한 계획 또는 행위의 보고 그 밖에 당해 위반행위의 시정에 필요한 조치를 명할 수 있다. <개정 2007.8.3>

②공정거래위원회는 제24조의 규정에 의하여 협의회의 조정이 이루어진 경우에는 특별한 사유가 없는 한 제1항에 따른 시정조치 및 제34조제1항에 따른 시정권고를 하지 아니한다. <개정 2007.8.3>

③공정거래위원회는 제1항에 따라 시정명령을 하는 경우에는 가맹본부에게 시정명령을 받았다는 사실을 공표하거나 거래상대방에 대하여 통지할 것을 명할 수 있다. <개정 2007.8.3>

제33조(시정조치) ①공정거래위원회는 제6조의5제1항·제4항, 제7조제3항, 제9조제1항, 제10조제1항, 제11조제1항·제2항, 제12조제1항, 제12조의2제1항·제2항, 제12조의3제1항·제2항, 제12조의4제1항·제3항, 제14조의2제5항, 제15조의2제3항·제6항을 위반한 가맹본부에 대하여 가맹금의 예치, 정보공개서등의 제공, 점포환경개선 비용의 지급, 가맹금 반환, 위반행위의 중지, 위반내용의 시정을 위한 필요한 계획 또는 행위의 보고 그 밖에 위반행위의 시정에 필요한 조치를 명할 수 있다. <개정 2007.8.3, 2013.8.13>

②공정거래위원회는 제24조의 규정에 의하여 협의회의 조정이 이루어진 경우에는 특별한 사유가 없는 한 제1항에 따른 시정조치 및 제34조제1항에 따른 시정권고를 하지 아니한다. <개정 2007.8.3>

③공정거래위원회는 제1항에 따라 시정명령을 하는 경우에는 가맹본부에게 시정명령을 받았다는 사실을 공표하거나 거래상대방에 대하여 통지할 것을 명할 수 있다. <개정 2007.8.3> [시행일 : 2014.2.14] 제33조

第34조(시정권고) ①공정거래위원회는 이 법의 규정을 위반한 가맹본부에 대하여 제33조의 규정에 의한 시정조치를 명할 시간적 여유가 없는 경우에는 대통령령이 정하는 바에 따라 시정방안을 마련하여 이에 따를 것을 권고할 수 있다. 이 경우 당해 권고를 수락한 때에는 시정조치를 한 것으로 본다는 뜻을 함께 통지하여야 한다.

②제1항의 규정에 의한 권고를 받은 가맹본부는 당해 권고를 통지받은 날부터 10일 이내에 이를 수락하는 지의 여부에 관하여 공정거래위원회에 통지하여야 한다.

③제1항의 규정에 의한 권고를 받은 가맹본부가 당해 권고를 수락한 때에는 제33조의 규정에 의한 시정조치를 받은 것으로 본다.

第35조(과징금) 공정거래위원회는 제6조의5제1항·제4항, 제7조제2항, 제9조제1항, 제10조제1항, 제11조제1항·제2항, 제12조제1항, 제15조의2제3항·제6항을 위반한 가맹본부에 대하여 대통령령이 정하는 매출액에 100분의 2를 곱한 금액을 초과하지 아니하는 범위안에서 과징금을 부과할 수 있다. <개정 2007.8.3>

第35조(과징금) ①공정거래위원회는 제6조의5제1항·제4항, 제7조제3항, 제9조제1항, 제10조제1항, 제11조제1항·제2항, 제12조제1항, 제12조의2제1항·제2항, 제12조의3제1항·제2항, 제12조의4제1항·제3항, 제14조의2제5항, 제15조의2제3항·제6항을 위반한 가맹본부에 대하여 대통령령으로 정하는 매출액(대통령령으로 정하는 사업자의 경우에는 영업수익을 말한다. 이하 같다)에 100분의 2를 곱한 금액을 초과하지 아니하는 범위에서 과징금을 부과할 수 있다. 다만, 그 위반행위를 한 가맹본부가 매출액이 없거나 매출액의 산정이 곤란한 경우로서 대통령령으로 정하는 경우에는 5억원을 초과하지 아니하는 범위에서 과징금을 부과할 수 있다.

② 공정거래위원회는 제1항에 따라 과징금을 부과하는 경우에는 다음 각 호의 사항을 고려하여야 한다.

1. 위반행위의 내용 및 정도
2. 위반행위의 기간 및 횟수
3. 위반행위로 취득한 이익의 규모 등

③이 법을 위반한 회사인 가맹본부가 합병을 하는 경우에는 그 가맹본부가 한 위반행위는 합병 후 존속하거나 합병으로 설립되는 회사가 한 위반행위로 보아 과징금을 부과·징수할 수 있다.

④공정거래위원회는 이 법을 위반한 회사인 가맹본부가 분할되거나 분할합병되는 경우 분할되는 가맹본부의 분할일 또는 분할합병일 이전의 위반행위를 다음 각 호의 어느 하나에 해당하는 회사의 행위로 보고 과징금을 부과·징수할 수 있다.

1. 분할되는 회사

2. 분할 또는 분할합병으로 설립되는 새로운 회사

3. 분할되는 회사의 일부가 다른 회사에 합병된 후 그 다른 회사가 존속하는 경우 그 다른 회사

⑤공정거래위원회는 이 법을 위반한 회사인 가맹본부가 「채무자 회생 및 파산에 관한 법률」 제215조에 따라 신회사를 설립하는 경우에는 기존 회사 또는 신회사 중 어느 하나의 행위로 보고 과징금을 부과·징수할 수 있다.

⑥제1항에 따른 과징금의 부과기준은 대통령령으로 정한다.

[전문개정 2013.8.13] [시행일 : 2014.2.14] 제35조

제36조(관계행정기관의 장의 협조) 공정거래위원회는 이 법의 시행을 위하여 필요하다고 인정하는 때에는 관계행정기관의 장의 의견을 듣거나 관계행정기관의 장에 대하여 조사를 위한 인원의 지원 그 밖의 필요한 협조를 요청할 수 있다.

제37조(「독점규제 및 공정거래에 관한 법률」의 준용) ①이 법에 의한 공정거래위원회의 조사·심의·의결 및 시정권고에 관하여는 「독점규제 및 공정거래에 관한 법률」 제42조, 제43조, 제43조의2, 제44조, 제45조, 제49조제1항 내지 제3항, 제50조제1항 내지 제4항, 제52조, 제52조의2, 제53조, 제53조의2 및 제55조의2의 규정을 준용한다. <개정 2007.8.3>

②이 법에 의한 과징금의 부과·징수에 관하여는 「독점규제 및 공정거래에 관한 법률」 제55조의3부터 제55조의8까지를 준용한다. <개정 2004.12.31, 2007.8.3>

③이 법에 의한 이의신청, 소의 제기 및 불복의 소의 전속관할, 손해배상에 관하여는 「독점규제 및 공정거래에 관한 법률」 제53조, 제53조의2, 제54조, 제55조, 제56조, 제56조의2, 제57조의 규정을 준용한다. 다만, 「독점규제 및 공정거래에 관한 법률」 제56조, 제56조의2 및 제57조의 규정은 사업자가 행한 법률위반의 정도가 경미하거나 이미 스스로 위반행위를 시정한 결과 시정조치의 실익이 없는 경우 등 대통령령이 정하는 경우에는 준용하지 아니한다. <개정 2007.8.3>

④이 법에 의한 직무에 종사하거나 종사하였던 공정거래위원회의 위원, 공무원 또는 협의회에서 가맹사업거래에 관한 분쟁의 조정업무를 담당하거나 담당하였던 자에 대하여는 독점규제및공정거래에관한법률 제62조의 규정을 준용한다.

⑤삭제 <2007.8.3> [제목개정 2007.8.3]

제37조(「독점규제 및 공정거래에 관한 법률」의 준용) ①이 법에 의한 공정거래위원회의 조사·심의·의결 및 시정권고에 관하여는 「독점규제 및 공정거래에 관한 법률」 제42조, 제43조, 제43조의2, 제44조, 제45조, 제49조제1항 내지 제3항, 제50조제1항 내지 제4항, 제52조, 제52조의2, 제53조, 제53조의2 및 제55조의2의 규정을 준용한다. <개정

2007.8.3>

②이 법에 의한 과징금의 부과·징수에 관하여는 「독점규제 및 공정거래에 관한 법률」 제55조의4부터 제55조의8까지를 준용한다. <개정 2004.12.31, 2007.8.3, 2013.8.13>

③이 법에 의한 이의신청, 소의 제기 및 불복의 소의 전속관할, 손해배상에 관하여는 「독점규제 및 공정거래에 관한 법률」 제53조, 제53조의2, 제54조, 제55조, 제56조, 제56조의2, 제57조의 규정을 준용한다. 다만, 「독점규제 및 공정거래에 관한 법률」 제56조, 제56조의2 및 제57조의 규정은 사업자가 행한 법률위반의 정도가 경미하거나 이미 스스로 위반행위를 시정한 결과 시정조치의 실익이 없는 경우 등 대통령령이 정하는 경우에는 준용하지 아니한다. <개정 2007.8.3>

④이 법에 의한 직무에 종사하거나 종사하였던 공정거래위원회의 위원, 공무원 또는 협의회에서 가맹사업거래에 관한 분쟁의 조정업무를 담당하거나 담당하였던 자에 대하여는 독점규제및공정거래에관한법률 제62조의 규정을 준용한다.

⑤삭제 <2007.8.3> [제목개정 2007.8.3] [시행일 : 2014.2.14] 제37조

제38조(**「독점규제 및 공정거래에 관한 법률」과의 관계**) 가맹사업거래에 관하여 이 법의 적용을 받는 사항에 대하여는 「독점규제 및 공정거래에 관한 법률」 제23조제1항제1호(부당하게 거래를 거절하는 행위에 한한다)·제3호(부당하게 경쟁자의 고객을 자기와 거래하도록 유인하는 행위에 한한다)·제4호·제5호(거래의 상대방의 사업활동을 부당하게 구속하는 조건으로 거래하는 행위에 한한다) 및 동법 제29조제1항의 규정을 적용하지 아니한다. <개정 2007.8.3> [제목개정 2007.8.3]

제39조(**권한의 위임과 위탁**) ①이 법에 의한 공정거래위원회의 권한은 그 일부를 대통령령이 정하는 바에 따라 소속기관의 장이나 특별시장·광역시장·도지사 또는 특별자치도지사에게 위임하거나 다른 행정기관의 장에게 위탁할 수 있다. <개정 2007.8.3>

②공정거래위원회는 다음 각 호의 어느 하나에 해당하는 업무를 대통령령으로 정하는 바에 따라 「독점규제 및 공정거래에 관한 법률」 제48조의2에 따라 설립된 한국공정거래조정원이나 관련 법인·단체에 위탁할 수 있다. 이 경우 제1호의 위탁관리에 소요되는 경비의 전부 또는 일부를 지원할 수 있다. <개정 2007.8.3, 2012.2.17>

1. 제6조의2 및 제6조의3에 따른 정보공개서의 등록, 등록 거부 및 공개 등에 관한 업무
2. 제27조제1항에 따른 가맹거래사 자격시험의 시행 및 관리 업무

제40조(**보고**) 공정거래위원회는 제39조의 규정에 의하여 위임 또는 위탁한 사무에 대하여 위임 또는 위탁받은 자에게 필요한 보고를 하게 할 수 있다.

제6장 벌칙

제41조(벌칙) ①제9조제1항의 규정에 위반하여 허위·과장된 정보를 제공하거나 중요사항을 누락한 자는 5년 이하의 징역 또는 1억5천만원 이하의 벌금에 처한다. <개정 2007.8.3>

②다음 각 호의 어느 하나에 해당하는 자는 3년 이하의 징역 또는 1억원 이하의 벌금에 처한다. <개정 2007.8.3>

1. 제33조제1항에 따른 시정조치의 명령에 따르지 아니한 자
2. 제37조제4항의 규정에 의하여 준용되는 「독점규제 및 공정거래에 관한 법률」 제62조의 규정에 위반한 자

③다음 각 호의 어느 하나에 해당하는 자는 2년 이하의 징역 또는 5천만원 이하의 벌금에 처한다. <개정 2007.8.3>

1. 제6조의5제1항을 위반하여 가맹점사업자로부터 예치가맹금을 직접 수령한 자
2. 제7조제2항을 위반하여 가맹금을 수령하거나 가맹계약을 체결한 자
3. 제15조의2제6항을 위반하여 가맹점사업자피해보상보험계약 등을 체결하였다는 사실을 나타내는 표지 또는 이와 유사한 표지를 제작하거나 사용한 자

④제6조의5제4항을 위반하여 거짓이나 그 밖의 부정한 방법으로 예치가맹금의 지급을 요청한 자는 예치가맹금의 2배에 상당하는 금액 이하의 벌금에 처한다. <신설 2007.8.3>

제41조(벌칙) ①제9조제1항의 규정에 위반하여 허위·과장의 정보제공행위나 기만적인 정보제공행위를 한 자는 5년 이하의 징역 또는 3억원 이하의 벌금에 처한다. <개정 2007.8.3, 2013.8.13>

②다음 각 호의 어느 하나에 해당하는 자는 3년 이하의 징역 또는 1억원 이하의 벌금에 처한다. <개정 2007.8.3>

1. 제33조제1항에 따른 시정조치의 명령에 따르지 아니한 자
2. 제37조제4항의 규정에 의하여 준용되는 「독점규제 및 공정거래에 관한 법률」 제62조의 규정에 위반한 자

③다음 각 호의 어느 하나에 해당하는 자는 2년 이하의 징역 또는 5천만원 이하의 벌금에 처한다. <개정 2007.8.3, 2013.8.13>

1. 제6조의5제1항을 위반하여 가맹점사업자로부터 예치가맹금을 직접 수령한 자
2. 제7조제3항을 위반하여 가맹금을 수령하거나 가맹계약을 체결한 자
3. 제15조의2제6항을 위반하여 가맹점사업자피해보상보험계약 등을 체결하였다는 사실을 나타내는 표지 또는 이와 유사한 표지를 제작하거나 사용한 자

④제6조의5제4항을 위반하여 거짓이나 그 밖의 부정한 방법으로 예치가맹금의 지급을 요

청한 자는 예치가맹금의 2배에 상당하는 금액 이하의 벌금에 처한다. <신설 2007.8.3>
[시행일 : 2014.2.14] 제41조

제42조(양벌규정) 법인의 대표자나 법인 또는 개인의 대리인, 사용인, 그 밖의 종업원이 그 법인 또는 개인의 업무에 관하여 제41조의 위반행위를 하면 그 행위자를 벌하는 외에 그 법인 또는 개인에게도 해당 조문의 벌금형을 과(科)한다. 다만, 법인 또는 개인이 그 위반행위를 방지하기 위하여 해당 업무에 관하여 상당한 주의와 감독을 게을리하지 아니한 경우에는 그러하지 아니하다. [전문개정 2010.3.22]

제43조(과태료) ①가맹본부가 제2호 또는 제3호의 규정에 해당하는 경우에는 1억원이하, 제1호의 규정에 해당하는 경우에는 5천만원 이하의 과태료에 처한다. <개정 2007.8.3>

1. 제37조제1항의 규정에 의하여 준용되는 「독점규제 및 공정거래에 관한 법률」 제50조제1항제1호의 규정에 위반하여 정당한 사유 없이 2회이상 출석하지 아니한 자
2. 제37조제1항의 규정에 의하여 준용되는 「독점규제 및 공정거래에 관한 법률」 제50조제1항제3호 또는 동조제3항의 규정에 의한 보고 또는 필요한 자료나 물건의 제출을 정당한 사유없이 하지 아니하거나, 허위의 보고 또는 자료나 물건을 제출한 자
3. 제37조제1항의 규정에 의하여 준용되는 「독점규제 및 공정거래에 관한 법률」 제50조제2항의 규정에 의한 조사를 정당한 사유없이 거부·방해 또는 기피한 자

②가맹점사업자가 제1항제2호 또는 제3호의 규정에 해당하는 경우에는 1억원 이하, 동항제1호의 규정에 해당하는 경우에는 1천만원 이하의 과태료에 처한다.

③가맹본부 또는 가맹점사업자의 임원이 각각 제1항제3호의 규정에 해당하는 경우에는 5천만원 이하, 동항제1호 또는 제2호의 규정에 해당하는 경우에는 1천만원 이하의 과태료에 처한다.

④가맹본부 또는 가맹점사업자의 종업원 또는 이에 준하는 법률상 이해관계에 있는 자가 각각 제1항제3호의 규정에 해당하는 경우에는 5천만원 이하, 동항제2호의 규정에 해당하는 경우에는 1천만원 이하, 동항제1호의 규정에 해당하는 경우에는 5백만원 이하의 과태료에 처한다.

⑤제37조제1항의 규정에 의하여 준용되는 「독점규제 및 공정거래에 관한 법률」 제43조의2의 규정에 의한 질서유지명령에 응하지 아니한 자는 100만원 이하의 과태료에 처한다. <개정 2007.8.3>

⑥다음 각 호의 어느 하나에 해당하는 자에게는 1천만원 이하의 과태료를 부과한다. <개정 2007.8.3>

1. 제9조제2항을 위반하여 같은 항 각 호의 어느 하나에 해당하는 정보를 서면으로 제공

하지 아니한 자

2. 제9조제3항을 위반하여 근거자료를 비치하지 아니하거나 자료요구에 응하지 아니한 자
3. 제11조제3항을 위반하여 가맹계약서를 보관하지 아니한 자

⑦다음 각 호의 어느 하나에 해당하는 자에게는 300만원 이하의 과태료를 부과한다. <개정 2007.8.3>

1. 제6조의2제1항을 위반하여 신고를 하지 아니하거나 거짓으로 신고한 자
2. 제29조제3항을 위반하여 가맹거래사임을 표시하거나 유사한 용어를 사용한 자

⑧제1항부터 제7항까지의 규정에 따른 과태료는 대통령령으로 정하는 바에 따라 공정거래위원회가 부과·징수한다. <신설 2007.8.3>

⑨ 삭제 <2010.3.22> ⑩ 삭제 <2010.3.22> ⑪ 삭제 <2010.3.22>

第43조(과태료) ①가맹본부가 제3호 또는 제4호의 규정에 해당하는 경우에는 1억원이하, 제1호 또는 제2호의 규정에 해당하는 경우에는 5천만원 이하의 과태료에 처한다. <개정 2007.8.3, 2013.8.13>

1. 제32조의2제2항에 따른 자료를 제출하지 아니하거나 거짓의 자료를 제출한 자
2. 제37조제1항의 규정에 의하여 준용되는 「독점규제 및 공정거래에 관한 법률」 제50조제1항제1호의 규정에 위반하여 정당한 사유 없이 2회이상 출석하지 아니한 자
3. 제37조제1항의 규정에 의하여 준용되는 「독점규제 및 공정거래에 관한 법률」 제50조제1항제3호 또는 동조제3항의 규정에 의한 보고 또는 필요한 자료나 물건의 제출을 정당한 사유없이 하지 아니하거나, 허위의 보고 또는 자료나 물건을 제출한 자
4. 제37조제1항의 규정에 의하여 준용되는 「독점규제 및 공정거래에 관한 법률」 제50조제2항의 규정에 의한 조사를 정당한 사유없이 거부·방해 또는 기피한 자

②가맹점사업자가 제1항제2호 또는 제3호의 규정에 해당하는 경우에는 1억원 이하, 동항제1호의 규정에 해당하는 경우에는 1천만원 이하의 과태료에 처한다.

③가맹본부 또는 가맹점사업자의 임원이 각각 제1항제3호의 규정에 해당하는 경우에는 5천만원 이하, 동항제1호 또는 제2호의 규정에 해당하는 경우에는 1천만원 이하의 과태료에 처한다.

④가맹본부 또는 가맹점사업자의 종업원 또는 이에 준하는 법률상 이해관계에 있는 자가 각각 제1항제3호의 규정에 해당하는 경우에는 5천만원 이하, 동항제2호의 규정에 해당하는 경우에는 1천만원 이하, 동항제1호의 규정에 해당하는 경우에는 5백만원 이하의 과태료에 처한다.

⑤제37조제1항의 규정에 의하여 준용되는 「독점규제 및 공정거래에 관한 법률」 제43

조의2의 규정에 의한 질서유지명령에 응하지 아니한 자는 100만원 이하의 과태료에 처한다. <개정 2007.8.3>

⑥다음 각 호의 어느 하나에 해당하는 자에게는 1천만원 이하의 과태료를 부과한다. <개정 2007.8.3, 2013.8.13>

1. 제6조의2제2항 본문을 위반하여 기한 내에 변경등록을 하지 아니하거나 거짓으로 변경등록을 한 자
2. 제9조제3항을 위반하여 같은 항 각 호의 어느 하나에 해당하는 정보를 서면으로 제공하지 아니한 자
3. 제9조제4항을 위반하여 근거자료를 비치하지 아니하거나 자료요구에 응하지 아니한 자
4. 제9조제5항을 위반하여 예상매출액 산정서를 제공하지 아니한 자
5. 제9조제6항을 위반하여 예상매출액 산정서를 보관하지 아니한 자
6. 제11조제3항을 위반하여 가맹계약서를 보관하지 아니한 자

⑦다음 각 호의 어느 하나에 해당하는 자에게는 300만원 이하의 과태료를 부과한다. <개정 2007.8.3, 2013.8.13>

1. 제6조의2제2항 단서를 위반하여 신고를 하지 아니하거나 거짓으로 신고한 자
2. 제29조제3항을 위반하여 가맹거래사임을 표시하거나 유사한 용어를 사용한 자

⑧제1항부터 제7항까지의 규정에 따른 과태료는 대통령령으로 정하는 바에 따라 공정거래위원회가 부과·징수한다. <신설 2007.8.3>

⑨삭제 <2010.3.22> ⑩삭제 <2010.3.22> ⑪삭제 <2010.3.22>

[시행일 : 2014.2.14] 제43조

제44조(고발) ①제41조제1항·제2항제1호 및 제3항의 죄는 공정거래위원회의 고발이 있어야 공소를 제기할 수 있다.

②공정거래위원회는 제41조제1항·제2항제1호 및 제3항의 죄중 그 위반의 정도가 객관적으로 명백하고 중대하다고 인정하는 경우에는 검찰총장에게 고발하여야 한다.

③검찰총장은 제2항의 규정에 의한 고발요건에 해당하는 사실이 있음을 공정거래위원회에 통보하여 고발을 요청할 수 있다. 공정거래위원회는 검찰총장의 고발요청이 있을 경우 이에 응하여야 한다.

④공정거래위원회는 공소가 제기된 후에는 고발을 취소하지 못한다.

제44조(고발) ①제41조제1항·제2항제1호 및 제3항의 죄는 공정거래위원회의 고발이 있어야 공소를 제기할 수 있다.

②공정거래위원회는 제41조제1항·제2항제1호 및 제3항의 죄중 그 위반의 정도가 객관적

으로 명백하고 중대하다고 인정하는 경우에는 검찰총장에게 고발하여야 한다.
③검찰총장은 제2항의 규정에 의한 고발요건에 해당하는 사실이 있음을 공정거래위원회에 통보하여 고발을 요청할 수 있다. <개정 2013.8.13>
④ 공정거래위원회가 제2항에 따른 고발요건에 해당하지 아니한다고 결정하더라도 감사원장, 중소기업청장은 사회적 파급효과, 가맹희망자나 가맹점사업자에게 미친 피해 정도 등 다른 사정을 이유로 공정거래위원회에 고발을 요청할 수 있다. <신설 2013.8.13>
⑤제3항 또는 제4항에 따른 고발요청이 있는 때에는 공정거래위원회 위원장은 검찰총장에게 고발하여야 한다. <신설 2013.8.13>
⑥공정거래위원회는 공소가 제기된 후에는 고발을 취소하지 못한다. <개정 2013.8.13>
[시행일 : 2014.2.14] 제44조

부칙 〈제11323호, 2012.2.17〉

이 법은 공포 후 3개월이 경과한 날부터 시행한다.

7) 치킨·피자업종의 모범거래기준(2012.07.05 공정거래위원회)

〈 업종별 모범거래기준 주요내용 〉

		치킨	피자
영업지역		ㅇ800m 거리제한	ㅇ1,500m 거리제한
리뉴얼	주기 비용지원 기타	ㅇ7년 ㅇ20%~40%지원 ㅇ과도한 감리비등 제한	ㅇ7년 ㅇ20%~40%지원 ㅇ관련내용 없음
광고		ㅇ년도별 총 광고비 사전동의 - 분기별 광고내역 송부 - 세부내역 열람요구시 열람의무	
판촉		ㅇ원칙: 동의하는 가맹점만 판촉요구가능 - 예외: 전체가맹점 참여가 불가피한 판촉행사의 경우 70%이상 사전동의시만 가능	

※ 제과·제빵 : 500미터 거리제한, 5년 주기, 20~40% 비용지원, 광고판촉(관련내용없음)

ㅇ 공정거래위원회는 지난 4월 제과·제빵 업종에 이어 대표적 배달업종인 치킨·피자업종의 모범거래기준을 마련하였다.

ㅇ 피자업종의 주요 현안인 광고·판촉 관련 내용을 신설하고, 배달업종 특성을 감안 제빵업종 보다 거리기준 및 리뉴얼 주기를 길게 책정했다.

ㅇ 아울러, 치킨업종의 리뉴얼 관련 불투명한 운영과 관련하여 과도한 감리비 수취 금지 및 공사도급금액 정보 공개를 신설했다.

ㅇ 공정위는 모범거래기준의 주요내용을 정보공개서와 가맹계약서에 포함시켜 가맹본부가 이를 준수토록 유도할 계획이다.

ㅇ 치킨·피자는 대표적 배달업종으로 전체 사업체 수는 치킨 2만7천여개(통계청, '10년말 기준), 피자 5천여개 이다. (업계 추산)

ㅇ 치킨·피자 사업체의 프랜차이즈 가입률은 각각 74.8%, 66.6%로 여타 음식업종(14.7%)에 비해 프랜차이즈화가 가장 많이 진행되어있다.

ㅇ 이에 따라 프랜차이즈화가 가장 많이 진행된 치킨·피자업종에 대해 우선적으로 모범거래기준을 마련하게 된 것이다.

ㅇ 치킨업종은 영업지역 침해 문제가 심각하고, 매장리뉴얼 강요 및 불투명한 리뉴얼 절차가 주요 문제점으로 지적됐다.

ㅇ 상위 브랜드를 중심으로 가맹본부가 기존 가맹점 인근에 새로운 가맹점 또는 직영점

을 개설함에 따라 기존 가맹점의 매출이 하락하는 등 영업지역 침해 문제가 심각했다.

- 특히, 계열사 관계에 있는 상위 2개 가맹본부가 모두 치킨업종 브랜드를 보유하면서, 계열사 가맹점 인근에 자기 브랜드 가맹점 출점을 확대함에 따른 영업지역 분쟁도 증가했다.
- 상위 브랜드의 경우 브랜드 가치를 높인다는 명목으로 매장이전이나 인테리어 교체를 요구하는 사례가 빈번했다.
- 아울러, 가맹점이 외부 인테리어업체를 통해 리뉴얼할 경우에는 과도한 감리비를 받고 있어 사실상 가맹본부를 통해서만 리뉴얼하도록 유도하는 경우도 존재했다.
- 피자업종은 광고·판촉비용 부담 강요가 심각한 문제이며 매장 리뉴얼 강요도 일부 지적됐다.
- 피자업종은 광고비 지출이 타 업계에 비해 매우 크며, 가맹본부는 가맹점에게 매출액 대비 일정액을 광고 분담금 명목으로 징수하여 광고비를 충당했다.
- 가맹본부는 가맹점과 동일한 방식으로 직영점 매출에 비례하여 광고비를 부담하고 있어 직영점이 거의 없는 일부 브랜드는 사실상 가맹점이 광고비를 대부분 부담했다.
- 그러나, 일부 가맹본부는 광고집행 세부내역을 가맹점에 통보·확인해 주지 않고 있어 불투명한 운영에 대한 가맹점 불만이 존재했다.
- 피자업계는 카드제휴할인(통신사·카드사) 등 판촉행사가 매우 많고, 이러한 판촉행사는 가맹본부 주도로 이루어짐에도 판촉비용을 대부분 가맹점이 부담하는 경우가 빈번했다.
- 가맹본부가 가맹점들의 사전동의 없이 판촉행사를 결정하기 때문에 가맹점의 이익이나 사정 등을 고려하지 않고 과도한 판촉행사를 한다는 불만이 끊임없이 제기되고 있는 상황이다.
- 일부 가맹본부가 특약사항으로 5년경과 시 의무적으로 리뉴얼을 실시하도록 규정하여 가맹점의 불만이 제기됐다.
- 치킨업종에서 모범거래기준 적용대상은 (주)제너시스비비큐(비비큐), (주)GNS BHC(BHC), 교촌F&B(주)(교촌치킨), (주)페리카나(페리카나), (주)농협목우촌(또래오래)등 5개 가맹본부이다.
- 가맹점수가 1천개 이상이거나, 가맹점수가 1백개 이상이면서 매출액이 1천억원 이상인 치킨 가맹본부(단, 동종업종 브랜드 보유 계열사가 존재하는 경우 계열사를 포함하여 적용여부를 선정)로 선정했다.
- 기존 가맹점에서 반경 800m이내 신규출점을 금지하며, 기존 가맹점이 영업지역 내에서 폐점 후 재출점(기존 가맹점이 폐점 후 다른 사업자가 내체 출점하는 경우는 불허)하거나 가맹점을 이전하는 경우나 ①3천세대 아파트단지, 300병상 대형종합병원, 대

학교가 새로 들어서거나 ②철길등으로 상권이 확연히 구분되는 경우, ③기타 이에 준하는 사유 등 3가지 사유 중 어느 하나에 해당하면서 인근 가맹점의 동의를 받는 경우는 예외를 인정한다.

- ㅇ 계열사 브랜드간에 거리제한을 적용하지 않는 예외를 허용하되, 매출손실이 발생하는 경우 이를 보상토록 한다.
- ㅇ 인근에 계열사 가맹점(브랜드B) 출점으로 기존 가맹점(브랜드A)의 매출이 30%이상 하락하는 경우, 가맹본부(브랜드A)가 2년간 매출하락분과 관련된 영업손실액의 50%를 보상한다.
- ㅇ 다만, 신규 가맹점 출점이나 영업손실 보상등과 관련하여 분쟁이 발생하는지 주기적으로 모니터링하여 문제발생시 가맹사업법 위반여부나 모범거래기준 변경 등을 검토할 예정이다.
- ㅇ 7년(단, 내점판매 매출액 비율이 전체 매출액의 50%이상인 매장은 5년)이내에는 원칙적으로 리뉴얼을 금지한다.
- ㅇ 내점업종인 제빵업종(리뉴얼주기 5년)에 비해 배달업종은 매장 인테리어에 따른 매출 영향이 크지 않고, 실제 배달업종의 리뉴얼주기가 긴 경향을 감안했다.
- ㅇ 가맹본부가 리뉴얼 비용의 20% ~ 40%이상을 지원해야 한다.
- ㅇ 매장 이전·확장이 없는 리뉴얼 시 리뉴얼 비용의 20% 이상, 매장 이전·확장을 수반한 리뉴얼 시는 40% 이상 지원해야 한다.
- ㅇ 단, 10년 이후 리뉴얼 시는 가맹본부가 비용지원을 하지 않을 수 있도록 예외를 인정한다.
- ㅇ 10년 이후 리뉴얼 시는 노후화가 많이 진행된 점, 가맹사업법상 계약갱신요구권이 10년인 점 등을 고려했다.
- ㅇ 가맹점이 가맹본부 이외의 업체를 통해 리뉴얼할 경우 통상 수준보다 감리비를 과도 수취하는 등의 방식으로 사실상 가맹본부와 리뉴얼계약을 하도록 강요하는 행위를 금지한다.
- ㅇ 아울러, 가맹점이 가맹본부와 직접 리뉴얼 계약을 할 경우에는 가맹본부가 인테리어 공사업체와 체결하는 도급계약서 및 도급금액 정보를 해당 가맹점에 제공해야 한다.
- ㅇ 정보제공을 통해 가맹본부의 마진을 가맹점이 알게 되면 가맹점도 적절한 선택이 가능해지고, 가맹본부의 과도한 마진수취행위도 억제되는 효과를 가져올 수 있다.
- ㅇ 치킨업계의 경우 광고·판촉 관련 분쟁은 많지 않으나 예방차원에서 피자업종과 동일하게 규정한다.
- ㅇ 피자업종에서 모범거래기준 적용대상은 (주)엠피케이그룹(미스터피자), 한국도미노피

자(주) (도미노피자)등 2개 가맹본부이다.

- 가맹점수가 1천개 이상이거나, 가맹점수가 1백개 이상이면서 매출액이 1천억원 이상인 치킨 가맹본부로 선정했다.
- 한국피자헛(유)도 선정기준에 해당되지만 직영점 비율(33.8%)이 상대적으로 높은 점, 최근 3년간 연속적인 영업손실로 리뉴얼 비용 부담이 어려운 점, 그동안 영업지역이나 리뉴얼 관련 민원이 미미한 점등을 감안하여 적용대상에서 제외했다.
- 기존 가맹점에서 반경 1,500m 이내 신규출점을 금지하며, 기존 가맹점이 영업지역내에서 폐점후 재출점(기존 가맹점이 폐점 후 다른 사업자가 대체 출점하는 경우는 불허)하거나 가맹점을 이전하는 경우, ①5천세대 아파트가 신규 건설되거나 ②철길등으로 상권이 확연히 구분되는 경우, ③놀이공원내 등 특수상권내 출점 ④배달전문매장 인근에 내점전문매장이 출점하는 등 기존 가맹점의 고객들이 신규 가맹점으로 거래를 전환할 가능성이 적은 경우 등 4가지 사유 중 어느 하나에 해당하면서 인근 가맹점의 동의를 받는 경우에는 예외를 인정한다.
- 리뉴얼 주기 및 리뉴얼 시 비용부담 내용은 치킨업종과 동일하다.
- 피자업종은 감리비 수취나 가맹본부가 직접 리뉴얼에 관여하는 경우가 없는 만큼 도급금액 공개의무 등은 부과하지 않았다.
- 가맹본부가 가맹점에 광고비를 분담시키는 경우에는 년도별로 총 광고비 부담액을 가맹점에 사전 동의 받도록 했다.
- 년도별로 광고비 부담액은 사전에 정확히 계산하기 어렵다는 점을 감안하여 "월 매출대비 일정비율" 형식으로 동의받는 방식도 허용했다.
- 분기별로 광고집행의 구체적 내용을 가맹점에 통보해야 한다. 또한, 광고내역을 통보받은 가맹점이 광고단가 등 세부원가 내역을 요구할 경우 가맹본부가 이를 열람할 수 있도록 해야 한다.
- 원칙적으로 판촉행사시 사전동의 절차를 진행하고, 동의하지 않는 가맹점에 대해서는 판촉행사 요구를 금지했다.
- 단, 사전동의한 가맹점만 참여하는 방식으로는 판촉효과를 달성하기 어려운 판촉행사라고 인정되는 경우에는 투표를 통해서 판촉행사 실시여부를 결정할 수 있도록 하되, 전체 가맹점의 70%이상이 찬성하는 행사만 진행할 수 있도록 제한했다.
- 4월 제과·제빵 업종에 이어 주요 배달업종인 치킨·피자업종에도 모범거래기준이 마련되어 가맹본부와 가맹점간 동반성장의 문화가 계속 확산될 것으로 기대된다.
- 아울러, 업종별로 주요 문제점과 분쟁유형의 차이를 고려하여 업종별 특성에 맞게 모

범거래기준을 마련함에 따라 업종현실에 부합되고 해당 기업도 기준을 제대로 지켜나 갈 것으로 기대된다.

- 모범거래기준 내용을 가맹본부의 정보공개서와 가맹계약서에 포함하도록 협의해 나갈 예정이다.
- 아울러, 하반기에는 커피전문점(3/4분기), 편의점(4/4분기) 업종의 모범거래기준을 계속 마련해 나갈 계획이다.

제 3 편

회 사

제1장 총 론

1. 회사제도의 경제적 기능

1-1. 개인기업의 결함

- o 위험분산불가 - 손익이 기업주 자신에게 모두 귀속한다.
- o 무한책임 - 기업이 가계로부터의 법적 독립성이 없다.
- o 자본조달의 한계
  - 차입자본에 의존할 수밖에 없다(원본 반환, 확정율 이자 지급).
  - 고용노동(보수지급)
- o 기업주 개인의 능력에는 한계가 있어 경영이 조직화 될 수 없다.

1-2. 회사기업의 장점

- o 자본 및 노력의 결합
- o 경영의 조직화
- o 위험의 분산·감소
- o 기업의 유지(기업의 영속성 확보)
- o 출자자의 가계로부터 독립성의 확보
- o 투하자본의 보전, 자본이윤에의 참여, 투하자본의 회수

※ 출자자가 대외적으로 어떤 형태의 책임을 지느냐는 것을 출발점으로 하여 회사의 구체적인 법률관계가 상이해지며 이상의 여섯 가지 장점도 회사에 따라 정도를 달리한다.

1-3. 근대자본주의 발전의 원동력(특히 주식회사)

1-4. 회사기업 결점

- o 기업에 의한 부의 독점적 지배현상 초래, 분쟁빈발, 경제질서교란, 업무처리지연

2. 회사법의 성격

2-1. 회사법의 의의

- o 사법법규 - 상법 회사편(형식적 의의의 상법), 특별법
- o 공법법규 - 회사에 관한 소송·비송·벌칙규정 등
- o 경제법 - 자본시장 및 금융투자업에 관한 법률, 자본시장육성에 관한 법률 등

2-2. 회사법의 특성

- ㅇ 단체법성
  - 단체와 구성원, 구성원과 구성원, 단체와 기관.
  - 다만, 사채는 개인법적 법률관계
- ㅇ 영리성 - 사원의 경제적 이익 도모목적
- ㅇ 공공성 - 사원의 영리추구는 공익을 해하지 않는 범위 내에서만 인정

2-3. 법원의 종류

- ㅇ 제정법(회사편, 특별법령 : 채무자회생 및 파산에 관한 법률, 자산재평가법, 독점규제 및 공정거래에 관한 법률, 주식회사의 외부감사에 관한 법률 등)
- ㅇ 관습법
- ㅇ 자치법규(정관 등)

2-4. 법원적용의 순서

- ㅇ 정관(상사자치법) → 상사특별법 → 상법 회사편 → 상관습법 → 민법
- ㅇ 상관습법
  - 상거래에서 장기간 되풀이되어 온 결과 거래계의 다수인에 의해 법규범으로서의 확신을 얻은 행위양식이다(법규범적 효력).
  - 사례(상법 제29조2항) : 상업장부의 작성방법에 관하여 구체적인 규정을 두지 않고 '일반적으로 공정·타당한 회계관행'에 의하도록 하고 있다.

2-5. 회사법의 법계

우리나라의 회사법은 독법계를 모법으로 한 구상법을 유지하면서, 영미법상의 제도를 도입하고 있다.

3. 회사의 개념 - 회사법의 적용범위를 확정짓기 위해 필요하다.

3-1. 서

- ㅇ 회사는 기업의 법률형태이므로 그 개념을 상법의 규정에서 찾아야 한다.
- ㅇ 상법 제169조

  : 회사는 상행위나 그 밖의 영리를 목적으로 하여 설립한 법인이다

  → 회사는 영리 / 법인이다.

3-2. 영리성

3-2-1. 의의 : 대외적인 영리활동에 의하여 얻은 경제적 이익을 구성원에게 분배

1) 대외적 영리활동에 의한 경제적 이익획득
2) 획득한 이익의 사원에의 분배(이익분배설)
3) 영리추구가 목적이 아닌 상호보험회사, 중소기업협동조합 등은 회사가 아님

3-2-2. 이익분배의 방법 - ① 매결산기의 이익배당 ② 해산시의 잔여재산의 분배

3-2-3. 개인상인의 영리성과 회사의 영리성

1) 개인상인의 경우 영리성 - 대외적 거래에 의한 이익획득(상법 제4조·제5조)
2) 회사상인의 경우 영리성 - 대외적 활동에 의한 이익획득 + 이익의 구성원에의 분배

3-3. 법인성

3-3-1. 서

ㅇ 법인 - 자연인이 아니면서 법률관계 내지 권리의무의 귀속주체가 될 수 있는 자

ㅇ 실익 - 단체에 제공된 재산이 단체에 대한 채권자를 위한 우선적인 책임재산이 되고, 구성원에 대한 채권자로부터의 강제집행(추급)을 면한다.

ㅇ 상법상 회사는 모두 법인으로 규정(상법 제171조 ①)

- 상법은 모든 회사에 법인격을 부여하고 있다
- 즉 회사는 권리능력(권리의무의 귀속주체)을 가지므로 사원으로부터 독립하여 권리의무를 취득할 수 있다. 사원은 회사에 대하여 직접적인 권리를 갖지 못한다.

※ 인격이란 본래 권리의무의 귀속점을 뜻한다.

※ 자연인(사람)은 머리, 몸, 팔과 다리와 같은 육체를 갖고 있지만, 회사는 자연인(사람)과 달리 머리, 몸, 팔과 다리와 같은 육체를 갖고 있지 않다. 그렇다면 자연인(사람)이 육체가 없는 회사의 존재를 어떻게 인식할 수 있으며 어떤 방식으로 회사와 거래를 할 수 있을까. 이를 실현하기 위해 회사는 자연인(사람)과 마찬가지로 권리의무의 주체가 될 수 있도록 하였다. 회사는 상업등기부에 조직과 활동에 관한 중요한 사항을 등기하여야 하며, 거래 상대방은 상업등기부를 열람함으로써 회사의 내용에 대해 파악할 수 있으며 누가 대표이사인지를 알 수 있게 되어 그 대표이사를 통하여 회사와 거래를 할 수 있다.

3-3-2. 법인격인정의 효과

1) 회사고유재산을 가짐- 회사재산만으로 채무를 부담한다(유한책임).

2) 권리능력, 소송당사자능력이 있다.

3) 영구계속성(구성원의 변동에 영향을 받지 않는다)

4) 사원자격과 기관자격의 분화

3-3-3. 회사법인격의 남용과 그 대책(법인성의 한계)

1) 남용사례 - 법인격을 이용하여 법을 잠탈하거나 계약상의 의무를 회피하는 경우

2) 사전적 예방조치 → 부분적 효과에 불과한 한계가 있다.

(1) 설립에 관한 엄격준칙주의(상법 제290조·제300조)

ㅇ 변태설립사항(발기인이 받을 보수액 등)

ㅇ 법원의 변경처분

(2) 최저자본제도의 법정(상법 제329조 ①)

(3) 상호주식 소유제한

3) 사후적 예방조치

(1) 법인격의 전면적·종국적인 박탈(적극적인 방법)

- 해산명령·해산판결, 휴면회사의 해산·청산의제, 회사설립 무효·취소소송

(2) 법인격의 부분적·일시적 박탈(소극적인 방법) - 법인격부인의 법리

〈 회사법인격 부인의 법리 〉

1. 의의

회사의 법인격이 남용되는 경우, 특정사안에 국한해서 그 법인격을 무시해 버리고 회사와 법인의 실체(주주, 사원)를 동일시하여 법인의 실체에 대하여 직접 책임을 물어 법인의 폐단을 최소화하려는 법이론이다(미국 판례법에서 발전).

2. 근거(equity - 형평의 원리 : 권리남용금지의 원칙)

주식회사의 주주가 유한책임제도를 악용함으로써 생겨나는 폐단을 해결하기 위하여 발전된 이론이다.

3. 적용여부

ㅇ 다른 규제방법이 없는 불가피한 경우에만 적용

ㅇ 전면적용의 곤란성 , 적용범위의 엄격해석

4. 적용요건(객관적 요건만 있으면 성립 - 주주의 남용의사는 필요 없음)
   1) 지배주주의 완전한 지배
   2) 회사는 형식에 불과
   3) 회사의 무자력으로 인해 회사채권자가 손실 입음

5. 적용범위
   1) 채권자 사해행위(강제집행면탈)
      - 사원이 강제집행의 면탈을 위해 회사설립하고 출자한 경우 : 법인격부인론의 적용 대상이 아님 ⇒ 주주가 소유하는 주식 자체가 회사재산의 간접적 표현이므로 주주의 채권자는 주주의 소유주식에 대해 강제집행을 하면 족하다.
   2) 불법행위책임 - 대표기관의 책임 인정하면 된다.
      : 법인격부인론을 적용할 필요성이 매우 크다.

6. 부인효과
   1) 특정행위는 회사의 법인격을 일시적으로 특정사안에 대해서만 부정하고, 회사와 사원을 동일시한다.
   2) 회사에 대해 승소한 법인격부인판결의 기판력·집행력의 범위는 당연히 지배주주에게까지 확장되지 않음 → 별도의 사실인정과 법해석이 필요하다.

7. 대법원 판례(1988년)
   (갑회사) - 리베리아 소재, 홍콩인 형제가 대표, 실체 없는 간판회사(대외적으로 사용하는 전화번호, 주소 등도 모두 병회사와 같음)
   (을회사) - 리베리아 소재, 홍콩인 형제가 대표, 실체 없는 간판회사
   (병회사) - 홍콩 소재, 홍콩인 형제가 대표, 실체

○ 갑의 명의로 선박을 취득 → 갑이 을에게 선박관리를 위임 → 다시 을이 병에게 위임하여 병이 선박을 운행 → 병이 우리나라의 현대미포조선에서 수리 후 대금지급을 게을리 함 → 현대측이 선박을 가압류 → 선박의 형식상 소유자인 갑이 제3자이의소 제기
○ 갑, 을회사는 단지 편의취적만을 위해 설립한 회사에 불과하고 실제 선박의 소유자는 병회사임 → 갑회사가 법인격을 주장하고 선박의 소유자임을 주장하는 것은 채무면탈이라는 불법목적을 달성하려는 것이므로 신의칙상 허용될 수 없다고 판시
※ 편의치적(flag of convenience)
   : 해운업에 대한 행정규율이 관대한 나라에 선박의 적을 두는 것

CASE 법인격부인의 법리 1

1 문제

1) 상법상 법인격부인론을 인정할 수 있는가?

2) 개인이 채무면탈을 목적으로 회사를 설립한 경우에도 동이론의 적용이 가능한가?

2 결론

1) 주식회사 운용의 실제면에서 법인격을 남용하는 경우가 많은바 상법 제171조 제1항에 비추어 동이론을 인정할 수 있다.

2) 채무면탈을 위한 사해설립의 방지를 위해서 법인격부인론의 역적용을 인정할 수 있다.

3 논거

1) 법인격부인론의 인정 여부

(1) 판례

"회사가 외형상으로는 법인의 형식을 갖추고 있으나 이는 법인의 형태를 빌리고 있는 것에 지나지 아니하고 그 실질에 있어서는 완전히 그 법인격의 배후에 있는 타인의 개인기업에 불과하거나 그것이 배후자에 대한 법률적용을 회피하기 위한 수단으로 함부로 쓰여지는 경우에는 비록 외견상으로는 회사의 행위라 할지라도 회사와 그 배후자가 별개의 인격체임을 내세워 회사에게만 그로 인한 법적 효과가 귀속됨을 주장하면서 배후자의 책임을 부정하는 것은 신의성실의 원칙에 위반되는 법인격의 남용으로서 심히 정의와 형평에 반하여 허용될 수 없다 할 것이고, 따라서 회사는 물론 그 배후자인 타인에 대하여도 회사의 행위에 관한 책임을 물을 수 있다고 보아야 할 것이다(97다21604)"라고 하여 인정하면서 그 근거조문으로 민법 제2조와 상법 제171조 제1항을 적시하였다.

(2) 학설

회사의 법인격은 공공의 편의와 이익, 대외적 법률관계의 간이한 처리를 위해 법률정책적으로 인정된 것이므로 법인격이 법의 목적에 반하여 악용되는 경우 그 법인격을 부인하는 것은 당연하다 할 것이다. 다만, 그 근거를 민법 제2조에서 구하는 견해에 의할 경우 법인격부인론의 적용범위를 지나치게 좁히는 결과가 된다는 점에서 그 근거를 상법 제171조 제1항에서 구하는 견해(법인격의 내재적 한계론)가 타당하다.

2) 법인격부인론의 역적용의 허용 여부

이와 관련하여 부정설과 긍정설이 있다. 채권자취소제도는 단체법상 행위에 적용하기 곤란하고, 주식에 대한 강제집행도 채무자가 출자 목적물을 제대로 평가할 리 없어 실효적인 구제수단이 될 수 없는바 긍정설이 타당하다.

※ 역적용은 일을 먼저 저지르고 이를 회피하기 위한 수단으로 사해설립을 하는 경우로서 법인격부인의 법리가 악용되는 것이다.

CASE 법인격부인의 법리 2

1 문제

진주에서 유명 중국음식점을 운영하던 갑은 자신의 음식점을 을에게 양도하면서 향후 3년간 진주에서 중국집을 하지 않기로 합의하였다. 그러나 3개월 후 갑은 자신의 단독출자로 중국요리를 전문으로 하는 병주식회사를 을의 가게 맞은편에 설립하였다. 을이 취할 수 있는 조치는?

2 결론 및 논거

갑과 을은 경업피지약정을 하였으나 경업피지의무는 일신전속적 의무인바 병주식회사는 동의무를 부담하지 아니한다. 다만, 병주식회사는 갑의 개인기업이나 다를 바 없이 운영되고 있고, 설문의 경우 병과 갑을 별개의 법인격으로 보면 부당한 결과가 발생하는바 을은 갑·병이 사실상 동일한 법인격임을 주장하며 경업피지의무위반을 이유로 손해배상과 부작위를 청구할 수 있다.

CASE 법인격부인의 법리 3 – 사해설립과 채권자보호

1 문제

갑은 ㈜동서기계라는 상호로 주식회사를 설립하여 볼트, 너트 등의 제조판매를 영업으로 하던 중 종업원 A가 작업 중 고압전류에 감전되어 사망하는 사고를 당하게 되었다. 이에 갑은 ㈜동서기계의 영업전부를 출자하여 동서정밀기계(주)를 설립하여 스스로 대표이사가 되었고, 같은 장소, 같은 기계설비, 같은 종업원을 데리고 종전의 영업을 계속하였으며 종전공장의 건물 및 대지에 대하여 동서정밀기계(주) 명의로 소유권 이전등기를 마쳤다. A의 유족을이 ㈜동서기계를 상대로 취할 수 있는 실효적인 구제수단은 무엇인가?

2 결론

- 설문은 사해설립에 관한 대표적 사안이다.
- 실효적인 구제수단으로는 법인격격부인론의 역적용을 긍정하는 견해에 의할 때 갑과 동서

정밀기계(주)를 을에 대한 채무관계에 있어서 동일한 법인격으로 보아 동서정밀기계(주)의 재산으로 ㈜동서기계의 채무를 변제케 하는 방법이 효과적이다. 다만, 실무적으로 기판력과 집행력은 피고에게만 미치는바 ㈜동서기계와 동서정밀기계(주)를 로 개업준비행위에 해당한다. 갑은 상인자격을 취득하며 을의 상사채권으로서 5년의 시효에 걸린다. 공동피고로 소를 제기하고 위 소에서 법인격부인법리의 역적용을 주장함이 합리적이라 할 것이다.

※ 상법 제42조(상호를 속용하는 양수인의 책임)

① 영업양수인이 양도인의 상호를 계속 사용하는 경우에는 양도인의 영업으로 인한 제3자의 채권에 대하여 양수인도 변제할 책임이 있다.

② 전항의 규정은 양수인이 영업양도를 받은 후 지체없이 양도인의 채무에 대한 책임이 없음을 등기한 때에는 적용하지 아니한다. 양도인과 양수인이 지체없이 제3자에 대하여 그 뜻을 통지한 경우에 그 통지를 받은 제3자에 대하여도 같다.

3-4. 사단성(구성원간의 결합형태)

3-4-1. 사단성에 관한 현대적 수정

- 사단이란 공동목적을 갖는 복수인의 단체로서 조직적 일체성을 가진 통일적 결합체이다(법률상 조합의 대립개념이 아님).
- 법률상 조합형태인 합명·합자회사는 복수구성원으로 이루어졌다는 의미에서 일종의 사단이다(이유 : 사단이라 해야 단체성이 강해지고, 구성원과 별개의 독립된 법인격을 부여할 수 있다는 법정책적 이유).
- 합명·합자회사는 사단이므로 2인 이상의 구성원의 존재가 회사의 설립요건이며 존속요건이다(1인회사는 회사의 해산사유).
- 2011년 개정상법에 따라 주식회사, 유한회사, 유한책임회사에 관한 한 '사람의 단체'라는 의미에서의 사단성은 그 본질적 속성이라고 할 수 없게 되었다 → 다만, 지분의 분산을 통해 사람의 단체가 될 수 있는 가능성을 내포하고 의미에서의 잠재적 사단성을 갖게 되었다.

3-4-2. 1인회사

1) 의의

- 법률상 발행 전 주식을 1인이 소유한 회사이다.
- 형식상 주식이 수인에게 분산되어 있으면 실제로 1인이 장악하고 있더라도 1인회사는 아니다.

2) 이용목적

ㅇ 개인기업의 법인화 → 책임의 한정, 대외적인 신용획득, 절세

ㅇ 1인회사는 영업상의 위험을 회사에 한정함으로써 주식회사발전에 기여하는 효용성도 있으나 이를 악용하는 폐단도 무시할 수 없다.

3) 1인회사 인정 여부

구 분	설 립 시	설립 후 1인이 된 때
합명회사	2인 이상	상법 규정 : 해산 사유
합자회사	2인 이상	상법 규정 : 해산 사유
주식회사	1인 이상	* 해산 사유 아님
유한책임회사	1인 이상	
유한회사	1인 이상	

4) 효력

◦ 1인회사라 하여도 사원으로 구성된 단체이므로 회사법상의 규정이 그대로 적용되는 것이 원칙이다 → 예컨대 1인회사도 그것을 구성하는 주주와는 별개의 독립된 법주체이므로 회사채권자에 대하여는 회사만이 회사재산으로써 책임을 부담하게 되고 개인의 재산에서는 변제받을 수 없다.

◦ 다수인의 사원을 전제로 한 규정은 1인회사의 경우 수정하여 해석되어야 하기 때문에 주주총회의 소집절차 생략이 가능하며, 소수주주권 또는 결의방법은 적용되지 아니한다.

◦ 단독주주의 출석에 의한 총회성립을 인정하며, 의사록은 당연이 작성·비치되어야 한다.

◦ 1인 주식회사라 하더라도 주주총회·이사회·감사 등의 회사의 조직은 갖추어야 한다.

3-5. 사회성(공공성) - 기업의 사회적 책임

ㅇ 초법률적 요건

ㅇ 회사제도의 병폐 - 부의 편재, 환경오염 등 국민경제에 끼치는 악영향

ㅇ 사회적 책임의 의미

1) 법외적·도덕적 책임

2) 법적 책임

- 부인설(○) : 책임주체는 이사이고, 권리자가 없다.
- 인정설 : 법적 책임에 관한 해석상의 지도원리로 삼기 위해 입법화

ㅇ 우리나라와 일본에서는 사회적 책임론을 입법에 반영하는 데 대해 대체로 소극적이다.

- 이사가 공공의 이익을 명분으로 하여 주주의 이익을 해칠 염려가 있고
- 사회적 책임에 관한 규정을 두었을 때 이것은 훈시적, 선언적 규정에 불과하므로 재판규범으로서의 실효성이 없으며
- 사회가 극단적인 우익이나 좌익으로 기울었을 때(독일에서처럼) 정치적 권력에 의해 악용될 우려가 있다.

4. 회사의 종류

4-1. 상법상 회사의 종류와 특색

구 분	합 명 회 사	합 자 회 사	유한책임회사	주 식 회 사	유 한 회 사
1. 출 자	금전 기타 재산, 노무, 신용	· 무한책임사원 : 합명회사 사원과 동일 · 유한책임사원 : 금전 기타 재산	금전 기타 재산	금전 기타 재산	금전 기타 재산
2. 책 임	직접 · 연대 · 무한	유한책임사원 : 직접 · 연대 · 유한	유한책임사원	간접 · 유한	간접 · 유한단, 자본전보책임
3. 재산의 독립성(강: 사단법인성) (약:조합성)	약	약	강	강	강
4. 사원의 수	소 수 (무한책임사원)	소 수 (무한책임사원) (유한책임사원)	1인이상	다 수 (1인이상)	중 간 (1인이상)
5. 사원의 경영 참가	<자기기관> (사원=경영자) 소유와 경영 일치 업무집행권, 감독권	<자기기관> 유한책임사원: 업무감독권(업무집행권없음)	제3자도 업무집행자가능 법인을 직무수행자로 할 수 있음	<제3자기관> ·소유·지배·경영의 분리 ·단체주의적 회사 (주총, 이사회, 대표 이사, 감사, 검사인)	<제3자기관> ·이사, 사원총회(필요) ·감사 (임의기관) ·검사인(임시) ·이사회 ×
6. 최저 자본금	제 한 없 음	제 한 없 음	제 한 없 음	제 한 없 음	제 한 없 음
7. 사원 지위의 양도	제 한 (총사원의 동의)	제 한 (유한책임사원 : 무한책임사원	원칙: 제한(다른 사원 동의), 정관으로 양도자	자 유 (주식양도자유의 원칙)	사원간의 양도 :자유 사원이외의 자

		의 동의)	유 인정가능. 자기지분 양수 금지		간의 양도 : 사원총회의 특별결의(총사원 3/4)
8. 대외적 신용의 기초	사 원	사 원	회사재산	회사재산	회사재산
9. 중요 의사 결정	전원일치	전원일치	다수결	다수결	다수결 (주식회사 보다 요건가중)
10. 설립 절차	간 편 (정관작성, 설립등기)	간 편	중 간 (출자이행)	복 잡 (실체구성 : 사원확정, 자본형성, 기관구성)	중 간 (정관에서 기관·사원확정, 발기인제도×)
11. 법률 관계	내부관계 : 임의법규 외부관계 : 강행법규	합명회사와 동일	강행법규	강행법규(공시주의 철저, 법원 관여)	강행법규
12. 1인 회사	해산사유	해산사유	인 정	인 정	인 정
13. 설립 취소	인 정	인 정	인 정	불인정(설립무효의 소만 인정)	인 정
14. 조직 변경	합명 → 합자	합자 → 합명	유한책임→주식	주식 → 유한, 유한책임	유한 → 주식
15. 청산 방법	임의청산 인정 (퇴사·제명 제도) 타사원전원의 동의		합명회사와 동일	법률청산만 가능 (회사정리제도)	재무상태표공고 × 건설이자배당 × 사채 ×

※ 새로운 기업 형태 도입[시행 2012. 4.15 : 2011. 4.14, 일부개정]
(상법 제86조의2부터 제86조의9까지 및 제287조의2부터 제287조의45까지 신설)

1. 최근 인적 자산의 중요성이 높아짐에 따라 인적 자산을 적절히 수용(收用)할 수 있도록 공동기업 또는 회사 형태를 취하면서 내부적으로는 조합의 실질을 갖추고 외부적으로는 사원의 유한책임이 확보되는 기업 형태에 대한 수요가 늘어나고 있음.
2. 업무집행조합원과 유한책임조합원으로 구성된 합자조합을 신설하고, 사원에게 유한책임을 인정하면서도 회사의 설립·운영과 기관 구성 등의 면에서 사적 자치를 폭넓게 인정하는 유한책임회사를 신설함.
3. 이와 같은 합자조합이나 유한책임회사제도를 도입함으로써 사모(私募)투자펀드와 같은 펀드나 벤처 기업 등 새로운 기업 형태에 대한 수요에 부응할 것으로 기대됨.

※ 합자회사 법제의 문제점
- 합자회사와 합자조합은 조직 구성이나 운영면에서 별반 차이가 없음
- 우리나라 법제하의 상거래 실무에서 법인격이 부여된 공동기업 형태를 이용하는 것이 그렇지 아니한 경우보다 거래의 편의를 높이게 될 것임
- 수요자들이 합자회사를 대신하여 합자조합을 기업형태로 택할 가능성은 극히 낮음
- 양자는 법인격의 유무를 제외하고는 본질적인 차이가 있다고 보기 어려움
- 합자조합의 경우 법인격이 인정되지 아니하므로 이러한 형태로 펀드설립을 할 경우에 펀드 명의로 투자자산이 귀속될 수 없을 것이고, 계약 체결의 주체나 분쟁 발생시 소송당사자가 될 수 없고, 심지어 펀드 명의로 은행계 좌거래도 할 수 없는 등 상거래 주체로서의 활동에 제약을 받게 될 것임

※ 유한회사 법제의 통합 필요성
- 유한회사 제도와 함께 그와 유사한 유한책임회사 제도를 병존시킬 필요성 은 없다고 판단됨
- 기존의 유한회사 제도를 존치시키면서 유한책임회사의 도입과정에서 논의 되었던 점들을 유한회사에 적용시키는 방향으로 통합하는 것이 바람직
- 기존의 유한회사 제도에 개선할 부분이 있는 경우에 기존 법제의 틀을 유지하면서 이를 개정하거나, 아니면 개선된 제도를 도입하는 경우에는 기존의 유한회사 제도를 여기에 흡수시키는 것이 정석
- 기존의 유한회사 법제를 추가로 보완하여 그 활용도룰 제고하는 것이 보다 타당

※ 유한회사에 대한 각종 제한 규정 철폐
[시행 2012. 4.15 : 2011. 4.14, 일부개정]
(현행 상법 제545조 삭제, 제556조, 제571조 및 제607조)

1) 유한회사는 폐쇄적으로 운영되는 소규모 기업을 전제로 하고 있으나, 폐쇄적 운영을 위한 규정들은 유한회사에 대한 각종 제한으로 작용하여 유한회사의 이용에 불편을 초래하고 있음.
2) 유한회사의 사원 총수 제한 규정을 삭제하고, 유한회사 사원의 지분 양도를 원칙적으로 자유롭게 하되 정관으로 지분 양도를 제한할 수 있도록 하며, 사원총회 소집방법으로 서면에 의한 통지 외에도 각 사원의 동의를 받아 전자문서로 통지를 발송할 수 있도록 하고, 유한회사를 주식회사로 조직을 변경하는 사원총회 결의 요건을 정관에서 완화할 수 있도록 함.
3) 이와 같이 유한회사에 대한 대표적인 제한 규정들을 폐지함으로써 유한회사제도의 이용이 증대될 것으로 기대됨.

4-2. 영업목적에 따른 분류

- 민사회사 - 민법 제39조
- 상사회사 - 상법 제5조 제2항
- 민법 제39조 - 영리를 목적으로 하는 사단은 상사회사 설립의 조건에 좇아 이를 법인으로 할 수 있으며(①항), 이 법인에는 상사회사의 규정을 준용한다고 규정(②항). 따라서 상행위를 하는 상사회사와 상행위를 하지 않고 영리를 목적으로 하는 민사회사와 구별된다.
- 상법 제5조 제2항 - 상법상의 회사는 영리를 목적으로 하면 족하고 상행위를 하든 하지 않든 상인으로 보므로 양자를 구별할 실익이 없다.

4-3. 자본시장(한국거래소)에서 주식거래가 이루어지는지의 여부에 따른 분류

1) 상장회사(법인)

- 증권시장에 상장된 증권을 발행한 법인이다.
- 증권시장이란 증권의 매매를 위하여 한국거래소가 개설하는 시장이다.
- 상장법인에 대하여는 「자본시장 및 금융투자업에 관한 법률」이 우선 적용되고 동법에 해당되는 조문이 없는 경우 상법이 적용된다.

2) 비상장회사(법인)

4-4. 기업공개 유무에 따른 구별

1) 공개법인

- 자본시장 및 금융투자업에 관한 법률의 규정에 의해 주식을 모집·매출하는 방법으로 주식을 새로이 발행하거나 이미 발행된 주식을 매도하는 방식으로 공개한 법인을 말한다.
- 이는 상장법인이 되기 위한 요건이다.

2) 비공개법인(폐쇄법인)

4-5. 독점규제법상의 회사

1) 지주회사

주식소유를 통해 국내회사의 사업내용을 지배하는 것을 주된 사업으로 하는 회사이다.

(1) 순수지주회사

어떠한 사업활동도 영위하지 않으면서 오로지 다른 사업회사의 지분소유를 통하여 그 회사의 사업내용의 지배만을 목적으로 하는 회사(금융지주회사)이다.

(2) 사업지주회사

자기 고유의 사업을 영위하면서 동시에 다른 회사의 지분을 소유하여 그 회사를 지배하는 회사이다.

2) 계열회사 - 동일한 기업집단에 속해있는 회사 상호간의 호칭(삼성생명, 삼성물산)

3) 기업집단 - 1인회사와 그 회사가 지배하는 1개 이상의 회사집단(삼성그룹)

제2장 주식회사

1. 주식회사의 개념

1-1. 의의

자본이 주식으로 분할되어 주식의 인수를 통해 출자하거나 기발행주식을 취득함으로써 사원(주주)이 되며, 사원은 주식의 인수가액의 한도에서 출자의무를 질 뿐 (유한책임) 회사 채무에 대해서는 직접 책임을 지지 않는 형태의 회사를 뜻한다.

1-2. 본질적 요소(자본, 주식, 유한책임)

1-2-1. 자본 = 1주금액 × 발행주식총수

1) 의의 - 회사가 발행한 주식의 액면총액(§451)

→ 발행자본(특별한 언급이 없는 자본은 발행자본을 의미) → 회사가 보유하여야 할 순재산액의 기준

(1) 회사 입장

- o 회사성립의 기초
- o 자본에 상응하는 재산을 유지 → 주주와 채권자의 이익보장

(2) 주주 입장

- o 출자액(책임의 한계)
- o 권리행사의 폭의 결정기준
- o 보유주식을 통한 회사재산의 소유
- o 지배의 (이념적) 기준

(3) 회사채권자의 입장

- o 회사 신용도의 공시적 기능
- o 수익성 현황
- o 전망의 기준

2) 자본과 재산

ㅇ 자 본

- 회사가 보유하여야 할 순재산액의 기준
- 계산상의 개념, 추상적·규범적 존재, 추상적 금액

ㅇ 재 산

- 일정 시점에 있어서(회사가 기업경영을 위하여) 현실적으로 보유하고 있는 재산의 총체. 영업성과·물가하락 등에 따라 변동
- 현실적·구체적 개념(공장, 시설, 집기, 미수금, 예금 등의 가액)

ㅇ 자본은 불변이므로 공시가 가능하지만, 재산은 그 가액이 항시 변하므로 공시가 불가능하다. 따라서 주식회사는 채권자보호를 위해 최소한 자본에 상당하는 현실적인 재산을 보유한다.

3) 자본 개념의 다의성

구분	의 의	예	정관기재	등기	변경권
수권자본	회사가 발행할 주식의 액면총액 (정관에 의해 이사회에 발행이 수권된 자본)	6억원	○	○	주주총회
설립자본	회사설립시 현실로 발행하는 자본	2억원	○	○	×
발행자본	회사가 현재 발행한 주식의 액면총액	3억원		○	이사회
미발행자본	수권자본에서 발행자본을 제외한 것	3억원	×	×	×

※ **회사 설립의 편의 제고 [시행** 2012. 4.15 : 2011. 4.14, **일부개정]**
(상법 제291조, 제329조 및 제546조)

1) 액면주식은 액면미달 발행 및 주식 분할에 어려움이 있고, 아이디어나 기술은 있으나 자본이 없는 사람이 회사를 설립하는 경우 최저자본금제는 진입 장벽으로 작용할 수 있음.
2) 무액면주식(無額面株式)을 도입하여 회사가 액면주식과 무액면주식 중 한 종류를 선택하여 발행할 수 있도록 하고, 최저자본금제도를 폐지함.
3) 이와 같이 무액면주식제도를 도입함으로써 주식발행의 효율성 및 자율성이 높아지고 소규모기업의 원활한 창업이 확대될 것으로 기대됨.

1-2-2. 주식

ㅇ 개념 ~ 주식 = 독립된 사원의 지위(인적회사의 지분)
= 세분화된 자본의 비율적 구성단위(상법 제329조②, 제464조)

ㅇ 사원(주주 = 주식의 소유자)의 권리의 폭은 보유주식에 정비례

ㅇ 주식의 자유양도성(주식은 주권으로 증권화 되어 있기 때문에 증권시장에서 자유롭게

양도 가능)
- 투하자본의 회수가 쉬움
- 주주의 모집이 쉽다(영세한 자금을 가진 자도 쉽게 출자할 수 있음)

ㅇ 금액은 100원 이상으로 균일하다(상법 제329조 ②③).

1-2-3. 유한책임 ~ 손실부담의무와 부수적 급부의무가 없다.

ㅇ 주주는 회사에 대하여 주식의 인수가액을 한도로 출자의무를 부담할 뿐(간접책임), 회사 채권자에 대해서는 아무런 (직접)책임도 부담하지 않는다 → 주식인수인으로서의 출자책임

ㅇ 정관이나 주총결의로도 가중시킬 수 없다(주식회사의 본질에 반하므로).

ㅇ 기능 : 영세자본의 흡수, 대자본 형성 가능

ㅇ 문제점 - 기업은 도산하더라도 기업가는 흥한다.
"출자자의 호주머니에 둔 재산은 유한책임의 낙원에서 치외법권적인 보호를 받는다"

2. 주식회사의 설립

2-1. 발기설립의 경우

발기인의 주식인수	◦ 주식인수 : 출자의무를 부담하는 것 ◦ 법적성질 : 설립행위이므로 합동행위(전체 발기인의 의사합치) ◦ 인수시기 : 정관작성이후(단 통설은 정관 작성 전에도 가능하다고 봄) ◦ 방식 : 서면으로 한다 → 발기인이 인수할 주식의 종류와 수, 인수가액을 기재하고 기명날인 또는 서명해야 함을 의미.
출자의 이행	◦ 발기인이 설립시에 발행하는 주식의 총수를 인수한 때에는 지체 없이 각 주식에 대하여 그 인수가액의 전액을 납입을 맡을 은행 또는 금융기관에 납입(상법 제295조①, 제302②ix) ◦ 납입 : 출자하기로 한 액수만큼 지불하는 것
임원선임(발기인총회)	◦ 발기인이 인수한 주식에 대하여 출자가 이행되면 발기인은 지체 없이 의결권의 과반수로 이사·감사를 선임하여야 한다(상법 제296조 ①) ◦ 의결권 - 지분주의에 의해 인수주식 1주에 대하여 1개씩 주어진다(상법 제296조 ②) ◦ 임원으로 선임된 자는 설립중회사의 기관이 됨
설립경과의 조사	◦ 이사와 감사는 취임 후 지체 없이 회사의 설립에 관한 모든 사항이 법령 또는 정관에 위반되지 아니하는지의 여부를 조사하여 발기인에게 보고(상법 제298조 ①) → 95년 개정 : 개성 전에는 법원이 선임한 검사인의 조사를 받았다.

변태설립 사항의 조사	◦ 자본충실을 위해 보다 객관적인 조사 필요 → 원칙 : 검사인의 조사 → 공증인의 공증, 감정인의 감정으로 갈음할 수 있다(검사인제도의 사문화). ◦ 변태설립사항 - 설립 당시에 발기인에 의해 남용되어 자본충실을 해칠 우려가 있는 사항(위험한 약속)을 열거하고 이를 변태설립사항이라 하여 정관에 기재할 것을 규정하고 있음 - 발기인의 특별이익 부여·설립비용·발기인의 보수(공증인의 조사)(상법 제290조) - 현물출자 또는 재산인수(공인된 감정인의 감정)
대표이사의 선임	◦ 이사회에서 선임 ◦ 대표이사는 설립등기시에 등기하여야 할 사항(상법 제317조 ②ix)

2-2. 모집설립의 경우

발기인의 주식인수	◦ 발기인의 주식인수(상법 제293조)는 모집주주가 주식인수를 청약하기 이전에
주주모집	◦ 발기인이 인수하고 남은 주식을 인수할 자를 모집(모집주주).
주식의 인수	◦ 성질 : 장래에 성립할 설립중 회사에의 입사계약(통설) ◦ 청약 : 주식인수인이 되고자 하는 자가 인수의 청약(상법 제302조 ①), → 방식 : 주식청약서 2통에 모집주주가 인수하고자 하는 주식의 종류와 수 및 주소 기재하고 기명날인 또는 서명 ◦ 배정 : 발기인이 배정(청약에 대한 승낙의 표시) - 발기인의 배정자유
출자의 이 행	◦ 납입의무 : 주식인수인은 배정된 주식의 수에 따라 인수가액을 납입 ◦ 가장납입 : 주금을 실제 납입함이 없이 납입된 것으로 가장하고 설립등기를 마치는 것 ① 납입취급은행과의 공모에 의한 가장납입(預合-통모가장납입) - 상법상의 제한(상법 제318조 ②, 제628조)으로 인하여 금융기관의 위험이 매우 크므로 이 방법은 여간해서 행해지기 어려움 ·납입금보관자를 은행 기타 금융기관으로 한정 ·상법 제318조 ② :"납입보관은행 기타 금융기관은 발기인 또는 이사의 청구가 있는 때에는 그 보관금액에 관하여 증명서를 교부하여야 하고, 또 그 증명한 보관금액에 대하여는 납입의 부실 또는 그 금액의 반환에 제한 없음을 이유로 하여 회사에 대항하지 못한다"고 규정하여 납입보관은행으로 하여금 납입보관증명을 시키고 그 증명금액에 관하여는 반환에 관한 제한이 있다는 것을 주장하여 회사에 대항하지 못하게 하였다. ⇒ 보관금액에 대해 금융기관이 책임 ·상법 제628조 : 가장납입행위에 대해 납입가장죄로 처벌(5년이하의 징역 또는 1,500만원 이하 벌금) ② 일시차입금에 의한 가장납입(見金-제3자(사채권자)를 통한 위장납입) - 실제로 가장 많이 발생하는데도 불구하고 상법상 규제조항이 없어 판례나 학설로 해결하고 있음 - 학 설 · 위장납입은 무효(주금의 납입이 있으나 실질적인 자본구성이 없으므로) · 위장납입이 경미한 경우에 회사설립자체는 유효이고, 흠결이 중대하고

	전보가능성이 적은 경우에는 회사설립자체도 무효임 - 판례 : 유효(대법원 1996.10.21. 66다1482;대법원 1983.5.24. 82누522) ③ 회사의 자금에 의한 가장납입 ◦ 납입불이행의 효과(실권절차) : 주식인수인의 지위를 박탈하고, 새로이 인수인을 구하는 절차
창립총회	◦ 의의 : 회사설립의 종결단계에서 주식인수인으로 구성된 설립중회사의 의결기관(주주총회의 전신) ◦ 소집 : 인수된 주식의 납입과 현물출자의 이행완료시 발기인은 지체없이 소집(상법 제308조 ①) ◦ 기능 : 이사와 감사의 선임, 설립경과의 조사, 변태설립사항의 변경, 정관변경·설립의 폐지
대표이사	◦ 회사성립 전에 대표이사를 선임
설립등기	

2-3. 발기설립과 모집설립의 차이와 변태설립사항 조사의 대체

- 발기설립은 주금의 납입장소의 제한이 없지만, 모집설립의 경우에는 납입장소가 금융기관으로 제한된다.
- 발기설립은 납입해태에 대한 실권절차가 없어 채무불이행에 대해 민법상의 원칙으로 처리된다(민법 제389조·제390조·제544조).
- 모집설립은 납입의 해태에 대해 실권절차를 두고 있다(상법 제307조).
- 발기설립은 이사·감사의 선임을 위하여 창립총회를 열 필요가 없이 발기인의 의결권 과반수로써 선임된다. 그러나 모집설립은 창립총회를 개최하여 이사·감사를 선임한다.
- 설립경과에 대해 이사·감사가 조사하는 것은 동일하지만(상법 제298조 ①, 제313조 ①), 발기설립은 발기인에게 조사를 보고하며(상법 제298조 ①), 모집설립은 창립총회에 보고한다(상법 제313조 ①).
- 변태설립사항을 조사하기 위해 행하는 법원에 대한 검사인의 선임을 발기설립은 이사가 청구하지만, 모집설립은 발기인이 청구한다(상법 제310조 ①).
- 변태설립사항이 부당한 때의 변경은 발기설립은 법원이 행하는데(상법 제300조), 모집설립은 창립총회가 행하게 된다(상법 제314조).
- 변태설립사항이 있는 경우에 원칙적으로 검사인의 조사를 받아야 하지만, 발기인에게 특별한 이익을 부여하거나 보수를 주거나 기타 설립비용을 지출하는 사항에 대해서는 공증인의 조사·보고로 갈음할 수 있고(상법 제290조 i·iv), 현물출자나 재산인수의 사항에 대해서는 감정인의 감정으로 대체할 수 있다(상법 제290조 ii·iii, 제299조의2).

2-4. 새로운 형태의 주식회사 설립의 방식

- 회사의 구조조정과 관련한 기업조직의 개편에 따르는 새로운 형태의 회사설립의 방식으로 회사의 신설합병(상법 제175조 ①), 회사의 신설분할이나 신설분할합병(상법 530조의2), 주식이전에 의한 모회사의 설립(상법 제360조 ①) 등이 나타나고 있다.
- 채무자회생 및 파산에 관한 법률 제193조 제2항 제3호에서 회생계획을 위해 신회사를 설립하는 것도 기업조직의 개편에 따르는 새로운 회사설립의 방식으로 볼 수 있다.
- 이러한 방식들은 주주를 모집하거나 주식청약이나 배정 등과 같은 자본구성을 위한 절차가 필요하지 않다는 점에서 종래 발기설립이나 모집설립의 방식과 구별될 수 있다.

2-5. 발기인의 자격 및 수

- 주식회사를 설립하기 위해서는 설립을 기획하고 설립사무를 담당할 자가 필요한데 이러한 사람을 발기인이라고 한다.
- 발기인의 자격에는 제한이 없다.
- 자연인에 한하지 않고, 회사 기타 법인이라도 상관없다.
- 비영리법인은 법인의 목적·업무내용에 따라 발기인이 될 수 없는 경우가 있음
- 자연인은 외국인이라도 무방하다.
- 미성년자와 한정치산자는 발기인이 될 수 있지만, 민법상의 요건을 갖추어야 하므로 법정대리인의 동의를 얻어야 발기인이 될 수 있으나 금치산자와 의사무능력자는 발기인이 될 수 없다.
- 발기인은 정관작성을 할 때부터 회사실체가 완성될 때까지 존재하는 것으로 보므로 발기설립의 경우 설립경과에 관한 조사절차가 종료할 때, 모집설립의 경우 창립총회가 종료할 때까지이다.
- 주식회사의 설립에 필요한 발기인의 수는 1인 이상이면 충분하므로 수인의 발기인이 있을 때에 일부의 발기인이 사망하거나 무자격이 된다고 하여도 1인 이상이 존재한다면 회사설립의 절차를 진행할 수 있으나 모두가 사망하거나 무자격이 된다면 회사설립무효의 사유가 된다 → 이 경우에는 발기인을 충원하여 설립절차를 속행하는 것이 아니라, 정관작성부터 다시 시작하여야 한다.
- 발기인이 여러 명 있을 때에는 동일인이 다른 발기인을 대리 또는 대표하여도 상관없다.

2-6. 발기인의 지위

- 발기인은 발기인 조합의 구성원으로서 회사의 설립사무에 종사할 지위를 가진다.

◦ 동시에 대외적으로 설립중회사의 기관으로 활동하므로 발기인이 행하는 회사의 설립행위는 발기인조합계약의 이행행위가 되며, 동시에 설립중의 회사의 기관의 활동이 된다 → 발기인이 정관을 작성하고 주식을 인수하는 것은 단체를 조직하여 그 구성원이 되는 설립행위이므로 발기인은 이 행위에 의하여 창립된 설립중의 회사의 구성원이 됨과 동시에 미완성의 회사를 완성시키는데 필요한 사무를 집행하기 위한 설립중의 회사의 집행기관이 된다.
◦ 발기인은 출자자 개인으로서 지분권을 가진다.
◦ 발기인은 주식인수의무(상법 제293조)와 의사록작성의무(상법 제297조) 등을 부담하고, 주식의 인수담보책임과 납입담보책임(상법 제321조)을 부담함과 동시에 임무해태로 인한 손해배상책임(상법 제322조) 등을 부담한다.
◦ 발기인이 갖는 설립사무에 대한 업무집행의 권한 및 의무와 책임 등 그 지위는 성질상 양도될 수 없으므로 발기인이 사망하여도 그 지위는 상속되지 않는다.

2-7. 발기인 조합

◦ 발기인이 2인 이상인 경우에 발기인들이 설립절차에 들어가기 이전에, 즉 정관작성에 앞서 회사의 설립을 목적으로 체결하는 계약을 발기인조합이라고 한다.
◦ 발기인이 1인일 경우라면 성질상 발기인조합이 존재할 수 없으며, 조합계약이 성립될 수 없다.
◦ 발기인조합의 조합원으로서 발기인은 정관작성이나 주식인수 등 회사의 설립사무에 관한 업무집행을 담당하는 권한을 갖는데 정관작성이나 주식인수 등 설립에 대한 발기인의 일련의 행위는 조합계약의 이행에 의해 이루어지며, 이 조합계약은 민법규정의 적용을 받는다.
◦ 상법상 발기인의 업무집행에 대한 의사결정은 발기인 공동으로 해야 할 사항으로 되어 있다.
◦ 발기인의 의사결정 방법은 조합의 의사결정에 관한 일반원칙에 따라 발기인의 과반수 동의로 행하도록 하지만(민법 제706조 ②), 상법에 발기인 전원의 동의를 요구하는 경우도 있다 → 예를 들어 정관작성(상법 제289조 ①)과 주식발행사항의 결정(상법 291조) 등은 전원동의를 요하는 명문규정을 두고 있다.
◦ 발기설립시에 임원을 선임할 경우에는 자본다수결(주주가 자신이 보유한 회사의 주식수에 비례하여 주주총회의 의결권 행사에 참여할 수 있도록 하는 제도)의 방식을 취하므로 발기인이 인수한 주식에 의결권을 부여하고 그 의결권의 과반수 동의로 결정한다(상법 제296조) → 이는 발기인 조합원으로서의 업무집행으로 보지 아니하고 발기인을 출

자자인 지분권자로서 보유지분에 비례한 권한행사의 일환으로 파악하도록 것이다.

CASE 설립중회사의 법률관계

1 문제

1) 회사설립과정상의 일정한 법률관계를 설립후의 회사에 귀속시키기 위해 강학상 개념으로 '설립중회사'가 인정되고 있다. 주식회사에서 설립중회사는 언제부터 성립하는가?

2) 또한 설립중회사의 발기인의 권한범위는 어디까지인가?

2 결론

1) 정관을 작성하고 발기인이 각기 1주 이상의 주식을 인수한 때부터 설립중 회사가 성립한다.

2) 발기인의 권한은 회사설립에 필요로 하는 법률상·경제상의 모든 행위에 미치는바, 이에는 회사성립 후의 개업을 위한 개업준비행위도 포함된다고 할 것이다.

3 논거

1) 설립중회사의 성립시기

(1) 판례

대법원은 "설립중의 회사가 성립하기 위해서는 정관이 작성되고 발기인이 적어도 1주 이상의 주식을 인수하였을 것을 요건으로 한다(99다35737)"라고 판시하고 있다.

(2) 학설

이에 관하여 정관작성시설, 발기인1주이상 인수시설, 발행주식총수인수시설의 3가지 학설이 있다. 설립중의 회사가 성립하기 위하여는 사원의 일부가 확정되어야 하는데 발기인의 주식인수가 예정되어 있다 하더라도 그의 주식인수 전에는 사원의 자격으로 볼 수 없다는 점에서 정관작성시설은 문제가 있고, 또 설립중의 회사는 성립 후의 회사와는 달라서 최저자본에 해당하는 주식의 전부가 인수될 필요가 없다는 점에서 발행주식총수인수시설도 문제가 있다. 따라서 일부의 주식인수에 의하여 사원의 일부가 확정된 때를 설립중의 회사의 성립 시기로 보는 발기인1주이상인수설이 가장 타당하다고 본다.

2) 설립중회사의 발기인의 권한범위

(1) 판례

"발기인대표가 성립 후의 회사를 위하여 자동차조립계약을 체결한 것은(발기인대표 개인 명의로 되어 있다 하더라도) 발기인대표로서 회사설립사무의 집행인으로서 위 계약을 체결한 것으로 회사에 책임이 있고, 이는 상법 제290조(변태설립사항)의 각 호에 해당되지 않는다(대법원 1970.8.31. 70다1357 판결)"고 하여 발기인의 권한에 개업준비행위를 포함시키고 있다.

(2) 학설

이와 관련하여 최협의설, 협의설, 광의설이 있는데, 발기인의 회사성립에 관한 행위가 '회사의 설립에 필요한 행위'와 '개업준비행위'로 명백하게 분리되지 않는 점, 발기인은 회사설립에 관하여 엄격한 책임을 부담하므로(제321조, 제322조) 발기인에게 회사설립에 관하여 그 권한을 넓게 인정하여도 무방하다는 점에서 볼 때, 발기인의 권한에 개업준비행위를 포함시키는 광의설이 타당하다고 본다.

CASE 설립비용의 부담자

1 문제

1) 지리산홈쇼핑몰주식회사 정관은 1억원의 한도에서 설립비용을 지출할 수 있다고 규정하고 있다. 그런데 발기인 갑은 설립비용으로 2억원을 지출하였다. 회사 성립 후 설립비용에 대한 채권자들이 와서 지리산홈쇼핑몰주식회사에 2억원을 변제할 것을 독촉하고 있다. 지리산홈쇼핑몰주식회사는 얼마까지 지불할 책임이 있는가? 이 경우 발기인 갑의 책임은?

2 결론

회사전액부담설에 따라 설립비용의 채무는 회사가 전액 부담하고, 법정요건을 갖추지 않은 설립비용은 회사가 그 채무를 이행한 후에 발기인에게 구상할 수 있다. 즉 정관에 규정된 설립비용은 당연히 회사가 부담하므로 회사는 2억원을 전부 변제하여야 한다. 또한 정관에 규정되지 않은 설립비용은 회사가 먼저 제3자에게 지급하고 내부관계에서 발기인에게 구상할 수 있으므로 회사는 발기인에게 1억원을 구상하게 되며, 이는 창립총회나 주주총회의 특별결의로 면제할 수 없다.

3 논거

1) 대외적 부담관계에 대한 판례

대법원은 회사설립에 소요된 경비에 대하여 정관에 기재하여 검사인의 조사를 받았다는 언급 없이 "회사설립비용은 발기인이 설립중 회사의 기관으로서 회사설립을 위해 지출한 비용으로서 원래 성립후 회사가 부담하여야 하는 것(93마1916)"이라고 하여 회사전액부담설을 취하고 있다.

2) 대외적 부담관계에 대한 학설

이에 관하여 회사전액부담설, 발기인전액부담설, 회사·발기인중첩책임설, 분담설의 4가지 학설이 있다. 발기인전액부담설과 분담설은 거래안전에 역행하는 문제점이 있고, 회사·발기인중첩책임설은 법률관계를 복잡하게 하는 문제점이 있다.

설립중회사의 목적은 완전한 회사로 창설하는 것이므로 그 집행기관인 발기인의 권한은 회사의 설립에 법률상·경제상 필요한 모든 행위에 미친다고 보아야 하므로 발기인의 적법한 행위로 설립중회사가 부담하는 채무는 동일성설에 의하여 성립 후의 회사의 채무가 된다는 점, 발기인의 배후에 있는 회사를 신뢰하고 거래한 제3자의 보호 측면에서 볼 때 회사전액부담설이 가장 타당하다고 생각된다.

3) 사후추인의 가부

(1) 창립총회에서?

상법은 변태설립사항이 부당하다고 인정한 때에 이를 창립총회에서 변경할 수 있다고 규정하고 있다(동법 제314조). 그런데 이 규정은 회사의 자본충실을 위한 것으로 정관에 기재된 비용이 부당하게 많은 경우에 감액할 수 있다는 의미이지 기존에 기재된 비용을 증액할 수 있다는 의미는 아니라고 본다. 따라서 상법 제314조를 제316조 제1항의 특별규정이라고 보아야 하고, 자본충실을 기하기 위해서는 창립총회에서 추인할 수 없다고 보아야 하는 것이다.

(2) 주주총회에서?

변태설립사항에 관한 엄격한 규제는 회사 성립시부터 부실한 회사가 출현하는 것을 방지하기 위해 상법상 강제되는 것이므로 주주총회의 결의를 통해서도 이를 변경하지 못한다고 본다.

CASE 위법한 재산인수의 추인

1 문제

갑과 을은 각각 금전 5억원 및 X토지(시가 5억원상당)를 출자하여 딸기판매를 목적으로 하는 지리산홈쇼핑몰주식회사를 설립하기로 하였다. 현물출자에 관한 번거로운 상법상의 제한을 피하기 위해 우선은 갑이 금전 10억원을 출자하여 회사를 설립한 뒤 회사설립 후 지리산홈쇼핑몰주식회사가 을로부터 위 X토지를 매수하고 그 대금을 갑이 가지는 방법을 취하기로 하였다. 그런데 이후 X토지의 시가가 폭등하자 을은 위 현물투자가 정관에 기재 없는 재산인수로서 무효라고 주장하였다. 이에 갑은 주주총회를 개최하고 특별결의로서 위 재산인수 부분을 추인하였다. 이 경우 X토지의 소유권은 누구에게 속하는가?

2 결론 및 논거

재산인수는 변태설립사항으로서 정관의 기재가 없는 한 무효이다(제290조 제3호). 발기인의 재산인수는 개업준비행위로서 원래 발기인의 권한에 속하는 행위라고 볼 수 있으나, 이는 특히 위험성이 많으므로 이의 남용을 방지하기 위하여 상법이 이렇게 제한하고 있다고 본다. 따라서 원칙적으로는 을의 주장처럼 지리산홈쇼핑몰주식회사의 재산인수는 무효이고 X토지는 을의 소유가 됨이 타당할 것이다.

다만, 설문의 경우 지리산홈쇼핑몰주식회사측이 이를 추인하였으므로 위법한 재산인수가 추인의 대상이 되는지가 문제된다. 이는 발기인의 권한범위 외의 행위(또는 정관에 기재하지 않고 한 재산인수)를 성립후의 회사가 추인할 수 있는 지 여부에 대한 것으로 추인부정설(다수설)과 추인긍정설(소수설)로 나누어져 있다. 이와 관련 추인긍정설은 실정법상의 근거가 없을 뿐만 아니라 변태설립사항을 규정한 상법 제290조의 탈법행위를 인정하는 결과가 되므로 타당하지 않고, 발기인의 권한범위 외의 행위는 무효로서 성립후의 회사가 이를 추인하지 못하는 추인부정설이 타당하다고 본다. 따라서 지리산홈쇼핑몰주식회사는 재산인수를 사후에 추인할 수도 없다.

※ 사후설립

- 의의 : 회사가 성립한 후로부터 가까운 시기에 회사의 성립 전부터 존재하던 재산으로서, 영업을 위하여 계속 사용하여야 할 재산을 취득하는 계약을 체결할 때에는 주주총회의 특별결의를 얻도록 하고 있다.
- 이유 : 현물출자와 재산인수는 변태설립사항으로서 엄중한 조사를 받는 등 상법상 엄격한 규제를 받는데, 이를 회피하기 위해 사후설립이 이용될 수 있기 때문이다.

CASE 일시차입금에 의한 가장납입 – 제3자(사채권자)를 통한 위장납입

1 문제

1) 주식회사 설립시 발기인이 주금을 위상납입하였다면 납입은 유효한가?
2) 납입이 무효라면 회사성립의 효력이 어떻게 되는가?

3) 발기인은 납입담보책임을 부담하는가?
4) 발기인은 손해배상책임을 부담하는가?

2 결론

1) 위장납입에 의한 주금납입을 유효하다고 하면 회사의 자본충실을 크게 해하게 되고 이는 자본의 확보와 충실을 위하여 규정된 상법상의 강행규정(상법 제318조, 제334조 등)에 반하는 탈법행위일 뿐만 아니라 납입금의 차입과 반환은 전체적으로 보아 하나의 통일적인 납입가장행위이므로 위장납입의 효력은 무효로 보는 것이 타당하다.
2) 흠결이 경미하면 설립무효사유가 되지 않고 발기인들의 자본충실책임만 존재하며, 흠결이 중대하여 소수의 발기인이 이를 부담하여 전보할 가능성이 적을 경우에는 회사성립의 효력도 무효로 될 수 있다.
3) 인수·납입의 흠결이 경미한 경우에는 발기인이 인수·납입 담보책임을 부담하지만, 그 흠결이 중대하여 회사성립이 무효로 되는 경우에는 발기인은 인수·납입 담보책임을 부담하지 않는다.
4) 그 흠결이 중대하여 회사성립이 무효로 되는 경우에도 발기인의 지위에서 임무를 해태했다면 회사에 대하여 손해배상책임을 지고, 손해를 입은 제3자가 있다면 제3자에 대하여도 손해배상책임을 진다.

3 논거

1) 위장납입의 의의

위장납입이란 발기인이 납입금의 보관은행 이외의 제3자로부터 금전을 차입하여 납입금을 내고 설립등기를 마친 후 차용금을 변제하는 것을 말한다.

2) 위장납입의 효력

(1) 학설

이와 관련하여 유효설과 무효설이 있다. 위장납입은 회사의 자본충실을 기대할 수 없고, 위장납입은 강행법규(상법 제318조, 제334조 등)의 탈법행위이며, 발기인의 차입·납입·변제행위를 일련의 행위로 보면 주금액의 납입이 있었다고 볼 수 없으므로, 위장납입의 효력은 무효라고 보는 것이 타당하다.

(2) 판례

위장납입에 의한 주금납입의 경우에도 현실의 납입이 있는 것이고, 이는 발기인 등의 주관적 의도의 문제에 불과하고, 이러한 발기인의 내심적 사정이 회사의 설립이나 증자와 같은 집단절차의 일환을 이루는 주금납입의 효력을 좌우함은 타당하지 않다(대법원 1983.5.24. 82누522 판결)고 하여 유효설의 입장을 취하고 있다.

2) 회사성립의 효력

이와 관련 설립무효구제설과 설립무효무관계설이 있다. 흠결이 경미함에도 불구하고 그것을 이유로 회사 설립이 무효라고 한다면 사회경제적으로 손실이고 기업유지의 이념에 반할 뿐만 아니라, 거래안전은 발기인의 손해배상책임으로 보호될 수 있다는 점에서 설립무효구제설이 타당하다.

3) 발기인의 납입담보책임

유효설에 의할 경우 위장납입을 주금납입으로서 효력을 인정하므로 발기인의 납입담보책임은 문제되지 않으나 무효설의 경우에는 발기인의 주식인수가 있어도 납입이 없었으므로 납입담보책임이 문제된다. 이 경우 납입담보책임의 인정여부가 자본충실책임의 취지와 관련하여 문제된다.

자본충실책임의 취지와 관련하여 회사설립무효 사유가 치유될 수 있는지 다시 문제 되는 바, 거래안전을 중시하는 설립무효무관계설에 의할 경우 발기인은 설립의 유효·무효 사유와 무관하게 언제나 자본충실책임을 진다고 보지만, 기업유지이념과 사회경제적 손실방지라는 설립무효구제설에 의할 경우 인수·납입의 흠결이 경미한 경우에만 발기인의 인수·납입 담보책임이 인정된다. 앞서 살펴본 바와 같이 거래안전은 발기인의 손해배상책임으로 전보될 수 있다는 점에서 설립무효구제설이 타당하다.

4) 발기인의 손해배상책임

(1) 회사에 대한 손해배상책임

발기인의 차입·납입 행위는 회사성립 후의 인출·변제의 전과정을 고찰해 볼 때 이미 차입·인출 당시에 위장설립의 의도가 있었으므로 선관주의 의무 위반으로 인한 임무해태가 되므로 위장납입의 효력에 관한 견해의 대립에 관계없이 발기인들은 연대하여 손해배상책임을 진다. 위장납입의 효력에 관해 유효설을 취하는 판례도 발기인 들이 회사에 대하여 손해를 입힌 공동불법행위자로서 회사에 그 손해를 연대하여 배상할 책임이 있다고 하였다(대법원 1988.9.12. 89누916 판결).

(2) 제3자에 대한 손해배상책임

이 책임은 위장납입의 유효성에 대한 견해대립과 관계없이 제3자에게 손해가 발생한 경우에 손해배상책임을 진다.

3. 주식회사 설립 절차(모집설립과 발기설립 사례)

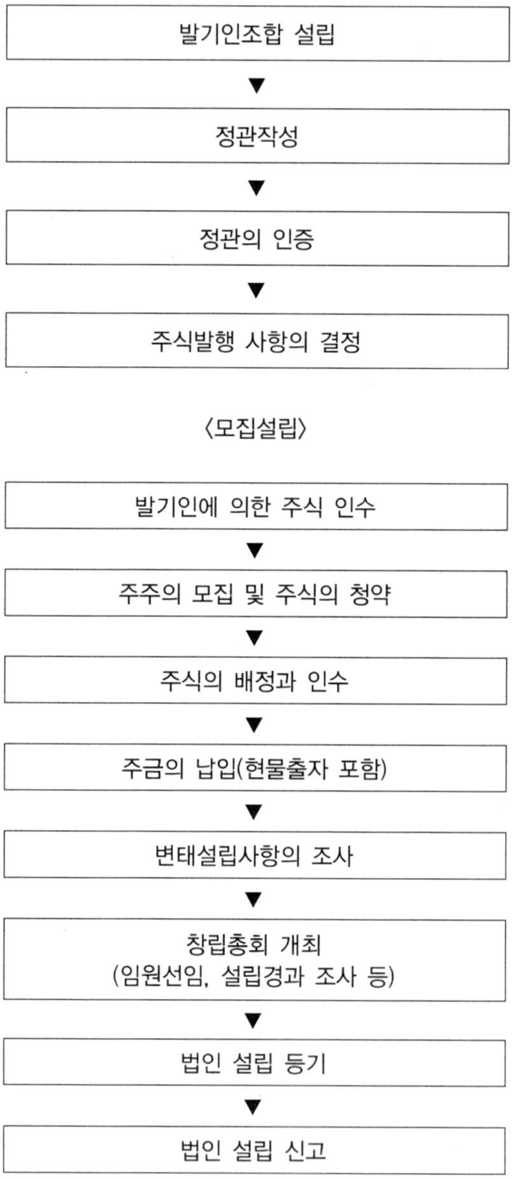

발기인조합 설립
▼
정관작성
▼
정관의 인증
▼
주식발행 사항의 결정

〈모집설립〉

발기인에 의한 주식 인수
▼
주주의 모집 및 주식의 청약
▼
주식의 배정과 인수
▼
주금의 납입(현물출자 포함)
▼
변태설립사항의 조사
▼
창립총회 개최
(임원선임, 설립경과 조사 등)
▼
법인 설립 등기
▼
법인 설립 신고

〈 정관의 기재사항 〉

구분	내 용		비 고
절대적 기재 사항	①목적 ②상호 ③회사가 발행할 주식의 총수(A) ④1주의 금액 ⑤회사의 설립시에 발행하는 주식의 총수 ⑥본점의 소재지 ⑦회사가 공고를 하는 방법 ⑧발기인의 성명, 주민등록번호 및 주소	→	①목적-전자상거래업, 녹차 및녹차묘목판매업,, 녹차 관련 제품 판매업, 연구소 운영 ②상호-다반사주식회사 ③장래에 발행하기로 예정하고 있는 주식의 총수 - 4백만주 ④1주의 금액은 균일하여야 하고, 1주의 금액은 100원 ⑤납입자본으로서 동 주식의 인수와 납입이 이루어져야 회사가 성립 - 1백만주 ⑥본점의 소재지 : 진주시 칠암동 ⑦회사의 공고 : 진주 경남신문 ⑧윤월룡 주민등록번호 김산대 주민등록번호 주소생략
상대적 기재 사항	(1)변태설립사항 ①발기인이 받을 특별이익과 이를 받을 자의 성명 ②현물출자자의 성명과 그 목적인 재산의 종류, 수량, 가격과 이에 대하여 부여할 주식의 종류와 수 ③회사 성립 후 양수할 것을 약정한 재산의 종류, 가격, 수량 및 양도인의 성명 ④회사가 부담할 설립비용과 발기인이 받을 보수액 (2) 그 밖의 상대적 기재사항 주식발행사항과 액면 이상의 주식을 발행하는 때에는 그 수와 금액(상법 291조), 주식매수선택권의 부여(상법 340조의2①), 수종의 주식발행(상법 344조), 전환주식의 발행(상법 346조①), 무기명식주권의 발행(상법 357조①), 주주총회의 권한(상법 361조), 주주총회의 결의방법(상법 368조), 서면투표의 채택(상법 368조의3①), 이사의 임기연장(상법 383조), 자격주(상법 387조), 이사의 보수(상법 388조), 대표이사를 주주총회에서 선임하는 것(상법 389조① 단서), 이사회소집기간의 단축(상법 390조② 단서), 감사위원회 등 이사회내부위원회의 설치(상법 393조의2, 415조의2), 신주발행사항의 결정(상법 416조), 제3자의 신수인수권(상법 418조②), 건설이자의 배당(상법 463조①), 해산사유(상법 517조) 등		
임의적 기재 사항	①이사, 감사의 수 ②총회의 소집시기 ③영업연도 등		

2013. 11.14	정관의 인증 (상법 제292조) (공증인법 제62조, 제63조)	회사의 설립시에 작성하는 정관을 원시정관이라 하는데, 원시정관은 진주시 소재 진주 합동법률사무소에서 인증을 받았다. (※ 정관의 인증에 관한 사무는 회사본점의 소재지를 관할하는 지방검찰청의 소속공증인이 취급한다(공증인법 제62조)) 정관의 인증은 촉탁인(발기인조합)이 공증인 앞에서 정관의 기명날인 또는 서명을 자인한 후 그 사실을 기재함으로써 이를 행한다. 발기인이 공증인에게 정관의 인증 신청시 정관 2통을 제출하여야 한다. 공증인은 정관의 인증 후 1통은 발기인에게 교부하고 나머지 1통은 공증인이 보존한다(공증인법 제63조).

		< 정관의 인증 신청시 준비서류 > ①정관 2부(공증인사무소 보관용 원본 1부, 회사보존용 원본 1부) ②각 발기인의 인감증명서 및 주민등록증 ③대리인의 경우 위임장 및 대리인의 인감증명서 <소규모회사 발기설립시 정관·의사록 공증의무 면제> [시행 2009.5.28 : 2009.5.28, 상법 일부개정]
11.20	주식발행 사항의 결정 (상법 제291조)	회사의 설립시에 발행하는 주식의 총수는 정관작성시 정해지지만 주식 발행에 관한 나머지 사항은 정관에서 특별히 정한 사항이 없으면 발기인 전원의 동의로 이를 정한다. < 발기인의 전원 동의를 요하는 사항 > ① 우선주, 보통주, 무의결권주와 같은 주식의 종류와 수 ② 액면이상의 주식을 발행하는 때에는 그 수와 금액 또한 발기설립을 할 것인가 또는 모집설립을 할 것인가는 정관에 기재하는 사항이 아니므로 발기인들의 합의에 의하여 임의로 결정한다. 모집설립을 하는 경우에 있어 불특정 다수인 50인 이상을 대상으로 공개 모집하는 경우 금융감독위원회에 사전 등록·신고 등의 절차를 거쳐야 하므로 일반적으로 발기설립과 연고모집으로 설립하는 경우가 많다. < 모집설립 > 발기인이 주식의 일부를 인수하고 나머지 주식은 주주를 모집하여 인수케 하는 방법으로 설립되는 것으로서 모집설립에는 연고모집과 공개모집이 있는데, 당 회사는 공개모집으로 주식을 발행하기로 결정했다. < 공개모집 > 불특정 다수인을 대상으로 주주를 모집하는 방법으로, 불특정 다수인 50인 이상에게 주식청약을 하는 경우 금감위에 법인등록을 해야 하고, 모집금액이 10억원 이상인 경우 금감위에 신고해야 하므로 이러한 번거로운 절차로 인하여 창업 설립시에 공개모집을 기피하는 경향이 있음
11.21	발기인의 주식인수 (상법 제301조)	회사를 설립시 발행주식과 발행가액이 결정되면 각 발기인은 발행주식 중 일부를 서면(주식인수증을 발기인대표에게 제출)에 의해 인수하여야 하는데, 발기인은 반드시 1주 이상의 금액을 인수하여야 한다. 발기인이 구두에 의한 인수를 하는 경우에는 무효가 되며, 그 즉시 발기인 자격을 상실한다.
11.25	주주 모집 공고	일간 서울신문에 공고
11.26 ~ 12.5	주주의 모집 및 주식의 청약	발기인이 일부주식을 인수하고 나머지는 응모주주를 대상으로 모집을 하는데, 현행 상법은 주식청약서주의를 채택하고 있으므로 발기인은 정관의 절대적 기재사항과 변태설립사항, 회사조직의 대강과 청약조건

	(상법 제301조 ~ 제302조)	등 회사설립 개요를 응모주주가 알 수 있도록 기재한 주식청약서를 작성하여야 한다. < 주식청약서 기재사항 > * 정관의 인증년월일과 공증인의 성명: 2013. 11. 14 강대길 * 정관의 절대적 기재사항과 변태설립사항 * 회사의 존립기간 또는 해산사유를 정한 때에는 그 규정 * 각 발기인이 인수한 주식의 종류와 수 : 보통주식 100만주 * 주식의 종류와 수, 액면이상의 주식을 발행하는 때에는 그 수와 금액 * 주식의 양도에 관하여 이사회의 승인을 얻도록 정한 때에는 그 규정 : 정관 제16조(주식의 양도) * 개업 전에 이자를 배당할 것을 정한 때에는 그 규정 * 주주에게 배당할 이익으로 주식을 소각할 것을 정한 때에는 그 규정 * 일정한 시기까지 창립총회를 종결하지 아니한 때에는 주식의 인수를 취소할 수 있다는 뜻 * 주금(주식인수에 따른 대금)납입을 맡을 은행 기타 금융기관과 납입장소 : 경남은행 상평지점(진주시 상평동 215) * 명의개서대리인을 둔 때에는 그 성명·주소 및 영업소 : 국민은행(진주시 칠암동 288) < 응모주주란? > 발기인이 아닌 주식인수인을 모집주주(응모주주)라 하는데, 그 수는 제한이 없으므로 1인이라도 관계없으며 응모주주가 인수하여야 하는 주식의 수도 제한이 없으므로 1주이상 인수 가능 < 명의개서란? > 기명주식의 양도·상속 등으로 실체상의 권리자가 변경되었을 경우, 증권상 또는 장부상 명의인의 표시를 변경하는 것을 말하는데 회사 기타 제3자에 대한 권리이전의 대항요건으로서 특히 중요하다. 예컨대 기명주식 양도의 경우 양수인의 주소와 성명을 회사의 주주명부에 명의개서 하여야 한다. 회사를 위하여 명의개서를 대리하는 기관을 명의개서 대리인이라 함 응모주주(주식청약인)는 이 주식청약서 양식에 의해서만 주식을 청약할 수 있다. 응모주주는 주식청약서 2통에 인수할 주식의 종류 및 수와 주소 등 법정기재사항을 기재하고 기명날인 또는 서명하여 제출하여야 한다. - 관련규정 : 자본시장 및 금융투자업에 관한 법률과 등록법인관리규정 및 유가증권발행신고 등에 관한 규정(이상 금융감독위원회 규정) -「유가증권 모집」이란 불특정 다수인 50인 이상을 대상으로 신규로 발행되는 유가증권(주식 등)의 취득의 청약을 권유하는 것을 말하며, 유가증권의 모집을 통하여 설립중인 법인은 금융감독원에 유가증권발행인 등록을 하여야 함 * 금감원에 제출하는「등록법인신청서」에 다음 각 호 서류를 첨부

		① 발기인이 작성한 정관 ② 발기인명부 및 발기인의 주식인수에 관한 사항 ③ 사업계획서 또는 영업의 방법서 ④ 설립후 2사업연도의 추정재무상태표 및 추정포괄손익계산서
12.15	주식의 배정과 인수 (상법 제303조 ~ 제304조)	발기인조합은 응모한 주식청약인에 대하여 사전에 정한 방법에 따라 총발행주식수 중 인수하여야 할 주식을 배정하면 이것에 의하여 주식인수가 확정된다. 주식인수인 또는 주식청약인에 대한 통지나 최고는 주식인수증 또는 주식청약서에 기재한 주소 또는 주식청약인이 요구하는 주소로 하면 된다. 주식배정을 통보 받은 주식청약인은 배정된 주식의 수가 청약한 주식 수보다 적어도 이의를 제기할 수 없으며, 배정주식의 수에 대한 인수가액을 납입할 의무를 진다. < 주식의 배정 > * 주식의 배정은 주식청약서에 정한 방법이 없으면 발기인이 청약의 순서, 청약주식수에 관계없이 자유로이 배정할 수 있음. 그러나 통상적으로 청약증거금 기준에 의하여 배정함 * 현행 상법상 주식청약 → 배정 및 인수 → 주금납입의 순이지만 실제로는 먼저 사실상 배정을 하고, 배정을 받은 자는 배정된 주식수를 주식청약서에 기재하고 청약기간 내에 청약증거금을 첨부하여 주식청약서에 기재된 납입장소인 은행 기타 금융기관에 제출하는 방법을 취하고 있음 < 주식의 청약 > 주식의 인수를 청약하고자 하는 자는 주식청약서에 법정사항을 기재·날인하고 발기인에게 제출하여 회사로부터 주식을 배정받으면 납입기일에 인수가액의 전액을 납입하도록 되어 있는데, 실제로는 주식청약서에 청약증거금을 첨부하여 납입기일이 아닌 청약 기간내에 납입취급은행에 제출하는 절차가 이루어지며, 이 청약증거금은 배정받으면 납입금액에 충당됨
12.18	주식대금의 납입 (상법 제305조 ~ 제307조)	회사설립시 발행되는 주식의 총수가 인수된 때에는 발기인과 주식인수인은 주식인수 가액(주금)을 납입할 의무를 지며 주식청약서에 기재된 은행 기타 금융기관에서만 납입하여야 한다. 만일 납입금의 보관 및 납입장소를 변경할 때에는 법원의 허가를 얻어야 한다. * 납입금보관자 : 은행, 금융기관(상법 §302) * 통모가장납입(예합) - 납입가장죄로 처벌(상법 §628) : 회사당사자 및 금융기관임직원에 대해 5년 이하의 징역 또는 1500만원 이하 벌금 * 제3자(사채권자)와 공모한 견금(위장납입) - 무효(상법상 규제조 항 없음) - 통설 : 경미한 경우 : 회사설립은 유효(발기인납입담보책임), 중대한 경우 : 회사설립 자체가 무효 현물출자를 하는 발기인은 발기 설립시와 동일하게 납입기일에 출자의 목적인 재산을 인도하고 등기, 등록 기타 권리의 설정 또는 이전을 요할 경우 서류를 완비하여 제출한다.

〈 공개모집 설립의 주금납입절차 〉

절차	내용
유가증권발행 등록 유가증권발행 신고 (주간사 대행)	• 통상적으로 주간사(증권회사)가 금융감독위원회에 유가증권 발행 등록 및 유가증권 신고를 대행
↓	
모 집 공 고 (주간사 대행)	• 유가증권(주식)의 모집가액 총액이 10억원 이상인 경우 금융감독원장에게 유가증권신고서를 제출
↓	
주 식 배 정 (주간사 대행)	• 모집된 주식청약인에 대하여 보통 증권사의 주식청약 예금을 통하여 주식을 배정
↓	
주식대금 납입	• 주금납입은행은 주식청약예금을 통하여 주금을 수령
↓	
주금납입보관증명서 발급	• 주금납입은행은 설립중인 회사에 대하여 주금납입 보관증명서를 발급(발기인 또는 이사가 청구)

〈소규모회사 발기설립시 주금납입증명서를 잔고증명서로 대체 허용〉

[시행 2009.5.28 : 2009.5.28, 일부개정]

201 4. 1.6	변태설립사항 의 조사 (상법 제310조)	현물출자의 이행과 주금의 납입이 끝나면 발기인은 정관에 현물출자등 변태설립 사항이 규정되어 있는 경우에는 이에 관한 조사를 하도록 하기 위하여 관할소재지의 지방법원에 검사인의 선임을 청구하여야 한다. 검사인의 선임신청은 이사 전원의 연서로서 하며 법무사에 의뢰하여 신청서를 작성한다. 만일, 설립중인 회사의 정관에 현물출자, 재산인수 등 변태설립사항이 기재되어 있지 않으면 법원에서 선임한 검사인의 변태설립사항에 관한 조사를 받을 필요가 없으므로 신속히 회사 설립 절차를 진행할 수 있다. 법원에서 선임한 검사인은 정관에 현물출자 등 변태설립사항과 현물출자의 이행에 관한 사항을 조사하여 조사보고서를 법원에 보고하고 지체 없이 조사보고서는 창립총회에 제출하여야 한다. < 변태설립사항의 조사의 특례(상법 제310조) > * 변태설립사항이 있는 경우, 법원에서 선임한 검사인의 검사를 받아야 하나 현물 출자와 재산인수의 사항과 그 이행에 관하여 공인된 감정인의 감정으로 검사인의 조사에 대체할 수 있음 * 벤처기업육성에 관한 특별법상 기술평가기관의 특허권·실용신안권·의장권 기타 이에 준하는 기술과 그 사용에 관한 권리의 평가는 공인된 감정인이 감정한 것으로 간주하기 때문에 동 기관의 평가로 검사인의 조사를 대체할 수 있음

		< 검사인의 조사기간 및 수수료 > ①검사인의 조사보고 소요기간은 통상 15일 이상 소요됨 ②검사인의 조사 수수료는 발행주식의 액면총액 5천만원까지는 100만원이며 5천만원을 초과할 경우, 그 초과액의 3/2,000을 더하되 200만원을 초과하지 못함(공증인 수수료 규칙 제19조의2) ③검사인의 조사를 대체하는 기술평가기관의 특허권 등의 평가 수수료는 통상적으로 50만원 이내이며, 국립기술품질원의 평가수수료는 더욱 저렴하다.
1.10 ~ 1.30	창립총회개최 (상법 제308조, 제311조 ~ 제316조)	주금의 납입과 현물출자의 이행이 완료되면 발기인은 지체없이 창립총회를 소집하여야 한다. 창립총회는 주식인수인들로 구성되는 설립중인 회사의 의결기관이며, 총회의 의결은 출석한 주식인수인의 의결권의 2/3이상이며 인수된 주식 총수의 과반수에 해당하는 다수로 하여야 한다. 창립총회에서는 다음의 사항을 보고, 수령하고 이사·감사의 선임 등을 결의한다. ① 발기인으로부터 보고수령과 이사·감사의 선임 - 발기인은 회사창립에 관한 사항인 주식인수와 납입에 관한 제반상황과 변태설립 사항에 관한 실태를 서면을 기재하여 보고 - 이사와 감사 등 주식회사의 임원을 선임 ② 이사·감사·검사인의 조사·보고 수령 - 검사인의 변태설립 사항에 관한 조사·보고서 제출 - 창립총회에서 변태설립 사항이 부당하다고 인정한 때에는 이를 변경할 수 있고 이에 불복하는 발기인은 주식인수를 취소할 수 있음. 정관 변경시 공증이 없이도 설립절차를 속행할 수 있음 - 이사와 감사는 취임 후 지체 없이 회사의 설립에 관한 모든 사항이 법령 또는 정관에 위반되지 아니하는지 여부를 조사하여 창립총회에 보고 * 발기인 및 재산인수의 당사자인 이사와 감사는 이 조사·보고에 참여하지 못하며 이사와 감사 전원이 제척사유에 해당하는 경우에는 이사는 공증인으로 하여금 조사 보고를 하도록 하여야 함 ③ 정관의 변경 또는 설립폐지의 결의 - 정관의 변경 또는 설립폐지의 결의를 할 수 있으며 소집통지서에 이러한 뜻의 기재가 없는 경우에도 결의 가능 ※ 발기설립의 경우 창립총회에서 대표이사를 선임하는 경우를 제외하고 창립(발기인)총회에서 선임한 이사로서 구성되는 이사회에서 대표이사(단독 또는 공동)를 선임한다.
2.3	법인설립등기 (상법 제317조)	상기 절차 완료 후 각각 2주간 내에 이사 전원(또는 대리인)이 본점 소재지를 관할하는 등기소에 설립등기를 신청하여야 한다. 만일, 이 기간 내에 등기신청을 하지 않는 경우, 500만원 이하의 과태료를 부과한다.

		- 발기설립의 등기 시기는 검사인등의 설립경과 조사종료일 또는 법원의 변경처분에 관한 변경절차가 종료된 날로부터 2주 이내 이사가 공동 신청하여야 하며, - 모집설립의 등기 시기는 창립총회를 종료한 날 또는 변태설립에 관한 사항의 변경절차가 종료된 날로부터 2주 이내에 신청하여야 한다. ☞ 등기신청 의무자 설립등기는 지방법원 상업등기과에 이사 전원이 공동으로 신청해야 하는데 이때에 이사 전원이 기명날인 또는 서명을 해야 한다. 만일 법무사나 다른 자를 대리인으로 하여 신청을 할 경우에는 그 대리권을 증명하는 위임장(이사 전원의 기명날인 또는 서명이 있어야 함)을 등기신청서에 첨부하여야 한다. < 주식회사설립 등기신청서 첨부서류(비송사건절차법 제203조) > ① 정관 ② 주식의 인수를 증명하는 서면 ③ 주식청약서 ④ 발기인이 정한 주식발행에 관한 사항 ⑤ 이사와 감사 또는 검사인이나 공증인의 조사보고서와 그 부속서류 또는 감정인의 감정서와 그 부속서류 ⑥ 검사인의 보고에 관한 재판이 있은 때에는 그 재판의 등본 ⑦ 발기인이 이사와 감사를 선임한 때에는 그에 관한 서면 ⑧ 창립총회의 의사록 ⑨ 이사·대표이사와 감사의 취임승낙을 증명하는 서면 ⑩ 명의개서대리인을 둔 때에는 명의개서대리인과의 계약을 증명하는 서면 ⑪ 주금의 납입을 맡은 은행 기타 금융기관의 납입금보관에 관한 증명서 ⑫ 벤처기업확인서(창업중인 기업이 벤처기업 확인을 받은 경우)
2.5	법인설립신고	법인설립을 마침.

〈 모집설립 사례 〉

주식회사설립등기신청

<table>
<tr><td rowspan="2">접
수</td><td>2013년 12월 9일</td><td rowspan="2">처
리
인</td><td>접수</td><td>조사</td><td>기입</td><td>교합</td><td>각종
통지</td></tr>
<tr><td>제 호</td><td></td><td></td><td></td><td></td><td></td></tr>
</table>

등기의 목적	주식회사 설립
등기의 사유	정관을 작성하고 공증인의 인증을 발기인이 회사설립시에 발행하는 주식의 일부를 인수하고 주주를 모집하여 주금납입을 완료하고 2013년 12월 3일 창립총회를 종결하였으므로 다음 사항의 등기를 구함.
본/지점 신청구분	1.본점신청 □ 2.지점신청 □ 3.본·지점 일괄신청 □
등 기 할 사 항	
상 호	월롱(주)
본 점	경남 진주시 칠암동 130-8 번지
공 고 방 법	진주시에서 발행하는 경남일보에 게재한다.
1 주 의 금 액	금 1,000원
발 행 할 주식의 총수	200,000주
발행주식의 총수, 그 종류와 각종 주식의 내용과 수	보통주식 100,000주
자본의 총액	금 100,000,000원

<table>
<tr><th colspan="2">등 기 할 사 항</th></tr>
<tr><td>목 적</td><td>1. 자연발효 감식초 및 건강식품 판매업
2. 자연발효 감식초 및 건강식품 유통업
3. 자연발효 감식초 및 건강식품 개발연구
4. 위 각호에 직접 간접적으로 관련된 부대사업 일체</td></tr>
<tr><td>이사.감사의 성명 및 주민등록번호</td><td>이사 김 한 솔 (890711-1******)
이사 최 두 솔 (871216-1******)
이사 지 세 솔 (890503-1******)
이사 이 네 솔 (911216-2******)
이사 강 오 솔 (920810-2******)
감사 안 육 솔 (891031-1******)</td></tr>
<tr><td>대표이사의 성명과 주소</td><td>대표이사 김 한 솔(890711-1******)
경남 진주시 칠암동 531 번지</td></tr>
<tr><td>지 점</td><td>해당 없음</td></tr>
<tr><td>존립기간 또는 해산사유</td><td>해당 없음</td></tr>
<tr><td>기 타

(주식의 양도에 관하여 이사회의 승인을 얻도록 정한 때에는 그 규정, 명의개서 대리인을 둔 때에는 그 상호와 본점 소재지 등)</td><td>제15조【주식의 양도제한】
주식을 양도하고자 하는 경우는 미리 이사회의 승인을 얻어야 한다.</td></tr>
</table>

신청등기소 및 등록세/수수료						
순번	신청등기소	구분	등록세	교육세	세액합계	등기신청수수료
1	상업등기소	본점	금400,000원	금80,000원	금480,000원	금40,000원
합 계			금400,000원	금80,000원	금480,000원	금40,000원
과세표준액		금 100,000,000 원		채권매입액	금 100,000 원	
채권발행번호(국민주택채권을 매입한 경우)				1111-11-1111-1111		
첨 부 서 면						

1.정 관 2.주식발행사항동의서 3.주식의 인수를 증명하는 서면 4.주식청약서 5.납입통지서 6.주금납입보관증명서 7.창립총회의사록 (공증받은 것) 8.창립사항보고서 9.조사보고서	10.공인된 감정인의 감정서 11.재산인도증 12.취임승낙서 (인감증명서포함) 13.이사회의사록(공증받은 것) 14.주민등록표등본 15.인감신고서 16.채권매입필증(도시철도채권 매입의 경우) 17.등록세영수필확인서 18.위임장 19.법인감카드발급신청서 <기 타>

2013 년 12 월 9 일

신청인 상 호 월롱(주)
본 점 경남 진주시 칠암동 130-8 번지

대표이사 성 명 김한솔 (인) (전화 : 010-6488-0970)
주 소 경남 진주시 칠암동 531 번지

대리인 성 명 법무사 심규환 (인) (전화 : 055-759-4774)
주 소 경남 진주시 상대동 730-62 번지

창원 지방법원 진주 지원 상업등기소 귀중

※등록세(자본금의 4/1,000), 교육세(등록세액의 20/100), 채권(자본금의 1/1,000)
※의사록 공증료(의사록 1개당 30,000원)
※정관 공증료(자본금 5천만원 기준 80,000원, 5천만원 증가시마다 25,000원 추가)

- 신청서 작성용령 및 등기수입증지 첨부란 -

1. 해당란이 부족할 때에는 별지를 이용합니다.
1. 해당 등기신청과 관계없는 사항에 대하여는 "해당없음" 으로 기재하거나 삭제하고, 필요한 사항은 추가 기재합니다.
1. 등기신청수수료 상당의 대법원등기수입증지를 이 난에 붙입니다.

「설 립 발 기 인 명 단」

성 명	주민등록번호	주 소	직업 또는 경 력	서 명 및 날 인
김한솔	890711-1******	진주시 칠암동 531		
최두솔	871216-1******	진주시 칠암동 491-32		
지세솔	890503-1******	진주시 상대1동 244-41		
이네솔	911216-2******	진주시 칠암동 150-1		
강오솔	920810-2******	진주시 하대동 하대대림ATP 1007호		
안육솔	891031-1******	부산시 수영구 망미1동 453-15		

정 관

제1장 총 칙

제1조 【상 호】

본 회사는 월롱(주)라 한다. 영문으로는 moonfellow.co.kr이라 표기한다.

〈NOTE〉 유사상호금지 제도 폐지(상업등기법 제30조)

[시행 2010.5.29 : 2009.5.28, 일부개정]
앞으로는 ▶ 동일한 상호가 아닌 한, 유사한 상호라도 등기가 가능해짐(회사설립 시, 등기관은 동일한 상호가 아닌 한 유사한 상호라는 이유로 등기를 거부할 수 없음)

제2조 【목 적】

본 회사는 다음 사업을 경영함을 목적으로 한다.

1. 자연발효 감식초 및 건강식품 판매업
2. 자연발효 감식초 및 건강식품 유통업
3. 자연발효 감식초 및 건강식품 개발연구
4. 위 각호에 직접 간접적으로 관련된 부대사업 일체

제3조 【본점의 소재지】

본 회사의 본점은 진주시에 둔다. 단, 이사회의 결의로 국내외에 지점, 개발 연구소, 사무소 및 현지법인을 둘 수 있다.

제4조 【공고방법】

본 회사의 공고방법은 경상남도 진주시에서 발행하는 경남일보에 게재한다.

〈NOTE〉 공고방법

회사의 공고는 관보 또는 시사에 관한 사항을 게재하는 일간신문에 하여야 함(상법 제289조 ③)

◦ 시사에 관한 일간신문은 특정한 1개 또는 수개의 신문이어야 하며, 수개의 신문을 선택적으로 기재하여서는 안됨 → 예컨대 「서울특별시내에서 발행되는 한겨레신문에 게재한다」 또는 「서울특별시 내에서 발행되는 동아일보와 한겨레신문에 게재한다」고 기재하여야 하며, 「서울특별시내에서 발행되는 중앙일보 또는 조선일보에 게재한다」고 기재하여서는 안됨
◦ 시사에 관한 것이 아닌 업계의 신문이나 일간이 아닌 주간신문을 공고방법으로 정할 수 없으므로 「법률신문」이나 「스포츠신문」을 특정하여 공고방법으로 정할 수는 없음

◦ 회사는 공고를 정관으로 정하는 바에 따라 전자적 방법으로 할 수 있음(상법 제289조③ 단서) → 여기에서 전자적 방법이란 회사의 인터넷 홈페이지에 게재하는 것을 말함(상법시행령 제3조의2 ①).

제2장 주식과 주권

제5조 【회사가 발행할 주식의 총수 및 각종 주식의 내용과 수】

본 회사가 발행할 주식의 총수는 200,000주로서, 우선주식 40,000주와 보통주식 160,000주로 한다.

제6조 【1주의 금액】

본 회사가 발행하는 주식 1주의 금액은 금 1,000원으로 한다.

제6조 【1주의 금액】

본 회사가 발행하는 주식 1주의 금액은 금100원으로 한다.

〈NOTE〉 회사 설립의 편의 제고[시행 2012. 4.15 : 2011. 4.14, 상법 일부개정]

◦ 액면주식은 액면미달 발행 및 주식 분할에 어려움이 있고, 아이디어나 기술은 있으나 자본이 없는 사람이 회사를 설립하는 경우 최저자본금제는 진입 장벽으로 작용할 수 있음.
◦ 무액면주식(無額面株式)을 도입하여 회사가 액면주식과 무액면주식 중 한 종류를 선택하여 발행할 수 있도록 하고, 최저자본금제도를 폐지함.
◦ 이와 같이 무액면주식제도를 도입함으로써 주식발행의 효율성 및 자율성이 높아지고 소규모기업의 원활한 창업이 확대될 것으로 기대됨.

〈NOTE〉

1주의 금액은 100원 이상으로 하면 된다. 다만 코스닥등록을 하는 경우 1주의 금액은 100원, 200원, 500원, 1,000원, 2,500원, 5,000원으로 정하도록 하고 있다(협회중개시장 운영규정).

제7조 【회사의 설립 시 발행하는 주식총수】

본 회사가 회사설립 시에 발행하는 주식의 총수는 보통주식 100,000주로 한다.

〈NOTE〉 최저자본금제도 폐지(상법 제329조 제1항)

[시행 2009.5.28 : 2009.5.28, 일부개정]
◦ 앞으로는 ▶ 자본금 100원인 주식회사 설립이 가능해 지므로, 주식회사 설립을 위한 초기 자본금 조달 부담이 없어짐
◦ 현행법상 무액면 주식이 허용되지 않아 액면 주식만 발행할 수 있고, 액면 주식의 법정 최소 단위가 100원이므로 이론상 자본금을 100원 이상으로 하면 주식회사의 설립이 가능함

〈NOTE〉 4분의 1 이상 제한 철폐(2011년 개정상법)

◦ 개정전 상법에서는「회사의 설립시에 발행하여야 할 주식의 총수는 회사가 발행할 주식총수의 4분의 1 이상이어야 한다(상법 제289조②)」고 하였으나, 2011년 개정상법에서는 자본조달의 기동성을 보장하기 위해 이런 제한을 철폐하였음
◦ 이는 설립 후 다량의 신주를 발행하고자 할 때 정관을 변경해야 하는 번거로움이 있으므로 정관의 변경이 필요 없을 정도로 충분한 수량의 발행예정주식총수를 정해놓을 수 있게 하려는 취지이므로 발행예정주식총수는 실제 발행하는 주식수와 무관하게 얼마든지 자유롭게 정할 수 있음
◦ 다만 정관에 이러한 사항을 기재하도록 한 것은 설립시의 발행자본금의 총수를 알 수 있게 함과 동시에 이사회가 발행할 수 있는 수권액을 명백히 하는데 있음

제8조【주권의 종류】

본 회사가 발행하는 주권은 기명식으로서 1주권, 10주권, 100주권, 500주권, 1000 주권, 5000주권, 10000주권 총 7종으로 한다.

제9조【주식의 종류·수 및 내용】

① 본 회사는 보통주식과 우선주식을 발행할 수 있다.

② 제 5조의 발행예정주식총수 중 우선주식의 발행 한도는 40,000주로 한다.

③ 우선주식에 대한 최저 배당률은 연 액면금액의 3%로 한다.

④ 우선주식에 대하여 제3항의 규정에 의하여 배당을 하고, 보통 주식에 대하여 배당을 한 후, 잔여 배당가능이익이 있으면 보통주식과 우선주식에 대하여 동등한 비율로 배당한다.

⑤ 우선주식에 대하여 제3항의 규정에 배당을 하지 못한 사업연도가 있는 경우에는 미배당분은 누적하여 다음 사업연도의 배당 시에 우선하여 배당한다.

⑥ 우선주식의 주주는 의결권이 없는 것으로 한다. 다만 우선주식의 주주는 우선주식에 대하여 소정의 배당을 하지 아니한다는 결의가 있는 총회의 다음 총회부터 그 우선적

배당을 한다는 결의가 있는 총회의 종료 시까지는 의결권이 있다.

⑦ 우선주식은 발행일로부터 3년이 경과하면 보통주식으로 전환된다, 다만, 위 기간 중 소정의 배당을 하지 못한 경우에는 소정의 배당이 완료될 때까지 그 기간은 연장된다.

⑧ 제7항의 규정에 의해 발행되는 신주에 대한 이익의 배당에 관하여는 제14조의 규정을 준용한다.

〈NOTE〉 무의결권주

▶ 무의결권주의 발행은 발행주식 총수의 1/4을 초과할 수 없다(상법 제370조 제2항).
▶ 다만, 코스닥상장기업은 1/2까지 가능한 경우도 있다(자본시장 및 금융투자업에 관한 법률).

제10조【주금납입의 지체】

주금 납입을 지체한 주주는 납입기일 다음날부터 납입이 끝날 때까지 지체 주금 1,000원에 대하여 일변 3,000전의 비율로서 과태금을 회사에 지급하고 또 이로 인하여 손해가 생겼을 때는 그 손해를 배상하여야 한다.

〈NOTE〉 일변(interest rate per day, 日邊)

▶ 하루 하루를 셈하여 이자를 계산하는 비율의 표시방법이다. 즉 원금 100원에 대하여 하루의 이자(利子)가 몇 전 몇 리라고 정하는 이율방식이다. 옛날에는 일반대차관계에 있어서 일변으로 이자를 계산함이 보통이었으나, 현재는 일반적으로 연리(年利) 또는 월리(月利)를 사용하고 있으며, 일반금융기관에서는 모두 연리(年利)로 이율을 표시하고 있다.
▶ 일변계산에서는 일수(日數)가 기준이 되며, 이의 연리환산은 (일변?365)÷100의 수식으로 계산한다. 세법에서도 법인세의 미납부가산세계산, 각종 준비금의 일시 익금산입시에 이자상당액을 가산하여 징수하는 경우 등에 일변의 이자율을 적용하여 계산하고 있다.
▶ 1원 = 100전

제11조【신주인수권】

주주는 회사가 신주식을 발행함에 있어 그가 소유한 주식 수에 비례하여 신주를 배정받을 권리를 가진다. 그러나 신주인수권을 포기 또는 상실하거나 신주배정에서 단주가 발생하는 경우 그 처리 방법은 이사들의 합의 또는 대표이사의 결정에 의한다.

제12조【시가발행】

본 회사는 신주를 발행함에 있어서 그 일부 또는 전부를 시가로 발행할 수 있으며 그 발행가액은 이사들의 합의 또는 대표이사가 결정한다.

제13조 【주식매수선택권】

① 본 회사는 임직원에게 발행주식총수의 100분의 10의 범위내에서 주식매수선택권을 주주총회의 결의로 회사의 이사를 제외한 자에 대하여 주식매수선택권을 부여할 수 있다.

② 이사회의 결의로 주식매수선택권을 부여한 경우 회사는 부여 후 처음으로 소집되는 주주총회의 승인을 받아야 한다.

③ 주주총회 또는 이사회 결의에 의해 부여하는 주식매수선택권은 경영성과목표 또는 시장지수 등에 연동하는 성과연동형으로 할 수 있다.

④ 주식매수선택권을 부여 받을 자는 회사의 설립 · 경영 · 해외영업 또는 기술혁신 등에 기여하거나 기여할 수 있는 자로 한다.

⑤ 주식매수선택권의 행사로 교부할 주식은 기명식 보통주식으로 한다.

⑥ 주식매수선택권의 부여대상이 되는 임직원의 수는 재직하는 임직원의 100분의 25를 초과할 수 없고, 임직원 1인에 대하여 부여하는 주식매수선택권은 발행주식총수의 100분의 10을 초과할 수 없다.

⑦ 주식매수선택권은 제1항의 결의일로부터 2년이 경과한 날로부터 5년내에 행사할 수 있다.

⑧ 주식매수선택권을 부여 받은 자는 제1항의 결의일로부터 2년 이상 재임 또는 재직하여야 행사할 수 있다. 다만, 주식매수선택권을 부여 받은 자가 제1항의 결의일로부터 2년내에 사망하거나 정년으로 인한 퇴임 또는 퇴직 기타 본인의 귀책사유가 아닌 사유로 퇴임 또는 퇴직한 경우에는 그 행사기간 동안 주식매수선택권을 행사할 수 있다.

⑨ 다음 각 호의 어느 하나에 해당하는 경우에는 이사회의 결의로 주식매수선택권의 부여를 취소할 수 있다.

1. 주식매수선택권을 부여 받은 임직원이 본인의 의사에 따라 퇴임하거나 퇴직한 경우
2. 주식매수선택권을 부여 받은 임직원이 고의 또는 과실로 회사에 중대한 손해를 입힌 경우
3. 회사의 파산 또는 해산 등으로 주식매수선택권의 행사에 응할 수 없는 경우
4. 기타 주식매수선택권 부여계약에서 정한 취소사유가 발생한 경우

〈NOTE〉 상장회사의 주식매수선택권(상법 제542조의3 신설)

[시행 2009.2.4 : 2009.1.30, 상법 일부개정]

◦ 상장회사의 경우 주식매수선택권을 그 회사 외에 관계회사 이사 등에게도 부여할 수 있도록 하고, 부여범위도 발행주식총수의 100분의 10 이하에서 100분의 20 이하로 확대하며, 주주총회 결의 없이 이사회 결의만으로도 발행주식총수의 100분의 10 이하 범위에서 주식매수선택권을 부여할 수 있도록 함.

제14조【신주의 배당기산일】

회사가 유상증자, 무상증자 및 주식배당에 의하여 발행한 신주에 대한 이익의 배당에 관하여는 신주를 발행한 때가 속하는 영업연도의 직전 영업연도 말에 발행된 것으로 본다.

제15조【주식의 양도제한】

주식을 양도하고자 하는 경우는 미리 이사회의 승인을 얻어야 한다.

〈NOTE〉 주식의 양도성(상법 제335조)

① 주식은 타인에게 양도할 수 있다. 다만, 회사는 정관으로 정하는 바에 따라 그 발행하는 주식의 양도에 관하여 이사회의 승인을 받도록 할 수 있다. <개정 2011.4.14>
② 제1항 단서의 규정에 위반하여 이사회의 승인을 얻지 아니한 주식의 양도는 회사에 대하여 효력이 없다. <신설 1995.12.29>
③ 주권발행전에 한 주식의 양도는 회사에 대하여 효력이 없다. 그러나 회사성립후 또는 신주의 납입기일후 6월이 경과한 때에는 그러하지 아니하다. <개정 1984.4.10>
※ 주식의 양도를 전면적으로 금지하는 규정을 정관에 둘 수 없음

제16조【주권의 명의개서 및 명의개서대리인 등】

① 제15조의 이사회의 승인에 따라 주식의 양도로 인하여 명의개서를 청구할 때에는 본 회사 소정의 청구서에 주권을 첨부하여 제출해야 한다. 상속, 유증 기타 계약 이외의 사유로 인하여 명의개서를 청구할 때에는 본 회사 소정의 청구서에 주권 및 취득원인을 증명하는 서류를 첨부하여 제출하여야 한다.
② 본 회사는 주주명부의 기재에 관한 사무를 처리하기 위하여 명의개서대리인을 둘 수 있다.
③ 명의개서대리인 및 그 사무취급장소와 대행업무의 범위는 이사들의 합의로 정하고 이를 공고한다.
④ 본 회사는 주주명부 또는 그 복본을 명의개서대리인의 사무취급 장소에 비치하고, 주식의 명의개서, 제18조 규정에도 불구하고 질권의 등록 또는 말소, 신탁재산의 표시 또는 말소, 주권의 발행 신고의 접수, 기타 주식에 관한 사무는 명의개서대리인이 할 수 있다.
⑤ 제4항의 사무취급에 관한 절차는 명의개서대리인의 유가증권의 명의개서대행등에 관한 규정에 따른다.

제17조【주식의 소각】

① 본 회사는 주주총회의 결의로 발행한 주식총수의 20/100 범위 내에서 주주에게 배당할 이익으로 주식을 소각할 수 있다.
② 제1항의 규정에 의한 주식의 소각은 회사가 자기주식을 취득하여 소각하는 방법으로 한다.

제18조【질권의 등록 및 신탁재산의 표시】

본 회사의 주식에 관하여 질권의 등록 또는 신탁재산의 표시를 청구함에 있어서는 본 회사가 정하는 청구서에 당사자가 기명날인하고 이에 주권을 첨부하여 제출하여야 한다. 그 등록 또는 표시의 말소를 청구함에 있어서도 같다.

제19조【주권의 재발행】

① 주권의 분할, 병합, 오손 등의 사유로 인하여 주권의 재발행을 청구함에 있어서는 본 회사가 정하는 청구서에 기명날인하고 이에 구 주권을 첨부하여 제출하여야 한다.

② 주권의 상실로 인하여 그 재발행을 청구함에 있어서는 본 회사가 정하는 청구서에 기명날인하고 이에 제권판결의 정본 또는 등본을 첨부하여 제출하여야 한다.

제20조【수수료】

제16조와 제18조 그리고 제20조에서 정하는 청구를 하는 자는 본 회사가 정하는 수수료를 납부하여야 한다.

제21조【주주명부의 폐쇄】

① 이 회사는 매 결산기 최종일의 익일부터 그 기에 관한 정기주주총회 종료일까지 주식의 명의개서, 질권의 등록 또는 말소와 신탁재산의 표시 또는 말소를 정지한다.

② 이 회사는 매 결산기 최종일의 주주명부에 기재되어 있는 주주로 하여금 그 권리를 행사하게 한다.

③ 임시주주총회의 소집, 기타 필요한 경우에는 이사들의 합의에 의하여 이를 2주간 전에 공고한 후 3월을 초과하지 않는 일정한 기간에 걸쳐 명의개서 등을 정지하거나 기준일을 정할 수 있다.

제22조【주주의 주소 등의 신고】

본 회사의 주주 및 등록된 질권자 또는 그 법정대리인이나 대표자는 본 회사가 정하는 서식에 의하여 그의 성명, 주소와 인감을 본 회사에 신고하여야 한다. 신고사항에 변경이 있는 때에도 또한 같다.

제3장 사 채

〈NOTE〉

사채제도의 개선[시행 2012. 4.15 : 2011. 4.14, 상법 일부개정] ◦ 사채의 발행한도 제한이 비현실적이고 법에서 허용하는 사채 종류가 지나치게 제한적이며 현행 수탁회사제도는 사채권자 보호에 미흡하다는 지적이 있음

◦ 사채의 발행총액 제한 규정을 폐지하고, 이익배당참가부사채 등 다양한 형태의 사채를 발행할 수 있도록 법적 근거를 마련하며, 수탁회사의 권한중 사채관리 기능 부분을 분리하여 사채관리회사가 담당하도록 함
◦ 이와 같이 사채제도를 개선함으로써 회사의 사채발행에 대한 자율성이 증대되고, 사채권자를 효과적으로 보호할 수 있을 것으로 기대됨

제23조【사채의 발행】

본 회사는 최종의 재무상태표에 의하여 회사에 현존하는 순자산총액의 4배를 초과하지 않는 범위 내에서 주주총회의 결의로 주주 및 주주 외의 자에게 사채, 전환사채, 신주인수권부사채, 이익배당참가부사채 및 교환사채를 발행할 수 있다.

제24조【전환사채의 발행】

① 본 회사는 다음 각 호의 경우에 주주 외의 자에게 전환사채를 발행할 수 있다.

1. 전환사채를 일반공모의 방법으로 발행하는 경우.
2. 경영상 필요로 외국인투자촉진법에 의한 외국인투자를 위하여 전환사채를 발행하는 경우.
3. 상법 제513조 제3항 후단의 규정에 따라 신기술의 도입, 재무구조 개선 등 회사의 경영상 목적을 달성하기 위하여 전환사채를 발행하는 경우.

② 전환사채의 총액, 전환의 조건, 전환으로 발생할 주식의 내용, 전환을 청구할 수 있는 기간 등은 주주총회의 결의로 정한다.

③ 전환으로 인하여 발행하는 신주에 대한 이익의 배당과 전환사채에 대한 이자의 지급에 대하여는 제14조의 규정을 준용한다.

제25조【신주인수권부사채의 발행】

① 본 회사는 제25조 1항 각 호에 해당하는 경우 주주총회의 결의로 신주인수권부사채를 주주외의 자에게 발행할 수 있다.

② 신주인수권부사채의 총액, 신주인수권부사채에 부여된 신주인수권의 내용, 신주인수권의 행사기간, 주주 및 주주 외의 자에게 신주인수권을 준다는 뜻과 신주인수권부사채의 총액, 신주인수권행사로 발행할 주식의 종류는 주주총회의 결의로 정한다.

③ 신주인수권의 행사로 인하여 발행하는 신주에 대학 이익의 배당과 전환사채에 대한 이자의 지급에 대하여는 제14조의 규정을 준용한다.

제26조【사채발행에 관한 준용규정】

이 정관에서 정한 주주명부 폐쇄 및 기준일, 주주의 성명 및 인감신고 등의 규정은 사채발행의 경우에 준용한다.

제4장 주주총회

〈NOTE〉 상장회사의 주주총회 소집 공고(상법 제542조의4 신설)

[시행 2009. 2. 4 : 2009. 1.30, 일부개정]
◦ 상장회사가 일정한 지분율 이하의 소수주주에 대하여는 일간신문에 공고하거나 전자적 방법에 의한 공고로 주주총회 소집통지에 갈음할 수 있도록 함.

〈NOTE〉 소규모회사 주주총회 소집 절차 간소화(상법 제363조)

[시행 2009.5.28 : 2009.5.28, 일부개정]
◦ 앞으로는 ▶ 주주총회 소집 통지·공고 기간 단축, 서면결의 방식 인정
자본금 10억원 미만 회사에서 주주총회를 소집할 때 기명주주에게는 10일 전에 통지를, 무기명주주에게는 2주일 전에 공고를 하도록 기간이 단축되며, 주주총회를 열지 않고 주주전원의 서면동의로써 주주총회의 결의에 갈음할 수 있음

〈NOTE〉 전자문서에 의한 소수주주의 주주제안권 행사 · 주주총회 소집청구 제도 도입 [시행 2010.5.29 : 2009.5.28, 상법 일부개정]

◦ 앞으로는 ▶ 전자문서를 통한 주주제안권, 임시총회 소집 청구권 행사 가능. 소수주주가 회사에 E-mail을 발송하는 방식으로 주주제안권, 임시총회 소집 청구권 행사가 가능해짐

〈NOTE〉 상기 제28조 제3항부터 제5항까지는 상장회사에 대하여 적용되는 것임

제27조【소 집】

① 회사의 주주총회는 정기주주총회와 임시주주총회로 한다.

② 본 회사의 정기주주총회는 영업연도 말일의 다음날부터 3월 이내에 소집하고 임시주주총회는 필요한 경우에 수시 소집한다.

③ 총회의 소집은 법령에 다른 규정이 있는 경우를 제외하고는 이사들의 합의에 의하여 대표이사가 소집한다.

④ 대표이사의 유고시는 직제순위에 따라 다음 직제순위에 있는 임원이 직무 대행자로서 소집한다.

제28조【소집통지】

① 주주총회를 소집함에는 그 일시, 장소 및 회의의 목적사항을 총회일 10일 전에 기명주주에게 서면 또는 전자문서로 통지를 발송하여야 한다.

② 회사는 제1항의 소집통지서에 주주가 서면 또는 전자문서에 의한 의결권을 행사하는데 필요한 서면 또는 전자문서의 참고자료를 첨부하여야 한다.

③ 회사가 제1항의 규정에 의한 소집통지를 함에 있어 회의의 목적사항이 이사의 선임에 관한 사항인 경우에는 이사후보자의 성명•약력 등 증권거래법 시행령이 정하는 후보자에 관한 사항을 통지하여야 한다.

④ 회사가 제1항에 따라 주주총회의 소집통지를 하는 경우에는 증권거래법 제191조의10 제3항에서 규정하는 회사의 경영참고사항을 통지 또는 공고하여야 한다. 이 경우 회사의 경영참고사항을 정보통신망에 게재하고, 회사의 본•지점, 명의개서대행회사, 금융감독위원회, 한국증권업협회에 비치하는 경우에는 통지 또는 공고에 갈음할 수 있다.

제29조【소집지】

주주총회는 본점소재지에서 개최하되, 필요에 따라 이의 인접지역에서도 개최할 수 있다.

제30조【의 장】

대표이사가 주주총회의 의장이 된다. 그러나 대표이사 유고시에는 임원 중 직제순위에 따라 대표이사의 다음지위에 있는 임원이 의장이 된다.

제31조【의장의 질서유지권 등】

① 주주총회의 의장은 주주총회에서 의사진행을 고의로 방해하기 위한 발언, 기타 유형력의 행사로 질서를 문란하게 하는 자에게 그 발언의 정지 또는 퇴장을 명할 수 있다.

② 주주총회의 의장은 원활한 의사진행을 위하여 필요하다고 인정할 때에는 주주의 발언시간과 회수를 제한할 수 있다.

제32조【주주총회의 결의 및 의결정족수】

① 주주총회의 의결정족수는 본 회사가 발행한 의결권 있는 주식총수의 과반수에 해당하는 주식을 가진 주주의 출석으로 한다.

② 법률 및 정관의 다른 정함이 있는 경우를 제외하고는 다음의 경우는 출석주식 총수의 과반수의 찬성으로 한다.

1. 이익배당
2. 상법 제447조의 2, 동법 제540조에 규정된 재무제표 및 보고서의 승인
3. 이사 및 감사의 선임
4. 이사 및 감사의 급여, 상여금 기타보수 및 퇴직금의 결정
5. 기타 법률의 규정에 의하여 주주총회의 의결을 요하는 사항

③ 다음 사항은 출석한 주주의 의결권의 3분의2 이상의 수와 발행주식 총수의 3분의1 이상의 수로써 하여야 한다.

1. 정관변경
2. 수권자본의 증가

3. 회사의 합병, 분할, 분할합병, 해산, 청산 또는 회사정리법에 따른 회사정리
4. 본 회사의 영업 및 자산의 전부 또는 2분의1 이상의 양도, 또는 다른 회사의 영업 및 자산의 전부 또는 2분의1 이상의 양수
5. 이사, 감사의 해임
6. 청산인의 선임 및 해임
7. 자본의 감소
8. 주식매수선택권을 부여받을 자의 성명, 주식매수선택권의 부여방법, 주식매수선택권의 행사가격 및 행사기간, 주식매수선택권을 부여받을 자 각각에 대하여 주식매수 선택권의 행사로 교부할 주식의 종류 및 수
9. 기타 법령의 규정에 의한 경우

제33조【의결권】

주주의 의결권은 1주마다 1개로 한다.

제34조【상호주에 대한 의결권 제한】

회사, 회사와 회사의 자회사 또는 회사의 자회사가 다른 회사의 발행주식 총수의 10분의 1을 초과하는 주식을 가지고 있는 경우, 그 다른 회사가 가지고 있는 이 회사의 주식은 의결권이 없다.

제35조【의결권의 불통일 행사】

① 2 이상의 의결권을 가지고 있는 주주가 의결권의 불통일행사를 하고자 할 때에는 회일의 3일전에 회사에 대하여 서면으로 그 뜻과 이유를 통지하여야 한다.

② 회사는 주주의 의결권의 불통일행사를 거부할 수 있다. 그러나 주주가 주식의 신탁을 인수하였거나 기타 타인을 위하여 주식을 가지고 있는 경우에는 그러하지 아니하다.

제36조【의결권의 행사】

① 주주는 총회에 출석하지 아니하고 서면에 의하여 의결권을 행사하거나 대리인에게 투표를 위임하지 않고, 전자서명 등 본인인증제도를 통해 인터넷에 접속하여 직접 의결권을 행사할 수 있다.

② 서면에 의하여 의결권을 행사하고자 하는 주주는 의결권행사에 관한 서면에 필요한 사항을 기재하여, 회일의 전일까지 회사에 제출하여야 한다.

③ 전자문서에 의하여 의결권을 행사하고자 하는 주주는 의결권행사에 관한 전자문서에 필요한 사항을 기재하여, 회일의 전일까지 회사에 제출하여야 한다.

④ 주주는 대리인으로 하여금 그 의결권을 행사하게 할 수 있으며, 이 경우 대리인은 주주총회 개시 전에 그 대리권을 증명하는 서면(위임장)을 제출하여야 한다.

〈NOTE〉 주주총회 전자투표제도 도입(상법 제368조의4)

[시행 2010.5.29 : 2009.5.28, 일부개정]
◦ 앞으로는 ▶ 주주총회에 참석하지 않고 전자투표를 통해 의결권 행사
◦ 주주총회에 직접 참석하거나, 대리인에게 투표를 위임하지 않고, 전자서명 등 본인인증제도를 통해 인터넷에 접속하여 직접 의결권을 행사할 수 있음

제37조 【주주총회의 결의방법】

주주총회의 결의는 법령과 정관에 다른 정함이 있는 경우를 제외하고는 출석한 주주의 의결권의 과반수와 발행주식 총수의 4분의 1 이상의 수로써 한다.

제38조 【총회의 의사록】

① 주주총회의 의사에는 의사록을 작성하여야 한다.

② 주주총회 의사록에는 의사의 경과 요령과 그 결과를 기재하고 의장과 출석한 이사가 기명날인 또는 서명하여 본점에 보존, 비치한다.

제5장 임 원

제39조 【이사의 원수 및 선임】

① 본 회사의 이사는 2인이상 6인이하로 한다.

② 이사는 주주총회에서 선임한다.

제40조 【이사의 임기】

① 이사의 임기는 취임 후 3년으로 한다.

② 이사의 임기가 재임 중 최종의 결산기에 관한 정기 주주총회의 종결 전에 끝날 때는 그 총회종결에 이르기까지 그 임기를 연장한다.

제41조 【임원의 보선】

① 이사가 결원되었을 때는 임시주주총회를 소집하여 보궐 선임한다. 그러나 잔여 임원의 법정인원수가 충족되고 또한 업무집행상 지장이 없을 때는 보궐 선임을 보류하거나 다음 정기 주주총회 시까지 연기할 수 있다.

② 보궐 또는 증원에 의하여 선임된 이사의 임기는 전임자의 잔여기간으로 한다.

제42조 【대표이사】

대표이사는 본 회사를 대표하고 대표이사가 수 명일 때는 각자 회사를 대표하되 이사회의 결의로 공동대표 규정을 정할 수 있다.

제43조 【대표이사의 선임】

대표이사는 이사회의 결의로 선임한다.

제44조【업무집행】

① 대표이사는 본 회사의 업무를 총괄하고 이사는 대표이사를 보좌하여 그 업무를 분장한다.

② 대표이사가 유고시에는 임원의 직제순위에 따라 다음 직위에 있는 임원이 대표이사의 직무를 대행한다.

제45조【이사의 자격주】

이사는 이 회사의 주식을 7,000주 이상 보유하여야 한다.

제46조【이사의 의무】

① 이사는 법령과 정관의 규정에 따라 선량한 관리자의 주의로서 회사를 위하여 그 직무를 수행하여야 한다.

② 이사는 회사에 현저하게 손해를 미칠 염려가 있는 사실을 발견한 때에는 즉시 이를 임시주주총회에 보고 하여야 한다.

③ 이사는 재임 중뿐만 아니라 퇴임 후에도 직무상 취득한 회사의 영업상 비밀을 누설하여서는 아니 된다.

〈NOTE〉 회사의 사업기회 유용금지제도 신설(상법 제397조의2 신설)

[시행 2012. 4.15 : 2011. 4.14, 일부개정]

◦ 이사가 직무상 알게 된 회사의 정보를 이용하여 개인적인 이익을 취득하는 행위를 명확히 규제할 필요가 있음.

◦ 이사가 직무를 수행하는 과정에서 알게 된 정보 또는 회사가 수행하고 있거나 수행할 사업과 밀접한 관계가 있는 사업기회를 제3자에게 이용하도록 하는 경우에도 이사회에서 이사 3분의 2 이상 찬성으로 승인을 받도록 함.

◦ 이와 같이 사업기회 유용금지제도를 도입함으로써 이사의 회사 사업기회 유용에 대한 인식을 새롭게 하고 이사의 관련 위법행위에 대한 책임 근거로 활용될 것으로 기대됨.

〈NOTE〉 이사의 자기거래 승인대상 확대(상법 제398조)

[시행 2012. 4.15 : 2011. 4.14, 일부개정]

◦ 이사가 본인의 이익을 위하여 이사의 친인척이나 그들이 설립한 개인 회사 등을 이용하여 회사와 거래하는 경우 회사의 이익을 희생시킬 가능성이 많으므로 적절한 통제가 필요함.

◦ 이사와 회사 간 자기거래의 요건을 더욱 엄격히 규정하여 이사뿐만 아니라 이사의 배우자, 이사의 직계존비속, 이사의 배우자의 직계존비속과 그들의 개인회사가 회사와 거래하는 경우까지 이사회에서 이사 3분의 2이상 찬성으로 승인을 받도록 규정하고, 거래의 내용이 공정하여야 한다는 요건을 추가함.

◦ 이와 같이 이사의 자기거래 승인대상을 확대함으로써 이사나 이사와 밀접한 관계에 있는 자가 자기거래를 통하여 회사의 이익을 침해하면서 부당한 이득을 취하는 행위를 방지할 수 있을 것으로 기대됨.

〈NOTE〉 이사의 책임 감경(상법 제400조 제2항)

[시행 2012. 4.15 : 2011. 4.14, 일부개정]

◦ 유능한 경영인을 쉽게 영입하여 보다 적극적인 경영을 할 수 있도록 하기 위하여 이사의 회사에 대한 책임을 완화할 필요성이 있으나, 현행 「상법」은 총주주의 동의로 면제하는 것 외에는 책임감면 규정이 없음.
◦ 회사에 대한 이사의 책임을 고의 또는 중대한 과실로 회사에 손해를 발생시킨 경우를 제외하고는 이사의 최근 1년간의 보수액의 6배(사외이사는 3배) 이내로 제한하고, 이를 초과하는 금액에 대하여는 면제할 수 있도록 이사의 책임제도를 개선함.
◦ 이와 같이 이사의 책임제도를 개선함으로써 유능한 경영인을 쉽게 영입하고 이사의 진취적 경영이 활성화될 것으로 기대됨.

〈NOTE〉 집행임원제도 도입(상법 제408조의2부터 제408조의9까지 신설)

[시행 2012. 4.15 : 2011. 4.14, 일부개정]

◦ 대규모 상장회사(上場會社)의 경우 실무상 정관이나 내규로 집행임원을 두고 있으나 이를 뒷받침할 법적 근거가 없어 많은 문제가 발생하고 있음
◦ 이사회의 감독 하에 회사의 업무 집행을 전담하는 기관인 집행임원에 대한 근거 규정을 마련하되, 제도의 도입 여부는 개별 회사가 자율적으로 선택할 수 있도록 함
◦ 이와 같이 집행임원제도의 법적 근거를 마련함으로써 대내적으로 경영의 안정성을 확보하고 대외적으로 거래의 안전을 도모할 수 있을 것으로 기대됨
◦ 집행임원이 고의 또는 과실로 법령이나 정관을 위반한 행위를 하거나 그 임무를 게을리 한 경우에는 그 집행임원은 회사에 손해를 배상할 책임이 있음(상법 제408조의8①)
◦ 고의 또는 중대한 과실로 그 임무를 게을리하여 제3자에게 손해를 가한 경우에는 제3자에게도 손해를 배상할 책임이 있음(상법 제408조의8②)
◦ 집행임원의 이러한 책임에 관해 다른 집행임원·이사 또는 감사도 그 책임이 있으면 다른 집행임원·이사 또는 감사와 연대하여 배상할 책임이 있음(상법 제408조의8③)
◦ 이외에도 집행임원은 업무집행관여자의 책임(상법 제408조의9, 401조의2), 대표소송(상법 제408조의9, 403~406조), 책임의 감면(상법 제408조의9, 400조)에 관한 규정이 준용됨

제47조【이사의 보수와 퇴직금】

① 이사의 보수는 주주총회의 결의로 이를 정한다.

② 이사의 퇴직금의 지급은 주주총회결의를 거친 임원퇴직금지급규정에 의한다.

제6장 이사회

〈NOTE〉 소규모회사의 이사회 구성 의무 면제(상법 제383조)

[시행 2009.5.28 : 2009.5.28, 일부개정]
◦ 앞으로는 ▶ 소규모 회사 범위 확대, 이사회 구성 의무 면제
◦ 자본금 10억 미만의 회사는 이사를 1~2인으로 할 수 있고, 이사를 1~2인 으로 정한 경우에는 이사회를 구성할 필요 없음

제48조 【이사회】

① 본 회사는 이사회를 둘 수 있다.

② 본 회사의 이사는 이사회를 조직하여 매월 최초의 월요일에 정기이사회를 원칙으로 하고, 필요에 따라 수시로 임시이사회를 개최할 수 있다.

③ 이사회는 동영상과 음성을 동시 송수신하는 통신수단으로 개최할 수 있다.

④ 이사가 비디오 동영상 회의가 불가능한 곳으로 출장을 간 경우에는 음성회의수단으로 이사회를 개최할 수 있다.

제49조 【이사회의 소집】

이사회는 대표이사 또는 이사회에서 따로 정한 이사회가 있는 때에는 그 이사가 회일의 일주 전에 각 이사 및 감사에게 통지하여 소집한다. 그러나 이사 및 감사의 동의가 있는 때에는 소집절차를 생략할 수 있다.

제50조 【이사회 의결사항】

이사회는 다음 사항을 의결한다.

① 최초사업계획의 수정

② 연간사업계획, 예산, 결산에 관한 사항

③ 정관변경안의 채택

④ 대표이사의 선임과 해임

⑤ 지점, 사무소의 설치 및 폐쇄, 자회사의 설립

⑥ 자금의 차입. 단, 일정범위를 별도규정으로 정하여 대표이사에게 위임할 수 있다.

⑦ 주요 사규의 제정 및 개폐에 관한 사항

⑧ 회사의 합병, 분할, 분할합병, 조직변경, 회사정리절차, 화의절차의 신청 또는 해산,

청산에 관한 사항
⑨ 주주총회의 소집 및 제출안건에 관한 사항
⑩ 자본증가에 관한 사항
⑪ 주요 자산의 취득 및 처분에 관한 사항
⑫ 주요 소송의 제기 및 합의에 관한 사항
⑬ 이사의 겸업허용
⑭ 주식의 양도승인
⑮ 주식매수선택권의 부여의 취소
⑯ 기타 합작투자계약서 및 정관에서 이사회의 승인 또는 결의사항으로 정하고 있는 사항
⑰ 기타 중요하다고 인정되는 사항

제51조 【이사회의 결의】

① 이사회의 결의 방법은 이사 과반수의 출석과 출석이사 과반수로 한다. 단, 전환사채의 발행, 신주인수권부사채의 발행은 이사 과반수의 출석과 출석이사 3분의 2의 찬성으로 정한다.

② 이사회 결의에 특별한 이해관계가 있는 이사는 의결권을 행사하지 못한다.

제7장 감 사

〈NOTE〉 상장회사의 상근감사 및 감사위원회

[시행2009.2.4:2009.1.30,일부개정](상법 제542조의10 및 제542조의11 신설)
- 대통령령으로 정하는 상장회사에 대하여는 1명 이상의 상근감사를 두어야 하고, 대통령령으로 정하는 대규모 상장회사에 대하여는 감사위원회를 의무적으로 설치하도록 함.

〈NOTE〉 상장회사의 감사위원회의 구성 등(상법 제542조의12 신설)

[시행 2009. 2. 4 : 2009. 1.30, 일부개정]
- 감사위원회 위원의 선임·해임권이 주주총회에 있음을 명문으로 규정하고, 선임방식을 일괄선출방식으로 통일하며, 위원 선임 시 의결권 없는 주식을 제외한 발행주식총수의 100분의 3을 초과하는 주식에 대하여는 의결권을 제한함.

〈NOTE〉 소규모회사 감사 선임 의무 면제(상법 제409조)

[시행 2009.5.28 : 2009.5.28, 일부개정]
- 소규모 회사 설립 시 감사 선임 의무 면제
- 자본금 10억원 미만 회사를 설립할 때, 감사를 선임하지 않고 주식회사를 설립할 수 있음

제52조【감사의 수】

① 회사는 1인의 감사를 둘 수 있다.

② 감사를 둘 경우 비상근으로 한다.

제53조【감사의 선임】

① 감사는 주주총회에서 선임한다.

② 감사의 선임을 위한 의안은 이사의 선임을 위한 의안과는 별도로 상정하여 의결하여야 한다.

③ 감사의 선임은 출석한 주주의 의결권의 과반수로 하되 발행주식총수의 4분의 1 이상의 수로 하여야 한다. 그러나 의결권 있는 발행주식총수의 100분의 5을 초과하는 수의 주식을 가진 주주는 그 초과하는 주식에 관하여 감사의 선임에는 의결권을 행사하지 못한다. 다만, 소유주식수의 산정에 있어 최대주주와 그 특수관계인, 최대주주 또는 그 특수관계인의 계산으로 주식을 보유하는 자, 최대주주 또는 그 특수관계인에게 의결권을 위임한 자가 소유하는 의결권 있는 주식의 수는 합산한다.

제54조【감사의 임기와 보선】

① 감사의 임기는 취임후 3년 내의 최종의 결산기에 관한 정기주주총회 종결시까지로 한다.

② 감사중 결원이 생긴 때에는 주주총회에서 이를 선임한다. 그러나 정관 제49조에서 정하는 원수를 결하지 아니하고 업무수행상 지장이 없는 경우에는 그러하지 아니한다.

제55조【감사의 직무】

① 감사는 본 회사의 업무 및 회계를 감사한다.

② 감사는 언제든지 이사에 대하여 영업에 관한 보고를 요구하거나 회사의 영업과 재산상태를 조사할 수 있다.

③ 감사는 감사에 관하여 감사록을 작성하여야 하며, 감사록에는 감사의 실시요령과 그 결과를 기재하고 감사를 실시한 감사의 기명날인 또는 서명을 하여야 한다.

제56조【감사록】

감사는 감사에 관하여 감사록을 작성하여야 하며, 감사록에는 감사의 실시요령과 그 결과를 기재하고 감사를 실시한 감사가 기명날인 또는 서명하여야 한다.

제57조【감사의 보수와 퇴직금】

① 감사의 보수와 퇴직금에 관하여는 제47조의 규정을 준용한다.

② 감사의 보수를 결정하기 위한 의안은 이사의 보수결정을 위한 의안과 구분하여 상정·의결하여야 한다.

제8장 계 산

〈NOTE〉 「상법」 상 회계 관련 규정과 기업회계기준의 조화

[시행 2012. 4.15 : 2011. 4.14, 상법 일부개정]
(제446조의2 신설, 제447조 및 제447조의4, 현행 제452조, 제453조, 제453조의2, 제454조부터 제457조까지 및 제457조의2 삭제)

◦ 근래 기업회계기준은 국제적인 회계규범의 변화에 맞추어 꾸준히 변모하고 있으나 상법의 회계규정은 이를 제대로 반영하지 못하여 기업회계 기준과 「상법」의 회계규정 사이에 상당한 차이가 있음.
◦ 회사의 회계는 일반적으로 공정·타당한 회계관행에 따르도록 원칙 규정을 신설하는 한편, 구체적인 회계 처리에 관한 규정들은 삭제하고, 재무상태표와 포괄손익계산서를 제외한 회계서류는 대통령령으로 규정하여 회계규범의 변화에 신속하게 대응하도록 함.
◦ 앞으로 「상법」의 회계규정과 기업회계기준의 불일치가 해소되어 회계규범이 이원화되는 현상을 방지할 수 있을 것으로 기대됨.

〈NOTE〉 법정준비금제도 개선(상법 제460조, 제461조의2 신설)

[시행 2012. 4.15 : 2011. 4.14, 일부개정]

◦ 준비금의 채권자보호 역할이 감소되었을 뿐만 아니라 이익준비금의 적립 한도가 주요 선진국에 비하여 지나치게 높게 설정되어 있으며, 준비금의 운용이 지나치게 경직되어 있음.
◦ 자본금의 150퍼센트를 초과하는 준비금에 대하여는 주주총회의 결의에 따라 준비금을 배당 등의 용도로 사용할 수 있도록 허용함.
◦ 이에 따라 자본전입과 감자절차(減資節次)를 거칠 필요 없이 과다한 준비금을 주주에게 분배할 수 있게 되고, 이익준비금과 자본준비금의 신축적인 사용이 가능하게 됨.

〈NOTE〉 배당제도 개선(상법 제462조제2항, 제462조의4 신설)

[시행 2012. 4.15 : 2011. 4.14, 일부개정]

◦ 현재 정기 주주총회에서 배당액을 결정하므로 배당 기준일인 사업연도 말일부터 정기 주주총회까지는 배당액이 확정되지 아니하여 투자자들이 주식가치를 판단하기 어려우며, 금전배당 외에 회사가 보유하는 주식과 같은 현물로 배당할 필요가 있음.
◦ 정관에서 배당에 관한 결정 권한을 이사회에 부여할 수 있도록 하고, 금전 배당 외에 현물배당도 허용함.
◦ 앞으로 회사의 자금조달을 결정하는 기관인 이사회가 배당도 결정하게 되어 자금운용의 통일성을 기할 수 있고, 배당에 관한 선택의 폭이 넓어져 재무관리의 자율성이 높아질 것으로 기대됨.

第58조【영업연도】

본 회사의 영업연도는 매년 1월 1일부터 12월 31일까지로 한다.

第59조【재무제표 등의 작성비치】

① 본 회사의 대표이사는 정기총회 회일 6주 전에 다음 서류 및 그 부속명세서와 영업보고서를 작성하여 정기총회에 제출하여야 한다.

1. 재무상태표
2. 포괄포괄손익계산서
3. 자본변동표
4. 현금흐름표
5. 주석

② 제1항의 서류는 정기총회 2주 전부터 본 회사의 본점과 지점에 비치하여야 하고, 총회의 승인을 얻었을 때에는 그 중 재무상태표를 지체 없이 공고하여야 한다.

第60조【이익금의 처분】

매기 총수익금에서 총지출금을 공제한 잔액을 이익금으로 하여 이를 다음과 같이 처분한다.

1. 이익준비금 금전에 의한 이익배당액의 10분의 1이상
2. 별도적립금 약간
3. 주주배당금 약간
4. 임원상여금 약간
5. 후기이월금 약간
6. 임의 적립금

第61조【이익 배당】

이익배당금은 금전, 현물 또는 주식으로 하며, 매 결산기 말일현재 주주명부에 기재된 주주 또는 질권자에게 지급한다.

〈NOTE〉

- 2011년 개정상법은 이익배당을 현물배당으로 할 수 있다는 규정을 신설(상법 제462조의4) → 금전 배당 외에 현물배당도 허용함으로서 배당에 관한 선택의 폭이 넓어져 재무관리의 자율성이 높아질 것으로 기대됨.
- 현재 정기주주총회에서 배당액을 결정하므로 배당 기준일인 사업연도 말일부터 정기주주총회까지는 배당액이 확정되지 아니하여 투자자들이 주식가치를 판단하기 어려우며, 금전배당 외에 회사가 보유하는 주식과 같은 현물로 배당할 필요가 있음.

- ◦ 앞으로 회사의 자금조달을 결정하는 기관인 이사회가 배당도 결정하게 되어 자금운용의 통일성을 기할 수 있음
- ◦ 배당하는 현물의 가치가 주주에게 불만스러운 것이 아니라면, 회사로서는 현물재산의 배당을 통해 재산의 매각비용을 줄일 수 있어 경제적이라 할 수 있음
- ◦ 정관에서 배당에 관한 결정 권한을 이사회에 부여할 수 있도록 하고, 현물배당의 경우 회사는 정관에 금전 외의 재산으로 이익배당을 할 수 있음을 정해야 함
- ◦ 이러한 배당을 결정한 회사는 주주가 배당되는 금전 외의 재산 대신 금전의 지급을 회사에 청구할 수 있도록 한 경우에는 그 금액 및 청구할 수 있는 기간을, 일정 수 미만의 주식을 보유한 주주에게 금전 외의 재산 대신 금전을 지급하기로 한 경우에는 그 일정 수 및 금액을 정할 수 있음(상법 제462조의4 ①·②).

제62조 【배당금지급청구권 소멸시효】

배당금지급청구권은 5년간 이를 행사하지 아니하면 소멸시효가 완성한다. 소멸시효 완성으로 인한 배당금은 본 회사에 귀속한다.

부 칙

제63조 【내부 규정】

① 본 회사는 필요에 따라 이사들의 합의 또는 대표이사의 결정에 의해 업무수행 및 경영상 필요한 세칙 등 내규를 정할 수 있다.

② 본 회사의 설립당시 현물출자를 하는 자의 성명, 출자목적인 재산, 그 가격과 이에 대하여 부여하는 주식의 종류와 수는 다음과 같다.

1. 출자자 : 모집인 김하나
   출자 재산 : 경남 진주시 칠암동 457-8
   출자재산의 평가액 : 금 10,000,000원
   이에 부여 하는 주식의 종류와 수 : 보통주식 10,000주
2. 출자자 : 모집인 정두리
   출자 재산 : 사무기기 및 비품
   출자재산의 평가액 : 금 5,000,000원
   이에 부여 하는 주식의 종류와 수 : 보통주식 5,000주
3. 출자자 : 모집인 백세이
   출자 재산 : 사무기기 및 비품
   출자재산의 평가액 : 금 5,000,000원
   이에 부여 하는 주식의 종류와 수 : 보통주식 5,000주

〈NOTE〉 **현물출자 조사절차 간이화**(상법 제299조, 제422조)

○ 현물출자 검사인의 조사보고절차 축소
○ 현물출자시 기존의 법원 선임 검사인에 의한 조사·보고 생략하는 경우
- 소규모이어서 자본충실을 해할 위험이 커지 않은 경우(자본금의 1/5)
- 가격의 공정성이 확보된 경우(거래소에 시세가 있는 유가증권)
- 변제기가 돌아온 회사에 대한 금전채권

③ 최초의 영업연도

본 회사의 최초의 영업연도의 시점은 회사설립일로부터 당해연도 12월 31일까지로 한다.

④ 발기인의 성명, 주소 등

본 회사 발기인의 성명, 주민등록번호 및 주소는 이 정관 말미의 기재와 같다.

이상과 같이 정관을 작성하고 발기인이 이에 서명 또는 기명날인 한다.

2013년 9월 16일

발 기 인 : 김한솔 (인)
주민번호 : 890711-1******
주 소 : 진주시 칠암동 531

발 기 인 : 최두솔 (인)
주민번호 : 871216-1******
주 소 : 진주시 칠암동 491-32

발 기 인 : 지세솔 (인)
주민번호 : 890503-1******
주 소 : 진주시 상대1동 244-41

발 기 인 : 이네솔 (인)
주민번호 : 911216-2******
주 소 : 진주시 칠암동 150-1

발 기 인 : 강오솔 (인)
주민번호 : 920810-2******
주 소 : 진주시 하대동 하대대림ATP 1007호

발 기 인 : 안육솔 (인)
주민번호 : 891031-1******
주 소 : 부산시 수영구 망미1동 453-15

(발기인 전원이 기명날인함)

주식발행사항 동의서

발기인 전원의 동의로 회사 설립시에 발행할 주식에 관한 사항을 다음과 같이 결정함.

1. 주식의 종류와 수

보통주식 100,000주

위 동의를 확실히 하기 위하여 발기인 전원이 다음에 기명(또는 서명) 날인함.

서기 2013년 9월 26일

월롱(주)

발 기 인 : 김 한 솔 (인)

발 기 인 : 최 두 솔 (인)

발 기 인 : 지 세 솔 (인)

발 기 인 : 이 네 솔 (인)

발 기 인 : 강 오 솔 (인)

발 기 인 : 안 육 솔 (인)

주 식 인 수 증

상 호	월룡(주)
인수할 주식의 종류와 수	보통주식 15,000주
위 총 액	금 15,000,000원
1 주 의 금 액	금 1,000원
납 입 기 관 및 장 소	국민은행 동진주지점

위의 주식을 발기인으로 인수합니다.

서기 2013년 9 월 27 일

발기인 최 두 솔

월룡(주) 발기인대표 김한솔 귀하

주 식 인 수 증

상 호	월룡(주)
인수할 주식의 종류와 수	보통주식 20,000주
위 총 액	금 20,000,000원
1 주 의 금 액	금 1,000원
납 입 기 관 및 장 소	국민은행 동진주지점

위의 주식을 발기인으로 인수합니다.

서기 2013년 9 월 27 일

발기인 김 한 솔

월룡(주) 발기인대표 김한솔 귀하

주 식 인 수 증

상 호	월롱(주)
인수할 주식의 종류와 수	보통주식 13,000주
위 총 액	금 13,000,000원
1 주 의 금 액	금 1,000원
납 입 기 관 및 장 소	국민은행 동진주지점

위의 주식을 발기인으로 인수합니다.

서기 2013년 9 월 27 일

발기인 지 세 솔

월롱(주) 발기인대표 김한솔 귀하

주 식 인 수 증

상 호	월롱(주)
인수할 주식의 종류와 수	보통주식 12,000주
위 총 액	금 12,000,000원
1 주 의 금 액	금 1,000원
납 입 기 관 및 장 소	국민은행 동진주지점

위의 주식을 발기인으로 인수합니다.

서기 2013년 9 월 27 일

발기인 이 네 솔

월롱(주) 발기인대표 김한솔 귀하

주 식 인 수 증

상 호	월롱(주)
인수할 주식의 종류와 수	보통주식 11,000주
위 총 액	금 11,000,000원
1 주 의 금 액	금 1,000원
납 입 기 관 및 장 소	국민은행 동진주지점

위의 주식을 발기인으로 인수합니다.

서기 2013년 9 월 27 일

발기인 강 오 솔

월롱(주) 발기인대표 김한솔 귀하

주 식 인 수 증

상 호	월롱(주)
인수할 주식의 종류와 수	보통주식 9,000주
위 총 액	금 9,000,000원
1 주 의 금 액	금 1,000원
납 입 기 관 및 장 소	국민은행 동진주지점

위의 주식을 발기인으로 인수합니다.

서기 2013년 9 월 27 일

발기인 안 육 솔

월롱(주) 발기인대표 김한솔 귀하

주 식 청 약 서

상　　　　　　　　호	월롱(주)
인수할 주식의 종류와 수	보통주식　10,000주
위　　　총　　　액	금 10,000,000원
1　주　의　금　액	금 1,000원
납 입 기 관 및 장 소	국민은행 동진주지점

귀 회사의 정관과 이 청약서에 기재한 사항을 승낙하고 위 주식을 인수 청약합니다.

서기 2013년　10월　9일

주식청약인 : 김　하　나

월롱(주)　발기인대표 김한솔 귀하

상　　　　　　호	월롱(주)
본 점 의 소 재 지	경남 진주시 칠암동 130-8 번지

목 적	1. 자연발효 감식초 및 건강식품 판매업 2. 자연발효 감식초 및 건강식품 유통업 3. 자연발효 감식초 및 건강식품 서비스업 4. 위 각호에 직접 간접적으로 관련된 부대사업 일체
회사가 발행할 주식의 총수	200,000주
1주의 금액	금 1,000원
회사가 설립시에 발행하는 주식의 총수	100,000주
주식의 종류와 수	보통주식 100,000주
납입 받을 은행	국민은행 동진주지점
회사가 공고하는 방법	공고는 경상남도 진주시에서 발행하는 경남일보에 게재한다.
일정시기까지 창립총회를 종결하지 아니한 때에는 주식의 인수를 취소할 수 있다는 취지	서기 2014. 2.16일까지 창립총회가 종결하지 않을 시는 청약을 취소할 수 있다.

각 발기인이 인수한 주식의 종류와 수 각 발기인들의 성명 주소		
인수주식 수	주식의 종류와 수	발기인의 성명과 주소
20,000주	보통주식	김한솔(진주시 칠암동 531)
15,000주	보통주식	최두솔(진주시 칠암동 491-32)
13,000주	보통주식	지세솔(진주시 상대1동 244-41)
12,000주	보통주식	이네솔(진주시 칠암동 150-1)
11,000주	보통주식	강오솔(진주시 하대동 하대대림APT 1007호)
9,000주	보통주식	안육솔(부산시 수영구 망미1동 453-15)

주 식 청 약 서

상 호	월롱(주)
인수할 주식의 종류와 수	보통주식 5,000주
위 총 액	금 5,000,000원
1 주 의 금 액	금 1,000원
납 입 기 관 및 장 소	국민은행 동진주지점

귀 회사의 정관과 이 청약서에 기재한 사항을 승낙하고 위 주식을 인수 청약합니다.

서기 2013년 10월 9일

주식청약인 : 정 두 리

월롱(주) 발기인대표 김한솔 귀하

상 호	월롱(주)
본 점 의 소 재 지	경남 진주시 칠암동 130-8 번지

목 적	1. 자연발효 감식초 및 건강식품 판매업 2. 자연발효 감식초 및 건강식품 유통업 3. 자연발효 감식초 및 건강식품 서비스업 4. 위 각호에 직접 간접적으로 관련된 부대사업 일체
회사가 발행할 주식의 총수	200,000주
1주의 금액	금 1,000원
회사가 설립시에 발행하는 주식의 총수	100,000주
주식의 종류와 수	보통주식 100,000주
납입 받을 은행	국민은행 동진주지점
회사가 공고하는 방법	공고는 경상남도 진주시에서 발행하는 경남일보에 게재한다.
일정시기까지 창립총회를 종결하지 아니한 때에는 주식의 인수를 취소할 수 있다는 취지	서기 2014. 2.16일까지 창립총회가 종결하지 않을 시는 청약을 취소할 수 있다.

각 발기인이 인수한 주식의 종류와 수 각 발기인들의 성명 주소		
인수주식 수	주식의 종류와 수	발기인의 성명과 주소
20,000주	보통주식	김한솔(진주시 칠암동 531)
15,000주	보통주식	최두솔(진주시 칠암동 491-32)
13,000주	보통주식	지세솔(진주시 상대1동 244-41)
12,000주	보통주식	이네솔(진주시 칠암동 150-1)
11,000주	보통주식	강오솔(진주시 하대동 하대대림APT 1007호)
9,000주	보통주식	안육솔(부산시 수영구 망미1동 453-15)

주 식 청 약 서

상 호	월롱(주)
인수할 주식의 종류와 수	보통주식 5,000주
위 총 액	금 5,000,000원
1 주 의 금 액	금 1,000원
납 입 기 관 및 장 소	국민은행 동진주지점

귀 회사의 정관과 이 청약서에 기재한 사항을 승낙하고 위 주식을 인수 청약합니다.

서기 2013년 10월 9일

주식청약인 : 백 세 이

월롱(주) 발기인대표 김한솔 귀하

상 호	월롱(주)
본 점 의 소 재 지	경남 진주시 칠암동 130-8 번지

목 적	1. 자연발효 감식초 및 건강식품 판매업 2. 자연발효 감식초 및 건강식품 유통업 3. 자연발효 감식초 및 건강식품 서비스업 4. 위 각호에 직접 간접적으로 관련된 부대사업 일체
회사가 발행할 주식의 총수	200,000주
1주의 금액	금 1,000원
회사가 설립시에 발행하는 주식의 총수	100,000주
주식의 종류와 수	보통주식 100,000주
납입 받을 은행	국민은행 동진주지점
회사가 공고하는 방법	공고는 경상남도 진주시에서 발행하는 경남일보에 게재한다.
일정시기까지 창립총회를 종결하지 아니한 때에는 주식의 인수를 취소할 수 있다는 취지	서기 2014. 2.16일까지 창립총회가 종결하지 않을 시는 청약을 취소할 수 있다.

각 발기인이 인수한 주식의 종류와 수 각 발기인들의 성명 주소		
인수주식 수	주식의 종류와 수	발기인의 성명과 주소
20,000주	보통주식	김한솔(진주시 칠암동 531)
15,000주	보통주식	최두솔(진주시 칠암동 491-32)
13,000주	보통주식	지세솔(진주시 상대1동 244-41)
12,000주	보통주식	이네솔(진주시 칠암동 150-1)
11,000주	보통주식	강오솔(진주시 하대동 하대대림APT 1007호)
9,000주	보통주식	안육솔(부산시 수영구 망미1동 453-15)

납 입 통 지 서

귀하께옵서 인수하신 본 회사 주식에 대한 납입금 20,000,000원을 서기 2013년 10월 23일까지 다음 은행에 납입하여 주시길 바라와 이에 통지합니다.

국민은행 동진주지점

납입장소 : 경남 진주시 상대동 299-4

서기 2013 년 10 월 21 일

월롱(주) 발기인대표 김한솔

주식인수인 김한솔 귀하

납 입 통 지 서

귀하께옵서 인수하신 본 회사 주식에 대한 납입금 15,000,000원을 서기 2013년 10월 23일까지 다음 은행에 납입하여 주시길 바라와 이에 통지합니다.

국민은행 동진주지점

납입장소 : 경남 진주시 상대동 299-4

서기 2013 년 10 월 21 일

월롱(주) 발기인대표 김한솔

주식인수인 최두솔 귀하

납 입 통 지 서

귀하께옵서 인수하신 본 회사 주식에 대한 납입금 13,000,000원을 서기 2013년 10월 23일까지 다음 은행에 납입하여 주시길 바라와 이에 통지합니다.

국민은행 동진주지점

납입장소 : 경남 진주시 상대동 299-4

서기 2013 년 10 월 21 일

월롱(주) 발기인대표 김한솔

주식인수인 지세솔 귀하

납 입 통 지 서

귀하께옵서 인수하신 본 회사 주식에 대한 납입금 12,000,000원을 서기 2013년 10월 23일까지 다음 은행에 납입하여 주시길 바라와 이에 통지합니다.

국민은행 동진주지점

납입장소 : 경남 진주시 상대동 299-4

서기 2013 년 10 월 21 일

월롱(주) 발기인대표 김한솔

주식인수인 이네솔 귀하

납 입 통 지 서

귀하께옵서 인수하신 본 회사 주식에 대한 납입금 11,000,000원을 서기 2013년 10월 23일까지 다음 은행에 납입하여 주시길 바라와 이에 통지합니다.

국민은행 동진주지점

납입장소 : 경남 진주시 상대동 299-4

서기 2013 년 10 월 21 일

월롱(주) 발기인대표 김한솔

주식인수인 강오솔 귀하

납 입 통 지 서

귀하께옵서 인수하신 본 회사 주식에 대한 납입금 9,000,000원을 서기 2013년 10월 23일까지 다음 은행에 납입하여 주시길 바라와 이에 통지합니다.

국민은행 동진주지점

납입장소 : 경남 진주시 상대동 299-4

서기 2013 년 10 월 21 일

월롱(주) 발기인대표 김한솔

주식인수인 안육솔 귀하

주금납입 보관증명서

일　　　　금 :　　팔천만원정 (₩ 80,000,000)

신주식발행총수 :　　80,000 주

1 주의 금액 :　　　금　1000 원

위 금액은 귀 회사의 설립 시에 발행하는 주식총수에 대한 납입금으로서
2013년 10월 12일 납입이 완료되어 현재 이를 보관중임을 증명함.

2013. 10. 23.

월롱(주) 발기인대표 김한솔 귀하

창 립 총 회 의 사 록

서기 2013년 12월 3일 14시 경남 진주시 칠암동130-8번지 본점 회의실에서 다음과 같이 창립총회를 개최하다.

주식의 총수 100,000주 주주의 총수 9명

출석 주주 수 9명 출석 주식 수 100,000주

발기인 대표는 위와 같이 상법 제309조 소정 수에 달하게 주주가 출석하였으므로 본 총회는 적법하게 성립됨을 고하고, 의사를 진행하기 전에 의장을 선임할 것을 구한 바 주주전원 만장일치로 발기인대표를 의장으로 선임한 즉 동인은 그 취임을 승낙하고 의장석에 등단하여 개회를 선언하고 다음 의안의 심의를 구하다.

제1호 의안 : 창립사항 보고에 관한 건

의장은 발기인을 대표하여 별지 창립사항 보고서와 같이 본 창립총회까지의 경과를 소상히 설명, 보고한 바 전원일치로 이를 승낙하다.

제2호 의안 : 정관 승인의 건

의장은 정관을 낭독하고 축조 설명을 가한 후 그 가부를 물은 바 전원일치로 원안대로 승인하다.

제3호 의안 : 이사 선임의 건 및 보수 결정의 건

의장은 이사의 선임방법을 물은 즉 이사 5명은 무기명투표로 선출하기로 전원 의견 일치되어 즉시 투표한 결과 다음과 같이 선출되다.

이사 김한솔 이사 이네솔

이사 최두솔 이사 강오솔

이사 지세솔

위 피선임자 등은 즉석에서 그 취임을 승낙하다.

의장은 보수 결정에 대하여 2013년도는 이사들의 합의로 회사의 경영 상태에 따라 결정하기로 하고 일단은 무임으로 하기로 전원 일치 동의하에 결정하다.

제4호 의안 : 감사 선임의 건 및 보수 결정의 건

의장은 감사의 선임방법을 물은 즉 감사 1명은 무기명투표로 선출하기로 전원 의견 일치되어 즉시 투표한 결과 다음과 같이 선출되다.

감사 안육솔

위 피선임자 등은 즉석에서 그 취임을 승낙하다.

의장은 보수 결정에 대하여 2013년도는 이사들의 합의로 회사의 경영 상태에 따라 결정하기로 하고 일단은 무임으로 하기로 전원 일치 동의하에 결정하다.

제5호 의안 : 상법 제313조 소정사항 조사보고의 건

의장은 상법 제313조 소정사항을 이사, 감사가 조사보고 하여야 할 것인 바, 이사와 감사 모두는 발기인이었던 관계로 의장이 공증인에게 조사의뢰하여 보고하기로 하고 이를 전원 찬성하다. 이에 의장은 공증인 윤월롱에게 조사의뢰하고 이를 수락하여 조사에 착수한다. 잠시 후 조사자는 별지 조사보고서와 같이 보고한 즉 전원 동의한다.

제6호 의안 : 본점 설치장소 결정의 건

의장은 본 회사 본점을 다음 장소에 설치함이 적당한 뜻을 설명하고 그 가부를 물은 즉 만장일치로 이의 없이 승인하다.

경남 진주시 칠암동 130-8 번지

이상으로서 금일 총회의 목적인 의안 전부를 심의 종료하였으므로 의장은 폐회를 선언하다. 때는 16시 30분이다. 위 의사의 결의를 명확하게 하기 위하여 이 의사록을 작성하고 의장과 출석한 이사가 다음에 기명날인하다.

2013년 12월 3일

월롱(주) 의장이사 김한솔 (인) 이사 최두솔 (인) 이사 지세솔 (인)

이사 이네솔 (인) 이사 강오솔 (인)

창 립 사 항 보 고 서

본인 등은 본 회사의 발기인으로서 회사 창립에 관한 사항을 다음과 같이 보고함.

1. 본인 등은 회사가 발행할 주식의 총수는 200,000주, 설립 시에 발행하는 주식의 총수 100,000주, 모든 주식은 기명식 보통주이며, 1주의 금액은 금 1000원, 자본금은 금 100,000,000원으로 하는 주식회사를 설립하고자 기획하고 김한솔을 발기인 대표로 선임하여 회사설립 시까지의 필요한 사항에 관하여 발기인을 대표하기로 하였음.
2. 본인 등은 2013년 9월 16일 정관을 작성하고 서명 날인 함.
3. 본인 등은 2013년 9월 26일 전원 일치로 1주의 발행가액을 금 1000원으로 정하여 설립 시에 발행하는 주식총수 100,000주 중 80,000주 만을 본인 등 발기인이 인수하고 잔여주식 20,000주는 주식 청약서를 작성하여 주주모집에 착수했던 바, 2013년 10월 9일까지 잔여주식 전부에 대한 소정의 주식인수청약이 있어 10만주에 달하였음.
4. 위 주식 인수인에 대하여 2013년 10월 21일 납입 받을 은행인 주식회사 국민은행 동진주지점에 2013년 10월 23일까지 그 주금 전액을 납입할 것을 통지했던바 동년 10월 23일 그 납입이 완료되어 그 납입금을 발기인 대표명의로 위 은행에 별단예금으로 보관하였음.
5. 본 회사의 창립과 관련하여 상법 제290조 소정의 변태설립사항이 있으므로 공인 감정인의 감정을 함.

(1) 현물출자를 한 자는 모집인 김하나, 정두리, 백세이 이고, 출자목적재산은 경남 진주시 칠암동457-8 50㎡, 사무기기 및 비품을 회사에 출자이행 하였으나 그 가격은 공인감정인의 감정에 의하여 결정하였고 그 감정평가금액을 기준으로 주식을 할당 교부하였으므로 이런 사항에 대한 적정여부에 대하여 검사인의 조사보고를 받아야 할 것이나 상법 제299조의2의 규정에 따라 별도의 검사인 선임신청은 하지 아니하고 감정인의 감정평가보고서로 대체 하였음.

(2) 이상과 같이 인수와 납입 등이 완료되었으므로 본인 등은 조속히 회사 설립시키고자 하여 주식인수인 전원의 동의를 얻어 2주간의 법정소집기간을 거쳐 오늘 창립총회를 개최하기에 이르렀음.

위와 같이 보고함.

2013년 12월 3일

월롱(주) 발기인 김한솔 (인)

발기인 최두솔 (인)

발기인 지세솔 (인)

발기인 이네솔 (인)

발기인 강오솔 (인)

발기인 안육솔 (인)

(이하 발기인 전원 기명날인)

조 사 보 고 서

본인은 2013년 12월 3일 본 회사 창립총회에서 조사자로 선임되었으므로 상법 제313조 소정 사항을 조사하여 다음과 같이 보고함.

1. 회사 설립시에 발행하는 주식의 총수에 대한 인수의 정확여부

회사 설립 시에 발행하는 주식의 총수는 100,000주(1주의 금액 금 1,000원)로서 다음과 같이 인수와 완료되었음이 인정됨.

- 발기인이 인수한 주식수 80,000주(2013년 9월 27일 인수 완료)
- 주식청약인이 인수한 주식수 20,000주(2013년 10월 23일 인수 완료)

2. 주식인수에 대한 납입의 정확여부

- 회사 설립 시에 발행하는 주식총수 100,000주 중에 80,000주에 대한 주식금액 금 80,000,000원이 2013년 10월 23일에 납입이 완료되었음은 그 납입을 맡은 국민은행 동진주지점이 발행한 주금납입보관증명서에 의하여 명확히 확인되며
- 나머지 20,000주에 대한 주금은 현물출자에 의한 것으로 현물출자계약서 및 공인감정평가서에 의해 평가금액으로 확인됨.

3. 현물출자 이행의 정확여부와 보고서의 정확여부

이에 관한 사항은 현대중앙(주) 감정평가법인 경남지사 작성의 감정평가서와 그 부속서류의 기재내용을 검토한 바, 그의 정확함을 인정하였음.

위와 같이 보고함.

2013년 12월 3일

월롱(주) 조사자(공증인) 윤 창 술(인)

〈감정평가 의뢰서〉

<table>
<tr><td colspan="2">감정평가
의뢰물건(권리)</td><td>건물</td></tr>
<tr><td colspan="2">의뢰물건소재지</td><td>경상남도 진주시 칠암동 457-8</td></tr>
<tr><td rowspan="2">소 유 자
(권리자)</td><td>주 소</td><td>경상남도 진주시 칠암동 110-3</td></tr>
<tr><td>성 명</td><td>김 하 나</td></tr>
<tr><td colspan="2">감정평가서의 사용목적</td><td>주식회사 발기설립 현물출자 감정용</td></tr>
<tr><td colspan="2">감정평가서의 제출처</td><td>주식회사 하나글로벌 감정평가법인 경남지사</td></tr>
<tr><td colspan="2">담보인 경우 채무자명</td><td>(전화번호 :)</td></tr>
<tr><td colspan="2">의뢰물건 추정금액</td><td>10,000,000 원 감정평가서 소요부수 3 부</td></tr>
<tr><td colspan="2">기타참고사항</td><td></td></tr>
</table>

후면 기재의 약정사항에 동의하고 위와 같이 감정평가를 의뢰합니다.

2013년 9 월 23 일

위 의뢰인 주 소 : 경상남도 진주시 칠암동 110-3

성 명 : 김 하 나 (인)

〈감정평가 의뢰서〉

<table>
<tr><td colspan="2">감정평가
의뢰물건(권리)</td><td>사무기기 및 비품</td></tr>
<tr><td colspan="2">의뢰물건소재지</td><td>경남 진주시 칠암동</td></tr>
<tr><td rowspan="2">소 유 자
(권리자)</td><td>주 소</td><td>경남 진주시 칠암동 35-1</td></tr>
<tr><td>성 명</td><td>정 두 리</td></tr>
<tr><td colspan="2">감정평가서의 사용목적</td><td>주식회사 발기설립 현물출자 감정용</td></tr>
<tr><td colspan="2">감정평가서의 제출처</td><td>주식회사 하나글로벌 감정평가법인 경남지사</td></tr>
<tr><td colspan="2">담보인 경우 채무자명</td><td>(전화번호 :)</td></tr>
<tr><td colspan="2">의뢰물건 추정금액</td><td>5,000,000 원 감정평가서 소요부수 3 부</td></tr>
<tr><td colspan="2">기타참고사항</td><td></td></tr>
<tr><td colspan="3">후면 기재의 약정사항에 동의하고 위와 같이 감정평가를 의뢰합니다.

2013년 9 월 23 일

위 의뢰인 주 소 : 진주시 칠암동 35-1

성 명 : 정 두 리 (인)</td></tr>
</table>

〈감정평가 의뢰서〉

<table>
<tr><td colspan="2">감정평가
의뢰물건(권리)</td><td>사무기기 및 비품</td></tr>
<tr><td colspan="2">의뢰물건소재지</td><td>경남 진주시 칠암동</td></tr>
<tr><td rowspan="2">소 유 자
(권리자)</td><td>주 소</td><td>경남 진주시 칠암동 233-23</td></tr>
<tr><td>성 명</td><td>백 세 이</td></tr>
<tr><td colspan="2">감정평가서의 사용목적</td><td>주식회사 발기설립 현물출자 감정용</td></tr>
<tr><td colspan="2">감정평가서의 제출처</td><td>주식회사 하나글로벌 감정평가법인 경남지사</td></tr>
<tr><td colspan="2">담보인 경우 채무자명</td><td>(전화번호 :)</td></tr>
<tr><td colspan="2">의뢰물건 추정금액</td><td>5,000,000 원 감정평가서 소요부수 3 부</td></tr>
<tr><td colspan="2">기타참고사항</td><td></td></tr>
<tr><td colspan="3">후면 기재의 약정사항에 동의하고 위와 같이 감정평가를 의뢰합니다.

2013년 9 월 23 일

위 의뢰인 주 소 : 진주시 칠암동 233-23

성 명 : 백 세 이 (인)</td></tr>
</table>

〈약정 사항〉

1. 감정평가의뢰 물건(권리)중 법률에 의해 감정평가가 불가능한 것과 천재지변 사변이나 당 법인의 사정에 의하여 감정평가가 불가능하거나 현저히 곤란하다고 인정되는 것에 대하여는 감정평가에 응하지 아니할 수도 있습니다.

2. 감정평가의뢰인은 관계법령에서 정하는 소정의 감정평가 보수(부가가치세 별도)를납입 하여야 하며 감정평가에 필요한 제반 자료를 제공하여야 합니다.

3. 감정평가의뢰 물건 추정가액을 기준한 소정의 감정평가수수료의 2분의1이상의 감정평가 착수금(최저액은 100,000원임)을 감정평가 접수시 납입하여야 합니다. 다만, 당 법인이 정한 특별한 경우에는 소요추정 출장여비를 착수금에 포함합니다.

4. 감정평가보수는 당 법인의 감정평가완료 통지를 받은 후 지체없이 납입하여야 합니다.
5. 감정평가서는 감정평가보수의 완납 후에 교부함을 원칙으로 합니다.

6. 제 1항의 경우에는 그 사유를 감정평가의뢰인에게 통지함과 아울러 감정평가 의뢰시 납입한 감정평가 착수금을 환급합니다. 다만, 감정평가불능 사유가 감정 평가의뢰인(담보 감정평가인 경우 확인금융기관등도 포함된다) 에게 귀속하는 경우의 감정평가 착수금 환급은 제7항에 준합니다.

7. 감정평가의뢰 후 당 법인의 현장조사전에 의뢰인이 감정평가의뢰의 전부 또는 일부를 철회하거나 제2항의 감정평가에 필요한 제반자료를 적시에 제공하지 아니하므로 인하여 감정평가의뢰의 전부 또는 일부를 반려하는 경우에는 당해 감정평가 착수금의 50%(최저액 ₩100,000)를 당 법인에 귀속하며 현장조사 후에는 감정평가 착수금을 일체 환급하지 아니합니다. 또한, 감정평가서 작성 후에는 소정의 감정보수 전액을 납입하여야 합니다.

8. 법령의 규정이나 당 법인과의 특약에 따라 착수금 없이 감정평가를 의뢰한 후 제6항 단서, 제7항 및 제10항의 사유로 감정평가의뢰를 철회하거나 반려하는 경우에는 감정평가 의뢰시 납입하지 아니한 착수금은 동 항에 준하여 납입하여야 합니다.

9. 당 법인의 승낙 없이 감정평가서를 감정평가목적 이외에 사용하거나 타인 (감정평가 목적에 기재된 제출회사 및 금융기관 이외의 자)이 사용할 수 없을 뿐 아니라 복사, 개작, 전재할 수 없으며 당 법인은 이로 인한 결과에 대하여 책임을지지 아니합니다.

10. 감정평가의뢰 물건의 소유자(권리자)와 감정평가의뢰인이 다른 경우 소유자(권리자)의 동의를 득하여 의뢰하여야 하며, 만약 소유자(권리자)의 동의 없는 감정평가 의뢰로 인하여 발생되는 소유자(권리자)와의 분쟁에 대하여 당 법인은 책임을 지지 아니합니다.

11. 감정에 관한 소송은 소유인 소재지 관할법원의 관할로 하기로 합니다.

(토지, 건물) 감정평가표

본 감정서는 「부동산 가격공시 및 감정평가에 관한 법률」에 따라 성실 · 공정하게 감정평가 하였음.

감 정 평 가 사 권 진 봉 (인)

감정평가액	-金일천만만원(₩10,000,000.-)			
평가의뢰인	김 하 나	평가목적	주식회사 설립 시 현물출자 조사보고서 제출용	
채 무 자	-	체 출 처		
소유자 또는 대상 업체명	김 하 나	평가조건	-	
물건목득 근거표시	귀 제시목록	가격시점	조사일자	작성일자
		2013.10.21	2013.10.21	2013.10.21

평가내용	공 부 (의뢰)		사 정		감 정 가 액	
	종별	면적 또는 수량(m^2)	종별	면적 또는 수량(m^2)	단가	금액
	건물	50	건물	50	200,000	10,000,000
	합계					10,000,000

평가가액 산출근거 및 그 결정에 관한 의견

"별 지 참 조"

토지감정평가 명세서

번호	소재지	지목 용도	구조	면적 (미터)		금액		비고
				공부	사정	단가	금액	
1	진주시 칠암동 457-8	사무 시설	철근 콘크리트 구조 1층	50	50	200,000	10,000,000	
	합 계						10,000,000	

〈평가의견서〉

1. 이 건은 진주시 칠암동 457-8번지에 위치하는 상업용 부동산의 주식회사 설립 현물출자를 목적으로 하는 감정 평가건 임.

2. 토지는 당해 토지와 유사한 이용가치를 지닌 인근 지역 내 표준지의 공시지가를 기준으로 공시 기준일로부터 가격시점까지의 지가 변동률, 당해 토지의 위치, 형상, 환경, 이용 상황 기타 가격형성상의 제요인과 인근 지가수준, 기타사항을 종합적으로 참작하여 평가하되 일부지상의 조경부분은 토지에 포함하여 평가하였음.

3. 건물은 구조, 용도, 사용자재, 시공정도, 현상 및 관리상태 등을 종합참작한 원가법으로 평가하되, 관찰 감가법을 병용하였음.

4. 토지가격 산출개요

가. 비교고시지가표준지(2009.1.1 기준)

일련번호	소재지	면적(제곱미터)	지목	이용상황	용도지역	도로교통	형상지세	공시지가	비교토지
48840-999	진주시 칠암동 457-8	50	대 상가	사무실	관리지역	세로(가)	세장형 평지	250,000	1

나. 시점 수정

진주시 칠암동 관리지역의 2009 년도 5월 달까지 지가변동률 누계는 4.5%임.

다. 지역 요인

비교공시지가표준지의 인근지역에 소재하여 지역요인은 대등시됨.

라. 개별 요인

상기 표준지 대비시 가로조건, 접근조건 등 제반요인 우세함.

마. 기타 요인

인근 유사토지의 지가수준을 고려할 경우, 적절한 지가보정이 요구됨.

바. 토지가격결정

상기 제반사항을 종합 참작하여 @100,000원/미터 으로 가격 결정함.

〈토지감정평가 요항표〉

1. 위치 및 부근의 상황

이 건은 진주시 신주시 칠암동 457-8 소재 경남과학기술대학교 인근에 위치하며 세무서, 시청 등 각종 관공서가 위치하여 사무단지가 형성되어있음.

2. 교 통 상 황

차량접근이 용이하고, 버스 노선 및 통행량, 고속버스 터미널 위치 등을 고려컨대 대중교통 사정은 무난함.

3. 형태 및 이용 상황

접면도로와 등 고 평탄한 토지로서 사무실 형태로 이용 중

4. 공부와의 차이

없 음

5. 기타사항

없 음

〈현물출자재산인도증〉

주식회사주식	10,000주
총액	금 10,000,000원
1주의금액	금 1,000원

본인은 위 표시의 주식을 서기 2013년 10월 23일 주식청약인으로서 다음 물건을 출자 하였으므로 금일 귀사에 그 현물을 인도함과 동시 상법 제 295조 2항 소정의 서류를 완비하여 교부함.

2013년 10월 23일

현물출자인 김 하 나 (인)

〈현물출자재산인도증〉

주식회사주식	10,000주
총액	금 5,000,000원
1주의금액	금 1,000원

본인은 위 표시의 주식을 서기 2013년 10월 23일 주식청약인으로서 다음 물건을 출자 하였으므로 금일 귀사에 그 현물을 인도함과 동시 상법 제 295조 2항 소정의 서류를 완비하여 교부함.

2013년 10월 23일

현뭄출자인 정 두 리 (인)

〈현물출자재산인도증〉

주식회사주식	10,000주
총액	금 5,000,000원
1주의금액	금 1,000원

본인은 위 표시의 주식을 서기 2013년 10월 23일 주식청약인으로서 다음 물건을 출자 하였으므로 금일 귀사에 그 현물을 인도함과 동시 상법 제 295조 2항 소정의 서류를 완비하여 교부함.

2013년　10월　23일

현물출자인　　백 세 이 (인)

현물출자계약서

김하나를 갑 설립중인 회사 월롱(주) 발기인대표 : 김한솔를 을로 정하여 다음과 같이 약정한다.

1. 갑은 을 회사의 정관과 주식인수증의 기재내용을 충분히 검토한 후 별지재산의 모든 자산 금 10,000,000원을 을회사에 현물출자하여 을회사로부터 위 회사 1주의 금액 1,000원 기명식 보통주식 10,000주를 부여받기로 한다.

2. 갑은 부동산 등기, 등록을 요하는 재산은 을회사 명의로 소유권을 이전할 수 있도록 제반서류를 갖추어 회사에 차입한다.

3. 위 사항과 같이 쌍방 당사자 합의되었으므로 후일을 위하여 본 약정서를 작성하고 각자 이에 기명날인한다.

2013. 10. 9.

갑 보십인 김 하 나 (인)
주민번호 : 910528-28*****
주 소 : 경남 진주시 칠암동 110-3번지

을 설립중인 회사 월롱(주)
진주시 칠암동 130-8번지
발기인대표 : 김한솔 (인)

현물출자계약서

정두리를 갑 설립중인 회사 월롱(주) 발기인대표 : 김한솔을 을로 정하여 다음과 같이 약정한다.

1. 갑은 을 회사의 정관과 주식인수증의 기재내용을 충분히 검토한 후 별지재산의 모든 자산 금 5,000,000원을 을회사에 현물출자하여 을회사로부터 위 회사 1주의 금액 1,000원 기명식 보통주식 5,000주를 부여받기로 한다.

2. 갑은 위 재산을 을회사 명의로 소유권을 이전할 수 있도록 제반서류를 갖추어 회사에 차입한다.

3. 위 사항과 같이 쌍방 당사자 합의되었으므로 후일을 위하여 본 약정서를 작성하고 각자 이에 기명날인한다.

2013. 10. 9.

갑 모집인 정 두 리 (인)
주민번호 : 910919-28*****
주 소 : 경남 진주시 칠암동 35-1번지

을 설립중인 회사 월롱(주)
진주시 칠암동 130-8번지
발기인대표 : 김한솔 (인)

현물출자계약서

백세이를 갑 설립중인 회사 월롱(주) 발기인대표 : 김한솔을 을로 정하여 다음과 같이 약정한다.

1. 갑은 을 회사의 정관과 주식인수증의 기재내용을 충분히 검토한 후 별지재산의 모든 자산 금 5,000,000원을 을회사에 현물출자하여 을회사로부터 위 회사 1주의 금액 1000원 기명식 보통주식 5,000주를 부여받기로 한다.

2. 갑은 위 재산을 을회사 명의로 소유권을 이전할 수 있도록 제반서류를 갖추어 회사에 차입한다.

3. 위 사항과 같이 쌍방 당사자 합의되었으므로 후일을 위하여 본 약정서를 작성하고 각자 이에 기명날인한다.

2013. 10. 9.

갑 모집인 백 세 이 (인)
주민번호 : 910822-28*****
주 소 : 경남 진주시 칠암동 233-23번지

을 설립중인 회사 월롱(주)
진주시 칠암동 130-8번지
발기인대표 : 김한솔 (인)

승 낙 서

2013년 12월 3일 창립총회에서 이사에 선임되었으므로
그 취임을 승낙함.

2013년 12월 3일

이 사 : 김한솔 (인)

월롱(주) 귀중

승 낙 서

2013년 12월 3일 창립총회에서 이사에 선임되었으므로
그 취임을 승낙함.

2013년 12월 3일

이 사 : 최두솔 (인)

월롱(주) 귀중

승 낙 서

2013년 12월 3일 창립총회에서 이사에 선임되었으므로

그 취임을 승낙함.

2013년 12월 3일

이 사 : 지세솔 (인)

월롱(주) 귀중

승 낙 서

2013년 12월 3일 창립총회에서 이사에 선임되었으므로

그 취임을 승낙함.

2013년 12월 3일

이 사 : 이네솔 (인)

월롱(주) 귀중

승 낙 서

2013년 12월 3일 창립총회에서 이사에 선임되었으므로

그 취임을 승낙함.

2013년 12월 3일

이 사 : 강오솔 (인)

월롱(주) 귀중

승 낙 서

2013년 12월 3일 창립총회에서 이사에 선임되었으므로

그 취임을 승낙함.

2013년 12월 3일

감 사 : 안육솔 (인)

월롱(주) 귀중

이 사 회 의 사 록

서기 2013년 12월 3일 17시 본점 회의실에서 이사 전원 출석하여 다음 의안을 심의키 위하여 이사회를 개최한다.

이사 총수 5명 출석 이사 수 5명
감사 총수 1명 출석 감사 수 1명

1. 의안
   제1호 의안 대표이사 선임의 건

이사 김한솔은 의장으로 선출되다.
의장은 본 회사 대표이사를 선임할 뜻을 말하고 신중 협의한 결과 전원일치로 다음 사람을 선임하다.

대표이사 김한솔

위 피선자는 즉석에서 그 취임을 승낙하다.

이상 회의의 목적인 의안 전부를 종료 하였으므로 의장은 폐회를 선언하다. (시간 18:00시)

위 결의를 명확히 하기 위하여 이 의사록을 작성하고 의장과 출석한 이사 및 감사는 다음에 기명날인하다. 이 이사회는 이사 전원 동의가 있어 상법 제390조 제2항 소정의 소집절차를 생략하였다.

서기 2013 년 12 월 3 일

월룡(주)

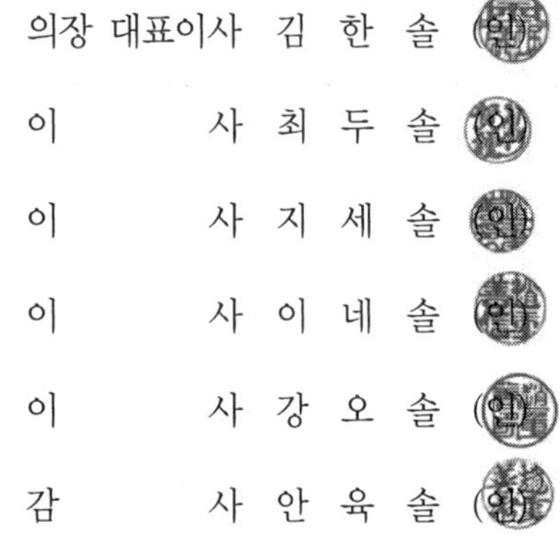

의장 대표이사 김 한 솔 (인)
이 사 최 두 솔 (인)
이 사 지 세 솔 (인)
이 사 이 네 솔 (인)
이 사 강 오 솔 (인)
감 사 안 육 솔 (인)

승 낙 서

2013년 12월 3일 이사회에서 대표이사에 선임되었으므로

그 취임을 승낙함.

2013년 12월 3일

대표이사 : 김 한 솔 (인)

월룡(주) 귀중

[별지제73호서식] (앞 쪽)

접수번호	법인설립신고 및 사업자등록신청서	처리기간
166-6365		7일(보정시는 14일)

귀 법인의 사업자등록신청서상의 내용은 사업내용을 정확하게 파악하여 근거과세의 실현 및 사업자등록 관리업무의 효율화를 위한 자료로 활용됩니다. 아래의 사항에 대하여 사실대로 작성하시기 바라며 신청서에 서명 또는 인감(직인) 날인하시기 바랍니다.

1. 인적사항

법 인 명(단체명)	월롱(주)	승인법인고유번호 (폐업당시 사업자등록번호)	
대 표 자	김 용 주	주민등록번호	890711-18*****
사업장(단체)소재지	경남 진주시 칠암동 130-8 번지		
총괄사업장소재지	경남 진주시 칠암동 130-8 번지	총괄사업장 등록번호	
전 화 번 호	(사업장)055-761-6136	전자우편주소	880979@hanmail.net

2. 법인현황

법인등록번호	61383-04386	자본금	100,000천원	사업연도	1월1일~12월31일

법 인 성 격 (해당란에 ○표)

내국법인						외국법인			지점(내국법인의 경우)		
영리일반	영리외투	비영리	국가지방자치	법인으로 보는 단체		지점(국내사업장)	연락사무소	기타	여	부	본점사업자 등록번호
				승인법인	기타						
√											

조합법인 해당여부		공익법인						외국·외투법인	국적	투자비율
여	부	해당여부		사업유형	주무부처명	출연자산여부				
		여	부			여	부			

3. 사업장현황

사업의 종류						사업(수익사업) 개시일
주업태	주종목	주업종코드	부업태	부종목	부업종코드	2013년11월26일
도·소매업	삼식초		도·소매업	건강식품		

사업장 구분 및 면적		도면첨부		사업장을 빌려준 사람(임대인)			
자가	타가	여	부	성 명(법인명)	사업자 등록번호	주민(법인) 등록번호	전화번호
50㎡	㎡		√				

임대차 계약기간	(전세)보증금	월 세(부가세 포함)
20 . . . ~ 20 . . .	원	원

특별소비세				주류면허			부가가치세 과세사업		인·허가 사업 여부			
제조	판매	장소	유흥	면허 번호	면허 신청		여	부	신고	등록	인·허가	기타
					여	부						

설립등기일 현재 기본 재무상황 등

자산 계	유동자산	고정자산	부채 계	유동부채	고정부채	종업원수
100,000천원	80,000천원	20,000천원	0천원	0천원	0천원	10명

210㎜×297㎜(신문용지 54g/㎡(재활용품))

(뒤 쪽)

4. 사업자등록신청 및 사업시 유의사항(아래 사항을 반드시 읽고 확인하시기 바랍니다)
가. 사업자등록 상에 자신의 명의를 빌려주는 경우 해당 법인에게 부과되는 각종 세금과 과세자료에 대하여 소명 등을 하여야 하며, 부과된 세금의 체납시 소유재산의 압류 · 공매처분, 체납내역 금융기관 통보, 여권발급제한, 출국규제 등의 불이익을 받을 수 있습니다. 나. 내국법인은 주주(사원)명부를 작성하여 비치하여야 합니다. 주주(사원)명부는 사업자등록신청 및 법인세 신고시 제출되어 지속적으로 관리되므로 사실대로 작성하여야 하며, 주주명의 대여시는 양도소득세 또는 증여세가 과세될 수 있습니다. 다. 사업자등록 후 정당한 사유 없이 6월이 경과할 때까지 사업을 개시하지 아니하거나 부가가치세 및 법인세를 신고하지 아니하거나 사업장을 무단 이전하여 실지사업여부의 확인이 어려울 경우에는 사업자등록이 직권으로 말소될 수 있습니다. 라. 실물거래 없이 세금계산서 또는 계산서를 교부하거나 수취하는 경우 「조세범처벌법」 제11조의2에 따라 해당 법인 및 대표자 또는 관련인은 3년 이하의 징역 또는 공급가액 및 그 부가가치세액의 2배 이하에 상당하는 벌금에 처하는 처벌을 받을 수 있습니다. 마. 신용카드 가맹 및 이용은 반드시 사업자 본인 명의로 하여야 하며 사업상 결제목적 이외의 용도로 신용카드를 이용할 경우 「여신전문금융업법」 제70조제2항에 따라 3년 이하의 징역 또는 2천만원 이하의 벌금에 처하는 처벌을 받을 수 있습니다.

신청인의 위임을 받아 대리인이 사업자등록신청을 하는 경우 아래 사항을 기입하여 주시기 바랍니다.				
대 리 인 인적사항	성 명		주민등록번호	
	주 소 지			
	전화 번호		신청인과의 관계	

신청구분	□ 사업자등록만 신청 □ 사업자등록신청과 확정일자를 동시에 신청 □ 확정일자를 이미 받은 자로서 사업자등록신청(확정일자 번호 :) □ 사업자단위 신고 · 납부 승인을 받은 사업자의 사업장 신설

신청서의 기입내용과 실제 사업내용이 일치함을 확인하고, 「법인세법」 제109조 · 제111조, 동법 시행령 제152조 · 제154조, 동법 시행규칙 제82조제3항제11호 및 「상가건물 임대차보호법」 제5조제2항의 규정에 의하여 법인설립신고, 사업자등록 및 확정일자를 신청합니다.

2013년 12월 11일

신 청 인 월롱(주) 대표이사 김한솔(서명 또는 인) 

세무서장 귀하

구비서류	1. 법인 등기부등본 1부 2. 정관 1부 3. 임대차계약서 사본(사업장을 임차한 경우에 한합니다) 1부 4. 「상가건물 임대차보호법」 의 적용을 받는 상가건물의 일부를 임차한 경우 해당부분 도면1부 5. 주주 또는 출자자명세서 1부 6 사업허가 · 등록 · 신고필증 사본(해당 법인에 한합니다) 또는 설립허가증사본(비영리법인에 한함) 7. 현물출자명세서(현물출자법인의 경우에 한합니다) 1부 8. 본점 등의 등기에 관한 서류(외국법인에 한합니다) 9. 지점등기부등본 또는 국내사업장의 사업영위내용을 입증할 수 있는 서류(외국법인에 한함)

기 준 일		주주등의 명세						법 인 명
2013년 12월3일 현재								월롱(주)
①성명 (법인명)	②주민등록번호 (사업자등록번호)	④전화 번호 (휴대전화)	지분 또는 출자관계				⑨ 대주주와의 관계	비 고
③주 소			⑤주식수	⑥주당 액면가액	⑦금 액	⑧지분율(%)		
김한솔	890711-1******	010-2854 -7559	20,000	1,000	20,000,000	20%	본인	대표이사
진주시 칠암동 531								
최두솔	871216-1******	010-9905 -0567	15.000	1,000	15,000,000	15%	타인	이사
진주시 칠암동 491-32								
지세솔	890503-1******	010-7109 -4793	13.000	1,000	13,000,000	13%	타인	이사
진주시 상대1동 244-41								
이네솔	911216-2******	010-6603 -0922	12,000	1,000	11,000,000	11%	타인	이사
진주시 칠암동 150-1								
강오솔	920810-2******	010-4128 -2682	11,000	1,000	12,000,000	12%	타인	이사
진주시 하대동 하대 대림아파트 1007호								
안육솔	891031-1******	010-4762 -5215	9,000	1,000	9,000,000	9%	타인	감사
부산시 수영구 망미 1동 453-15번지								
김하나	911117-2*****	010-7136 -0753	10,000	1,000	10,000,000	10%	타인	청약인
진주시 칠암동 110-3번지								
정두리	911030-2*****	010-2124 -3962	5,000	1,000	5,000,000	5%	타인	청약인
진주시 칠암동 35-1번지								
백세이	911111-1*****	010-2124 -3962	5,000	1,000	5,000,000	5%	타인	청약인
진주시 칠암동 233-23번지								
계			100,000	1000	100,000,000	100%		

210㎜×297㎜(신문용지 54g/㎡(재활용품)

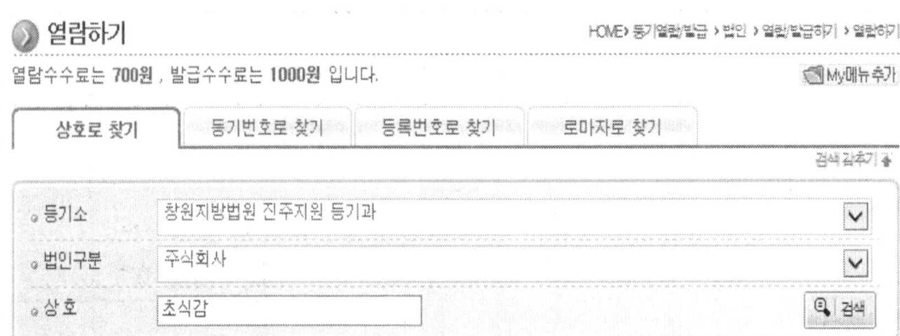

- 본 등기기록열람 화면을 통해 출력하신 등기기록은 법적인 효력이 없으므로 관공서 등에 제출할 수 없습니다.
- 법인구분(주식회사 등)을 포함하여 검색할 경우 검색어와 동일한 상호를 검색하며, 법인구분을 제외하여 상호명만 검색할 경우 두 자를 입력하면 검색어와 동일한 상호를 검색, 세 자 이상을 입력하면 검색어로 시작하는 상호를 모두 검색합니다.
- 법인구분을 모를 경우 전체 법인을 선택하십시오.
- 현재 등록된 결제대상을 보시려면 결제대상법인 목록보기를 누르세요.
- 인터넷등기소에서 등기기록 열람을 위해 결제하신 후 모바일 기기를 통해서도 열람하실 수 있습니다.

(!) **요청하신 상호가 존재하지 않습니다.**

통신판매업신고증

상　　　호 : 초식감(주)

소　재　지 : 경남 진주시 칠암동 130-8 번지

대　표　자 : 김용주

주민(법인)등록번호 : 890711-1******

전자상거래등에서의소비자보호에관한법률 제12조제1항, 동법 시행령 제13조제2항 및 동법시행규칙 제8조제2항의 규정에 의하여 통신판매업의 신고를 하였음을 증명합니다.

담당부서	건강식품과
책임자	김 용 주
담당자	이 창 희
연락처	055-749-2114

2013년 12월 10일

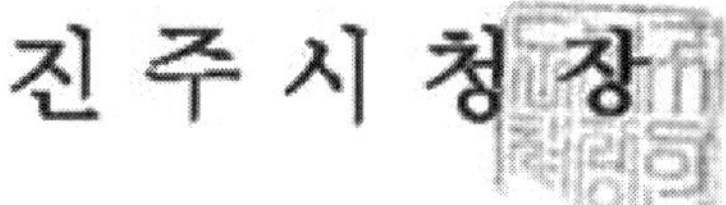

진 주 시 청 장

서비스표등록증

CERTIFICATE OF SERVICE MARK REGISTRATION

등록제 57-9999999호	출원번호 제 30119999999호
(REGISTRATION NUMBER)	출 원 일 2013년 11월 07일
	등 록 일 2013년 11월 15일

서비스표권자

(OWNER OF THE SERVICE MARK RIGHT)

김한솔(890711-2******)

경상남도 진주시 칠암동 531번지

서비스표를 사용할 서비스업 및 구분

(LIST OF SERVICES)

제 41 류

식품유통서비스업

위의 표장은 「상표법」에 의하여 서비스표등록원부에 등록되었음을 증명합니다.
(THIS IS TO OERT THAT THE SERVICE MARK IS REGISTERED ON THE REGISTER THE KOREAN INTELLECTUAL PROPERTY OFFICE.)

2013년 11월 15일

특 허 청

COMMISSIONER, THE KOREAN INTELLECTUAL PROPERTY OFFICE

〈발기설립 사례〉

주식회사설립등기신청

접수	2013년 11월 18일	처리인	접수	조사	기입	교합	각종 통지
	제 호						

등기의 목적	주식회사 설립
등기의 사유	정관을 작성하고 공증인의 인증을 발기인이 회사설립시에 발행하는 주식을 인수하고 주금납입을 완료하고 2013년 11월 30일 창립총회를 종결하였으므로 다음 사항의 등기를 구함.
본/지점 신청구분	1.본점신청 □ 2.지점신청 □ 3.본·지점 일괄신청 □
등 기 할 사 항	
상 호	월롱(주)
본 점	경남 진주시 상봉동 1091-1번지
공 고 방 법	진주시에서 발행하는 일간 서경신문에 게재한다.
1 주 의 금 액	금 100원
발 행 할 주식의 총수	1,000,000주
발행주식의 총수, 그 종류와 각종 주식의 내용과 수	보통주식 600,000주
자본의 총액	금 60,000,000원

등 기 할 사 항	
목 적	1. 여성 구두 제작업 2. 여성 구두 판매업 3. 여성 구두 유통업 4. 위 각호에 직접 간접적으로 관련된 부대사업 일체
이사.감사의 성명 및 주민등록번호	이사 서 한 솔 (920531-2845678) 이사 김 두 솔 (920915-2845679) 이사 배 세 솔 (930209-2845678) 이사 홍 네 솔 (920515-2856517) 감사 김 오 솔 (910416-2845678)
대표이사의 성명과 주소	대표이사 서 한 솔(920531-2845678) 경남 창원시 의창구 소답동 130-1 북창빌라 503호
지 점	경남 진주시 상봉동1091-1
존립기간 또는 해산사유	해당 없음
기 타 (주식의 양도에 관하여 이사회의 승인을 얻도록 정한 때에는 그 규정, 명의개서 대리인을 둔 때에는 그 상호와 본점 소재지 등)	第15조【주식의 양도제한】 주식을 양도하고자 하는 경우는 미리 이사회의 승인을 얻어야 한다.

신청등기소 및 등록세/수수료						
순번	신청등기소	구분	등록세	교육세	세액합계	등기신청수수료
1	상업등기소	본점	금240,000원	금48,000원	금288,000원	금20,000원
합 계			금240,000원	금48,000원	금288,000원	금20,000원
과세표준액		금 60,000,000 원		채권매입액	금 60,000 원	
채권발행번호(국민주택채권을 매입한 경우)				1111-11-1111-1111		
첨 부 서 면						
1.정 관 2.주식발행사항동의서 3.주식의 인수를 증명하는 서면 4.납입통지서 5.주금납입보관증명서 6.발기인회의사록 7.창립사항보고서 8.조사보고서				9.취임승낙서 (인감증명서포함) 10.이사회의사록(공증받은 것) 11.주민등록표등본 12.인감신고서 13.채권매입필증(도시철도채권 매입의 경우) 14.등록세영수필확인서 15.위임장 16.법인감카드발급신청서 〈기 타〉		

2013 년 11 월 18 일

신청인 상 호 월롱(주)
본 점 경남 진주시 상봉동 1091-1
대표이사 성 명 서한솔 (인) (전화 :)
주 소 경남 창원시 의창구 소답동 130-1 북창빌라 503호
대리인 성 명 법무사 윤월롱 (인) (전화 :)
주 소 경남 진주시 동진로 33
창원 지방법원 진주 지원 상업등기소 귀중

※등록세(자본금의 4/1,000), 교육세(등록세액의 20/100), 채권(자본금의 1/1,000)

※의사록 공증료(의사록 1개당 30,000원)

※정관 공증료(자본금 5천만원 기준 80,000원. 5천만원 증가시마다 25,000원 추가)

- 신청서 작성용령 및 등기수입증지 첨부란 -

1. 해당란이 부족할 때에는 별지를 이용합니다.
1. 해당 등기신청과 관계없는 사항에 대하여는 "해당없음" 으로 기재하거나 삭제하고, 필요한 사항은 추가 기재합니다.
1. 등기신청수수료 상당의 대법원등기수입증지를 이 난에 붙입니다.

「설 립 발 기 인 명 단」

성 명	주민등록번호	주 소	직업 또는 경 력	서 명 및 날 인
서한솔	920531-28*****	창원시 의창구 소답동 130-1 북창빌라 503호		
배세솔	930209-28*****	진주시 이현주공아파트 9동 508호		
김두솔	920915-28*****	진주시 칠암동 525-9번지 쉐르빌 303호		
홍네솔	920515-28*****	창원시 마산합포구 진동면 교동리 798-28		
김오솔	910416-28*****	진주시 가좌동 주공그린빌 111동 1206호		

정 관

제1장 총 칙

제1조 【상 호】

본 회사는 월롱(주)라 한다. 영문으로는 Rose shoes라 표기한다.

제2조 【목 적】

본 회사는 다음 사업을 경영함을 목적으로 한다.

1. 여성 구두 제작업
2. 여성 구두 판매업
3. 여성 구두 유통업
4. 위 각호에 직접 간접적으로 관련된 부대사업 일체

제3조 【본점의 소재지】

본 회사의 본점은 진주시에 둔다. 단, 이사회의 결의로 국내에 지점 및 제작공장, 현지 법인을 둘 수 있다.

제4조 【공고방법】

본 회사의 공고방법은 경상남도 진주시에서 발행하는 서경신문에 게재한다.

제2장 주식과 주권

제5조 【회사가 발행할 주식의 총수 및 각종 주식의 내용과 수】

본 회사가 발행할 주식의 총수는 1,000,000주로서, 우선주식 100,000주와 보통주식 900,000주로 한다.

제6조 【1주의 금액】

본 회사가 발행하는 주식 1주의 금액은 금100원으로 한다.

제7조 【회사의 설립 시 발행하는 주식총수】

본 회사가 회사설립 시에 발행하는 주식의 총수는 보통주식 600,000주로 한다.

제8조【주권의 종류】

본 회사가 발행하는 주권은 기명식으로서 1주권, 10주권, 100주권, 500주권, 1,000주권, 10,000주권 6종으로 한다.

제9조【주식의 종류, 수 및 내용】

① 본 회사는 보통주식과 우선주식을 발행할 수 있다.

② 제 5조의 발행예정주식총수 중 우선주식의 발행 한도는 100,000주로 한다.

③ 우선주식에 대한 최저 배당률은 연 액면금액의 8%로 한다.

④ 우선주식에 대하여 제3항의 규정에 의하여 배당을 하고, 보통 주식에 대하여 배당을 한 후, 잔여 배당가능이익이 있으면 보통주식과 우선주식에 대하여 동등한 비율로 배당한다.

⑤ 우선주식에 대하여 제3항의 규정에 배당을 하지 못한 사업연도가 있는 경우에는 미배당분은 누적하여 다음 사업연도의 배당 시에 우선하여 배당한다.

⑥ 우선주식의 주주는 의결권이 없는 것으로 한다. 다만 우선주식의 주주는 우선주식에 대하여 소정의 배당을 하지 아니한다는 결의가 있는 총회의 다음 총회부터 그 우선적 배당을 한다는 결의가 있는 총회의 종료 시까지는 의결권이 있다.

⑦ 우선주식은 발행일로부터 3년이 경과하면 보통주식으로 전환된다. 다만, 위 기간 중 소정의 배당을 하지 못한 경우에는 소정의 배당이 완료될 때까지 그 기간은 연장된다.

⑧ 제7항의 규정에 의해 발행되는 신주에 대한 이익의 배당에 관하여는 제14조의 규정을 준용한다.

제10조【주금납입의 지체】

주금 납입을 지체한 주주는 납입기일 다음날부터 납입이 끝날 때까지 지체 주금 100원에 대하여 일변 10전의 비율로서 과태금을 회사에 지급하고 또 이로 인하여 손해가 생겼을 때는 그 손해를 배상하여야 한다.

제11조【신주인수권】

주주는 회사가 신주식을 발행함에 있어 그가 소유한 주식 수에 비례하여 신주를 배정받을 권리를 가진다. 그러나 신주인수권을 포기 또는 상실하거나 신주배정에서 단주가 발생하는 경우 그 처리 방법은 이사들의 합의 또는 대표이사의 결정에 의한다.

제12조【시가발행】

본 회사는 신주를 발행함에 있어서 그 일부 또는 전부를 시가로 발행할 수 있으며 그 발행가액은 이사들의 합의 또는 대표이사가 결정한다.

제13조【주식매수선택권】

① 본 회사는 임직원에게 발행주식총수의 100분의 10의 범위내에서 주식매수선택권을 주주총회의 결의로 회사의 이사를 제외한 자에 대하여 주식매수선택권을 부여할 수 있다.

② 이사회의 결의로 주식매수선택권을 부여한 경우 회사는 부여 후 처음으로 소집되는 주주총회의 승인을 받아야 한다.

③ 주주총회 또는 이사회 결의에 의해 부여하는 주식매수선택권은 경영성과목표 또는 시장지수 등에 연동하는 성과연동형으로 할 수 있다.

④ 주식매수선택권을 부여 받을 자는 회사의 설립·경영·해외영업 또는 기술혁신 등에 기여하거나 기여할 수 있는 자로 한다.

⑤ 주식매수선택권의 행사로 교부할 주식은 기명식 보통주식으로 한다.

⑥ 주식매수선택권의 부여대상이 되는 임직원의 수는 재직하는 임직원의 100분의 25를 초과할 수 없고, 임직원 1인에 대하여 부여하는 주식매수선택권은 발행주식총수의 100분의 10을 초과할 수 없다.

⑦ 주식매수선택권은 제1항의 결의일로부터 2년이 경과한 날로부터 5년내에 행사할 수 있다.

⑧ 주식매수선택권을 부여 받은 자는 제1항의 결의일로부터 2년 이상 재임 또는 재직하여야 행사할 수 있다. 다만, 주식매수선택권을 부여 받은 자가 제1항의 결의일로부터 2년 내에 사망하거나 정년으로 인한 퇴임 또는 퇴직 기타 본인의 귀책사유가 아닌 사유로 퇴임 또는 퇴직한 경우에는 그 행사기간 동안 주식매수선택권을 행사할 수 있다.

⑨ 다음 각 호의 어느 하나에 해당하는 경우에는 이사회의 결의로 주식매수선택권의 부여를 취소할 수 있다.

1. 주식매수선택권을 부여 받은 임직원이 본인의 의사에 따라 퇴임하거나 퇴직한 경우
2. 주식매수선택권을 부여 받은 임직원이 고의 또는 과실로 회사에 중대한 손해를 입힌 경우
3. 회사의 파산 또는 해산 등으로 주식매수선택권의 행사에 응할 수 없는 경우
4. 기타 주식매수선택권 부여계약에서 정한 취소사유가 발생한 경우

제14조 【신주의 배당기산일】

회사가 유상증자, 무상증자 및 주식배당에 의하여 발행한 신주에 대한 이익의 배당에 관하여는 신주를 발행한 때가 속하는 영업연도의 직전 영업연도 말에 발행된 것으로 본다.

제15조 【주식의 양도제한】

주식을 양도하고자 하는 경우는 미리 이사회의 승인을 얻어야 한다.

제16조 【주권의 명의개서 및 명의개서대리인 등】

① 제15조의 이사회의 승인에 따라 주식의 양도로 인하여 명의개서를 청구할 때에는 본 회사 소정의 청구서에 주권을 첨부하여 제출해야 한다. 상속, 유증 기타 계약 이외의 사유로 인하여 명의개서를 청구할 때에는 본 회사 소정의 청구서에 주권 및 취득원인을 증명하는 서류를 첨부하여 제출하여야 한다.

② 본 회사는 주주명부의 기재에 관한 사무를 처리하기 위하여 명의개서대리인을 둘 수 있다.

③ 명의개서대리인 및 그 사무취급상소와 대행업무의 범위는 이사들의 합의로 정하고 이를 공고한다.

④ 본 회사는 주주명부 또는 그 복본을 명의개서대리인의 사무취급 장소에 비치하고, 주식의 명의개서, 제18조 규정에도 불구하고 질권의 등록 또는 말소, 신탁재산의 표시 또는 말소, 주권의 발행 신고의 접수, 기타 주식에 관한 사무는 명의개서대리인이 할 수 있다.

⑤ 제4항의 사무취급에 관한 절차는 명의개서대리인의 유가증권의 명의개서대행등에 관한 규정에 따른다.

제17조【주식의 소각】

① 본 회사는 주주총회의 결의로 발행한 주식총수의 10/100 범위 내에서 주주에게 배당할 이익으로 주식을 소각할 수 있다.

② 제1항의 규정에 의한 주식의 소각은 회사가 자기주식을 취득하여 소각하는 방법으로 한다.

제18조【질권의 등록 및 신탁재산의 표시】

본 회사의 주식에 관하여 질권의 등록 또는 신탁재산의 표시를 청구함에 있어서는 본 회사가 정하는 청구서에 당사자가 기명날인하고 이에 주권을 첨부하여 제출하여야 한다. 그 등록 또는 표시의 말소를 청구함에 있어서도 같다.

제19조【주권의 재발행】

① 주권의 분할, 병합, 오손 등의 사유로 인하여 주권의 재발행을 청구함에 있어서는 본 회사가 정하는 청구서에 기명날인하고 이에 구 주권을 첨부하여 제출하여야 한다.

② 주권의 상실로 인하여 그 재발행을 청구함에 있어서는 본 회사가 정하는 청구서에 기명날인하고 이에 제권판결의 정본 또는 등본을 첨부하여 제출하여야 한다.

제20조【수수료】

제16조와 제18조 그리고 제19조에서 정하는 청구를 하는 자는 본 회사가 정하는 수수료를 납부하여야 한다.

제21조【주주명부의 폐쇄】

① 이 회사는 매 결산기 최종일의 익일부터 그 기에 관한 정기주주총회 종료일까지 주식의 명의개서, 질권의 등록 또는 말소와 신탁재산의 표시 또는 말소를 정지한다.

② 이 회사는 매 결산기 최종일의 주주명부에 기재되어 있는 주주로 하여금 그 권리를 행사하게 한다.

③ 임시주주총회의 소집, 기타 필요한 경우에는 이사들의 합의에 의하여 이를 2주간 전에 공고한 후 3월을 초과하지 않는 일정한 기간에 걸쳐 명의개서 등을 정지하거나 기준일을 정할 수 있다.

제22조【주주의 주소 등의 신고】

본 회사의 주주 및 등록된 질권자 또는 그 법정대리인이나 대표자는 본 회사가 정하는 서식에 의하여 그의 성명, 주소와 인감을 본 회사에 신고하여야 한다. 신고사항에 변경이 있는 때에도 또한 같다.

제3장 사 채

제23조【사채의 발행】

본 회사는 최종의 재무상태표에 의하여 회사에 현존하는 순자산총액의 4배를 초과하지 않는 범위 내에서 주주총회의 결의로 주주 및 주주 외의 자에게 사채, 전환사채, 신주인수권부사채, 이익배당참가부사채 및 교환사채를 발행할 수 있다.

제24조【전환사채의 발행】

① 본 회사는 다음 각 호의 경우에 주주 외의 자에게 전환사채를 발행할 수 있다.

1. 전환사채를 일반공모의 방법으로 발행하는 경우.
2. 경영상 필요로 외국인투자촉진법에 의한 외국인투자를 위하여 전환사채를 발행하는 경우.
3.상법 제513조 제3항 후단의 규정에 따라 신기술의 도입, 재무구조 개선 등 회사의 경영상 목적을 달성하기 위하여 전환사채를 발행하는 경우.

② 전환사채의 총액, 전환의 조건, 전환으로 발생할 주식의 내용, 전환을 청구할 수 있는 기간 등은 주주총회의 결의로 정한다.

③ 전환으로 인하여 발행하는 신주에 대한 이익의 배당과 전환사채에 대한 이자의 지급에 대하여는 제14조의 규정을 준용한다.

제25조【신주인수권부사채의 발행】

① 본 회사는 제25조 1항 각 호에 해당하는 경우 주주총회의 결의로 신주인수권부사채를 주주외의 자에게 발행할 수 있다.

② 신주인수권부사채의 총액, 신주인수권부사채에 부여된 신주인수권의 내용, 신주인수권의 행사기간, 주주 및 주주 외의 자에게 신주인수권을 준다는 뜻과 신주인수권부사채의 총액, 신주인수권행사로 발행할 주식의 종류는 주주총회의 결의로 정한다.

③ 신주인수권의 행사로 인하여 발행하는 신주에 대학 이익의 배당과 전환사채에 대한 이자의 지급에 대하여는 제14조의 규정을 준용한다.

제26조【사채발행에 관한 준용규정】

이 정관에서 정한 주주명부 폐쇄 및 기준일, 주주의 성명 및 인감신고 등의 규정은 사채발행의 경우에 준용한다.

제4장 주주총회

제27조 【소 집】

① 회사의 주주총회는 정기주주총회와 임시주주총회로 한다.

② 본 회사의 정기주주총회는 영업연도 말일의 다음날부터 3개월 이내에 소집하고 임시주주총회는 필요한 경우에 수시 소집한다.

③ 총회의 소집은 법령에 다른 규정이 있는 경우를 제외하고는 이사들의 합의에 의하여 대표이사가 소집한다.

④ 대표이사의 유고시는 직제순위에 따라 다음 직제순위에 있는 임원이 직무 대행자로서 소집한다.

제28조 【소집통지】

① 주주총회를 소집함에는 그 일시, 장소 및 회의의 목적사항을 총회일 10일 전에 기명주주에게 서면 또는 전자문서로 통지를 발송하여야 한다.

② 회사는 제1항의 소집통지서에 주주가 서면 또는 전자문서에 의한 의결권을 행사하는데 필요한 서면 또는 전자문서의 참고자료를 첨부하여야 한다.

③ 회사가 제1항의 규정에 의한 소집통지를 함에 있어 회의의 목적사항이 이사의 선임에 관한 사항인 경우에는 이사후보자의 성명•약력 등 증권거래법 시행령이 정하는 후보자에 관한 사항을 통지하여야 한다.

④ 회사가 제1항에 따라 주주총회의 소집통지를 하는 경우에는 증권거래법 제191조의10 제3항에서 규정하는 회사의 경영참고사항을 통지 또는 공고하여야 한다. 이 경우 회사의 경영참고사항을 정보통신망에 게재하고, 회사의 본•지점, 명의개서대행회사, 금융감독위원회, 한국증권업협회에 비치하는 경우에는 통지 또는 공고에 갈음할 수 있다.

⑤ 의결권이 있는 발행주주총수의 100분의 1이하의 주식을 소유한 주주에 대한 소집통지는 2주간 전에 주주총회를 소집한다는 뜻과 회의 목적사항을 서울특별시에서 발행하는 한겨레신문에 2회이상 공고하거나 금융감독원 또는 한국거래소가 운용하는 전자공시시스템에 공고함으로써 제1항의 소집통지에 갈음할 수 있다.

제29조 【소집지】

주주총회는 본점소재지에서 개최하되, 필요에 따라 이의 인접지역에서도 개최할 수 있다.

제30조 【의 장】

대표이사가 주주총회의 의장이 된다. 그러나 대표이사 유고시에는 임원 중 직제순위에 따라 대표이사의 다음지위에 있는 임원이 의장이 된다.

제31조【의장의 질서유지권 등】

① 주주총회의 의장은 주주총회에서 의사진행을 고의로 방해하기 위한 발언, 기타 유형력의 행사로 질서를 문란하게 하는 자에게 그 발언의 정지 또는 퇴장을 명할 수 있다.

② 주주총회의 의장은 원활한 의사진행을 위하여 필요하다고 인정할 때에는 주주의 발언 시간과 회수를 제한할 수 있다.

제32조【주주총회의 결의 및 의결정족수】

① 주주총회의 의결정족수는 본 회사가 발행한 의결권 있는 주식총수의 과반수에 해당하는 주식을 가진 주주의 출석으로 한다.

② 법률 및 정관의 다른 정함이 있는 경우를 제외하고는 다음의 경우는 출석주식 총수의 과반수의 찬성으로 한다.

1. 이익배당
2. 상법 제447조의 2, 동법 제540조에 규정된 재무제표 및 보고서의 승인
3. 이사 및 감사의 선임
4. 이사 및 감사의 급여, 상여금 기타보수 및 퇴직금의 결정
5. 기타 법률의 규정에 의하여 주주총회의 의결을 요하는 사항

③ 다음 사항은 출석한 주주의 의결권의 3분의2 이상의 수와 발행주식 총수의 3분의1 이상의 수로써 하여야 한다.

1. 정관변경
2. 수권자본의 증가
3. 회사의 합병, 분할, 분할합병, 해산, 청산 또는 회사정리법에 따른 회사정리
4. 본 회사의 영업 및 자산의 전부 또는 2분의1 이상의 양도, 또는 다른 회사의 영업 및 자산의 전부 또는 2분의1 이상의 양수
5. 이사, 감사의 해임
6. 청산인의 선임 및 해임
7. 자본의 감소
8. 주식매수선택권을 부여받을 자의 성명, 주식매수선택권의 부여방법, 주식매수선택권의 행사가격 및 행사기간, 주식매수선택권을 부여받을 자 각각에 대하여 주식매수 선택권의 행사로 교부할 주식의 종류 및 수
9. 기타 법령의 규정에 의한 경우

제33조【의결권】

주주의 의결권은 1주마다 1개로 한다.

제34조【상호주에 대한 의결권 제한】

회사, 회사와 회사의 자회사 또는 회사의 자회사가 다른 회사의 발행주식 총수의 10분의 1을 초과하는 주식을 가지고 있는 경우, 그 다른 회사가 가지고 있는 이 회사의 주식은 의결권이 없다.

제35조【의결권의 불통일 행사】

① 2 이상의 의결권을 가지고 있는 주주가 의결권의 불통일행사를 하고자 할 때에는 회일의 3일전에 회사에 대하여 서면으로 그 뜻과 이유를 통지하여야 한다.

② 회사는 주주의 의결권의 불통일행사를 거부할 수 있다. 그러나 주주가 주식의 신탁을 인수하였거나 기타 타인을 위하여 주식을 가지고 있는 경우에는 그러하지 아니하다.

제36조【의결권의 행사】

① 주주는 총회에 출석하지 아니하고 서면에 의하여 의결권을 행사하거나 대리인에게 투표를 위임하지 않고, 전자서명 등 본인인증제도를 통해 인터넷에 접속하여 직접 의결권을 행사할 수 있다.

② 서면에 의하여 의결권을 행사하고자 하는 주주는 의결권행사에 관한 서면에 필요한 사항을 기재하여, 회일의 전일까지 회사에 제출하여야 한다.

③ 전자문서에 의하여 의결권을 행사하고자 하는 주주는 의결권행사에 관한 전자문서에 필요한 사항을 기재하여, 회일의 전일까지 회사에 제출하여야 한다.

④ 주주는 대리인으로 하여금 그 의결권을 행사하게 할 수 있으며, 이 경우 대리인은 주주총회 개시 전에 그 대리권을 증명하는 서면(위임장)을 제출하여야 한다.

제37조【주주총회의 결의방법】

주주총회의 결의는 법령과 정관에 다른 정함이 있는 경우를 제외하고는 출석한 주주의 의결권의 과반수와 발행주식 총수의 4분의 1 이상의 수로써 한다.

제38조【총회의 의사록】

① 주주총회의 의사에는 의사록을 작성하여야 한다.

② 주주총회 의사록에는 의사의 경과 요령과 그 결과를 기재하고 의장과 출석한 이사가 기명날인 또는 서명하여 본점에 보존, 비치한다.

제5장 임 원

제39조【이사의 원수 및 선임】

① 본 회사의 이사는 2인이상 5인이하로 한다.

② 이사는 주주총회에서 선임한다.

제40조【이사의 임기】

① 이사의 임기는 취임 후 3년으로 한다.

② 이사의 임기가 재임 중 최종의 결산기에 관한 정기 주주총회의 종결 전에 끝날 때는 그 총회종결에 이르기까지 그 임기를 연장한다.

제41조【임원의 보선】

① 이사가 결원되었을 때는 임시주주총회를 소집하여 보궐 선임한다. 그러나 잔여 임원의 법정인원수가 충족되고 또한 업무집행상 지장이 없을 때는 보궐 선임을 보류하거나 다음 정기 주주총회 시까지 연기할 수 있다.

② 보궐 또는 증원에 의하여 선임된 이사의 임기는 전임자의 잔여기간으로 한다.

제42조【대표이사】

대표이사는 본 회사를 대표하고 대표이사가 수 명일 때는 각자 회사를 대표하되 이사회의 결의로 공동대표 규정을 정할 수 있다.

제43조【대표이사의 선임】

대표이사는 이사회의 결의로 선임한다.

제44조【업무집행】

① 대표이사는 본 회사의 업무를 총괄하고 이사는 대표이사를 보좌하여 그 업무를 분장한다.

② 대표이사가 유고시에는 임원의 직제순위에 따라 다음 직위에 있는 임원이 대표이사의 직무를 대행한다.

제45조【이사의 자격주】

이사는 이 회사의 주식을 50,000주 이상 보유하여야 한다.

제46조【이사의 의무】

① 이사는 법령과 정관의 규정에 따라 선량한 관리자의 주의로서 회사를 위하여 그 직무를 수행하여야 한다.

② 이사는 회사에 현저하게 손해를 미칠 염려가 있는 사실을 발견한 때에는 즉시 이를 임시주주총회에 보고 하여야 한다.

③ 이사는 재임 중뿐만 아니라 퇴임 후에도 직무상 취득한 회사의 영업상 비밀을 누설하여서는 아니 된다.

제47조【이사의 보수와 퇴직금】

① 이사의 보수는 주주총회의 결의로 이를 정한다.

② 이사의 퇴직금의 지급은 주주총회결의를 거친 임원퇴직금지급규정에 의한다.

제6장 이사회

제48조【이사회】

① 본 회사는 이사회를 둘 수 있다.

② 본 회사의 이사는 이사회를 조직하여 매월 최초의 월요일에 정기이사회를 원칙으로 하고, 필요에 따라 수시로 임시이사회를 개최할 수 있다.

③ 이사회는 동영상과 음성을 동시 송수신하는 통신수단으로 개최할 수 있다.

④ 이사가 비디오 동영상 회의가 불가능한 곳으로 출장을 간 경우에는 음성회의수단으로 이사회를 개최할 수 있다.

제49조【이사회의 소집】

이사회는 대표이사 또는 이사회에서 따로 정한 이사가 있는 때에는 그 이사가 회일의 일주 전에 각 이사 및 감사에게 통지하여 소집한다. 그러나 이사 및 감사의 동의가 있는 때에는 소집절차를 생략할 수 있다.

제50조【이사회 의결사항】

이사회는 다음 사항을 의결한다.

① 최초사업계획의 수정

② 연간사업계획, 예산, 결산에 관한 사항

③ 정관변경안의 채택

④ 대표이사의 선임과 해임

⑤ 지점, 사무소의 설치 및 폐쇄, 자회사의 설립

⑥ 자금의 차입. 단, 일정범위를 별도규정으로 정하여 대표이사에게 위임할 수 있다.

⑦ 주요 사규의 제정 및 개폐에 관한 사항

⑧ 회사의 합병, 분할, 분할합병, 조직변경, 회사정리절차, 화의절차의 신청 또는 해산, 청산에 관한 사항

⑨ 주주총회의 소집 및 제출안건에 관한 사항

⑩ 자본증가에 관한 사항

⑪ 주요 자산의 취득 및 처분에 관한 사항

⑫ 주요 소송의 제기 및 합의에 관한 사항

⑬ 이사의 겸업허용

⑭ 주식의 양도승인

⑮ 주식매수선택권의 부여의 취소

⑯ 기타 합작투자계약서 및 정관에서 이사회의 승인 또는 결의사항으로 정하고 있는 사항

⑰ 기타 중요하다고 인정되는 사항

제51조【이사회의 결의】

① 이사회의 결의 방법은 이사 과반수의 출석과 출석이사 과반수로 한다. 단, 전환사채의 발행, 신주인수권부사채의 발행은 이사 과반수의 출석과 출석이사 3분의 2의 찬성으로 정힌다.

② 이사회 결의에 특별한 이해관계가 있는 이사는 의결권을 행사하지 못한다.

제7장 감 사

제52조【감사의 수】

① 회사는 1인 이상 3인 이내의 감사를 둘 수 있다.

② 감사를 둘 경우 1인 이상은 상근으로 한다.

제53조【감사의 선임】

① 감사는 주주총회에서 선임한다.

② 감사의 선임을 위한 의안은 이사의 선임을 위한 의안과는 별도로 상정하여 의결하여야 한다.

③ 감사의 선임은 출석한 주주의 의결권의 과반수로 하되 발행주식총수의 4분의 1 이상의 수로 하여야 한다. 그러나 의결권 있는 발행주식총수의 100분의 3을 초과하는 수의 주식을 가진 주주는 그 초과하는 주식에 관하여 감사의 선임에는 의결권을 행사하지 못한다. 다만, 소유주식수의 산정에 있어 최대주주와 그 특수관계인, 최대주주 또는 그 특수관계인의 계산으로 주식을 보유하는 자, 최대주주 또는 그 특수관계인에게 의결권을 위임한 자가 소유하는 의결권 있는 주식의 수는 합산한다.

제54조【감사의 임기와 보선】

① 감사의 임기는 취임후 3년 내의 최종의 결산기에 관한 정기주주총회 종결시까지로 한다.

② 감사중 결원이 생긴 때에는 주주총회에서 이를 선임한다. 그러나 정관 제52조에서 정하는 원수를 결하지 아니하고 업무수행상 지장이 없는 경우에는 그러하지 아니한다.

제55조【감사의 직무】

① 감사는 본 회사의 업무 및 회계를 감사한다.

② 감사는 언제든지 이사에 대하여 영업에 관한 보고를 요구하거나 회사의 영업과 재산상태를 조사할 수 있다.

③ 감사는 감사에 관하여 감사록을 작성하여야 하며, 감사록에는 감사의 실시요령과 그 결과를 기재하고 감사를 실시한 감사의 기명날인 또는 서명을 하여야 한다.

제56조【감사록】

감사는 감사에 관하여 감사록을 작성하여야 하며, 감사록에는 감사의 실시요령과 그 결과를 기재하고 감사를 실시한 감사가 기명날인 또는 서명하여야 한다.

제57조【감사의 보수와 퇴직금】

① 감사의 보수와 퇴직금에 관하여는 제47조의 규정을 준용한다.

② 감사의 보수를 결정하기 위한 의안은 이사의 보수결정을 위한 의안과 구분하여 상정·의결하여야 한다.

제8장 계 산

제58조【영업연도】

본 회사의 영업연도는 매년 1월 1일부터 12월 31일까지로 한다.

제59조【재무제표 등의 작성비치】

① 본 회사의 대표이사는 정기총회 회일 6주 전에 다음 서류 및 그 부속명세서와 영업보고서를 작성하여 정기총회에 제출하여야 한다.

1. 재무상태표
2. 포괄포괄손익계산서
3. 자본변동표
4. 현금흐름표
5. 주석

② 제1항의 서류는 정기총회 2주 전부터 본 회사의 본점과 지점에 비치하여야 하고, 총회의 승인을 얻었을 때에는 그 중 재무상태표를 지체 없이 공고하여야 한다.

제60조【이익금의 처분】

매기 총수익금에서 총지출금을 공제한 잔액을 이익금으로 하여 이를 다음과 같이 처분한다.

1. 이익준비금 금전에 의한 이익배당액의 10분의 1이상
2. 별도적립금 약간
3. 주주배당금 약간
4. 임원상여금 약간
5. 후기이월금 약간
6. 임의 적립금

제61조【이익 배당】

이익배당금은 금전, 현물 또는 주식으로 하며, 매 결산기 말일현재 주주명부에 기재된 주주 또는 질권자에게 지급한다.

제62조【배당금지급청구권 소멸시효】

배당금지급청구권은 5년간 이를 행사하지 아니하면 소멸시효가 완성된다. 소멸시효 완성으로 인한 배당금은 본 회사에 귀속한다.

부 칙

제63조【내부 규정】

① 본 회사는 필요에 따라 이사들의 합의 또는 대표이사의 결정에 의해 업무수행 및 경영상 필요한 세칙 등 내규를 정할 수 있다.

② 최초의 영업연도

본 회사의 최초의 영업연도의 시점은 회사설립일로부터 당해연도 12월 31일까지로 한다.

③ 발기인의 성명, 주소 등

본 회사 발기인의 성명, 주민등록번호 및 주소는 이 정관 말미의 기재와 같다.

이상과 같이 정관을 작성하고 발기인이 이에 서명 또는 기명날인 한다.

2013년 11월 13일

발 기 인 : 서한솔 (인)
주민번호 : 920531-28*****
주 소 : 창원시 의창구 소답동 130-1번지
북창빌라 503호

발 기 인 : 배세솔 (인)
주민번호 : 930209-28*****
주 소 : 진주시 이현주공아파트 9동 508호

발 기 인 : 김두솔 (인)
주민번호 : 920915-28*****
주 소 : 진주시 칠암동 525-9번지 쉐르빌 303호

발 기 인 : 홍네솔 (인)
주민번호 : 920515-28*****
주 소 : 창원시 마산합포구 진동면 교동리 798-28

발 기 인 : 김오솔 (인)
주민번호 : 910416-28*****
주 소 : 진주시 가좌동 주공그린빌 111동 1206호
(발기인 전원이 기명날인함)

< 월롱(주) 발기인 구비서류 >

1. 발기인 서한솔 : 인감증명서 첨부, 주민등록등본 첨부
인감도장

2. 발기인 배세솔 : 인감증명서 첨부, 주민등록등본 첨부
인감도장

3. 발기인 김두솔 : 인감증명서 첨부, 주민등록등본 첨부
인감도장

4. 발기인 홍네솔 : 인감증명서 첨부, 주민등록등본 첨부
인감도장

5. 발기인 김오솔 : 인감증명서 첨부, 주민등록등본 첨부
인감도장

주식발행사항 동의서

발기인 전원의 동의로 회사 설립시에 발행할 주식에 관한 사항을 다음과 같이 결정함.

1. 주식의 종류와 수

보통주식 600,000주

위 동의를 확실히 하기 위하여 발기인 전원이 다음에 기명(또는 서명) 날인함.

서기 2013년 11월 13일

월롱(주)

발 기 인 : 서 한 솔 (인)

발 기 인 : 김 두 솔 (인)

발 기 인 : 배 세 솔 (인)

발 기 인 : 홍 네 솔 (인)

발 기 인 : 김 오 솔 (인)

주 식 인 수 증

상 호	월롱(주)
인수할 주식의 종류와 수	보통주식 200,000주
위 총 액	금 20,000,000원
1 주 의 금 액	금 100원
납 입 기 관 및 장 소	국민은행 진주지점

위의 주식을 발기인으로 인수합니다.

서기 2013년 11 월 13일

발기인 서 한 솔

월롱(주) 발기인대표 서한솔 귀하

주 식 인 수 증

상 호	월롱(주)
인수할 주식의 종류와 수	보통주식 100,000주
위 총 액	금 10,000,000원
1 주 의 금 액	금 100원
납 입 기 관 및 장 소	국민은행 진주지점

위의 주식을 발기인으로 인수합니다.

서기 2013년 11월 13일

발기인 배 세 솔

월롱(주) 발기인대표 서한솔 귀하

주 식 인 수 증

상 호	월롱(주)
인수할 주식의 종류와 수	보통주식 100,000주
위 총 액	금 10,000,000원
1 주 의 금 액	금 100원
납 입 기 관 및 장 소	국민은행 진주지점

위의 주식을 발기인으로 인수합니다.

서기 2013년 11월 13일

발기인 김 두 솔

월롱(주) 발기인대표 서한솔 귀하

주 식 인 수 증

상 호	월롱(주)
인수할 주식의 종류와 수	보통주식 100,000주
위 총 액	금 10,000,000원
1 주 의 금 액	금 100원
납 입 기 관 및 장 소	국민은행 진주지점

위의 주식을 발기인으로 인수합니다.

서기 2013년 11월 13일

발기인 홍 네 솔

월롱(주) 발기인대표 서한솔 귀하

주 식 인 수 증

상 호	월롱(주)
인수할 주식의 종류와 수	보통주식 100,000주
위 총 액	금 10,000,000원
1 주 의 금 액	금 100원
납 입 기 관 및 장 소	국민은행 진주지점

위의 주식을 발기인으로 인수합니다.

서기 2013년 11월 13일

발기인 김 오 솔

월롱(주) 발기인대표 서한솔 귀하

납 입 통 지 서

귀하께옵서 인수하신 본 회사 주식에 대한 납입금 20,000,000원을 서기 2013년 11월 25일까지 다음 은행에 납입하여 주시길 바라와 이에 통지합니다.

국민은행 진주지점

납입장소 : 진주시 중앙동 589-2

서기 2013 년 11 월 18 일

월롱(주) 발기인대표 시한솔

주식인수인 서한솔 귀하

납 입 통 지 서

귀하께옵서 인수하신 본 회사 주식에 대한 납입금 10,000,000원을 서기 2013년 11월 25일까지 다음 은행에 납입하여 주시길 바라와 이에 통지합니다.

국민은행 진주지점

납입장소 : 진주시 중앙동 589-2

서기 2013 년 11 월 18 일

월롱(주) 발기인대표 서한솔

주식인수인 배세솔 귀하

납 입 통 지 서

귀하께옵서 인수하신 본 회사 주식에 대한 납입금 10,000,000원을 서기 2013년 11월 25일까지 다음 은행에 납입하여 주시길 바라와 이에 통지합니다.

국민은행 진주지점

납입장소 : 진주시 중앙동 589-2

서기 2013 년 11 월 18 일

월롱(주) 발기인대표 서한솔

주식인수인 김두솔 귀하

납 입 통 지 서

귀하께옵서 인수하신 본 회사 주식에 대한 납입금 10,000,000원을 서기 2013년 11월 25일까지 다음 은행에 납입하여 주시길 바라와 이에 통지합니다.

국민은행 진주지점

납입장소 : 진주시 중앙동 589-2

서기 2013 년 11 월 18 일

월롱(주) 발기인대표 서한솔

주식인수인 홍네솔 귀하

납 입 통 지 서

귀하께옵서 인수하신 본 회사 주식에 대한 납입금 10,000,000원을 서기 2013년 11월 25일까지 다음 은행에 납입하여 주시길 바라와 이에 통지합니다.

국민은행 진주지점

납입장소 : 진주시 중앙동 589-2

서기 2013 년 11 월 18 일

월롱(주) 발기인대표 서한솔

주식인수인 김오솔 귀하

주금납입보관증명서

일 금 : 육천만원정 (₩ 60,000,000)

신주식발행총수 : 600,000 주

1 주의 금액 : 금 100 원

위 금액은 귀 회사의 설립 시에 발행하는 주식총수에 대한 납입금으로서 2013년 11월 18일 납입이 완료되어 현재 이를 보관중임을 증명함.

2013. 11. 25.

월룡(주) 발기인대표 서한솔 귀하

발 기 인 회 의 사 록

서기 2013년 11월 30일 14시 경남 진주시 상봉동 1091-1번지 본점 회의실에서 다음과 같이 창립총회를 개최하다.

주식의 총수 600,000주 주주의 총수 5명

출석 주주 수 5명 출석 주식 수 600,000주

발기인 대표는 위와 같이 상법 제309조 소정 수에 달하게 주주가 출석하였으므로 본 총회는 적법하게 성립됨을 고하고, 의사를 진행하기 전에 의장을 선임할 것을 구한 바 주주전원 만장일치로 발기인대표를 의장으로 선임한 즉 동인은 그 취임을 승낙하고 의장석에 등단하여 개회를 선언하고 다음 의안의 심의를 구하다.

제1호 의안 : 창립사항 보고에 관한 건

의장은 발기인을 대표하여 별지 창립사항 보고서와 같이 본 창립총회까지의 경과를 소상히 설명, 보고한 바 전원일치로 이를 승낙하다.

제2호 의안 : 정관 승인의 건

의장은 정관을 낭독하고 축조 설명을 가한 후 그 가부를 물은 바 전원일치로 원안대로 승인하다.

제3호 의안 : 이사 선임의 건 및 보수 결정의 건

의장은 이사의 선임방법을 물은 즉 이사 4명은 무기명투표로 선출하기로 전원 의견 일치되어 즉시 투표한 결과 다음과 같이 선출되다.

이사 서 한 솔
이사 배 세 솔
이사 김 두 솔
이사 홍 네 솔

위 피선임자 등은 즉석에서 그 취임을 승낙하다.

의장은 보수 결정에 대하여 2013년도는 이사들의 합의로 회사의 경영 상태에 따라 결정하기로 하고 일단은 무임으로 하기로 전원 일치 동의하에 결정하다.

제4호 의안 : 감사 선임의 건 및 보수 결정의 건

의장은 감사의 선임방법을 물은 즉 감사 1명은 무기명투표로 선출하기로 전원 의견 일치되어 즉시 투표한 결과 다음과 같이 선출되다.

감사 김 오 솔

위 피선임자 등은 즉석에서 그 취임을 승낙하다.

의장은 보수 결정에 대하여 2013년도는 이사들의 합의로 회사의 경영 상태에 따라 결정하기로 하고 일단은 무임으로 하기로 전원 일치 동의하에 결정하다.

제5호 의안 : 상법 제313조 소정사항 조사보고의 건

의장은 상법 제313조 소정사항을 이사, 감사가 조사보고 하여야 할 것인 바, 이사와 감사 모두는 발기인이었던 관계로 의장이 공증인에게 조사의뢰하여 보고하기로 하고 이를 전원 찬성하다. 이에 의장은 공증인 김나영에게 조사의뢰하고 이를 수락하여 조사에 착수한다. 잠시 후 조사자는 별지 조사보고서와 같이 보고한 즉 전원 동의한다.

제6호 의안 : 본점 설치장소 결정의 건

의장은 본 회사 본점을 다음 장소에 설치함이 적당한 뜻을 설명하고 그 가부를 물은 즉 만장일치로 이의 없이 승인하다.

본 점 진주시 상봉동 1091-1번지

이상으로서 금일 총회의 목적인 의안 전부를 심의 종료하였으므로 의장은 폐회를 선언하다. 때는 15시이다. 위 의사의 결의를 명확하게 하기 위하여 이 의사록을 작성하고 의장과 출석한 이사가 다음에 기명날인하다.

2013년 11월 30일

월동(수) 의장이사 서한솔 (인) 이사 배세솔 (인)

이사 김두솔(인) 이사 홍네솔(인)

창 립 사 항 보 고 서

본인 등은 본 회사의 발기인으로서 회사 창립에 관한 사항을 다음과 같이 보고함.

1. 본인 등은 회사가 발행할 주식의 총수는 1,000,000주, 설립 시에 발행하는 주식의 총수 600,000주, 모든 주식은 기명식 보통주이며, 1주의 금액은 금 100원, 자본금은 금 60,000,000원으로 하는 주식회사를 설립하고자 기획하고 서한솔을 발기인 대표로 선임하여 회사설립 시까지의 필요한 사항에 관하여 발기인을 대표하기로 하였음.
2. 본인 등은 2013년 11월 13일 정관을 작성하고 서명 날인 함.
3. 본인 등은 2013년 11월 13일 전원 일치로 1주의 발행가액을 금 100원으로 정하여 설립 시에 발행하는 주식총수 600,000주를 본인 등 발기인이 인수하였음.
4. 위 주식 인수인에 대하여 2013년 11월 18일 납입 받을 은행인 주식회사 국민은행 진주지점에 2013년 11월 25일까지 그 주금 전액을 납입할 것을 통지했던바 동년 11월 18일 그 납입이 완료되어 그 납입금을 발기인 대표명의로 위 은행에 별단예금으로 보관하였음.

(1) 이상과 같이 인수와 납입 등이 완료됨등은 조속히 회사 설립시키고자 하여 주식인수인 전원의 동의를 얻어 2주간의 법정소집기간을 거쳐 오늘 창립총회를 개최하기에 이르렀음.

위와 같이 보고함.

2013년 11월 30일

월롱(주) 발기인 서한솔 (인)

발기인 배세솔 (인)

발기인 김두솔 (인)

발기인 홍네솔 (인)

발기인 김오솔 (인)
(이하 발기인 전원 기명날인)

조 사 보 고 서

본인은 2013년 11월 30일 본 회사 창립총회에서 조사자로 선임되었으므로 상법 제313조 소정 사항을 조사하여 다음과 같이 보고함.

1. 회사 설립시에 발행하는 주식의 총수에 대한 인수의 정확여부

   회사 설립 시에 발행하는 주식의 총수는 600,000주(1주의 금액 금 100원)로서 다음과 같이 인수와 완료되었음이 인정됨.

   - 발기인이 인수한 주식수 600,000주(2013년 11월 18일 인수 완료)

2. 주식인수에 대한 납입의 정확여부

   - 회사 설립 시에 발행하는 주식총수 600,000주 중에 600,000주에 대한 주식 금액 금 60,000,000원이 2013년 11월 18일에 납입이 완료되었음은 그 납입을 맡은 국민은행 진주지점이 발행한 주금납입보관증명서에 의하여 명확히 확인됨

위와 같이 보고함.

2013년 11월 30일

월롱(주) 조사자(공증인) 김 나 영(인)

승 낙 서

2013년 11월 30일 창립총회에서 이사에 선임되었으므로
그 취임을 승낙함.

2013년 11월 30일

이 사 : 서 한 솔 (인)

월롱(주) 귀중

승 낙 서

2013년 11월 30일 창립총회에서 이사에 선임되었으므로
그 취임을 승낙함.

2013년 11월 30일

이 사 : 배 세 솔 (인)

월롱(주) 귀중

승 낙 서

2013년 11월 30일 창립총회에서 이사에 선임되었으므로
그 취임을 승낙함.

2013년 11월 30일

이 사 : 김 두 솔 (인)

월롱(주) 귀중

승 낙 서

2013년 11월 30일 창립총회에서 이사에 선임되었으므로

그 취임을 승낙함.

2013년 11월 30일

이 사 : 홍 네 솔 (인)

월롱(주) 귀중

승 낙 서

2013년 11월 30일 창립총회에서 감사에 선임되었으므로

그 취임을 승낙함.

2013년 11월 30일

감 사 : 김 오 솔 (인)

월롱(주) 귀중

이 사 회 의 사 록

서기 2013년 11월 30일 18시 본점 회의실에서 이사 전원 출석하여 다음 의안을 심의키 위하여 이사회를 개최한다.

이사 총수 4명 출석 이사 수 4명
감사 총수 1명 출석 감사 수 1명

1. 의안
   제1호 의안 대표이사 선임의 건

이사 서한솔은 의장으로 선출되다.
의장은 본 회사 대표이사를 선임할 뜻을 말하고 신중 협의한 결과 전원일치로 다음 사람을 선임하다.
대표이사 서한솔
위 피선자는 즉석에서 그 취임을 승낙하다.

이상 회의의 목적인 의안 전부를 종료 하였으므로 의장은 폐회를 선언하다.
(시간 20:00시)

위 결의를 명확히 하기 위하여 이 의사록을 작성하고 의장과 출석한 이사 및 감사는 다음에 기명날인하다. 이 이사회는 이사 전원 동의가 있어 상법 제390조 제2항 소정의 소집절차를 생략하였다.

서기 2013 년 11 월 30 일

월룡(주)

의장 대표이사 서 한 솔 (인)
이 사 배 세 솔 (인)
이 사 김 두 솔 (인)
이 사 홍 네 솔 (인)
감 사 김 오 솔 (인)

승 낙 서

2013년 11월 30일 이사회에서 대표이사에 선임되었으므로

그 취임을 승낙함.

2013년 11월 30일

대표이사 : 서 한 솔 (인)

월롱(주) 귀중

[별지제73호서식] (앞 쪽)

접수번호	법인설립신고 및 사업자등록신청서	처리기간
166-6365		7일(보정시는 14일)

귀 법인의 사업자등록신청서상의 내용은 사업내용을 정확하게 파악하여 근거과세의 실현 및 사업자등록 관리업무의 효율화를 위한 자료로 활용됩니다. 아래의 사항에 대하여 사실대로 작성하시기 바라며 신청서에 서명 또는 인감(직인) 날인하시기 바랍니다.

1. 인적사항

법 인 명(단체명)	월롱(주)	승인법인고유번호 (폐업당시 사업자등록번호)	
대 표 자	서 한 솔	주민등록번호	920531-28*****
사업장(단체)소재지	경남 진주시 상봉동 1091-1번지		
총괄사업장소재지	경남 진주시 상봉동 1091-1번지	총괄사업장 등록번호	
전 화 번 호	(사업장)055-746-0855	전자우편주소	sjm6767@hanmail.net

2. 법인현황

법인등록번호	61383-04386	자본금	60,000,000원	사업연도	1월1일~12월31일

법 인 성 격 (해당란에 ○표)

내 국 법 인						외 국 법 인			지 점(내국법인의 경우)		
영리일반	영리외투	비영리	국가지방자치	법인으로 보는 단체		지점(국내사업장)	연락사무소	기타	여	부	본점사업자등록번호
				승인법인	기타						
√											

조합법인 해당여부		공 익 법 인						외국·외투법인	국적	투자비율
여	부	해당여부		사업유형	주무부처명	출연자산여부				
		여	부			여	부			

3. 사업장현황

사 업 의 종 류						사업(수익사업) 개 시 일
주업태	주종목	주업종코드	부업태	부종목	부업종코드	2014년1월1일
서비스업	여성 구두		제조.유통업	여성 구두 판매		

사업장 구분 및 면적		도면첨부		사업장을 빌려준 사람(임대인)			
자가	타가	여	부	성 명(법인명)	사업자 등록번호	주민(법인) 등록번호	전화번호

임 대 차 계 약 기 간	(전세)보증금	월 세(부가세 포함)
20 . . . ~ 20 . . .	원	원

특 별 소 비 세				주 류 면 허			부가가치세 과세사업		인·허가 사업 여부			
제조	판매	장소	유흥	면허 번호	면허 신청		여	부	신고	등록	인·허가	기타
					여	부						

설립등기일 현재 기본 재무상황 등

자산 계	유동자산	고정자산	부채 계	유동부채	고정부채	종업원수
60,000,000원	원	원	0천원	0천원	0천원	8명

4. 사업자등록신청 및 사업시 유의사항(아래 사항을 반드시 읽고 확인하시기 바랍니다)
가. 사업자등록 상에 자신의 명의를 빌려주는 경우 해당 법인에게 부과되는 각종 세금과 과세자료에 대하여 소명 등을 하여야 하며, 부과된 세금의 체납시 소유재산의 압류 · 공매처분, 체납내역 금융기관 통보, 여권발급제한, 출국규제 등의 불이익을 받을 수 있습니다. 나. 내국법인은 주주(사원)명부를 작성하여 비치하여야 합니다. 주주(사원)명부는 사업자등록신청 및 법인세 신고시 제출되어 지속적으로 관리되므로 사실대로 작성하여야 하며, 주주명의 대여시는 양도소득세 또는 증여세가 과세될 수 있습니다. 다. 사업자등록 후 정당한 사유 없이 6월이 경과할 때까지 사업을 개시하지 아니하거나 부가가치세 및 법인세를 신고하지 아니하거나 사업장을 무단 이전하여 실지사업여부의 확인이 어려울 경우에는 사업자등록이 직권으로 말소될 수 있습니다. 라. 실물거래 없이 세금계산서 또는 계산서를 교부하거나 수취하는 경우 「조세범처벌법」 제11조의2에 따라 해당 법인 및 대표자 또는 관련인은 3년 이하의 징역 또는 공급가액 및 그 부가가치세액의 2배 이하에 상당하는 벌금에 처하는 처벌을 받을 수 있습니다. 마. 신용카드 가맹 및 이용은 반드시 사업자 본인 명의로 하여야 하며 사업상 결제목적 이외의 용도로 신용카드를 이용할 경우 「여신전문금융업법」 제70조제2항에 따라 3년 이하의 징역 또는 2천만원 이하의 벌금에 처하는 처벌을 받을 수 있습니다.

신청인의 위임을 받아 대리인이 사업자등록신청을 하는 경우 아래 사항을 기입하여 주시기 바랍니다.

대리인 인적사항	성 명	윤 창 술	주민등록번호	720917-******
	주 소 지	경남 진주시 동진로 33		
	전화 번호		신청인과의 관계	법무대리인

신청 구분	□ 사업자등록만 신청 □ 사업자등록신청과 확정일자를 동시에 신청 □ 확정일자를 이미 받은 자로서 사업자등록신청(확정일자 번호 :) □ 사업자단위 신고 · 납부 승인을 받은 사업자의 사업장 신설

신청서의 기입내용과 실제 사업내용이 일치함을 확인하고, 「법인세법」 제109조 · 제111조, 동법 시행령 제152조 · 제154조, 동법 시행규칙 제82조제3항제11호 및 「상가건물 임대차보호법」 제5조제2항의 규정에 의하여 법인설립신고, 사업자등록 및 확정일자를 신청합니다.

2013년 12월 2일

신 청 인 월롱(주) 대표이사 서한솔(서명 또는 인)

세무서장 귀하

구비서류	1. 법인 등기부등본 1부 2. 정관 1부 3. 임대차계약서 사본(사업장을 임차한 경우에 한합니다) 1부 4.「상가건물 임대차보호법」의 적용을 받는 상가건물의 일부를 임차한 경우 해당부분 도면1부 5. 주주 또는 출자자명세서 1부 6 사업허가 · 등록 · 신고필증 사본(해당 법인에 한합니다) 또는 설립허가증사본(비영리법인에 한함) 7. 현물출자명세서(현물출자법인의 경우에 한합니다) 1부 8. 본점 등의 등기에 관한 서류(외국법인에 한합니다) 9. 지점등기부등본 또는 국내사업장의 사업영위내용을 입증할 수 있는 서류(외국법인에 한함)

기 준 일	주주등의 명세	법 인 명
2013년 11월30일 현재		월롱(주)

①성명 (법인명)	②주민등록번호 (사업자등록번호)	③주 소	④전화번호 (휴대전화)	지분 또는 출자관계				⑨ 대주주와의 관계	비 고
				⑤주식수	⑥주당 액면가액	⑦금 액	⑧지분율(%)		
서한솔	920531-28*****	창원시 의창구 소답동 130-1 북창빌라 503호	010-2854 -7559	200,000	100	20,000,000	33.3%	본인	대표이사
배세솔	930209-23*****	진주시 이현주공아파트 9동 508호	010-4543 -1863	100,000	100	10,000,000	16.6%	타인	이사
김두솔	920915-28*****	진주시 칠암동 525-9번지 췌르빌 303호	010-7109 -4793	100,000	100	10,000,000	16.6%	타인	이사
홍네솔	920515-21*****	창원시 마산합포구 진동면 교동리 798-28	010-6603 -0922	100,000	100	10,000,000	16.6%	타인	이사
김오솔	910416-29*****	진주시 가좌동 주공그린빌 111동 1206호	010-9659 -6584	100,000	100	10,000,000	16.6%	타인	감사
계				600,000	100	60,000,000	100%		

210㎜×297㎜(신문용지 54g/㎡(재활용품)

4. 회사편 개정(2009년, 2011년) 내용

4-1. 2009년도 개정의 주요 취지

○ 창업절차를 간소화하고, 기업경영의 IT화 지원 내용을 담음
○ 최저자본금제도 폐지, 유사상호 규제 폐지 등 창업절차 간소화, 주주총회 전자투표제 도입 등 기업경영의 IT화 지원을 담은 상법, 상업등기법, 공증인법 개정임
○ 창업절차 간소화 부분은 공포일로부터 즉시, 기업경영의 IT화 지원 부분은 공포일로부터 1년 후부터 시행됨

4-2. 2011년도 개정의 주요 취지

4-2-1. 개정의 정책적 의미

○ 자유롭고 창의로운 기업 경영 지원 : 자본제도 개선 및 발행주식의 다양화
○ 공정하고 투명해지는 기업경영 : 이사의 자기거래 규제 및 회사 기회유용 금지, 집행임원제
○ 창의적인 청년 창업으로 제2의 벤처붐 조성 : 유연하고 다양한 지배구조를 가진 새로운 회사제도 도입

4-2-2. 재무관리제도의 개선

1) 회사법상 자본제도 개정의 방향

○ 자본제도의 기능을 축소하는 방향으로 회사법 개정

※ 자본제도는 일정한 금액을 회사에 유보시키고 주주에게 유출을 금지시키는 제도로서 회사채권자를 보호하기 위한 것임

2) 주요 내용

○ 회사가 일정한 자본금 확보하도록 할 것인가 ⇒ 최저자본금제도 폐지
○ 회사 자본금을 확보하는 예방조치들이 필요한가 ⇒ 현물출자 검사제도 개선, 주금납입 상계허용
○ 회사에 적립된 자금을 주주에게 반환할 수 없는가 ⇒ 준비금 제도의 개선

4-2-3. 지배구조제도의 개선

1) 회사법상 자본제도 개정의 방향

○ 보다 투명해지고 공정해지는 기업경영

2) 주요 내용

○ 이사 자기거래 제한 범위 확대 ⇒ 친인척·계열사와 거래시도 이사 2/3이상 사전승인 얻어야

○ 사업기회 유용금지 조항 신설 ⇒ 일감 몰아주기 방지, 선량한 일반 투자자 보호
○ 집행임원제 도입⇒의결기능(이사회)과 집행기능의 분리, 비등기이사 폐해 방지
○ 준법지원인 제도 신설 ⇒ 일정 규모 상장회사는 준법윤리 통제기준 강화
○ 이사의 책임감경 ⇒ 이사의 경영판단 존중
○ 상장회사 감사위원회 관련 ⇒ 해석상 혼란 방지
○ 주주총회 소수주주권 강화 ⇒ 소수주주가 청구한 주주총회 실질화
○ 영업양수도 제도 개선 ⇒ 영업양수시 주주총회 특별결의 완화
○ 이사회 결의방법 확대 ⇒ 음성회의 허용
○ 새로운 기업형태 도입 ⇒ 유한책임회사, 합자조합 제도 도입

4-3. 창업절차 간소화 및 기업경영의 IT화 지원 관련 상법 개정 주요 내용

(개정 2009년 4월 : 시행은 공포즉시 또는 1년 후)

○ 이번 개정으로 바뀌게 되는 주요 내용은

- 최저자본금제도 폐지,
- 유사상호 금지 규정 폐지,
- 소규모 회사 감사 선임 의무 면제,
- 소규모 회사의 이사회 구성 의무 면제
- 소규모 회사 창업 시 정관, 의사록 공증의무 면제,
- 소규모 회사의 주주총회 소집 및 결의 절차 간소화,
- 소규모 회사 설립·증자 시 주금납입증명서 대신 잔고증명서로의 대체 허용,
- 주주가 주주총회에 직접 참석하지 않고 전자적 방식으로 의결권을 행시힐 수 있는 전자투표제 도입
- 전자문서에 의한 소수주주의 주주제안권 행사·주주총회 소집청구 제도 도입 등

○ 이번 개정을 통하여,

① 창업에 드는 비용과 시간을 획기적으로 절약함으로써 좋은 아이디어만 있다면 누구나 손쉽게 창업할 수 있도록 창업을 독려하고, (세계은행의『2008 기업환경 보고서』에 따르면 '창업하기 좋은 나라' 순위에서 우리나라는 전체 175개국 중 116위인바, 이번 개정으로 40위권으로 상향될 것으로 예상됨)

② 우리 경제의 중추인 중소기업에 대한 불필요한 형식적 규제를 과감히 개선하여 기업의 경제위기 극복 노력을 법적으로 지원하는 한편,

③ 우리의 IT 기술 발전을 법 체계에 적극적으로 수용함으로써 녹색성장의 법적 기반 조성에 기여할 것으로 기대됨

1 개정 경과

○ 법무부가 2008. 10. 21. 발의한 창업절차를 간소화하고, 기업 경영의 IT화를 지원하는 내용의 상법, 상업등기법, 공증인법 일부 개정안이 2009. 4. 29. 국회 본회의를 통과하였음

* 창업절차 간소화 부분은 공포일부터 즉시 시행, 기업 경영의 IT화 지원 부분은 공포일로부터 1년 후부터 시행됨

○ 이번 개정은 법무부가 2005년부터 추진해 온 창업절차 간소화 노력이 결실을 맺은 것으로, 경제위기 극복을 위한 시급한 필요성을 인식하고 창업절차 간소화 규정 등을 다른 상법 개정안과 분리하여 신속히 처리하게 된 것임

2 이번 개정의 의미

◈ 창업절차의 획기적 간소화

○ 우리나라는 경제 발전 정도에 비추어 창업에 관한 규제가 많아 경제발전의 장애로 지적되어 왔음

○ 세계은행(World Bank)의『2008 기업환경 보고서』에 따르면 '창업하기 좋은 나라' 순위에서 우리나라는 전체 175개국 중 116위로서, 비교 대상인 미국(3위), 일본(18위), 캐나다(1위) 등 선진국과 달리 하위권으로 평가되었음

[표] 창업절차에 관한 각국의 현황 비교

지 역	절차(개)	기간(일)	비용(%)	최저자본금(%)*	1인당 GNI	종합순위
한 국	12 (132위)	22 (47위)	15.2 (68위)	299.7 (152위)	$15,830	116위
OECD 평균	6.2	16.6	5.3	36.1	$35,814.3	-
미 국	5	5	0.7	0.0	$43,740	3
캐나다	2	3	0.9	0.0	$32,600	1
일 본	8	23	7.5	0.0	$38,980	18

▶ 우리나라는 이번 개정으로 창업하기 좋은 나라 순위가 40위권으로 상향될 것으로 예상됨

○ 이번 개정을 통하여 '자금은 부족하지만 아이디어가 있는 사람들', '창업을 계획하고 있으나 복잡하고 비싼 절차 때문에 망설이는 사람들'이 손쉽게 창업을 통하여 경제전선에 뛰어들 수 있게 됨으로써 경제활성화에 도움이 될 것으로 기대됨

◈ 소규모 기업에 대한 과감한 규제 개선

○ 우리 경제의 중추인 소규모 기업에 대하여 현실적으로 불필요한 규제를 과감히 개선해 줌으로써, 소규모 기업의 현실에 맞게 융통성 있는 경영이 가능하도록 지원하였음

○ 소규모 기업의 경우 현실적으로 주주가 직접 경영에 참여하는 등 이해관계자가 적은 가족기업 형태로 운영되는 경우가 많음에도 불구하고, 대기업과 동일한 회사법상 규제를 받고 있는 점을 개선해 줌으로써, 소규모 기업이 급변하는 경제상황에 탄력적으로 대응할 수 있도록 함

◈ 기업경영의 IT화 지원을 통한 녹색성장 구현

○ 대한민국의 눈부신 IT 기술발전을 회사법 체계로 적극 수용함으로써 현대사회의 가장 주된 경제활동인 주식회사의 운영에 있어서 이동시간, 인쇄물의 양 등을 획기적으로 줄임으로써 녹색성장을 법적으로 뒷받침함과 동시에,

○ 주주의 의사 표현을 전자적으로 가능하도록 함으로써 시간적 공간적 제약 때문에 주주의 의사가 제대로 반영되기 어려웠던 주식회사 제도의 오랜 숙제를 해결할 기반을 마련하였음

3 주요 개정 내용

◈ 창업절차의 획기적 간소화[1]

1. 최저자본금제도 폐지 (상법 제329조 제1항)

○ 창의적인 아이디어를 갖고 있는 사람이라면 누구라도 손쉽게 저렴한 비용으로 회사를 설립할 수 있도록 현행 5천만 원 이상으로 규정되어 있는 주식회사 최저자본금제도 폐지

○ 본래 최저자본금제도는 채권자보호를 위한 목적으로 한 것이나 현대 회사제도에 있어서 최저자본금제도는 이러한 채권자보호 목적이 형해화 되어 있는 것이 현실이며, 오히려 최저자본금제도가 창업의 물리적·심리적 장벽으로 작용하고 있는 것이 현실적인 문제점으로 지적되어 왔음

- 현실에 있어서, 채권자는 자본금으로 회사의 신용도를 평가하는 것이 아니라 회사의 재무상태로 회사의 신용도를 평가하고 있으므로 최저자본금제도가 폐지된다고 하여 채권자 보호에 문제가 생기지는 않을 것임[2]

---

1) 공포일로부터 즉시 시행

2) <u>일본은 2005년도에 신회사법에서 주식회사의 최저자본금(1,000만엔)제한을 **폐지**하였고, **미국 · 홍콩 · 싱가폴 등 영미법계 국가는 최저자본제한이 없으며, 영국도 비상장회사의 경우에는 최저자본제한이 없음**</u>

- 또한 최저자본금제가 폐지됨으로써 자본금이 소액인 회사의 설립이 가능하나, 자본금 액수가 표시되어 채권자나 투자자 입장에서 투자결정에 참고하게 될 것임
- 현행 최저자본금 제한은 다른 최저자본금제도 유지 국가들에 비교하여도 매우 높은 편이었음 : 1인당 국민소득 대비 최저자본제한 금액은 한국 308%, 아시아지역 117%, OECD 국가 평균 28% 임[3)]

앞으로 달라지는 점

과거 : 자본금 5천만원[4)] 이상을 납입하지 않으면 주식회사 설립이 불가능

앞으로는 ▶ 자본금 100원[5)]인 주식회사 설립이 가능해 지므로, 주식회사 설립을 위한 초기 자본금 조달 부담이 없어짐

2. 유사상호금지 제도 폐지 (상업등기법 제30조)

○ 유사상호에 대한 규제를 폐지하여 '동일 상호가 아닌 한' 유사상호도 등기 허용
 - 현행법은 동일한 특별시·광역시·시 또는 군 내에서 동일한 영업을 하려는 경우 동일상호뿐 아니라 유사상호도 등기할 수 없도록 규정하고 있으나, 개정법은 동일상호에 한하여 등기할 수 없도록 하고 있음[6)]

○ 현행법에 의하면 회사를 설립하기 위하여 동일 또는 유사한 상호가 이미 등기되어 있는지 여부를 조사·확인하기 위한 시간의 지연과 추가 상호선정에 많은 시간이 소요되어 신속한 법인 설립에 걸림돌이 되고 있고, 기업활동의 광역화 추세[7)]에 부합하지 못하며, 등기관이 상호의 유사성 여부를 자의적으로 판단할 우려[8)]가 있음

○ 이번 개정으로 유사상호라도 등기할 수 있게 됨으로써 상호선정에 소요되는 시간과 노력을 절약하여 신속한 창업절차를 기대할 수 있고, 등기관의 자의적인 판단을 방지하여 예측가능성과 등기업무의 투명성을 높이는 효과를 거둘 수 있을 것임

○ 다만, 개정법이 유사상호 등기를 허용한다고 해서 상호권 보호를 포기하려는 것은 결코 아님

---

3) 05 ' World Bank Report
4) 차입금이 아닌 순수한 자기자본이어야 함
5) 현행법상 무액면 주식이 허용되지 않아 액면 주식만 발행할 수 있고, 액면 주식의 법정 최소 단위가 100원이므로 이론상 자본금을 100원 이상으로 하면 주식회사의 설립이 가능함
6) 일본은 동일지번에서 동일상호만을 금지함으로써 개정법보다 더 규제를 완화하고 있으며, 미국, 캐나다 등도 다른 회사의 상호와 구분되는 상호를 선정하기만 하면 되도록 규정하고 있음
7) 최근의 영업활동은 교통수단 및 광대역 통신의 발달로 동일지역 내의 동종영업에 대한 상호규제의 의미가 많이 퇴색되었음
8) 법인 설립 시 설립자 중 32.4%가 유사상호라는 이유로 등기관으로부터 등기 신청 반려를 경험

- 즉 「상법」[9]에 의하여 상호권을 침해하는 자에 대하여 상호 사용 폐지나 손해배상을 청구할 수 있고, 「부정경쟁방지 및 영업비밀보호에 관한 법률」은 영업 주체를 오인시켜 이를 이용하는 행위를 현행과 같이 처벌함
- 요컨대 금번 개정은 유사상호 금지라는 사전적 규제를 사후 책임 추궁이라는 사후적 규제로 전환하는 것임

앞으로 달라지는 점

과거 : 영업활동을 개시하기 위하여 상호 등기(또는 설립등기)신청을 하는 경우, 인터넷 등(대법원 인터넷등기소)을 통하여 동일 또는 유사한 상호를 검색하여 유사상호가 아닌 것으로 보이는 상호를 수개 선택한 다음, 관할 등기소의 등기관에게 구체적으로 가능여부를 확인하는 절차를 거친 후 등기신청을 하고 있는데 일반적으로 2-3일의 시간이 걸림

등기관은 상호의 주요부분의 유사성(발음, 문자, 의미상의 유사성)과 상호전체로서의 유사성(목적 비교)을 고려하여 동일 또는 유사상호를 판단하여 등기가능여부를 결정하는데, 유사성의 판단은 등기관마다 다르고, 등기과나 등기소마다 차이가 발생할 소지가 있어[10] 신청 후 반려되는 경우도 빈번함[11]

앞으로는 ▶ 동일한 상호가 아닌 한, 유사한 상호라도 등기가 가능해짐(회사 설립 시, 등기관은 동일한 상호가 아닌 한 유사한 상호라는 이유로 등기를 거부할 수 없음)

3. 소규모회사(자본금 10억원 미만)의 설립 및 운영 간소화

○ 자본금 10억원 미만인 소규모 회사를 창업·운영하는데 필요한 절차나 비용을 줄여 투자여건을 조성하고 경영환경을 개선하여 우리 경제의 중추인 소규모 기업의 경쟁력을 높이고자 하였음

○ 주식회사를 설립하기 위하여 구비해야 할 서류는 일반적으로 주금납입보관증명서, 관련 공증 서류, 법인등록세 고지서 등이고[12] 설립단계별로 법인설립 서류작성 및 구

9) 상법 제22조는 타인이 등기한 상호는 동일한 특별시·광역시·시·군에서 동종 영업의 상호로 등기하지 못하도록 규정하고, 제23조는 누구든지 부정한 목적으로 타인의 영업으로 오인할 수 있는 상호를 사용하지 못하도록 규정하며, 이에 위반하는 자에 대하여는 상호의 폐지를 청구할 수 있고 손해배상을 청구할 수 있도록 규정하고 있음

10) 현행법에 따르면, 유사상호에 해당하면 먼저 상호등기를 한 자의 동의가 있어도 유사상호의 등기는 할 수 없음 (선례 1993. 3. 10. 등기 제570호)

11) **법인 설립 시 설립자 중 32.4%가 유사상호라는 이유로 등기관으로부터 등기 신청 반려를 경험한 것으로 조사되었음**

12) 모집설립인 경우 구비서류는 정관, 창립총회의사록, 이사회의사록, 주주명부 등 37종류 58개 서류가 필요하고, 발기설립인 경우 정관, 이사회의사록, 주주명부 등 33종류 48개 서류가 필요함.

비서류 준비, 주금납입 및 주금납입보관증명서 발급에 따른 수수료, 법인설립서류 공증, 법인설립 등기 신청 및 등기부등본 발급비용 등이 소요되고 대부분 법무사에 의뢰하고 있어 법무사 대행 수수료도 상당한 부담으로 작용하고 있음[13]

○ 현재 자본총액 10억원 이하인 회사는 98%로서 우리나라 회사의 대부분을 차지하고 있는 실정인데, 우리 기업현실상 자본금 10억 원 미만의 주식회사 대부분이 주주가 직접 경영에 참여하여 경영을 감시하는 기업지배구조 형태로 운영되고 있으므로 설립 및 운영 절차를 실용적으로 간소화 할 수 있도록 한 것임

가. 소규모 회사 정관·의사록 공증 의무 면제 (상법 제292조 등)

○ 현행법은 정관 및 의사록의 효력발생요건으로서 공증인의 인증을 규정하고 있는데, 개정법은 자본금 총액이 10억 원 미만인 회사를 발기설립을 하는 경우에 공증인의 인증이 없더라도 발기인들 또는 이사들의 기명날인 또는 서명만으로도 효력이 발생할 수 있도록 하였음

○ 개정법은 발기설립의 경우 발기인 이외의 모집주주가 없어 정관이나 의사록의 허위· 위조의 위험성이 모집설립의 경우보다 적음에도 현행 상법은 자본금의 규모나 설립 형태를 불문하고 일률적으로 공증을 의무화하고 있어 창업에 불필요한 시간과 비용이 소요되는 것을 해결하고자 하는 취지로서,

○ 창업 시 공증인을 통한 정관 및 의사록 인증 의무를 부과하는 것은 창업을 하려는 사람에게 '심리적 장벽'으로 작용하므로 정관 인증의무를 면제할 경우 창업절차를 간소화하는 효과는 단순히 공증비용[14]을 절약하게 해 주는 정도보다 훨씬 클 것으로 예상됨

앞으로 달라지는 점

과거 : 법인 설립 등기시 정관 및 의사록을 첨부하여야 하는데, 그 전에 정관 및 의사록을 공증사무소에서 인증받아 첨부하여야 함

앞으로는 ▶ 정관 및 의사록 공증 의무 폐지[15]

- 자본금 10억원 미만회사를 발기설립할 경우, 설립등기 시 정관 및 의사록에 대하여 공증을 받을 필요 없이 그대로 등기소에 제출하면 됨

13) 자본금 5,000만원인 주식회사 설립에 소요되는 비용은 창업자가 관련 서류의 작성 및 등기절차 등을 직접 수행할 경우 21만원 정도 소요되고, 법무사에게 의뢰할 경우 대체로 75만5,000원 정도 소요되는 것으로 나타나고 있음

14) 정관인증의 수수료는 발행주식 액면총액 5,000만원까지는 8만원(5천만원 초과시 초과액의 2천분의 1을 더하되 100만원 초과불가), 의사록 인증 수수료는 건당 3만원임

나. 소규모 회사 설립 시 주금납입증명서를 잔고증명서로 대체 허용(상법 제318조 제3항)

○ 현행법상 주식회사 설립등기를 하기 위하여 은행 또는 금융기관으로부터 별도로 주금납입금보관증명서를 발급받아야 하는데, 개정법(제318조제3항)은 자본금 총액이 10억 원 미만인 소규모 회사가 발기설립을 하는 경우 주금납입금보관증명서를 금융기관의 일반 잔고증명서로 대체할 수 있도록 하고 있음

○ 최저자본금제도의 폐지로 소액의 주금납입도 가능하게 되고 자본금의 확인필요성도 줄어들므로 창업절차를 간이화한다는 점에서 소규모 회사의 발기설립에 한하여 주금납입보관증명서[16]를 잔고증명서로 대체할 수 있도록 한 것임

앞으로 달라지는 점

과거 : 주식회사 설립 등기시, 자본금을 납입한 것을 증명하기 위하여 주금을 납입한 금융기관으로부터 주금납입보관증명서를 발급받아 제출해야 함

앞으로는 ▶ 설립 시 주금납입증명서를 잔고증명서로 대체 허용

- 자본금 10억원 미만회사를 발기설립할 경우, 별도로 주금납입보관증명서를 발급받을 필요 없이 금융기관 잔고증명서만 등기소에 제출하면 됨

다. 소규모 회사 감사 선임 의무 면제 (상법 제409조)

○ 소규모 회사는 대부분 가족기업 등의 형태로 운영되어 감사제도가 기업운영의 부담으로 작용하는 반면 감사 기능의 효율성은 기대하기 어려우므로 감사 선임 의무 면제

○ 개정법은 자본금 총액이 10억 원 미만인 회사를 설립하는 경우에 감사 선임을 회사가 자율적으로 할 수 있도록 하고, 감사를 선임하지 않을 경우 주주총회가 직접 이사의 업무 및 재산 상태에 관한 감독·감시를 하며, 이사와 회사 간의 소에서 회사, 이사 또는 이해관계인이 법원에 회사를 대표할 자를 선임하여 줄 것을 신청하도록 하고 있음

- 소규모 회사는 가족기업이거나 소수의 동업형태가 많아서 가족 또는 친인척을 명목상 감사로 선임한 경우가 대부분[17]이어서 감사의 역할이 사실상 형해화

15) 자본금 10억원 미만 회사를 발기설립하는 경우에 한함 (자본금 10억원 미만 회사라 하더라도 모집설립의 경우에는 공증 의무 유지)

16) 은행에 발급 요청시 수수료 2만원 상당

17) 법무부가 중소기업청을 통하여 자본금 10억원 미만 회사 64개사를 대상으로 조사한 자료에 따르면 다음과 같음

되어 있으며, 소규모 회사에 대해 감사를 강제로 설치해야 하는 것에 경제적 부담 및 비효율성이 크다는 지적이 많았음

- 소규모 회사를 자본금 10억 원 미만 기준으로 규정한 것은, 우리 기업현실상 자본금 10억 원 미만의 주식회사 대부분이 주주가 직접 경영에 참여하여 경영을 감시하는 기업지배구조 형태로 운영되고 있으므로 감사를 반드시 설치해야 할 필요성이 적다는 점을 고려한 것임
- 아울러, 감사를 두지 않는 경우 주주총회로 하여금 감사의 역할을 수행하도록 하는 규정도 신설함으로써, 투명한 경영 보장을 위한 보완책도 함께 마련하였음
- 미국은 주주총회와 이사회에서 이사의 직무집행을 감사하므로 별도의 감사제도가 없으며, 일본도 5억 엔[18] 미만의 회사에 대해서는 감사 설치 의무를 면제하고 있음

앞으로 달라지는 점

과거 : 주식회사를 설립하려면, 주주총회에서 감사선임결의를 하고 감사임용계약을 체결한 후 선임된 감사의 성명과 주민등록번호를 등기하여야 함

앞으로는 ▶ 소규모 회사 설립 시 감사 선임 의무 면제[19]

- 자본금 10억원 미만 회사를 설립할 때, 감사를 선임하지 않고 주식회사를 설립할 수 있음

라. 소규모 회사 주주총회 소집 절차 간소화 (상법 제363조)

○ 현행법상 주주총회를 소집할 때에는 기명주주에게는 2주 전에 통지를, 무기명주주에게는 3주 전에 공고를 하도록 되어 있으나 개정법(제363조)은 자본금총

---

① 선임 감사의 수 : 대부분 비상근 감사(47개사)
- 상근감사를 선임한 기업 18개사(감사인 수 모두 1명) 비상근감사가 47개사이며
② 감사선임 방법 : 최대주주 대표이사가 선정(34개사)
- 주총결의 : 14개사, 이사회 결의 : 10개사, 대표이사가 선임 : 34개사
③ 감사보수 정도 : 무보수 기업이 45개사
- 무보수 : 47개사, 1천만원 미만 : 7개사, 1~3천만원 : 7개사, 3~5천만원 : 4개사
④ 감사의 역할 : 감사업무를 형식적 운영 : 53개사
- 의사록 기명날인, 주주총회 소집 청구 등 법으로 규정한 감사 업무가 실질적으로 준수되는 기업은 10개사, 형식적 운영이 53개사
⑤ 감사선임이 면제할 경우 기대효과 : 주로 절차 감소 효과를 응답
- 비용 및 시간 감소(18개 기업), 감사운영에 대한 비용 감소(6개 기업), 감사선임에 대한 형식적인 절차 감소(49개 기업)

18) 2009. 4. 환율 기준 65억원 상당
19) 자본금 10억원 미만 회사에 한함

액이 10억 원 미만인 소규모 회사가 주주총회를 소집할 때 기명주주에게는 10일 전에 통지를, 무기명주주에게는 2주전에 공고를 하도록 줄여주는 한편, 소규모 회사의 경우 총주주의 동의에 의하여 소집절차의 생략도 가능하도록 하며, 주주전원의 서면동의로써 주주총회의 결의에 갈음할 수 있도록 하고 있음

○ 현행 상법상 주주총회 소집절차를 흠결한 때 결의취소 또는 결의부존재 사유가 되나(第376조, 第380조), 판례가 주주총회 소집절차가 없어도 총주주가 주주총회의 개최에 동의하여 출석한 경우에는 전원출석총회의 효력을 인정하고 있는 점, 주주 수가 매우 적은 소규모 폐쇄회사의 경우에는 총 주주 전원이 회사에 대하여 파악하고 있는 점을 근거로 소집절차를 간이화한 것임

- 회사가 의안 변경 등을 단기간에 할 수 있고, 총 주주의 동의가 있는 한 주주총회라는 형식에 치우치지 않도록 함으로써 상황 변화에 따라 탄력적인 경영이 가능할 것으로 기대됨

앞으로 달라지는 점

과거 : 자본금 10억원 미만 회사에서 주주총회를 소집할 때에는 기명주주에게는 2주전에 통지를, 무기명주주에게는 3주전에 공고해야 하며, 정관에 규정되지 않는 한 서면에 의한 결의는 불가능함

앞으로는 ▶ 주주총회 소집 통지 · 공고 기간 단축, 서면결의 방식 인정

- 자본금 10억원 미만 회사에서 주주총회를 소집할 때 기명주주에게는 10일 전에 통지를, 무기명주주에게는 2주일 전에 공고를 하도록 기간이 단축되며, 주주총회를 열지 않고 주주전원의 서면동의로써 주주총회의 결의에 갈음할 수 있음

마. 소규모 회사의 이사회 구성 의무 면제 (상법 제383조)

○ 현행법은 자본금 총액 5억원 미만인 회사의 경우 이사를 2인 이하로 할 수 있도록 하되, 이사가 2인인 경우에도 이사회를 구성하도록 하고 있으나, 개정법은 이사를 2인 또는 1인으로 할 수 있는 소규모 회사의 기준을 현행 자본총액 5억원 미만에서 10억원 미만인 회사로 확대하는 한편, 이사가 2인인 경우에는 이사회를 구성할 의무를 면제하였음

○ 1-2인의 이사를 둘 수 있는 소규모 회사의 기준을 현행 자본총액 5억원 미만에서 10억원 미만인 회사로 확대한 이유는 소규모회사의 범위를 자본총액 5억원 미만으로 정한 1998년 상법 개정 당시와 비교하여 물가가 상승하고 경제규

모가 확대되었으므로 그 범위를 넓혀야 할 필요가 생겼기 때문임

○ 위 규정에 따라 이사가 2인인 경우에 이사회를 구성하지 않도록 한 것은, 이사 2인의 의견이 다른 경우 업무집행에 관한 의사결정을 할 수 없으므로 이사가 2인인 경우에는 이사회에 관한 규정의 적용을 배제하고 이사회의 권한을 이사(정관에 의하여 대표이사가 있는 경우에는 대표이사)와 주주총회에 부여한 것임

앞으로 달라지는 점

과거 : 자본금 5억 이상의 회사는 반드시 이사를 3인 이상 두어야 하고, 자본금 5억 미만 회사 중 이사를 2인으로 정한 경우에도 이사회를 구성해야 함

앞으로는 ▶ 소규모 회사 범위 확대, 이사회 구성 의무 면제

- 자본금 10억 미만의 회사는 이사를 1~2인으로 할 수 있고, 이사를 1~2인으로 정한 경우에는 이사회를 구성할 필요 없음

◈ 기업 경영의 IT화 지원[20]

1. 주주총회 전자투표제도 도입 (상법 제368조의4)

○ 주주가 '주주총회에 직접 출석하지 아니하고도' 전자적 방법으로 의결권을 행사할 수 있도록 전자투표제를 도입함

○ 주주가 총회에 출석하지 않고 인터넷 등 전자적 수단을 이용하여 의결권을 행사할 수 있는 방법을 마련함으로써 주주들의 주주총회 참여를 활성화시키고 주주총회의 개최비용을 절감하고자 하는 취지를 반영한 것임[21]

○ 실제 주주총회 소집시 대부분의 주주들은 생업을 이유로 참석하지 않고 대주주나 親경영진 측 주주들만이 참석함으로써 주주들의 의견이 제대로 기업경영에 반영되지 않는 문제가 있어 왔는바, 전자투표제도가 도입되면 주주총회에 직접 참여할 여유는 없지만 주주총회에 참석하지 않고 손쉽게 전자적 방식으로 투표에 직접 참여할 의사가 있는 대다수 소액주주들이 적극적으로 의결권을 행사하게 될 것이므로[22] 대주주가 비교적 적은 지분으로 전권을 행사하는 폐단이 방지될 수 있을 것임

---

20) 공포로부터 1년 후부터 시행

21) 전자투표제도 등 기업경영의 IT화는 강제규정이 아니라, 회사에서 여건에 따라 자율적으로 선택할 수 있는 임의규정으로서, 개정안은 발전하는 IT 환경에 부응할 수 있는 법적 근거를 제공해 주려는 것임

22) **투표율이 올라갈 것이 예상되므로, 가결을 위하여 필요한 지분의 양도 늘어나게 될 것**임

- 결국 전자투표제의 도입은 단순히 기술적인 의사표시 방식의 개정이라기보다 주주의 의사가 경영에 반영되도록 근본적인 시스템을 변화시킨 것으로 주주에게 기업을 되돌려 주는 획기적인 입법이라 할 것임

○ 또한 우리나라의 IT기술 발전을 기업경영에 접목시켜 총회소집의 절차를 간소화하고, 주주총회 참석을 위한 관계자들의 이동을 최소화하고, 설명자료 등의 인쇄물도 최소한으로 절약하게 됨으로써 이산화탄소 배출량을 줄여 新 국가발전의 패러다임인 '저탄소 녹색성장'에도 기여할 것으로 기대됨

○ 기업경영의 IT제도가 활발히 시행되기 위해서는 신원확인방식·시스템의 안정성 유지·해킹방지·자료의 안전한 보관 등 기술적 보완조치가 선행되어야 하는바, 개정법이 담고 있는 기업경영의 IT화는 강제규정이 아니라 회사에서 여건에 따라 자율적으로 선택할 수 있는 임의규정으로서, 개정안이 기업경영의 IT화에 대한 법적 근거를 마련해준 이상, 인프라 구축 및 개발은 자연스럽게 따를 것으로 예상되며, 전자서명 등 본인인증제도가 이미 어느 정도 보편화 되어 있는 점을 감안할 때 인프라 구축 및 개발은 개별기업별로 충분히 가능할 것임

○ 미국의 대표적 회사법인 델라웨어 주법도 2000년 개정을 통하여 인터넷을 통한 주주총회 개최를 허용한 바 있음

앞으로 달라지는 점

과거 : 주주총회에서 의결권을 행사하기 위해서는 직접 참가해서 투표하거나, (정관에 정해진 경우)서면 투표를 하거나, 대리인에 위임하는 방법을 사용하여야 함

앞으로는 ▶ 주주총회에 참석하지 않고 전자투표를 통해 의결권 행사[23)]

- 주주총회에 직접 참석하거나, 대리인에게 투표를 위임하지 않고, 전자서명 등 본인인증제도를 통해 인터넷에 접속하여 직접 의결권을 행사할 수 있음

2. 전자문서에 의한 소수주주의 주주제안권 행사· 주주총회 소집청구 제도 도입

○ 개정법(제363조의2, 제366조제1항)은 기업경영에 발달된 IT환경을 접목시키기 위하여 주주가 주주제안을 할 경우 서면 외에 전자문서(E-mail 등)로도 주주총회의 의안을 제안할 수 있도록 규정하고, 주주는 서면 외에 전자문서로도 임시총회의 소집을 청구

23) 사전에 회사가 전자투표제를 도입하기로 이사회를 통해 결정해야 함. **소수주주 입장에서는 주주제안권 등을 통하여 전자투표제를 도입할 것을 회사에 요구할 수 있음**

할 수 있도록 하였음

○ 아울러 주주총회의 소집청구가 있음에도 지체없이 총회소집 절차를 밟지 아니하여 소수주주가 법원의 허가에 따라 총회를 소집하는 경우 법원이 주주총회의 의장을 선임할 수 있다는 규정을 추가하였음

○ 주주제안권이나 임시주주총회 소집청구권은 경영진 또는 일부 대주주 위주로 기업운영이나 주주총회가 진행됨에 따라 소수주주의 의견이 제대로 반영되지 않는 현실을 개선하기 위한 규정인바, 서면으로 작성하여 우편으로 발송하는 기존의 절차보다 훨씬 간편한 전자문서 방식을 사용할 수 있도록 함으로써 주주 제안권이나 소집청구의 활용도가 크게 높아질 것으로 예상됨

앞으로 달라지는 점

과거 : 의결권 없는 주식을 제외한 발행주식총수의 100분의 3 이상에 해당하는 주식을 가진 주주가 상법 제363조의2 주주제안권을 행사하는 경우, 발행주식 총수의 100분의 3 이상에 해당하는 주식을 가진 주주가 임시총회 소집을 청구하는 경우[24) 반드시 '서면으로' 하여야 함

앞으로는 ▶ 전자문서를 통한 주주제안권, 임시총회 소집 청구권 행사 가능

- 소수주주가 회사에 E-mail을 발송하는 방식으로 주주제안권, 임시총회 소집 청구권 행사가 가능해짐

4-4. 기업경영의 투명성과 효율성 제고 관련 상법 개정 주요 내용

[개정 2011. 4.14 : 시행 2012. 4.15]

4-4-1. 개정이유

기업경영의 투명성과 효율성을 높이기 위하여 자금 및 회계관련 규정을 정비하고, 정보통

24) 제366조　제363조의2(주주제안권) ① 의결권 없는 주식을 제외한 발행주식총수의 100분의 3 이상에 해당하는 주식을 가진 주주는 이사에게 주주총회일(정기주주총회의 경우 직전 연도의 정기주주총회일에 해당하는 그 해의 해당일. 이하 이 조에서 같다)의 6주 전에 서면 또는 전자문서로 일정한 사항을 주주총회의 목적사항으로 할 것을 제안(이하 "주주제안"이라 한다)할 수 있다.
② 제1항의 주주는 이사에게 주주총회일의 6주 전에 서면 또는 전자문서로 회의의 목적으로 할 사항에 추가하여 해당 주주가 제출하는 의안의 주요한 내용을 제363조에서 정하는 통지와 공고에 기재할 것을 청구할 수 있다.
제366조(소수주주에 의한 소집청구)① 발행주식 총수의 100분의 3 이상에 해당하는 주식을 가진 주주는 회의의 목적사항과 소집의 이유를 적은 서면 또는 전자문서를 이사회에 제출하여 임시총회의 소집을 청구할 수 있다.
② 제1항의 청구가 있은 후 지체 없이 총회소집의 절차를 밟지 아니한 때에는 청구한 주주는 법원의 허가를 받아 총회를 소집할 수 있다. 이 경우 주주총회의 의장은 법원이 이해관계인의 청구나 직권으로 선임할 수 있다.

신 기술을 활용하여 주식·사채(社債)의 전자등록제를 도입하며, 합자조합과 유한책임회사 등 다양한 기업 형태를 도입함으로써 국제적 기준에 부합하는 회사법제로 재편하는 한편, 이사의 자기거래 승인 대상범위를 확대하고 이사의 회사기회 유용금지 조항을 신설하여 기업 경영의 투명성을 높임으로써 활발한 투자 여건을 조성하고 급변하는 경영환경에 기업이 적절히 대응할 수 있는 법적 기반을 마련하는 것임.

4-4-2. 주요내용(새로운 기업형태 도입, 지배구조 개선, 재무관리 자율화)

1) 새로운 기업 형태 도입

(제86조의2부터 제86조의9까지 합자조합)

(제287조의2부터 제287조의45까지 유한책임회사)

(1) 최근 인적 자산의 중요성이 높아짐에 따라 인적 자산을 적절히 수용(收用)할 수 있도록 공동기업 또는 회사 형태를 취하면서 내부적으로는 조합의 실질을 갖추고 외부적으로는 사원의 유한책임이 확보되는 기업 형태에 대한 수요가 늘어나고 있음.

(2) 업무집행조합원과 유한책임조합원으로 구성된 합자조합을 신설하고, 사원에게 유한책임을 인정하면서도 회사의 설립·운영과 기관 구성 등의 면에서 사적 자치를 폭넓게 인정하는 유한책임회사를 신설함.

○ 유한책임회사 제도 도입

- 투자자가 직접 경영하는 회사 : 청년창업에 적합
- 직접 경영하므로 이사나 감사 선임 불필요
- 출자지분과 달리 이익 배분도 가능
- 내부적인 자율, 외부적인 유한책임
- 물적자본 보다는 인적자원이 중요한 지식기반산업에 적합

⇒ 스마트폰 앱 개발 사업, 영화개발 사업 등

○ 합자조합 제도 도입

- 중소기업간 조인트 벤처에 적합

⇒ 로봇의 인공지능 소프트웨어를 담당하는 A회사와 로봇의 금속가공 제작을 담당하는 B회사가 엔젤투자자 C의 자금지원으로 로봇을 만들어 내는 조인트 벤처

- 기업과 학계 간의 산학연계에도 적합

⇒ 제약회사 A회사와 게놈 해석의 권위자인 B교수가 투자자 C의 지원으로 생명공학 신약 공동개발 사업

(3) 이와 같은 유한책임회사제도를 도입함으로써 사모(私募)투자펀드와 같은 펀드나 벤처기업 등 새로운 기업 형태에 대한 수요에 부응할 것으로 기대됨.

2) 회사 설립의 편의 제고(제291조, 제329조 및 제546조)

(1) 액면주식은 액면미달 발행 및 주식 분할에 어려움이 있고, 아이디어나 기술은 있으나 자본이 없는 사람이 회사를 설립하는 경우 최저자본금제는 진입 장벽으로 작용할 수 있음.

○ 회사 자본조달의 원활화

○ 기존 액면금액은 '주식발행가액의 최저하한선'으로 작용

- 주식의 시가가 액면금보다 낮아지면 주식발행 어려움
- 액면미달 발행을 위해서는 주주총회 특별결의 필요(상장회사)

○ IMF 이후 재계에서 무액면주식 도입을 꾸준히 요구

- 1998년 상법개정으로 최저액면가를 5,000원에서 100원으로 하향
- 이번 상법개정으로 무액면주식 도입

(2) 무액면주식(無額面株式)

○ 회사가 정관에서 정하는 바에 따라 액면주식과 무액면주식 중 한 종류를 선택하여 발행할 수 있도록 하고, 최저자본금제도를 폐지함

○ 액면주식과 무액면주식을 동시에 발행할 수는 없음

○ 회사는 정관으로 정하는 바에 따라 발행된 액면주식을 무액면주식으로 전환하거나 무액면주식을 액면주식으로 전환할 수 있음(상법 제329조④). → 액면주식을 발행하던 회사는 무액면주식으로 전환하여 발행할 수 있으며, 그 반대도 가능하고, 전환한 후에 재차 전환도 가능함

○ 무액면주식은 1주의 금액이 정관과 주권에 표시되지 않고 다만 자본에 대한 비율만이 표시되는 주식임

○ 액면가는 없고 주식을 발행할 때마다 회사가 정하는 발행가만 있으며, 이 발행가 중 일부만을 자본금에 계상하고 잔액은 준비금으로 적립할 수 있음

○ 발행가는 수시로 변할 수 있고, 그 중 자본금에 계상되는 금액도 상이하므로 자본금과의 비교치 내지는 산출근거가 되는 주식의 가격이 존재하지 않음

○ 자본금을 얼마로 할지는 이사회에서 자율적으로 정함 → 주식 발행가액의 1/2 이상을 자본금으로 정하고, 나머지는 전액 자본준비금으로 계상

(3) 회사의 재무관리에 있어서 무액면주식의 장점

○ 액면주식의 문제점

- 액면주식을 발행할 경우에는 자본금이 액면가에 의해 자동적으로 산출되므로

회사의 자본을 안정적으로 인식, 관리할 수 있는 장점이 있기는 하지만, 자본금을 회사의 시장가치에 부합하는 방향으로 관리하는 것이 불가능함

- 예컨대 어느 회사의 주식의 액면가가 1,000원이지만, 시가가 700원이라고 할 때, 이 회사가 시가에 맞추어 발행가를 700원으로 하여 신주를 발행한다면 발행한 순간에 바로 1주당 300원씩 결손이 생기는데 이는 자본금충실의 원칙에 반하므로 상법은 원칙적으로 액면미달발행을 금하고 있음(상법 제330조, 제417조)
- 이 제약을 피하려면 이 회사는 액면가대로 신주를 발행하여야 할 것이이지만 시가보다 상회하는 가액으로 발행하는 것이 용이하지 않음

○ 무액면주식에는 액면가라는 개념이 존재하지 않으므로 얼마에 발행하든 액면주식과 같은 제약을 받을 일이 없음 → 전술한 사례에서 회사는 700원에 발행하여 납입된 700원 중 예컨대 500원은 자본금으로 계상하고 200원은 준비금으로 적립할 수 있음 → 즉 회사는 주가의 변동에 적응하면서 자본조달을 할 수 있음

○ 무액면주식은 주식의 분할, 소각이 용이함

- 주식을 발행하여 발행가의 일부 또는 전부를 자본금에 계상한 후에는 주식의 수량은 자본금과 관련하여 하등의 구속을 받지 않으므로 주식의 분할, 소각이 자유로울 수 있음
- 신주를 발행할 때를 제외하고는 자본을 증감시킴에 있어 반드시 주식수의 증감을 수반할 필요가 없음

○ 무액면주식제도를 도입함으로써 주식발행의 효율성 및 자율성이 높아지고 소규모기업의 원활한 창업이 확대될 것으로 기대됨.

3) 자기주식 취득 허용(제341조, 제342조, 제343조)

(1) 회사 자본제도 유연화

○ 자기주식 취득은 실질적으로 출자환급이라는 이유로 금지

- 자본금을 반환하므로 자본충실원칙을 해한다는 이유

○ 이미 상장회사에서는 자본시장법에서 허용

- 상법 개정으로 모든 회사에 대하여 허용

○ 주가부양, 경영권 방어에 활용

- 배당가능 이익 한도내에서 허용

(2) 배당가능이익 한도 내 허용

○ 배당가능이익 한도 내에서 자유로운 자기주식 취득

- 주주총회 결의(배당결정권이 이사회에 있는 경우에는 이사회 결의)는 있어야

○ 취득한 자기주식은 이사회 결의로 자유롭게 처분

- 합병, 회사분할 등 구조조정시나 스톡옵션, 신주인수권 행사시 자유롭게 처분 가능(기존 주주 지분비율 변동 없이 구조조정)

○ 주식의 소각(자본감소, 이익소각) 중 이익소각 제도 폐지

- 배당가능 이익 한도 내 자기주식 취득이 허용되므로

4) 다양한 종류의 주식 도입(제344조, 제345조 및 제346조, 제344조의2부터 제344조의3까지 신설)

(1) 현재는 주주평등의 원칙상 법에서 정한 주식만 발행하도록 허용하고 있으나, 현행 주식의 종류만으로는 급변하는 시장 환경에 대응하여 효율적으로 자금을 조달하는 데에 어려움이 있음.

○ 은행 대출 위주의 자금조달의 문제점

- 은행 대출, 사채 발행은 이자 등 금융비용 필요

- 산업자본이 금융자본에 예속, 대출브로커 등 각종 비리 발생

○ 직접금융시장에서 주식발행을 통한 원활한 기업자금 조달

→ 미국, 일본, 유럽 등 주요선진국의 다양한 종류주식 도입

(2) 주식회사가 특정 사항에 관하여 의결권이 제한되는 주식 등 다양한 주식을 발행할 수 있도록 함.

① 이익배당에 관한 종류주식의 유연화

○ 이익배당 우선주에만 무의결권 주식 허용하던 제한 삭제

- 이익배당 우선주와 무의결권 우선주만 활용되어 유연성 부족

- 보통주에 대하여도 의결권 제한주식 발행 가능

○ 이익배당 우선주의 최저배당율 제도 폐지

- 1% 우선주의 발행을 방지하기 위한 제도였으나, 배당가능이익이 구체화되기 전에 최저배당율을 정하는 게 비논리적

② 의결권 배제·제한에 관한 종류주식

○ 이사 선임에만 의결권이 없는 주식도 가능

- 회사의 필요에 따라 일정 사항에만 의결권 제한도 가능

- 보통주에 대하여도 의결권 제한주식 발행 가능

○ 발행한도는 발행주식총수의 1/4로 제한

- 자본시장법상 상장회사는 발행주식총수의 1/2

- 경영권 방어 수단으로 활용 방지 위해 국회 논의과정에서 축소

○ 양도제한주식 도입여부는 차후에 결정

- 포이즌필 법안과 함께 논의 예정

③ 주식의 상환에 관한 종류주식

○ 회사는 정관으로 정하는 바에 따라 회사의 이익으로서 소각할 수 있는 종류주식을 발행할 수 있음(상법 제345조)

○ 회사와 주주가 각각 상환청구 가능

- 상환사유부주식(회사), 상환청구권부주식(주주) 구분

○ 우선주에만 상환주 발행가능하던 제한 폐지

- 종류주식에 대하여만 발행가능

- 보통주에는 불가(경영권 방어)

○ 상환대가를 현금 이외 유가증권 등 그 밖의 자산으로 확대

- 다른 종류주식을 제외한 이유는 전환주식이 되기 때문

④ 주식의 전환에 관한 종류주식

○ 회사와 주주가 각각 전환청구 가능

- 기존에는 주주만 전환청구 가능하였던 것을 확대

- 우선주를 보통주로 전환청구하여 우선배당 부담 해소 가능

- 보통주를 의결권제한주식으로 전환하여 경영권 방어

○ 전환대가를 다른 종류주식으로 한정

- 이유 : 현금, 유가증권 등 다른 자산을 포함하면 상환주식이 되기 때문

(3) 이와 같이 무의결권주 발행한도를 확대하고, 시장 상황에 따라 다양한 종류주식을 발행할 수 있도록 함으로써 자금조달을 원활하게 할 수 있을 것으로 기대됨.

○ 발행주식의 다양화는 자본시장 전체의 발전에 기여

- 투자자 입장 : 투자상품의 다양화

- 금융회사 입장 : 취급금융상품의 다양화

5) 주금납입에 상계허용(제334조, 제421조 제2항)

(1) 취지

○ 출자전환 일반적 인정

(2) 개정 내용

○ 기존에는 자본충실 도모 위해 주금납입에 상계 전면 금지

→ 자본제도 유연화 하여 합의에 의한 상계는 허용(신주의 인수인은 회사의 동의 없이 제1항의 납입채무와 주식회사에 대한 채권을 상계할 수 없다. 상법 제421조제2항)

○ 채권자에게 주식으로 갚는 출자전환

- 기업 회생절차에서만 인정되던 출자전환 일반적 허용
- 채권자에게 회사 주식을 발행해주고 회사 부채를 탕감
- 회사는 손쉽게 기업 재무구조 개선
- 금융기관 등 채권자도 채권 부실화 방지

6) 현물출자 조사절차 간이화(제299조, 제422조)

(1) 취지

○ 현물출자 검사인의 조사보고절차 축소

(2) 개정 내용

○ 현물출자시 기존의 법원 선임 검사인에 의한 조사·보고 생략하는 경우

- 소규모이어서 자본충실을 해할 위험이 커지 않은 경우(자본금의 1/5)
- 가격의 공정성이 확보된 경우(거래소에 시세가 있는 유가증권)
- 변제기가 돌아온 회사에 대한 금전채권

○ 지주회사 설립 간소화

- 지주회사 설립시, 회사 주식 상호 교환시, 주식가격 평가 위한 현물출자의 검사 면제(자본시장법)
- 회사설립시, 신주발행시 모든 경우로 확대(상법)

7) 신주인수권 배정일 주주에게 통지 및 공고(제418조)

(1) 취지

○ 제3자 배정시 기존 주주 보호

(2) 개정 내용

○ 신주인수권을 제3자에게 배정할 수 있도록 정관에서 정한 경우(제418조 제2항)

- 기존 주주에게 불리한 신주발행을 막을 수 있는 기회 제공
- 신주발행사항을 사전공시할 의무 부과(제418조 제4항)

8) 주식 및 사채의 전자등록제 도입(제356조의2 및 제478조제3항 신설)

(1) 발달된 정보통신 기술을 주식 및 사채 제도에 반영하고, 세계적 추세인 유가증권

의 무권화(無券化) 제도를 도입할 필요가 있음.

○ 기업경영의 IT화

(2) 주권과 사채권을 실물로 발행하지 아니하고 전자등록기관에 등록한 후 증권을 소지하지 아니하고도 권리의 양도, 담보의 설정 및 권리행사가 가능하도록 주식 및 사채의 전자등록제를 도입함.

○ 유가증권 집중예탁제도

- 주식의 73%, 사채의 96%가 예탁되어 실물 증권 수요가 미미

○ 주식과 사채의 무권화

- 주식, 사채 실물을 발행하는 대신 전자등록기관에 등록
- 실물증권 발행비용과 보관·유통비용 절감 기능

(3) 앞으로 주식과 사채를 전자등록한 기업은 실물 발행의 부담을 덜고, 주주나 사채권자는 손쉽게 권리행사를 할 수 있을 것으로 기대됨.

9) 소수주식의 강제매수제도 도입(제360조의24부터 제360조의26까지 신설)

(1) 특정주주가 주식의 대부분을 보유하는 경우 회사로서는 주주총회 운영 등과 관련하여 관리비용이 들고 소수주주로서는 정상적인 출자회수의 길이 막히기 때문에 대주주가 소수주주의 주식을 매입함으로써 그 동업관계를 해소할 수 있도록 허용할 필요가 있음.

○ 소수주주 강제퇴출

- 1인회사화 허용
- 소수주주 관리비용 절감, 기동성 있는 의사결정

(2) 발행주식총수의 95퍼센트 이상을 보유하는 지배주주가 소수주주의 주식을 공정한 가격에 매입할 수 있도록 하는 한편, 소수주주도 지배주주에게 주식매수청구권을 행사할 수 있게 하여 소수주주 보호방안을 마련함.

○ 지배주주의 소수주식 강제매수 허용(지배주주의 매수청구권)

- 95% 이상 대주주는 5% 미만 주식을 공정가에 강제매수
- 합병절차에 의하지 아니하고 기업구조조정을 더욱 쉽고 빠르고

○ 소수주주의 매도청구권

- 언제든지 청구 가능
- 지배주주는 매수하여야 함

(3) 이와 같은 소수주식의 강제매수제도를 통하여 회사의 주주 관리비용이 절감되고 경영의 효율성이 향상될 것으로 기대됨.

10) 회사의 사업기회 유용금지제도 신설(제397조의2 신설)

(1) 이사가 직무상 알게 된 회사의 정보를 이용하여 개인적인 이익을 취득하는 행위를 명확히 규제할 필요가 있음.

○ 대기업의 일감 몰아주기 방지

- 회사가 안정적으로 수익 낼 수 있는 사업을 개인적으로 유용
- 부동산회사의 건물임대업, 백화점의 택배일감 등

(2) 이사가 직무를 수행하는 과정에서 알게 된 정보 또는 회사가 수행하고 있거나 수행할 사업과 밀접한 관계가 있는 사업기회를 자기 또는 제3자에게 이용하도록 하는 경우에 이사회에서 이사 3분의 2 이상 찬성으로 승인을 받도록 함.

○ 이사가 회사의 사업기회를 자기 또는 제3자에게 이용하게 하려면

- 이사 2/3 이상의 승인 필요
- 위반시 이사 또는 제3자의 이익을 회사의 손해로 추정

(3) 이와 같이 사업기회 유용금지제도를 도입함으로써 이사의 회사 사업기회 유용에 대한 인식을 새롭게 하고 이사의 관련 위법행위에 대한 책임 근거로 활용될 것으로 기대됨.

11) 이사의 자기거래 승인대상 확대(제398조)

(1) 이사가 본인의 이익을 위하여 이사의 친인척이나 그들이 설립한 개인 회사 등을 이용하여 회사와 거래하는 경우 회사의 이익을 희생시킬 가능성이 많으므로 적절한 통제가 필요함.

○ 가족명의로 회사재산 빼돌리기 제동

- 주주에게 귀속되어야 할 회사 재산을 개인적으로 빼돌리는 관행
- 사례 : 회사 소유의 1,000억원대 부동산을 이사 아들에게 100억원에 매각

(2) 이사와 회사 간 자기거래의 요건을 더욱 엄격히 규정하여 이사뿐만 아니라 이사의 배우자, 이사의 직계존비속, 이사의 배우자의 직계존비속과 그들의 개인회사가 회사와 거래하는 경우까지 이사회에서 이사 3분의 2 이상 찬성으로 승인을 받도록 규정하고, 거래의 내용이 공정하여야 한다는 요건을 추가함.

○ 상법 제398조

- 다음 각 호의 어느 하나에 해당하는 자가 자기 또는 제3자의 계산으로 회사와 거래를 하기 위하여는 미리 이사회에서 해당 거래에 관한 중요사실을 밝히고 이사회의 승인을 받아야 한다.

1. 이사 또는 제542조의8제2항제6호에 따른 주요주주

2. 제1호의 자의 배우자 및 직계존비속
3. 제1호의 자의 배우자의 직계존비속
4. 제1호부터 제3호까지의 자가 단독 또는 공동으로 의결권 있는 발행주식 총수의 100분의 50 이상을 가진 회사 및 그 자회사
5. 제1호부터 제3호까지의 자가 제4호의 회사와 합하여 의결권 있는 발행주식 총수의 100분의 50 이상을 가진 회사

- 이 경우 이사회의 승인은 이사 3분의 2 이상의 수로써 하여야 하고, 그 거래의 내용과 절차는 공정하여야 한다.

(3) 이와 같이 이사의 자기거래 승인대상을 확대함으로써 이사나 이사와 밀접한 관계에 있는 자가 자기거래를 통하여 회사의 이익을 침해하면서 부당한 이득을 취하는 행위를 방지할 수 있을 것으로 기대됨.

12) 이사의 책임 감경(제400조제2항)

(1) 유능한 경영인을 쉽게 영입하여 보다 적극적인 경영을 할 수 있도록 하기 위하여 이사의 회사에 대한 책임을 완화할 필요성이 있으나, 현행 「상법」은 총주주의 동의로 면제하는 것 외에는 책임감면 규정이 없음.

○ 이사의 경영판단 존중

- 이사의 경영판단은 전문적·가변적·모험적
- 결과만으로 책임을 물으면 기업가정신 위축

(2) 회사에 대한 이사의 책임을 고의 또는 중대한 과실로 회사에 손해를 발생시킨 경우를 제외하고는 이사의 최근 1년간의 보수액의 6배(사외이사는 3배) 이내로 제한하고, 이를 초과하는 금액에 대하여는 면제할 수 있도록 이사의 책임제도를 개선함.

○ 이사 연봉의 6배(사외이사는 3배) 초과부분 면제 가능

- 다만, 고의·중과실, 경업금지, 기회유용, 자기거래 위반은 예외

(3) 이와 같이 이사의 책임제도를 개선함으로써 유능한 경영인을 쉽게 영입하고 이사의 진취적 경영이 활성화될 것으로 기대됨.

13) 집행임원제도 도입(제408조의2부터 제408조의9까지 신설)

(1) 대규모 상장회사(上場會社)의 경우 실무상 정관이나 내규로 집행임원을 두고 있으나 이를 뒷받침할 법적 근거가 없어 많은 문제가 발생하고 있음.

○ 이사회에도 권력분립의 원칙

- 기존 이사회는 '업무집행'과 '감시' 기능을 동시에 수행

- 스스로 한 일을 스스로 감시하는 '자기감시'의 한계

(2) 이사회의 감독 하에 회사의 업무 집행을 전담하는 기관인 집행임원에 대한 근거 규정을 마련하되, 제도의 도입 여부는 개별 회사가 자율적으로 선택할 수 있도록 함.

○ '업무집행'을 전담하는 집행임원제

- 집행임원은 이사회에서 선임 및 해임
- 집행임원은 기존 이사회의 '업무집행' 기능을 전담
- 집행임원을 두는 경우 대표이사를 두지 못함
- 이사회에서 대표집행임원을 선임(대표이사 규정 준용)
- 임기는 2년까지
- 이사회는 '감시' 기능에 집중

(3) 집행임원의 책임

ㅇ 집행임원이 고의 또는 과실로 법령이나 정관을 위반한 행위를 하거나 그 임무를 게을리 한 경우에는 그 집행임원은 회사에 손해를 배상할 책임이 있음(상법 제408조의8①)

ㅇ 고의 또는 중대한 과실로 그 임무를 게을리하여 제3자에게 손해를 가한 경우에는 제3자에게도 손해를 배상할 책임이 있음(상법 제408조의8②)

ㅇ 집행임원의 이러한 책임에 관해 다른 집행임원·이사 또는 감사도 그 책임이 있으면 다른 집행임원·이사 또는 감사와 연대하여 배상할 책임이 있음(상법 제408조의8③)

ㅇ 이외에도 집행임원은 업무집행관여자의 책임(상법 제408조의9, 401조의2), 대표소송(상법 제408조의9, 403~406조), 책임의 감면(상법 제408조의9, 400조)에 관한 규정이 준용됨

(4) 이와 같이 집행임원제도의 법적 근거를 마련함으로써 대내적으로 경영의 안정성을 확보하고 대외적으로 거래의 안전을 도모할 수 있을 것으로 기대됨.

(5) 일반회사도 가능

※ 업무집행관여자의 책임(상법 제401조의 2)

(1) 의의

○ 주주는 유한책임의 원칙상 제3자에 대하여 책임을 지지 않는다. 그러나 이 원칙만을 고수한다면 구체적 타당성에 반하는 결과가 초래될 수 있다. 따라서 회사의 경영을 사실상 맡고 있으면서도 형식적으로는 이사의 지위에 있지 않은 자(지배주주)에 대한 책임을 추궁할 필요성이 발생한다.

(2) 사실상 이사의 범위

○ 상법은 사실상의 이사로, 회사에 대한 자신의 영향력을 이용하여 이사에게 업무집행을 지시한자(제1호), 이사의 이름으로 직접 업무를 집행한 자(제2호), 이사가 아니면서 명예회장 등의 명칭으로 회사의 업무를 집행한 자(제3호)를 규정하고 있다.

(3) 책임의 내용

○ 업무집행관여자는 그 지시하거나 집행한 업무에 고나하여 상법 제399조, 제401조, 제403조의 적용에 있어서 이를 이사로 본다.

○ 회사 및 제3자는 업무집행관여자에 대하여 임무해태로 인한 손해배상책임을 추궁할 수 있고, 주주는 대표소송을 통해 이를 추궁할 수 있다.

14) 「상법」상 회계 관련 규정과 기업회계기준의 조화(제446조의2 신설, 제447조 및 제447조의4, 현행 제452조, 제453조, 제453조의2, 제454조부터 제457조까지 및 제457조의2 삭제)

(1) 근래 기업회계기준은 국제적인 회계규범의 변화에 맞추어 꾸준히 변모하고 있으나 상법의 회계규정은 이를 제대로 반영하지 못하여 기업회계기준과 「상법」의 회계규정 사이에 상당한 차이가 있음.

(2) 회사의 회계는 일반적으로 공정·타당한 회계관행에 따르도록 원칙 규정을 신설하는 한편, 구체적인 회계 처리에 관한 규정들은 삭제하고, 재무상태표와 포괄손익계산서를 제외한 회계서류는 대통령령으로 규정하여 회계규범의 변화에 신속하세 내응하노독 함.

○ 상법회계규정과 기업회계기준의 불일치로 실무상 많은 애로

- 회사의 회계는 공정·타당한 회계관행에 따르도록 규정
- 상법상 구체적인 회계처리에 관한 규정들은 모두 삭제

○ 연결재무제표 작성의무 규정

- 법률적으로 별개의 회사라도 경제적으로 밀접하게 연결된 기업집단 등은 하나의 조직체로 보고 재무제표 작성
- 기업 실태 파악에 유익, 회계분식 등 비리 방지

(3) 앞으로 「상법」의 회계규정과 기업회계기준의 불일치가 해소되어 회계규범이 이원화되는 현싱을 빙지할 수 있을 것으로 기내됨.

15) 자본금 감소제도 개선(제438조, 제439조)

(1) 취지

○ 절차적 제한 완화

(2) 개정 내용

○ 결손전보를 위한 자본금 감소의 경우, 절차 완화

- 자본금 감소에 주주총회 특별결의, 채권자 보호절차를 거치게 하는 것은 주주간에 불공정한 자본감소가 이루어지는 것을 방지하기 위함
- 결손전보를 위한 자본금 감소는 주주에 대한 자산의 유출이 없으므로 주주총회 특별결의에 의하고, 채권자 보호절차 면제

16) 법정준비금제도 개선(제460조, 제461조의2 신설)

(1) 준비금의 채권자보호 역할이 감소되었을 뿐만 아니라 이익준비금의 적립한도가 주요 선진국에 비하여 지나치게 높게 설정되어 있으며, 준비금의 운용이 지나치게 경직되어 있음.

○ 회사의 잉여자금을 배당이나 투자에 활용

- 회사자금의 비효율적 배분을 방지하기 위해 준비금제도의 유연화
- 준비금제도의 효용 약화 및 선진국에 비해 높은 수준으로 적립

(2) 자본금의 150퍼센트를 초과하는 준비금에 대하여는 주주총회의 결의에 따라 준비금을 배당 등의 용도로 사용할 수 있도록 허용함.

○ 법정준비금 한도 회사 스스로 감액 허용

- 법정준비금의 총액이 회사자본금의 150% 넘는 부분은 주주총회에서 감액 가능
- 확보된 재원을 주주에게 나누어 주거나, 새로운 투자로 회사자금을 다양하게 활용

(3) 이에 따라 자본전입과 감자절차(減資節次)를 거칠 필요 없이 과다한 준비금을 주주에게 분배할 수 있게 되고, 이익준비금과 자본준비금의 신축적인 사용이 가능하게 됨.

17) 배당제도 개선(제462조제2항, 제462조의4 신설)

(1) 현재 정기 주주총회에서 배당액을 결정하므로 배당 기준일인 사업연도 말일부터 정기주주총회까지는 배당액이 확정되지 아니하여 투자자들이 주식가치를 판단하기 어려우며, 금전배당 외에 회사가 보유하는 주식과 같은 현물로 배당할 필요가 있음.

○ 배당절차의 단축과 의사결정과정의 용이화

- 기존 : 재무제표 승인과 배당 결정은 주주총회 권한사항
- 배당기준일 이후 주주총회 배당 결정시까지 상당한 시간 소요
- 전문적이고 기술적인 재무제표를 주주가 판단하는 것도 어려움

(2) 정관에서 배당에 관한 결정 권한을 이사회에 부여할 수 있도록 하고, 금전배당 외에 현물배당도 허용함.

○ 이사회의 이익배당 결정권한 허용

- 일정한 경우 이사회에서 재무제표 승인과 배당 결정 허용
- 정관의 정함(주주의 통제), 외부감사인의 의견(전문가의 통제), 감사 전원의 동의(감사의 통제)가 있을 것
- 배당절차의 단축과 의사결정과정의 용이화

○ 상법상의 원가주의를 원칙으로 한 제452조(자산의 평가방법) 삭제

- 시가주의를 원칙으로 하는 기업회계기준 적용시 미실현이익이 배당가능이익에 포함될 가능성 차단

○ 배당가능이익 산정시 미실현이익 공제한다는 점을 명확히 규정

- 미실현이익이 배당재원에 포함되어 위법과다배당 되는 것 방지

○ 정관으로 정한 경우 회사의 현물배당 허용

- 회사가 소유하고 있는 현물을 처분하여 금전으로 배당하여야 하는 불편 해소
- 다만, 주주가 회사에 현물 대신 금전을 청구할 수 있게 하여 주주 보호

(3) 앞으로 회사의 자금조달을 결정하는 기관인 이사회가 배당도 결정하게 되어 자금운용의 통일성을 기할 수 있고, 배당에 관한 선택의 폭이 넓어져 재무관리의 자율성이 높아질 것으로 기대됨.

18) 사채제도의 개선(제469조 및 제481조부터 제485조까지, 현행 제470조부터 제473조까지 삭제, 제480조의2 및 제480조의3 신설)

(1) 사채의 발행한도 제한이 비현실적이고 법에서 허용하는 사채 종류가 지나치게 제한적이며 현행 수탁회사제도는 사채권자 보호에 미흡하다는 지적이 있음.

○ 기존의 단점

- 사채종류의 한정으로 주식연계증권, 파생결합증권 등이 사채인지 논란
- 사채발행시 반드시 이사회 결의 필요 → 번거롭고 절차 지연
- 사채총액이 순자산액의 4배 초과 못한다는 제한 → 금융권 부채도 있는데 사채총액만 제한하는 것은 비논리적

(2) 사채의 발행총액 제한 규정을 폐지하고, 이익배당참가부사채 등 다양한 형태의 사채를 발행할 수 있도록 법적 근거를 마련하며, 수탁회사의 권한 중 사채관리기능 부분을 분리하여 사채관리회사가 담당하도록 함.

○ 기존

- 상법 : 일반사채, 전환사채, 신주인수권부사채
- 자본시장법 : 이익참가부사채, 교환사채

○ 사채 종류 다양화

- 파생상품적 요소가 결합된 사채도 상법상 사채로 규정
- 신종 증권에 대한 법적 근거 마련

○ 사채발행 기동성, 자금조달 편의성

- 이사회가 아닌 대표이사 단독으로 사채발행 허용
- 정관에 정함이 있는 경우 사채의 금액 및 종류 정해 1년 기간 내

○ 사채발행총액 제한 폐지

- 부채 전체의 총액이 많지 않은 회사는 얼마든지 사채발행 가능

(3) 이와 같이 사채제도를 개선함으로써 회사의 사채발행에 대한 자율성이 증대되고, 사채권자를 효과적으로 보호할 수 있을 것으로 기대됨.

19) 합병제도 개선(제523조, 제523조의2, 제527조의3)

(1) 취지

○ 합병대가 유연화

- 기존에는 흡수합병시 합병의 대가는 주식이 원칙
- 따라서 기존 주주 지분 변동 발생하여 회사 장악력 약화 우려

○ 자회사를 통한 M&A 허용

- 삼각합병 : 자회사가 대상회사를 흡수합병하고, 합병의 대가는 모회사 주식으로 교부하는 합병
- 삼각합병은 대상회사의 의무나 책임이 모회사로 승계되는 것을 막을 수 있음

○ M&A 원활화

- 기존에는 회사규모 5% 미만 소규모회사는 이사회결의로
- 이는 조직변경이라기 보다는 새로운 자산 취득에 유사

(2) 개정 내용

○ 교부금 합병 허용

- 합병대가로 주식 대신 현금이나 그 밖의 재산의 제공 가능
- 기업의 경영합리화를 이한 기업조직의 확장 또는 변경 용이

○ 삼각합병의 허용

- 합병대가로 모회사의 주식 제공 가능

- 모회사는 합병에 대한 주주총회 결의도 불필요 → M&A 활성화

※ 합병대가가 모회사주식인 경우의 특칙

소멸하는 회사의 주주에게 제공하는 재산이 존속하는 회사의 모회사주식을 포함하는 경우에는 존속하는 회사는 그 지급을 위하여 모회사주식을 취득할 수 있다(상법 제523조의2)

○ 소규모합병시 이사회승인 요건의 확대

- 5% 미만이던 제한을 10% 규모 회사까지 확대

※ 상법 제527의3

합병 후 존속하는 회사가 합병으로 인하여 발행하는 신주의 총수가 그 회사의 발행주식총수의 10%를 초과하지 아니하는 때에는 그 존속하는 회사의 주주총회의 승인은 이를 이사회의 승인으로 갈음할 수 있다

- 기업구조조정을 더욱 빠르고 쉽게

20) 준법지원인 제도 도입(제542조의13 신설)

(1) 「은행법」에 따라 금융기관에는 준법감시인이 설치되어 있으나, 대규모 기업에도 준법경영을 위한 제도가 미비하여 윤리경영이 강화되고 있는 세계적 추세에 맞지 않는다는 지적이 있음.

○ 회사의 준법경영

- 법률전문가가 미리 회사경영 적법성 자체점검

- 기업의 자발적인 준법·윤리경영 노력

(2) 자산 규모 등을 고려하여 대통령령으로 정하는 상장회사는 준법통제기준을 마련하도록 하고, 이 기준의 준수에 관한 업무를 담당하는 준법지원인을 1인 이상 두도록 함.

○ 일정 상장회사는 준법통제기준과 준법지원인 설치

- 도입 대상 범위 및 준법지원인 자격은 대통령령으로 규정

- 상법시행령으로 정하는 소정의 상장회사(자본금 5천억원 이상의 회사)

- 변호사 자격, 법률학 교수(조교수 이상의 직에 5년 이상 근무자)

- 임기 3년, 상근

○ 준법지원인의 지위가 상법의 규정에 의하여 정해지며, 법이 정한 고유의 업무를 독립적으로 수행하지만, 회사의 선임에 의해 이 지위가 주어지므로 회사와의 관계는 위임으로 보아야 하므로 준법지원인은 선량한 관리자의 주의로 그 직무를 수행하여야 함

(3) 준법지원인 제도가 도입됨으로써 기업의 준법경영과 사회적 책임이 강화될 것으로 기대됨.

21) 상장회사 감사위원회 관련(제542조의10)

(1) 취지

○ 해석상 혼란 방지

- 일반 감사위원회(제415조의2)와 엄격 감사위원회(제542조의11)
- 1,000억원 이상 상장회사들이 상근감사 대신 3%룰이 적용되지 않는 일반 감사위원회 설치하는 현상

(2) 개정 내용

○ 규정 명확화

- 1,000억원 이상 상장회사는 상근감사 또는 엄격 감사위원회 설치해야(공포 후 1년 뒤 시행)

22) 주주총회 소수주주권 강화(제366조, 제367조)

(1) 취지

○ 소수주주가 청구한 주주총회 실질화

(2) 개정 내용

○ 주주총회소집은 이사회 권한. 다만, 소수주주도 청구 가능

- 소수주주가 청구한 주주총회를 주주총회 의장(통상 대표이사)이 정상적으로 의사진행 기대 어려움
- 소수주주가 청구한 주주총회의 의장은 법원이 선임

○ 주주총회 소집·결의 방법에 대한 하자 다툼 증가

- 소수주주가 총회 전에 주주총회 소집·결의 방법을 조사할 법원 검사인의 청구 가능
- 주주총회 결의 하자에 대한 소송 감소를 유도하여 회사의 불필요한 시간과 비용 절약

23) 영업양수도 제도 개선(제374조 제1항 제3호)

(1) 취지

○ 영업양수시 주주총회 특별결의 완화

- 대규모회사가 소규모회사의 영업 전부를 양수하는 경우 등 기업경영의 효율화 도모
- 기존 : 다른 회사의 영업 전부의 양수에 주주총회 특별결의 필요

(2) 개정 내용

○ 양수회사에 중대한 영향이 없으면 주주총회 특별결의 불요

24) 이사회 결의방법 확대(제391조 제2항)

○ 음성회의도 허용

- 이사가 비디오 동영상 회의가 불가능한 곳으로 출장을 간 경우에도 음성 수단으로 이사회 개최 가능

25) 유한회사에 대한 각종 제한 규정 철폐(현행 제545조 삭제, 제556조, 제571조 및 제607조)

(1) 유한회사는 폐쇄적으로 운영되는 소규모 기업을 전제로 하고 있으나, 폐쇄적 운영을 위한 규정들은 유한회사에 대한 각종 제한으로 작용하여 유한회사의 이용에 불편을 초래하고 있음.

(2) 유한회사의 사원 총수 제한 규정을 삭제하고, 유한회사 사원의 지분 양도를 원칙적으로 자유롭게 하되 정관으로 지분 양도를 제한할 수 있도록 하며, 사원총회 소집방법으로 서면에 의한 통지 외에도 각 사원의 동의를 받아 전자문서로 통지를 발송할 수 있도록 하고, 유한회사를 주식회사로 조직을 변경하는 사원총회 결의 요건을 정관에서 완화할 수 있도록 함.

(3) 이와 같이 유한회사에 대한 대표적인 제한 규정들을 폐지함으로써 유한회사제도의 이용이 증대될 것으로 기대됨.

5. 주식과 주주

ㅇ 사원의 지위(사원적 측면) → 주주권(회사에 대하여 갖는 권리의 단위)의 단위가 주식이며, 주식은 반드시 주권으로 발행된다.

ㅇ 자본이 세분화된 비율적 단위이다(자본적 측면에서 파악).

※ 다양한 종류의 주식 도입[시행 2012. 4.15 : 2011. 4.14, 상법 일부개정]
(제344조, 제345조 및 제346조, 제344조의2부터 제344조의3까지 신설)

1) 현재는 주주평등의 원칙상 법에서 정한 주식만 발행하도록 허용하고 있으나, 현행 주식의 종류만으로는 급변하는 시장 환경에 대응하여 효율적으로 자금을 조달하는 데에 어려움이 있음.
2) 주식회사가 특정 사항에 관하여 의결권이 제한되는 주식 등 다양한 주식을 발행할 수 있도록 함.
3) 이와 같이 무의결권주 발행한도를 확대하고, 시장 상황에 따라 다양한 종류 주식을 발행할 수 있도록 함으로써 자금조달을 원활하게 할 수 있을 것으로 기대됨.

> ※ 주식의 전자등록제 도입
> [시행 2012. 4.15 : 2011. 4.14, 상법 일부개정] (제356조의2 신설)
> 1) 발달된 정보통신 기술을 주식 제도에 반영하고, 세계적 추세인 유가증권의 무권화(無券化) 제도를 도입할 필요가 있음.
> 2) 주권을 실물로 발행하지 아니하고 전자등록기관에 등록한 후 증권을 소지하지 아니하고도 권리의 양도, 담보의 설정 및 권리행사가 가능하도록 주식의 전자등록제를 도입함.
> 3) 앞으로 주식을 전자등록한 기업은 실물 발행의 부담을 덜고, 주주는 손쉽게 권리행사를 할 수 있을 것으로 기대됨.

5-1. 주식의 종류

1) 이익배당에 관한 종류주식

(1) 보통주

- 이익, 이자배당, 잔여재산 분배에 있어서 어떠한 제한이나 우선권도 주어지지 아니한 주식이다.
- 보통주의 발행 없이 우선주·후배주를 발행할 수 없다.

(2) 우선주

- 이익배당시 또는 잔여재산 분배시 다른 주주에 우선하여 분배를 받을 수 있는 주식이다. 다만, 이익 없으면 배당도 없다.
- 보통주보다 우선적 지위(선순위)가 인정된다(사례 : 회사에 100원이라는 배당가능이익이 발생했을 때 우선주에 대해 확정배당금 60원을 지급하고, 그 잔여부분(40원)을 보통주에 배당).
- 이익배당에 관한 우선주에 대해서는 미리 확정된 배당금이 정해져 있어야 한다.
- 영업이 부진한 회사에서 신주 모집을 용이하게 하거나 설립시에 발기인을 우대하기 위하여 이용된다.

(3) 후배주(열후주)

- 이익배당이나 잔여재산분배에 있어 보통주보다 불리하게 차등을 둔 주식이다.
- 회사의 경영이 유망하여 주식모집이 용이할 때 발행되는 것이 보통이다.

(4) 혼합주

: 어떤 권리에 있어서는 우선적 지위를 갖고 다른 권리에 있어서는 열후적 지위를 갖는 주식이다.

2) 상환주식

ㅇ 의의 : 주식의 발행시부터 정관에 의해 장차 이익으로서 상환하여 소각시킬 것이 예정된 주식이다.

ㅇ 상환기간 내에 회사의 경영상황을 탐색하여 투자를 쉽게 회수할 수 있어 그만큼 주식투자로 인한 위험을 축소시킬 수 있으므로 주주에게 매력이 있는 상품이라 할 수 있고, 이 점을 이용해 회사는 쉽게 자금을 조달할 수 있다.

ㅇ 예전에는 우선주에 한해 상환주식으로 발행할 수 있었으나, 개정상법(2011)에서는 우선주에 한하지 않고, 상환주식과 전환주식을 제외한 다른 종류주식에 대해서도 발행할 수 있다(상법 제345조 ⑤).

ㅇ 종 류

- 회사가 상환할 수 있는 이익배당 또는 잔여재산분배에 관한 종류주식
- 회사가 상환할 수 있는 의결권이 없거나 제한되는 종류주식
- 주주가 상환청구를 할 수 있는 이익배당 또는 잔여재산분배에 관한 종류주식
- 주주가 상환청구를 할 수 있는 의결권이 없거나 제한되는 종류주식

ㅇ 발행

- 상환가액, 상환기간, 상환방법과 그 수가 정관에 기재되어 있어야 하며, 정관에 명시되지 않으면 상환할 수 없다.
- 2011년 개정상법은 현물상환을 허용(현물상환은 미리 정관에서 정해진 바에 따라 금전에 갈음하여 상환가액에 상응하는 유가증권이나 그 밖의 자산을 교부하는 것을 말한다(상법 제345조 ④).

ㅇ 효과

- 상환으로 인해 회사의 자기주식 취득은 주식실효절차에 의해 소멸시킨다.
- 상환으로 인해 발행예정주식 총수의 미발행부분이 증가한 듯한 외관 초래시 재발행을 인정한다면 이중의 수권이 되며 다른 주주의 권리를 해치게 되므로 허용될 수 없다는 것이 통설이다.
- 자본은 불변(자본≠발행주식수×액면가액)
  : 무액면주식은 발행 후에는 자본과 무관하므로 상환하더라도 당연히 자본에 영향이 없고, 액면주식도 배당가능이익으로 상환하므로 자본에 영향을 주지 않는다.

3) 전환주식

ㅇ 의의

- 주주전환주식 : 주주가 다른 종류의 주식으로 전환할 수 있는 권리가 부여된 주식이다

(상법 제346조 ①).

- 회사전환주식 : 회사가 다른 종류의 주식으로 전환할 수 있는 권리가 부여된 주식(상법 제346조 ②). 정관으로 정한 사유가 발생한 때에 한해 전환할 수 있으므로 정관에 사유를 정해 두어야 한다.

ㅇ 취지

- 회사의 사업과 주가에 대한 판단을 주주와 회사에게 맡김으로써 회사의 자금조달을 용이하게 하기 위한 것이다.
- 예를 들어 신주발행에 있어 비참가적우선주를 발행함과 동시에 보통주로의 전환권을 부여하면, 장차 회사의 영업상태가 좋아져서 보통주가 받는 배당이 많아지면 보통주로 전환할 수 있도록 하여 주주모집이 용이해진다.

ㅇ 발행

- 정관에 기재된 경우에 한하여 발행가능하다.
- 전환되면 발행예정주식 총수 중에'전환으로 인하여 발행할 주식'의 수에 해당하는 같은 종류의 미발행여분이 있어야 한다.

ㅇ 전환청구 : 전환청구권은 형성권이므로 청구와 동시에 효력이 발생한다.
(예외 : 이익, 이자배당은 청구를 한 때가 속하는 영업연도말에 전환된 것으로 본다. 정관으로 다른 규정도 가능하다<전년도 영업연도말>)

ㅇ 발행가액 : 전환으로 인하여 신주식을 발행하는 경우에는 전환전 주식의 발행가액을 신주식의 발행가액으로 함(전환주식의 발행가액 = 신주식의 총발행가액 → 실질적으로 전환비율을 제한한다.

ㅇ 전환의 효과

- 구주식 소멸, 신주식발행
- 전환조건이 1:1인 경우를 제외하고 전환으로 인해 자본의 증감 가져온다.
- 전환으로 인해 구주식 종류는 미발행부분으로 증가 → 재발행 가능(단, 전환주식으로 발행불가)

4) 의결권제한 종류주식

(1) 의의

ㅇ 이익배당의 우선여부에 관계없이 발행할 수 있으며, 의결권을 부분적으로만 제한하는 것도 발행할 수 있다(2011년 개정상법).

(2) 의결권제한 종류주식의 내용

ㅇ 의결권 없는 주식

의결권이 전면적으로 제한되는 주식으로 상법에서는 의결권배제라고도 표현한다.

ㅇ 의결권이 제한되는 주식

- 결의의 일부안건에 관해 의결권이 없는 주식이다.
- 이러한 주식을 발행하려면 정관에 의결권을 인정하지 않는 의안을 열거해야 한다.
- 이 경우 2주에 1개의 의결권을 부여하는 것과 같이 의결권의 수량을 축소하는 것은 의결권이 제한되는 종류주식이 아니다.

ㅇ 의결권 행사 또는 부활의 조건

- 상법에서는 의결권의 배제 또는 의결권을 제한하는 종류주식을 발행하는 경우 의결권의 행사 또는 부활의 조건 등을 정해야 한다고 규정하고 있다(상법 제344조의3 ①).
- 다만, 이러한 조건을 반드시 규정하라는 취지는 아니고 정관에 의해 조건을 둘 수 있다는 의미이다.

(3) 발행

ㅇ 의결권이 배제 또는 제한되는 종류주식을 발행할 경우에는 정관에 그 규정을 두어야 한다.

ㅇ 의결권이 없거나 제한되는 종류주식의 총수는 발행주식총수의 4분의 1을 초과하지 못한다(상법 제344조의3 ②).

5-2. 주주 · 주주권

5-2-1. 서

1) 의의

ㅇ 주주 : 주식회사의 사원이다.

ㅇ 주주권 : 주주가 회사에 대해서 갖는 지위(개개 권리의 원천) - 사원권

◦ 어음·수표가 완전 유가증권·무인증권·상환증권임에 비하여 주권은 불완전유가증권·유인증권·비상환증권이다.

2) 주식의 공유 : 주식불가분의 원칙 - 공유는 가능하다(상법 제333조).

5-2-2. 주주의 권리

1) 의의

ㅇ 주주권을 원천으로 하여 회사에 대하여 여러 가지 구체적이고 개별적인 권리

→ 수식취득으로만 취득가능, 독립적 양도·담보목적이 불가능하다.

cf) 주주의 채권자적 권리

(확정된 이익배당에 따른 이익배당청구권 → 구체화되고 독립된 권리는 주식과 별도로 양도 또는 압류 가능)

2) 권리의 근거와 제한

- 주주의 권리는 법률에 의하여 주어지므로 정관 또는 이사회·주주총회의 결의로 제한이 불가하다.
- 다만, 상법에 제한 유보조항이 있는 경우 가능하다(ex. 신주인수권의 제한상법 제418조 ① - 주식 수에 따른 신주배정).

CASE 주권의 효력발생시기

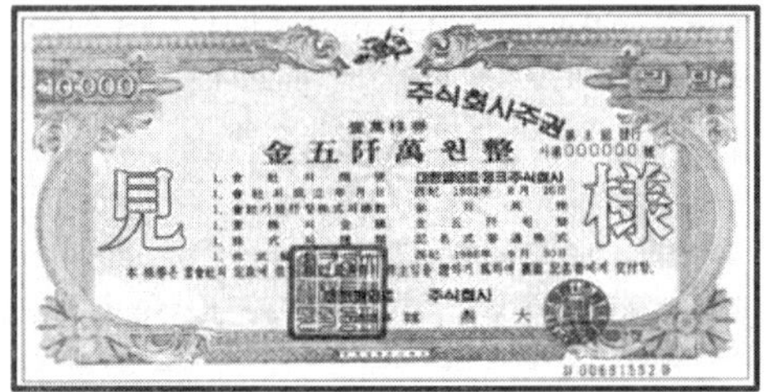

1 문제

주권의 효력은 언제부터 발생하는가?

2 결론

교부시설이 타당하며 주권은 작성되어 주주에게 교부된 때 주권으로서의 효력이 발생한다.

3 논거

이와 관련하여 작성시설, 발행시설, 교부시설이 있는데, 작성시설에 대하여는 주주보호에 문제가 있으며, 무기명주권의 경우 주주확정시기가 불분명하다는 비판이 제기된다. 그리고 작성시설에 대하여는 주주는 점유를 취득한 일조차 없는데 주권의 점유를 잃은 자에 해당하여 제3자의 선의취득을 허용하게 되는 바, 이는 선의취득제도의 본래의 취지에 어긋난다는 비판이 있다.

교부시설에 의할 경우 거래안전을 해하는 문제가 발생할 수 있으나 주권의 경우 어음과 같은 강한 유통성의 확보라는 측면보다는 주주를 정하는 의미가 더욱 중요하다는 점, 선의의 제3자 보호는 양수인이 양도인에 대하여 손해배상을 청구하거나 부당이득반환을 청구할 수 있고 나아가 주권의 분실이나 도난에 회사의 과실이 있음을 들어 회사에 대하여 불법행위책임을 추궁하여 해결 될 수 있다는 점 등에 비추어 교부시설이 타당하다고 할 것이다.

CASE 주권의 선의취득과 제권판결

1 문제

지리산홈쇼핑몰주식회사 주주 갑은 자신의 주권을 을에 의해 도난당하였다. 이에 갑은 법원에 제권판결을 신청하였으나 그 이전에 이러한 사실을 모르는 병이 을로부터 주권을 취득하고 지리산홈쇼핑몰주식회사에 명의개서를 신청한 상태였다. 병은 공시최고기간 내에 법원에 자신의 권리를 신고하지 않았고 법원의 제권판결이 선고되었다. 이 경우 병은 주주로서의 권리를 행사할 수 있는가?

2 결론 및 논거

선의취득자우선설과 절충설에 의하면 병은 자신이 선의취득자임을 주장하여 명의개서 후 주주로서의 권리를 행사할 수 있으나, 제권판결취득자우선설에 의하면 병이 점유하고 있는 주권은 제권판결의 소극적 효력에 의하여 이미 무효이므로 주주로서의 권리를 행사할 수 없다.

판례에 의하면 제권판결만으로 이미 선의취득한 자의 권리가 소멸하는 것은 아니나 주권의 효력이 제거된 상태인바 병은 제권판결에 대한 불복의 소를 제기할 수 있을 뿐 자신의 보유 주권이 유효한 것을 전제로 명의개서를 청구하거나 주주권을 행사할 수 없다.

5-3. 주주권의 변동

5-3-1. 주주권변동의 원인

취득	원시취득	◦ 주식취득(설립시, 신주발행시) ◦ 선의취득
	승계취득	◦ 특정승계 - 주식양도 ◦ 포괄승계 - 상속, 회사합병, 포괄유증
상실	절대적상실	◦ 주식자체의 소멸 (회사해산, 주식소각, 자본감소, 이익소각, 상환주식의 상환)
	상대적상실	◦ 승계취득의 반면

◦ 전환주식의 전환, 주식의 병합, 회사합병 - 주식의 상실과 취득이 동시에 발생한다.

◦ 주주권은 취득시효의 대상이 아니며, 소멸시효에 걸리지 않는다.

5-3-2. 주식의 양도

1) 의의 : 법률행위에 의하여 사원의 지위인 주식을 이전하는 것이다.

2) 주식의 양도성

o 주식회사의 본질에서 오는 필연적 요청

- ㅇ 주식의 자유양도성(상법 第335조), 다만, 정관이 정하는 바에 따라 이사회의 승인을 얻도록 할 수 있다(95년 개정).
- ㅇ 주주간에 또는 주주와 회사간에 양도제한의 약정이 있을 경우 채권적 효력을 인정한다(위반 - 손해배상).

3) 주식의 양도방법

(1) 양도의 합의 : 매매·교환 등의 채권행위가 선행 - 양도의 합의

(2) 주권의 교부 : 대항요건이 아니라 성립요건(기명주식 - 배서 불요).

(3) 적용범위

- ㅇ 양도의 경우에만 교부가 필요하다(포괄승계의 경우 교부 없이도 이전).
- ㅇ 다만, 회사에 대항하기 위해서는 명의개서가 필요하다.
- ㅇ 주식양도계약 해제 : 주권 반환 없이 주식양수인은 주주지위 상실 (대판1994.6.28)
- ㅇ 명의신탁계약의 해지 : 주권의 교부 없이 신탁자에게 주주권 회복 (대판1992.10.27) → 대항(명의개서 요)
- ㅇ 회사성립 후 또는 신주발행 후 6개월이 경과하도록 회사가 주권을 발행하지 않는 경우 주권교부 없이 의사표시만으로 양도 가능하다(상법 제335조 ③).
- ㅇ 주식의 압류 : 주권의 점유에 의해 가능하다(대판1986).

(4) 주권점유의 권리추정력(상법 제336조 ②)

- ㅇ 주권의 점유자는 적법한 소지인으로 추정한다.
- ㅇ 명의개서 청구가 가능하다는 뜻이다.

(5) 주권교부의 모습

- ㅇ 현실인도
- ㅇ 간이인도
- ㅇ 점유개정
- ㅇ 목적물반환청구권의 양도(ex.증권대체결제제도)

CASE 타인명의의 주식인수

1 문제

1) 타인의 승낙을 얻어 타인명의로 주식을 청약하고 그 후 타인에게 주식이 배정된 경우

누가 주식인수인이 되는가?

2) 이 경우 회사측에서 주주명부상의 형식주주에게 주주총회소집을 통지하였다면 회사는 면책되는가?

2 결론

1) 실질설에 따라 명의차용자를 주식인수인으로 보는 견해가 타당하다.

2) 회사는 주주명부상의 형식주주에게 주주총회 소집통지를 하였다하여 언제나 면책되는 것은 아니고 주주명부상의 주주가 실질주주가 아니라는 점에 대하여 악의이거나 실질주주로 믿은데 중과실이 있는 경우 또는 실질주주의 증명이 용이하였던 경우에는 형식주주의 의결권행사는 위법한 것이 되고 회사는 면책될 수 없다.

3 논거

1) 타인의 승낙을 얻은 타인명의 주식인수에서 주식인수인

(1) 판례

"실제로 주식을 인수하여 그 대금을 납입한 명의차용인만이 실질상의 주식인수인으로 주주가 되고, 단순한 명의대여자에 불과한 자는 주주로 볼 수 없다(97다50619)."

(2) 학설

이와 관련하여 형식설과 실질설이 있는데 법률행위의 일반이론에 비추어 보나 실질적 투자자를 보호할 필요가 있는 점에서 볼 때 실질설이 타당하다.

2) 회사가 형식주주에게 주주총회 소집통지를 하면 면책되는지 여부

(1) 판례

"주식회사가 주주명부상의 주주에게 주주총회의 소집을 통지하고 그 주주로 하여금 의결권을 행사하게 하며, 그 주주가 단순히 명의만을 대여한 이른바 형식주주에 불과하여도 그 의결권 행사는 적법하지만, 주식회사가 주주명부상의 주주가 형식주주에 불과하다는 것을 알았거나 중대한 과실로 알지 못하였고 또한 이를 용이하게 증명하여 의결권 행사를 거절할 수 있었음에도 의결권 행사를 용인하거나 의결권을 행사하게 한 경우에는 그 의결권 행사는 위법하게 된다(96다45818)."

(2) 학설

이와 관련하여 두 가지 학설이 있는데, 형식설로 일관하면 대규모의 공개회사와 소규모의 폐쇄회사로 이분화되어 있는 우리 경제계의 실제를 잘 반영하지 못하는 문제점이 생긴다. 판례의 입장과 동일한 두 번째 학설은 이러한 점을 고려하여 실질설에 입각하면서도 주주명부

의 면책력과 조화하는 해석을 꾀하고 있는 것이다. 이와 같이 보는 것이 현실 문제의 해결에 있어서의 유용한 기준이 될 수 있을 것이라 여겨진다. 다만, 주주가 많을수록 주주명부의 면책력을 확대하여 해석하는 것이 타당할 것으로 판단된다.

< 명의개서(기명주식양도의 대항요건) ~ 효력발생요건이 아님 >

1 의의

○ 기명주식을 양수한 자가 회사에 대해 주주의 권리를 행사하려면 자기의 성명과 주소를 주주명부에 기재하여야 하는 것이다(상법 제337조). 즉 기명주식의 양도로 인하여 주주가 변경된 경우에 양수인을 주주로서 주주명부에 기재하는 것을 의미한다.

○ 효용

- 주주의 권리행사를 효과적으로 하기 위해
- 실무상의 편의, 정족수 확보

2 절 차

1) 청구권자 ○ 주식의 적법한 양수인(주권점유)

○ 회사의 성립 후, 신주납입기일 후 6개월이 경과한 후 주권 없이 주식을 양수한 자 → 주식양수 증명으로 청구 가능

○포괄승계로 주권점유 : 주권의 제시로.

: 주권이 없을 경우(상속 · 합병 등의 포괄승계의 원인사실을 증명하여)

○한국예탁결제원 - 주권을 예탁받은 경우

2) 회사의 명의개서 의무

(1) 적법한 청구 → 의무 있음 → 해태한 경우: 손해배상책임, 과태료제재, 명의개서 청구의 소

(2) 회사의 면책(어음법§ 40③참조)

○ 적법성의 형식적 심사 : 명의개서 시 실질적 권리자가 아니더라도 악의 · 중과실이 아니면 면책

○ 적법성의 실질적 심사 : 회사의 실질적 조사권여부

- 긍정설 : 상당기간명의개서 거절가능
- 부정설 : 무권리를 입증할 수 없는 경우 명의개서 지연책임을 면치 못함

3) 주주명부폐쇄 기간 중의 명의개서 - 회사에 의한 임의의 명의개서 허용여부?

○ 긍정설 - 제도의 취지가 회사의 사무처리 편의를 위한 것

○ 제한적 긍정설 - 유효하지만 그 효력은 폐쇄기간 경과 후에 발생(폐쇄기간 중 효력발생 X)

○ 부정설(무효설)- 권리행사의 획일적인 확정이라는 취지에 반함, 주주평등의 원칙에 반함

3 효 과

1) 명의개서를 한 경우 적법한 주주로 추정한다 → 회사에 대한 주주권 행사

2) 명의개서 미필주주의 지위

: 주식양수 기타의 원인으로 취득하였음에도 불구하고 명의개서를 않은 경우 취득자의 법적 지위가 문제된다.

(1) 회사이외의 제3자와의 관계 - 주주권 주장 가능(상법 제337조 ①의 반대해석)

(2) 회사와의 관계

<table>
<tr><td rowspan="2">*
회사의
권리인
정문제</td><td>편면적
구속설
(대판)</td><td>-주주명부의 기재에 의한 주주자격은 주권의 점유가 갖는 권리추정력의 반영(회사의 위험부담으로 인정하는 것 가능) → 다른 주권의 점유자가 나타나면 주주명부의 효력은 부정
-상법 제337조①의 입법취지 - 회사의 사단법적 사무처리의 편의 위해
※ 회사가 스스로 주주임을 인정하는 것은 무방</td></tr>
<tr><td>쌍방적
구속설</td><td>-회사가 양자에 대한 선택의 자유를 가지는 것 - 부당
-주주명부상의 주주는 실질주주가 아니라고 권리부인하고, 실질주주는 명의개서를 하지 아니하였다고 권리를 부인하는 것 - 부당
-상법 제337조①의 입법취지 - 회사법률관계의 획일적 처리
※ 취득자가 주주임을 주장하지 못할 뿐 아니라 회사도 이를 주주로 인정하지 못함</td></tr>
<tr><td colspan="3">* 명의개서의 부당거부(회사가 정당한 사유 없이)한 경우 주주권행사여부
- 신의칙상 양수인은 명의개서 없이 직접 회사에 대해 주주의 권리행사 가능(대판도 동일)</td></tr>
<tr><td colspan="3">* 명의개서 지체중의 이익귀속관계(실기주=실념주)
-일정기일에 명의개서를 하지 않아서 권리행사를 할 수 없게 된 주식, 특히 신주인수권의 귀속문제 → 양도인과 양수인 간의 개인법적 문제</td></tr>
<tr><td></td><td colspan="2">◦ 당사자 간에 합의 O -- 그에 따라 해결</td></tr>
<tr><td></td><td>◦ 당사자 간에 합의 ×
(학설 나뉨)</td><td>○ 양도인귀속설 : 추상적인 신주인수권과는 달리 구체적 신주인수권은 주식의 양도에 따라 이전하는 것이 아니므로 양도인에게 귀속
○ 양수인귀속설 : 특별히 다른 사정이 존재하지 않는 한 주식에 따르는 (통설) 권리도 추상적인 것이든 구체적인 것이든 구별 없이 양도</td></tr>
<tr><td colspan="2" rowspan="3">* 실기주주의
신주인도청구문제
(근거)</td><td>○ 부당이득설 - 양수인에게 불리</td></tr>
<tr><td>○ 사무관리설 : 부당이득의 반환은 손실자의 손실을 한도로 하므로 양수인이 보호차원에서 사무관리라고 보아야</td></tr>
<tr><td>○ 준사무관리설(다수설) : 양수인유리-모든 이익반환, 유익비청구 가능</td></tr>
</table>

4 명의개서대리인

1) 의의

○ 회사를 위하여 명의개서사무를 대행하는 자(cf. 사법상의 대리인×)

○ 기명사채에도 적용

2) 명의개서대리인의 선임

○ 이사회결의로 선임, 위임관계.

○ 선임강제는 아니나, 상장회사의 경우는 상장요건이므로 강제.

○ 상호 · 본점소재지 등기, 주식청약서와 사채청약서에 명의개서대리인 기재

3) 명의개서대리인의 업무

○ 명의개서의 대행

○ 배당, 이자 및 상환금의 지급을 대행하는 업무

○ 주권 · 채권 등 유가증권의 발행을 대행하는 업무 가능(별개의 수권 요함)

4) 명의개서대행의 효과

: 회사의 주주명부에 명의개서한 것으로 본다(상법 제337조 ②후단).

5) 명의개서대리인의 지위

○ 회사의 이행보조자

○ 회사가 이해관계인에 대한 손해배상책임부담(1) 회사이외의 제3자와의 관계 - 주주권 주장 가능(상법 제337조 ①의 반대해석)

CASE 명의개서미필주주의 지위

1 문제

1) 주식의 양수인이 주권을 제시하여 적법하게 명의개서를 청구하였음에도 회사가 정당한 이유 없이 명의개서를 거절하거나 지체한 경우 양수인은 명의개서 없이 주주권행사가 가능한가?

2) 회사가 명의개서를 하지 않은 주식양수인을 주주로 인정하여 그 자에게 권리행사를 허용할 수 있는가?

3) 협의의 실기주의 경우 양도인과 양수인 중 누구에게 귀속하며 주식양수인은 신주를 반환청구 할 수 있는가?

4) 주주명부 폐쇄기간 중에 회사가 임의로 한 명의개서의 효력은 어떠한가?

2 결론

1) 회사가 명의개서를 부당하게 지체·거절한 경우 긍정설에 따라 명의개서 없이도 직접 회사에 대해 주주의 권리를 행사할 수 있다. 이에 따라 양수인은 명의개서청구소송 및 임시주주 지위를 정하는 가처분, 이사 또는 회사에 대한 손해배상 등을 청구할 수 있다. 한편 회사가 실질주주인 양수인의 명의개서 청구에도 불구하고 이를 부당하게 거절하고 양도인에게 주주총회 소집통지서를 발송하는 경우 양수인은 회사에 대하여 직접 주주권을 행사할 수 있을 것이다. 회사는 실질주주인 양수인에게 주주총회 소집통지서를 발송하지 않은 절차상 하자가 있는데, 양수인이 특별한 이해관계에 잇는 주주인 경우라면 이러한 절차상 하자를 이유로 주주총회결의 취소의 소를 제기할 수 있다. 이 경우 회사는 양도인이 형식주주에 불과하다는 사실을 알 수 있었으므로 면책되지 않으며 주주총회결의는 취소하여야 한다.
2) 편면적 구속설에 따라 주주가 명의개서를 하지 않은 경우에도 회사가 그 자를 주주로 인정하여 권리행사를 허용하는 것은 가능하다.
3) 회사에 대한 관계에서는 회사가 주주명부상의 주주에 대하여 신주배정을 하면 되므로 주식양수인이 회사에 대하여 주주권을 행사할 수는 없다. 그러나 당사자간의 관계에서 실기주는 주식양수인에게 귀속한다고 봄이 타당하다. 이 경우 사무관리의 법리에 의하여 양수인은 그 반환을 청구할 수 있고 양도인은 회사로부터 받은 협의의 실기주를 양수인에게 그대로 반환할 의무가 있다.
4) 주주명부 폐쇄기간 중 회사가 특정인에게 임의로 명의개서를 행하였다면 명의개서 자체는 유효하나 명의개서의 효력은 폐쇄기간 경과 후에 발생한다.

3 논거

1) 명의개서 부당거절시 주주의 권리행사

(1) 판례

"주식을 양도받은 주식양수인들이 명의개서를 청구하였는데도 위 주식양도에 입회하여 그 양도를 승낙하였고 더구나 그 후 주식양수인들의 주주로서의 지위를 인정한 바 있는 회사의 대표이사가 정당한 사유 없이 그 명의개서를 거절한 것이라면 회사는 그 명의개서가 없음을 이유로 그 양도의 효력과 주식양수인의 지위를 부인할 수 없다(92다40952)."

(2) 학설

이에 관해 긍정설과 부정설이 있다. 회사가 명의개서를 부당거절 하였음에도 취득자로 하여금 주주권을 행사할 수 없도록 하면서 별개의 판결에 의하여서 명의개서를 한 뒤에만 주주권을 행사하도록 하는 것은 주주의 권리보호에 역행하는 것이라는 점, 회사가 정당한 사유 없이 명의개서를 거절하면서 주주권행사를 막는 것은 신의칙에 어긋나는 것이라는 점에서 긍정설이 타당하다.

2) 회사가 명의개서미필주주를 주주로 인정하는 것이 가능한지 여부

(1) 판례

"상법 제337조 제1항의 규정은 기명주식의 취득자가 주주명부상의 주주명의를 개서하지 아니하면 스스로 회사에 대하여 주주권을 주장할 수 없다는 의미이고, 명의개서를 하지 아니한 실질상의 주주를 회사측에서 주주로 인정하는 것은 무방하다(2001다12973)."

(2) 학설

이에 관해 쌍면적 구속설과 편면적 구속설이 있다. 명의개서는 단순한 사무처리의 편의를 위한 기술적 제도에 불과하다는 점, 명의개서의 효력은 추정적 효력에 그친다는 점, 명의개서에 의해 사원권 창설의 효력이 있는 것은 아니라는 점 등을 고려할 때 편면적 구속설이 타당하다.

3) 실기주의 귀속문제

(1) 협의의 실기주의 의의

당사자간에 주식의 양도가 있은 후 신주가 발행된 경우 주식양수인이 신주의 배정일까지 명의개서를 하지 않음으로써 주주명부상의 주주인 주식양도인에게 배정된 신주를 말한다.

(2) 통설

회사는 주주명부에 기재된 주주에게 신주를 배정하면 원칙적으로 면책된다(상법 제353조). 따라서 회사에 대한 관계에서는 회사가 주주명부상의 주주에 대하여 신주배정을 하면 되므로 주식양수인이 회사에 대하여 주주권을 행사할 수는 없다. 그러나 당사자간의 관계, 즉 주식양도인과 주식양수인간에 있어서는 실기주는 주식양수인에게 귀속되어야 한다. 그 논거로는 주식의 양도로 추상적 신주인수권뿐만 아니라 구체적 신주인수권도 함께 양도된다는 점, 주식양도인이 신주의 프리미엄을 받아 이중으로 이익을 얻는 것은 부당하다는 점 등이 있다.

(3) 판례

판례(94다25735)는 회사에 대한 관계에서나 당사자간의 관계에서나 신주는 주식양도인에게 귀속된다는 태도이나 회사가 일정시기의 명의상 주주에게 신주인수권을 배정한다는 것과 그와 같이 배정된 신주인수권이 양도당사자 사이에서 누구에게 귀속될 것인가는 전혀 별개의 문제이다.

전자는 회사법상의 문제임에 반하여 후자는 양도인과 양수인간의 개인법상의 문제이기

때문이다. 통설의 태도와 같이 실기주는 양도당사자간의 관계에서는 양수인에게 귀속함이 타당하다고 본다.

4) 폐쇄기간 중 회사가 임의로 한 명의개서의 효력

이에 관해 무효설과 제한적 유효설이 있는데, 이를 무효로 처리하면 그러한 명의개서를 기초로 등록질을 설정한 자와 같은 제3자의 보호에 문제가 생긴다는 점, 폐쇄기간의 취지상 그 기간동안 권리행사를 할 수 없도록 한다면 주주평등원칙에 크게 역행하는 것이 아니라는 점을 고려하면 제한적 유효설이 타당하다.

〈기명주권과 무기명주권의 구분〉

구 분		기명주권	무기명주권
양도효력 발생		주권의 교부	주권의 교부
회사에 대한 대항요건		명의개서	주권소지
제3자에 대한 대항요건		주권소지	주권소지
통지/최고		주주에 대한 개별통지	공고
주권불소지제도		인정	부인
주식입질	회사에 대한 대항요건	* 등록질 - 교부, 주주명부 기재 * 약식질 - 교부, 점유	
	제3자에 대한 대항요건	소지	소지

5 3 3. 정관에 의한 주식양도의 제한

1) 의의

o 주식회사는 물적회사이므로 사원지위의 자유로운 이전은 법에 의해 보장된다. 또한 이전의 용이를 위해 주권을 발행하고 있다.

o 95년 개정 전에는 법률의 규정에 의해서만 주식양도를 제한할 수 있었으나 비상장회사의 경영지배의 안정과 외국자본의 침투를 막기 위해 정관에 의해서도 주식양도를 제한할 수 있도록 하였다.

〈 양도승인의 흐름 도식 〉

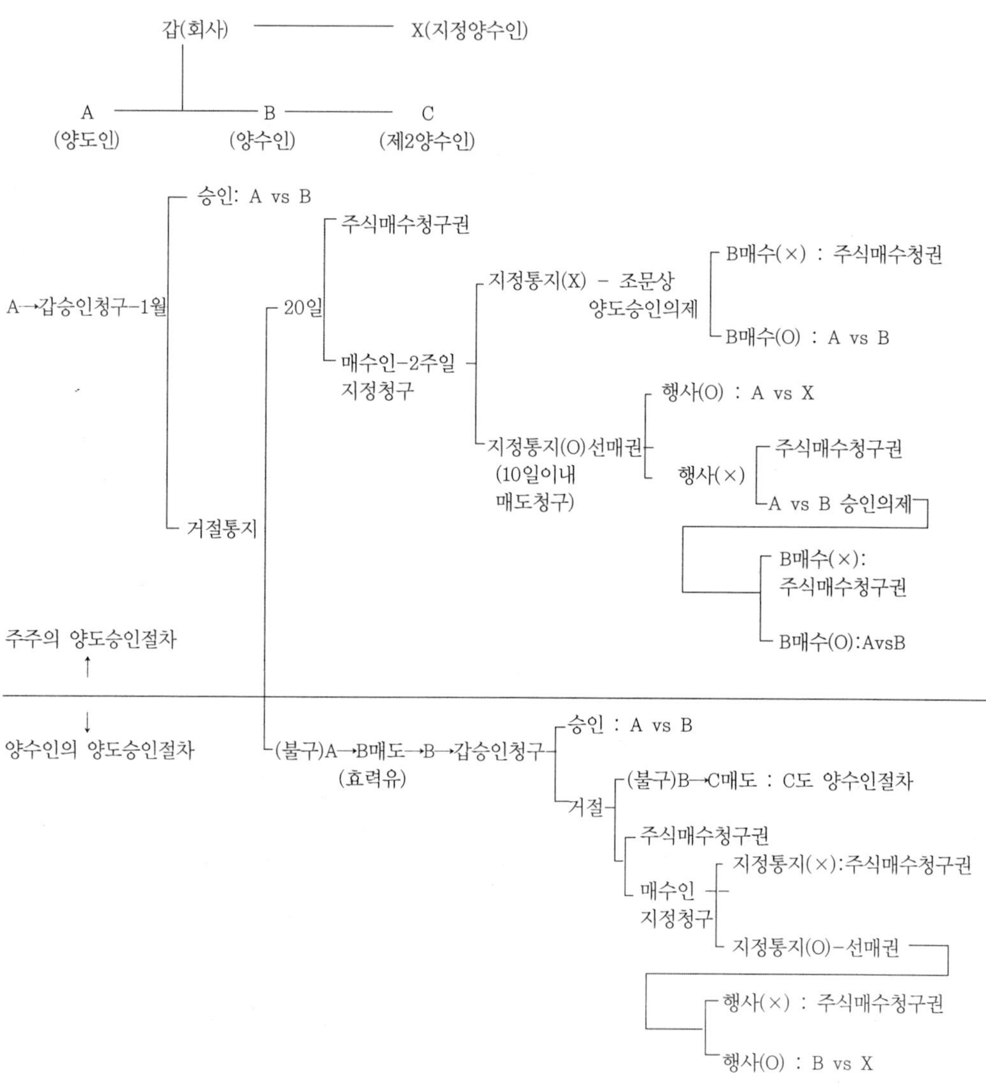

※ 이사회의 승인거부는 상대적 효력만을 부여

→ 이사회의 승인 없이 양도하는 것은 가능하되 이 경우에는 양수인이 양수의 승인절차를 밟도록 하였다

2) 양도제한의 요건

(1) 정관의 규정 : 설립시 또는 정관변경을 통해 새로이 양도제한 가능하다.

(2) 제한의 대상

o 기명주식만 가능

o 상장법인은 상장을 폐지하지 않는 한 제한 불가

(3) 양도제한의 공시 : 양도제한의 등기 요(등기×→선의의 제3자에게 대항불가)

o 주식청약서·주권에 기재, 신주발행시의 주식청약서·신주인수권증서 기재(입법불비)

o 전환사채·신주인수권부사채의 청약서, 채권, 사채원부신주인수권증권에 기재

(4) 제한의 방법(이사회의 승인)

o 제한내용의 한계

- 이사회의 승인만 가능 → 특정주주·.대표이사의 승인(무효)

- 일정기간 주식의 양도금지(무효). 주주의 권리(주식매수청권 등)에 관한 정관상의 제한(무효)

o 제한의 보편성

- 주주에 대한 보편적 적용 → 특정주주·특정수량의 주식에 국한(무효)

- 외국인·기존의 주주·종업원 외의 자에게 양도시 이사회승인 요구는 유효

(5) 적용범위

o 정관의 양도승인 규정은 주식의 양도에 한하여 적용한다.

o 포괄승계 하지 못한다.

o 담보제공 하지 못한다.

(6) 승인 없는 양도의 효력(상대적 무효)

o 회사에 대항 불가하다(상법 제335조 ②).

o 양당사자 간의 효력은 유효하다(양수인의 승인청구 인정하기 때문).

(7) 승인청구자

o 양도인의 사전청구가 거절된 경우(세 가지 선택)

i) 이사회에 대해 양도상대방을 지정해 줄 것을 청구

ii) 회사가 주식을 매수해 줄 것을 청구

iii) 이사회의 거절에도 불구하고 양도하는 것 또는 처음부터 이사회에 승인을 청구함이 없이 양도

ㅇ 양수인의 사후청구

: 회사에 양도상대방의 지정청구 또는 주식매수청구, 아니면 다시 제2의 양도

(8) 승인청구 및 승인절차

ㅇ 승인청구 : 양도인(양수인) 양도의 상대방 및 양도(양수)주식의 종류·수를 기재한 서면으로 승인청구회사가 승인을 거절하기 전에는 매수인의 지정이나 회사의 매수 청구가 불가능하다.

ㅇ 승 인

- 회사는 1월 이내에 주주 또는 주식양수인에게 승인여부통지(도달주의)

→ 통지 없으면 승인으로 간주한다.

- 승인여부는 이사회의 결의(재량) - 임무해태하면 회사에 대한 손해배상책임

- 이사회의 결의를 결하거나 무효인 경우의 효과?

ⅰ) 대표이사가 양도승인의 통지를 한 경우

: 양도·양수인의 선의(유효), 양도인악의·양수인선의(승인유효), 양도인선의·양수인악의(무효)

ⅱ) 이사회의 결의 없이 또는 하자 있는 결의에 의해 양도 거절한 경우

: 통지기간 내 통지 없으면 승인으로 간주

ⅲ) 승인거부의 후속절차

: 양도승인의 거부통지를 받은 주주 또는 양수인은 통지를 받은 날로부터 20일 내에 회사에 대하여 양도상대방의 지정 또는 주식의 매수청구가능(도달주의) → 기간 경과하면 양도인·양수인은 다시 승인청구 가능설(타당), 불가능설(양도불가능한 주식보유)

※ 주식양도 승인절차

이사회의 청구	* 주식양도인 또는 주식양수인이 * 서면으로
거부통지	* 1월 이내(도달) * 회사가 * 거부통지 없으면 승인 간주(1차 간주)
양도상대방의 지정청구 또는 회사에 대한 주식매수청구	* 수령 후 20일 이내 * 회사에 대한 주식매수청구가 있으면 회사는 2월 이내에 주식을 매수하여야 함
지정통지	2주간 내에 지정통지가 없으면 승인 간주(2차 간주)
지정된 자의 선매권	10일 이내에 매도청구가 없으면 승인 간주(3차 간주)

(9) 양도상대방의 지정청구

ㅇ 지정청구

: 서면 및 구두로 청구. 다만, 청구사실 및 기간준수의 사실은 청구인이 입증

ㅇ 양도상대방의 지정

- 이사회의 결의로 양도상대방을 지정한다.

- 재량권의 남용(지배구조의 변경)이 아니다.

ㅇ 지정통지

- 지정청구를 받은 날로부터 2주간 내에 청구인·지정된 자에게 서면 통지(도달주의)

- 주식선매권

: 지정매수인은 통지받은 날로부터 10일 이내에 지정청구인에게 서면으로 매도청구(선매권, 형성권)

: 선매권포기·청구자에게 미통지 → 선매권 상실(회사가 양도승인한 것으로 간주)

- 매수가격의 결정(3단계)

① 지정청구인과 지정매수인 간의 협의

② 반대하는 경우에는 상법 제355조의4 제1항의 규정에 의한 청구를 받은 날로부터 30일 내에 법원에 매수가격의 결정 청구

(10) 회사에 대한 매수청구

ㅇ 매수청구 : 회사는 청구를 받은 날로부터 2월 내에 그 주식을 매수

ㅇ 매수청구선택권의 문제

- 상법 제355조의2 제4항 : 거부통지를 받은 주주는 회사에 대하여 양도의 상대방의 지정 또는 그 주식의 매수를 청구할 수 있다.

- 이유 : 주주가 이사와 통모하여 출자금을 회수해 가는 합법적인 수단으로 악용될 소지가 크다.

- 예) 전망이 어두운 회사의 대주주 갑이 이사회에 대해 주식의 양도승인을 요구하는 동시에 내면적으로는 승인거부를 지시하고 거부당한 후 회사에 대해 매수청구를 한다면 이 대주주는 회사채권자들에 앞서 출자금을 환급 받을 수 있다.

ㅇ 매수가격의 결정

: 영업양도 및 합병시 반대주주의 주식매수청구에 적용하는 것을 준용한다.

ㅇ 이사의 주의의무

i) 승인거절로 인한 양도상대방의 지정 및 주식매수청구에 대한 결정 역시 이사회 결의를 요한다.

- 상대방지정 가능하면 주식매수는 불가하다(회사의 자기주식취득으로 자본충실을 해치기 때문).
- 상대방 지정이 어려운 경우라도 채무초과 상태가 된다면 주식매수 할 수 없다 → 양도승인해야 한다.

ⅱ) 매수가격의 결정 : 이사회의 결의를 요한다고 해석한다 → 임무해태(회사·채권자에 대한 손해배상책임)

※ 소수주식의 강제매수제도 도입[시행 2012. 4.15 : 2011. 4.14, 상법 일부개정] (제360조의24부터 제360조의26까지 신설)

1) 특정주주가 주식의 대부분을 보유하는 경우 회사로서는 주주총회 운영 등과 관련하여 관리비용이 들고 소수주주로서는 정상적인 출자회수의 길이 막히기 때문에 대주주가 소수주주의 주식을 매입함으로써 그 동업관계를 해소할 수 있도록 허용 할 필요가 있음.
2) 발행주식총수의 95퍼센트 이상을 보유하는 지배주주가 소수주주의 주식을 공정한 가격에 매입할 수 있도록 하는 한편, 소수주주도 지배주주에게 주식매수청구권을 행사할 수 있게 하여 소수주주 보호방안을 마련함.
3) 이와 같은 소수주식의 강제매수제도를 통하여 회사의 주주 관리비용이 절감되고 경영의 효율성이 향상될 것으로 기대됨.

5-3-4. 법률에 의한 제한

* 상법상의 제한

1) 권리주 양도금지(§ 319, § 425) : 주식인수인의 지위를 권리주라 하는데 실질적으로는 주식이지만 형식적으로는 주식이 아니므로 인정하더라도 당사자 사이는 유효하나 회사에 대해서는 양도의 효력을 주장하지 못함

2) 주권발행전의 주식양도제한(§ 335②) - 원칙 : 당사자간에는 유효하나 회사에 대해서는 효력을 주장하지 못함

3) 자기주식취득 금지(§ 341)

- 회사의 자기주식 취득은 원칙적으로 무효
  (자기명의이든 타인명의이든 자기계산에 의한 취득이면 모두 금지)
- 규제이유
  - ① 자본충실에 위배(유상취득시 회사자산의 감소초래)
  - ② 경영권지배를 위한 목적에 악용(출자 없는 회사지배 가능)
  - ③ 회사가 자신의 구성원이 된다는 것 자체가 모순
  - ④ 회사기관의 투기행위(주가조작)
  - ⑤ 내부자거래조장
  - ⑥ 회사손실이 자기주식의 실질가치에 반영
- 예외(§ 341)
  - ① 회사합병
  - ② 다른 회사의 영업전부 양수
  - ③ 단주처리목적(준비금의 자본전입)
  - ④ 주식매수청구권의 행사

4) 상호주 취득 금지

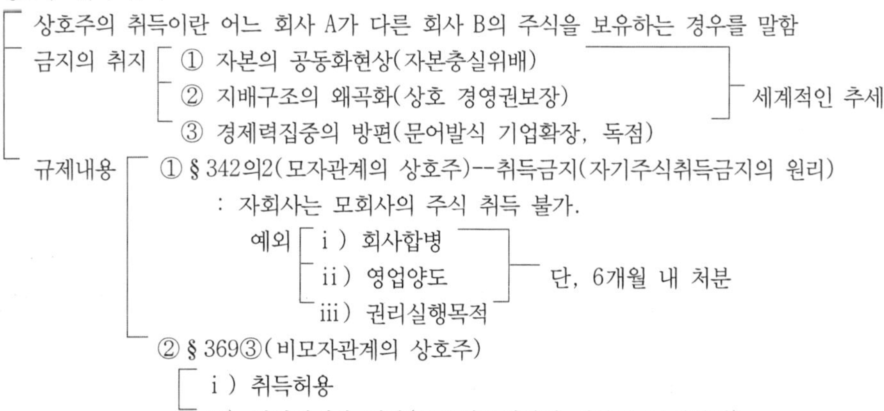

- 상호주의 취득이란 어느 회사 A가 다른 회사 B의 주식을 보유하는 경우를 말함
- 금지의 취지 (세계적인 추세)
  - ① 자본의 공동화현상(자본충실위배)
  - ② 지배구조의 왜곡화(상호 경영권보장)
  - ③ 경제력집중의 방편(문어발식 기업확장, 독점)
- 규제내용
  - ① § 342의2(모자관계의 상호주)--취득금지(자기주식취득금지의 원리)
    : 자회사는 모회사의 주식 취득 불가.
    예외 (단, 6개월 내 처분)
    - i) 회사합병
    - ii) 영업양도
    - iii) 권리실행목적
  - ② § 369③(비모자관계의 상호주)
    - i) 취득허용
    - ii) 의결권행사 제한(주주평등원칙의 예외: 1주1의결권)

5-3-5. 권리주의 양도제한

1) 규제내용

o 회사설립시의 주식의 인수로 인한 권리의 양도는 회사에 대하여 효력이 없다(상법 第319조).

o 권리주 - 주식인수인의 지위, 신주발행에 관하여 준용한다(상법 第425조 ①).

o 거래실제 - 권리주를 주금납입영수증·청약증거금영수증에 백지위임장을 첨부하여 양도(교부)한다.

2) 제한이유

(1) 투기행위억제,

(2) 절차 혼잡 방지, 특히 설립시 회사불성립으로부터 양수인 보호

(3) 주권의 교부를 양도방법으로 하고 있는데, 권리주의 양도방법은 제도화하기 어렵다.

3) 양도의 효력

(1) 당사자간 : 유효(채권적 효력)

(2) 대 회사간 : 무효

- 회사측에서 양도의 효력을 인정할 수 있는가?

→ 부정설(다수설·판례 - 금지하는 공익적 이유 강조),

→ 긍정설(회사의 자발적 인정은 유효)

5-3-6. 주권발행전주식의 양도제한

1) 개 념

회사설립시에는 설립등기를 필한 때로부터 주권을 발행할 때까지, 신주발행시에는 신주발행의 효력발생일, 즉 납입기일의 다음날로부터 주권을 발행할 때까지의 상태에 있는 주식이다.

2) 입법취지

주권이 교부되기 전에는 적법한 양도방법이 있을 수 없으므로 주식거래의 안전을 위해 제한하고 있다.

3) 적용범위

- 통상의 신주발행, 전환주식·전환사채의 전환, 준비금의 자본전입·주식배당·신주인수권부채권자의 신주인수권행사·회사합병으로 인한 신주발행 등 모든 경우의 신주발행

- 6월의 기산점은 신주의 효력발생일

4) 주권발행전 양도의 효력

(1) 6월 경과 전의 양도 : 회사에 대하여 효력 없음(상법 第335조 ③본문)

ⅰ) 효력 : 절대적 무효(회사가 양도승인하고 명의개서 하더라도 무효), 당사자간 채권적효력 유효

ⅱ) 무효의 치유 : 6월이 경과하도록 회사가 주권을 발행하지 않는다면 6월 전에 한 양도는 치유됨.

(2) 6월 경과 후의 양도 : 주권 없이 주식양도 가능(상법 제335조 ③단서)

ⅰ) 효력 : 당사자간·회사간 모두 유효 → 회사에 대해 명의개서와 주권발행·교부 청구가능

ⅱ) 양도방법 : 지명채권의 양도방법에 따라 당사자의 의사표시에 의해 양도

ⅲ) 대항력

- 양수인은 채권양도에 준하여 회사에 대한 통지 또는 회사의 승낙을 요한다.
- 회사에 대한 대항력의 의미 : 적법한 양수인임을 주장하고 명의개서를 청구할 수 있음을 뜻한다.

ⅳ) 명의개서 청구

- 주권이 없으므로 권리추정력 인정 안된다 → 양수인은 양수사실을 달리 증명
- 그러나 주식의 양수 사실을 증명하면 단독으로 명의개서 청구가능하다(대판 1995.5.23).

CASE 주권발행전 주식양도

1 문제

1) 주식회사에서 회사의 성립 후 또는 신주의 납입기일 후 6월 이내에 주권 없이 주식을 양도한 경우 주식양도의 효력은 어떠한가?

2) 회사성립 후 또는 신주납입기일 후 6월 이내에 주권 없이 주식이 양도되고 그 후 6월이 경과한 후에 주권이 발행되었다면 동 주식양도의 하자는 치유되는가?

3) 회사성립 후 또는 신주납입기일 후 6월 이후에 주권 없이 주식을 양도하려고 하는 경우 어떠한 방법으로 가능한가?

2 결론

1) 회사의 성립 후 또는 신주의 납입기일 후 6월 이내에 주권 없이 주식을 양도한 경우 그러한 양도는 회사에 대하여 효력이 없다.

2) 회사성립 후 또는 신주의 납입기일 후 6월 이내에 주권이 발행되기 전에 주식이 양도되고 6월이 경과한 후에 주권이 발행되었다면 동 주식양도는 하자가 치유되어 유효로 된다.

3) 회사성립 후 또는 신주납입기일 후 6월이 경과하도록 주권 발행이 없는 경우 양도인과 양수인의 합의로 주식을 양도할 수 있다. 따라서 민법상의 지명채권 방식으로 주식을 양도하는 것은 적법하며 특히 확정일자 있는 증서에 의해 대항요건을 갖춘 이상 양수인은 회사 및 제3자에 대해서도 양도된 주식의 주주임을 주장할 수 있다.

3 논거

1) 회사의 성립 후 또는 신주의 납입기일 후 6월 이내에 주권 없이 주식을 양도한 경우 그러한 양도의 효력

: 상법 제335조 제3항 본문이 회사가 성립하거나 신주의 납입기일이 경과하여 권리주의 상태가 소멸된 경우에도 '주권이 발행되기 전에 한 주식양도는 회사에 대하여 효력이 없다'고 명기하고 있다. 또한 판례도 "....이러한 주식양도를 회사측에서 승인을 하고 또 주주명부에 명의개서를 하였다고 하더라도 회사에 대한 관계에서는 아무런 효력이 생기지 않는다(86다카982)"고 하고 있다.

2) 회사의 성립 후 또는 신주의 납입기일 후 6월 이내에 주권 없이 주식이 양도되고 6월이 경과하여 주권이 발행된 경우 하자가 치유되는지 여부

: 이와 관련하여 하자치유긍정설과 하자치유부정설이 있다. 이 경우의 주권양도를 무효라고 하면 또 다시 별도의 양도의 의사표시를 통해 양도의 합의를 하여야 하는데, 이는 공연히 절차만 복잡하게 하는 것으로 불합리하므로 하자치유긍정설이 타당하다.

3) 회사의 성립 후 또는 신주의 납입기일 후 6월이 경과하도록 주권발행이 없는 경우 주권양도 방법

(1) 주권발행전 주식양도 방법에 관한 판례

"이 경우 주식의 양도는 지명채권의 양도에 관한 일반원칙에 따라 당사자의 의사표시만으로 효력이 발생하는 것이고.... 양수인은 특별한 사정이 없는 한 양도인의 협력을 받을 필요없이 단독으로 자신이 주식을 양수한 사실을 증명함으로써 회사에 대하여 그 명의개서를 청구할 수 있다(92다16386)."

(2) 주권발행전 주식양도의 대항요건에 관한 판례

"주권발행 전의 주식양도의 제3자에 대한 대항요건은 확정일자 있는 증서에 이한 양도통

지 또는 승낙이고 주주명부의 명의개서는 주식양수인들 상호간의 대항요건이 아니라 적법한 양수인이 회사에 대한 관계에서 주주의 권리를 행사하기 위한 대항요건에 지나지 않는다(94다36421)."

5-3-7. 자기주식취득의 제한

1) 자기주식취득금지의 원칙

ㅇ 회사가 이미 발행한 주식을 주주로부터 다시 취득하는 것을 원칙적으로 금한다(상법 제341조).

ㅇ 취득금지의 이유

ⅰ) 법논리적 모순 : 회사로서는 자기가 자기의 구성원이 됨

ⅱ) 자본충실원칙에 반함

: 회사자산 감소(실질적 출자환급)

→ 다른 주주·회사채권자의 이익 해함

ⅲ) 투기행위방지

: 주식 취득과 처분을 결정할 이사의 내부거래가 발생할 우려(주가조작 등)

ⅳ) 불공정한 회사지배 방지

: 출자 없는 회사지배 가능(대표이사의 의결권 행사로 인해)

ⅴ) 주주평등의 원칙

: 특정한 주주로부터만 고가로 매입하는 경우에는 다른 주주의 이익 해함

2) 자기주식취득금지의 예외(자기주식취득의 허용)

(1) 배당가능이익을 재원으로 하는 취득

ㅇ 자기주식의 편의성에 착안하여 자기주식취득의 제한을 완화하는 것이 세계적인 입법추세인 점을 감안하여 2011년 개정상법은 배당가능이익을 재원으로 하는 취득을 널리 허용하였다.

ㅇ 근거

- 자기주식의 편의성은 회사가 자기주식을 취득하면 그만큼 주식의 유동물량을 감소시킨다.

- 우호적인 주주에게 자기주식을 처분할 기회를 가질 수 있으므로 적대적 기업매수에 대항하여 경영권을 방어하는 수단으로 삼을 수 있다.

- 주가가 크게 하락할 경우 자기주식을 취득하여 유통수량을 줄임으로써 주가를 지지할 수 있다.

- 주가가 급등할 경우 자기주식을 방출하여 주가를 진정시킬 수도 있다.

(2) 상법 제341조의2 각호에서 열거하는 취득

ⅰ) 회사의 합병 또는 다른 회사의 영업부분의 양수로 인한 때

ⅱ) 회사의 권리를 실행함에 있어 그 목적을 달성하기 위하여 필요한 때

: 대물변제·경락

ⅲ) 단주의 처리를 위하여 필요한 때 : 단주처리방법이 법정되어 있지 않은 경우

ⅳ) 주주가 주주매수청구권을 행사한 경우

4) 위반의 효력

(1) 일반적 효력

- ㅇ 이사·집행임원·감사 등에 위법사항의 내용에 따라 벌칙이 적용될 수 있다.
- ㅇ 이로 인해 회사에 손해가 발생하면 이사 등이 회사에 손해배상책임
- ㅇ 주주들에게 매도의 기회를 차별하였을 때에는 기회를 얻지 못한 자는 상법 제401조에 의한 책임을 물을 수 있다.

(2) 취득행위의 사법상의 효력

ⅰ) 무효설(통설)

- ㅇ 상대방의 선·악의를 불문하고 언제나 무효이다.
- ㅇ 회사의 자본충실의 원칙은 주식회사의 본질적 요소이고, 또 이러한 자본충실을 기하고자 하는 것이 상법 제341조의 입법목적인 점에서 볼 때 동 규정을 강행규정으로 보아야 할 것이다.

ⅱ) 유효설

- ㅇ 상법 제341조의 명령규정을 위반하면 이사 등의 책임추궁
- ㅇ 취득 유효(거래 안전)

ⅲ) 부분적 무효설

- ㅇ 원칙 무효, 회사가 타인명의로 취득한 경우·자회사가 취득한 경우 상대방 선의이면 유효.→ 회사가 우회적·탈법적으로 악용할 우려 있음
- ㅇ 원칙 유효, 양도인이 악의인 경우 회사·주주·회사채권자 무효주장가능 → 상대방의 지위불안

ⅳ) 상대적 무효설

: 양도인의 선·악의불문하고 무효, 다만 선의의 제3자에 대항 불가

5) 자기주식의 처분(취득한 자기주식의 매각)

- o 2011 개정상법에서는 회사의 선택에 따라 취득한 자기주식을 계속 보유할 수도 있고 처분할 수도 있도록 하였다.
- o 개정상법은 처분할 주식의 종류와 수 등 자기주식의 처분과 관련된 사항을 열거하고, 「정관에 규정이 없는 것은 이사회가 결정한다」고 규정하고 있다.

6) 자기주식의 지위(주주권 행사 가능)

(1) 의결권 행사불가(상법 제369조 ②)

(2) 발행주식총수 불산입(상법 제371조 ①)

(3) 공익권 없음

: 소수주주권이나 각종의 소 제기권 등과 같은 공익권은 그 성질상 인정될 수 없다.

(4) 자익권 없음

: 자기주식에 자익권을 인정하면 회사 외의 다른 주주의 권리를 제약하는 결과를 초래한다.

- 이익배당청구권 : 이익의 이중 실현 → 없음
- 잔여재산분배청구권 : 소멸할 회사가 재산을 취득하게 되어 무의미
- 신주인수권 : 신주발행시 또는 준비금의 자본전입시 모두 부정
- 자기주식에 기한 주주권은 소멸하는 것이 아니라 행사정지(제3자에게 양도되면 주주권 부활)

5-3-8. 상호주소유의 규제

1) 의의

- o 복수의 회사가 상호간에 다른 회사의 주식을 소유하는 것이다.

→ (효용) 기업결합, 지배권유지, 소득세·상속세 등의 조세경감의 수단

2) 상호주의 문제점

(1) 자기주식성 :

ex. A가 B의 60%, B가 A의 40%→ A회사 ; 40%×60%/100=24%(자기주식 취득)

B회사 ; 60%×40%/100=24%(자기주식 취득)

- A사는 B사의 모든 재산에 대하여 60% 지분
- A사는, B사가 가진 A사주식 40%에 대해서도 60% 지분

(2) 사단성의 파괴

(3) 회사지배의 왜곡 : 상호주가 상대방회사를 지배하기에 충분한 규모라면 양 경영자의 협력에 의해 영구적 지배가능. 진정한 출자자를 제쳐놓고 출자 없는 간접적 지배가능

(4) 자본충실의 저해 : 상호주본질이 자기주식 → 출자환급으로 인한 자본충실저해(은폐된 대리인) → 출자의 부메랑효과

(예) A회사가 B회사의 주주 갑으로부터 B회사 주식을 양수하고 B회사가 A회사의 주주 을로부터 A회사 주식을 양수 ⇒ 갑, 을은 결국 자기회사로부터 출자받은 셈. 동일인이라면 더욱 뚜렷. A, B사가 상호주 소유. A는 B의, B는 A의 대리인으로서 상대방 주주에게 출자를 환급해 주는 셈)

(예) A사 천만원 증자, B사 천만원 증자 → 서로 인수 → 자본 2천만원, 순재산 변화 없음

3) 상호주형태와 상법상 규제의 특징

(1) 형태 : 단순상호주, 고리형상호주, 행열식상호주

(2) 규제 : 자회사의 모회사주식취득(자기주식취득과 같이 금지), 비모자회사간 상호주(의결권제한)

(예) (주)중원이 레이디가구(주)의 경영권매수를 선언하고 레이디가구(주)의 주식을 10.97% 취득 → 레이디가구(주)는 (주)중원이 소유하는 레이디가구(주)의 주식의 의결권을 소멸시킬 목적으로 (주)중원의 주식을 10% 이상 역취득

(3) 적용대상

- 주식회사간 상호주만 규율
- 단순상호주만 적용대상(고리형 적용안됨)

(4) 규제기준 : 비모자관계에서의 상호주 - 발행주식의 10%기준(그러나 계열회사간 행열식에는 무력)

4) 모회사주식취득의 제한(금지)

(1) 자기주식취득과의 동질성 - 대개 모회사의 지시·영향력 하에서 이루어짐.

(2) 모자회사 인정 기준

- 다른 회사(B)의 발행주식총수의 50/100을 초과하는 주식을 가진 회사를 모회사(A), 그 다른 회사(B)를 자회사로 보고 있다(상법 제342조의2 ①본문).
- 자회사가 다른 회사(C)의 발행주식총수의 50/100을 초과하는 주식을 갖거나, 모회사와 자회사가 가진 것을 합산하여 50/100을 초과할 때 그 다른 회사(C)를 모회사의 자회사 : 편의상 손회사

(3) 주식취득제한

ⅰ) 원칙 : 자회사는 누구명의든 자기계산으로 모회사의 주식을 취득할 수 없다.

ⅱ) 예외 : 흡수합병·영업전부의 양수, 목적달성 위해 취득 → 모회사주식을 6월 내에 처분(처분전까지 일체의 권리행사는 휴지)

(4) 위반의 효과

o 상대적 무효설 : 선·악의 불문하고 무효이나, 선의의 제3자(전득자, 압류채권자)에게 대항 하지 못함

o 이사, 감사 벌칙

5) 비모자간의 상호주규제(의결권 제한)

o 보유주식수가 발행주식총수(의결권없는 주식도 포함)의 1/10 초과 → 의결권 없게 됨(상법 제369조 ③). 의결권을 전제로 한 권리행사도 불가능(소수주주권 등), 명의개서가 되어 있어야 함. 그러나 사실상의 규제효과 미흡(재산 없이 자본증가의 수단으로 이용되는 것 방지에는 미흡)

o 정족수 불산입, 그러나 종류주주총회에서는 의결권 가짐

o 위반 → 결의취소 사유

6) 특별법상의 상호주 규제

(1) 자본시장 및 금융투자업에 관한 법률상의 제한

: 상장법인간 상호주소유 제한, 단순상호주만 대상, 발행주식총수의 5/100 초과

(2) 공정거래법상 제한

: 대규모기업집단에 소속된 회사만 적용(자산총액 기준 전국30위 이내). 계열회사 간 상호주소유 금지(단 1주라도-대규모기업집단의 과도한 기업결합을 억제하기 위해)

5-4-5. 주식취득의 통지의무(95년 신설)

o 기습적인 의결권 행사를 방지하기 위하여 상법 제342조의3은 "어느 회사가 다른 회사의 주식을 그 발행주식총수의 10분의 1을 초과하여 취득한 때에는 지체 없이 그 다른 회사에 통지하도록" 규정하고 있다.

1) 입법취지

(1) 지배경쟁의 기회균등 : 통지에 의해 쌍방이 서로 1/10을 초과해서 취득하면 의결권이 상실되므로 견제가 가능하다.

(2) 모자회사의 주식취득 및 1/10 초과 상호주취득시 통지의무는 회사운영을 위한 조건이다.

2) 통지방법·시기

ㅇ 취득주식의 종류·수 통지(방법 제한 없음, 다만 취득회사가 입증책임부담)

ㅇ 「지체 없이」 - 최소한 취득회사 주주명부폐쇄 공고일 이전에는 통지를 요한다.

3) 위반의 효과 : 입법 불비 - 통지 게을리 하면 의결권행사 불가하다.

4) 적용범위

ㅇ 주식을 담보로 취득한 경우 적용 안된다.

ㅇ 신탁을 받은 경우 의결권행사 가능하므로 적용된다.

ㅇ 의결권의 대리권을 취득한 경우에도 의결권행사 가능하므로 적용된다.

5-3-9. 주식매수선택권(Stock Option)(99.12.31. 신설)

1) 의 의

- 회사는 정관으로 정하는 바에 따라 제434조의 주주총회의 결의로 회사의 설립·경영 및 기술혁신 등에 기여하거나 기여할 수 있는 회사의 이사, 집행임원, 감사 또는 피용자(被用者)에게 미리 정한 가액(이하 "주식매수선택권의 행사가액"이라 한다)으로 신주를 인수하거나 자기의 주식을 매수할 수 있는 권리(이하 "주식매수선택권"이라 한다)를 부여할 수 있다.

- 다만, 주식매수선택권의 행사가액이 주식의 실질가액보다 낮은 경우에 회사는 그 차액을 금전으로 지급하거나 그 차액에 상당하는 자기의 주식을 양도할 수 있으며 이 경우 주식의 실질가액은 주식매수선택권의 행사일을 기준으로 평가한다.

2) 부여 대상 및 그 제한

(1) 회사의 이사, 집행임원, 감사 또는 피용자(被用者)(이사·감사가 아닌 임원들도 해석상 부여 대상에 포함됨) - 특정되어야 한다.

(2) 권리 부여의 제한(제340조의2 제2항)

- 제1호 : 의결권 없는 주식을 제외한 발행주식총수의 100분의 10 이상의 주식을 가진 주주

- 제2호 : 이사·집행임원·감사의 선임과 해임 등 회사의 주요 경영사항에 대하여 사실상 영향력을 행사하는 자

- 제3호 : 제1호와 제2호에 규정된 자의 배우자와 직계존비속

3) 부여 방법 - 3가지(제340조의2 제1항)

(1) 신주발행의 방법

: 권리의 행사가 있을 때에 회사가 신주를 발행하는 방식이다.

(2) 보유주식 양도의 방법

- 회사가 자기주식을 보유하고 있다가 권리의 행사가 있을 때에 이를 양도하는 방법이다. 이 방법을 취하기 위하여 회사는 일정한 한도 내에서 자기주식을 보유할 수 있다.
- 그 한도는 발행주식총수의 100분의 10임. 그 취득금액은 상법 제462조 제1항에 규정된 이익배당이 가능한 한도 이내이다(상법 제341조의2).

(3) 차액정산의 방법

- 권리의 행사가액이 주식의 실질가액보다 낮은 경우에 회사는 그 차액을 금전으로 지급하거나 그 차액에 상당하는 자기의 주식을 양도할 수 있다.
- 이 경우 주식의 실질가액은 선택권의 행사일을 기준으로 평가한다.

4) 부여 제한과 행사가액의 제한

(1) 부여총량의 발행주식수 10% 내 제한(상법 제340조의2 제3항)

제1항의 규정에 의하여 발행할 신주 또는 자기주식은 회사의 발행주식총수의 100분의 10을 초과할 수 없다.

(2) 행사가액은 다음 각 호의 가액 이상이어야 한다(상법 제340조의2 제4항).

- 신주를 발행하는 경우에는 주식매수선택권의 부여일을 기준으로 한 주식의 실질가액과 주식의 권면액(券面額) 중 높은 금액. 다만, 무액면주식을 발행한 경우에는 자본으로 계상되는 금액 중 1주에 해당하는 금액을 권면액으로 본다.
- 자기의 주식을 양도하는 경우에는 주식매수선택권의 부여일을 기준으로 한 주식의 실질가액

5) 부여절차

(1) 정관의 근거 규정(상법 제340조의3 제1항)

: 정관에 이에 관한 규정을 두어야 한다.

- 일정한 경우 주식매수선택권을 부여할 수 있다는 뜻
- 주식매수선택권의 행사로 발행하거나 양도할 주식의 종류와 수
- 주식매수선택권을 부여받을 자의 자격요건
- 주식매수선택권의 행사기간
- 일정한 경우 이사회결의로 주식매수선택권의 부여를 취소할 수 있다는 뜻

(2) 주주총회의 결의에 있어서는 다음 각호의 사항을 정하여야 한다(상법 제340조의3 제2항).

- 주식매수선택권을 부여받을 자의 성명
- 주식매수선택권의 부여방법
- 주식매수선택권의 행사가액과 그 조정에 관한 사항
- 주식매수선택권의 행사기간
- 주식매수선택권을 부여받을 자 각각에 대하여 주식매수선택권의 행사로 발행하거나 양도할 주식의 종류와 수

(3) 계약의 체결(상법 제340조의3 제3항, 제4항)

- 회사는 주주총회의 결의에 의하여 이 권리를 부여받은 자와 계약을 체결하고 상당한 기간 내에 그에 관한 계약서를 작성하여야 한다.
- 회사는 제3항의 계약서를 주식매수선택권의 행사기간이 종료할 때까지 본점에 비치하고 주주로 하여금 영업시간내에 이를 열람할 수 있도록 하여야 한다.

6) 행사 방법

- 주식매수선택권은 상법 제340조의3 제2항 각호의 사항을 정하는 주주총회결의일부터 2년 이상 재임 또는 재직하여야 이를 행사할 수 있다.
- 주식매수선택권은 이를 양도할 수 없다. 다만, 동조제2항의 규정에 의하여 주식매수선택권을 행사할 수 있는 자가 사망한 경우에는 그 상속인이 이를 행사할 수 있다.

5-4. 자본의 변동

5-4-1. 서

- ㅇ 자본공식 : 자본 = 액면가 × 주식수
- ㅇ 자본의 증가 : 액면가를 늘리는 방법(불가 ; 주주유한책임에 반함-모든 주주가 늘어난 액면가만큼 추가로 주금을 납입해야 하므로 주주유한책임의 원칙과 충돌), 발행주식을 늘리는 방법(신주발행)
- ㅇ 자본의 감소 - 액면가를 줄이는 방법, 발행주식수를 줄이는 방법

5-4-2. 신주발행(자본의 증가)

- ㅇ 회사법상 자금조달방법 - 원칙적으로 이사회의 권한

1) 신주발행

- 보통의 신주발행 : 자기자본 조달방법
- 특수한 신주발행 : 신주가 발행되더라도 순재산은 증가하지 않음 - 자금조달과 무관
  → 전환주식의 전환, 준비금의 자본전입·주식배당, 전환사채의 전환, 합병으로 인한 신주발행

- 정리절차상의 신주발행, 주식병합

2) 사채발행

: 타인자본조달방법

3) 보통의 신주발행

: 수권자본의 범위 내에서 실질적 자본증가의 목적으로 신주를 발행하는 것이다.

〈통상의 신주발행과 설립시의 신주발행의 비교〉

구 분	통상의 신주발행	설립시의 신주발행
자본확정의 원칙	◦ 수정적용된다 ◦ 발행시의 일부납입도 효력이 있다	◦ 전액인수·납입주의 ◦ 정관에 기재(§289① v)
현 물 출 자	◦ 이사회의 결의 ◦ 출자자 자격제한 없음	◦ 변태설립사항으로 정관기재사항 ◦ 출자자자 자격제한 없음
재 산 인 수	◦ 이사회의 결의	◦ 변태설립사항
주식인수 · 무효의 취 소 제 한	◦ 주주의 권리를 행사한 때 ◦ 신주발행등기 후 1년 경과(§427)	◦ 창립총회에서 권리를 행사한 때 ◦ 설립등기 후
절차의 감독	◦ 주주의 유지청구권(§424) ◦ 현물출자에 대한 검사(§422①)	◦ 검사인제도(§298,§310) ◦ 창립총회 조사 및 승인(§314)
실 권 절 차	실권예고부최고 : 청약에 대하여(§419)	실권예고부최고 : 납입에 대하여
무 효	신주발행한 날로부터 6월 내(§429) - 주금액환급	설립무효의 소에 의해 무효가 됨 (2년 내) ; 청산개시
신 주 인 수 권	주주에게 인정(회사의 배정의무)	없다(배정자유의 원칙)
불공정한 인수	인수인의 차액지급이무	없음
자본충실책임	이사의 인수담보책임(§428①) -당연히 연대하여 납입하므로 주주가 됨	발기인의 인수담보책임 → 주주가 됨 납입담보책임 → 주주가 안됨 (주식인수인이 주주가 됨)
액면미달 발행	성립 후 2년이 경과하면 가능(§417)	금지

※ 신주인수권 예외 - 신기술의 도입, 재무구조 개선 등 회사의 경영상 목적을 달성하기 위하여 필요한 경우에 한해 정관에 정하는 바에 따라 주주 외의 자에게 신주를 배정할 수 있다.

【유상증자와 무상증자】

- 유상증자란 기업이 시설확장 등으로 자금이 필요할 때 새로이 주식을 발행하여 기존의 주주들에게 시장시세보다도 싼값으로 발행하는 것을 말한다. 주식을 배정받은 주주는 일정한 금액(발행가액×배정 주식수)을 증권회사를 통하여 회사에 납부하여야 배정된 주식을 자기의 소유로 할 수 있다. 과거에는 발행가액이 대부분 액면금액과 같았으나 최근에는 액면금액보다 높은 가격으로 발행되고 있다. 그리고 25% 유상증자라고 하면 100주를 가지고 있는 주주에게는 25주가 새로이 배정된다는 뜻이다.
- 무상증자는 기존 주주에게 무상으로 새로이 발행하는 신주를 배정해 주는 것을 말한다. 무상증자를 받는 경우는 기업이 보유자산을 재평가하여 장부상에 나타나는 장부가격을 현실가격으로 환산하여 장부가액과 재평가액과의 차익이 생겼을 경우와 이익준비금을 자본에 전입하는 경우 및 결산 후 기업이 이익을 현금으로 배당하지 않고 주식으로 배당하는 경우이다.

4) 신주인수권의 양도

(1) 주식의 경우

- 상법은 주금납입의 자력이 없는 주주의 이익을 보호하고 기업자금조달을 원활히 하기 위하여 신주인수권의 양도를 인정하였다.
- 정관의 규정 혹은 이사회의 결의로 신주인수권을 양도할 수 있게 하였다(상법 제416조, 제420조).
- 정관의 규정에 의하여 주주총회가 결정할 때에 양도하거나, 신주인수권의 양도를 인정함으로써 사무처리상의 부담이 증가될 것을 고려하여 정관에 규정이 없는 경우에 한하여 이사회의 결의로 주주의 인수권의 양도를 정할 수 있도록 하였다(상법 제416조). .
- 신주인수권의 양도는 주주의 신주인수권의 경우에만 인정되며, 제3자의 신주인수권의 경우 양도성이 인정되지 않는다.

(2) 사채의 경우

- 신주인수권부사채권자는 이사회가 정한 발행조건에 따라 신주인수권만을 따로 양도할 수 있다(상법 제516조 ②ⅳ).
- 신주인수권만을 양도할 수 있다는 뜻을 정한 경우에는 회사는 채권과 함께 신주인수권증권을 발행하여야 한다(상법 제516조의5 ①).

- 신주인수권증권에는 법정사항을 기재하고 대표이사가 기명날인 또는 서명하여야 한다(상법 제516조의5 ②).
- 회사는 신주인수권증권을 발행하는 대신 정관으로 정하는 바에 따라 전자등록기관의 전자등록부에 신주인수권을 등록할 수 있으며 이 경우 신주인수권의 양도·입질은 전자등록부에의 등록으로 한다(상법 제516조의7).
- 신주인수권증권은 신주인수권을 표창하는 유가증권이며, 이것이 발행된 경우 신주인수권을 양도하려면 신주인수권증권의 교부에 의하여서만 한다(상법 제516조의6 ①).

CASE 주주의 신주인수권의 양도 1

1 문제

주주가 신주인수권을 양도하기 위하여는 정관 또는 이사회의 결의가 있어야 하는가?

2 결론

주주의 신주인수권의 양도성은 정관규정 또는 이사회결의의 유무를 불문하고 인정한다.

3 논거

1) 판례

"상법 제416조 제5호에 의하면, 회사의 정관 또는 이사회의 결의로 주주가 가지는 인주인수권을 양도할 수 있는 것에 관한 사항을 결정하도록 되어 있는 바, 신주인수권의 양도성을 제한할 필요성은 주로 회사측의 신주발행사무의 편의를 위한 것에서 비롯된 것으로 볼 수 있고, 또한 상법이 주권발행 전 주식의 양도는 회사에 대하여 효력이 없다고 엄격하게 규정한 것과는 달리 신주인수권의 양도에 대하여는 정관이나 이사회의 결의를 통하여 자유롭게 결정할 수 있도록 한 점에 비추어 보면, 회사가 정관이나 이사회의 결의로 신주인수권의 양도에 관한 사항을 결정하지 아니하였다 하여 신주인수권의 양도가 전혀 허용되지 아니하는 것은 아니고, 회사가 그와 같은 양도를 승낙한 경우에는 회사에 대하여도 그 효력이 있다고 할 것이므로, 같은 취지로 판단한 원심판결은 정당하고, 논지는 이유 없다(94다36421)."

2) 학설

이와 관련하여 소극설과 적극설이 있는데, 주주의 신주인수권을 양도할 수 있는 가의 문제는 신주인수권의 재산권적인 성격과 주주의 투하자본회수의 수단이 된다는 측면에서 이해하여야 한다. 신주인수권의 양도가 정관이나 이사회결의가 없으면 부정된다고 한다면 신주를 인수할 경제력이 없는 주주는 자신의 권리를 침해받을 수 있게 되어 부당하다. 따라서 적극설이 타당하다.

한편 판례가 '회사측에서 승낙하면 양도가 유효하다'고 밝힌 부분에 대하여는 그 해석에 관하여 다소 견해가 갈리는 듯하나 어떠한 방식이 되었든 간에 신주인수권 양도의 절차에 관한 사항이 아닌 그 양도성 자체를 회사측에서 통제하는 것은 허용될 수 없다고 볼 것이다.

CASE 주주의 신주인수권의 양도2

1 문제

지리산홈쇼핑몰주식회사는 증자를 하면서 신주를 발행하기로 하였다. 지리산홈쇼핑몰주식회사 정관에는 신주인수권양도에 관한 규정이 없었고 이사회도 아무런 결의를 한 바 없다. 주주 갑은 주금을 납입할 만큼 자금의 여유가 없어 신주인수권을 을에게 양도하고자 한다. 갑은 신주인수권양도가 가능한가? 양도의 방법은 어떻게 하여야 하는가?

2 결론 및 논거

신주인수권의 양도성은 정관 또는 이사회결의에 의하여 비로소 창설되는 것이 아니라 할 것이다. 구체적 신주인수권은 주주의 채권적 권리로서 당연히 양도성 인정된다.

한편 상법 제420조의3은 신주인수권의 양도는 신주인수권증서로서만 한다고 규정하고 있는바 이사회에서 신주인수권증서 발행에 대한 결정을 하지 아니하였으므로 이 경우 갑은 지명채권양도방법에 의하여 양도할 수 있을 것이다.

이 경우 당사자간에 양도의 효력은 의사표시의 합의만으로써 발생하며 회사에 대항하기 위하여는 양도인의 회사에 대한 통지 또는 회사의 승낙을 얻어야 할 것이다. 제3자에 대한 대항요건으로는 확정일자 있는 증서에 의한 양도통지 또는 회사의 승낙이 있어야 하며, 양수인 을이 회사에 주주로서의 권리를 행사하기 위하여는 주주명부에 명의개서를 하여야 할 것이다.

6. 사 채

6-1. 사채계약의 의의

1) 개 념

사채란 주식회사가 자금을 조달할 목적으로 채권발행이라는 방법으로 일반대중(불특정다수인)에 대하여 집단적·정형적으로 부담하는 채무로서 액면가에 따라 단위화 된 채무를 뜻한다.

- o 회사가 부담하는 채무(회사채)
- o 다액의 자금조달을 목적, 주식처럼 대중으로부터 자본을 집중시키는 것
- o 일반소비대차와 달리 불특정다수인과 집단적으로 채무부담행위
- o 액면가로 단위화 된 채무(사채모집을 용이하게 하기 위한 것)

2) 경제적 의의 : 주식회사의 자금조달방법

o 소극적 방법

- 회사의 이익을 분배하지 않고 준비금의 적립이나 주식배당
- 이익의 재투자 → 이익이 있을 때에만 가능 → 따라서 수시로 취할 수 있는 자금조달 방법이 되지 못한다.

o 적극적 방법

- 소비대차·신주발행·사채발행
- 외부자금의 조달 → 투자자가 호응하는 한 무제한의 신규자금 영입 → 자본집중방법

〈 사채와 주식의 비교 〉

구 분	사 채	주 식
공통점	* 주식회사에서만 인정 - 유한회사는 그 폐쇄적 성질이 제약요건이 되어 사채발행을 할 수 없음 - 합명, 합자회사는 이를 금하는 규정이 없으므로 발행 가능. 다만 발행한 사례는 없음 * 단위 : 총액은 다수의 균등단위로 세분 * 유가증권이 발행됨 * 발행절차 : 이사회 결의 * 모집절차상 청약서가 필요함 * 양도시 대항요건 : 명의개서	
경영참가	×	의결권 - ○(예외 : 무의결권주)
이익배당	확정이자	배당가능이익이 있어야 배당
상환	○	×(예외 : 상환주식)
발행절차	현금출자, 분할납입도 가능	현물출자, 전액납입
금액납입시	상계주장 가능	상계주장 불가능
제한	총액 제한, 재모집의 제한	수권주식총수, 액면가액에 의한 제한
할인발행	-	제한적(주주총회 특별결의, 법원허가)
자기취득	자기사채 취득은 가능	자기주식취득의 제한

사채와 주식의 접 근	사채의 주식화 * 전환사채는 주식으로 전환 가능 * 이익참가부사채, 소득사채, 영구사채는 주식과 유사	주식의 사채화 * 무의결권주식은 이익배당을 전제로 의결권이 정지됨 * 비참가적 우선주, 누적적 우선주는 고정적인 이익배당 받음 * 상환주식은 조건에 따라 주금액을 상환함

6-2. 특수한 사채

1) 담보부 사채

ㅇ 담보가 제공된 사채 : 사채의 인수·상환 등을 원활·확실하게 하기 위해(담보부사채신탁법)

2) 전환사채

ㅇ 의의 : 발행회사의 주식으로 전환할 수 있는 권리가 인정된 사채

ㅇ 투자자 : 사채의 확실성과 주식의 투기성을 비교·교량하여 선택가능

ㅇ 회사 : 전환에 의해 사채상환의 효과를 누리는 한편 자본조달비용이 저렴

3) 신주인수권부사채

(1) 의의 : 사채의 발행조건으로서 사채권자에게 신주인수권을 부여하는 사채

ㅇ 사채권자 : 사채의 안정성을 유지하면서 주가가 상승하면 신주인수권을 행사하여 주식의 양도차익을 얻을 수 있다.

ㅇ 회사 : 이율을 낮춤으로써 자금조달 비용을 절약

ㅇ 종 류

ⅰ) 분리형:사채권과 신주인수권증권이 분리된 것으로 양도시에는 사채와 신주 인수권을 따로 양도

ⅱ) 결합형(원칙) : 사채권에 신주인수권이 포함되어 있어 신주인수권 양도시 사채와 함께 양도

〈전환사채와 신주인수권부사채의 비교〉

<table>
<tr><th colspan="2">구 분</th><th>전환사채</th><th>신주인수권부사채</th></tr>
<tr><td colspan="2">유 사 점</td><td colspan="2">* 자금조달
* 권리행사 → 주주가 됨
* 변경등기
* 발행사항 결정 : 원칙적으로 이사회
* 권리행사기간 중에 발행예정주식을 유보하여야 함
* 신주발행의 유지청구권
* 불공정가액으로 주식을 인수한자의 반환책임
* 주주명부 폐쇄기간 중에도 행사 가능
* 이익·이자배당시기 ; 영업연도말(단, 정관으로 직전 영업연도 말로 하는 것도 가능)</td></tr>
<tr><td rowspan="5">차이점</td><td>권리행사의 결과</td><td>사채 소멸</td><td>사채 존속</td></tr>
<tr><td>주금액 납입</td><td>요하지 아니함</td><td>필요함(단, 대용납입의 경우 : 요하지 아니함)</td></tr>
<tr><td>신주발행가액</td><td>전환사채의 가액</td><td>주식발행가액의 총액이 사채총액을 초과할 수 없음</td></tr>
<tr><td>신주효력발생시기</td><td>전환청구시</td><td>주금액 납입시
(단, 대용납입의 경우:신주발행 청구서 체출시)</td></tr>
<tr><td>질권의 물상대위</td><td>신주에 미침</td><td>미치지 아니함(단, 대용납입의 경우 : 미침)</td></tr>
</table>

4) 기타의 특수사채

(1) 이익참가부사채 : 사채권자가 사채의 이율에 의한 이자를 받는 외에 이익배당에도 참가할 수 있는 사채

(2) 교환사채 : 사채발행회사가 소유하는 사장유가증권과의 교환을 청구할 수 있는 권리가 부여된 사채

※ 사채제도의 개선[시행 2012. 4.15 : 2011. 4.14, 상법 일부개정]
(제469조 및 제481조부터 제485조까지, 현행 제470조부터 제473조까지 삭제, 제480조의 2 및 제480조의3 신설)

1) 사채의 발행한도 제한이 비현실적이고 법에서 허용하는 사채 종류가 지나치게 제한적이며 현행 수탁회사제도는 사채권자 보호에 미흡하다는 지적이 있음.
2) 사채의 발행총액 제한 규정을 폐지하고, 이익배당참가부사채 등 다양한 형태의 사채를 발행할 수 있도록 법적 근거를 마련하며, 수탁회사의 권한 중 사채관리 기능 부분을 분리하여 사채관리회사가 담당하도록 함.
3) 이와 같이 사채제도를 개선함으로써 회사의 사채발행에 대한 자율성이 증대되고, 사채권자를 효과적으로 보호할 수 있을 것으로 기대됨.

※ 사채의 전자등록제 도입
[시행 2012. 4.15 : 2011. 4.14, 상법 일부개정] (제478조제3항 신설)
1) 발달된 정보통신 기술을 사채 제도에 반영하고, 세계적 추세인 유가증권의 무권화(無券化) 제도를 도입할 필요가 있음.
2) 사채권을 실물로 발행하지 아니하고 전자등록기관에 등록한 후 증권을 소지하지 아니하고도 권리의 양도, 담보의 설정 및 권리행사가 가능하도록 사채의 전자등록제를 도입함.
3) 앞으로 사채를 전자등록한 기업은 실물 발행의 부담을 덜고, 사채권자는 손쉽게 권리행사를 할 수 있을 것으로 기대됨.

7. 주식회사의 기관 - 강행규정

7-1. 기관의 의의와 분화

ㅇ 기관 : 회사의 의사를 결정하고 행위를 실천하는 회사조직상의 지위
→ 회사는 독립된 사회적 실재로서 그 자체의 의사와 행위를 가지나, 실제의 자연적 행위를 할 능력은 없다.

ㅇ 기능별 기관의 분화(3권분립의 원칙)
- 주주총회 : 의사결정기관
- 이사회·대표이사 : 업무집행기관
- 감사 : 감독기관

7-2. 기관구성의 논리

1) 소유와 경영의 분리
ㅇ 출자자(주주)로부터 독립된 지위를 갖는 자(이사)들이 회사의 경영기구를 구성한다.
ㅇ 회사재산의 건전한 유지(재산의 독립적 관리)·경영감시비용의 감소(회사경영의 객관성 유지)
ⅰ) 경영의 중립성확보 : 주주들의 직접적인 경영참가 → 의사의 분열발생, 회사경영의 정체 우려. 따라서 이사(회사의 수임인)선임 - 자기의 책임하에 업무를 집행할 법적 의무부담 → 대주주의 영향력과 그 부작용을 완화하는 기능.
ⅱ) 경영의 전문화 : 주주의 이윤동기를 만족시킬 경영기구가 필요하다.

2) 주주의 보호와 경영통제
ㅇ 감사 : 이사가 항상 합리적·합법적 행동을 하는지 감시하는 전문적 기구(주주에 의해 선임)

3) 권한 분배 : 주주총회 → 이사회로의 권한 이양

7-3. 의사결정의 논리

- o 감사·대표이사 : 각자 독임제적 집행기구(자신의 독단적인 의사결정) - 공정성은 각자의 법적 책임으로 담보한다.
- o 주주총회·이사회 : 원칙 - 과반수결의, 예외 - 특별결의(2/3 이상)
- o 다수결의 의미 - 주주총회(주주 ; 출자액에 따라 결정), 이사회(이사 ; 독립된 하나의 의결권)

7-4. 주주총회

7-4-1. 결의 요건

1) 보통결의

- 보통결의는 「출석한 주주의 의결권의 과반수 이상」과 「발행주식총수의 4분의 1 이상」의 다수로써 이루어지는 결의이다(상법 제368조 ①).
- 법정되어 있는 사항 이외에도 정관에 의하여 총회의 의결사항으로 정하여져 있는 사항에 대하여는 그 결의방법을 정한 규정이 없는 한 이 방법에 의한다 → 상법이나 정관에서 특별결의나 총주주의 동의를 요하도록 정한 사항 이외에는 모두 보통결의로 한다.
- 검사인의 선임, 총회의 연기·속행의 결정, 이사·감사의 선임, 이사·감사·청산인의 보수결정, 이사의 경업의 승낙과 개입권의 행사, 재무제표의 승인과 이익의 배당결정, 이사·감사·청산인의 책임의 해제유보, 준비금의 자본전입 등이 있다.
- 보통결의의 요건은 정관에 의하여 가중할 수 있으나 경감할 수 없다고 해석된다(사례 : 이사의 선임 결의에 있어서는 경감하지 못함)(상법 제384조)
- 결의시에 출석한 주주의 의결권의 과반수의 찬성이 필요하므로 가부동수의 경우는 결의가 성립되지 않아 부결된 것으로 본다 → 이 경우 의장에게 의사결정권을 주는 것은 1주1의결권의 원칙이나 주주평등의 원칙에 따라 허용될 수 없다.

2) 특별결의

- 특별결의는 「출석한 주주의 의결권의 3분의 2 이상」과 「발행주식총수의 3분의 1 이상」의 다수로써 이루어지는 결의이다(상법 제434조).
- 특별결의의 요건은 정관으로 경감할 수 없다고 보는데 견해가 일치한다.
- 특별결의의 요건을 보통결의와 마찬가지로 가중할 수 있는가에 대해서는 견해가 나뉘는데 정관의 규정으로 과반수출석에 3분의 2 이상의 찬성으로 강화하는 것은 가능하다고 본다.

- 신설합병에서 설립위원의 선임, 주식의 분할, 이익소각, 주식의 포괄적 교환·이전), 영업의 양도, 영업전부의 임대·경영위임, 타인과 영업의 손익 전부를 같이 하는 계약 기타 이에 준하는 계약의 체결·변경 또는 해약, 타회사의 영업 전부의 양수, 사후설립, 이사·감사의 해임, 액면미달의 신주발행, 정관변경의 결의, 자본감소, 전환사채·신주인수권부사채의 발행, 임의해산, 회사의 계속, 회사합병계약서의 승인, 회사분할·분할합병) 등이 있다.

3) 특수결의
- 특수결의는 특별결의의 요건보다 더 가중되는 결의이다.
- 상법에는 「총주주의 동의」를 요하는 경우와 「총주주의 일치에 의한 총회의 결의」 및 「출석한 주식인수인의 3분이 2 이상의 찬성과 인수된 주식총수의 과반수에 의한 결의」로 각각 규정되어 있다.
- 이때 주주에는 의결권 없는 주식의 주주도 포함된다.
- 「총주주의 동의」를 요하는 결의 : 발기인·이사·감사·청산인의 책임 면제된다.
- 「총주주의 일치에 의한 총회의 결의」 : 주식회사의 유한회사로의 조직변경 - 「출석한 주식인수인의 3분이 2 이상의 찬성과 인수된 주식총수의 과반수에 의한 결의」 : 모집설립·신설합병·분할 또는 분할합병서서의 창립총회의 결의 등이 있다.

7-4-2. 의결권행사 방법
1) 본인 또는 대리인을 통한 주주총회 참석
- 본인 직접 행사 : 주주총회 참석장, 신분증 지참
- 대리행사 : 주주총회 참석장, 위임장(주주와 대리인의 인적사항 기재, 인감날인), 대리인의 신분증 지참

2) 서면에 의한 의결권 행사(서면투표제도)
서면에 의한 의결권 행사(상법 제368조의3) <99.12.31. 신설>
- ㅇ 주주총회에 주주들이 출석하지 아니하고 서면으로 의결권을 행사할 수 있다.
- ㅇ 회사는 정관에 정하여 이러한 길을 마련할 수 있음 : 주주는 정관이 정한 바에 따라 주주총회에 출석하지 아니하고 서면에 의하여 의결권을 행사할 수 있다(상법 제368조의3 제1항).
- ㅇ 회사의 필요서면 및 참고자료 첨부의무 : 회사는 주주총회의 소집통지서에 주주의 서면투표권 행사에 필요한 서면과 참고자료를 첨부하여야 한다(상법 제368조의3 제2항)

ㅇ 통상적인 행사 방법 : 주주는 주주총회 서면투표용지에 안건별로 찬반을 표시하고 인감을 날인한 후 회사에서 보내 준 회송용 봉투에 넣어 주주총회 전일까지 회사에 도착되도록 우송하면 된다.

3) 한국예탁결제원의 의결권 행사

ㅇ 위의 2가지 방법으로 의결권을 행사하지 않을 경우 증권회사에 주식을 예탁하고 있는 실질주주의 주식에 대해서는 자본시장 및 금융투자업에 관한 법률에 의거하여 한국예탁결제원에서 의결권행사를 대행할 수 있다.

ㅇ 이 경우 한국예탁결제원은 자본시장 및 금융투자업에 관한 법률의 규정에 따라 한국예탁결제원을 제외한 참석주주의 찬·반 비율에 따라 의결권을 행사하게 된다.

4) 전자적 방식에 의한 의결권 행사(전자투표제도)

: 주주총회 전자투표제도 도입(상법 제368조의4) : 2009.04.

ㅇ 주주가 '주주총회에 직접 출석하지 아니하고도' 전자적 방법으로 의결권을 행사할 수 있도록 전자투표제를 도입하였다

▶ 주주총회에 참석하지 않고 전자투표를 통해 의결권 행사한다.

ㅇ 주주총회에 직접 참석하거나, 대리인에게 투표를 위임하지 않고, 전자서명 등 본인 인증제도를 통해 인터넷에 접속하여 직접 의결권을 행사할 수 있다.

ㅇ 주주가 총회에 출석하지 않고 인터넷 등 전자적 수단을 이용하여 의결권을 행사할 수 있는 방법을 마련함으로써 주주들의 주주총회 참여를 활성화시키고 주주총회의 개최비용을 절감하고자 하는 취지를 반영한 것이다(전자투표제도 등 기업경영의 IT 화는 강제규정이 아니라, 회사에서 여건에 따라 자율적으로 선택할 수 있는 임의규정으로서, 개정안은 발전하는 IT 환경에 부응할 수 있는 법적 근거를 제공해 주려는 것이다).

ㅇ 실제 주주총회 소집시 대부분의 주주들은 생업을 이유로 참석하지 않고 대주주나 親 경영진 측 주주들만이 참석함으로써 주주들의 의견이 제대로 기업경영에 반영되지 않는 문제가 있어 왔는바, 전자투표제도가 도입되면 주주총회에 직접 참여할 여유는 없지만 주주총회에 참석하지 않고 손쉽게 전자적 방식으로 투표에 직접 참여할 의사가 있는 대다수 소액주주들이 적극적으로 의결권을 행사하게 될 것이므로 대주주가 비교적 적은 지분으로 전권을 행사하는 폐단이 방지될 수 있을 것이다(투표율이 올라갈 것이 예상되므로 가결을 위하여 필요한 지분의 양도 늘어나게 될 것이다).

ㅇ 결국 전자투표제의 도입은 단순히 기술적인 의사표시 방식의 개정이라기보다 주주의 의사가 경영에 반영되도록 근본적인 시스템을 변화시킨 것으로 주주에게 기업을 되돌려 주는 획기적인 입법이라 할 것이다.

ㅇ 기업경영의 IT제도가 활발히 시행되기 위해서는 신원확인방식·시스템의 안정성 유지·해킹방지·자료의 안전한 보관 등 기술적 보완조치가 선행되어야 하는바, 개정법이 담고 있는 기업경영의 IT화는 강제규정이 아니라 회사에서 여건에 따라 자율적으로 선택할 수 있는 임의규정으로서, 개정안이 기업경영의 IT화에 대한 법적 근거를 마련해 준 이상, 인프라 구축 및 개발은 자연스럽게 따를 것으로 예상되며, 전자서명 등 본인인증제도가 이미 어느 정도 보편화 되어 있는 점을 감안할 때 인프라 구축 및 개발은 개별기업별로 충분히 가능할 것이다.

〈NOTE〉 전자투표 시행의 문제점

ㅇ 2013년 2월 17일 한국예탁결제원에 따르면 2월 15일 기준 전자투표제를 도입한 회사는 전체 상장기업 2,000여 개 중 총 45곳이다.

ㅇ 페이퍼컴퍼니인 선박투자회사(35개)와 비상장회사(3개) KDR 발행회사(5개)를 제외하고 순수 상장회사 중 전자투표를 도입한 회사는 국내 상장 중국기업인 차이나킹 한 곳뿐이다.

ㅇ 차이나킹은 2012년 10월 한국예탁결제원과 전자투표제 도입 계약을 국내 상장기업 중 최초로 도입했는데 차이나킹 이후 국내 상장기업 중 전자투표 도입을 신청한 회사는 아직 없는 상태이다.

ㅇ 전자투표제도 도입 자체는 2010년 이뤄졌으나 상장회사들의 참여 저조로 사실상 유명무실한 제도였다.

ㅇ 전자투표 제도가 사실상 사문화한 이유는 이른바 '섀도보팅(Shadow Voting·그림자투표)' 때문이라는 게 전문가들의 견해이다.

ㅇ 섀도보팅은 한국예탁결제원이 주주총회에 참석한 주주들 찬반투표 비율에 따라 참석하지 않은 주주들 의결권을 대리 행사하는 제도인데 애초 섀도보팅은 정족수 미달로 주총이 무산되는 것을 방지하기 위해 마련된 장치였으나 경영진이 손쉽게 주총을 치를 수 있는 근거가 되면서 상장사들의 전자투표 활용도는 크게 떨어졌다.

ㅇ 섀도보팅이 2015년을 일몰로 폐지될 것으로 전망되면서 상장사들은 전자투표제 도입이 불가피해질 전망이다.

7-4-3. 주주총회의 질서유지

ㅇ 총회의 의장은 정관에서 정함이 없는 때에는 총회에서 선임된다.

ㅇ 고의로 의사진행을 방해하는 자→발언의 정지 또는 퇴장을 명할 수 있다.

7-4-4. 주주총회의 소집통지 및 권한

ㅇ 서면 또는 전자문서로 통지가 가능하다(상법 제363조 ①).

ㅇ 주주총회 특별결의 사항 추가(상법 제374조 ①에서 4항목 추가) : 회사의 영업에 중대한 영향을 미치는 다른 회사의 영업 일부의 양수(상법 제374조 ①에서 4항목)

< 전자문서에 의한 소수주주의 주주제안권 행사 · 주주총회 소집청구 제도 도입 >

○ 상법 개정법(제363조의2, 제366조제 제1항)은 기업경영에 발달된 IT환경을 접목시키기 위하여 주주가 주주제안을 할 경우 서면 외에 전자문서(E-mail 등)로도 주주총회의 의안을 제안할 수 있도록 규정하고, 주주는 서면 외에 전자문서로도 임시총회의 소집을 청구할 수 있도록 하였다.

○ 아울러 주주총회의 소집청구가 있음에도 지체없이 총회소집 절차를 밟지 아니하여 소수주주가 법원의 허가에 따라 총회를 소집하는 경우 법원이 주주총회의 의장을 선임할 수 있다는 규정을 추가하였다.

○ 주주제안권이나 임시주주총회 소집청구권은 경영진 또는 일부 대주주 위주로 기업운영이나 주주총회가 진행됨에 따라 소수주주의 의견이 제대로 반영되지 않는 현실을 개선하기 위한 규정인바, 서면으로 작성하여 우편으로 발송하는 기존의 절차보다 훨씬 간편한 전자문서 방식을 사용할 수 있도록 함으로써 **주주 제안권이나 소집청구의 활용도가 크게 높아질 것으로 예상된다.**

- 전자문서를 통한 주주제안권, 임시총회 소집 청구권 행사 가능
- 소수주주가 회사에 E-mail을 발송하는 방식으로 주주제안권, 임시총회 소집 청구권 행사가 가능해짐

7-4-4. 소규모 회사 주주총회 소집 절차 간소화(상법 제363조) : 2009.04.

○ 현행법상 주주총회를 소집할 때에는 기명주주에게는 2주 전에 통지를, 무기명주주에게는 3주 전에 공고를 하도록 되어 있으나 개정법(제363조)은 자본금총액이 10억 원 미만인 소규모 회사가 주주총회를 소집할 때 기명주주에게는 10일 전에 통지를, 무기명주주에게는 2주전에 공고를 하도록 줄여주는 한편, 소규모 회사의 경우 총주주의 동의에 의하여 소집절차의 생략도 가능하도록 하며, 주주전원의 서면동의로써 주주총회의 결의에 갈음할 수 있도록 하고 있다.

○ 현행 상법상 주주총회 소집절차를 흠결한 때 결의취소 또는 결의부존재 사유가 되나 (제376조, 제380조), 판례가 주주총회 소집절차가 없어도 총주주가 주주총회의 개최에 동의하여 출석한 경우에는 전원출석총회의 효력을 인정하고 있는 점, 주주 수가 매우 적은 소규모 폐쇄회사의 경우에는 총 주주 전원이 회사에 대하여 파악하고 있는 점을 근거로 소집절차를 간이화한 것이다.

- 회사가 의안 변경 등을 단기간에 할 수 있고, 총 주주의 동의가 있는 한 주주총회라는 형식에 치우치지 않도록 함으로써 상황 변화에 따라 탄력적인 경영이 가능할 것으로 기대된다.
- 앞으로는 ▶ 주주총회 소집 통지·공고 기간 단축, 서면결의 방식 인정

o 자본금 10억원 미만 회사에서 주주총회를 소집할 때 기명주주에게는 10일 전에 통지를, 무기명주주에게는 2주일 전에 공고를 하도록 기간이 단축되며, 주주 총회를 열지 않고 주주전원의 서면동의로써 주주총회의 결의에 갈음할 수 있다.

CASE 특별이해관계 있는 주주의 의결권행사 제한 1

1 문제

상법 제368조 제4항은 '주주총회의 결의에 관하여 특별한 이해관계가 있는 자는 의결권을 행사하지 못한다' 고 규정하고 있는데 여기서의 '특별한 이해관계' 란 무엇을 의미하는가?

2 결론

상법 제368조 제4항의 특별한 이해관계란 특정주주가 주주의 입장을 떠나서 개인적으로 가지는 이해관계를 의미한다.

3 논거

1) 서

상법상 주주의 의결권에 대하여는 1주1의결권의 원칙이 적용되나 상법 제368조 제4항은 주주가 사익을 위하여 의결권을 행사하는 것을 제한하기 위하여 동 원칙의 예외를 규정하고 있는 것이다.

2) 학설

- 이와 관련하여 법률상 이해관계설, 특별이해관계설, 개인법설이 있다. 특별이해관계자의 의결권 행사를 제한하는 이유는 주주가 개인적 이익을 위하여 의결권을 남용함으로

써 회사이익을 침해하는 것은 제한하고자 하는 데 있으므로 개인법설이 타당하다.

- 특별이해관계를 가지는 경우 : 이사 등의 면책결의에 있어서 해당 이사인 주주, 영업양도 등의 결의에 있어서 상대방인 주주, 이사 등의 보수결정에 있어서 해당 이사인 주주 등을 들 수 있다.
- 특별이해관계를 가지지 않는 경우 : 주주가 주주의 입장에서 이해관계를 갖는 경우, 예컨대 이사·감사의 선임 또는 해임결의에 있어서 당사자인 주주, 재무제표의 승인결의에 있어서 이사나 감사인 주주 등을 들 수 있다.

CASE 특별이해관계 있는 주주의 의결권행사 제한 2

1 문제

지리산홈쇼핑몰주식회사는 이사 갑의 해임과 관련하여 임시총회를 열었는데 갑은 자신이 가진 지리산홈쇼핑몰주식회사 주식의 50%를 반대표에 던짐으로써 해임은 부결되고 말았다. 지리산홈쇼핑몰주식회사 주주총회 결의에 하자는 없는가?

2 결론 및 논거

설문의 핵심은 대주주인 이사 갑이 사안의 경우 상법 제368조 제4항의 특별한 이해관계가 있는 자에 해당하는지 여부이다. 특별이해관계인의 의미에 관하여 개인법설이 타당하므로 개인법설에 의하면 회사지배와 관련된 결의는 본조의 적용대상이 아니나, 주주 개인의 경제적 이해에 관계되는 결의는 본조의 적용대상이 되게 된다.

따라서 설문의 갑 자신이 자신에 대한 이사해임결의에 반대표를 던지는 것은 갑 개인의 경제적 이해와 관계있는 것이 아니므로 특별이해관계가 있는 것이 아니다.

CASE 의결권의 대리행사

1 문제

주식회사는 주주의 의결권의 대리행사시 그 자격을 정관으로 제한할 수 있는가?

2 결론

주주의 권리제한 사항은 법률의 규정이 없는 한 가급적 엄격하게 인정해야 하고 정관의 효력의 유지와의 균형을 고려할 때 판례의 태도인 제한적 유효설이 타당하다. 따라서 주주의 대리인의 자격을 제한할 만한 합리적인 이유가 있는 경우에는 정관의 규정에 의한 상당한 정도의 제한은 가능하다.

3 논거 : 의결권 대리행사시 대리인 자격의 정관에 의한 제한 여부

1) 학 설

이와 관련하여 대리인의 자격을 제한 할 필요성이 있다는 유효설, 대리인의 자격을 제한하는 정관 규정은 원칙적으로 유효하나 법인주주의 직원이나 개인주주의 가족이 대리인으로 선임된 경우라면 이들은 주주의 지시를 따를 것이 예상되고 주주총회를 교란시킬 염려가 있으므로 이러한 자를 대리인으로 선임하는 것만은 제한할 수 없다는 제한적 유효설, 제한이 허용될 수 없다는 무효설이 있다.

2) 판 례

○ 대법원은 제368조 제3항의 규정은 주주의 대리인의 자격을 제한할 만한 합리적인 이유가 있는 경우 정관의 규정에 의하여 상당하다고 인정되는 정도의 제한을 가하는 것까지 금지하는 취지는 아니라고 해석되는바, 대리인의 자격을 주주로 한정하는 취지의 주식회사의 정관 규정은 주주총회가 주주 이외의 제3자에 의하여 교란되는 것을 방지하여 회사 이익을 보호하는 취지에서 마련된 것으로서 합리적인 이유에 의한 상당한 정도의 제한이라고 볼 수 있으므로 이를 무효라고 볼 수는 없다.

○ 그런데 위와 같은 정관규정이 있다 하더라도 주주인 국가, 지방공공단체 또는 주식회사 등이 그 소속의 공무원, 직원 또는 피용자 등에게 의결권을 대리 행사하도록 하는 때에는 특별한 사정이 없는 한 그들의 의결권 행사에는 주주 내부의 의사결정에 따른 대표자의 의사가 그대로 반영된다고 할 수 있고 이에 따라 주주총회가 교란되어 회사 이익이 침해되는 위험은 없는 반면에, 이들의 대리권 행사를 거부하게 되면 사실상 국가, 지방공공단체 또는 주식회사 등의 의결권 행사의 기회를 박탈하는 것과 같은 부당한 결과를 초래할 수 있다.

○ 따라서 주주인 국가, 지방공공단체 또는 주식회사 소속의 공무원, 직원 또는 피용자 등이 그 주주를 위한 대리인으로서 의결권을 대리 행사하는 것은 허용되어야 하고 이를 가리켜 정관 규정에 위반한 무효의 의결권 대리행사라고 할 수는 없다고 판시하였다.

○ 대법원 2009.4.23. 선고 2005다22701,22718 판결

CASE 의결권행사의 포괄위임

1 문제

의결권행사에 대한 포괄적 대리권 수여도 가능한가? 아니면 매 총회 때마다 대리인은 위임장을 제출하여야 하는가?

2 결론

의결권의 대리행사에 관하여 일정한 기간에 걸친 포괄적 위임은 허용할 수 없으나 동일총회에서 여러 의안에 대하여는 포괄적 위임이 가능하다.

3 논거 : 의결권 대리행사의 포괄적 위임의 허용 여부

(1) 학설

이와 관련하여 부정설과 긍정설이 있다. 포괄적 수권을 허용하는 것은 결국 의결권의 신탁을 인정하는 결과가 될 수 있다는 점, 포괄적 수권을 받은 자들은 대부분 회사의 경영자이거나 별개의 관리회사가 보통일 것인데 포괄적 수권을 허용하면 사실상 무의결권주식과 같은 결과가 된다는 점에 비추어 보면 포괄적 수권은 허용되지 아니한다고 본다. 다만, 같은 총회에서의 상이한 의안에 대하여는 포괄적 수권이 가능하다고 생각한다.

(2) 판례

"주식회사에 있어 주주권의 행사를 위임함에는 구체적이고 개별적인 사항에 국한한다고 해석하여야 할 근거는 없고 주주권행사를 포괄적으로 위임할 수 있다고 하여야 할 것이며, 포괄적 위임을 받은 자는 위임자나 회사재산에 불리한 영향을 미칠 사항이라고 하여 그 위임된 주주권 행사를 할 수 없는 것이 아니다(69다688)"라고 하여 같은 총회에서의 상이한 의안에 관하여는 포괄적 위임을 긍정한 바 있으나 여러 총회에 대한 포괄적 위임의 가능 여부에 대하여는 아직 판시한 바가 없다.

CASE 주주총회결의 부존재확인의 소

1 문제

1) 주주총회가 실제 소집, 개최됨이 없이 사실상 회사를 지배하고 있던 자들의 주도 하에 주주총회 의사록만 작성하여 대표이사를 선임한 주주총회결의에 대하여 주주총회결의부존재확인의 소 제기가 가능한가?

2) 또 소외에서 결의부존재를 주장하는 것은 가능한가?

2 결론

1) 주주총회가 없었음에도 회사지배세력에 의해 주도되어 주주총회가 있었던 것과 같이 의사록까지 작성된 경우라면 주주총회결의부존재확인의 소의 제기가 가능하다.

2) 주주총회결의부존재는 소외에서도 주장할 수 있다.

3 논거

1) 주주총회결의 부존재확인의 소의 제기사유에 해당하는지 여부

(1) 판례

"상법 제380조 소정의 결의부존재확인 청구의 소에 있어서 결의부존재라 함은 외형상 당해 회사의 주주총회로서 소집, 개최되어 결의가 성립하였으나 그 결의의 부존재로 볼 수밖에 없는 경우만을 가리키고, 전혀 주주총회를 소집, 개최함이 없이 주주총회의사록만 작성하거나 또는 외형상 당해 회사의 주주총회로 볼 수 없는 회의를 개최하여 의사록을 작성한 경우는 여기에 해당하지 않아 그 결의에 기초한 법률관계는 효력이 없다고 보아야 할 것이다.

다만, 외형상 회사의 주주총회의 존재를 인정하기 어려운 경우에도 의사록을 작성하는 등 주주총회결의의 외관을 현출시킨 자가 회사의 과반수주식을 보유하거나 또는 과반수의 주식을 보유하지 않더라도 사실상 회사의 운영을 지배하는 주주인 경우와 같이 주주총회결의의 외관현출에 회사가 관련된 것으로 보아야 할 경우에는 주주총회결의부존재확인의 소제기 사유가 된다(91다33926)"고 판시한 바 있다.

(2) 검토

이와 같이 판례는 결의부존재 사유를 표현결의와 비결의로 나누어 원칙적으로 표현결의만이 결의부존재사유가 되나 예외적으로 비결의의 경우에도 결의부존재 사유가 됨을 판시하고 있다. 설문의 경우는 비결의이나 판례가 예외적으로 결의부존재사유로 인정하는 경우이므로 결의부존재확인의소 제기가 가능하며 이러한 판례의 태도는 타당하다고 생각된다.

2) 결의부존재확인의 소의 성질

(1) 판례

"상법 제380조에 규정된 주주총회결의 부존재확인의 소는 그 법적 성질이 확인의 소에 속하는 것인데, 이에 상법 제190조의 규정을 준용하는 것은 이 소를 회사법상의 소로 취급하여 그 판결에 대세적 효력을 부여하고 또 소급효를 제한하여(이 점은 1995년 개정상법에 의하여 소급효가 있는 것으로 변경되었다) 이미 형성된 법률관계를 유효한 것으로 취급함으로써 회

사에 관한 법률관계에 법적 안정성을 보장하여 주려는 법정책적인 판단의 결과이다(91다39924)."

(2) 학설

주주총회결의부존재를 소외에서 주장할 수 있는지의 문제는 주주총회결의부존재확인의 소의 성질을 어떻게 볼 것인가와 관련된다. 이와 관련하여 확인소송설과 형성소송설이 있는데 형성의 소로 이해한다면 소외주장이 불가능할 것이나 확인의 소로 이해한다면 소외에서 주장하는 것도 가능할 것이기 때문이다.

결의의 소집절차 또는 결의방법에 총회가 존재한다고 볼 수 없는 정도의 중대한 하자가 있는 경우인데도 불구하고 소로써만 무효로 할 수 있다는 것은 부당하다고 여겨지므로 결의부존재확인의 소는 확인의 소라고 하는 확인소송설이 타당하다고 여겨진다.

〈 주주총회결의 하자 〉

소의 종류 / 비교사항	취 소 소 송	무효확인소송	부존재확인소송	부당결의취소 · 변경의 소
소의 원인	- 절차상의 하자 (소집절차·결의방법이 법령·정관에 위반하거나 현저히 불공정) - 결의내용의 정관위반	내용상의 하자 (결의내용이 법령, 사회질서, 주식회사의 본질에 반함)	절차상의 하자 (취소원인이 지나쳐 결의가 존재한다고 볼 수 없을 때-중대한 경우)	내용상의 하자 (특별한 이해관계에 있는 주주를 배제하고 한 결의의 내용이 현저히 부당)
소의 성질	형성의 소	형성소송설 확인소송설	형성소송설 확인소송설	형성의 소
제소권자	주주·이사·감사	소익이 있는 자	소익이 있는 자	의결권을 행사하지 못한 특별한 이해관계 있는 주주
제소기간	결의일로부터 2월	없음	없음	결의일로부터2월
절 차	동(피고, 전속관할, 소제기공고, 병합심리, 패소원고의 책임, 주주의 담보제공의무, 등기)			
법원의 재량기각	가		불 가	
기판력 범위	대세적 효력			
소 급 효	소 급		소 급	

7-5. 이사 · 이사회 · 대표이사

7-5-1. 서

○ 현대주식회사제도 - 이사회중심주의

- o 소유와 경영의 분리원칙 : 회사운영에 관한 권한이 이사·이사회에 집중
- → 주식회사의 형해화
- → 감시기능의 저하로 인한 이사·이사회의 경영독주
- → 이를 막기 위해 이사의 주의의무와 책임강화, 이사견제·책임추궁의 제도적 장치가 필요하다.
- o 경영전문화, 기능주의적 경향(이사회의 기능저하) : 대표이사의 업무집행권 영역의 확장 → 이를 막기 위해 이사에 대한 이사회의 감독권의 명문화, 감사에게 광범한 감시 기능 부여

7-5-2. 이사

7-5-2-1. 의의

회사의 수임인으로서의 지위에서 이사회의 구성원으로서 회사의 업무를 집행하는 등 법정의 권한을 가진 주식회사의 필요적 상설기관이다.

7-5-2-2. 이사의 선임과 퇴임

1) 이사의 자격

(1) 자격제한 : 상법상 특별한 제한은 없지만(단, 감사의 중립성을 보장하기 위해 이사겸임금지) 정관에 주주로 제한하는 경우도 있다. 이때 이사는 주권을 감사에게 공탁한다(내부거래방지 위해).

(2) 법인이사의 허부

- 인정설 : 법인이 발기인이나 회사정리법상의 관리인이 될 수 있음에 비추어
- 부정설 : 이사의 업무는 고도의 경영판단을 요함. 자연인의 의사와 능력을 요함

(3) 행위능력의 요부 : 무능력자나 파산선고를 받은 자는 이사가 될 수 없다.

2) 이사의 선임

- o 회사설립시에는 발기인이 선임하거나 창립총회에서 선임한다(상법 제296조①, 제312조).
- o 회사설립 후에는 주주총회에서 선임한다(상법 제382조 ①).
- o 결의는 이사 1인에 대해 하나씩 존재한다(다만, 집중투표제의 경우 예외).
- o 보통결의에 의해서 선임한다.

ㅇ 2주간 내에 등기하여야 하고 이사선임의 효력은 등기유무와 상관없이 주주총회결의에 의해 효력이 발생한다.

3) 집중투표제(상법 제382조의2 ; 98년 개정)

ㅇ 집중투표제의 방식을 채택할 때에는 5명의 후보에 대해 갖는 1주당 각 5번의 투표회수 즉 5표를 후보 1인 또는 수인에게 몰아서 집중하여 투표할 수 있도록 하는 방식이다.

ㅇ 이 제도는 소수파 주주들도 이사 내에 자신들을 대변할 수 있는 이사를 진입시켜 이들의 이익을 보호하고 다수파를 견제하고자 하는 취지에서 마련되었다.

ㅇ 집중투표제가 이루어지기 위해서는 정관에 이를 배제하는 규정이 없어야 하며(상법 제382조의2 ①), 2인 이상 복수의 이사를 선임하는 주주총회의 결의에 한하여 채택이 가능하다.

ㅇ 발행주식총수의 100분의 3 이상에 해당하는 주주가 집중투표에 의할 것을 주주총회 회일의 7일 전까지 회사에 서면으로 청구하여야 한다(상법 제382조의2①).

ㅇ 상장회사의 경우는 주주총회일 6주 전까지 서면 또는 전자문서로 회사에 청구하여야 한다(상법 제542조의7 ①).

ㅇ 최근 사업연도말 자산총액이 2조원 이상인 상장회사는 의결권 없는 주식을 제외한 발행주식총수의 100분의 1 이상에 해당하는 주식을 보유한 주주가 집중투표의 방법으로 이사를 선임할 것을 청구할 수 있으며(상법 제542조의7 ②, 상법시행령 제12조), 위 상장회사가 집중투표제를 배제하기 위해 정관변경을 할 경우 의결권 있는 발행주식총수의 100분의 3을 초과하는 주식을 소유한 주주의 의결권은 100분의 3까지로 제한된다(동조③).

ㅇ 투표의 결과 최다수의 표를 얻은 자로부터 순차적으로 이사에 선임된다(상법 제382조의2 ④). 따라서 이사선임에 관한 보통결의요건은 집중투표제에서는 적용되지 않는다.

(1) 의 의

ㅇ 집중투표란 이사선임에 있어 1주당 선임 하고자 하는 이사수에 상당하는 복수의 의결권을 부여하는 방법이다.

ㅇ 이사 3인의 선임 - 1주당 3개의 의결권 부여, 이 의결권을 특정 이사후보에게 집중행사 or 분산행사 → 이사 전원이 대주주에 의해 독점 선임되는 것을 견제

ex) - 발행주식 100주, 갑주주(26주), 을주주(74주), 이사 3인 선임하는 경우

- 갑의 의결권 78개, 을의 의결권 222개

- 을의 경우 : 74개씩 분산해야 3인 모두 선임 가능

- 갑의 경우 : 78개 전부를 1인에게 집중해야 1인 선임 가능

(2) 요 건

① 2인 이상의 이사를 선임할 때만 채택가능하다.

② 정관에 다른 정함이 없을 것(이를 배제하는 제한규정을 둘 수 있음)

③ 발행주식총수의 3/100 이상에 해당하는 주주의 청구가 있을 것(주총 7일전까지 서면 청구)

④ 상장회사의 경우는 주주총회일 6주 전까지 서면 또는 전자문서로 회사에 청구하여야 한다.

⑤ 최근 사업연도말 자산총액이 2조원 이상인 상장회사는 의결권 없는 주식을 제외한 발행주식총수의 100분의 1 이상에 해당하는 주식을 보유한 주주가 집중투표의 방법으로 이사를 선임할 것을 청구할 수 있으며, 위 상장회사가 집중투표제를 배제하기 위해 정관변경을 할 경우 의결권 있는 발행주식총수의 100분의 3을 초과하는 주식을 소유한 주주의 의결권은 100분의 3까지로 제한된다.

(3) 집중투표의 방법

- 1주에 선임할 이사수와 동일한 수의 의결권행사(1주1의결권의 예외)
- 투표의 결과 최다수의 표를 얻은 자로부터 순차적으로 이사에 선임된다.
- 이사선임에 관한 보통결의 요건은 집중투표제에서는 적용되지 않는다.

4) 이사의 정원

- ㅇ 3인 이상(상법 제383조 ①)
- ㅇ 자본총액 10억 미만 : 1인 또는 2인 가능
- ㅇ 자본총액 10억 이상 : 3인 이상
- ㅇ 자산 2조원 이상 상장법인 : 5인 이상

〈사외이사의 의무선임〉

구 분	사외이사 수	사외이사 의무선임비율
자산총액 1천억원 미만인 벤처기업인 코스닥상장법인	-	-
자산2조원 미만 주권상장법인/코스닥상장법인*	-	25% 이상
자산2조원 이상 주권상장법인/코스닥상장법인	3인 이상	과반수

* 자산총액 1천억원 미만인 벤처기업은 제외된다.

* 자산 2조원 이상 상장법인의 경우 사외이사 후보를 추천하기 위하여 이사회 내에 위원회의 「사외이사후보 추천위원회」를 설치하여야 하고, 전체 위원의 2분의 1 이상이 사외이사로 구성되는 추천위원회에서 추천받은 자 중에서 사외이사가 선임된다.

※ 사외이사

① 의의

- 능력을 갖추고 있으면서 경영을 담당하지 아니하고, 개인적인 이해관계도 가지지 아니하며, 독립적인 지위에서 이사회의 구성원으로 활동하는 이사로 상장규정상의 개념이다.
- 상장규정 제48조의5 제1항에 그 자격으로 경영, 회계, 법률 또는 관련기술 등에 관한 전문지식이나 경험이 풍부한 자일 것을 요구하고 있다.

② 성질

- 외근이사(이사임에 틀림없음)
- 이사의 책임에 관하여 사내이사와 사외이사 사이에 아무런 차이가 없다. 다만 사외이사는 이사회의 구성원으로서 이러한 책임을 지는데 그치고 사내(경영)이사는 이에 더하여 경영을 담당하는 가운데 그 밖의 책임을 더 진다.
- 사외이사의 직무수행기준(상장협회는 1998.9.16일에 이를 공표함)

5) 이사의 임기

- 3년을 초과하지 못한다(상법 제383조 ②).
- 정관에 규정을 두어 임기중의 최종의 결산기에 관한 정기주주총회의 종결에 이르기까지 연장가능하다(상법 제383조 ③).

6) 이사의 퇴임

(1) 임기만료

(2) 사임하는 경우

- 단독행위로서 회사에 대한 일방적 의사표시에 의해 효력이 발생한다.
- 철회가 불가능하다.

(3) 해임시키는 경우

- 해임결의(주주총회의 특별결의 : 상법 제385조 ①)
- 법원에 소수주주의 해임청구(상법 제385조 ②)

(4) 기타의 퇴임사유 : 위임의 종료사유(이사의 사망·파산·금치산, 회사의 파산)

7) 이사의 결원 : 법률 또는 정관에 정한 이사의 원수를 결한 경우에는 임기의 만료 또는 사임으로 인하여 퇴임한 이사는 새로 선임된 이사가 취임할 때까지 이사의 권리·의무가 있다(상법 제386조 ①).

7-5-2-3. 이사의 보수

1) 의의

ㅇ 정관에서 정하지 않은 때에는 주주총회가 정한다(상법 제388조).

ㅇ 보수 : 월급·상여·연봉 등(퇴직위로금) 회사의 직무수행에 대한 보상으로 지급되는 일체의 대가를 말한다.

2) 결정방법

- 선임결의와 동시에 임기중의 보수 결정(원칙)
- 정관이나 주주총회결의에서는 보수의 총액만을 정하고 개인별 지급금액은 이사회의 결정에 위임할 수도 있다(통설).

3) 강행규정성 : 이사회나 대표이사, 지배주주가 보수를 결정할 수 없다.

4) 사용인 겸무이사의 보수

- 이사의 보수에 포함 여부 : 포함설, 불포함설, 절충설(주주총회에 보고, 별도지급시 주주총회의 결의를 요함)

5) 보수의 적정성

- 보수는 직무와 합리적인 비례관계 유지
- 회사의 채무상태에 비추어 적정

7-5-2-4. 기타

ㅇ 이사는 대표이사로 하여금 다른 이사 또는 피용자의 업무에 관하여 이사회에 보고할 것을 요구할 수 있다.

ㅇ 이사는 3월에 1회 이상 업무진행상황을 이사회에 보고하여야 한다.

ㅇ 중요한 자산의 처분 및 양도, 대규모 재산의 차입

7-5-3. 이사회

7-5-3-1. 의의

회사의 업무집행에 관한 의사결정을 위해 전원의 이사로 구성되는 주식회사의 필요적 상설기관이다.

7-5-3-2. 이사회의 권한

1) 업무집행결정권, 이사의 감독권
2) 지배인의 선임·해임, 지점의 설치·이전·폐지
3) 기타의 고유권한 : 주식양도를 제한할 경우 그 승인, 주주총회의 소집, 이사의 자기거래의 승인, 재무제표의 승인, 사채발행 등
4) 주주총회의 권한으로 전환할 수 있는 사항 : 대표이사의 선정, 신주발행, 준비금의 자본전입, 전환사채의 발행, 신주인수권부사채의 발행 등

7-5-3-3. 이사회의 독립성 : 고유의 권한을 가진 독립기관

7-5-3-4. 이사회의 소집

1) 소집권자
- 각 이사(상법 제390조 ①본문), 다만 이사회의 결의로 소집할 이사를 정한 경우 그 이사(상법 제390조 ①단서)
- 소집권자로 지정되지 않은 다른 이사는 소집권자인 이사에게 이사회 소집을 요구할 수 있다.

2) 소집절차
- 회일을 정하여 1주간 전에 각 이사와 감사에 대하여 통지 발송한다(상법 제390조 ③).
- 이 기간은 정관으로 줄일 수 있다(상법 제390조 ②단서).
- 그러나 이사회는 이사 및 감사 전원의 동의가 있으면 이와 같은 절차를 밟지 아니하고 언제든지 회의를 개최할 수 있다(상법 제390조 ③).

3) 소집시기 : 긴급하지 않는 한 많은 이사가 참석할 수 있는 시기에 소집한다.

4) 이사의 출석의무

7-5-3-5. 이사회의 결의

1) 결의요건
- 이사 과반수의 출석과 출석이사 과반수(상법 제391조 ①본문)
- 비율의 강화는 가능하지만 완화는 불가능하다.
2) 의결권행사의 독립성
- 이사는 의결권행사에 대해 회사에 책임을 진다(상법 제399조 ②, 제390조 ①).
- 대리행사, 이사 상호간의 위임은 불가능하다.

3) 의결권의 제한
- 특별한 이해관계에 있는 자(ex. 자기거래를 하고자 하는 이사).
- 이사회의 성립정족수에는 포함되나 의결정족수의 계산에서는 출석이사 속에 포함되지 않는다.

4) 결의방법
(1) 이사들의 구체적 회합에 의하며, 서면에 의한 결의·무기명투표 안된다.
(2) 특칙 : 동영상(화상)회의에 의한 결의방법의 인정(상법 제391조 제2항) <99.12.31. 신설>
- 정관에서 달리 정하는 경우를 제외하고 이사회는 이사의 전부 또는 일부가 직접 의회에 출석하지 아니하고 모든 이사가 동영상 및 음성을 동시에 송·수신하는 통신수단에 의하여 결의에 참가하는 것을 허용할 수 있다.
- 이 경우 당해 이사는 이사회에 직접 출석한 것으로 본다.

5) 연기·속행 가능

6) 이사회결의의 하자
(1) 결의 효력 : 일반 무효의 법리적용. 대세적 효력 없음. 소급효가 제한되지 않는다.
(2) 후속행위의 효력
- 예시 1 : 하자있는 이사회결의에 의해 소집된 주총의 결의(주총결의의 취소·부존재확인의 소)
- 예시 2 : 하자있는 이사회결의에 의한 신주발행의 경우(신주발행무효의 소)

7) 이사회의사록의 관리방법 개선(상법 제391조의3)
ㅇ 이사회의사록에 안건에 반대하는 자와 반대이유를 명기한다.
ㅇ 주주는 영업시간 내에 이사회의사록의 열람 또는 등사 청구할 수 있다(공시의무 없앰) ↔ 이유를 붙여 이를 거절할 수 있다(이 경우 주주는 법원의 허가를 얻어 청구할 수 있다).

7-5-3-6. 이사회내의 위원회(99.12.31. 신설)
1) 의의 및 설치방법
ㅇ 이사회의 직무를 이사회 내에 위원회를 두어 그 위원회에 위임하는 제도이다.
ㅇ 이사회는 정관이 정한 바에 따라 위원회를 설치할 수 있다(상법 제393조의2 제1항).
ㅇ 정관에 정할 사항은 설치할 위원회의 종류, 그 구성, 권한 등

※ 이사회내 위원회
- 경영진보수결정위원회
- 이사후보추천위원회
- 지배구조위원회

2) 위원회의 권한(동조 제2항)

ㅇ 이사회는 다음 각호의 사항을 제외하고는 그 권한을 위원회에 위임할 수 있다.

ㅇ 주주총회의 승인을 요하는 사항의 제안, 대표이사의 선임 및 해임, 위원회의 설치와 그 위원의 선임 및 해임, 정관에서 정하는 사항(주주총회의 소집, 지배인의 선임 및 해임, 지점의 설치·이전·폐지, 임원의 선임 및 해임, 자회사의 설립·이전·폐지, 신주의 발행, 준비금의 자본전입, 사채의 발행, 외부감사인의 추천 등)이 있다.

3) 위원회의 구성(동조 제3항) : 위원회는 2인 이상의 이사로 구성한다.

4) 위원회 결의시의 조치(동조 제4항)

ㅇ 위원회는 결의된 사항을 각 이사에게 통지하여야 한다.

ㅇ 이 경우 이를 통지 받은 각 이사는 이사회의 소집을 요구할 수 있으며, 이사회는 위원회가 결의한 사항에 대하여 다시 결의할 수 있다(위원회는 이사회의 하위기관임).

5) 준용규정 : 이사회 규정의 준용(상법 제393조 제5항)

ㅇ 상법 제386조 제1항(퇴임한 이사의 권리의무)

ㅇ 상법 제390조(이사회소집)

ㅇ 상법 제391조(이사회 결의방법)

ㅇ 상법 제391조의3(이사회 의사록)

ㅇ 상법 제392조(이사회 연기, 속행)

7-5-3-7. **소규모 회사의 이사회 구성 의무 면제(상법 제383조)** : 2009. 04.

○ 현행법은 자본금 총액 5억원 미만인 회사의 경우 이사를 2인 이하로 할 수 있도록 하되, 이사가 2인인 경우에도 이사회를 구성하도록 하고 있으나, 개정법은 이사를 2인 또는 1인으로 할 수 있는 소규모 회사의 기준을 현행 자본총액 5억원 미만에서 10억원 미만인 회사로 확대하는 한편, 이사가 2인인 경우에는 이사회를 구성할 의무를 면제하였다.

○ 1-2인의 이사를 둘 수 있는 소규모 회사의 기준을 현행 자본총액 5억원 미만에서 10억원 미만인 회사로 확대한 이유는 소규모회사의 범위를 자본총액 5억원 미만으로 정

한 1998년 상법 개정 당시와 비교하여 물가가 상승하고 경제규모가 확대되었으므로 그 범위를 넓혀야 할 필요가 생겼기 때문이다.

○ 위 규정에 따라 이사가 2인인 경우에 이사회를 구성하지 않도록 한 것은, 이사 2인의 의견이 다른 경우 업무집행에 관한 의사결정을 할 수 없으므로 이사가 2인인 경우에는 이사회에 관한 규정의 적용을 배제하고 이사회의 권한을 이사(정관에 의하여 대표이사가 있는 경우에는 대표이사)와 주주총회에 부여한 것이다.

○ 소규모 회사 범위 확대, 이사회 구성 의무 면제

- 자본금 10억 미만의 회사는 이사를 1~2인으로 할 수 있고, 이사를 1~2인으로 정한 경우에는 이사회를 구성할 필요 없다.

7-7. 대표이사

7-7-1. 의의

회사를 대표하고 업무를 집행하는 권한을 가진 이사이며 주식회사의 필요적 상설기관이다.

7-7-2. 선정과 퇴임

1) 선정

- 이사 중에서 선정
- 이사회에서 보통결의에 의해 선정
- 수에 제한 없음
- 판결이 있기 전까지 지위 인정
- 선정된 대표이사의 성명·주민등록번호·주소 등기

2) 퇴임 : 임기만료, 해임 또는 사임.

3) 대표이사의 결원

7-7-3. 대표이사의 업무집행권

1) 이사회와의 관계

(1) 파생기관설

(2) 독립기관설(다수설)

(3) 결어 : 어느 설에 의하더라도 대표이사는 주주총회와 이사회에서 결의된 사항을 집행할 권한이 있고, 그 밖의 일상적인 사항에 대한 업무집행의 의사결정을 할 수 있기 때문에 실제적인 차이는 생기지 않는다.

2) 주주총회 또는 이사회에서 결의된 사항을 집행하고 일상적인 회사의 대내적 관리업무를 집행한다.

3) 명시된 권한

- 주권·채권(채권)에의 기명날인 또는 서명(상법 제356조, 제478조②) : 명문으로 대표이사가 하도록 규정하고 있다.
- 정관·의사록·주주명부·사채원부의 비치, 주식청약서와 사채청약서의 작성, 현물출자시 검사인선임의 청구, 재무제표의 작성·제출·비치·공시·공고 등
- 「이사는 … 한다」로 되어 있지만 대표이사가 한다는 뜻이다.

7-7-4. 대표권

1) 내용

회사의 영업에 관하여 재판상·재판외의 모든 행위를 할 권한이 있다(cf. 대리).

2) 대표행위의 방법

어음·수표행위와 같은 서면의 요식행위는 현명주의에 따라 대표자격을 표시하고, 대표이사가 기명날인 또는 서명한다.

3) 대표권의 제한

(1) 법률상의 제한 : 이사와 회사간의 소에서는 감사가 회사를 대표(상법 제394조)

(2) 내부적 제한

- 이사회의 결의를 얻도록 하는 경우(ex. 1억원 이상의 채무부담행위)
- 선의의 제3자에게 대항하지 못한다(상법 제389조 ③ →제209조 ②)

4) 이사회 및 주주총회결의 없는 대표행위의 효력

ex. 영업양도, 사후설립, 주식의 액면미달발행 등과 같은 행위를 대표이사가 주총결의 없이 한 경우 → 무효

5) 대표권의 남용

(1) 개 념

외관상으로는 대표이사의 권한 내의 적법한 행위이지만, ①주관적으로는 자기 또는 제3자의 이익을 위해 하는 행위로서 ②회사에 손실을 끼치고 자기 또는 제3자에게 이익이 있어야 한다.

◦ ①의 사례 : 대표이사가 자기 개인의 채무를 변제하기 위하여 회사명의로 어음

발행, 대표이사가 자기의 친지가 발행한 어음을 회사명의로 보증하여 주는 것

◦ ②의 사례 : 대표이사가 자기의 친지에게 회사의 재산을 저렴하게 양도함으로써 시가와의 차액만큼 회사에는 손실이, 제3자에게는 이익이 생기는 것

(2) 대외적 효력 : 상대방이 남용행위를 안 때에는 무효이고 알지 못한 때에는 유효하다(판례·통설).

(3) 입증책임 : 회사가 대표권의 남용이라는 사실, 상대방이 악의라는 사실을 입증

(4) 어음행위 : 직접의 상대방에게는 인적 항변가능, 선의의 소지인에게는 대항불가

7-7-5. 대표이사의 불법행위

대표이사가 업무집행으로 인하여 타인에게 손해를 가한 경우 대표이사와 회사가 연대하여 배상책임을 진다.

CASE 대표권 남용

1 문제

갑이 지리산홈쇼핑몰주식회사의 대표이사로 재직하던 중 지리산홈쇼핑몰주식회사의 운영자금으로서 B로부터 일부금액만을 차용한 사실이 있을 뿐임에도 불구하고, 그 대표이사로부터 임무에 위배하여 자신의 개인채무를 변제하기 위해 지리산홈쇼핑몰주식회사 대표이사 명의로 B에게 약속어음을 발행하여 교부하였다. B는 만기에 지리산홈쇼핑몰주식회사에 어음금의 지급을 청구하였고, 이에 대하여 지리산홈쇼핑몰주식회사는 B가 갑의 친구로서 갑과 공모하여 악의로 이 사건 어음을 발행, 교부받은 것으로서 무효라고 주장하였다. 지리산홈쇼핑몰주식회사의 주장은 타당한가?

2 결론 및 논거

설문은 대표이사 대표권 남용행위의 효력을 회사가 부인하고 있는데 이것이 타당한가의 문제이다. 이와 관련하여 대표권의 남용행위는 원칙적으로 유효한데 제3자(상대방)가 대표권남용의 사실을 알고 있거나 또는 중과실로 모른 경우에 회사에 대하여 권리를 주장하는 것은 신의칙위반 또는 권리남용(민법 제2조)에 해당하여 허용될 수 없다고 하는 권리남용설이 타당하고 이에 의할 때 원칙적으로 갑의 어음발행은 유효하고 원인관계가 없다고 할 수 있을 것이나 B는 갑의 대표권남용에 대하여 악의이므로 B의 어음금 청구는 권리남용으로 허용될 수 없다.

다만, 이러한 사정은 지리산홈쇼핑몰주식회사측이 입증하여야 한다.

CASE 전단적(위법한) 대표행위 1

1 문제

1) 대표이사가 주주총회나 이사회의 결의를 얻어야 함에도 이를 얻지 않고 한 대표행위의 효력은 어떠한가?
2) 대표이사가 이사회결의 없이 신주발행과 같은 집단행위를 한 경우 그 행위의 효력은 어떠한가?

2 결론

1) 대표이사는 주주총회 또는 이사회의 결의를 얻어 대표행위를 하여야 함에도 불구하고 이를 결한 경우 그 행위가 대내적 효력만을 갖는 경우에는 언제나 무효이다. 그러나 그것이 대외적 효력을 갖는 경우라면 법률에 의하여 주주총회의 결의를 요하는 경우에는 이를 결하면 무효이고, 법률에 의하여 이사회의 결의를 요하거나 또는 정관 등 회사의 내부규칙에 의하여 주주총회 또는 이사회의 결의를 요하는 경우라면 상대방(제3자)이 선의·무중과실인 한 유효라고 할 것이다.

(1) 판례

"주식회사의 대표이사가 이사회의 결의를 거쳐야 할 대외적 거래행위에 관하여 이를 거치지 아니하고 한 경우라도 이와 같은 이사회 결의사항은 회사의 내부적 의사결정에 불과하다 할 것이므로, 그 거래 상대방이 그와 같은 이사회결의가 없었음을 알았거나 알 수 있었을 경우가 아니라면 그 거래행위는 유효하다고 해석되고, 위와 같은 상대방의 악의는 이를 주장하는 회사측이 주장·입증하여야 할 것이다"(93다13391).

(2) 학설

법률에 의하여 주주총회결의사항으로 규정되어 있는 사항은 회사의 운명에 중대한 영향을 미치는 사항이므로 회사이익을 우선하여야 한다는 점에서 특별결의사항인지의 여부를 가리지 아니하고 주주총회결의 흠결 또는 하자에 기한 대표행위의 효력은 무효라고 본다. 이에는 영업양도, 합병, 재무제표의 승인에 의한 이익배당과 같은 것이 있다.

정관유보에 의한 주주총회결의사항, 이사회결의사항으로서 그에 따른 후속행위가 대외적으로 거래안전에 영향을 미치는 경우에는 상대적 무효로 봄이 타당하다고 본다.

2) 신주의 발행은 원칙적으로 이사회의 권한에 속하고, 자본조달의 기동성에만 치중하는 나머지 법률 또는 정관에 위반하거나 불공정한 방법으로 신주를 발행하여 주주, 회사 또는 회사채권자의 이익을 해하는 경우가 있는 바, 상법에서는 사전에 이를 예방하는

조치와 사후에 그로 인해 부당한 결과를 시정하는 조치를 취할 수 있도록 하고 있다. 신주의 효력이 발생하기 전에는 신주발행유지청구를 할 수 있고, 신주발행절차에서의 요건이 되는 주주총회의 결의에 하자가 있는 경우에는 주주총회결의 하자의 소를 제기할 수 있다. 이미 신주의 효력이 발생한 후에는 신주발행무효의 소와, 통모인수인에 대한 책임추궁을 할 수 있다. 간접적인 구제수단으로는 대표이사 해임청구, 이사에 대한 주주의 손해배상청구, 이사에 대한 회사의 손해배상청구에 관한 대표소송 등의 조치를 취할 수 있다.주주총회결의부존재는 소외에서도 주장할 수 있다.

CASE 전단적 대표행위 2

1 문제

지리산홈쇼핑몰주식회사의 대표이사인 갑이 B회사가 C에게 부담하고 있는 대출금채무에 관하여 연대보증을 하였다. 갑은 지리산홈쇼핑몰주식회사의 대표이사로서 연대보증을 할 당시 지리산홈쇼핑몰주식회사의 정관상 필요한 이사회의 결의 없이 그 행위를 하였다. 이후 C가 지리산홈쇼핑몰주식회사에 대하여 연대보증책임을 묻자, 지리산홈쇼핑몰주식회사는 대표이사인 갑이 이사회의 결의 없이 연대보증을 한 것으로 그 행위는 효력이 없다고 주장하고 있다. 지리산홈쇼핑몰주식회사의 주장은 받아들여지겠는가?

2 결론 및 논거

설문은 회사 대표행위시에 이사회의 결의를 거쳐야하는 정관상 제한을 어긴 경우의 대표행위의 효력에 관한 문제이다. 이러한 대표행위의 효력에 대하여는 학설상 상대적 무효라는데 대하여 어느 정도 일치를 보고 있으며 판례도 그러하다.

따라서 C가 갑이 연대보증 당시 이사회의 결의가 없었던 사실에 대하여 알았거나 알 수 있었다면, 또 그러한 점에 대하여 지리산홈쇼핑몰주식회사측이 입증한다면 지리산홈쇼핑몰주식회사의 주장은 받아들여질 것이다.

7-7-6. 공동대표이사제도(상법 제389조 ②)

1) 취 지

- o 대표이사의 위법 또는 부적정한 대표행위를 사전에 예방하고 사후에도 시정가능
- o 회사의 규모가 커지는 경우 대외적인 거래활동을 확대할 목적에서, 상장회사는 이를 채용하는 경우가 꾸준히 늘고 있다.

2) 공동대표의 본질 : 단독대표의 원칙에 따라 각자 대표기관을 구성하고, 단지 권한행사를 공동으로 하는 것이다.

3) 공동대표이사의 선정

o 공동대표이사로 한다는 별도의 결의를 요한다.

→ 등기(등기하지 아니하면 선의의 제3자에게 대항하지 못함)

o 별도의 결의

- 이사회에서 선정하는 경우 → 이사회의 결의로 공동으로 결정
- 정관규정으로 주주총회에서 선정하는 경우→ 주주총회 결의로 공동으로 결정
- 하나의 결의로 동시에 처리하여도 무방하다(갑과 을을 대표이사로 선정하되 공동대표이사로 한다고 결의).

4) 공동대표이사의 지위

(1) 능동대표 : 회사가 제3자에게 하는 의사표시 - 대표이사들이 공동으로만 회사를 대표(어음·수표 발행시 공동대표이사 전원의 기명날인)

(2) 수동대표 : 거래상대방이 회사에 대하여 하는 의사표시 - 공동대표이사 중 1인에게만 하여도 효력발생

(3) 불법행위 : 거래행위에만 적용되고 불법행위는 적용 안된다 - 회사가 연대하여 손해배상책임 부담

(4) 대내적인 업무집행 : 원칙은 공동으로 해야 하지만, 단독으로 하더라도 유효하다. 다만 그 대표이사는 책임을 부담한다.

5) 공동대표권의 위임

(1) 포괄적 위임의 가부 : 허용불가(대판1989.5.23)

(2) 개별적 위임의 가부 : 위임관계를 행위시에 현명하게 표시(표시행위위임설)

6) 단독대표행위의 추인 : 나머지 공동대표이사의 추인 가능

7) 공동대표제도와 제3자의 보호

7-7-7. 표현대표이사(상법 제395조)

1) 취 지

o 사장, 부사장, 전무, 상무 기타 회사를 대표할 권한이 있는 것으로 인정될 만한 명칭을 사용한 이사의 행위에 대하여는 그 이사가 회사를 대표할 권한이 없는 경우에도 회사가 선의의 제3자에게 책임을 지게 하는 제도이다.

o 부진정한 외관 작출에 유책인 자를 희생시키고 외관대로의 법효과를 인정함으로써 상거래의 신속、안전을 도모한다.

2) 적용요건

(1) 표현적 지위

① 표현적 명칭 사용(사장, 부사장, 전무, 상무, 사고처리담당 이사 등),

② 이사 자격 불요

(2) 회사의 귀책사유

① 명칭사용의 명시적、묵시적 허용(명함 사용을 알고도 제지하지 않고 방치)

② 허용기관(주총、이사회결의, 대표이사 허용)

(3) 표현대표이사의 대표행위 : 대표이사의 권한 내에 속하는 대표행위

(4) 선의의 제3자의 신뢰

◦ 과실이 있더라도 본조를 적용한다.

◦ 판례

: 표현대표이사가 한 어음행위를 보고 이 어음을 취득한 제3자도 보호를 받는다.

3) 적용범위

(1) 공동대표이사와 표현대표이사

공동대표이사 중 1인이 '사장' 등 단독으로 대표할 권한이 있는 듯한 명칭을 회사로부터 허락받아 사용하면서 단독으로 회사를 대표하여 한 행위 - 표현대표이사의 행위

(2) 선임이 무효·취소된 대표이사의 행위

95년 개정법은 주총결의의 취소등의 판결에 소급효를 인정하였다 → 표현대표이사로 볼 실익이 커졌다.

(3) 표현대표이사가 진정한 대표이사의 이름으로 한 행위 - 상법 제395조 적용 (대판1998.3.27)

CASE 공동대표이사 및 표현대표이사 1

1 문제

1) 공동대표이사의 대표권의 개별적 위임은 가능한가?

2) 공동대표이사가 단독대표인 것처럼 대외적 거래행위를 한 경우 상법 제395조의 표현대표이사 규정을 적용할 수 있는가?
3) 공동대표이사의 경우에도 상법 제395조의 적용이 가능하다는 견해에 의할 때 회사가 단지 공동대표이사에게 '대표이사'라는 명칭을 허락한 경우에도 상법 제395조의 책임을 지는가?

2 결론

1) 대표권 행사의 개별적 위임은 가능하다.
2) 공동대표이사의 단독적 대표행위에 대하여는 상법 제395조의 적용이 가능하다.
3) 회사가 공동대표이사에게 '대표이사'란 명칭사용을 허락한 경우에도 회사는 상법 제395조의 책임을 진다. 주주총회결의부존재는 소외에서도 주장할 수 있다.

3 논거

1) 대표권 행사의 개별적 위임의 허용 여부

(1) 판례

"주식회사에 있어서의 공동대표제도는 대외관계에서 수인의 대표이사가 공동으로만 대표권을 행사할 수 있게 하여 업무집행의 통일성을 확보하고, 대표권 행사의 신중을 기함과 아울러 대표이사 상호간의 견제에 의하여 대표권의 남용 내지 오용을 방지하여 회사의 이익을 도모하려는 데 그 취지가 있으므로, 공동대표이사의 1인이 그 대표권의 행사를 특정사항에 관하여 개별적으로 다른 공동대표이사에게 위임함은 별론으로 하고, 일반적 포괄적으로 위임함은 허용되지 아니한다(89다카3677)."

(2) 학설

이와 관련하여 소극설, 적극설, 백지위임설, 표시행위위임설이 있다. 대표권남용 가능성의 견제라는 공동대표이사제도의 취지를 고려할 때 대표권행사의 위임을 그대로 허용하는 것은 타당하지 아니하나, 반면에 조직운영상의 능률성이라는 측면을 고려한다면 모든 대표행위를 항상 공동으로만 하게 하는 것도 문제라 할 것이다.

따라서 개별적 사항에 한하여 공동대표이사 상호간의 내부적 의사합치를 전제로 하여 대외적인 의사표시에 있어서만 대표권 행사의 위임을 긍정한다면 회사의 이익이 근본적으로 침해되는 것이 아니라는 점에서 적극설이 타당하다고 본다.

2) 공동대표이사의 단독적 대표행위에 상법 제395조가 적용되는지 여부

이와 관련하여 부정설과 긍정설이 있는데, 거래의 안전 보호를 무시할 수 없으므로 상법

第395조를 적용하여야 하며 긍정설이 타당하다.(상법 제395조 – 표현대표이사의 행위와 회사의 책임 : 사장, 부사장, 전무, 상무 기타 회사를 대표할 권한이 있는 것으로 확인될만한 명칭을 사용한 이사의 행위에 대하여는 그 이사가 회사를 대표할 권한이 없는 경우에도 회사는 선의의 제3자에 대하여 그 책임을 진다)

3) 회사가 공동대표이사에게 '대표이사' 명칭의 사용을 허락한 경우 상법 제395조의 적용여부

(1) 판례

"회사가 공동으로만 회사를 대표할 수 있는 공동대표이사에게 대표이사라는 명칭의 사용을 용인 내지 방임한 경우에는 회사가 이사 자격이 없는 자에게 표현대표이사의 명칭을 사용하게 한 경우이거나 이사 자격 없이 그 명칭을 사용하는 것을 알고서도 용인상태에 둔 경우와 마찬가지로, 회사는 상법 제395조에 의한 표현책임을 면할 수 없다(91다1911)."

(2) 학설

이와 관련하여 한정설과 확장설이 있다. 회사는 공동대표이사가 제3자와 거래하는 경우는 반드시 '공동대표이사'라는 명칭을 사용하도록 하여야 하는데, 회사가 공동대표이사에게 단순히 '대표이사'란 명칭사용을 허락하거나 이를 묵인하였다면 회사에게 귀책사유가 있다고 볼 수 있으며, 이로 인해 선의의 제3자 보호를 위해 공동대표이사제도의 입법취지가 무시되는 것은 부득이하다고 볼 것이다.

한편 공동대표이사는 등기사항으로 등기하면 선의의 제3자에게도 상법 제37조의 대항력이 발생하는 것은 사실이나 상법 제395조가 적용될 때는 상법 제37조에 의한 대항력을 주장할 수 없다는 것이 학계의 다수적 입장(예외규정설)이다. 긍정설이 타당하다고 여겨진다.

CASE 공동대표이사 및 표현대표이사 2

1 문제

사실상 지리산홈쇼핑몰주식회사의 영업활동을 하여 온 갑이 지리산홈쇼핑몰주식회사 명의로 수주한 공사를 함에 있어서 갑으로 하여금 사업자금을 쉽게 조달할 수 있게 하기 위하여 갑의 을에 대한 채무를 지리산홈쇼핑몰주식회사의공동대표이사인 병이 자신이 지리산홈쇼핑몰주식회사 대표이사라고 하면서 단독으로 지리산홈쇼핑몰주식회사를 대표하여 연대보증하였다. 이제 을은 지리산홈쇼핑몰주식회사에 대해 연대보증인으로서 갑의 채무를 변제할 것을 청구하였으나 지리산홈쇼핑몰주식회사는 병의 연대보증행위는 병이 지리산홈쇼핑몰주식회사의 공동대표이사임에도 불구하고 단독으로 대표권을 행사한 것이라며 을의 청구를 거

절하였다. 을은 지리산홈쇼핑몰주식회사로부터 변제받을 수 있는가? (91다19111)

2 결론 및 논거

설문의 경우 병은 공동대표이사이고 공동대표이사가 대표행위를 단독으로 하더라도 이는 무권대표이므로 회사가 추인하지 않는 한 회사에 대하여 효력이 없는 것이 원칙이다.

다만, 이 경우 상법 제395조의 표현대표이사가 적용될 수 있는 지와 관련하여 긍정설과 부정설이 대립하고 있다. 위에서 검토한 바와 같이 회사측에 귀책사유가 있다는 점과 거래의 안전보호를 위해 긍정설이 타당하다.

한편 설문의 병은 자신이 '대표이사'라고 주장하면서 연대보증을 하였는데, 회사측에서 단순히 대표이사라는 명칭사용을 허락한 경우에도 상법 제395조가 적용되는 지와 관련하여서는 한정설과 확장설의 견해의 대립이 있다.

판례가 "회사가 공동으로만 회사를 대표할 수 있는 공동대표이사에게 대표이사라는 명칭의 사용을 용인 내지 방임한 경우에는 회사가 이사 자격이 없는 자에게 표현대표이사의 명칭을 사용하게 한 경우이거나 이사 자격 없이 그 명칭을 사용하는 것을 알고서도 용인상태에 둔 경우와 마찬가지로 회사는 상법 제395조에 의한 표현책임을 면할 수 없다"(91다1911)고 밝히고 있듯이 "회사가 공동대표이사에게 대표이사라는 명칭의 사용을 용인·방치한 경우라면 회사는 상법 제395조에 의한 표현책임을 면할 수 없다"고 봄이 타당하며 그러한 사정이 있는 한에서 을은 지리산홈쇼핑몰주식회사로부터 변제 받을 수 있을 것이다.

CASE 표현대표이사

1 문제

1) 표현대표이사가 진정한 대표이사의 명의로 행위한 경우에도 상법 제395조가 적용되는가?
2) 명칭을 사용한 표현대표이사는 최소한 이사의 자격은 있어야 하는가?
3) 회사가 표현적 명칭의 사용을 허락하지는 않았으나 그 명칭사용을 방치한 경우에도 상법 제395조의 적용이 가능한가?

2 결론

1) 표현대표이사가 진정한 대표이사명의로 행위한 경우에도 상법 제395조의 적용이 가능하다.
2) 상법 제395조의 적용을 위해 표현명칭을 사용한 자가 최소한 이사의 자격이 있을 것을 요하지 않는다.

3) 회사가 표현적 명칭사용을 고의로 방치한 경우는 상법 제395조가 적용되며, 그 방치에 중과실이 있는 경우도 동조가 적용된다.

3 논거

1) 무권대행의 경우 상법 제395조가 적용되는지 여부

(1) 판례

"상법 제395조가 정한 표현대표이사의 행위에 의한 회사의 책임에 관한 규정은 표현대표이사가 자기의 명칭을 사용하여 법률행위를 한 경우는 물론이고 자기의 명칭을 사용하지 아니하고 다른 대표이사의 명칭을 사용하여 행위를 한 경우에도 적용된다"(97다34709).

(2) 학설

이와 관련하여 긍정설과 부정설이 있는데, 무권대리와 무권대행이 다른 개념이기는 하지만 제3자의 입장에서 외관상의 차이가 본질적인 것이 아니라는 점과 민법 제126조는 상법 제395조에 비해 거래상대방 보호에 미흡하다는 점을 고려할 때 긍정설이 타당하다.

2) 표현대표이사에게 이사의 자격이 있어야 하는지 여부

(1) 판례

"상법 제395조가 회사를 대표할 권한이 있는 것으로 인정될 만한 명칭을 사용한 이사의 행위에 대한 회사의 책임을 규정한 것이어서 표현대표이사가 이사의 자격을 갖출 것을 그 요건으로 하고 있으나, 이 규정은 표시에 의한 금반언의 법리나 외관론에 따라 대표이사로서의 외관을 신뢰한 제3자를 보호하기 위하여 그와 같은 외관의 존재에 관하여 귀책사유가 있는 회사로 하여금 선의의 제3자에 대하여 그들의 행위에 관한 책임을 지도록 하려는 것이므로, 회사가 이사의 자격이 없는 자에게 표현대표이사의 명칭을 사용하게 허용한 경우는 물론, 이사의 자격도 없는 사람이 임의로 표현대표이사의 명칭을 사용하고 있는 것을 회사가 알면서도 아무런 조치를 취하지 아니한 채 그대로 방치하여 소극적으로 묵인한 경우에도 위 규정이 유추적용되는 것으로 해석함이 상당하다"(91다35816).

(2) 학설

판례의 태도와 동일하게 상법 제395조의 법문에도 불구하고 거래의 안전을 고려하여 이사의 자격을 요하지 않는다는 것이 통설적 견해이다.

3) 회사가 표현적 명칭 사용을 방치한 경우

(1) 판례

"표현대표자의 행위에 대하여 회사가 책임을 지는 것은 회사가 표현대표자의 명칭사용을

명시적으로나 묵시적으로 승인한 경우에 한하는 것이고 회사의 명칭 사용 승인 없이 임의로 명칭을 참칭한 자의 행위에 대하여는 비록 그 명칭 사용을 알지 못하고 제지하지 못한 점에 있어 회사에게 과실이 있다고 할지라도 그 회사의 책임으로 돌려 선의의 제3자에 대하여 책임을 지게 할 수 없다"(94다50908).

(2) 학설

회사가 제3자의 임의적 표현명칭만을 방치한데 대하여 악의가 있는 경우에는 당연히 동조가 적용될 것이다. 그러나 과실이 있다는 것만으로 회사가 명칭사용을 허락한 것과 동일하게 취급할 수는 없을 것이다. 다만, 중과실이 있는 경우에는 상법상 중과실은 악의와 동일시된다는 점, 거래안전 보호를 위한 동조의 취지 등을 고려할 때 묵시적 허락이 있는 것으로 인정할 수 있을 것이다.

7-7-8. 업무담당이사 및 상무회(상무회)

1) 이사회의 경영 소외

: 이사회 외에 업무집행을 위한 소규모의 위원회(상무회)에 의해 경영

2) 상근이사와 비상근이사 : 회사업무에 대한 일상적인 관여 여부에 따라

3) 상무회

이사회와 별도의 임의조직으로서 대표이사를 중심으로 한 상무회를 설치·운영

ex. 명칭-상임이사회, 운영위원회, 집행위원회, 간부회의, 임원회, 임원간담회 등

7-7-9. 1인 이사 회사의 관리구조(상법 제383조 ①단서)

1) 의의

발행주식의 액면총액이 10억원 미만인 소규모회사(이사를 1인 또는 2인)

→ 조직유지비용의 감소

2) 대표권의 귀속 : 이사가 당연히 대표기관이 된다.

3) 이사회의 기능대체 : 이사회가 없기 때문이다.

(1) 1인이사의 단독결정사항

- 이사회가 갖는 업무집행결정권
- 주주총회 소집결정에 관한 사항
- 주주제안의 수리

(2) 주주총회로 대체하는 사항

: 주식양도에 제한을 둔 경우·경업금지·이사의 자기거래의 승인, 신주·사채의 발행 결정, 준비금의 자본전입, 중간배당

(3) 적용하지 않는 제도

: 합병에 있어 보고총회 또는 창립총회의 공고, 간이합병, 소규모합병

7-7-10. 이사의 의무

1) 선관의무 : 선량한 관리자의 주의의무(민법 제681조 준용)

2) 이사회 출석의무

: 정당한 이유 없는 불출석 - 임무해태, 장기간의 불출석 - 해임사유

3) 이사의 감시의무

(1) 의의

- 이사의 선관의무에 따라 이사들은 상호 다른 이사의 업무집행을 감시할 권한과 의무부담
- 실정법상의 개념은 아니나 법적 의무(통설·판례).

cf. 이사회의 감독권, 감사의 감독권

(2) 대표이사와 업무담당이사의 감시의무

(3) 평이사 능동적 감시의무

평이사가 업무담당이사의 부정을 의심할 만한 사유가 있고, 이를 알 수 있음에도 불구하고 방치한 때에는 감시의무 위반에 해당한다(판례 - 절충설).

4) 기업비밀준수의무

(1) 기업비밀 의의

기업조직 또는 사업에 관한 공지되지 아니한 정보로서 당해 기업이 배타적으로 관리할 수 있고, 그 기업 또는 제3자가 경제적 가치를 가지고 이용할 수 있는 것이다.

(2) 수비의무

이사는 자신이 지득(지득)한 기업비밀을 공개하지 않아야 함은 물론 타인에 의해서도 공개되지 않도록 주의를 베풀어야 한다(재임 중 뿐만 아니라 퇴임 후에도).

(3) 비밀이용금지

이사가 사익을 추구하는데 이용하는 것을 금지한다.

→ 경업금지, 자기거래금지

5) 충실의무(98년 신설; 상법 제382조의3)

이사는 법령과 정관의 규정에 따라 회사를 위하여 그 직무를 충실하게 수행하여야 한다.

6) 경업금지의무

(1) 의의

이사는 이사회의 승인이 없으면 자기 또는 제3자의 계산으로 회사의 영업부류에 속하는 거래를 하거나 동종영업을 목적으로 하는 다른 회사의 무한책임사원이나 이사가 되지 못한다(상법 제397조)

→ 회사의 비용으로 얻어진 영업기회의 유용제한, 회사의 업무에 전념.

(2) 이사회의 승인(95년 개정)

이사회(개정 전에는 주주총회)의 사전의 승인이 있으면 경업·겸직이 가능하다.

(3) 금지내용

가. 경 업

- 자기 또는 제3자의 계산으로 회사의 영업부류에 속하는 거래를 하는 것을 말한다.
- 회사의 영업에 대해 대체재 내지 시장분할의 효과를 가져와 회사의 이익 실현을 방해한다 → 운송업을 하는 회사의 이사가 운송주선업을 하거나, 건설장비판매회사의 이사가 건설장비임대업을 하는 것

나. 겸 직

이사는 동종영업을 목적으로 하는 다른 회사의 무한책임사원이나 이사가 되지 못한다 → 아직 개업을 준비하는 단계에 있는 회사의 이사를 겸하는 것도 겸직위반에 해당한다.

(4) 위반효과

가. 손해배상책임

나. 해임

- 손해가 없더라도 주주총회에서 해임이 가능하다(상법 제385조①).
- 소수주주가 법원에 해임청구(상법 제385조 ②)

다. 거래의 효과 : 경업금지에 위반한 거래도 그 자체는 유효하다.

라. 개입권(탈취권)

i) 의의 : 이사가 경업을 한 경우에만 인정되는 회사의 권리.

ii) 내용

① 이사 자신의 계산

회사의 계산으로 → 경제적 효과만 귀속되며, 직접 계산의 주체가 되는 것은 아니다.

② 제3자의 계산 : 이사가 계산의 주체인 제3자로부터 받은 보수만 뜻하고, 거래 자체로부터 발생한 이득은 아니다.

ⅲ) 개입권의 성질과 행사

- 형성권
- 거래가 있은 날로부터 1년 내에(제척기간) 이사회의 결의로 대표이사가 위반한 이사에 대한 의사표시로 한다.

ⅳ) 개입권과 손해배상청구 : 양자를 동시에 행사 가능

마. 벌칙 : 상법상의 특별배임죄 구성(상법 제622조 ①)

7) 회사기회의 유용금지

(1) 의의

◦ 2011년 개정상법은 이사가 이사회 승인 없이 회사의 이익이 될 수 있는 소정의 사업기회를 이용하는 것을 금지하는 제도를 신설하였다(상법 제397조의2).

◦ 최근 경제가 발전함에 따라 회사의 규모가 커지고 영리기회가 확산되고 있어, 기존의 경업금지와 자기거래를 정면으로 위배하지 않고도 회사의 영업기회를 유용함으로써 회사가 취할 이익을 이사가 가로챌 수 있는 기회가 늘고 있어서 경업금지 및 자기거래에 해당하지 않는 제3 유형의 이익충돌로서 「회사의 사업기회의 이용」이라는 반규범적 행위로 신설하였다.

◦ 이사의 기회유용으로 인하여 야기될 수 있는 이익상실의 추상적인 위험성에 기초하여 둔 일반예방규정이다.

(2) 이사회의 승인

◦ 이사회의 승인은 이사 전원의 3분의 2 이상의 찬성으로 한다(상법 제397조의2 ①후단).

◦ 소규모회사는 주주총회의 결의로 하는데, 결의방법에 대해서는 규정이 없으므로 통상의 주주총회의 결의대로 보통결의로 하면 족하다.

◦ 이사회의 승인은 사전의 승인을 뜻한다.

(3) 금지내용

◦ 이사회의 승인 없이 현재 또는 장래에 회사의 이익이 될 수 있는 소정의 회사의 사업기회를 자기 또는 제3자의 이익을 위하여 이용하는 것을 금지한다(상법 제

397조의2 ①).

◦ 누구의 이름으로 기회의 이용주체가 되느냐를 묻지 않기 때문에 제3자의 이름으로 기회를 이용하더라도 자기계산으로 할 경우에는 이에 해당한다(제3자의 계산으로 할 경우란 이사가 제3자의 위탁을 받아 회사기회에 속하는 거래를 하거나 제3자의 대리인으로 거래하는 경우).

◦ 이용금지의 대상이 되는 회사의 사업기회

- 직무를 수행하는 과정에서 알게 되거나 회사의 정보를 이용한 사업기회
- 회사가 수행하고 있거나 수행할 사업과 밀접한 관계가 있는 사업기회
- 다만 상법은 이용금지대상을 현재 또는 장래에 회사의 이익이 될 수 있는 기회로 한정하고 있으므로, 위의 두 가지에 속하는 사업기회라 하더라도 회사의 이익이 될 수 없는 것은 회사의 사업기회라 할 수 없고, 이사의 이용이 금지되지 아니한다(상법 제397조의2 ①본문).

(4) 위반거래의 효과

◦ 이사가 이사회의 승인 없이 회사기회를 유용하더라도 그 거래의 사법적 효력에는 영향이 없다(이 점은 경업금지에 위반한 거래의 효력과 같음).

◦ 다만 경업금지를 위반한 경우에는 회사에 개입권을 인정하여 이사로부터 이득을 반환받도록 하지만, 기회유용행위에 대해서는 손해배상책임만 과할 뿐 개입권이나 이익반환제도는 적용하지 아니한다.

◦ 이사가 이사회의 승인 없이 기회를 이용하여 회사에 손해를 가했을 때에 손해배상책임을 져야 한다.

8) 자기거래 금지의무(상법 제398조)

(1) 자기거래의 의의

◦ 이사·주요주주 및 그 소정의 특수관계자가 자기 또는 제3자의 계산으로 회사와 거래를 하는 경우에는 이사회의 승인을 받아야 한다(상법 제398조).

◦ 2011년 개정상법에서는 이사만이 아니라 주요주주(이사 등)도 회사와 거래함에 있어 자기의 지위를 남용하여 이익을 취할 수 있으며, 이사 및 주요주주와 이해를 같이 하는 특수관계자가 회사의 반대당사자가 되어 거래하는 것도 이사의 자기거래와 동질의 위험성을 가지고 있어 적용범위를 확장한 것이다.

◦ 취지 : 회사재산의 건전한 유지, 회사채권자와 주주보호

(2) 자기거래 주체의 범위

가. 이사

◦ 이사는 상법상의 이사로서 사내이사, 사외이사, 기타 상무에 종사하지 않는 이사를 두루 포함하고, 집행임원도 다른 조문의 준용에 의해(상법 408조의9, 제398조) 이 규정의 적용대상이 된다.

◦ 대표이사나 대표권이 없는 업무담당이사는 물론 비상근이사도 포함한다.

◦ 사임에 의해 퇴임한 이사라도 아직 이사의 권리의무를 갖고 있는 이사(상 386조①), 법원이 선임한 임시이사(상법 제386조②), 법원의 가처분에 의해 선임된 이사의 직무대행자(상법 제407조①)도 모두 포함한다.

◦ 청산인도 마찬가지로 규제에 포함된다(상법 제542조②).

◦ 이에 반하여 일단 거래당시에 이사의 지위에서 물러난 자는 상법 제398조의 이사에 해당되지 아니한다.

◦ 이사가 회사에 투자하였다가 이사직을 떠난 후에 투자한 것을 반환받는 거래는 이에 포함되지 아니한다(대법원 1988.9.13 선고, 88다카9096 판결).

나. 주요주주

◦ 주요주주란「발행주식의 100분의 10 이상을 소유하는 자 또는 이사·감사의 선임·해임 등 상장회사의 주요경영사항에 대하여 사실상의 영향력을 행사하는 주주를 말한다(상법 542조의8 ②vi).

다. 특수관계자

a) 이사 또는 주요주주의 배우자 및 직계존·비속,

b) 이사 또는 주요주주의 배우자의 직계존·비속

c) 이사 또는 주요주주와 이상의 자들이 단독 또는 공동으로 의결권 있는 발행주식총수의 100분의 50 이상을 가진 회사 및 그 자회사

d) 이사, 주요주주, 위 a), b)의 자 중 누구와 c)의 자와 합하여 의결권 있는 발행주식총수의 100분의 50 이상을 가진 회사

(3) 자기거래의 뜻

◦ 모든 재산상의 행위를 포함

◦ 형식상 이사와 회사간의 모든 거래가 이에 해당하는 것이 아니라, 그 실질에 의하여 이사회와 회사간의 이해충돌을 생기게 할 염려가 있는 모든 재산상의 법률행위가 이에 해당한다.

◦ 따라서 실질적으로 이해충돌의 염려가 있는 거래이면 형식상 이사와 회사간의 거래(직접거래)와 회사와 제3자간의 거래(간접거래)를 불문한다.

◦ 자기 또는 제3자의 계산

- 이사가 제3자의 대리인으로 또는 제3자의 위탁을 받아 회사와 거래하는 것
- 이사가 제3자와 회사의 거래를 중개하는 것
- 이사가 제3자에게 위탁하여 회사와 거래하는 것 → 자기거래(직접거래)

◦ 간접거래

- 회사의 거래로 인한 결과적인 이득이 이사에게 귀속되는 경우
- ex. 회사가 이사의 채권자와 이사의 채무에 대한 보증 또는 담보계약을 체결하거나 그 채무를 인수

(4) 자기거래의 제한 범위

가. 거래의 성격에 따른 범위

i) 회사의 이익과 충돌이 되는 경우(승인 요) - 이사가 회사의 영업재산을 양수·양도, 이사의 채무를 회사가 인수 등

ii) 회사의 이익과 충돌이 되지 않는 경우(승인불요) - 회사에 대한 부담없는 증여, 상계, 채무의 이행, 약관에 의하여 정형적으로 체결되는 거래(운수·예금·보험계약), 일상생활용품의 구입

나. 1인주주인 이사의 거래 : 자기거래금지 적용 → 회사채권자 보호를 위해

다. 어음행위 : 어음행위는 원인관계와는 다른 새로운 채무를 발생시키고, 항변의 절단, 채무의 독립성 등으로 어음행위자에게 더욱 엄격한 책임이 따르는 거래이므로 이사회의 승인이 필요하다(통설·대판 1994.10.11).

(5) 이사회의 승인

가. 승인기관 및 승인요건

- 이사회의 고유권한이므로 대표이사에게 위임 불가능하고 주주총회의 승인으로 갈음할 수 없다.
- 2011년 개정상법에서는 이사 전원의 3분의 2 이상의 찬성으로 강화하였다(상법 제398조).

나. 승인시기 : 사전 승인

다. 사후승인이 가능한지 여부 : 견해가 대립

- 추인을 허용한다면 회사와 이사의 거래 자체가 유효해지고 이사의 책임을 물을 수 없는 문제점이 생기므로 사후추인을 허용한다고 단정하는 것은 문제가 있다.
- 원칙적으로 개개의 거래에 관하여 개별적으로 하여야 하되, 다만 반복하여 이루어지고 있는 동종거래에서는 종류·기간·금액의 한도 등을 정하여 합리적인 범위

내에서의 포괄적인 승인이 예외적으로 가능하다고 보아야 할 것이다.

- 이와 관련 2011년 상법개정시에 상법 제398조의 문구가 "(이사 등이 회사와 거래를 하기 위하여는) 미리 이사회에서 해당 거래에 관한 중요사실을 밝히고 이사회의 승인을 받아야 한다"고 변경되었는데, 이는 사전승인만이 적법한 것임을 명문화한 것으로 볼 수 있다. 그러나 이것만으로 상기의 견해대립이 정리될지는 상당히 의문이므로 앞으로 나올 판례를 지켜볼 필요가 있다.

라. 승인방법 : 개개의 거래에 대한 승인(포괄적인 승인 불가능)

마. 이사회의 승인과 이사의 책임 : 이사회의 승인을 얻어 거래한 결과 그 거래이사가 회사에 손해를 가했을 때 → 거래이사와 승인에 찬성한 이사의 연대책임

(6) 거래의 공정성

◦ 2011년 개정상법은 제398조에 「그 거래의 내용과 절차는 공정하여야 한다」라는 법문을 추가하였다.

◦ 2011년 개정상법은 이사 등은 자기거래를 할 때에 승인에 앞서 중요한 사실과 이사 등의 관계를 이사회에 밝히라고 규정하여 개시의무를 명문화하였으며, 개시하지 않고 거래 자체의 승인만을 받은 경우에는 자기거래에 대해 이사회의 승인이 없다고 보아야 한다.

◦ 거래가 공정하거나 회사에 손해가 없다고 하여 상법 제398조의 적용이 무조건 배제되는 것은 아니다(예를 들어 자기거래는 절차적인 요건으로서 첫째 이사회의 승인을 요하고, 둘째 거래의 공정성이 요구된다고 보아야 한다).

◦ 이 경우 공정성의 입증책임은 유효를 주장하는 이사 등이 부담한다.

(7) 위반거래의 제3자에 대한 효력

가. 유효설

- 상법 제398조가 명령규정이라고는 하나 본조는 이사의 충실의무에 기한 것으로서 이에 위반한 행위는 무효로 보아야 할 정도의 강한 요청이 있는 규정이고, 단순한 명령규정으로서 그 위반행위가 이사의 손해배상책임의 원인으로 되는 데 불과한 규정이 아니다.
- 위반한 거래는 유효하다.
- 다만 이사의 대내적 책임만 문제된다.

나. 무효설 : 회사의 이익보호에 역점 → 제3자는 선의취득규정에 의해 보호

다. 상대적 무효설(판례·다수설)

- 자기거래는 이사와 회사간에서는 무효이지만(대내적으로는 무효)

- 선의의 제3자와의 사이에는 유효하다(대외적으로는 상대방인 제3자의 악의를 회사가 입증하지 못하는 한 유효).
- 거래의 안전과 회사의 이익보호라는 두 가지 요건을 함께 만족시키고 있다.

라. 결 : 거래의 안전과 회사의 보호를 조화시키는 상대적무효설이 타당하다.

(8) 민법 제124조와의 관계

◦ 개정전 상법 제398조 단서 규정은 대리권의 제한을 규정한 민법 제124조(자기계약·쌍방대리의 금지)와는 다른 제도임을 주의적으로 규정한 것에 지나지 않는다는 해석이 있었으나, 2011년 개정상법은 불필요한 조문으로 이를 삭제하였다.

CASE 이사의 자기거래금지의무

1 문제

1) 상법 제398조는 이사와 회사간의 거래를 금지하고 있는데 동규정은 어음행위에도 적용되는가?

2) 상법 제398조를 위반한 거래행위의 사법상 효력은 어떠한가?) 또 소외에서 결의부존재를 주장하는 것은 가능한가?

2 결론

1) 상법 제398조는 어음행위에도 적용된다.

2) 상법 제398조에 위반한 거래행위의 사법상 효력은 회사와 이사 사이에서는 무효이나 회사와 제3자 사이에서는 제3자가 선의인 한 유효이다.

3 논거

1) 상법 제398조가 어음행위에도 적용되는지 여부

(1) 판례

"본건 약속어음의 발행에 관하여는 상법 제398조에 의하여 Y회사의 이사회의 승인이 있어야 할 터이므로 원심은 이점을 심사판단하였어야 할 것임에도 불구하고....(이를 하지 않고) 본건 약속어음의 발행행위는 유효한 것으로 판단한 것은 잘못이다(66다1146)"고 하여 긍정설을 취한 바 있다.

(2) 학설

이에 관하여 부정설과 긍정설이 있는데, 어음상 책임의 엄격성을 고려해 볼 때 원인채무보다 어음채무가 오히려 이해충돌을 가져올 위험이 크다는 점에서 긍정설이 타당하다고 본다. 다만, 원인관계에 승인이 있으면 그에 따른 어음발행도 승인이 있는 것으로 추정된다고 할 것이다.

2) 상법 제398조에 위반한 거래행위의 사법상 효력

(1) 판례

"당해 이사에 대하여 이사회의 승인을 못 얻은 것을 내세워 그 행위의 무효를 주장할 수 있음은 그 규정으로 인하여 당연하지만, 회사 이외의 제3자와 이사가 회사를 대표하여 자기를 위하여 한 거래에 대하여는 거래안전의 견지에서 선의의 제3자를 보호할 필요가 크므로, 회사는 그 거래에 대하여 이사회의 승인을 안 받은 것 외에 상대방인 제3자가 악의라는 사실을 주장·입증하여야 비로소 그 무효를 그 상대방인 제3자에게 주장할 수 있다고 해석해야 옳을 것이다(73다954)".

(2) 학설

이와 관련하여 무효설, 유효설, 상대적 무효설이 있는데, 이사의 자기거래는 회사의 이익을 침해하는 것으로서 상법 제398조의 금지규정을 단순히 명령규정으로 인식할 수는 없다는 점, 거래안전보호를 위하여 선의의 제3자에게는 대항할 수 없도록 하여야 한다는 점 등에 비추어 상대적 무효설이 타당하다고 본다. 나아가 주주의 이익을 곧 회사이익으로 동치 시킬 수 없다는 점에서 비록 주주 전원의 동의가 있다고 할지라도 이사회의 승인이 없었던 하자는 치유되지 아니한다고 한다.

8) 보고의무(1995년 신설)

(1) 의 의

이사는 회사에 현저하게 손해가 미칠 염려가 있는 사실을 발견한 때에는 즉시 감사에게 이를 보고하여야 할 의무를 부담한다(상법 제412조의2) → 감사에 의한 감사실시의 용이, 회사손해발생의 사전예방

(2) 내 용

- 회사에 현저하게 손해를 미칠 염려가 있는 사실 : ex. 회사의 중요한 거래처의 도산, 공장 등의 화재로 인한 소실, 회사재산에 대한 횡령이 있는 경우 등

ㅇ 보고방법에 제한이 없다.

ㅇ 감사 1인에게 보고하면 충분하다.

(3) 위반효과 : 법령위반으로 인한 손해배상책임, 감사는 이를 감사보고서에 기재(상법 제447조의4 ②x)

7-7-11. 이사의 책임

7-7-11-1. **경영구조와 이사책임의 의의**

- 민법상의 위임규정에 의한 책임
- 선량한 관리자의 주의의무 위반 → 채무불이행, 불법행위책임
- 상법상의 법정책임(상법 제399조① ; 손해배상책임, 제428조① ; 자본충실책임), 사실상의 이사책임(상법 제401조의2)
- 책임의 감경 : 근래 우리나라에서도 이사의 책임을 추궁하는 대표소송이 빈번해지면서 경영자들이 책임추궁을 두려워하여 공격적·모험적 경영을 회피하는 현상을 보이므로 2011년 개정상법은 미국과 일본의 입법례를 본받아 회사가 자율적으로 이사의 책임을 경감할 수 있도록 근거규정을 마련하였다.

〈 이사의 책임 〉

대 상	구 분	책 임	면제여부	책임추궁
회사에 대한 책임	자본충실책임 (인수담보책임)	무과실책임	면제불가	대표소송
	손해배상책임	과실책임 (이론 있음)	면제가능	대표소송
제3자에 대한 책임	손해배상책임	중과실책임		

7-7-11-2. **회사에 대한 손해배상책임**

1) 손해배상책임

(1) 의의 : 이사가 법령 또는 정관에 위반한 행위를 하거나 그 임무에 해태한 때에는 회사에 대하여 연대하여 손해를 배상할 책임을 진다(상법 제399조①).

(2) 책임의 원인 및 책임의 성질

i) 법령 또는 정관의 위반

① 유 형

◦ 이사가 단독으로 법령 또는 정관에 위반한 행위를 한 경우

: 이사회 승인 없이 경업하거나 자기거래를 한 경우

◦ 이사회에서 위반한 결의를 한 경우

: 위법한 신주발행의 결의, 법정한도를 넘은 사채발행의 결의

◦ 대표이사가 법령 또는 정관에 위반하여 업무집행 또는 대표행위를 한 경우

: 자기주식의 취득, 주주의 출자의무의 상계허용, 정관상의 제한을 위반하여 업무집행을 한 경우, 필요한 주주총회의 결의나 이사회의 결의없이 업무집행을 하거나 공동대표가 단독으로 대표하는 것

② 책임의 성질 : 무과실책임설(다수설), 과실책임설(명문의 규정이 없다)

ⅱ) 임무해태

① 원인 : ex. 이사가 이사회 승인을 얻고 자기거래를 하였으나 거래가 불공정하여 회사에 손해가 생긴 경우(법령 또는 정관에 위반하지 않은 경우), 평이사가 업무담당이사의 위법행위에 대해 감시의무를 다하지 않은 경우 등 다양

② 주의의 정도 : 통상인 보다 높은 정도. 회사의 업종·규모 등 제반여건에 따라 달리 이해.

③ 주의의 범위 : 업무의 적법성에 그치지 않고 합리성·효율성에 까지.

④ 경영판단 : 경영판단의 법칙 - 이사 또는 임원이 성실하게 그리고 자신의 독자적이고 합리적인 판단에 의해 회사에 최선의 이익이라고 생각되는 방법으로 임무를 수행하였다면 법원은 그 판단의 잘못을 탓할 수 없다는 이론이다.

⑤ 입증책임 : 이사의 임무해태를 주장하는 자

⑥ 책임의 성질 : 과실책임

(3) 책임의 독자성 : 주총·이사회 결의에 의해 행해졌다고 해서 임무해태가 정당화되거나 책임이 조각될 수 없다.

(4) 공동행위자의 책임형태 : 수인의 이사에 의한 임무해태(연대책임), 감사도 책임질 경우(부진정연대책임)

(5) 책임의 확장

① 찬성이사의 책임 : 결의에 찬성한 이사도 연대하여 책임(상법 제399조②)

② 과점주주의 책임 : 증권회사의 이사·감사가 임무해태로 제3자에 대해 책임을 지는 경우(자본시장법)

(6) 책임의 범위 : 법령·정관위반 또는 임무해태와 상당인과관계가 있는 손해에 한하여 책임

(7) 책임의 면제

- 의결권 없는 주식을 포함하여 총주주의 동의로 면제(상법 제400조) : 각자의 개별적 동의 가능
- 예외 : 정기주주총회에서 재무제표를 승인한 때에는 이사·감사의 부정행위가 있은 경간주한다(상법 우를 제외하고는 2년 내에 다른 결의가 없으면 이사와 감사의 책임을 면제한 것으로 제450조).

(8) 책임의 시효 : 10년의 소멸시효

2) 자본충실책임(인수담보책임)

(1) 신주발행의 경우 : 신주발행으로 인한 변경등기가 있은 후에 아직 인수되지 아니한 주식이 있거나 주식인수의 청약이 취소된 때에는 이를 공동으로 인수한 것으로 본다(상법 제428조②) → 회사설립시 발기인의 인수담보책임과 같이 회사재산의 확보 및 자본유지의 원칙에서 인정한 무과실책임 → 총주주의 동의에 의해서도 면제될 수 없다.

(2) 이사는 인수담보책임을 부담하므로 공동으로 인수한 주식은 납입하여야 하지만, 인수된 주식이 납입되지 않은 때 부담하는 납입담보책임은 지지 않는다.

(3) 신주발행과 관련하여 자본충실책임을 지는 것 외에도 이로 인하여 회사에 손해가 발생한 때에는 손해배상책임도 져야 한다.

(4) 책임의 추궁 ~ 회사가 책임추궁, 소수주주의 대표소송 가능

7-7-11-3. 제3자에 대한 책임

1) 의의

이사가 악의 또는 중대한 과실로 인하여 그 임무를 해태한 때에는 그 이사는 제3자에 대하여 연대하여 손해를 배상할 책임이 있다(상법 제401조①).

2) 입법취지

이사의 직무수행이 제3자에게까지 영향을 미치는 경우가 많음을 고려하여 제3자를 보호하는 한편, 이사가 직무수행을 함에 있어 신중을 기하게 하는 의미이다.

3) 책임의 성질 : 법정책임설(다수설), 불법행위책임설

4) 악의·중과실의 소재 : 회사의 임무에 관해서 요구. 입증책임 - 제3자

5) 불법행위와의 경합 : 불법행위요건을 구비하면 경합된다.

6) 직접손해와 간접손해

o 직접손해 - 이사의 임무해태로 직접 제3자가 입은 손해
ex. 이사가 작성한 허위의 주식청약서를 믿고 제3자가 주식을 인수하였다가 손해를 본 경우
o 간접손해 - 이사의 임무해태로 회사가 입은 손해로 인해 다시 제3자가 입은 손해
ex. 이사가 임무해태로 회사재산을 감소시켜 회사채권자의 채권회수를 어렵게 한 경우
o 직접손해이든 간접손해이든 악의·중과실로 인한 임무해태와 제3자와의 손해사이에 상당인과 관계가 있으면 족하다.

7) 제3자의 범위
o 통설 : 회사채권자나 기타 이해관계인뿐 아니라 주주나 주식인수인 포함

8) 책임의 확장 : 이사의 책임이 이사회의 결의에 의한 행위로 인한 것인 때에는 결의에 찬성한 이사도 연대책임을 진다.

9) 책임의 시효 : 10년의 소멸시효

10) 제3자에 대한 책임의 기능

CASE 상법 제401조의 제3자의 범위 1

1 문제
상법 제401조는 이사가 악의 또는 중대한 과실로 인하여 그 책임을 해태한 때에는 그 이사는 제3자에 대하여 연대하여 손해를 배상할 책임이 있다고 규정하고 있다. 이 경우 제3자에는 주주도 포함되는가?

2 결론
상법 제401조의 제3자에는 간접손해를 입은 주주도 포함된다.

3 논거

(1) 판례
"주식회사의 주주가 대표이사의 악의 또는 중대한 과실로 인한 임무해태 행위로 직접손해를 입은 경우에는 이사와 회사에 대하여 상법 제401조·제389조제3항·제210조에 의하여 손해배상을 청구할 수 있으나, 대표이사가 회사 재산을 횡령하여 회사 재산이 감소함으로써 회사가 손해를 입고 결과적으로 주주의 경제적 이익이 침해되는 손해와 같은 간접적인 손해는 상

법 제401조 제1항에서 말하는 손해의 개념에 포함되지 아니하므로 이에 대하여는 위 법조항에 의한 손해배상을 청구할 수 없고, 이와 같은 법리는 주주가 중소기업창업지원법상의 중소기업창업투자회사라고 하여도 다를 바 없다(91다36093)"고 하여 부정설의 입장이다.

(2) 학설

이와 관련하여 부정설, 긍정설이 있는데, 부정설은 회사가 손해의 전보를 받으면 된다고 하나, 대표소송은 발행주식총수의 1/100이상의 주식을 가진 주주만이 제기할 수 있고, 담보제공이 요구되며, 소송비용이 현실적으로 전보되지 아니한다는 점 등 그 제한성이 있으므로 주주의 간접손해도 본조에서의 손해에 포함된다고 인정할 실익이 있다고 할 것이다.

또한 이사의 권한남용현상을 통제하고 직무집행의 적정성을 유도하기 위하여는 주주의 간접손해에 대하여도 본조의 책임을 긍정하는 긍정설이 타당하다.

CASE 상법 제401조의 제3자의 범위 2

1 문제

지리산홈쇼핑몰주식회사는 업무집행이사 갑의 불법한 업무집행으로 공정거래위원회로부터 과징금 10억원을 부과 받았다. 회사재산이 감소하자 소액주주인 을은 갑에 대하여 손해배상을 청구하려고 한다. 가능한가?

2 결론 및 논거

- 사안은 결국 소액주주 을이 갑에게 민법 제750조 및 상법 제401조에 의하여 손해배상 청구가 가능한가가 쟁점이 될 것이다. 상법 제401조의 책임의 본질과 관련하여서는 법정책임설과 특수불법행위책임설의 견해의 대립이 있으나 양자 모두 불법행위책임과의 경합을 인정하므로 큰 논의의 실익은 없는 듯 하다.
- 상법 제401조에 의한 손해배상청구의 가능성을 타진하기 위하여는 우선 을의 손해가 직접손해인지 간접손해인지를 검토하여야 한다. 직접손해인 경우는 동조의 적용대상이 된다는데 이설이 없으나 간접손해의 경우에는 견해의 대립이 있기 때문이다. 설문의 손해는 회사가 손해를 입어 회사재산이 감소함으로써 투자자인 주주가 간접적으로 손해를 입은 것이므로 간접손해에 해당한다고 볼 수 있다.
- 판례는 주주의 간접손해는 상법 제401조의 적용대상이 아니라고 하며 이에 동조하는 견해도 있으나, 업무집행이사의 권한남용통제의 필요성과 직무집행의 적정성확보의 필요성, 주주의 대표소송이 상당히 제한적으로 인정된다는 점 등을 고려할 때 주주의 간

접손해도 포함된다고 봄이 타당할 것이다. 을은 갑에 대하여 상법 제401조에 의한 손해배상을 청구할 수 있다. 다만, 이 경우 을 자신에게 직접 손해를 배상할 것을 청구할 수는 없고 회사에게 손해배상할 것을 청구할 수 있을 뿐임을 유의하여야 한다. 기타 민법 제750조에 의한 손해배상청구도 가능할 것으로 보인다.

7-7-11-4. 이사의 책임보험

근래 회사의 재산규모가 커짐에 따라 이사의 손해배상책임도 거액인 경우가 많아 이사의 무자력으로 책임 추궁이 무익해질 수 있기 때문 : 이사와 임원의 책임보험(D&O Insurance)

7-7-11-5. **업무집행관여자(업무집행지시자 등의) 책임**(98년 신설 ; **상법 제401조의2**)

ㅇ 지배주주의 영향력에 의하여 회사의 운영이 왜곡되는 것을 방지하고자 상법은 업무집행관여자의 책임규정을 신설하였다.

ㅇ 업무집행관여자의 유형

- 업무집행지시자(제1항 제1호)
- 무권대행자(제1항 제2호)
- 표현이사(제1항 제3호)

1) 상법 제401조의2(업무집행지시자 등의 책임)

① 다음 각호의 1에 해당하는 자는 그 지시하거나 집행한 업무에 관하여 제399조·제401조 및 제403조의 적용에 있어서 이를 이사로 본다.

1. 회사에 대한 자신의 영향력을 이용하여 이사에게 업무집행을 지시한 자
2. 이사의 이름으로 직접 업무를 집행한 자
3. 이사가 아니면서 명예회장·회장·사장·부사장·전무·상무·이사 기타 회사의 업무를 집행할 권한이 있는 것으로 인정될 만한 명칭을 사용하여 회사의 업무를 집행한 자

제1항의 경우에 회사 또는 제3자에 대하여 손해를 배상할 책임이 있는 이사는 제1항에 규정된 자와 연대하여 그 책임을 진다.

2) 업무집행지시자의 책임

(1) 의 의

ㅇ 회사에 대한 자신의 영향력을 이용하여 이사에게 업무집행을 지시하거나 이사의 이름으로 직접 회사의 업무를 집행한 자는 그 지시하거나 집행한 업무에 관하여 상법 제399조(회사에 대한 책임), 제401조(제3자에 대한 책임), 제403조(주주의 대표소송)의 적용에 있어 이사로 본다(상법 제401조의2 ①).

ㅇ 입법취지 : 지배주주의 지위남용(사익추구)규제, 책임추궁제도의 필요성

(2) 요건

i) 회사에 대한 영향력

ㅇ 영향력 : 타인이 어떠한 의사결정을 함에 있어 그 의사결정의 대상이 되는 이해관계와 무관한 동기에 입각하여 그 타인으로 하여금 자신이 의도하는 바대로 의사결정을 하게 할 수 있는 사실상의 힘

ii) 영향력보유자의 범위 : 지배주주, 회사의 채권자나 지속적인 거래에서 우월한 지위를 갖는 자, 공법적이거나 정치적으로 우월한 힘을 가진 자 등, 자연인뿐만 아니라 법인(ex. 채권은행)도 가능

iii) 업무집행의 지시 : 일반인을 표준으로 하여 같은 상황에서라면 거부하기 어려운 요구

iv) 이사의 업무집행과 책임발생 : 이사의 업무집행에는 대내·대외업무 포함. 책임요건 구비 요함

(3) 업무집행지시자의 책임

i) 회사에 대한 손해배상책임

ㅇ 업무집행지시자의 책임은 이사에게 임무해태를 지시하였다는 점을 원인으로 발생하고 연대책임을 진다.

ㅇ 업무집행지시자의 책임을 면제하기 위하여는 주주전원의 동의가 필요하다(상법 제403조)

ii) 제3자에 대한 책임 : 지시받은 이사와 업무집행지시자의 연대책임

3) 무권대행자

ㅇ 이사의 이름으로 직접 업무를 집행한 자 - 상법 제399조, 제401조, 제403조 적용

ㅇ 상법 제399조 적용제외(입법착오) - 무권대행자는 조직법상의 지위를 갖지 않기 때문에 임무해태가 불가능하다.

→ 본 규정은 무권대행자가 회사·제3자에 대해 불법행위책임을 진다는 뜻이다.

4) 표현이사

ㅇ 이사가 아니면서 명예회장, 회장, 사장, 부사장, 전무, 상무, 이사 기타 회사의 업무를 집행할 권한이 있는 것으로 인정될 만한 명칭을 사용하는 자가 회사의 업무를 집행한 때에는 그 집행한 업무에 관하여는 이사로 보고 책임을 묻는다(상법 제401조의2 ①iii)

ㅇ 명칭자체가 영향력행사의 근거가 된다.

7-7-12. 이사의 위법행위에 대한 주주의 직접감독

이사의 직무수행이 항상 이익을 위해 최선으로 행해진다는 보장은 없으므로 주주에 의한 이사의 감시 내지는 견제의 수단이 필요하다.

1) 위법행위유지청구권, 대표소송, 신주발행유지청구권의 비교

구 분	위법행위유지청구권	대표소송	신주발행유지청구권
시기	사전적	사후적	사전적
사유	이사의 법령·정관 위반으로 회복할 수 없는 손해발생 우려	이사의 회사에 대한 모든 책임 추궁	이사의 법령·정관위반 또는 불공정한 신주발행으로 주주가 불이익을 받을 염려가 있는 경우
청구권자	소수주주, 감사	소수주주	모든 주주
청구상대방	이사	이사, 이사였던 자	회사
청구 방법	재판외·재판상	재판상으로만	재판외·재판상
판결의 효력	회사에 미침	회사에 미침	

2) 대표소송

(1) 의 의

회사가 이사에 대한 책임추궁을 게을리 할 경우 주주가 회사를 위하여 이사의 책임을 추궁하기 위해 제기하는 소송이다(상법 제403조)

(2) 성 질

주주의 개별적인 이익을 위한 것이 아니고 회사와 주주 전체의 이익을 위한 것이므로 주주의 공익권 판결의 효력은 회사에 미친다. 즉 승소시 배상금은 원고(주주)가 아닌 회사 몫으로 돌아간다.

(3) 기 능

- 법적기능 : 이사의 임무해태에 회사의 권리행사가 소홀할 때 이를 대신 행사한다 → 회사운영의 건전성 확보, 이사의 임무해태 예방, 이사의 업무수행시 신중성을 기하도록 한다.

(4) 소제기 요건

가. 이사의 회사에 대한 책임 : 이사의 제3자에 대한 책임, 주주 자신의 손실회복 → 소제기 불가

나. 주주의 소제기 청구 및 회사의 해태 : 소수주주는 대표소송제기 전에 이유를 기재한 서면을 회사(감사)에 대하여 이사의 책임을 추궁할 소를 제기할 것을 청구(상법 제403조 ①②) → 감사는 이 청구를 받은 날로부터 30일 내에 소를 제기

하지 아니한 때 소수주주는 회사를 위하여 소제기 가능(상법 제403조 ③) → 그러나 이 기간의 경과로 인하여 회사에 회복할 수 없는 손해가 생길 염려가 있는 경우에는 회사에 대해 청구하지 아니하고, 또 청구를 했더라도 30일을 기다릴 필요 없이 즉시 소제기 가능(상법 제403조 ④)

(5) 소의 당사자

가. 제소권자

- 소제기 시점에서 발행주식총수의 1/100 이상의 주식을 가진 주주(소수주주)
- 상장회사는 제소 이전에 1/10,000 이상을 6월간 보유해야 한다.
- 만약 제소 후 그 미만으로 감소한 경우에도 제소의 효력에는 영향이 없다.

나. 피고 : 회사에 대해 책임이 있는 이사 또는 이사이었던 자

(6) 소 절차

가. 관할 : 본점소재지의 지방법원(상법 제403조 ⑦)

나. 고지와 참가

- 회사에 대하여 지체 없이 소송의 고지(상법 제404조 ②).
-참가 : 공동소송 참가

다. 주주의 담보제공 : 회사가 대표소송을 제기하는 주주의 악의 소명하여 청구할 때에는 법원은 주주에게 상당한 담보를 제공할 것을 명할 수 있다(상법 제403조 ⑦).

라. 소의 취하, 청구의 포기, 화해 등 : 제소주주는 소송물에 관해 처분권이 없으므로 법원의 허가가 없으면 취하·포기·화해 등을 할 수 없다(상법 제403조 ⑥).

(7) 재 심

대표소송에서 원고와 피고가 공모로 인하여 소송의 목적인 회사의 권리를 사해할 목적으로 판결을 하게 한 때에는 회사 또는 주주는 확정된 종국판결에 대하여 재심의 소를 제기할 수 있다(상법 제406조).

(8) 제소주주의 권리의무

가. 승소주주의 비용청구권

- 소가를 1천만 100원으로 보고 인지대(소가의 5/1000)를 계산
- 소송비용 외에 소송으로 인한 실비액(변호사비용+회사가 직접 소송을 제기했더라면 지출되었을 모든 유형의 비용)의 범위 내에서 상당한 금액의 지급 청구가 가능하다(상법 제405조 ①).
- 이 경우 소송비용을 지급한 회사는 이사 또는 감사에 대하여 구상권이 있다(상

법 제405조 ①단서).

나. 패소주주의 책임

- 주주가 패소하더라도 원칙적으로 회사에 대해 손해배상책임을 지지 아니한다(상법 제405조②).
- 그러나 악의(회사를 해할 것을 알고 부적당한 소송을 수행)인 경우에는 회사에 대해 손해배상책임을 부담한다(상법 제405조②).
- 소송비용은 주주가 부담

(9) 벌칙(상법 제631조 ①ⅱ,②)

부정한 청탁을 받고 재산상의 이익을 수수, 요구 또는 약속한 경우

(10) 사례

○ 제일은행사건(서울지법 1998.7.24 판결, 97가합39907)

○ 삼성전자사건(수원지법2001.12.27 판결, 98가합22553)

3) 집단소송(증권관련집단소송법)

○ 의의

경영진의 불법행위로 인해 피해를 본 주주 중 한 사람이 경영진을 상대로 내서 이길 경우 나머지 주주들도 별도의 소송 없이 자동으로 같은 배상을 받는 제도이다.

○ 적용범위

o 손해배상청구 원인

- 유가증권신고서 및 사업설명서의 허위 기재
- 사업보고서, 반기보고서 및 분기보고서의 허위기재
- 미공개정보의 이용행위, 시세조작
- 감사인의 부실감사

o 손해배상청구는 주권상장법인 또는 코스닥상장법인이 발행한 유가증권의 매매 그 밖의 거래로 인한 것이어야 함.

○ 소송허가요건

o 구성원이 50인 이상이고, 청구의 원인이 된 행위 당시를 기준으로 이 구성원의 보유 유가증권의 합계가 피고 회사의 발행 유가증권 총수의 1만분의 1 이상일 것

o 손해배상청구로서 법률상 또는 사실상의 중요한 쟁점이 모든 구성원에게 공통될 것

o 증권관련집단소송이 총원의 권리실현이나 이익보호에 적합하고 효율적인 수단일 것

o 소송허가신청서의 기재사항 및 첨부서류에 흠결이 없을 것

○ 대표당사자

ㅇ 구성원 중 그 증권관련집단소송으로 인하여 얻을 수 있는 경제적 이익이 가장 큰 자 등 총원의 이익을 공정하고 적절히 대표할 수 있는 구성원이어야 한다.

7-8. 감사제도(감사제도)

7-8-1. 감사

1) 업무감사 : 회사의 업무집행, 대표행위의 적법성과 합목적성에 대하여 감사하는 것

2) 회계감사

: 회사의 회계에 관하여 부정사실의 유무를 확인하고, 회계의 장부·기록이 일반적으로 인정된 공정·타당한 회계원칙에 준거하여 회사의 재정상태 및 경영성적을 진실하고 적정하게 표시하였는가의 여부를 감사한다.

3) 감사의 이사회 소집청구

- 2011년 개정상법은 감사의 직무수행의 실효성을 높이기 위해 감사의 이사회 소집청구를 신설하였다(상법 제412조의4).
- 감사는 필요하면 회의의 목적사항과 소집이유를 서면에 적어 이사(소집권자가 있는 경우에는 소집권자를 말한다)에게 제출하여 이사회를 청구할 수 있다.
- 이러한 청구를 하였는데도 이사가 지체 없이 이사회를 소집하지 아니하면 그 청구한 감사가 이사회를 소집할 수 있다.

〈 감사 및 감사위원회 제도 〉

비상장회사 (자본 총액 기준)		상장회사(자산총액 기준)		
10억원 미만	10억원 이상	1000억원 미만	1000억원 이상 2조원 미만	2조원 이상
감사설치 의무면제	감사는 필요상설기관 다만, 정관의 정함에 따라 이사회 내 위원회로서 감사위원회 설치 가능		상근감사 1명 이상(필요상설기관) 다만, 제13절(상장회사에 대한 특례)에 의한 감사위원회(제542조의 11) 또는 다른 법률상 감사위원회로 대체 가능	감사 둘수 없음 감사위원회 설치 강제(제542조의 11, 12)
	감사위원회는 3명 이상 이사로 구성하되, 사외이사가 2/3이상일 것		3명 이상 이사로 구성하되, 사외이사가 2/3이상일 것, 또한 제542조의 11 제2항의 요건 있음(1명 이상의 회계 또는 재무 전문가이며, 감사위원회 대표는 사외이사일 것)	

	<선임> 감사는 주주총회(3% 의결권 제한) 감사위원은 이사회 결의	감사위원 선임에 대해 견해가 나뉨(이사회 결의 : 주주총회 보통결의)	감사위원 선임은 주주총회 보통결의(일괄선출방식) + 3%의결권 제한
	<감사위원의 해임> 이사회의 가중결의(2/3이상)	감사위원 해임에 대해 견해가 나뉨(이사회 가중결의 : 제542조의 12에 의한 해임)	감사위원 해임은 주주총회 보통결의(일괄선출방식) + 3%의결권 제한

※ 감사위원회(99.12.31. 신설, Audit Committee) 이사회내의 위원회 중 하나이지만, 다른 위원회와는 여러 가지로 그 지위가 다르다.

- 감사위원회는 감사의 지위를 대신함. 따라서 감사위원회를 설치하는 회사는 감사를 둘 수 없다.
- 이를 설치함에는 정관에 따로 이를 정하여야 한다.

7-8-3. 소규모 회사 감사 선임 의무 면제(상법 제409조) : 2009.04.

1) 소규모 회사는 대부분 가족기업 등의 형태로 운영되어 감사제도가 기업운영의 부담으로 작용하는 반면 감사 기능의 효율성은 기대하기 어려우므로 감사 선임 의무 면제

2) 개정법은 자본금 총액이 10억 원 미만인 회사를 설립하는 경우에 감사 선임을 회사가 자율적으로 할 수 있도록 하고, 감사를 선임하지 않을 경우 주주총회가 직접 이사의 업무 및 재산 상태에 관한 감독·감시를 하며, 이사와 회사 간의 소에서 회사, 이사 또는 이해관계인이 법원에 회사를 대표할 자를 선임하여 줄 것을 신청하도록 하고 있다.

- 소규모 회사는 가족기업이거나 소수의 동업형태가 많아서 가족 또는 친인척을 명목상 감사로 선임한 경우가 대부분이어서 감사의 역할이 사실상 형해화 되어 있으며, 소규모 회사에 대해 감사를 강제로 설치해야 하는 것에 경제적 부담 및 비효율성이 크다는 지적이 많았다.
- 소규모 회사를 자본금 10억 원 미만 기준으로 규정한 것은, 우리 기업현실상 자본금 10억 원 미만의 주식회사 대부분이 주주가 직접 경영에 참여하여 경영을 감시하는 기업지배구조 형태로 운영되고 있으므로 감사를 반드시 설치해야 할 필요성이 적다는 점을 고려한 것이다.
- 아울러, 감사를 두지 않는 경우 주주총회로 하여금 감사의 역할을 수행하도록 하는 규정도 신설함으로써, 투명한 경영 보장을 위한 보완책도 함께 마련하였음
- 미국은 주주총회와 이사회에서 이사의 직무집행을 감사하므로 별도의 감사제도가

없으며, 일본도 5억 엔[25] 미만의 회사에 대해서는 감사 설치 의무를 면제하고 있다.

- 소규모 회사 설립 시 감사 선임 의무 면제
  - o 자본금 10억원 미만 회사를 설립할 때, 감사를 선임하지 않고 주식회사를 설립할 수 있다.

8. 회사의 계산 - 강행규정

8-1. 회사계산의 논리

8-1-1. 계산의 의의

회사가 주체가 되어 일정한 결산기를 단위로 하여 회사의 재산상태와 손익을 인식평가하고, 이익 또는 손실을 처리하기 위한 의사결정을 하는 일련의 행위이다.

8-1-2. 계산의 목적과 기능

1) 경영자는 계산을 통해 과거의 경영성과를 분석·평가함으로써 이를 토대로 하여 계속기업으로서의 목표와 방향을 효과적으로 설정한다.

2) 주주에게 있어 계산은 이익배당을 받을 수 있는 법적 절차라는 의미이다.

3) 회사의 재산은 회사채권자들을 위한 책임재산을 구성한다.

8-1-3. 회계원칙

1) 진실성의 원칙 : 회사의 계산에 의해 작성되는 재무제표는 재산과 손익의 상태를 진실하고 정확하게 반영하여야 한다는 원칙이다.

2) 명료성의 원칙 : 이해관계인들이 회사의 재산과 손익의 상황을 적절하고 용이하게 이해할 수 있게 기재해야 한다는 원칙이다.

3) 계속성의 원칙 : 매결산기마다 동일한 원리·원칙에 의해 회계처리를 해야 한다.

8-2. 재무제표 및 영업보고서

8-2-1. 재무제표의 의의

- 주식회사의 결산을 위해 작성하고 주주총회의 승인을 받아 확정되는 회계서류
- 재무상태표, 포괄손익계산서, 현금흐름표, 자본변동표(상법 제447조)

---

25) 2009. 4. 환율 기준 65억원 상당

8-2-2. 영업보고서

- 의의 : 당해 영업연도 내에 있어서의 영업의 개요, 영업소의 명칭·위치와 수의 증감, 주주총회에 관한 사항, 자본금, 준비금, 기타의 중요한 사항을 기재하여 회사의 개요를 나타내는 보고서.
- 영업보고서는 대표이사가 작성하여 이사회의 승인을 얻어 주주총회에 보고
- 주주총회의 승인 불요

8-2-3. 재무제표의 승인절차

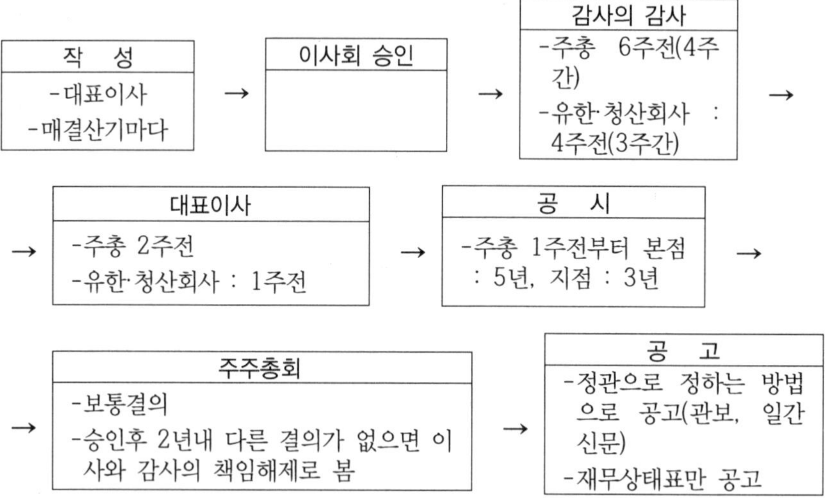

8-3. 준비금

8-3-1. 의의

1) 개 념

- 순재산 중 자본액을 초과하는 금액으로서 회사가 주주에게 배당하지 않고 사내에 적립하는 금액이다.
- 자본과 같이 이익산출에 있어 공제항목이 되므로 재산의 사외유출을 억제하는 작용을 한다.

2) 성 질

- 보충자본 또는 부가자본이라고도 하며, 회계학에서는 자본과 준비금을 합쳐 자기자본이라 한다.
- 자본과 마찬가지로 단순한 계산상의 수액에 지나지 아니하므로 특정한 형태의 재산으로 보관된다는 뜻은 아니다.

※ 준비금의 비교

종 류		적립액	적립한도	비 고
법정준비금	이익준비금	이익배당액의 1/10	자본의 1/2까지	*자본결손의 전보 *준비금의 자본전입
	자본준비금	발행시 전액 적립	없음	
임의 준비금		-	-	정관, 주주총회결의로 결정

8-3-2. 법정준비금

1) 이익준비금

ㅇ 의의 : 손익거래(영업거래)로부터 발생하는 이익을 재원으로 하여 적립하는 이익준비금

ㅇ 회사는 자본의 1/2에 달할 때까지 매결산기에 금액에 의한 이익배당액의 1/10 이상의 금액을 이익준비금으로 적립한다(상법 제458조).

2) 자본준비금

(1) 의의 : 자본거래(대자본거래)에서 발생한 이익을 재원으로 하여 적립하는 자본 준비금이다.

(2) 종 류

가. 액면 이상의 가액으로 주식을 발행한 경우의 액면초과액

나. 감자차액

다. 합병차액

라. 회사분할차익

마. 기타 자본거래에서 발생한 잉여금

바. 주식의 포괄적 교환·이전을 한 경우에 자본증가의 한도액이 완전모회사의 증가한 자본액을 초과한 경우의 그 초과액

3) 법정준비금의 사용

(1) 결손의 전보

- 우선 이익준비금으로 충당하고. 그러고도 부족한 경우에 한해 자본준비금으로 충당한다.
- 자본의 결손 : 결산기 말의 회사의 순재산액이 자본과 법정준비금에 미달하는 상태를 말한다.

(2) 자본전입

가. 의의

- 준비금계정의 금액 중 일정액을 차감하고 같은 금액을 자본금계정에 가산하는 것이다.
- 자본전입으로 자본은 증가하고, 따라서 전입액을 액면가로 나눈 수의 신주발행 : 무상주(이익배당 중의 주식배당이 아님)

나. 절차 : 전입의 의사결정은 이사회의 결의만으로 가능. 단 주주들이 전입의 의사결정을 갖고자 할 경우 정관으로 주주총회의 결의사항으로 가능하다(상법 제461조).

다. 전입가능성 : 자본준비금·이익준비금 모두 전입의 대상이 된다(법정준비금만).

라. 전입의 효과

ⅰ) 신주발행 : 준비금을 액면가로 나눈 수의 신주(보통주)발행 - 각 주주가 가진 주식수에 따라 발행 → 주주는 별도의 신주인수절차 없이 신주의 주주가 됨(제3자의 신주인수권 없음) → 단주가 발생할 경우에는 이를 매각한 금액을 단주의 주주에게 분배

ⅱ) 신주의 효력발생시기

① 이사회에서 결의하는 경우 : 배정기준일(상법 제461조 ③단서)

② 주주총회에서 결의할 경우 : 결의일(상법 제461조 ④)

ⅲ) 통지·공고 : 이사는 지체없이 기명주주 및 등록질권자에게 주주가 받은 주식의 종류와 수 통지, 무기명주주에게는 그 결의의 내용을 공고한다.

ⅳ) 질권의 효력 : 등록질·약식질 모두 신주 또는 단주의 매득금에 대해서 물상대위 인정한다.

ⅴ) 구주와 신주의 효력 : 자본전입으로 발행되는 주식은 구주의 과실도 종물도 아니다.

마. 자본전입의 위법

: ex. 이사회결의 없이 자본전입이 이루어진 경우, 결의가 있더라도 하자있는 결의에 의한 경우, 준비금이 존재하지 아니하는데 자본전입의 결의를 한 경우 등 → 당연 무효

(3) 법정준비금제도 개선(상법 제460조, 제461조의2 신설)[시행 2012. 4.15]

o 준비금의 채권자보호 역할이 감소되었을 뿐만 아니라 이익준비금의 적립 한도가 주요 선진국에 비하여 지나치게 높게 설정되어 있으며, 준비금의 운용이 지나치게 경직되어 있다.

o 자본금의 150퍼센트를 초과하는 준비금에 대하여는 주주총회의 결의에 따라 준비금을 배당 등의 용도로 사용할 수 있도록 허용한다.

ㅇ 이에 따라 자본전입과 감자절차(減資節次)를 거칠 필요 없이 과다한 준비금을 주주에게 분배할 수 있게 되고, 이익준비금과 자본준비금의 신축적인 사용이 가능하게 되었다.

8-3-3. 임의준비금

- 상법상 적립이 강제되지 않고 정관의 규정 또는 총회의 결의로 이익처분의 방법에 의하여 적립되는 준비금이다.
- ex. 감채준비금, 배당평균준비금, 사업확장준비금, 별도적립금, 전기이연이익금 등

8-3-4. 비밀준비금

- 재무상태표에 나타나는 순재산보다 큰 금액의 순재산이 회사에 유보되어 있을 때, 이 초과액을 말한다.
- 일반의 관행에 비추어 합리적이라고 인정되는 범위에서는 적법하다.

8-4. 이익배당

8-4-1. 서

ㅇ 이익분배 - 영리법인의 존재목적. 이익분배청구권 - 주주의 가장 본질적 권리

ㅇ 중간배당제도 신설

8-4-2. 정기배당의 요건

ㅇ 이익 없으면 배당 없다(배당가능이익의 존재)

ㅇ 배당가능이익은 다음의 금액을 한도로 한다(상법 제462조 ①).

: 재무상태표상의 순자산액 - (① 자본액, ② 그 결산기까지 적립된 법정준비금과 이익준비, ③ 그 결산기에 적립하여야 할 이익준비금)

8-4-3. 중간배당(98년 신설)

1) 중간배당의 요건

(1) 연 1회의 결산기를 정한 회사에 한하여 인정한다. 이는 6개월을 주기로 한 배당을 가능하도록 하는 게 목적이다.

(2) 영업연도 중 1회에 한하여 이사회결의로 일정한 날을 정하여 그 날 주주에 대하여 금전으로 이익을 배당할 수 있음을 정관으로 규정해 놓아야 한다(상법 제462조의3 제1항).

- 정관의 규정이 있어야 한다.
- 시기 : 정관으로 정한 날

- 절차 : 이사회의 결의

(3) 방법 : 정기배당은 주식배당이 가능하나 중간배당은 금전배당만 가능하다.

(4) 대상 : 이사회의 결의로 중간배당을 경의하면 그 기준일의 주주에게 구체적중간배당청구권이 발생하게 된다.

(5) 배당의 요건

- 직전결산기의 이익이 현존한 상태이어야 한다.
- 당해결산기에 이익이 있을 것으로 예상되어야 한다.

(6) 배당의 재원

: 직전 결산기에 관한 정기총회에서 이익잉여금을 처분하고 남은 잔액을 한도로 중간배당

2) 배당의 제한 : 당기 결산기에 손실이 발생할 우려가 있을 때

3) 이사의 책임

- 당해 결산기의 재무상태표상의 순자산액이 §462① 각호의 금액의 합계액에 미치지 못함에도 불구하고 중간배당을 한 경우 이사는 회사에 대하여 연대하여 그 차액을 배상할 책임을 지고, 배당액이 그 차액보다 적을 경우에는 배당액을 배상할 책임이 있다고 규정하고 있다(상법 제462조의3 ④)
- 다만, 이사가 제3항의 우려가 없다고 판단함에 있어 주의를 게을리 하지 아니하였음을 증명한 때에는 그러하지 아니하다.

4) 기타의 법률관계

(1) 등록질 효과 : 입질된 주식에 대한 이익배당을 받아 자기 채권의 변제에 충당

(2) 수종의 주식의 특례 : 중간배당 때에도 적용

(3) 영업연도 중 발행한 주식의 중간배당

: 원칙 - 중강배당하지 않음. 예외적으로 정관에 규정을 두면 가능

(4) 주주명부의 폐쇄문제 : 폐쇄 불필요

(5) 이익준비금 : 1/10에 해당하는 금액을 이익준비금으로 적립

8-4-4. 이익배당청구권

- ㅇ 정기주주총회에서 재무제표가 승인되면, 이에 의해 주주에게 특정액의 배당금지급청구권이 발생한다.
- ㅇ 우선주는 발행조건으로 확정된 배당률이 보장되어 있으므로 이익이 존재하는 한 매결

산기마다 배당한다.

8-4-5. 이익배당의 기준

1) 주식평등의 원칙 : 각 주주의 주식수에 따라 평등하게(강행규정)

2) 일할배당

: 상장법인이 영업연도 중간에 신주를 발행할 때 그 다음해에 이익배당을 결의할 때

(1) 실무의 관행

-'당해 영업연도 전체일수'/'신주의 효력발생일 이후 영업연도의 말일까지의 일수'

- ex. 1월1일부터 12월 31일까지가 결산기인 회사가 10월 1일에 신주발행 : 92/365(그 신주에 대해서는 구주의 92/365에 해당하는 배당금만 지급하는 것

- 구주 1주당 365원 배당, 신주 1주당 92원 배당)

(2) 유상신주에 대한 일할배당 : 적법설(의무설, 임의설), 위법설(균등배당)

(3) 무상신주에 대한 일할 배당 : 균등배당

(4) 95년 개정법상 신주의 취급 : '제1항의 전환권을 행사한 주식의 이익이나 이자의 배당에 관하여는 그 청구를 한 때가 속하는 영업연도말에 전환된 것으로 본다. 이 경우 신주에 대한 이익이나 이자의 배당에 관하여는 정관이 정하는 바에 따라 그 청구를 한 때가 속하는 영업연도의 직전 영업연도말에 전환된 것으로 할 수 있다.' → 신주가 발행된 날이 속하는 영업연도분의 배당금 전액을 신주의 주주에게 배당함으로써 일할 배당으로 인한 위법성 시비를 피할 수 있게 된다.

3) 대소주주이 차등배당 · 대주주 스스로가 배당 포기한 경우에만 유효(대판 1980. 8.26)

8-4-6. 배당금지급시기와 시효

회사는 배당금을 주주총회의 재무제표 승인결의가 있은 날로부터 1월 내에 그리고 중간배당은 이사회의 결의가 있은 날로부터 1월 내에 지급한다. 그러나 승인결의시 배당금의 지급시기를 따로 정할 수 있다(상법 제464조의2 ①본문). 지급이 지연되면 회사가 채무불이행책임을, 이사가 손해배상책임을 진다.

8-4-7. 현물배당

- 2011년 개정상법은 이익배당을 현물배당으로 할 수 있다는 규정을 신설하였다(상법 제462조의4) → 금전 배당 외에 현물배당도 허용함으로서 배당에 관한 선택의 폭이 넓어져 재무관리의 자율성이 높아질 것으로 기대된다.
- 현재 정기주주총회에서 배당액을 결정하므로 배당 기준일인 사업연도 말일부터 정기

주주총회까지는 배당액이 확정되지 아니하여 투자자들이 주식가치를 판단하기 어려우며, 금전배당 외에 회사가 보유하는 주식과 같은 현물로 배당할 필요가 있다.

◦ 앞으로 회사의 자금조달을 결정하는 기관인 이사회가 배당도 결정하게 되어 자금운용의 통일성을 기할 수 있다.

◦ 배당하는 현물의 가치가 주주에게 불만스러운 것이 아니라면, 회사로서는 현물재산의 배당을 통해 재산의 매각비용을 줄일 수 있어 경제적이라 할 수 있다.

◦ 정관에서 배당에 관한 결정 권한을 이사회에 부여할 수 있도록 하고, 현물배당의 경우 회사는 정관에 금전 외의 재산으로 이익배당을 할 수 있음을 정해야 한다.

◦ 이러한 배당을 결정한 회사는 주주가 배당되는 금전 외의 재산 대신 금전의 지급을 회사에 청구할 수 있도록 한 경우에는 그 금액 및 청구할 수 있는 기간을, 일정 수 미만의 주식을 보유한 주주에게 금전 외의 재산 대신 금전을 지급하기로 한 경우에는 그 일정 수 및 금액을 정할 수 있다(상법 제462조의4①·②).

◦ 상환주식의 상환, 합병교부금의 지급도 현물로 할 수 있다는 규정을 두었다(상법 제345조 ④, 523조 ⅳ).

8-4-8 주식배당

1) 개념과 성질

ㅇ 주식배당 : 금전 대신 새로이 발행하는 주식으로 하는 이익배당이다.

cf. 주식분할 : 액면분할을 뜻 함(무액면주식 불인정) - 1주의 금액을 더 작은 단위로 변경준비금의 자본전입 : 법정준비금이 재원이 되므로 배당가능이익을 재원으로 하는 주식배당과 다르다.

ㅇ 성질 : 이익배당설(통설), 주식분할설

2) 주식배당의 요건

(1) 주식배당의 제한

- 이익배당총액의 1/2에 상당하는 금액을 초과하지 못함(상법 제462조의2 ①단서).
- 주주의 이익배당청구권보호

(2) 배당가능이익의 존재

(3) 미발행수권주식의 존재

3) 주식배당의 절차

(1) 이익잉여금처분계산서의 작성 : 이사회의 승인 필요

(2) 주주총회결의 : 보통결의

(3) 주식평등의 원칙

: 주주간에 차등을 두어 A에게는 금전배당을, B에게는 주식배당을 하는 것은 위법이다.

(4) 발행가 :'주식의 권면액으로 한다'(상법 제462조의2 ②)-자본충실과 주주의 보호를 위해

(5) 단주의 처리 : 거래소의 시세가 있는 주식은 거래소를 통하여 매각, 그 대금을 배당한다(상법 제462조의2 ③ ; 95년개정).

(6) 수종의 주식과 주식배당 : 각기 같은 종류의 주식으로 발행가능하다(상법 제462조의2 ②).

(7) 자기주식에 대한 주식배당 : 불가능

(8) 일할배당의 가부 : 신주에 대한 이익배당에 관해서 정관에 그 청구를 한 때가 속하는 영업연도의 직전 영업연도 말에 발행된 것으로 볼 수 있다는 규정을 둘 수 있도록 함으로서(상법 제350조 ③후단) 일할배당이 가능하도록 입법적으로 해결하고 있다.

(9) 배당통지·공고(상법 제462조의2⑤)

(10) 등기 : 주주총회의 결의가 있은 날로부터 본점소재지에서는 2주간 내, 지점소재지에서는 3주간 내에 변경등기

(11) 주권의 발행 : 상법 제355조①의 유추적용 - 지체 없이 주권 발행

4) 주식배당의 효과

(1) 주식수와 자본의 증가

(2) 신주의 효력발생시기

: 주식배당의 결의 있는 주주총회가 종료한 때부터 신주의 주주가 된다(상법 제462조의2 ④). 그러나 이익이나 이자의 배당에 관하여는 정관의 규정으로 직전 영업연도의 말에 발행된 것으로 볼 수 있다(상법 제462조의2 ④후단).

(3) 질권의 효력

: 등록질권자의 권리는 주주가 배당받은 주식에 미치며, 회사에 대하여 주권의 교부청구가 가능하고(상법 제462조의2 ⑥), 약실질의 효력은 미치지 않는다.

8-4-9. 위법배당의 효과

1) 의의

- 법령·정관에 위반하여 행해진 이익배당으로 무효이다.
- 배당가능이익 없음에도 불구하고 이익배당을 하는 것을 예로 들 수 있다.

2) 금전배당의 위법

(1) 배당가능이익 없는 배당

ⅰ) 회사의 반환청구

- 배당을 받은 주주는 부당이득을 취한 것이므로 배당받은 이익을 회사에 반환할 의무를 부담한다(민법 제741조·제748조).
- 결의무효확인의 소와는 무관하게 위법배당은 부당이득반환의 법리로 해결

ⅱ) 회사의 채권자의 반환청구

: 채권자는 주주에게 회사에 반환하라고 청구(회사의 권리를 대위하는 것이 아님)

(2) 기타의 위법

- 배당가능이익의 범위 내에서 배당이 이루어졌더라도 결의 자체의 취소사유가 있거나 기타 시기·절차·방법에 하자가 있거나 주식평등의 원칙에 어긋나는 경우도 위법배당에 해당한다.
- 다만, 회사만 청구가 가능하다(회사채권자는 반환청구권을 가질 수 없다).

3) 주식배당의 위법

: 신주발행무효의 소에 준하여 해결한다(그러나 주금을 환급해 주지는 않다).

4) 이사 등의 책임과 벌칙

- 이사회에서 위법배당안을 찬성하고(상법 제447조), 그 안을 주주총회에 제출한 이사 등은 회사에 대하여 연대하여 손해배상책임을 부담한다(상법 제390조).
- 이때 이사 등이 악의 또는 중과실이 있다면 동 이사 등은 회사채권자 및 주주에 대하여 손해배상책임을 부담한다(상법 제401조).
- 감사나 감사위원회 혹은 외부감사인의 경우에도 재무제표에 부정이나 허위가 있음에도 이를 정당하다고 보고하였다면 그 임무를 해태하였다고 보아 회사 또는 제3자에 대하여 손해배상책임을 부담한다(상법 제414조·제415조의2 ⑥)..

8-4-10 건설이자의 배당 삭제

- 2011년 개정상법에서는 제463조에 관한 규정을 삭제하였다.

9. 정관 변경

9-1. 서

ㅇ 정관변경이란 정관의 기재사항을 추가하거나 삭제하거나 수정하는 것이다.

ㅇ 취지: 회사는 영리단체로서 기업환경의 부단한 변천에 탄력적으로 적응하기 위해

ㅇ 간단한 자구나 구두점의 수정이나 가감도 정관변경에 속하며, 절대적 기재사항이건 임의적 기재사항이건 정관에 기재된 사항의 변경은 모두 정관변경이다.

ㅇ 정관이 어떠한 사실관계나 법령에 기초하고 있는 경우가 있는데 이때 그 기초관계가 변경되면 정관은 그에 따라 자동적으로 변경되며, 그것은 상법상의 정관변경이 아니다(사례 : 본점의 지명이나 지번의 변경 혹은 법령개폐에 의해 정관의 일부규정이 실효되는 경우 등) → 별도로 총회의 결의를 요하지 않고, 대표이사가 서면을 정정하면 된다.

ㅇ 정관규정의 대상이 본래의 목적을 달성하여 소멸하는 경우 → 정관 규정은 무의미한 기재로 지만 당연히 효력을 잃는 것이 아니라 정관변경절차에 의하여야 한다.

ㅇ 정관변경의 범위와 회사의 동일성

: 정관변경의 범위에 제한이 없다. 그러나 사회질서나 강행규정에 위반한 내용으로 변경해서는 안 되며, 변경된 내용이 주식회사의 본질과 주주의 고유권을 침해해서는 안된다.

9-2. 정관변경의 절차

1) 회사성립 전의 정관변경

(1) 창립총회에서의 정관변경

(2) 법원에 의한 정관변경

ㅇ 변태설립상항에 대하여 검사인의 조사보고에 의하여 그 내용이 부당하다고 인정한 경우 → 법원은 그 부당한 점을 변경하도록 하여 정관에 변경을 가하고 발기인에게 통고(상법 제300조)

ㅇ 통고 후 2주간 이내에 주식인수를 취소할 자가 없는 때에는 정관은 변경된 것으로 본다.

(3) 발기인에 의한 정관변경

ㅇ 설립등기를 할 때까지는 언제든지 발기인 전원의 동의가 있으면 자유로 변경할 수 있다.

ㅇ 다만, 모집설립의 경우에는 주식인수인이 증가되는 것이므로 그 관계가 발생한 후에는 발기인만으로 정관을 변경할 수 없다.

2) 회사성립 후의 정관변경

(1) 주주총회의 결의 : 특별결의

(2) 종류주주총회

(3) 등기

ㅇ 정관변경 자체는 등기사항이 아니다.

ㅇ 다만, 정관변경으로 등기사항이 변동된 때에는 변경등기를 요한다.

ㅇ 그러나 등기가 정관변경의 효력발생요건이 되는 것은 아니다.

9-3. 정관변경의 한계

1) 발행예정주식총수의 감소

- 회사의 발행예정주식총수는 정관의 변경을 통하여 증가시킬 수 있다.
- 발행예정주식총수를 감소하는 경우도 정관변경으로 가능하겠지만, 전환주식·전환사채 혹은 신주인수권부사채를 발행한 경우에 그 전환기간 또는 신주인수권의 행사기간 내에는 그에 해당하는 발행예정주식을 보유하여야 한다.

2) 주금액의 변경

(1) 주금액의 인하

- 그로 인해 자본이 감소된다면 자본감소절차를 밟아야 한다.
- 자본감소 없이 주금액을 인하하는 경우에는 정관변경만으로도 가능하다. 다만, 100원 미만으로는 인하가 불가하다.

(2) 주금액 인상

- 인상한 분만큼 주주에게 추가로 납입하게 하거나 주식을 병합하는 경우이다.
- 총주주의 동의가 있어야 한다. 즉 1주의 금액을 인상할 때에도 주주총회의 특별결의로 정관을 변경하여야 한다.

※ 추가로 납입하게 함은 주주의 유한책임의 원칙에 반하고 주식의 병합은 단 주를 발생시킬 수 있다 → 따라서 어느 방법에 의하든 총주주의 동의가 있어야 가능하다(통설). 그러나 자본금의 전입으로 신주발행하는 동시에 신주의 비율대로 신·구주를 병합하는 방법이라면 단주가 생기지 않으므로 허용된다(통설).

3) 역사적 사실 : 설립시에 발행하는 주식의 총수, 발기인의 성명·주민등록번호와 주소, 변태설립사항(상법 제290조) - 역사적 사실로서 변경이 무의미(변경이 있을 수도 없다)

제3장 회사 각론

1. 영업양도

1-1. 서

◦ 영업양도란 영업의 동일성을 유지하면서 조직화된 영업재산을 포괄적으로 이전하기로 하는 계약을 말한다.
◦ 영업은 단순히 영업용 재산을 집합시켜 놓은 것이 아니고, 영업재산을 토대로 지속적인 수익활동을 할 수 있는 경영조직체이므로 개개 영업재산의 가치의 합에 "+α"라는 가치를 가진다.
◦ 그러므로 상인이 영업활동을 종료하고자 할 때, 영업을 해체하여 개별재산을 단위로 처분해야 한다면 경영조직을 통해 측정된 가치(+α)가 소멸함으로 인해 상인도 손해이려니와 사회적으로도 손실이다.
◦ 이 점을 고려하여 상법은 기업유지의 이념에서 영업 그 자체의 양도를 인정함으로써 계속기업이 간직하고 있는 무형의 가치를 보존시키고 있다.

※ 영업양도와 합병의 비교

구 분	영 업 양 도	합 병
법적 성질	개인법상의 거래행위	단체법상의 법률요건
당사자	개인상인, 회사(양수인은 비상인도 가능)	회사
일부양도·합병	가능	불가능
재산의 이전	특정승계	포괄승계
채무의 인수	요함	당연 이전
채무의 이전	영업양도시 외관을 신뢰한 채권자 보호를 위한 개별규정	채권자 보호규정 (이의신청)
사원의 지위	별도의 입사절차 요함	당연 이전
경업금지의무	있음	없음
등 기	없음	합병등기 요함(효력발생요건)
무효의 주장	제한없음 (민법의 일반원칙에 따름~계약)	재판으로만 주장가능
방 식	특별한 방식 요하지 아니함	절차가 법정
인격의 소멸	해산사유가 아님	해산사유
공통점	* 주식회사의 경우 주주총회의 특별결의 요함	
	* 반대주주의 주식매수청구권 인정됨	

1-2. 영업의 개념(통설)

1-2-1. 영업용 재산

o 적극적 재산

- 소유자의 부를 형성하는 총재산으로 재무상태표의 차변, 즉 자산의 부에 표시.
- ex. 동산, 부동산, 물권과 채권, 특허권, 상표권, 저작권, 상호권 등

o 소극적 재산 : 부채로서 재무상태표의 대변, 즉 부채의 부에 표시.

o 적극적 재산 : 소극적 재산 = 순재산

1-2-2. 재산적 가치 있는 사실관계

영업상의 고객관계, 경영의 내부조직, 영업비밀, 영업의 명성, 확보된 판매망 등 과 같은 사실관계는 장기간에 걸친 경영과 영업활동에 의해 축적된 무형의 자산.

※ 영업양도, 회사합병, 회사의 조직변경의 절차의 비교

<table>
<tr><td rowspan="8">영업양도</td><td rowspan="4">회사가 양도인인 경우</td><td rowspan="2">인적회사</td><td>해산 전</td><td>총사원의 동의</td></tr>
<tr><td>해산 후</td><td>총사원 과반수 찬성</td></tr>
<tr><td rowspan="2">물적회사</td><td>전부 또는 중요한 일부의 양도</td><td>총회의 특별결의</td></tr>
<tr><td>중요하지 않은 일부의 양도</td><td>일반적 업무집행방법</td></tr>
<tr><td rowspan="4">회사가 양수인인 경우</td><td rowspan="2">인적회사</td><td>정관의 변경이 필요한 경우</td><td>총사원의 동의</td></tr>
<tr><td>정관의 변경이 필요하지 않은 경우</td><td>일반적 업무집행방법</td></tr>
<tr><td rowspan="2">물적회사</td><td>다른회사의 영업전부의 양수</td><td>총회의 특별결의</td></tr>
<tr><td>다른회사의 영업 일부의 양수 또는 개인상인의 영업전부 양수</td><td>일반적 업무집행방법</td></tr>
<tr><td rowspan="2">회사합병</td><td>인적회사</td><td colspan="3">총사원의 동의</td></tr>
<tr><td>물적회사</td><td colspan="3">총회의 특별결의</td></tr>
<tr><td>회사의 조직변경</td><td colspan="4">언제나 총사원(주주)의 동의(특수결의)</td></tr>
</table>

1-3. 영업양도의 효과

<table>
<tr><td rowspan="3">대내적 효과
(당사자간)</td><td>적극적 의무 : 영업재산의 이전의무</td><td colspan="3">* 동산 : 인도
* 부동산, 상호 : 등기
* 특허권, 상표권 등 무체재산권 : 등록
* 지시채권 : 배서교부
* 기명주식 : 명의개서
* 채무 : 면책의 필요한 절차
* 사실관계 : 영업상의 비결의 전수, 고객의 소개 등</td></tr>
<tr><td rowspan="2">소극적 의무
:경업금지의무</td><td>약정이 없는 경우</td><td colspan="2">10년간</td></tr>
<tr><td>약정이 있는 경우</td><td colspan="2">20년을 초과하지 아니하는 범위 내에서</td></tr>
<tr><td rowspan="2">대외적 효과
(제3자에 대한 관계)</td><td rowspan="2">영업상의 채권자에 대한</td><td rowspan="2">상호를 속용하는 경우</td><td>원칙</td><td>양도인과 양수인은 부진정연대채무</td></tr>
<tr><td>예외</td><td>양수인이 지체 없이 책임 없음을 등기·통지하면 양도인만 책임</td></tr>
</table>

	관계	상호를 속용하지 않는 경우	원칙	양도인만 책임
			예외	양수인이 채무인수광고를 한 경우 양도인과 양수인은 부진정연대채무
	영업상의 채무자에 대한 관계	상호를 속용하는 경우		양수인에 대한 변제가 선의이며 중대한 과실이 없는 한 유효
		상호를 속용하지 않는 경우		특별한 보호 없음

2. 합병

2-1. 개 념

상법의 절차에 따라 2개 이상의 회사가 그 중 1개의 회사를 제외하고 소멸하거나(흡수합병), 전부 소멸하되(신설합병) 청산절차를 가지지 아니하고 소멸하는 회사의 전재산과 사원을 존속회사 또는 신설회사가 포괄적으로 승계하고 수용하는 법률사실이다(두개 이상의 회사가 회사 사이의 계약에 의해 법정절차에 따라 청산을 거치지 않고 한 회사로 합동하는 것이다).

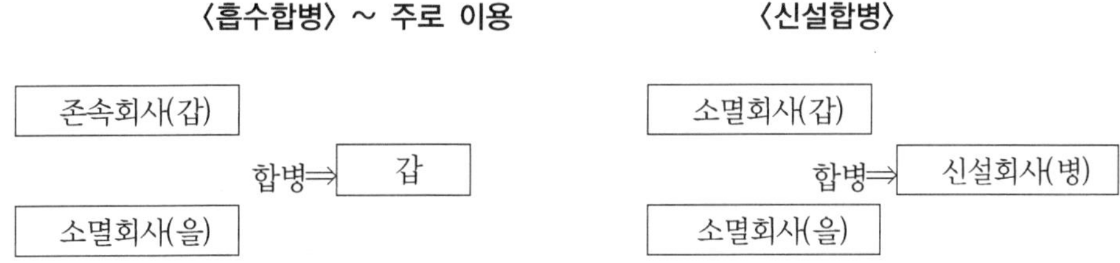

2-2. 특수한 합병

1) 간이합병(상법 제527조의2)

① 합병할 회사의 일방이 합병후 존속하는 경우에 합병으로 인하여 소멸하는 회사의 총주주의 동의가 있거나 그 회사의 발행주식총수의 100분의 90이상을 합병후 존속하는 회사가 소유하고 있는 때에는 합병으로 인하여 소멸하는 회사의 주주총회의 승인은 이를 이사회의 승인으로 갈음할 수 있다.

② 제1항의 경우에 합병으로 인하여 소멸하는 회사는 합병계약서를 작성한 날부터 2주내에 주주총회의 승인을 얻지 아니하고 합병을 한다는 뜻을 공고하거나 주주에게 통지하여야 한다. 다만, 총주주의 동의가 있는 때에는 그러하지 아니하다.[본조신설 1998.12.28]

2) 소규모합병(상법 제527조의3)

① 합병후 존속하는 회사가 합병으로 인하여 발행하는 신주의 총수가 그 회사의 발행주식총수의 100분의 10을 초과하지 아니하는 때에는 그 존속하는 회사의 주주총회의 승인은 이를 이사회의 승인으로 갈음할 수 있다. 다만, 합병으로 인하여 소멸하는 회

사의 주주에게 지급할 금액을 정한 경우에 그 금액이 존속하는 회사의 최종 대차대조표상으로 현존하는 순자산액의 100분의 5를 초과하는 때에는 그러하지 아니하다. <개정 2011.4.14>

② 제1항의 경우에 존속하는 회사의 합병계약서에는 주주총회의 승인을 얻지 아니하고 합병을 한다는 뜻을 기재하여야 한다.

③ 제1항의 경우에 존속하는 회사는 합병계약서를 작성한 날부터 2주내에 소멸하는 회사의 상호 및 본점의 소재지, 합병을 할 날, 주주총회의 승인을 얻지 아니하고 합병을 한다는 뜻을 공고하거나 주주에게 통지하여야 한다.

④ 합병후 존속하는 회사의 발행주식총수의 100분의 20 이상에 해당하는 주식을 소유한 주주가 제3항의 규정에 의한 공고 또는 통지를 한 날부터 2주내에 회사에 대하여 서면으로 제1항의 합병에 반대하는 의사를 통지한 때에는 제1항 본문의 규정에 의한 합병을 할 수 없다.

⑤ 제1항 본문의 경우에는 제522조의3의 규정은 이를 적용하지 아니한다.

※ 합병절차의 흐름도

구분	합명회사, 합자회사	주식회사, 유한회사
합병계약	주식회사, 유한회사와의 합병시 계약서 작성의무	합병계약서 작성의무
합병결의 주주보호	* 사원의 만장일치	* 합병재무상태표 등의 사전공시 (회일의 2주일전) * 주주총회(사원총회)의 특별결의 - 주식회사의 약식합병(소멸회사) - 주식회사의 소규모합병(존속회사) * 종류주주총회 * 합병반대주주의 주식매수청구권
채권자 보호	* 합병결의후 2주내 - 1월이상의 기간을 정하고 그 기간내에 이의할 것을 공고 - 알고 있는 채권자에게는 개별최고 * 기간내 - 이의제기 않는 자 : 승인 간주 - 이의제기의 경우 : 변제, 담보제공, 재산의 신탁	
합병의 실행	* 신설합병시 설립위원 선임 - 합병기일에 있어 합병의 실행 - 주식회사와 주식회사 합병시 주식병합·주식분할	
창립총회 보고총회		* 신설합병 : 창립총회 -주식회사 : 이사회는 공고로써 갈음가능 * 흡수합병 : 보고총회 -주식회사 : 이사회는 공고로써 갈음가능
합병등기		합병계약서 등의 사후공시(합병후 6월까지) 합병에 관한 서류의 사후공시

합병계약서(샘플)

지리산주식회사와 태백산주식회사는 경영합리를 위하여 합병하기로 하고 다음과 같이 계약을 체결한다.

제1조(합병방법) 지리산주식회사와 태백산주식회사가 합병하여 지리산주식회사가 존속하고 태백산주식회사는 해산한다.

제2조(발행할 주식의 총수) 현재 지리산주식회사의 발행할 주식의 총수는 1만주인 바, 합병으로 인하여 기명식 보통주식 5천주를 증가하여 발행할 주식의 총수를 1만 5천주로 한다.

제3조(증가할 자본금과 준비금 총액) 지리산주식회사가 합병으로 인하여 증가할 자본금은 5천만원으로 하고 준비금은 제6조에서 정한 합병기일에 있어서 태백산 주식회사의 재무상태표상 금액으로 한다.

제4조(합병시 발행신주 및 교부비율) 지리산주식회사는 기명식 보통주식(1주의 금액 1만원) 5천주를 발행하여 합병기일 현재 태백산주식회사의 주주명부에 기재되어 있는 주주에 대하여 그가 소유하는 태백산주식회사의 주식 1주에 대하여 지리산주식회사의 주식 0.5주의 비율로 배정 교부한다.

제5조(합병승인 총회기일) 지리산주식회사와 태백산주식회사는 이 계약의 승인 및 합병에 필요한 사항을 의결하기 위하여 2013년 11월 1일에 각각 주주총회를 개최한다.

제6조(합병기일) 지리산주식회사와 태백산주식회사의 합병기일은 2013년 12월 10일로 한다.

제7조(재산의 인수) 태백산주식회사는 2013년 9월 1일 현재의 재무상태표 기타 계산서류를 기초로 하여 합병기일에 그 자산, 부채 및 권리의무 일체를 지리산주식회사에게 인계하고 지리산주식회사는 이를 인수한다. 태백산주식회사는 2013년 9월 1일부터 합병기일에 이르기까지의 자산, 부채의 변동에 관하여 따로 계산서류를 작성하여 그 내용을 명확히 하여야 한다.

제8조(계약의 효력발생) 이 계약은 제5조에 규정하는 각기의 주주총회의 승인을 얻은 때에 그 효력을 발생한다.

위 계약의 성립을 증명하기 위하여 계약서 2통을 작성하고 지리산주식회사와 태백산주식회사 대표이사가 기명날인하여 각각 1통씩 보관한다.

2013년 10월 1일

지리산주식회사 대표이사 김갑동 (인)
태백산주식회사 대표이사 김신선 (인)

CASE 회사의 합병 1

1 문제

갑회사 1주 금액은 시가 10,000원에 액면가 10,000원, 을회사 주식의 1주 금액은 시가 20,000원에 액면가 10,000원이었다. 갑, 을 두 회사가 합병시 양 회사 모두에 주식을 보유하고 있는 지배주주 A의 영향으로 합병비율을 1:1로 결의하였다면 을회사 주주 B는 합병비율의 불공정을 이유로 합병의 무효를 주장할 수 있는가?

2 결론

합병비율은 주주에게 중대한 이해가 걸린 사항이라고 할 것이므로 합병비율이 현저히 불공정한 경우 경미한 하자로 볼 수 없기 때문에 무효라고 함이 타당하다. 따라서 B는 합병무효소송을 통해 합병을 무효로 할 수 있고 자신의 지위를 회복할 수 있다고 할 것이다.

3 논거 : 합병비율 불공정이 합병무효 사유인지 여부

1) 학 설

이와 관련하여 사적자치·다수결의 원리를 이유로 무효를 주장할 수 없다는 부정설도 있으나 긍정설이 타당하다. 즉 합병비율은 주주에게 있어서 합병의 대가를 의미하는 것이므로 주주에게 중대한 이해관계가 걸린 사항이나 다수결의 원리가 지배하는 합병결의를 통해서는 소액주주의 권리가 충분히 보호받지 못한다는 점(합병결의는 주주총회특별결의의 형식으로 진행되는 것으로서 발행주식총수의 1/3이상의 주식 및 출석한 주주의 의결권수의 2/3이상의 주식의 찬성을 얻으면 통과되는 것이므로(제522조 제3항, 제434조) 소수주주의 반대에도 불구하고 지배주주의 이해대로 통과될 수 있다), 주식매수절차는 회사측에 의해 침해될 수도 있고 이를 인정하여도 주식의 매수가격이 맞지 아니하여 주주가 지분을 계속 갖기를 원하는 경우도 있을 수 있다는 점을 고려할 때 합병비율의 불공정이 현저한 경우 합병무효의 사유가 된다고 하는 긍정설이 타당하다고 생각한다.

2) 판 례

- 합병비율을 정하는 것은 합병계약의 가장 중요한 내용이고, 그 합병비율은 합병할 각 회사의 재산 상태와 그에 따른 주식의 실제적 가치에 비추어 공정하게 정하는 것이 원칙이며, 만약 그 비율이 합병할 각 회사의 일방에게 불리하게 정해진 경우에는 그 회사의 주주가 합병 전 회사의 재산에 대하여 가지고 있던 지분비율을 합병 후에 유지할 수 없게 됨으로써 실질적으로 주식의 일부를 상실하게 되는 결과를 초래하므로, 현

저하게 불공정한 합병비율을 정한 합병계약은 사법관계를 지배하는 신의성실의 원칙이나 공평의 원칙 등에 비추어 무효라고 판시하여 긍정설의 입장을 취하고 있다.

- ㅇ 흡수합병시 존속회사가 발행하는 합병신주를 소멸회사의 주주에게 배정·교부함에 있어서 적용할 합병비율은 자산가치 이외에 시장가치, 수익가치, 상대가치 등의 다양한 요소를 고려하여 결정되어야 한다고 판시하였다.
- ㅇ 합병비율이 현저하게 불공정한 경우 합병할 각 회사의 주주 등은 상법 제529조에 의하여 소로써 합병의 무효를 구할 수 있다고 판시하여 긍정설의 입장을 취하고 있다 - 합병절차가 종료된 경우임.

(※ 합병절차가 종료되기 전에는 합병을 승인하는 주주총회결의의 무효확인의 소를 제기하여(상법 제380조) 합병계약의 무료를 주장할 수 있을 것이다).

- ㅇ 대법원 2008.1.10. 선고 2007다64136 판결 ; 대법원 2009.4.23. 2005다22701 판결.

CASE 회사의 합병 2

1 문제

주식회사의 경우 합병시 합병에 관한 주주총회의 결의에 반대하는 주주는 회사에 대하여 주식매수청구권을 행사할 수 있는데(상법 제522조) 이를 결한 경우 합병은 무효가 되는가?

2 결론

주주는 주주총회의 결의를 통하여 자신의 의사를 반영시킬 수 있으므로 주식매수청구절차를 결한 것만으로 합병무효사유라고 하기 곤란하다.

3 논거 : 합병시 반대주주에게 주식매수청구권 행사기회 부여를 결한 효과

(1) 학설

이와 관련하여 긍정설과 부정설이 있다. 긍정설은 주식매수청구권의 행사는 합병에 관한 주주의 이해관계에 중대한 의미를 지니는 것이므로 합병무효의 소의 원인이 된다고 보는 견해다. 부정설은 주식매수청구 절차가 결여되었다고 하여 합병결의 자체에 하자가 생기는 것은 아니며, 합병은 다수인의 이해관계가 교차하는 법률사실로서 고도의 거래 안전이 요구되므로 합병무효 사유로 볼 수 없다고 하는 견해이다.

살피건대 합병은 다수인의 이해관계가 교차하는 법률사실이므로 그 무효사유를 엄격하게 제한할 필요가 있다는 점, 주주의 경우 주주총회의 결의를 통하여 자신의 의사를 반영할 기회를 제공받았다는 점 등에 비추어 주주의 주식매수청구권을 침해한 것만으로는 합병무효의 사유가 되기 어렵다고 본다.

(2) 예외 : 소규모합병의 경우

소규모합병의 경우 주식매수청구권이 인정되지 않는다. 이는 주주총회 결의 대신 이사회 승인으로 갈음할 수 있다는데서 비롯된 것으로 보인다(존속회사가 합병을 원인으로 발행하는 신주가 존속회사의 발행주식총수의 100분의 10을 초과하지 않는 소규모 흡수합병의 경우에는 존속회사 주주총회 승인을 이사회 결의로 갈음할 수 있다).

※ 주식매수청구권이 인정되는 않는 소규모합병의 경우, 존속회사는 어떠한 형태로든 소멸회사의 주주에게 합병대가를 제공하여야 하므로 신주를 배정하거나 금전 또는 그 밖의 재산으로 합병대가를 제공하여야 한다(상법 제523조 제3호, 제4호). 만약 존속회사가 합병대가를 제공하지 않는다면 회사에 대하여 손해배상청구권을 행사할 수 있을 것이다(상법 제389조 제3항, 제210조).

4 주식매수청구권행사의 절차

- 결의사항에 반대하는 주주는 주주총회 전에 서면으로 회사에 대하여 결의에 반대하는 의사를 통지하여야 한다. 이러한 사전통지는 회사에 대하여 반대주주의 현황을 파악하여 총회결의에 대비하고 매수의 준비를 갖추게 하는 예고적 의미를 갖는다.
- 그 총회의 결의일로부터 20일 내에 주식의 종류와 수를 기재한 서면으로 회사에 대하여 자기가 소유하고 있는 주식이 수를 기재한 서면으로 주식의 매수를 청구하여야 한다.
- 반대의 통지를 한 주주가 주주총회에 참석하여 반대의 투표를 할 필요는 없으나 찬성의 투표를 한 경우에는 반대의사를 철회한 것으로 보아 주식매수청구권을 행사할 수 없다고 본다.
- 만약 주주총회 소집통지 조차도 없었던 경우에는 총회결의 반대통지를 할 기회를 박탈당하였으므로 반대통지를 사전에 하지 아니하였더라도 주식매수청구권을 행사할 수 있을 것이다.
- 주주가 매수청구를 하면 회사는 청구를 받은 날로부터 2월 이내에 그 주식을 매수하여야 한다. 주주로부터 매수청구가 있으면 회사의 승낙을 요하지 않고 매매계약이 체결되고 회사는 2월 이내에 주식대금을 지급하여야 한다고 본다.
- 매수가격은 원칙적으로 주주와 회사의 협의에 의해서 결정된다. 협의가 이루어지지 아노는 경우에는 회사 또는 주식매수청구자가 법원에 대하여 매수가액의 결정을 청구할 수 있다.

2-2. 기업의 합병과 기업인수(M&A ; Merger and Acquisition)

1) 기업의 인수와 합병

(1) 기업인수·합병

- 특정기업의 지배권이 합병 또는 인수의 방법 통해 다른 기업으로 이전되는 것이다 (협의의 의미).

(2) 기업의 합병

둘 이상의 회사가 청산절차를 거치지 않고 하나의 회사로 합치는 것으로, 합병에 따른 소멸회사의 권리 및 의무가 존속회사(흡수합병) 또는 신규설립회사(신설합병)에 포괄적으로 이전되는 회사간의 행위이다 → 합병관련기업들의 기업지배권도 함께 존속회사 또는 신규설립회사로 이전한다.

(3) 기업의 인수

주식매매와 자산매매를 통해 실질적으로 대상기업의 기업지배권을 넘겨받는 것으로 법률적으로 인수기업과 피인수기업은 개별적인 법인체로서 독립성을 유지한다 → 인수와 관련한 계약서에서 권리와 의무승계에 관해 별 다른 사항이 없으면 인수기업은 피인수기업의 권리·의무를 승계하지 않는다.

2) 기업합병

(1) 신설합병 : A(소멸기업) + B(소멸기업) = C(신설기업)
영국의 브리티시텔레콤과 미국의 MCI가 합병해 새로운 회사 콘서트를 만들기로 한 것

(2) 흡수합병 : A(소멸회사) + B(합병 전 존속기업) = B'(합병 후 존속기업)
해태전자(주)가 (주)인켈 및 나우정밀(주)을 흡수합병해 3사가 해태전자(주)의 한 개 회사로 합치는 것

(3) 흡수합병과 신설합병 선택시 고려사항

* 세금문제

- 누적결손금이 많은 기업과 이익을 많이 내고 있는 기업간의 합병에서 세금절감에 대한 부분
- ex. 법인세를 30%로 가정할 때 누적결손금이 50억인 기업이 당기순이익 70억원인 기업을 흡수합병하게 될 경우 양사를 합친 당기순이익이 20억원이므로 6억원의 세금을 납부. 하지만 반대의 경우에는 누적결손금이 인정되지 않고 당기순이익 70억원에 대한 법인세 21억원을 납부해야 하므로 세금차액은 15억원

* 상장관련 부분
상장기업과 비상장기업이 합병할 때 자본시장 및 금융투자업에 관한 법률상 비상장 기업이 갖추어야 할 조건 유의

* 주식매수청구권 : 기업이나 일반투자자의 관점에서 고려
주식매수청구권의 문제로 합병을 취소한 경우 ; 삼성전자(주)의 광주전자(주) 합병 건, (주)계몽사의 (주)영문구 합병 건

3) 기업인수

(1) 주식인수

우리나라에서 가장 일반적으로 일어나는 M&A로서, 인수기업이나 그 지배주주가 대상기업의 지배주주로부터 직거래를 통해 취득하거나, 불특정 다수의 주주로부터 공개매수방법을 통해 대상기업의 주식을 취득해 기업을 지배하는 방법이다.

(2) 자산인수

- 인수기업과 피인수기업의 경영진 간에 영업권 양도·양수계약을 체결해 피인수기업의 주식이 아니라 유형자산을 포함한 영업권을 양수·양도함으로써 피인수기업의 주요한 자산 전부 또는 일부에 대해 지배권을 인수하는 방법이다.
- 영업권 전부 양수·양도 : 영업권 양도자의 처지에서 양도하는 자산이 현재 영위하고 있는 사업부문 전체인 경우 → 사실상의 합병(흡수합병과 유사)
- 영업권 일부 양수·양도

4) M&A 형태에 따른 분류

(1) M&A의 의의

ㅇ Merger(합병) and Acquisition(인수)

ㅇ 기업의 경영권 취득을 목적으로 하는 거래의 총체

(2) M&A의 유형

분류기준	유 형
결합형태	수평적 M&A, 수직형 M&A, 혼합형 M&A
거래의사	우호적 M&A, 적대적 M&A, 중립적 M&A
매수결제수단	현금매수, 주식매수, 차입매수(LBO)
결합주체	국내기업간 M&A(In-In), 국내기업의 국외기업 M&A(In-Out), 국외기업의 국내기업 M&A(Out-In)

5) M&A의 사례

(1) 차입매수(LBO) : leveraged buyout

- 리딩투자증권-브릿지증권 case

* 브릿지증권 자본금 : 1,992억원, 리딩증권 자본금 230억원

* 브릿지증권 = 리젠트증권+일은증권

2차례 감자로 대주주인 BIH가 647억원+1,300억원 회수

(2) 경영자매수(MBO) : management buyout

(3) 종업원매수(EBO) : employee buyout

(4) 적대적 M&A의 방법

○ green mail : greenback + black mail

- 고가매입요구
- Tiger Fund → SK텔레콤
- 아팔루사(Apaloosa) Fund → 효성T&C

○ 주식매집과 5% rule(자본시장 및 금융투자업에 관한 법률)

ㅇ보고내용

- 주식등을 대량보유(본인과 그 특별관계자가 보유하게 되는 주식 등의 수의 합계가 당해 주식 등의 총수의 100분의 5 이상인 경우를 말한다)하게 된 경우 그 보유상황과 보유목적(발행인의 경영권에 영향을 주기 위한 목적 여부를 말한다)
- 그 보유주식비율이 당해 법인의 주식등의 총수의 100분의 1의 비율 이상 변동된 경우 그 변동내용
- 그 보유목적의 변경이 있는 경우 그 변경내용

ㅇ보고시한

- 보유 또는 변동이 있는 날부터 5일 이내
- 다만, 경영권에 영향을 주기 위한 것이 아닌 목적으로 주식등을 보유한 기관투자자의 경우 그 보유 또는 변동이 있었던 달의 다음달 10일까지

ㅇ보고처 : 금융감독위원회와 거래소

ㅇ위반시 조치

- 100분의 5를 초과하는 부분 중 위반분에 대하여 그 의결권의 행사를 제한한다.
- 금융감독위원회가 당해 위반분의 처분을 명령한다.
- 주식등의 보유목적을 발행인의 경영권에 영향을 주기 위한 것으로 보고하는 자는 그

보고일부터 5일 동안 당해 발행인의 주식등을 추가로 취득하거나 보유주식 등에 대한 의결권을 행사할 수 없다.

* 경영권에 영향을 주기 위한 행위 : 다음의 어느 하나에 해당하는 것을 위하여 회사 또는 그 임원에 대하여 사실상 영향력을 행사하는 것

1. 이사 및 감사의 선임·해임 또는 직무의 정지
2. 이사회 등 회사의 기관과 관련된 정관의 변경
3. 회사의 자본금의 변경
4. 회사의 배당의 결정
5. 회사의 합병(간이합병 및 소규모합병을 포함한다) 및 분할
6. 주식의 포괄적 교환 및 이전
7. 영업의 전부 또는 중요한 일부의 양수·양도
8. 자산의 전부 또는 중요한 일부의 처분
9. 영업의 전부 또는 중요한 일부의 임대, 위임경영 또는 타인과 영업의 손익 전부를 같이 하는 계약, 그 밖에 이에 준하는 계약의 체결·변경 또는 해약
10. 회사의 해산

○ 공개매수(takeover bid, tender offer)

o 의 의

인수희망자가 대상회사의 불특정다수의 주주를 상대로 장외에서 일정기간 유가증권을 특정가격으로 매수청약 또는 매도청약을 권유하여 당해 유가증권을 대량으로 매수하는 것이다.

o bear hug(곰의 포옹)

o 공개매수의 절차 및 방법(자본시장 및 금융투자업에 관한 법률)

- 공개매수 적용대상 : 매수후 주식등의 총수가 100분의 5 이상이 되는 경우
- 공개매수의 공고 및 신고

o 2개 이상의 일간신문에 공고

o 공개매수공고일에 공개매수신고서를 금감위에 제출

o 공개매수기간 : 신고서를 제출한 날부터 20일이상 60일 이내

- 2005년 1월 17 공개매수 주요개정내용(3.29 시행)

o 공개매수공고일부터 3일후 경과후 공개매수 폐지

o 공개매수공고일부터 과거 6월간 공개매수를 통하여 주식등을 매수한 사실이 있는 자에 대한 공개매수 제한을 폐지

o 공개매수에 대한 경영권 방어를 위하여 공개매수 기간중 주식수의 변동을 초래할 수 있는 행위(주권발행과 그 발행에 관한 이사회 또는 주주총회의 결의)를 제한 폐지

○ 위임장경쟁(proxy contest, proxy fight)

o 의의

- 다수의 주주로부터 주주총회에서의 의결권행사에 대한 위임장을 확보하려는 행위이다.
- 임원 선임을 통해 경영권 확보에 주로 이용
  * 현대상선과 KCC간 위임장경쟁

o 의결권의 대리행사 : 상법 제368조제3항

o 의결권대리행사 권유(proxy solicitation)

o management control

o proxy contest

o 의결권대리행사 권유의 제한(자본시장 및 금융투자업에 관한 법률)

- 권유자·피권유자
- 권유의 방식

o 주총 목적사항별로 찬부를 표시할 수 있는 위임장용지

o 참고서류 송부

- 대리행사 방법 : 위임장용지에 나타난 찬부표시에 따라 행사

(5) 적대적 M&A의 방어방법

o 목표기업의 특징

▶ 저평가되어 있는 기업 : 주가 〈 내재가치
  - 저 PER(Price Earnings Ratio)기업-고수익성 기업 또는 고성장성 기업
  - 저 PBR(Price Book-value Ratio) 기업 - 보유부동산 가치가 높은 기업
  - 저 PCR(Price Cashflow Ratio)기업-현금흐름이 상대적으로 양호한 기업

▶ 낮은 대주주지분율 : 높은 지분분산

▶ Financing 능력이 높은 기업 : 차입금금액 〈 담보능력
  - 부동산보유비율이 높은 기업(또는 이용가치가 높은 부동산 소유)
  - 낮은 부채비율
  - 양호한 Cash Flow

▶ 중소형 독립기업 : 비재벌 그룹사
  - 내주주의 사금동원능력 한계
  - 주요주주간 경영권 다툼의 소지가 있는 기업

▶ 무형의 자산 보유기업
- 첨단의 기술력 보유 기업
- 영업/유통망 확보기업
- 배타적 영업권 보유 기업 - 진입장벽이 높은 기업

o 안정주주의 확보 : 소유구조의 개편
- 주식의 상호보유(상호주)
  - o 자회사에 의한 모회사 주식의 취득의 제한(상 342조의2)
  - o 비모자회사간 상호주 규제 - 10% 초과시 의결권 제한(상 369)
    * 레이디가구(중원주식 10%이상 역취득) - 중원(레이디가구 10.9% 선취득)
  - o 계열회사간 상호출자 제한(공정거래법 9조)
- 자기주식의 취득(자본시장 및 금융투자업에 관한 법률)
  - o 시장을 통한 매수
  - o 자기공개매수(self-tender offer)
  - o 금전신탁계약, 자사주펀드 : 간접취득
- 종업원지주제도(우리사주조합)
  - o 우리사주조합원에 대한 우선배정(근로자복지기본법 32, 자본시장 및 금융투자업에 관한 법률)
- 신주의 제3자 배정
- 제3자에 대한 주식관련 사채의 발행

o 고주가전략
- IR
- 주주가치 극대화, 경영투명성 제고, 주주중시 경영
- 자사주 취득, 자사주펀드 가입

o 핵심부문(Crown Jewel)의 독립 또는 매각, 회사분할
- 수익성 또는 성장성이 높은 핵심사업부문을 대주주 개인기업으로 독립시키거나 높은 가격에 매각하는 전략
- 회사분할로 형식적으로는 독립된 기업으로 하되 실질적으로는 하나의 기업으로 운영

o 규모의 대형화 - 매수에 필요한 자금규모를 대형화
- 타기업과의 합병
- 주식교환, 주식이전
- 대규모 투자사업의 추진

3. 분할

3-1. 개념

* 1개의 회사가 2개 이상의 회사로 나누어져, 분할전 회사(피분할회사)의 권리의무가 분할후 회사에게 포괄승계되고(분할전회사가 소멸하는 경우에는 청산절차없이 소멸되며) 원칙적으로 분할전 회사의 사원이 분할후 회사의 사원이 되는 회사법상의 법률요건이다.
* 분할은 회사의 재산을 나누어 기존의 회사에 출자하거나 새로운 회사를 설립함으로써 회사를 나누는 것으로 합병에 반대되는 개념이다.
* 분할의 경제적 목적
  - 복합적 대기업에 있어서 특정사업부문의 기능별 전문화
  - 부진사업이나 적자사업의 분리에 의한 경영의 효율화
  - 이익분산에 의한 절세, 주주들간의 이해조정, 기타 국민경제적 목적

3-2. 분할의 종류

1) 단순분할 : 하나의 회사를 둘 이상으로 분할하는 것이다.
2) 분할합병 : 분할하여 합병하는 것이다.
3) 신설 및 분할합병 : 분할에 의하여 회사를 설립함과 동시에 합병하는 것이다.

※ 예시 : 하나의 회사 내에 여러 분야의 사업을 수행하고 있는 경우에 그 회사가 한 가지 사업을 계속 수행하지만 다른 사업을 분리하기 위하여 회사를 분할할 때 다른 사업을 분리하여 새로운 회사를 신설하는 경우는 단순분할이 되며, 그 사업을 다른 회사에 출자하여 그 회사와 합병하는 경우는 분할합병이 된다.

3-3. 분할의 효과

1) 권리의무의 포괄적 승계

: 분할계획서·분할합병계약서가 정하는 바에 따른다(상법 제530조의 10).

※ 분할계획서 작성 : 설립되는 회사와 존속하는 회사로 나누어서 작성한다.

2) 분할 후 회사의 책임

* 분할후 회사는 분할전 회사의 채무에 대한 연대책임을 진다(상법 제530조의 9①).
* 분할승인에 관한 주주총회의 결의로 분할후 회사가 분할전 회사의 채무 중에서 출자한 재산에 관한 채무만을 부담할 것을 정할 수 있는데, 이 때에 분할후 회사는 분할로 인하여 출자받은 재산에 관한 채무만을 부담하고(상법 제530조의9 ②본문, ③본문), 분

할전 회사(존속하는 경우에 한함)는 분할후 회사가 부담하지 아니하는 채무만을 부담한다(상법 제530조의 ②단서, ③단서) → 분할전 회사 채권자 보호(채권자이의제출권)
- 단순분할(상법 제530조의9 ④), 분할합병(상법 제530조의11 ②)

3) 사원이전 : 인적분할(○ ; 원칙), 물적분할(× ; 상법 제530조의12)

4) 영업권의 취득
* 분할로 인해 설립하는 회사 혹은 분할합병의 출자를 받은 회사가 취득한다.
* 영업권을 취득한 경우에는 재무상태표의 자산의 부에 계상한다.
* 영업권은 등기 후 5년간 매결산기에 균등액 이상을 상각한다.

5) 회사분할에 관한 계산

분할 후 회사의 영업권취득 → 이연자산으로 계상 → 취득가액을 재무상태표의 자산의 부에 계상하여, 설립등기 또는 분할합병의 등기를 한 후 5년 내의 매 결산기에 균등액 이상을 상각한다(상법 제530조의8).

6) 주식의 귀속
* 분할회사의 주주는 신설회사·흡수분할합병의 상대방의 회사(새로운 회사)의 주식을 취득한다(그 내용은 분할계약서 또는 분할합병계약서에 정한 바에 따른다).
* 물적분할 - 분할회사가 주식을 취득한다.
* 소멸분할을 하여 분할회사가 해산하면 주주는 분할회사의 주주권을 상실한다.
* 존속분할을 하되 자본감소를 하면 감소방법에 따라 주주권의 변동이 생긴다.

4. 조직변경

4-1. 의의

- 회사가 그 법인격의 동일성을 유지하면서 다른 종류의 회사로 되는 것이다.
- 동일성 유지

  cf) 회사합병 - 다른 회사 권리·의무포괄승계

  사실상의 조직변경 - 회사를 해산하여 청산절차를 밟고 그 사원·재산으로 다른 회사 신설
- 보다 적합한 회사형태로 변환할 기회를 제공한다.
- 기업유지이념(사실상의 조직변경보다 비용과 절차에서 간편, 동일인격의 유지)

4-2. 유형

o 인적회사 상호간, 물적회사 상호간의 조직변경만 인정

※ 조직변경 절차

조직변경	사원동의	절 차	채권자보호	등기
합명회사 ↓ 합자회사	전원동의	일부사원을 유한책임사원으로 하거나, 유한책임사원을 새로이 가입시켜서 합자회사로의 변경이 가능	합명회사 사원으로서 조직변경에 의하여 유한책임사원이 된 자는 조직변경에 관한 본점등기를 하기 전에 생긴 회사채무 : 등기후 2년내에는 무한책임사원의 책임을 면하지 못함	등기
합자회사 ↓ 합명회사	전원동의	유한책임사원 전원이 퇴사한 경우에도 무한책임사원은 그 전원의 동의로 가능		등기
주식회사↓ 유한회사	전원동의	사채의 상환을 완료	* 채권자보호절차 * 변경전 회사의 순재산액보다 많은 금액을 변경회사의 자본의 총액으로 할 수 없음	등기
유한회사 ↓ 주식회사	전원동의	법원의 인가	* 채권자보호절차 * 변경전 회사의 순재산액보다 많은 금액을 변경회사의 자본의 총액으로 할 수 없음	등기
유한책임회사 ↓ 주식회사				
주식회사 ↓ 유한책임회사				

5. 해산과 청산

5-1. 해산

5-1-1. 해산사유

o 존립기간의 만료 기타 정관으로 정한 사유의 발생, 합병, 회사분할, 파산, 법원의 해산명령 또는 해산판결, 주주총회의 해산결의(상법 제517조).

o 다른 종류의 회사와 달리 주식회사는 1인회사 인정 → 해산사유 아니다.

o 상기간 휴면상태에 있는 회사는 일정한 절차를 밟아 해산한 것으로 의제한다(상법 제520조의2).

ㅇ 자본감소 등을 통해 최저자본에 미달하게 된 경우 - 주식회사의 최저자본은 회사의 성립요건·존속요건이다.

5-1-2. 휴면회사의 해산의제

1) 취지 : 다른 회사에 상호선정의 자유에 제약, 등기부관리에 부담 → 거래의 안전, 일반의 신뢰회복
2) 대상 : 최후의 등기 후 5년을 경과한 회사
3) 해산의제 : 신고기한이 만료한 때에 해산의제. 해산등기는 등기소의 직권
4) 회사계속 : 해산이 의제된 회사는 3년 이내에 주주총회의 특별결의로 회사 계속이 가능하다.
5) 청산의제 : 해산이 의제된 회사가 3년 이내에 회사를 계속하지 아니한 경우에는 3년이 경과한 때에 청산이 종결된 것으로 본다.

5-1-3. 해산의 공시

파산의 경우 외에는 이사는 지체없이 주주에 대하여 해산의 통지를 하고, 무기명주권을 발행한 경우에는 이를 공고한다(상법 제521조). 해산사유가 있은 날로부터 본점 2주간내, 지점 3주간 내에 해산등기

5-1-4. 해산의 효과

- 해산에 의해 회사의 권리능력은 청산의 목적범위 내로 축소된다.
- 해산등기 + 청산절차

5-1-5. 회사의 계속

- 해산사유 중 존립기간의 만료, 정관소정사유의 발생, 총회의 결의에 의하여 해산한 경우에는 주주총회의 특별결의로써 회사를 계속할 수 있다(상법 제519조).
- 해산이 의제된 휴면회사도 같다.
- 해산등기 → 계속등기, 파산선고 → 강제화의의 인가결정·파산폐지결정

5-6. 회사의 청산

5-6-1. 서

주식회사가 해산하면 합병과 파산의 경우를 제외하고는 청산을 하여야 한다.

5-6-2. 청산회사의 권리능력 : 청산의 목적범위내로 한정한다.

5-6-3. 청산인

1) 취임

* 원칙 - 이사
* 해산명령 또는 해산판결 - 주주 등 이해관계인·검사의 청구 또는 법원이 선임

2) 원수 및 임기 : 1인이라도 가능하고, 임기가 없다.
3) 종임
4) 취임·종임등기
5) 청산인과 회사와의 관계 : 위임

5-6-4. 청산인회 · 대표청산인

- 청산인회 : 청산사무집행에 대한 의사결정
- 대표청산인 : 청산인회의 의사결정에 따라 청산사무에 관한 재판상·재판외의 일체의 집행을 담당한다.

5-6-5. 청산인의 직무

구 분	직 무
주된 청산직무 (모든회사)	* 해산당시의 미결사무의 정리 * 채권의 추심과 채무의 변제 * 재산의 환가처분 * 잔여재산 분배
부수적 청산직무 (주식회사만)	* 법원에 대한 청산인의 신고 * 회사재산의 보고의무 * 주주총회의 소집 * 청산재무제표 등의 제출·비치·공고

5-6-6. 청산의 종결

1) 청산보고서의 제출
2) 청산종결의 등기
3) 서류의 보존
4) 청산의 종결시기
5) 잔여재산분배의 착오와 주주간의 관계

6. 정 리

- 회사의 재산으로 채무를 변제할 수 없을 경우에는 파산절차에 들어가야 하나 회사의 사정에 따라 변제불능이 일시적 현상일 경우일 수도 있는데, 그럼에도 불구하고 파산이나 해산을 강요한다면 계속기업으로서의 가치상실·회사채권자 및 사회 전체에 손실발생 우려가 있다 → 기업유지의 이념에서 재정적으로 궁핍에 빠진 회사를 정리·재건

할 필요가 있다.

- 「채무자회생 및 파산에 관한 법률」(통합도산법)
- 채무자회생 및 파산에 관한 법률은 2006년 4월 1일부터 시행되었으며, 이는 종래 채무자의 회생 및 파산에 관한 사항이 「회사정리법」·「화의법」·「파산법」·「개인채무자회생법」에 분산되어 있어서 각 법률마다 적용대상이 다를 뿐만 아니라 특히 회생절차의 경우 회사정리절차와 화의절차로 이원화되어 있어서 그 효율성이 떨어지므로 상시적인 기업의 회생·퇴출체계로는 미흡하다는 지적에 따른 대책으로 나온 통합법이다.

제4장 코스닥상장 절차

1. 상장이란

- 한국거래소가 정한 요건을 충족한 기업이 발행한 주권을 증권시장에서 개래할 수 있도록 허용하는 것이다.
- 주권을 상장한다는 것은 어디가지나 당해 주권이 증권시장을 통해 자유롭게 거래될 수 있도록 허용 받는 것을 의미할 뿐이며, 당해 주권의 가치를 보장받는 것은 아니다.
- 한국거래소는 원활한 유동성을 유지하고 공정한 가격을 형성할 수 있도록 매매거래 대상인 주권에 대하여 일정한 기준에 따라라 심사하여 기업의 자금조달과 투자자의 보호를 도모하고 있다.

2. 상장의 효과

○ 필요자금 조달의 용이

: 유상증자, 해외DR발행, 전환사채, 교환사채 등 다양한 방법을 통해 대규모 필요자금을 쉽게 조달할 수 있다.

○ 기업인지도 제고

: 상장법인의 주가 등이 신문, TV 등 언론매체에서 수시로 보도됨으로서 기업의 홍보효과가 극대화되고 국내외 투자자에 대한 당해 기업의 인지도를 제고할 수 있다.

○ 기업구조조정의 원활한 추진

: 상장법인의 분할 또는 합병 등에 의해 설립된 회사를 쉽게 상장할 수 있도록 상장요건 정비 등 환경을 조성함으로서 상장법인의 경영목적에 맞는 방법으로 구조조정을 원활하게 추진할 수 있다.

3. 주요 요건

<table>
<tr><th colspan="2">요 건</th><th>일반기업</th><th>벤처기업</th><th>기술성장기업</th></tr>
<tr><td colspan="2">설립 후 경과연수</td><td>3년 이상</td><td>미적용</td><td>미적용</td></tr>
<tr><td rowspan="2">규모(or①②)</td><td>①자기자본</td><td>30억원 이상</td><td>15억원 이상</td><td>15억원 이상</td></tr>
<tr><td>②기준시가총액</td><td colspan="3">90억원 이상</td></tr>
<tr><td colspan="2">지분의 분산</td><td colspan="3">다음 요건 중 택일
-소액주주 500명 이상, 지분25% 이상 & 청구후 모집 5%(25% 미만시 10%)
-자기자본 500억 이상, 소액주주 500명 이상
-청구후 모집지분 10%이상 & 규모별 일정주식수 이상
-공모25% 이상 & 소액주주 500명</td></tr>
<tr><td colspan="2">자본 상태</td><td colspan="3">자본잠식 없을 것(대형법인 미적용)</td></tr>
<tr><td colspan="2">감사 의견</td><td colspan="3">최근 사업연도 적정일 것(연결재무제표 작성 대상법인의 경우 연결재무제표 기준)</td></tr>
<tr><td colspan="2">경영 성과</td><td colspan="2">계속사업이익 시현(대형법인 미적용)(연결재무제표 작성 대상법인의 경우 연결재무제표 기준)</td><td>미적용</td></tr>
<tr><td colspan="2">이익규모</td><td>다음 요건 중 택일
-ROE 10%
-당기순이익 20억
-매출액 100억원 & 시가총액 300억
-매출액증가율 20% (&매출액 50억)</td><td>다음 요건 중 택일
-ROE 5%
-당기순이익 10억
-매출액 50억원 & 시가총액 300억
-매출액증가율 20% (&매출액 50억)</td><td>미적용</td></tr>
<tr><td colspan="2">최대주주 등 지분의 매각제한</td><td colspan="3">상장 후 1년간(대형법인은 6월)</td></tr>
<tr><td colspan="2">기타 외형 요건</td><td colspan="3">주식양도 제한이 없을 것</td></tr>
</table>

* 연결재무제표 작성대상법인의 경우에는 연결재무제표상 자기자본(자본금)을 기준으로 하되 비지배지분은 제외한다.
* 재화의 판매 및 용역의 제공에 한한다(단, 지주회사는 연결재무제표 기준).
* ROE(자기자본이익률) = 당기순이익/자기자본 × 100
* 기술성장기업 : 전문기관 기술평가(복수) 결과 A등급 이상인 기업(녹색인증기업은 단수)
* 대형법인 : 자기자본 1,000억원 또는 기준시가총액 2,000억원 이상 기업(상장예비심사청구일 현재)

진행절차	내 용	주체	일정
1. 외감법에 의한 외부감사	지정감사인 지정	발행사 금감원 회계법인	
2. 대표 주관계약체결	금융투자협회 자율규제기획부에 계약서 등 제출 (체결일로부터 5영업일 이내)	발행사 증권사	
2. 정관정비	코스닥상장법인 표준정관에 의거 정관을 개정(표준정관이 강제 사항은 아니지만 아래사항은 반드시 개정 필요) ① 공고의 방법 : 전국을 대상으로 서울지역에서 발행되는 일간신문에 공고 ② 주권의 종류 : 8권종으로 정비 ③ 명의개서대리인제도에 관한 규정이 없는 경우 신설 등	발행사 증권사	
3. 기업실사 및 발행가액 분석자료 준비	투자자가 공모가격과 기상장 유사기업의 주가를 직접 비교·평가할 수 있도록 주간사회사가 공모가격 결정을 위하여 내부적 으로 분석한 상대가치 산정시 적용한 유사기업의 주요 재무정보와 공모기업의 재무정보를 비교·제시하여야 하며, 유사기업의 선정사유, 상대비교시 감안하여야 할 내용을 주간사회사의 의견으로 적시하여야 한다	발행사 증권사	
4. 명의개서 대행기관 선정	코스닥 상장공모를 위해서는 명의개서 대행기관을 반드시 선정 필요(한국예탁결제원, 국민은행, 하나은행 중 1사)	발행사	
6. 주권가쇄 계약	① 통일규격유가증권 인쇄를 위한 가쇄소를 선정(5개사) ② 가격은 통일되어 있으며, 권종당 20만원 (8권종이며 따라서, 1회차당 160만원)	발행사 가쇄소	
7. 예비심사 청구서 제출	① 코스닥시장본부에서는 제출된 회사의 상장요건 등을 검토 ② 코스닥상장에 적합한 회사 여부를 사전에 심사 ③ 상장예비심사 청구서 작성 및 제출	발행사 증권사	D
8. 예비심사청구서 검토	① 코스닥시장상장위원회는 월2회 예비심사를 위한 심의위원회 개최 ② 코스닥시장본부는 심의결과를 반영하여 승인여부를 결정	코스닥시장본부 상장심사팀	
9. 청구기업 심의	코스닥시장상장위원회 상정	코스닥시장 상장위원회	D+60일

진행절차	내 용	주체	일정
10. 예비심사 승인		코스닥시장본부	D+63일
11. 증권신고서 제출	① 코스닥상장기준에 적합하다는 내용을 포함한 유가증권 신고서를 제출(15일 경과 후 효력발생) ② 유가증권 효력발생 후 신문공고를 실시	발행사 감독원	D+65일
12. 발행가액 결정	① 기관투자가 및 증권회사를 대상으로 수요예측 실시 ② 수요예측 실시 후 발행가격을 확정하여 유가증권정정 신고서를 제출 ㅇ 공모가격 결정 : 수요예측 결과를 반영하여 주간사회사와 발행회사가 협의	발행사 증권사	D+65일
13. 증권신고서 효력발생	유가증권신고서 수리 15일 경과 후		D+81일
14. 청약	유가증권신고서 효력발생 후 2일간 청약 실시	증권사	D+82 ~84일
15. 배정 및 환불	배정 및 환불의 경우에는 청약 실시 후 약 10일 소요 ◦ 공모 실시 후 잔여주식이 발생되는 경우 등록주간사회사가 잔량을 전량 인수	증권사	D+91일
16. 납입	주금납입은 발행회사가 정한 계좌로 입금(환불익일)		
17. 신규상장 신청	① 납입일까지 신규등록 신청을 의무화 ② 구비서류 : 상장신청서, 최초 사업연도 결산서 및 감사보고서, 정관, 등기부등본, 대표이사 이력서, 주주명부, 주주명부요약표, 상장동의에 관한 이사회 이사록 등	발행사 증권사	D+92일
18. 증자등기		발행사	D+93일
18. 코스닥 상장 승인	코스닥상장과 동시에 매매가 개시(공모실시로부터 매매 개시일 까지 통상 2주 정도 소요)	코스닥시장본부	D+94일
19. 매매개시		코스닥시장본부	D+96일

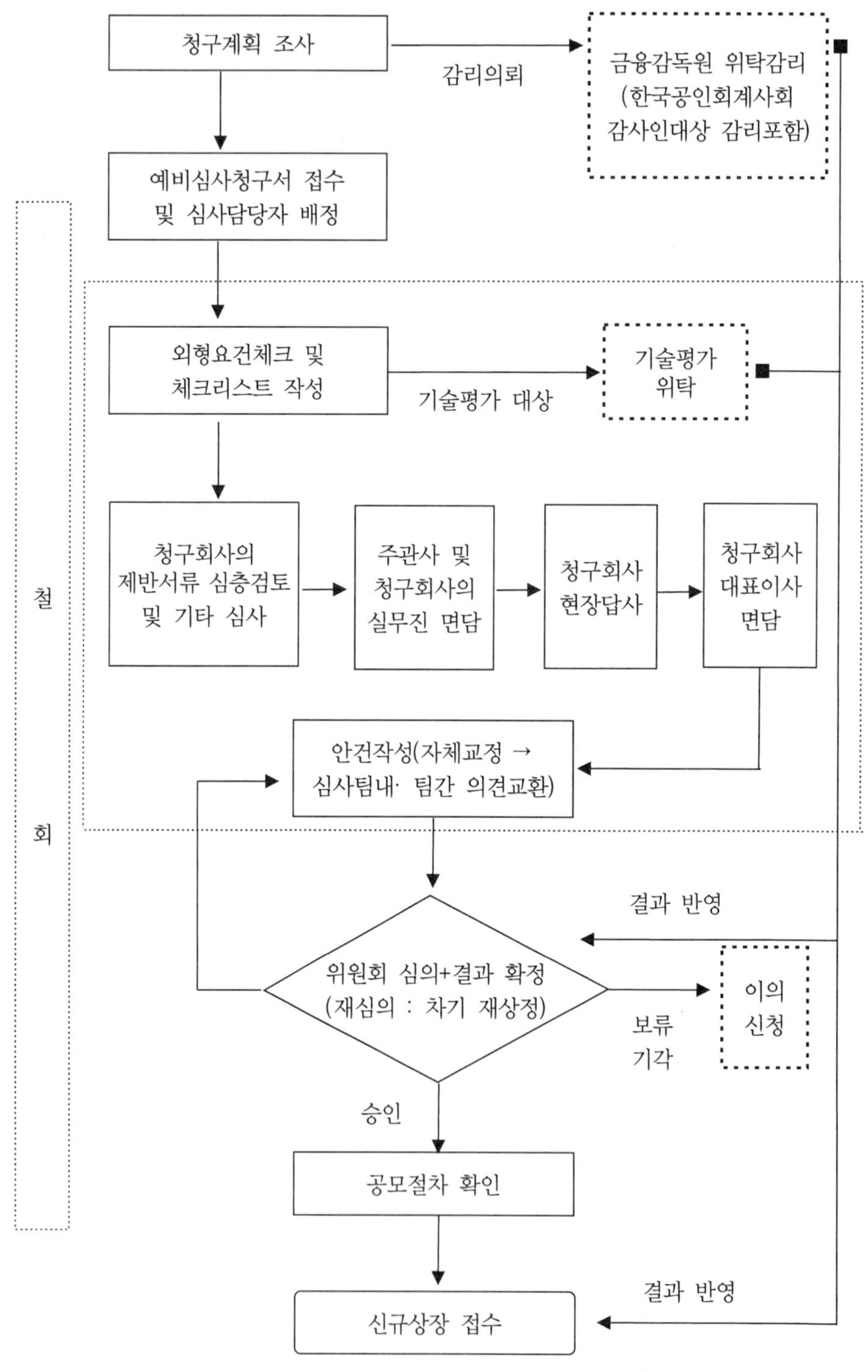
청구계획 조사
감리의뢰
금융감독원 위탁감리
(한국공인회계사회
감사인대상 감리포함)
예비심사청구서 접수
및 심사담당자 배정
외형요건체크 및
체크리스트 작성
기술평가 대상
기술평가
위탁
청구회사의
제반서류 심층검토
및 기타 심사
주관사 및
청구회사의
실무진 면담
청구회사
현장답사
청구회사
대표이사
면담
안건작성(자체교정 →
심사팀내· 팀간 의견교환)
철
회
결과 반영
위원회 심의+결과 확정
(재심의 : 차기 재상정)
보류
기각
이의
신청
승인
공모절차 확인
결과 반영
신규상장 접수

농업법인 창업법규

제1장 농업법인 제도의 개요

1. 농업법인 제도의 특징

1) 근거법령

○ 농업법인 설립 근거는 「농어업경영체 육성 및 지원에 관한 법률」이며, 영농조합법인(제16조)과 농업회사법인(제19조)으로 구분하고 법인의 설립목적, 설립자 또는 조합원의 자격, 사업범위, 설립·등기·해산 등에 관한 사항을 규정하고 있다.

2) 법인 성격

○ 동법에서 영농조합법인은 "협업적 농업경영체"로, 농업회사법인은 "기업적 경영체"로 규정하고 있으며, 영농조합법인은 민법상 조합에 관한 규정을, 농업회사법인은 상법상 회사에 관한 규정을 준용하도록 하고 있다.

3) 설립 주체

○ 기본적으로 농업인을 주축으로 설립할 수 있으며, 구체적 요건은 아래와 같다.

- 발기인 : 영농조합법인은 농업인 5인 이상, 회사법인은 상법상의 발기인 규정에 의한다(합명·합자회사 2인 이상, 유한회사 2~50인, 주식회사 1인 이상).
- 비농업인 출자 : 영농조합법인은 의결권이 없는 준조합원의 자격으로 출자가 가능하며 출자한도는 없다. 반면, 농업회사법인은 비농업인의 출자를 허용하되 총출자액의 9/10을 초과할 수 없다.

4) 사업 범위

○ 영농조합법인 : 농업경영 및 부대사업, 공동이용시설의 설치 또는 운영, 농산물의 공동출하·가공·수출, 농작업 대행, 기타 등

○ 농업회사법인 : 농업경영, 농산물의 유통·가공·판매, 농작업 대행 이외에 부대사업으로 영농자재 생산·공급, 종묘생산 및 종균배양사업, 농산물의 매취·비축사업, 농기계장비의 임대·수리·보관, 소규모 관개시설의 수탁관리사업 등

* 농지소유 : 영농조합법인과 농업회사법인 모두 농지소유 가능, 단, 농업회사법인은 업무집행사원의 1/3이상이 농업인이어야 한다(농지법 제2조3호).

5) 의결권

○ 영농조합법인은 1인1표, 농업회사법인은 출자지분에 의한다.

- 영농조합법인은 기본 성격이 민법상의 조합이기 때문에 조합원은 출자액에 따라 의결권의 수에 차이가 없이 모두 1인 1표씩 동일하다.

※ 영농조합법인의 경우 조합원의 의결권을 출자지분에 따라 그 비례대로 의결권과 선거권을 가질 수 있다.

- 농업회사법인은 회사 형태이기 때문에 출자 지분에 의하여 의결권이 달라지며, 비농업인도 출자 지분에 따른 의결권을 인정한다.

〈영농조합법인과 농업회사법인 비교〉

구분	영농조합법인 (Farming association corporation)	농업회사법인 (Agricultural corporation company)
법률	○ 농어업경영체 육성 및 지원에 관한 법률	○ 농어업경영체 육성 및 지원에 관한 법률
설립 요건	○ 농업인 5인 이상이 조합원으로 참여 *결원 시, 1년이내에 충원(미충원시 해산사유) ○ 비농업인 - 비농업인은 준조합원으로 참여 가능 - 비농업인의 출자한도 제한 없음 - 비농업인은 의결권 없음	○ 비농업인의 출자한도 -농업회사법인의 총출자액이 80억원 이하 : 총출자액의 100분의 90 -농업회사법인의 총출자액이 80억원 초과 : 총출자액에서 8억원을 제외한 금액 ○ 비농업인도 의결권 있음
사업	○ 농업의 경영 및 부대사업 ○ 농업관련 공동이용 시설의 설치 및 운영 ○ 농산물의 공동출하·가공 및 수출 ○ 농작업의 대행 ○ 그 밖의 영농조합법인의 목적달성을 위하여 정관으로 정하는 사업 (동법 시행령 제11조)	○ 농업경영, 농산물의 유통·가공·판매 농작업 대행 ○ 영농에 필요한 자재의 생산·공급, 종자생산 및 종균배양 사업 ○ 농산물의 구매·비축사업 ○ 농기계 기타장비의 임대·수리·보관 ○ 소규모관개시설의 수탁·관리 (동법 시행령 제19조)
농지 소유	○ 소유 가능 ○ 농지법 제2조 제1호 : "농지"란 다음 각 목의 어느 하나에 해당하는 토지를 말한다 가. 전·답, 과수원, 그 밖에 법적 지목(地目)을 불문하고 실제로 농작물 경작지 또는 다년생식물 재배지로 이용되는 토지. 다만, 「초지법」에 따라 조성된 초지 등 대통령령으로 정하는 토지는 제외한다. 나. 가목의 토지의 개량시설과 가목의 토지에 설치하는 농축산물 생산시설로서 대통령령으로 정하는 시설의 부지	○ 소유 가능(단, 업무집행권을 가진 자가 1/3 이상 농업인일 것, 농지법 제2조 제3호) ○ 농지법 제2조제3호 : "농업법인"이란 「농어업경영체 육성 및 지원에 관한 법률」 제16조에 따라 설립된 영농조합법인과 같은 법 제19조에 따라 설립되고 업무집행권을 가진 자 중 3분의 1 이상이 농업인인 농업회사법인을 말한다.
운영 현황	○ 운영법인 수 : 8,107개 ○ 법인당 평균 매출액 : 1,396백만원 ○ 매출액 10억이상 법인 수 : 1,563개 ○ 법인당 평균 출자액 : 224.1백만원 *2010농어업법인사업제통계조사보고서(통계청, 2011.10)	○ 운영법인 수 : 1,633개 ○ 법인당 평균 매출액 : 3,134백만원 ○ 매출액 10억이상 법인 수 : 563개 ○ 법인당 평균 출자액 : 537.9백만원 *2010농어업법인사업체통계조사보고서(통계청, 2011.10)

2. 농업법인의 주요 세제지원 내용

1) 소득에 대한 감면

<table>
<tr><th>구 분</th><th>영농조합법인</th><th>농업회사법인</th></tr>
<tr><td rowspan="2">농업소득 및 농업소득 외의 소득에 대한 법인세 면제(감면)</td><td>◇ 농업소득(작물재배업소득)에 대하여 전액면제(조특법 제66조 1항)
◇ 대통령령이 정한 소득(농업소득 외의 소득), 즉 「농어업 경영체 육성 및 지원에 관한 법률」 시행령 제11조제1항 영농조합법인의 사업 소득 중 각 사업연도별 다음 산식에 의하여 계산한 금액 이하의 금액 {1천200만원×조합원 수×(사업연도월수/12)}(조특법 시행령 제63조 1항)

※ 농업소득(작물재배업소득): 식량작물재배업, 채소작물 재배업, 과실작물재배업, 화훼작물 재배업, 특용작물재배업, 약용작물 재배업, 버섯 재배업, 양잠업 및 종자·묘목 재배업(임업용 종자·묘목 재배업은 제외)(「농어업·농어촌 및 식품산업 기본법」시행령 제2조)</td><td>◇ 농업소득(작물재배업소득)에 대하여 전액면제(조특법 제68조 1항)
◇ 대통령령(농업소득 외의 소득)이 정한 소득에 대하여서는 최초 소득이 발생한 연도와 그 다음연도부터 3년간 법인세 50%감면(최저한세 적용) (조특법 제68조 1항, 조특법 제6조 1항)

※ 법인세가 감면되는 농업소득 외의 소득이란 함은 대통령령이 정한 소득으로 축산업, 임업, 「농어업경영체육성 및 지원에 관한 법률」 시행령 제 19조 1항의 농업회사법인의 부대사업에서 발생한 소득과 농산물유통, 가공, 판매 및 농작업대행에서 발생한 소득에 대해여서만 법인세가 감면됨.</td></tr>
<tr><td colspan="2">◇ 상기 법령으로 정한 「농업소득 외의 소득」이 아닌 기타소득은 감면되지 않으며, 이에 따른 배당소득도 분리과세 대상이 아닌 종합과세 대상임
* 기타소득이라 함은 농업법인의 유형자산처분이익, 부동산분양소득, 부동산임대소득 등을 말하며 이 경우에는 법인세 감면이 되지 않음(일반 과세 대상)</td></tr>
</table>

2) 양도소득세 및 배당소득에 대한 감면

구 분	영농조합법인	농업회사법인
양도소득세 면제	◇ 대통령령이 정한 농업인이 법인에 농지 및 초지를 현물출자함에 따라 발생하는 소득에 대해서 양도세면제 단, 출자한 농업인이 출자지분을 3년내 양도 시 세액을 추징함.(조특법 제66조제5항)	◇ 좌 동(조특법 제68조제2항)
양도소득세 이월과세	◇ 대통령령이 정하는 농업인이 농업·농촌 및 식품산업 기본법 제3조제1호가목에 따른 농작물재배업, 축산업 및 임업에 직접 사용되는 부동	◇ 좌 동(조특법 제68조제3항) * 이월과세는 개인이 고정자산 등을 법인에 현물출자하는 경우 개인에

	산(농지, 초지는 제외)을 현물출자하는 경우 이월과세 적용받음.(조특법 제66조제7항)	대하여는 양도소득세를 과세하지 아니하고, 이를 양수한 법인이 당해 자산을 양도하는 경우 양도소득산출세액을 법인세로 납부하는 제도
배당소득세 면제(감면)	◇ 농업소득에서 발생한 배당소득 전액에 대해서 소득세 면제(조특법 제66조2항) ◇ 농업소득 외의 소득(기타소득 제외) 중 연간 조합원당 12백만원 면제, 12백만원 초과하는 금액에 대하여서는 5%저율분리과세 되며 지방소득세 소득분이 부과되지 않음. * 분리과세는 종합소득세에 합산하지 않고 원천징수로 세무의무가 종결되는 제도임.(조특법 제66조2항 및 3항/동법 시행령 제63조 2항 및 3항)	◇ 좌 동(조특법 제68조4항) ◇ 농업소득 외의 소득(기타소득 제외)에서 발생한 배당소득은 종합소득에 합산하지 않고 분리과세(조특법 제68조4항/동법 시행령 제65조2항)) * 기타소득(4쪽, 법인세 면제 항목 참조)에서 발생한 배당소득은 종합소득에 합산함.

* 상기 "대통령령으로 정하는 농업인"이란 조특법시행령 제63조제4항에 의거「농어업·농어촌 및 식품산업 기본법 」제3조제2호가목에 따른 농업인으로, 현물출자하는 농지·초지 또는 부동산(이하 이 조에서 "농지등"이라 함)이 소재하는 시·군·구, 그와 연접한 시·군·구 또는 해당 농지등으로부터 직선거리 20킬로미터 이내에 거주하면서 직접 경작한 자를 말함.
* 상기 현물출자는 조특법시행령 제63조제5항에 의거 현물출자함으로써 발생한 소득에 대하여 양도소득세가 면제되는 농지는 전·답으로서 지적공부상의 지목에 관계없이 실제로 경작에 사용되는 토지와 그 경작에 직접 필요한 농막·퇴비사·양수장·지소·농로·수로 등에 사용되는 토지를 말함. 단, 동법 시행령 제4항 각호의 농지는 제외

3) 부가가치세 면제

구 분	영농조합법인	농업회사법인
부가가치세면제(조특법 제106조제1항3호)	◇ 농업경영 및 농작업의 대행용역에 대한 부가가치세 면제 (주)농작업대행, 선별, 포장용역은 면제되나 운반, 저온저장수수료는 부가가치세가 과세됨	좌 동
부가가치세 사후환급(조세특례제한법 제105조의2)	◇ 농어업에 사용하기 위하여 일반과세사업자로부터 구입하는 기자재에 대한 부가가치세 환급 ○ 근거규정 : 조세특례법 제105조의2에서 위인된 사항과 시행에 따른 필요사항	좌 동

	- 농·축산·임·어업용 기자재 및 석유류에 대한 부가가치세 영세율 및 면세 적용 등에 관한 특례규정('12.2.2, 대통령령 제23596호) ◎ 농·축·어업용 기자재에 대한 부가가치세 사후환급(조특법 제105조의2 제1항) * 농업용 필름 등 32종(붙임 별표 5/참조), 어업용 23종(붙임 별표6 참조) (주) 부가가치세 사후환급은 농업법인이 직접 작물재배 및 축산업을 영위하는 경우에 적용됨. 따라서 공동구매, 도·소매업의 경우 농업인이 직접 환급을 받아야 함.	
부가가치세 영세율 적용 (조특법 제105조 제1항)	◇ 비료관리법에 의한 비료, 농약관리법에 의한 농약, 농업용기계, 축산업용기자재, 사료법에 의한 사료, 임업용기자재, 친환경농업용기자재 등(붙임 별표 1, 2, 3, 3의2, 4 참조)을 공급받아 직접 사용하거나 소비하는 경우 ○ 근거규정 : 조세특례법 제105조제1항제5호·제6호에서 위임된 사항과 시행에 따른 필요사항 - 농·축산·임·어업용 기자재 및 석유류에 대한 부가가치세 영세율 및 면세 적용 등에 관한 특례규정('12.2.2, 대통령령 제23596호)	좌 동

4) 지방세법에 의한 감면 및 면제

구 분	영농조합법인	농업회사법인
취득세 면제 및 경감(지방세특례제한법 제11제1항 및 제2항)	◇ 취득세 면제 - 농업법인이 영농에 사용하기 위해 법인설립등기일부터 2년 이내에 취득한 부동산에 대하여 취득세 면제('12.12.31까지) * '11.1.1일부터 취득세와 등록세가 취득세로 통합 시행됨. ◇ 농업법인이 영농·유통·가공에 직접 사용하기 위해 취득한 부동산에 대하여는 취득세의 100분의 50을, 과세기준일 현재 해당 용도에 직접 사용하는 부동산에 대하여는 재산세의 100분의 50을 경감('12.12.31까지)	좌 동
등록면허세 면제(지방세특례제한법 제11제1항)	◇ 농업법인의 설립등기와 관련된 등록면허세 면제('12.12.31까지)	좌 동
담보물등기에 대한 등록면허세 면제	◇ 농업협동조합, 수산업협동조합, 산림조합, 신용협동조합, 새마을금고가 농어업인(영농조합법인·영어조합법인 및 농업회사법인 포함)에게 융자할 때 제	좌 동

(지방세특례제한법 제10제1항)	공받는 담보물에 관한 등기에 대하여 등록면허세 면제. ('12.12.31까지)다만, 중앙회 및 연합회의 경우에는 영농자금, 영어자금, 영림자금, 축산자금을 융자하는 경우에 한함.	
담보물 등기에 대한 등록면허세 면제 (지방세특례제한법 제13제1항))	◇ 한국농어촌공사가 농업인(영농조합법인 및 농업회사법인 포함)에게 농지관리기금을 융자할 때 제공받는 담보물에 관한 등기 및 동법 제19조에 따라 임차하는 토지에 관한 등기에 대하여 등록면허세 면제	좌 동
주민세 재산분 및 지방소득세 종업원분 면제 (지방세특례제한법 제10제2항)	◇ 농업·임업·축산업 및 수산업에 대하여는 주민세 재산분 및 지방소득세 종업원분을 면제(지방세법 제267조제3항) (주) 다만, 영농·영림·가축사육·양식·어획 등에 직접 제공되지 아니하는 주민세 재산분 및 지방소득세 종업원분에 대하여 면제하지 아니함.	좌 동

5) 농·임·어업용 면세유류의 범위

구 분	농업법인 지원대상
농업·임업·어업용 면세유류 지원 (근거 : 조특법 제106조의 2제1항제1호)	◇ 농업·임업·어업용 등 석유류에 대한 부가세 등의 감면 ○ (면세석유류 적용대상 농·어민등의 범위) 조특법 제106조의 2제1항 제1호에 의거 "대통령령으로 정하는 농민, 임업에 종사하는 자 및 어민"이란 다음 각 호의 어느 하나에 해당하는 자(발췌, 근거 : 농·축산·임·어업용 기자재 및 석유류에 대한 부가가치세 영세율 및 면세 적용 등에 관한 특례규정(대통령령 제23596, '12.2.2) - (농업법인 지원 대상)은 「농어업경영체 육성 및 지원에 관한 법률에 따라 설립된 영농조합법인과 농업회사법인 ○ 지원 대상 시설 및 기계류(별표 가, 나, 다 참조)/(근거 : 농·축산·임·어업용 기자재 및 석유류에 대한 부가가치세 영세율 및 면세 적용 등에 관한 특례규정 시행규칙(기획재정부령 제277호, '12.3.14)

[농림수산사업실시규정(시행 2012.1.1, 훈령 제 280호) 제48조의 별표 4 관련]

농수산업법인 지원요건 및 사후관리기준

영농조합법인 · 영어조합법인과 농수산업회사법인을 사업대상자로 선정할 경우에는 다음 요건을 구비하여야 하며, 사후관리 기준은 다음과 같다.

1. 공통지원요건 〈개정 2005. 12.〉

가. 총출자금이 1억원 이상인 법인

- 출자금은 부동산인 경우 당해 부동산이 법인명의로 소유권 보존등기가 되었을 경우에만 인정하고 현금인 경우 법인명의로 개설된 통장에 입금되었을 경우에만 인정. 단, 농기계인 경우에는 당해 법인의 자산대장에 등재되고 기타 회의록 등에서 출자한 사실이 인정되는 경우에 한하되 감가상각액을 공제한 금액을 인정〈개정 2005. 12.〉

나. 〈삭제 2004. 11. 〉

다. 〈삭제 2004. 11. 〉

라. 자본금이 사업비의 자부담금 이상으로 확보된 법인 〈개정 2008. 7〉

마. 영농조합법인 또는 영어조합법인은 조합원이 5인 이상인 법인으로서 조합원 5인이 농어업인임을 확인하여야함(확인서징구 : 농지원부, 농지이용경작확인서, 가축자가사육확인서, 매출증명서 등) 〈개정 2007. 12.〉

농업회사법인은 농업인 출자지분이 1/10이상인 법인〈개정 2010. 12.〉

바. 생산과 관련된 부대사업은 당해 법인의 생산과 연계된 경우에만 지원할 수 있음

사. 설립 후 운영실적이 1년이상인 법인(다만, 개별 사업시행지침에서 다르게 정한 경우에는 그에 따른다.) 〈개정 2007. 12〉

아. 농수산업법인 경영체를 농림수산사업 지원대상자로 선정할 경우에는 당해 법인의 구성원이 부적격자가 있는지 또는 특정인이 개인사업을 위하여 위장 설립했는 지의 여부를 철저히 확인후 선정할 것 〈신설 2002. 11. 29〉

자. 〈삭제 2008. 7〉

차. 1회 3일 이상의 교육(복식부기, 회계, 세무, 마케팅, 농림수산정보 활용방법, 기타 지원되는 품목의 영농 · 영어기술 교육 등)을 받은 법인은 다른 법인보다 우선하여 사업대상자로 선정할 수 있음. 단, 모든 요건을 갖추고 다른 법인과 동일 조건일 경우에 한함 〈개정 2005. 12. 〉

카. 〈삭제 2007. 12.〉

타. 재무제표 징구<신설2006.12. >

2. 사업별 지원요건 <개정 2002. 11. 29>

○ 공통요건 이외의 사항으로서 농림수산사업시행지침서의 개별단위 사업별로 명시되어 있는 기준

3. 사후관리기준

가. <삭제 2002. 11. 29>

나. 법인경영체에 지원되는 시설물의 준공검사는 시 · 군의 기술직(건축, 토목직) 공무원이 담당하도록 함

다. 지원된 시설물이 완공된 경우에는 당해 법인 명의로 소유권 보존 등기가 되었는지를 확인한 후 정산할 것

라. <삭제 2005. 12.>

마. <삭제 2005. 12.>

바. 농수산업업법인에 대한 지원이 있을 경우에는 경영에 대한 지도관리는 품목담당과에서 담당자 및 책임자를 지정 운영하되 일반적인 운영상의 지도, 감독(예 : 설립, 출자 등)은 총괄 담당과에서 담당

사. <삭제 2005. 12.>

아. 부도 등으로 인한 잉여시설물의 제3자 이양 원활화 추진

○ 농수산업법인이 부도 등으로 파산할 경우 시설물의 잉여가 발생하지 않도록 강구

- 정부지원보조금의 제3자 인계는 농림수산사업 자금집행관리기본규정 제13조의 규정에 의거 보조금 교부결정자인 시장 · 군수가 판단하여 승인할 것
- 정부지원 시설물이 농수산업목적대로 사용되고 내용연수와 같은 기간동안 관리되도록 시 · 군의 품목담당과에서 적극 관여할 것

자. <삭제 2006. 12.>

차. <삭제 2005. 12.>

제2장 농업법인 설립절차

1. 정관의 작성

1) 정관의 정의

○ 정관은 농업법인의 조직, 사업, 관리, 운영 등 법인에 관한 기본적인 사항을 정하는 자치규범으로서 법인 설립시 발기인 공동으로 작성(전원 합의작성)하여야 한다.

2) 정관 기재사항

○ 정관은 법인의 운영에 있어 기준이 되므로 개별법인의 사업, 규모, 운영방식에 따라 적절히 규정하되 다음 사항은 반드시 정관으로 정하여야 한다

① 명칭(법인의 명칭은 ○○영농조합법인, 농업회사법인 ○○합자·합명·유한·주식회사라는 명칭을 사용)

② 목적

③ 사업

④ 사무소의 소재지

⑤ 조합원(준조합원 포함) 등의 자격에 관한 사항

⑥ 조합원 등의 가입·탈퇴 및 제명에 관한 사항

⑦ 조합원 등의 탈퇴 및 제명시 지분의 계산에 관한 사항

⑧ 출자액의 납입방법·산정방법과 조합원 등의 1인이 출자할 수 있는 출자액의 최고한도에 관한 사항

⑨ 이익금 및 손실금의 처리에 관한 사항

⑩ 적립금의 비율과 그 적립방법에 관한 사항 ⑪ 회계연도와 회계에 관한 사항

⑫ 총회 기타 의결기관과 임원의 정수·선출 및 해임에 관한 사항

⑬ 해산 사유를 정한 때에는 그 사유에 관한 사항

※ 정관 제반 근거 : 영농어조합법인은 농어업 경영체 육성 및 지원에 관한 법률 시행령 제12조 등 적용, 농어업회사법인은 상법상의 회사설립에 관한 규정을 준용함으로, 정관 작성 시 관련 법령을 반드시 확인하시기 바람.

3) 기타 설립에 필요한 행위

○ 정관을 작성하고 다음과 같이 「기타 설립에 필요한 행위」를 하여야 한다.

- 조합원 결성 : 정관과 설립취지에 찬성하고 법인에의 가입을 원하는 농업인, 농산물의

생산자단체 및 비농업인을 대상으로 준조합원등 모집
- 명부의 작성 : 설립 시 조합원의 명부 작성
- 출자 1좌당 금액과 총 출자 좌수의 결정
- 설립 당해연도의 사업계획 수립
- 설립에 필요한 자산의 취득 등

2. 창립총회

1) 창립총회의 구성

○ 발기인 및 창립당시의 조합원 등

2) 창립총회에서 의결할 사항

① 정관의 승인
② 정관에서 정한 임원의 선임(이사회의 구성)
(임원은 조합원 중에서 선임한다)
③ 출자 납입에 관한 사항
④ 설립 당해연도 사업계획의 승인 등

3) 창립총회의사록 작성

○ 창립총회의 의결은 법인 설립의 기본이 되는 중요사항이므로 회의경과를 명확히 하기 위하여「창립총회의사록」을 반드시 작성하고 참석자들이 기명날인하여 보관하여야 한다.
○ 창립총회의사록은 공증인의 인증(의무사항 아님)을 받아 설립등기시 첨부(공증인법 제66조의2 및 농업법인 정관(예) 참조

3. 출자

1) 출자의 유형 및 범위

○ 법인에의 출자는 농지·현금·기타현물로 출자할 수 있으며, 농어업회사법인은 비농업인의 출자액이 총출자액의 100분의 90을 초과할 수 없다.

2) 출자의 불입 및 출자증서의 발행

○ 조합원은 출자의 목적인 재산을 양도하고 등기, 등록 기타 권리의 설정이나 이전에 필요한 경우에는 이에 관한 서류를 완비하여 교부하여야 한다.

- 출자를 불입한 조합원 등에게 대표이사 명의로 출자증서를 발급하고 출자증서에 출자좌수, 출자액, 출자재산의 표시(토지의 경우 지번, 지목, 면적을 기재) 등을 기재한다.
- 현물출자의 경우 출자액 산정방법, 출자최고한도, 출자액의 납입방법 등을 정관으로 반드시 작성하여야 한다.

4. 설립등기

1) 등기시 필수 기재사항

① 명칭

② 목적

③ 사업

④ 사무소의 소재지

⑤ 출자액의 납입방법, 출자액의 산정방법 및 조합원 1인이 출자할 수 있는 출자액의 최고한도에 관한 사항

⑥ 해산사유를 정한 때에는 그 사유에 관한 사항

⑦ 법인을 대표하는 자의 성명과 주소

⑧ 공동으로 법인을 대표(공동대표) 할 것을 정한 때에는 그 규정

※ 기타 등기시 기재사항은 상법상 관련규정을 준용함.

2) 등기신청시 첨부서류(동법시행령 제9조제3항)

① 창립총회의사록

② 정관

③ 출자자산의 명세를 적은 서류

④ 조합법인을 대표할 조합원임을 증명하는 서류

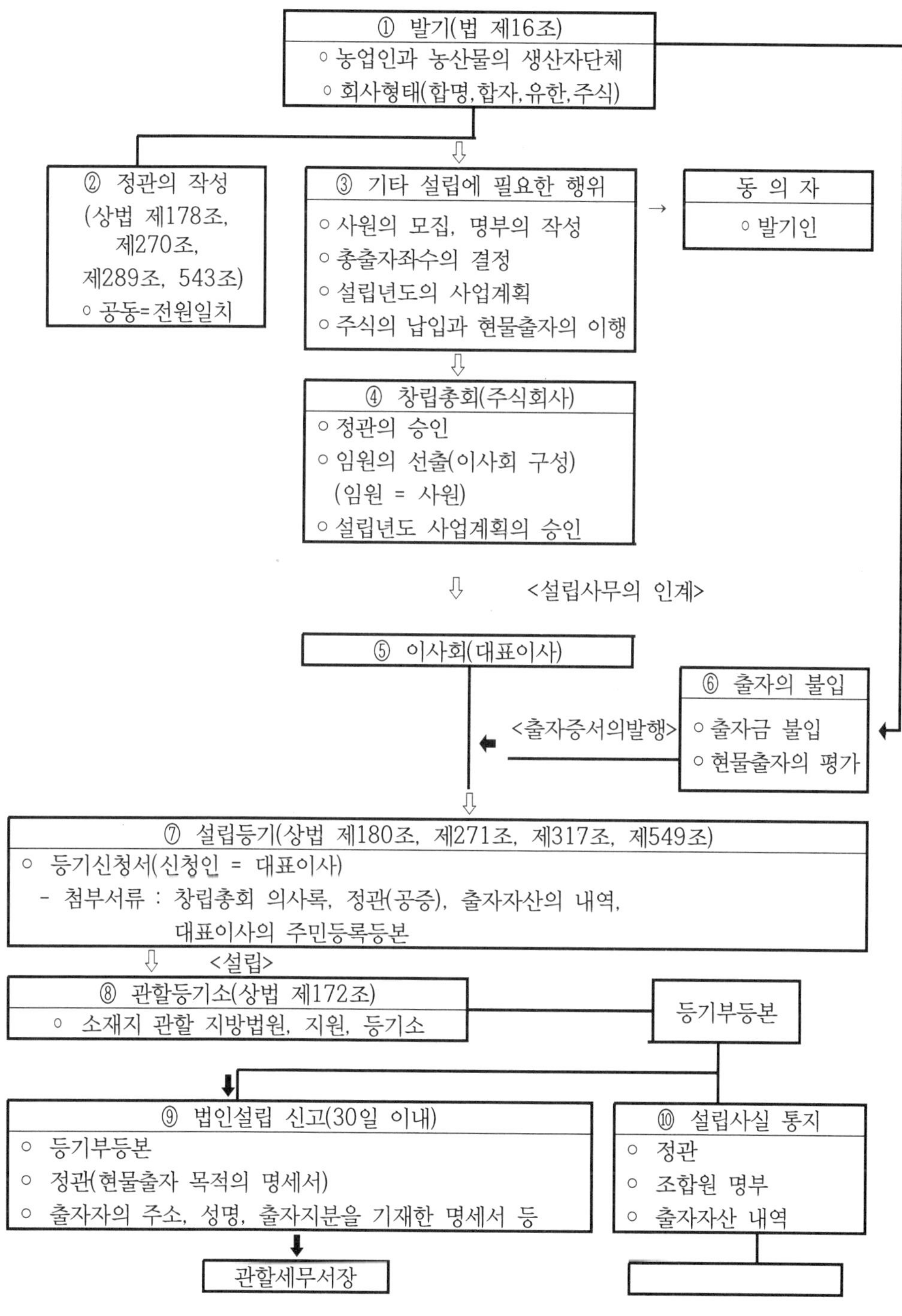
① 발기(법 제16조)
○ 농업인과 농산물의 생산자단체
○ 회사형태(합명,합자,유한,주식)
② 정관의 작성
(상법 제178조,
제270조,
제289조, 543조)
○ 공동=전원일치
③ 기타 설립에 필요한 행위
○ 사원의 모집, 명부의 작성
○ 총출자좌수의 결정
○ 설립년도의 사업계획
○ 주식의 납입과 현물출자의 이행
동 의 자
○ 발기인
④ 창립총회(주식회사)
○ 정관의 승인
○ 임원의 선출(이사회 구성)
(임원 = 사원)
○ 설립년도 사업계획의 승인
<설립사무의 인계>
⑤ 이사회(대표이사)
⑥ 출자의 불입
○ 출자금 불입
○ 현물출자의 평가
<출자증서의발행>
⑦ 설립등기(상법 제180조, 제271조, 제317조, 제549조)
○ 등기신청서(신청인 = 대표이사)
- 첨부서류 : 창립총회 의사록, 정관(공증), 출자자산의 내역,
대표이사의 주민등록등본
<설립>
⑧ 관할등기소(상법 제172조)
○ 소재지 관할 지방법원, 지원, 등기소
등기부등본
⑨ 법인설립 신고(30일 이내)
○ 등기부등본
○ 정관(현물출자 목적의 명세서)
○ 출자자의 주소, 성명, 출자지분을 기재한 명세서 등
관할세무서장
⑩ 설립사실 통지
○ 정관
○ 조합원 명부
○ 출자자산 내역

제3장 농업법인 정관(예) 및 설립사례

* 농림수산식품부장관이 정하는 요건을 갖춘 생산자단체 범위에 관한 고시
○ 근거 : 농어업·농어촌 및 식품산업 기본법 시행령 제4조제5호

* 영농조합법인 정관(예) 고시
○ 근거 : 농어업경영체 육성 및 지원에 관한 법률 제16조제1항

* 농업회사법인 합명회사정관(예) 고시
○ 근거 : 농어업경영체 육성 및 지원에 관한 법률 제19제1항

* 농업회사법인 합자회사정관(예) 고시
○ 근거 : 농어업경영체 육성 및 지원에 관한 법률 제19제1항

* 농업회사법인 유한회사정관(예) 고시
○ 근거 : 농어업경영체 육성 및 지원에 관한 법률 제19제1항

* 농업회사법인 주식회사정관(예) 고시)
○ 근거 : 농어업경영체 육성 및 지원에 관한 법률 제19제1항

※ 농업법인(영농조합법인 및 농업회사법인)의 정관(예) 고시는 동법 시행령에서의 권장사항이며, 동법 및 상법, 민법 등에서 규정한 사항은 그대로 따라야 하며, 그 외의 조항은 조합원의 합의에 의해 정관례와 다르게 정할 수 있음

농림수산식품부고시 제2012-74호

농어업·농어촌 및 식품산업 기본법 시행령 제4조제5호의 규정에 의거 농림수산식품부장관이 정하는 요건을 갖춘 생산자단체(농림수산식품부 고시 제2011-19호/2011.2.25)를 다음과 같이 일부 개정하여 고시합니다.

2012년 7월 17일

농림수산식품부장관

1. 농림수산식품부장관이 정하는 요건을 갖춘 생산자단체 범위

1) 「농어업 경영체 육성 및 지원에 관한 법률」 제16조의 규정에 의한 영농조합법인 및 영어조합법인 중 자본금이 1억원이상인 영농조합법인 및 영어조합법인

2) 「농어업 경영체 육성 및 지원에 관한 법률」 제19조의 규정에 의한 농업회사법인 및 어업회사법인 중 농어업인 5인이상이 참여하고 자본금이 1억원이상인 농업회사법인 및 어업회사법인

3) 「농업협동조합법」 제112조의5의 규정에 의하여 농림수산식품부장관이 설립인가한 조합공동사업법인 및 「농업협동조합법」 제138조의 규정에 의하여 농림수산식품부장관이 설립인가한 품목조합연합회, 「산림조합법」 제86조의5의 규정에 의하여 산림청장이 설립인가한 조합공동사업법인

4) 「염업조합법」 제6조의 규정에 의하여 농림수산식품부장관이 설립인가한 조합

5) 「농수산물유통및가격안정에관한법률」 제7조의 규정에 의하여 농림수산식품부가 보조금을 지급하는 자조금 조성·운영 단체

6) 「축산자조금의 조성 및 운영에 관한 법률」 제3조의 규정에 의하여 자조활동자금을 조성·운영하는 축산단제

부 칙

① (시행일) 이 고시는 2012년 7월 17일부터 시행한다.
② (재검토기한) 이 고시는 2015년 7월 16일까지 "「훈령·예규 등의 발령 및 관리에 관한 규정」(대통령훈령 제248호)" 제7조에 따라 재검토하여야 한다.

2. 영농조합법인 정관(예)

제1장 총 칙

제1조(명칭) 본 조합법인은 농어업 경영체 육성 및 지원에 관한 법률 제16조에 의하여 설립된 영농조합법인으로서 그 명칭은 ○○영농조합법인(이하 "조합법인"이라 한다)이라 한다.

(비고)

명칭 중에는 반드시「영농조합법인」이라는 명칭을 사용하여야 한다.

제2조(목적) 본 조합법인은 협업적 농업경영을 통하여 생산성을 높이고 농산물의 출하·가공·수출 등을 통하여 조합원의 소득증대를 도모함을 목적으로 한다.

(비고)

조합법인의 목적을 구체적으로 표현할 수 있으나, 농어업경영체 육성 및 지원에 관한 법률 제16조 제1항의 규정에 부합되어야 한다.

제3조(사무소의 소재지) 본 조합법인의 사무소는 ○○(시·군) ○○(구·읍·면) ○○(동·리)에 둔다. (비고) 별도의 (분)사무소를 두는 조합법인은「본 조합법인의 사무소는」을「본 조합법인의 주된 (주)사무소는」으로 고치고 제1항으로 하며 제2항을 다음과 같이 한다.

② 본 조합법인의 분사무소는○○(시·군) ○○(구·읍·면) ○○(동·리)에 둔다.

제4조(사업) 본 조합법인은 생산성향상을 위한 협업적 농업의 경영과 ○○사업을 주사업으로 하며 다음 각 호의 사업을 부대사업으로 한다.

1. 집단재배 및 공동작업에 관한 사업
2. 농업에 관련된 공동이용시설의 설치 및 운영
3. 농기계 및 시설의 대여사업
4. 농작업의 대행
5. 농산물의 공동출하·가공 및 수출

(비고)

1. 각 사업별 용어의 정의는 다음 각 호와 같다.

가. 농업의 경영 : 조합법인이 직접 농산물을 생산하여 생산지에서 판매하기까지의 전과정을 포함함.

나. 집단재배 및 공동작업에 관한 사업 : 조합법인의 농업경영에 부수하여 조합원 또는 조합원이외의 자의 농작업을 협력하고 수수료를 받는 경제활동을 말함

다. 농업에 관련된 공동이용시설의 설치 및 운영 : 조합법인이 공동경영을 위하여 농

사·창고·축사·퇴비사 등 공동이용시설을 설치하여 운영하고, 부수적으로 조합원 이외의 자에게 이용하게 하여 사용료 등을 받는 경제활동을 말함.

라. 농기계 및 시설의 대여사업 : 조합법인이 농기계·농기구·건조시설 등을 보유하여 이용하면서 부수적으로 조합원 이외의 자에게 대여·사용하게 하고 사용료 및 임대료를 받는 경제활동을 말함.

마. 농작업의 대행 : 조합법인이 조합원이외의 자로부터 농작업의 전부 또는 일부를 위탁받아 이를 대행하고 수수료를 받는 경제활동을 말함.

바. 농산물의 공동출하·가공 및 수출 : 조합법인의 조합원(혹은 조합법인)이 생산한 농산물을 조합법인을 통하여 공동으로 판매하거나, 가공 또는 수출하는 경제활동을 말함.

2. 제1호 내지 제5호에 열거한 사업이외의 사업도 제2조의 목적과 부합되는 것은 적절히 열거할 수 있으며 부대사업을 명기할 수 있다.

예) 6. 관광농업

제5조(협동조합에의 가입) 본 조합법인은 □□○○협동조합에 준조합원으로 가입한다.

(비고)

가입하는 협동조합은 농어업 경영체 육성 및 지원에 관한 법률 시행령 제15조에서 규정된 협동조합중에서 사업실시와 관련하여 적당하다고 인정되는 조합을 선택하여 정한다.

제6조(공고방법) ① 본 조합법인의 공고는 본 조합법인의 사무소 게시판에 게시하고 필요하다고 인정할 때에는 서면으로 조합원과 준조합원에게 통지하거나 일간신문 등에 게재할 수 있다.

② 제1항의 공고기간은 7일 이상으로 한다.

제7조(규정의 제정) 이 정관에서 정한 것 이외에 업무의 집행, 회계, 직원의 채용 기타 필요한 사항은 별도의 규정으로 정할 수 있다.

제2장 조합원 및 준조합원

제8조(조합원의 자격) ① 본 조합법인의 조합원이 될 수 있는 농업인은 다음 각 호의 요건을 갖춘 자로 한다.

1. 1천 제곱미터 이상의 농지를 경영 또는 경작하는 자나 농업경영을 통한 농산물의 연간 판매액이 120만원 이상인 자 또는 1년중 90일 이상 농업에 종사하는 자
2. 만○○세 이상의 성년으로서 본 조합법인의 설립취지에 찬동하는 자
3. 200만원 이상의 현금 또는 이에 상응하는 농지, 농기계, 가축, 기타의 현물을 출자한 자

② 본 조합법인의 조합원이 될 수 있는 농산물의 생산자단체는 ○○협동조합, ○○○○ 법인으로 한다.

(비고)

1. 제1항 제1호의 경우는 조합법인의 실정에 따라 그 요건을 강화할 수 있음.
2. 제1항 제2호의 ○○은 20세 이상으로 하되 조합실정에 따라 자율적으로 결정한다.
3. 제1항 제3호의 경우 조합법인이 출자를 허용하고자 하는 것만을 기재한다.
4. 제2항의 협동조합, 법인은 농어업·농어촌 및 식품산업 기본법 시행령 제4조에 의한 농산물 생산자단체임.

제9조(준조합원의 자격) 본 조합법인의 준조합원이 될 수 있는자는 다음 각호의 요건을 갖춘자로 한다.

1. 본조합법인에 생산자재를 공급하거나 생산기술을 제공하는 자
2. 본조합법인에 농지를 임대하거나 농지의 경영을 위탁하는 자
3. 본조합법인이 생산한 농산물을 대량으로 구입·유통·가공 또는 수출하는 자
4. 그 밖에 농업인이 아닌자로서 영농조합법인의 사업에 참여하기 위하여 영농조합법인에 출자를 하는 자

(비고)

준조합원의 자격은 제1호 내지 제3호 중에서 조합실정에 따라 정할 수 있으며 그 범위 내에서 구체적으로 기술할 수 있음.

제10조(가입) ① 본 조합법인에 조합원으로 가입하고자 하는 자는 다음 각호의 사항을 기재한(혹은 증명할 수 있는 서류를 첨부한) 가입신청서를 본 조합법인에 제출하여야 한다. 단, 생산자단체의 경우는 제3호 및 사업자등록증(혹은 법인등기부 등본)을 제출한다.

1. 주소, 성명, 주민등록번호
2. 가족관계
3. 납입 혹은 인수하고자 하는 출자좌수 및 출자의 목적인 재산
4. 경영규모(경지면적, 농산물의 연간판매액) 및 연중 농업종사일 수

② 본 조합법인에 준조합원으로 가입하고자 하는 자는 제1항제1호 내지 제3호 및 제9조에 의한 준조합원의 자격에 해당함을 증명할 수 있는 서류를 제출하여야 한다. 단, 사업자 등록이 된자(법인포함)는 제1항제1호 및 제2호 대신 사업자등록증(혹은 법인등기부 등본)을 제출한다.

③ 조합법인은 제1항 및 제2항에 의한 조합원 또는 준조합원의 가입신청서를 접수 하였을 경우에는 총회에서 그 가입여부를 결정하고, 가입을 승인한 때에는 가입신청자에게

통지하여 출자의 불입(출자의 목적인 재산을 양도하고 등기·등록 기타 권리의 설정 또는 이전이 필요한 경우에는 이에 관한 서류를 완비하여 교부하는 것을 말한다. 이하 같다)을 하게 한 후 조합원 또는 준조합원 명부에 기재한다.

④ 가입신청자는 제3항의 규정에 의하여 출자를 불입함으로써 조합원 또는 준조합원의 자격을 갖는다.

⑤ 출자좌수를 늘리려는 조합원 또는 준조합원에 대해서는 제1항 내지 제4항의 규정을 준용한다.

(비고)

조합원 또는 준조합원 가입허용 여부를 이 조에서 특별히 규정하고자 하는 경우에는 제3항의 내용을 적절히 수정 기입할 수 있다.

제11조(권리) ① 본 조합법인의 조합원의 권리는 다음 각호와 같다.

1. 조합법인의 공동작업에 종사하여 노동에 대한 응분의 대가를 받을 권리
2. 지분 환불에 대한 청구권
3. 조합법인 해산시 잔여재산 분배청구권
4. 조합법인의 임원의 선거권 및 피선거권
5. 조합법인의 제반회의에 참석하여 의결할 권리
6. 조합법인의 운영에 참여하여 의견을 제시할 권리
7. 조합법인의 업무집행에 대한 감독 및 감사의 권리

② 제1항 제1호의 조합원의 노동과 대가에 대한 사항을 별도의 규정으로 정한다.

③ 조합원은 출자의 다소에 관계없이 1개의 의결권과 선거권을 가진다.

④ 본 조합법인의 준조합원은 제1항 제2호, 제3호 및 제6호의 권리를 갖는다.

(비고)

조합원의 의결권을 출자의 비율에 따라 가지도록 정하고자 하는 조합법인은 제3항을 다음과 같이 수정한다.

③ 조합원은 출자지분에 따라 그 비례대로 의결권과 선거권을 가진다.

제12조(의무) ① 본 조합법인의 조합원의 의무는 다음 각호와 같다.

1. 정관 및 제규정을 준수할 의무
2. 조합법인에 대한 출자의무
3. 조합법인의 제반 노동에 참가하고 노동규정을 준수할 의무
4. 총회에 출석할 의무와 총회의 의결사항을 준수할 의무
5. 조합법인의 발전을 위하여 노력할 의무

② 본조합법인의 준조합원의 의무는 제1항의 제1호, 제2호 및 제5호와 같으며 제4호중 총회의 의결사항을 준수할 의무도 있다.

(비고)

조합법인의 사업, 규모 등에 따라 의무사항을 적절히 추가하여 정할 수 있다.

제13조(탈퇴) ① 탈퇴를 원하는 조합원 또는 준조합원은 60일전에 탈퇴의사를 서면으로 본조합법인에 예고하여 탈퇴하며 그에 따른 모든 정산은 당해 회계년도 말에 한다.

② 조합원 또는 준조합원은 다음 각호의 1에 해당하는 사유가 발생하였을 때에는 자연탈퇴 된다.

1. 제8조에 의한 조합원 및 제9조에 의한 준조합원의 자격을 상실하였을 경우
2. 사망
3. 파산(법인의 경우 파산 또는 해산)
4. 금치산 선고
5. 제명
6. 지분을 전부 양도하였을 경우

③ 제2항제1호의 자격상실은 총회의 결의에 의한다.

④ 조합원 또는 준조합원은 제1항의 규정에 불구하고 부득이한 사유없이 조합법인이 경영상 어려움에 처해 있는 시기에 탈퇴하지 못한다.

제14조(제명) ① 조합원 또는 준조합원이 다음 각호의 1에 해당하는 경우에는 총회의 의결로써 제명할 수 있다.

1. 제12조에서 규정한 의무를 이행하지 아니한 경우
2. 고의 또는 중대한 과실로 조합법인에 상당한 손해를 입힌 경우
3. 조합을 빙자하여 부당이익을 취한 경우

② 조합법인은 제1항 각호의 사유로 인한 제명대상 조합원 또는 준조합원에게 총회 개최 10일전에 제명의 사유를 통지하고, 총회에서 변명할 기회를 주어야 하며, 제명을 결정한 때에는 서면으로 통지하여야 한다.

(비고) 제명의 사유를 추가로 정하고자 하는 경우에는 제1항에 제4호부터 추가하여 열거한다.

제3장 출자와 적립금 및 지분

제15조(출자) ① 본 조합법인에의 출자는 농지·농기계·현금·기타 현물로 할 수 있다.

② 농지·농기계 등 현물의 출자액 산출은 이사회(설립시는 창립총회)에서 정하는 평가율

에 의하여 환가한다.

③ 1좌의 금액은 1만원으로 한다.

④ 조합원은 ○○좌이상의 출자를 불입하여야 하며, 준조합원은 ○○좌이상의 출자를 불입하여야 한다.

⑤ 제1항의 규정에 의하여 본 조합법인에 농지를 출자하는 조합원 및 쥬조합원의 성명, 출자대상 농지 및 그 평가액과 농지출자 좌수를 별표와 같이 한다.

⑥ 현물로 출자한 농지는 해당 농지를 출자한 조합원 또는 준조합원의 동의가 없으면 처분하지 못한다.

(비고)

축산업을 주업으로 하는 조합법인은 제1항중「기타의 현물」을 가축(축종명시), 초지, 축산, 축산기계 등으로 적절히 규정할 수 있으며, 그 외의 조합법인도「기타의 현물」을 구체적으로 정할 수 있다.

제16조(**출자증서의 발행**) ① 조합법인은 출자를 불입한 조합원 및 준조합원에게 지체없이 출자증서를 발급하여야 한다.

② 출자증서는 대표이사 명의로 발급하고 출자좌수, 출자액, 출자재산의 표시(토지의 경우 지번, 지목, 면적을 말한다) 등을 기재하여야 한다.

③ 조합법인이 토지 등을 취득하여 조합원과 준조합원에게 증좌 배분하는 경우에 대해서도 제1항과 제2항의 규정을 준용한다.

(비고)

출자증서의 발행은 출자지분의 상속공제 등 세금과 관련되어 있으므로 반드시 출자재산 특히 토지의 경우는 지번, 지목, 면적 등이 기재된 출자증서를 발행하여야 한다.

제17조(**출자의 균등화**) 조합원의 출자를 균등화할 목적으로 소액 출자자에게는 그 사정을 고려하여 총회의 의결로써 회계년도말에 증좌를 허용할 수 있다.

제18조(**법정적립금**) 본 조합법인은 출자총액과 같은 금액이 될 때까지 매회계년도 이익금의 100분의 10이상을 법정적립금으로 적립한다.

(비고)

법정적립금으로 출자총액의 2배를 적립하고자 할 경우에는「출자총액과 같은 금액이 될 때까지」를「출자총액의 2배에 달할때까지」로 수정한다.

제19조(**사업준비금**) 본 조합법인은 장기적인 사업확장 및 다음년도의 사업운영을 위하여 매회계년도 이익금의 100분의 ○○을 사업준비금으로 적립한다.

(비고)

○○은 10이상 50이내에서 정한다.

제20조(자본적립금) 본 조합법인은 다음 각호의 1에 의하여 생기는 금액을 자본적립금 으로 적립한다.

1. 재산 재평가 차익
2. 합병에 의한 차익
3. 인수재산 차익
4. 외부로부터 증여된 현물 및 현금
5. 국고 보조금 등
6. 감자에 의한 차익
7. 고정자산에 대한 보험차익

제21조(적립금등의 사용 및 처분) ① 제18조의 규정에 의한 법정적립금(이하 "법정 적립금"이라 한다)과 제20조의 규정에 의한 자본적립금(이하 "자본적립금"이라 한다)은 조합법인의 결손을 보전하는데 사용한다.

② 법정적립금과 자본적립금은 조합원 또는 준조합원의 탈퇴나 제명시 지분으로 환불할 수 없다.

③ 제19조의 규정에 의한 사업준비금(이하 "사업준비금"이라 한다)은 조합원 또는 준조합원이 가입한 날부터 5년이내에 탈퇴하거나 제명되는 경우에는 환불할 수 없다.

제22조(지분의 계산) 본 조합법인의 재산에 대한 조합원과 준조합원의 지분은 다음의 기준에 의하여 계산한다.

1. 납입출자금에 대하여는 납입한 출자액에 따라 매회계년도마다 이를 계산한다. 다만, 그 재산이 납입출자액의 총액보다 감소되었을 경우에는 각 조합원과 준조합원의 출자액에 따라 감액하여 계산한다.
2. 사업준비금은 매회계년도마다 전조합원과 준조합원에게 분할하여 가산하되 제35조 제2항의 규정을 준용한다.

(비고)

제2호의 사업준비금 배분을 출자지분에 비례하여야 할 경우에는 제2호를 다음과 같이 한다.

2. 사업준비금은 매회계연도마다 전조합원 과 준조합원에게 분할하여 가산하되 조합원의 출자지분의 비율에 따라 배분한다.

제23조(지분의 상속) ① 조합원 또는 준조합원의 상속인으로서 조합원 또는 준조합원의 사망으로 인하여 지분환불권의 전부 또는 일부를 취득한 자가 즉시 조합법인에 가입을 신청하고 조합법인이 이를 승인한 경우에는 상속인은 피상속인의 지분을 승계한다.

② 제1항의 규정에 의한 상속인의 가입신청과 조합법인의 가입승인은 제10조 제1항 내지

제4항의 규정을 준용한다.

제24조(조합의 지분취득금지) 본 조합법인은 조합원 또는 준조합원의 지분을 취득하거나 또는 담보의 목적으로 수입하지 못한다.

제25조(지분의 양도, 양수 및 공유금지) 조합원 및 준조합원은 총회의 승인의결 없이는 그 지분을 양도·양수 할 수 없으며 공유할 수 없다.

제26조(탈퇴시의 지분환불) ① 조합원 또는 준조합원이 탈퇴하는 경우에는 그 조합원의 지분을 현금 또는 현물로 환불한다.

② 환불재산 가운데 토지나 건물 등이 조합법인의 공동경영조직을 깨뜨릴 염려가 있어 환불이 곤란한 경우에는 그에 상당하는 다른 토지 및 현금으로 지불할 수 있다.

③ 탈퇴 조합원 및 준조합원이 출자한 토지가 공동경영의 결과로 인하여 지력이 증대되었거나, 노력과 자본의 투자로 인하여 가치가 상승하였을 경우에는 이에 상당하는 금액을 토지를 환불받는 자로부터 징수한다.

④ 탈퇴 조합원 또는 준조합원이 조합법인에 대하여 채무가 있는 경우에는 환불해야 될 지분에서 상계할 수 있다.

⑤ 지분의 환불은 당해 회계년도말에 한다.

제27조(출자액의 일부 환불) ① 조합원 또는 준조합원은 부득이한 사유가 있는 경우에는 조합법인에 대하여 출자액의 일부의 환불을 요구할 수 있다.

② 제1항의 규정에 의하여 환불요구를 받은 조합법인은 총회의 의결이 있는 경우에 회계년도말에 환불할 수 있다. 다만, 부득이한 사유가 있는 경우에는 회계년도중에 환불하고, 회계년도말에 정산한다.

제4장 회 계

제28조(회계년도) 본 조합법인의 회계년도는 매년 1월1일에 시작하여 12월 31일에 종료한다.

(비고)

조합법인의 사업성격에 따라「매년 4월1일에 시작하여 다음해 3월 31일에 종료한다」로 정하는 등 회계년도를 다르게 정할 수 있다.

제29조(자금관리) 본 조합법인의 여유자금은 다음 각호의 방법에 따라 운용한다.

1. 농업협동조합, 축산업협동조합, 수산업협동조합, 은행, 신용금고에의 예치
2. 국채, 지방채, 정부보증채권 등 금융기관이 발행하는 채권의 취득

(비고)

제1호의 경우 주로 거래하고자 하는 금융기관을 구체적으로 정할 수 있다.

제30조(경리공개) 본 조합법인의 모든 장부는 사무소에 비치하여 항상 조합원 및 준조합원에게 공개하며 주요계정에 대한 내역은 정기적으로 게시한다.

(비고)

주요계정에 대한 내역의 정기적 게시시기를 구체적으로 정하고자 할 경우에는「정기적으로」를「매월」「분기마다」등으로 정한다.

제31조(사용료 및 수수료) ① 본 조합법인은 조합법인이 행하는 사업에 대하여 사용료 또는 수수료를 징수 할 수 있다.

② 제1항의 규정에 의한 사용료 및 수수료에 관하여는 별도의 규정으로 정할 수 있다.

(비고)

조합법인의 사업에서 조합원이 아닌자가 부수적으로 사업을 이용하는 경우, 조합법인이 농작업을 수탁하여 대행한 경우와 농기계 및 시설의 공공이용 등에 대하여 사용료 및 수수료를 징수하고자 하는 조합법인은 반드시 규정하여야 한다.

제32조(선급금제) 조합법인은 조합원에게 지불할 노임을 회계년도말 결산전에 선급금으로 지불할 수 있다.

제33조(차입금) 조합법인은 제4조의 사업을 위하여 필요한 경우 자금을 차입할 수 있다.

제34조(수익배분순위) 본 조합법인의 총수익은 다음 각호의 순서로 배분한다.

1. 제세공과금
2. 생산자재비, 임차료, 고용노임 및 생산부대비용(제잡비를 말한다)
3. 차입금에 대한 원리금 상환
4. 조합원노임
5. 자산설비에 대한 감가상각
6. 이월결손금 보전

제35조(이익금의 처분) ① 조합법인의 결산결과 발생된 매회계년도의 이익금은 제18조의 규정에 의한 법정적립금, 제19조의 규정에 의한 사업준비금을 공제하고 나머지에 대해서는 조합원과 준조합원에게 배당한다.

② 제1항의 배당은 배당할 이익금의 총액을 전조합원과 준조합원의 출자지분의 비율에 따라 배당한다.

(비고)

제2항의 배당을 달리 하고자 할 경우에는 제2항을 다음과 같이 한다.

② 제1항의 배당은 배당할 이익금의 100분의 30은 전조합원에게 배당하고 나머지 100분의 70은 전조합원 및 준조합원의 출자지분의 비율에 따라 배당한다.

제36조(손실금의 처리) 조합법인의 결산결과 손실이 발행하였을 경우에는 사업준비금으로 보전하고 사업준비금으로도 부족할 때에는 법정적립금 및 자본적립금이 순서로 보전하며 그 적립금으로도 부족할 때에는 차년도에 이월한다.

제5장 임 원

제37조(임원의 수) 본 조합법인은 다음 각호의 임원을 둔다.

1. 대표이사 1인
2. 이사 ○인
3. 감사 ○인
4. 총무 ○인
5. 부장 ○인

(비고)

1. 조합법인의 조합원수, 사업규모 등에 따라 이사 및 감사의 정수를 정한다.
2. 제5호의 부장은 조합법인의 사업에 따라 영농부장, 축산부장, 구매부장, 판매부장, 가공부장 등으로 명기한다.

제38조(인원의 선출) 임원은 총회의 의결로 조합원중에서 선출한다.

제39조(이사회) ① 이사회는 대표이사, 이사 및 총무로 구성하며 대표이사가 그 의장이 된다.

② 이사회는 대표이사가 필요하다고 인정하는 경우 또는 이사 2인 이상의 요구가 있는 경우 소집한다.

제40조(이사회의 기능) 이사회는 다음 각호의 사항을 재적이사 과반수의 찬성으로 의결한다.

1. 총회의 소집과 총회에 부의할 안건
2. 업무를 운영하는 기본방침에 관한 사항
3. 고정자산의 취득 또는 처분에 관한 사항
4. 총회에서 위임된 사항의 의결
5. 기타 조합법인의 운영상 필요한 사항 (비고)

조합법인의 형편에 따라 이사회의 의결사항을 추가하여 정할 수 있다.

제41조(이사회 의사록) 이사회에서 의결된 사항은 총무가 기록하여 이사회에 참석한 이사가 기명 날인한 후 보관한다.

제42조(임원의 임무) ① 대표이사는 본 조합법인을 대표하고 조합법인의 각종회의의 의장이 되며 조합의 업무를 총괄하고 조합법인의 경영성과에 대해 책임을 진다.

② 감사는 회계년도마다 조합의 재산과 업무집행상황을 1회이상 감사하여 그 결과를 총회 및 대표이사에게 보고하여야 한다.

③ 이사는 이사회에서 미리 정한 순서에 따라 조합장 유고시 그 직무를 대리하고 궐위된 때에는 그 직무를 대행한다.

④ 총무는 이사중에서 선임하며 조합법인의 일반사무와 회계사무를 담당한다.

⑤ 각 부장은 조합장과 총무를 보좌하며 각 부의 업무를 관장·집행한다.

(비고)

제 5항의 경우 각부의 업무관장의 범위를 구체적으로 정할 수 있다.

제43조(임원의 책임) ① 본 조합법인의 임원은 법령, 법령에 의한 행정기관의 처분과 정관·규정·사업지침 및 총회와 이사회의 의결사항을 준수하여 본 조합법인을 위하여 그 직무를 성실히 수행하여야 한다.

② 임원이 그 직무를 수행함에 있어 태만, 고의 또는 중대한 과실로 조합법인이나 다른 사람에게 끼친 손해에 대하여는 단독 또는 연대하여 손해배상의 책임을 진다.

③ 이사회가 불법행위 또는 중대한 과실로 조합법인에 손해를 끼친 경우에는 그 불법행위 또는 중대한 과실에 관련된 이사회에 출석한 구성원은 그 손해에 대하여 조합법인에 연대하여 책임을 진다. 다만, 그 회의에서 명백히 반대의사를 표시한 구성원은 그러하지 아니한다.

④ 제2항내지 제3항의 구상권의 행사는 이사회에 대하여는 대표이사가, 대표이사와 이사에 대하여는 감사가, 임원 전원에 대하여는 조합원의 3분의 1이상의 동의를 얻은 조합원 대표가 이를 행한다.

(비고)

제4항의 경우 조합법인의 형편에 따라「조합원의 3분의 1이상」을 적절히 정할 수 있다.

제44조(임원의 임기) ① 임원의 임기는 3년으로 하되, 감사의 임기는 2년으로 한다.

② 제1항의 임원의 임기는 전임자의 임기만료일의 다음날부터 기산한다.

③ 보궐선거에 의한 임원의 임기는 전임자의 잔임기간으로 한다.

(비고)

임원의 임기는 조정할 수 있으나, 감사와 감사이외의 임원 임기는 다르게 하여야 한다.

제45조(임원의 해임) 조합원이 임원을 해임하고자 하는 경우에는 조합원 3분의 1이상의 서면동의를 얻어 총회에 해임을 요구하고 총회의 의결로써 해임한다.

제46조(임원의 보수) 임원에 대한 보수는 지급하지 아니하며 여비 등 필요한 경비는 별도 규정에 의하여 실비로 지급할 수 있다.

제47조(서류비치의 의무) ① 대표이사는 다음 각호의 서류를 조합법인의 사무소에 비치하여야 한다.

1. 정관 및 규정
2. 조합원과 준조합원 명부 및 지분대장
3. 총회의사록
4. 기타 필요한 서류

② 대표이사는 정기총회 1주일전까지 결산보고서를 사무소에 비치하여야 한다.

제6장 회의의 운영

제48조(총회) 총회는 조합원으로 구성하며 정기총회와 임시총회로 구분한다.

제49조(총회의 소집) ① 정기총회는 회계년도마다 1회 ○월에 대표이사가 소집하며 대표이사는 총회소집 5일전까지 회의내용과 회의자료를 서면으로 조합원에게 통지하여야 한다.

② 임시총회는 조합원 3분의 1이상의 소집요구가 있거나 이사회가 필요하다고 인정하여 소집을 요구한 때, 대표이사가 필요하다고 인정한 때 대표이사가 소집한다.

③ 감사는 다음 각 호의 1에 해당하는 경우에는 임시총회를 소집한다.

1. 대표이사의 직무를 행할 자가 없을때
2. 제2항의 요구가 있는 경우에 대표이사가 정당한 이유없이 2주일이내에 총회소집의 절차를 취하지 아니한 때
3. 감사가 조합법인의 재산상황 또는 사업의 집행에 관하여 부정사실을 발견하여 이를 신속히 총회에 보고할 필요가 있을때

제50조(총회의 의결사항) 다음 각호의 사항은 총회의 의결을 얻어야 한다.

1. 정관의 변경
2. 규정의 제정 및 개정
3. 해산·합병 또는 분할
4. 조합원 및 준조합원의 가입.탈퇴 및 제명
5. 사업계획 및 수지예산의 승인·책정과 변경
6. 사업보고서, 결산서, 이익금 처분 및 결손금 처리
7. 출자에 관한 사항
8. 임원의 선출
9. 임기중 임원의 해임

(비고)

조합법인의 운영을 위하여 반드시 총회의 의결이 필요한 사항은 추가로 열거한다.

제51조(총회의 개의와 의결종족수) ① 총회는 조합원 과반수의 출석으로 개의하고 출석조합원 과반수의 찬성으로 의결한다.

② 다음 각호에 해당하는 사항은 총조합원 3분의 2이상의 출석과 출석조합원 3분의 2이상의 찬성으로 의결한다.

1. 정관의 변경
2. 해산·합병 또는 분할
3. 조합원 및 준조합원의 가입 승인
4. 제14조의 규정에 의한 조합원 및 준조합원의 제명
5. 제45조의 규정에 의한 임원의 해임

③ 제1항의 총회소집이 정족수 미달로 유회된 경우에는 10일이내에 다시 소집하여야 한다.

제52조(의결권의 대리) ① 조합원은 대리인으로 하여금 의결권을 행사하게 할 수 있다.

② 대리인은 조합원과 동일세대에 속하는 성년이어야 하며, 대리인이 대리할 수 있는 조합원의 수는 1인에 한한다.

③ 제1항의 규정에 의한 대리인은 대리권을 증명하는 위임장을 조합법인에 제출하여야 한다.

제53조(의사록의 작성) 총회의 의사에 관하여는 의사의 경과 및 결과를 기재한 의사록을 작성하고, 대표이사 및 총회에 참석한 조합원 3분의 2이상이 서명날인 한다.

제54조(회의내용 공고) 총회의 의결사항은 제6조의 공고방법에 의하여 공고한다.

제7장 해 산

제55조(해산) 본 조합법인은 다음 각호의 1에 해당하는 경우에는 해산된다.

1. 총회에서 해산 및 합병을 의결한 경우
2. 파산한 경우 및 법원의 해산명령을 받은 경우
3. 조합원이 5인 미만이 된 후 1년 이내에 5인 이상이 되지 아니한 경우

(비고)

조합법인의 해산에 관하여 특별히 정하고자 하는 경우에는 제4호부터 구체적으로 열거한다.

제56조(청산인) 본 조합법인이 해산하는 경우에는 파산으로 인한 경우를 제외하고는 청산인은 대표이사가 된다. 다만, 총회에서 다른 사람을 청산인으로 정한 경우에는 그러하지 아니한다.

제57조(청산인의 직무) ① 청산인은 취임후 지체없이 재산상황을 조사하여 재산목록과 재무상태표를 작성하고 재산처분의 방법을 정하여 총회의 승인을 얻어야 한다.

② 청산사무가 종결된 경우에는 청산인은 지체없이 결산보고서를 작성하여 총회의 승인을 얻어야 한다.

③ 청산인은 그 취임후 3주일이내에 해산의 사유 및 연월일과 청산인의 성명 및 주소를 등기 하여야 한다.

(비고)

조합법인이 해산하였을 경우에는 반드시 해산등기를 하여야 한다.

제58조(**청산재산의 처리**) 해산의 경우 조합법인의 재산은 채무를 완제하고 잔여가 있는 경우에는 다음 각호의 방법에 의하여 조합원과 준조합원에게 분배한다.

1. 출자금액은 출자조합원과 출자준조합원에게 환급하되 출자총액에 미달시는 출자액의 비례로 분배한다.
2. 자본적립금, 법정적립금, 사업준비금은 출자지분의 비율에 따라 분배한다.

부　칙

본 정관은 창립총회의 의결을 얻은 날부터 시행한다.

① (시행일) 이 고시는 2010년 1월 14일부터 시행한다.

② (재검토기한) 이 고시는 2013년 1월 13일까지 “「훈령·예규 등의 발령 및 관리에 관한 규정」(대통령훈령 제248호)” 제7조 제3항 제2호에 따라 재검토하여야 한다. 〔 별표 〕

농지를 출자하는 조합원 및 준조합원의 성명, 출자대상 농지 및 평가액과 농지출자좌수 (제15조 제4항 관련)

구분	성 명	주민등록 번 호	출자대상 품 목	출자부동산 표시			평가액	출자좌수
				지 번	지 목	면 적		
조 합 원								
	소 계							
준 조 합 원								
	소 계							
합 계								

〔 별지 〕

〈 정관 작성시 유의사항 〉

영농조합법인의 정관을 작성할 경우에 다음사항에 유의하시기 바람.

① 농어업 경영체 육성 및 지원에 관한 법률 및 동법 시행령과 민법 등의 규정에 의하여 정관례에서 정한 내용을 그대로 따라야 하는 사항.
명칭 (제1조), 목적 (제2조), 조합원의 자격 (제8조), 준조합원의 자격 (제9조), 탈퇴 (제13조), 출자(제15조 제1항), 해산(제55조), 청산인의 직무(제57조) 등

② 농어업 경영체 육성 및 지원에 관한 법률 시행령 제12조의 규정에 의하여 반드시 규정하되 그 내용은 조합원의 합의에 의해 정관예례와 다르게 정할 수 있는 사항.
사무소의 소재지(제3조), 사업(제4조),조합원 및 준조합원의 가입·탈퇴·제명(제10조, 제13조, 제14조), 출자(제15조), 적립금(제18조, 제20조), 탈퇴시의 지분환불(제26조), 회계(제4장) 임원 및 회의의 운영(제5장, 제6장), 청산인(제56조), 청산재산의 처리(제58조) 등

③ 상기 ① ② 이외에 정관례에서 정한 사항은 권장사항으로서 조합원의 합의에 의해 정관례와 다르게 정할 수 있음

3. 농업회사법인 주식회사 정관(예)

제1장 총 칙

제1조(상호) 본 회사는 농어업 경영체 육성 및 지원에 관한 법률 제19조에 의하여 설립된 회사로서 그 명칭은 농업회사법인○○주식회사라 칭한다.

(註1) 주식회사의 商號中에는 "株式會社"라는 文字를 使用해야 하는 點 이외에는 별다른 制限이 없으나 同一한 市·郡內에서 同種營業을 위하여 他人이 登記한 商號나 어느 會社의 支店이나 出張所 등과 같이 會社의 獨立性이 認定되지 않고 그 일부임을 표시하는 듯한 商號로는 登記할 수 없음을 留意해야 한다.

(비고)

상호는 반드시「농업회사법인○○주식회사」라는 명칭을 사용하여야 한다.

제2조(목적) 본 회사는 기업적 농업경영을 통하여 생산성을 향상시키거나, 생산된 농산물을 유통·가공·판매함으로써 농업의 부가가치를 높이고 노동력부족 등으로 농업경영이 곤란한 농업인의 농작업의 전부 또는 일부를 대행하여 영농의 편의를 도모함을 목적으로 한다.

제3조(주주의 자격) 본 회사의 주주는 농업인, 농산물의 생산자단체로 하되 제10조에서 정한 출자한도내에서 출자한 비농업인도 주주가 될 수 있다.

(註2) 농산물생산자단체는 농어업·농어촌 및 식품산업 기본법시행령 제4조에서 정한 생산자단체를 말한다.

<동법시행령 제4조(생산자단체의 범위) >

법 제3조제4호에서 "대통령령으로 정하는 단체"란 다음 각 호의 단체를 말한다.

1. 「농업협동조합법」에 따른 조합 및 그 중앙회
2. 「산림조합법」에 따른 산림조합 및 그 중앙회
3. 「엽연초생산협동조합법」에 따른 엽연초생산협동조합 및 그 중앙회
4. 「수산업협동조합법」에 따른 조합 및 그 중앙회
5. 농수산물을 공동으로 생산하거나 농수산물을 생산하여 공동으로 판매·가공 또는 수출하기 위하여 농어업인 5명 이상이 모여 결성한 법인격이 있는 전문생산자 조직으로서 농림수산식품부장관이 정하는 요건을 갖춘 단체

제4조(사업) ①본 회사는 생산성 향상을 위한 기업적 농업경영과 ○○사업을 주사업으로 한다.

②본 회사는 다음 각 호의 사업을 부대사업으로 한다.

(註3) 제2조의 목적과 부합되는 사업이면 數個의 事業을 目的으로 해도 無妨하나 그 營業內

容을 明確히 알 수 있도록 구체적으로 記載해야 하며 "物品都賣業"등과 같이 抽象的으로 記載해서는 안된다. 또한, 제1항의 ○○내에는 농업경영 외의 사업으로서 회사가 역점을 두는 사업을 기재한다.

1. 농산물의 유통·가공·판매
2. 농작업의 전부 또는 일부 대행
3. 영농에 필요한 자재의 생산공급
4. 영농에 필요한 종묘생산 및 종균배양사업
5. 농산물의 매취·비축사업
6. 농업기계 기타 장비의 임대·수리·보관사업
7. 소규모 관개시설의 수탁·관리사업

제5조(본점의 소재지 및 지점의 설치)

① 본 회사의 본점은 ○○ 시·도 ○○ 시·군에 둔다.

(註4) 그 所在場所의 地番가지 確定해야 하는 것은 아니고 最小行政區域까지만 定해도 無妨하다

<상법상 '본점의 소재지' >

* 회사의 주소는 본점소재지(Sitz der Gesellschaft)에 있는 것으로 하기 때문에(상법 제171조 제2항) 회사는 본점 소재지를 두어야 한다. 이에 법은 정관의 절대적 기재사항으로 규정하고(상법 제289조 제1항 제6호), 이를 등기하도록 하였다(상법 제317조 제2항 제1호).
* 본점은 회사의 주된 영업소로서, 영업의 중심이 되는 장소를 말한다. 따라서 이 장소의 소재지만을 밝히면 되므로 반드시 독립된 최소행정구역(00시 00구)까지 표시할 필요는 없다. 따라서 서울특별시의 경우 단순히 "서울특별시"로 기재하여도 무방하다. 역시 00광역시, 00도 00시(군)정도의 기재도 가능하다. 설립등기시의 본점의 주소(00시 00구 00동 00번지)와는 다르다.
* 회사의 본점소재지는 회사의 주소를 결정하는 경계를 가지며, 등기나 각종 소의 관할결정의 기초(상법 제186조, 제328조 제2항)가 되며, 주주총회 소집지의 범위의 기초가 된다(상법 제364조).

② 본 회사는 필요한 경우에 주주총회의 결의로 지점, 영업소, 출장소를 둘 수 있다.

(註5) 定款의 絕對的 記載事項이 아니므로 이의 記載與否는 會社의 任意에 屬한다.

<주식회사 정관의 기재사항>

1) 절대적 기재사항

상법이 정관의 유효요건으로 정한 사항으로서 이를 결하거나 그 내용이 위법하면 정관이 무효가 되고 회사설립의 무효사유가 됨 → 주주 등 이해관계인의 보호

2) 상대적 기재사항

정관에 기재하지 않아도 정관의 효력에는 영향이 없으나, 일단 정관에 기재하게 되면 절대적 기재사항과 똑같은 구속력 발생

3) 임의적 기재사항 - 위의 두가지에 해당하지 아니하나 편의상 정관에 기재한 것.

※ 절대적 기재사항

⑴ 목적

·의의 - 회사가 그 존재이유로 삼아 수행하고자 하는 사업

·법적 규제 및 영업범위의 판단기준

·목적사업은 ⅰ)영리성을 실현할 수 있는 것, ⅱ)구체적으로 제시, ⅲ)수개라도 됨.

⑵ 상호 - 회사의 동일성을 표시하는 명칭, ex. 대우자동차「주식회사」

⑶ 회사가 발행할 주식의 총수

- 발행예정 주식총수(수권자본: 회사가 발행할 주식의 액면총액)
- 회사설립 후 정관을 변경하지 아니하고 발행할 수 있는 주식수의 최대치

⑷ 1주의 금액(액면가)

·1주의 금액은 정관에 기재되어야 하고 모든 주식에 대해 균일해야 함(§329②).

- 액면가 × 발행주식총수 = 자본

cf) 액면가 : 자본의 구성단위가 된다는 의미에서의 추상적 개념
발행가 : 실제 주식을 발행하면서 회사가 주식의 인수대가로 제시하는 것

·자본유지의 원칙상 액면가 이하로 발행하지 못함(§330. 예외 : §417)

·액면가 초과한 주식발행 - 초과금액은 자본을 구성하지 아니하고 자본준비금이 됨(§459ⅰ).

⑸ 회사설립시에 발행하는 주식의 총수(발행자본: 발행한 주식의 총수)

⑹ 본점의 소재지

·본점 - 주된 영업소 : 회사영업의 전체적인 지휘가 행해지는 장소.

·회사가 받을 의사표시·통지의 수령지, 등기 및 각종 회사의 소에 있어서 관할의 표준, 주주총회의 소집지 제약.

(7) 회사가 공고하는 방법 : 관보 또는 시사에 관한 사항을 취급하는 일간신문에 게재 (§289③)

(8) 발기인의 성명·주민등록번호 및 주소

제6조(공고방법) 본 회사의 공고사항은 ○○시도에서 발간되는 ○○신문에 게재한다.

(註6) 公告는 官保나 時事에 관한 日刊新聞에 揭載해야 하므로 週刊誌나 스포츠新聞등에는 揭載할 수 없고 數個의 新聞紙에 동시에 公告하는 것은 無妨하나 "○○新聞 또는 XX新聞"에 揭載하는 것과 같이 數個의 新聞中 選擇的으로 公告한다고 定할 수는 없다.

제7조(존립기간) 본 회사의 존립기간은 회사성립일로부터 만 ○○년으로 한다.

(註7) 이 事項은 定하지 아니할 수도 있으며 이를 定한 경우에 한하여 定款에 記載한다.

〔유례〕 본회사는 ○○특허권의 기간이 만료할 때까지 존속한다.

제2장 주식과 주권

제8조(회사가 발행할 주식의 총수 및 각종주식의 내용과 수) 본 회사가 발행할 주식의 총수는 ㅇㅇ만주로서 보통주식으로 한다.

(註8) 이는 會社가 將來 發行할 수 있는 株式의 最高限度(發行豫定株式)로서 發行株式總數의 4培를 超過할 수 없다.

〔유례〕본 회사가 발행할 주식의 총수는 10만주로서 그중 보통주식은 6만주, 우선주식은 2만주, 후배주식은 2만주로 한다.

제○조(우선주식의 내용) 우선주식의 이익배당률은 연 1할로서 당해결산기의 이익배당률이 그에 미달할 때에는 다음 결산기에 그를 우선하여 배당받는다.

제○조(후배주식의 내용) 후배주식은 보통주식에 대하여 연○푼의 이액배당을 하고 잉여가 있는 경우에 한하여 이익배당을 받을 수 있다.

제○조(의결권 없는 주식) 우선주식의 주주는 의결권이 없는 것으로 한다.

제○조(상환주식) 상환주식은 주식발행후 ○년이내에 주주에게 배당할 이익으로서 상환할 수 있다. 이때 상환가액은 1주당 금○○원으로 한다.

제9조(1주의 금액) 본 회사가 발행하는 주식 1주의 금액은 금 ○○만원으로 한다.

(註9) 이는 100원 以上으로서 균일해야 한다.

제10조(비농업인의 출자한도) 농업인, 농산물의 생산자단체가 아닌자가 출자하는 출자액의 합계는 본 회사의 총출자액의 10분의 9을 초과할 수 없다.(註6)

제11조(회사설립시 발행하는 주식의 총수) 본 회사가 회사설립시에 발행하는 주식의 총수

는 ○만주로 한다.(註10) 發行豫定株式의 4분의1 以上이어야 한다.

제12조(주권) 본 회사의 주식은 기명주식으로서 주권은 1주권, 10주권, 100주권 3종으로 한다.

제13조(주권의 명의개서) 주식의 양도로 인하여 명의개서를 청구할 때에는 본 회사 소정의 청구서에 주권을 첨부하여 제출하여야 한다. 상속, 유증 기타 계약이외의 사유로 인하여 명의개서를 청구할 때에는 본 회사 소정의 청구서에 주권 및 취득원인을 증명하는 서류를 첨부하여 제출하여야 한다.

〔유례〕 명의개서대리인을 두기로 한 때

제○조 본 회사는 주주명부의 기재에 관한 사무를 처리하기 위하여 명의개서 대리인을 둔다. 명의개서대리인은 이사회의 결의에 의하여 선정한다.

제14조(주식의 양도제한)

① 본 회사의 주식은 이사회의 승인이 없으면 양도할 수 없다.

② 전항과 관련 비농업인인 주주에게 양도하여 비농업인의 총출자액이 제10조에서 규정한 제한을 초과하는 경우에는 그 양도는 효력이 없다.

③ 상속 또는 유증에 의하여 비농업인의 총출자액이 제10조에서 규정한 한도를 초과하는 경우에는 그 초과지분을 지체없이 농업인에게 양도하여야 한다.

제15조(주권의 재발행) 주권의 재발행을 청구할 때에는 본 회사 소정의 청구서에 다음 서류를 첨부하여 제출해야 한다.

1. 주권을 상실한 때에는 확정된 제권판결정본
2. 주권을 훼손한 때에는 그 주권, 다만 훼손으로 인하여 그 진위를 판별할 수 없는 때에는 전호에 준한다.

제16조(주주의 주소신고 등) 주주나 등록질권자 및 그 법정대리인은 성명주소 및 인감을 신고해야 한다. 그 변경이 있는 때에도 역시 같다.

제17조(주주명부의 폐쇄) 본 회사는 매 결산기 종료일 익일부터 그 결산에 관한 정기 주주총회 종료일까지 주주명부기재의 변경을 정지한다.

제3장 주주총회

제18조(정기총회와 임시총회) 정기주주총회는 매 결산기 종료후 1월내에 이를 소집하고 임시주주총회는 필요한 경우에 수시로 이를 소집할 수 있다.

제19조(의장) 주주총회의 의장은 대표이사가 된다. 대표이사가 유고인 때에는 이사회에서 정한 순서에 따라 다른 이사가, 다른 이사 전원이 유고인때에는 출석한 주주중에서 선임된 자가 그 직무를 대행한다.

제20조(결의사항) 주주총회는 법령에서 정한 사항 이외에 다음 사항을 결의한다.

1. 신주발행사항의 결정
2. 주식의 분할
3. 영업의 전부 또는 일부의 양도

제21조(결의) 주주총회의 결의는 법령에 별도의 규정이 있는 경우를 제외하고는 발행주식총수의 과반수에 해당하는 주식을 가진 주주의 출석과 그 의결권을 과반수로 한다.

제22조(의결권의 대리행사) 주주는 본 회사의 주주중에서 정한 대리인으로 하여금 대리행사하게 할 수 있다. 이 경우에는 총회 개회전에 그 대리권을 증명하는 서면을 제출해야 한다.

제4장 이사와 감사

제23조(이사와 감사의 수) 본 회사의 이사는 3인 이상 5인 이내, 감사는 1인 이상 3인 이내로 한다.

(註11) 理事는 3人以上, 監査는 1人以上이어야 한다. 다만, 자본금 총액이 10억원 미만인 회사는 이사를 1명 또는 2명으로 할 수 있으며, 감사의 경우도 선임하지 아니할 수 있다.

제24조(선임) 이사와 감사는 주주총회에서 선임하되 이사의 과반수는 농업인으로 한다.

제25조(업무집행과 회사대표) 본 회사의 업무집행과 회사대표는 이사회의 결의로 이사 중에서 선임한 대표이사가 행한다.

(註12) 代表理事는 數人으로 定할 수도 있는 바, 그 경우 특히 數人의 代表理事가 공동으로 會社를 代表하도록 정한 때에는 그 事項을 반드시 定款에 記載해야 한다.

<상법상의 '대표이사의 선임'>

* 대표이사는 이사회에서 이사 가운데 선인하지만(상법 제389조 제1항 본문), 정관으로 주주총회에서 선임하는 것으로 규정할 수 있다(동조 동항 단서). 따라서 대표이사를 주주총회에서 선임하는 경우 정관에 이에 관한 규정을 두어야 한다. 대표이사는 1인 또는 수인을 둘 수 있다. 이 경우에도 대표이사는 각자가 단독의 업무집행 및 대표행위를 한다.
* 대표이사의 권한이 막강하다는 점에서 대표이사의 위법 또는 부적정한 대표행위를 사전에 예방하기가 쉽지 않다는 점에서 이러한 폐해를 방지하기 위한 방안의 하나가 공동대표이사제도를 두는 것이다. 단지 수인의 대표이사를 선임하는 것은 단독대표이사가 여럿이라는 의미를 가질 뿐이므로, 공동대표이사를 두는 경우 이에 관한 결의가 있어야 한다. 대표이사선임과 관련하여 회사의 정관은 선임기관 대표이사의 수 및 공동대표이사도입여부에 따라 여러 방법으로 규정할 수 있다. 정관에 반드시 규정할 사항은 대표이사를 주주총회에서 선임하는 경우이다.

제26조(임기) 이사와 대표이사의 임기는 2년, 감사의 임기는 1년으로 한다. 다만 재임중 최종결산기에 관한 정기주주총회 이전에 그 임기가 만료될 때에는 그 총회 종결시까지 그 임기를 연장할 수 있다.

(註13) 理事의 任期는 3年, 監査의 任期는 2年을 超過하지 못한다.

제27조(보선) 이사와 감사에 결원이 생긴 경우에는 임시주주총회에서 그를 보선한다. 다만 그 법 정원수를 결하지 아니하는 때에는 그러하지 아니할 수 있다. 보선된 이사나 감사의 임기는 전임자의 잔여기간으로 한다.

제28조(보수) 이사와 감사의 보수는 주주총회에서 이를 정한다.

<상법상 '이사의 보수와 퇴직금'>

* 이사와 회사의 관계는 위임관계에 있고(상법 제382조 제2항), 위임은 무상이 원칙이지만(민법 제686조 제1항), 회사의 경우 이사에게 보수를 지급하는 게 일반적이다. "보수"는 명칭여하를 불문하고 회사의 직무수행에 대한 보상으로 지급되는 일체의 대가를 말한다. 이사의 퇴직시에 일시금으로 지급되는 퇴직위로금 역시 이사의 보수에 해당한다. 이사의 보수결정 역시 회사의 업무집행의 일부라는 점에서는 이사회나 대표이사가 결정할 수 있지만, 이 경우 과다책정의 우려가 있어 법은 주주총회의 결의사항으로 하였다.

<상법상 '감사의 보수와 퇴직금'>

* 위의 "이사의 보수와 퇴직금"부분에서의 설명으로 대신한다.

제5장 이사회

제29조(이사회) 본 회사의 이사회는 정기이사회와 임시이사회로 한다. 정기이사회는 매월 최초의 월요일에, 임시이사회는 필요에 따라 수시로 이를 소집한다.

제30조(지배인의 임면) 이사회의 결의로 회사의 영업전반에 걸쳐 포괄적인 대리권을 갖고 보조하기 위한 지배인(혹은 지점장, 영업부장)을 둘 수 있다.

<상업사용인의 비교>

구 분	지 배 인	부분적 포괄대리권을 가진 사용인	물건판매점포의 사용인
대리권 범위	영업에 관한 재판상 또는 재판 외의 모든 권한 (영업의 전반에 걸치는 포괄적 권한 -	* 위임받은 특정한 종류·사항에 한정된 권한 * 재판상 대리권 없음(대외적인 거래를 맡기는 경우)	* 점포의 물건판매에 관한 모든 권한(대리권의 의제 - 점포라는 외관을 신뢰한 자를 보호하기

	영업주가 마음대로 이를 제한 할 수 없음)		위한 것임) * 재판상 대리권 없음
대리권 제한 대리권 한계	선의의 제3자에게 대항할 수 없음 영업양도,상호변경 등	* 범위 내에서는 선의의 제3자에게 대항할 수 없음 * 범위에 속하지 않는 행위 : 선의의 제3자에게도 대항할 수 있음	상대방의 선의를 전제로 한 것임(악의의 상대방에게는 대항할 수 있음 - 점원에게 물건을 판매할 수 있는 권한이 없음을 알면서 그로부터 물건을 구입한 경우)
선임자	영업주	영업주, 지배인	영업주, 지배인
사용 명칭	지배인, 지점장 등	과장, 주임 등	점원 등
등기 여부	대항요건(선임,종임)	없음	없음
적용 배제	소상인	없음	없음

제31조(소집권자와 의장) 이사회는 대표이사가 소집하고 그 의장이 된다. 다만 대표이사의 유고중에는 제19조의 순서에 따라 다른 이사가 의장의 직무를 대행한다.

제32조(결의) 이사회의 결의는 이사 전원의 과반수로 하고 가 부동수인 때에는 의장이 결정한다.

제33조(고문) 본 회사는 이사회의 결의로 고문 약간명을 둘 수 있다.

제6장 계 산

제34조(영업연도) 본 회사의 영업연도는 매년 ○월○일부터 ○월○일까지로 하여 결산한다.

제35조(이익배당) 이익배당금은 매 결산기 말일 현재의 주주명부에 기재된 주주 또는 등록질권자에게 이를 지급한다. 위 배당금은 지급개시일로부터 3년이내에 지급청구를 하지 아니한 때에는 그 청구권을 포기한 것으로 간주하고 이를 본 회사에 귀속시킨다.

제7장 해 산

제36조(해산사유) 본 회사는 다음 사유로 인하여 해산한다.

1. 제7조에서 정한 존립기간의 만료
2. 합병
3. 파산
4. 법원의 명령 또는 판결
5. 주주총회의 결의

제37조(해산의 결의) 해산의 결의는 발행주식 총수의 과반수에 해당하는 주식을 가진 주주의 출석으로 그 의결권의 3분의 2이상의 다수로써 하여야 한다.

제38조(회사계속) 회사가 존립기간의 만료, 주주총회의 결의에 의하여 해산한 경우에는 제37조의 규정에 의한 결의로 회사를 계속할 수 있다.

제39조(해산의 통지) 회사가 해산한 때에는 파산의 경우외에는 대표이사는 지체없이 주주에 대하여 그 통지를 한다.

제40조(합병계약서와 그 승인의결) 회사가 합병을 함에는 합병계약서를 작성하여 주주총회의 승인을 얻어야 한다.

제8장 청 산

제41조(청산방법) 본 회사가 해산한 경우, 회사재산의 처분은 주주총회의 동의로써 정한 방법에 의한다.

제42조(청산인의 임면) 청산인의 선임 및 해임은 주주총회의 결의에 의한다.

제43조(잔여재산의 분배) 잔여재산은 각 주주가 가진 주식의 수에 따라 주주에게 분배한다.

부 칙

〔유례〕 현물출자가 있는 경우

제○조(현물출자) 본 회사의 설립당시 현물출자를 하는 자의 성명, 출자목적인 재산, 그 가격과 이에 대하여 부여하는 주식의 종류와 수는 다음과 같다.

1. 출자자

발기인 ○ ○ ○ ( ) 주민등록번호 : -

2. 출자재산

○○시도 ○○시군 ○○읍면 ○○리동 ○○번지

대 ○○㎡

위 지상 철근 콘크리트 3층 사무소

1층 ○○㎡

2층 ○○㎡

3층 ○○㎡

3. 출자재산의 평가액 : 금○○○원

4. 이에 부여하는 주식의 종류와 수 : 보통주식 ○○주

※ 위 성명 다음의 ( ) 내는 농업인인 경우 '농업인', 생산자단체인 경우 생산자단체명, '비농업인'인 경우 '비농업인'을 기재하고, 주민등록번호란에는 사업자인 경우 사업자등록번호를 기재

제44조(적용범위) 본 정관에 규정되지 않은 사항은 농어업 경영체 육성 및 지원에 관한 법률과 상법 및 기타 법령에 정한 규정에 따른다.

제45조(세부내규) 본 회사는 필요에 따라 주주총회의 결의로써 업무추진 및 경영상 필요한 회사 세부내규를 정할 수 있다.

제46조(최초의 영업연도) 본 회사의 제1기 영업연도는 본 회사 설립일로부터 서기 년월일까지로 한다.

제47조(최초의 이사 및 감사의 임기) 본 회사의 최초의 이사와 감사의 임기는 그 취임후 최초의 정기주주총회의 종료일까지로 한다.

제48조(발기인의 성명과 주소) 본 회사 발기인의 성명과 주소는 이 정관 말미의 기재와 같다.

위 농업회사법인 ○○주식회사를 설립하기 위하여 본 정관을 작성하고 사원전원이 이에 기명 날인한다.

(註14) 株式會社의 定款은 公證人의 認證을 받음으로써 효력이 생긴다. 다만, 자본금 총액이 10억원 미만인 회사를 발기 설립하는 경우에는 각 발기인이 정관에 기명날인 또는 서명함으로써 효력이 발생한다.

서기 년 월 일
발기인 ○ ○ ○ ㊞
도 시군 읍면 리동 번지
발기인 ○ ○ ○ ㊞
도 시군 읍면 리동 번지
발기인 ○ ○ ○ ㊞
시도 시군 읍면 리동 번지
(발기인 전원 연기명 날인한다.)(註15)

부 칙

① **(시행일)** 이 고시는 2010년 1월 14일부터 시행한다.

② **(재검토기한)** 이 고시는 2013년 1월 13일까지 "「훈령·예규 등의 발령 및 관리에 관한 규정」(대통령훈령 제248호)" 제7조제3항제2호에 따라 재검토하여야 한다.

4. 농업회사법인 합명회사 정관(예)

제1장 총 칙

제1조(상호) 본 회사는 농어업 경영체 육성 및 지원에 관한 법률 제19조에 의하여 설립된 회사로서 그 명칭은 농업회사법인○○합명회사라 칭한다.

(註1) 합명회사의 商號中에는 "合名會社"라는 文字를 使用해야 하는 點 이외에는 별다른 制限이 없으나 동일한 市·郡內에서 同種 營業을 위하여 他人이 登記한 商號나 어느 會社의 支店이나 出張所 등과 같이 會社의 獨立性이 認定되지 않고 그 일부분임을 표시하는 듯한 商號로는 登記할 수 없음을 留意해야 한다.

(비고)

상호는 반드시「농업회사법인○○합명회사」라는 명칭을 사용하여야 한다.

제2조(목적) 본 회사는 기업적 농업경영을 통하여 생산성을 향상시키거나 생산된 농산물을 유통·가공·판매함으로써 농업의 부가가치를 높이고 노동력의 부족등으로 농업경영이 곤란한 농업인의 농작업의 전부 또는 일부를 대행하여 영농의 편의를 도모함을 목적으로 한다.

제3조(사업) ① 본 회사는 생산성 향상을 위한 기업적 농업경영과 ○○사업을 주사업으로 한다.

② 본 회사는 다음 각호의 사업을 부대사업으로 한다.

(註2) 제2조의 목적과 부합되는 사업이면 數個의 事業을 目的으로 해도 無妨하나 그 營業內容을 明確히 알 수 있도록 구체적으로 記載해야 하며 막연히 "物品都賣業" 등과 같이 抽象的으로 記載해서는 안된다. 또한, 제1항의 ○○내에는 농업경영외의 사업으로서 회사가 역점을 두는 사업을 기재한다.

1. 농산물의 유통·가공·판매
2. 농작업의 전부 또는 일부대행
3. 영농에 필요한 자재의 생산공급
4. 영농에 필요한 종묘생산 및 종균배양사업
5. 농산물의 매취·비축사업
6. 농업기계 기타장비의 임대·수리·보관사업
7. 소규모 관개시설의 수탁·관리사업

제4조(본점의 소재지 및 지점의 설치)

1. 본 회사의 본점은 ○○ 시·도 ○○시·군에 둔다.

(註3)그 所在地番까지 記載하지 않고 最小行政區域까지만 記載해도 無妨하며 支店의 所在地

는 그를 設置할 경우에 한하여 記載한다.

2. 본 회사는 필요한 경우에는 총사원의 결의로 지점, 영업소, 출장소를 둘 수 있다.

제5조(공고방법) 본 회사의 공고사항은 ○○시·도에서 발간되는 ○○신문에 게재한다

제2장 사원과 출자

제6조(사원의 자격) 본 회사의 사원은 농업인으로 하되 제7조에서 정한 출자한도 내에서 출자한 비농업인도 사원이 될 수 있다.

제7조(비농업인의 출자한도) 농업인, 농산물의 생산자단체가 아닌자가 출자하는 출자액의 합계는 본 회사의 총출자액의 10분의 9을 초과할 수 없다.

제8조(사원의 성명, 주소 및 출자) 사원의 성명과 주소, 그 출장의 목적, 가격 또는 평가의 기준은 다음과 같다.

(註4) 社員의 姓名, 住所 그 出資目的과 價格등을 具體的으로 記載해야 한다. 登記의 경우와는 달리 出資의 履行部分은 必要的 記載事項이 아니다. 出資目的이란 出資의 對象을 말하는 것으로서 반드시 金額에 한하지는 않고 動産, 不動産, 債權, 有價證券등 기타 財産上의 出資는 물론 勞務나 信用등 非財産上의 出資도 無妨하다. 財産上의 出資인 경우에는 그 金額이나 價額도 記載해야 하나 勞務나 信用등 非財産上의 出資인 경우에는 그를 記載할 必要없다.

1. 금○○○원
   성명 ○ ○ ○ ( ) 주민등록번호 : -
   시도 시군 읍면 리동 빈지
1. ○○시도 ○○시군 ○○읍면 ○○리동 ○○번지
   대 ○○○○m²
   위 지상
   목조 기와지붕 2층 사무실
   건평 1층 ○○m²
   2층 ○○m²
   가격 금 ○○○○○원
   성명 ○ ○ ○ ( ) 주민등록번호 : -
   ○○시도 ○○시군 ○○읍면 ○○리동 ○○번지
1. 채권 금 ○○○○○원 단, ○○○에 대하여 가지고 있는 약속어음

금 가격 금 ○○○○○원

성명 ○ ○ ○ ( ) 주민등록번호 : -

○○시도 ○○시군 ○○읍면 ○○리동 ○○번지

1. 노무 단, 회사를 위하여 ○○○을 하는 것

가격표준 1년 금○○○원

성명 ○ ○ ○ ( ) 주민등록번호 : -

○○시도 ○○시군 ○○읍면 ○○리동 ○○번지

1. 신용

평가표준 1년 금 ○○○원

성명 ○ ○ ○ ( ) 주민등록번호 : -

○○시도 ○○시군 ○○읍면 ○○리동 ○○번지

※ 위 성명 다음의 ( ) 내는 농업인인 경우 '농업인', 생산자단체인 경우 생산자단체명을 기재하고, 주민등록번호란에는 생산자단체인 경우 '사업자등록번호를 기재

제9조(지분양도) ① 사원은 다른 사원 전원의 동의에 의하여 그 지분의 전부나 일부를 타인에게 양도할 수 있다.

② 전항의 경우 비농업인인 사원에게 양도하여 비농업인의 총출자액이 제7조에서 규정한 한도를 초과할 때에는 그 양도는 효력이 없다.

③ 상속 또는 유증에 의하여 비농업인의 총출자액이 제7조에서 규정한 한도를 초과할 경우에는 그 초과지분을 지체없이 농업인에게 양도하여야 한다.

제10조(경업금지) 사원은 다른 사원의 동의가 없으면 자기 또는 제3자를 위하여 회사의 영업부류에 속하는 거래를 하거나 동종영업을 목적으로 하는 다른 회사의 무한책임사원이나 이사가 될 수 없다.

제11조(자기거래) 사원은 다른 사원 과반수의 승낙이 없으면 자기 또는 제3자를 위하여 회사와 거래를 할 수 없다.

제3장 업무집행과 회사대표

제12조(업무집행과 대표사원) 본 회사는 사원 ○○○을(를) 업무집행 사원겸 대표사원으로 한다.

〔유례〕 1. 〈수인이 업무를 집행하고 회사를 대표하는 경우〉

본 회사는 사원 ○○○과(와) 사원○○○이 공동하여 업무를 집행하고 회사를 대표한다.

〔유례〕 2. 〈수인이 업무를 집행하고 그중 1인이 회사를 대표하는 경우〉

본 회사는 사원 ○○○, 사원 ○○○을(를) 업무집행사원으로 하고 사원 ○○○을(를)대표 사원으로 한다.

(註5) 合名會社의 각 사원은 다른 규정이 없는 때에는 회사의 업무를 집행할 權利와 義務가 있다(商200조). 즉 각 사원은 별도로 선임행위를 거치지 않고 당연히 業務執行機關을 구성하고 다른 사원의 業務執行權限은 박탈된다(商201조1항)). 또한 定款으로 모든 사원 또는 수인의 사원이 공동으로만 업무를 집행하게 할 수 있다(商202조)

제13조(선임과 임기) 업무집행사원과 대표사원은 총사원의 동의로 선임하고 임기는 각 2년으로 한다.

제14조(통지의무) 업무를 집행하고 회사를 대표하는 사원은 다른 사원의 청구가 있으면 언제든지 회사의 업무 및 재산상태를 그 사원에게 통지하여야 한다.

제15조(지배인의 임면) ① 회사의 영업전반에 걸쳐 포괄적인 대리권을 갖고 보조하기 위한 지배인(혹은 지점장, 영업부장)을 둘 수 있다.

② 지배인의 선임 및 해임은 사원 과반수의 동의로 결정한다.

제16조(권한상실) 업무를 집행하고 회사를 대표하는 사원에게 다음 사유가 있는 때에는 다른 사원은 과반수의 결의로써 법원에 그 권한상실신고를 청구할 수 있다.

1. 업무집행 또는 회사대표에 현저히 부적임한 때
2. 기타 중대한 의무위반이 있는 때

제4장 사원의 입사와 퇴사

제17조(입사) 총사원의 동의가 없으면 새로운 사원으로 입사할 수 없다.

제18조(퇴사) 각 사원은 부득이한 사유가 있는 때를 제외하고는 영업연도말에 한하여 퇴사할 수 있으며 이 경우 6개월전에 이를 예고하여야 한다.

제19조(퇴사사유) 사원은 지분압류가 있는 경우 외에 다음 사유로 인하여 퇴사한다.

1. 총사원의 동의
2. 사 망
3. 파 산
4. 금치산
5. 제 명

제20조(상속) 재산을 출자의 목적으로 한 사원이 사망한 때에는 그 상속인은 다른 사원 전원의 동의를 얻어 피상속인의 지분을 승계하여 사원이 될 수 있다.

〔유례〕 ① 사원이 사망한 때에는 그 상속인이 피상속인의 지분을 승계하여 사원이 될 수 있다.
② 상속인은 상속개시를 안 날로부터 3월내에 그 승계여부를 회사에 통지해야 하고 위 기간내에 통지를 하지 아니한 때에는 승계하지 않는 뜻으로 본다.

제21조(제명) 사원에게 다음의 사유가 있는 때에는 다른 사원은 과반수의 결의로 법원에 그 사원의 제명선고를 청구할 수 있다.

1. 출자의무를 이해하지 아니한 때
2. 사원의 겸업금지의무에 위반한때
3. 회사의 업무집행과 회사대표에 관하여 부정한 행위가 있거나 권한없이 업무를 집행하거나 회사를 대표한 때

제22조(지분의 환급) ① 퇴사한 사원은 퇴사당시 회사재산에서 그 출자비율에 따라 그 지분을 환급 받을 수 있다. 다만, 노무 또는 신용을 출자의 목적으로 한 사원과 제명선고로 인하여 퇴사한 사원은 그 지분을 환급받지 못한다.

② 제1항의 경우 농지를 출자한 비농업인 사원이 퇴사한 경우에는 회사는 그에 상당하는 현금 등으로 그 지분을 환급할 수 있다.

제5장 계 산

제23조(영업연도) 본 회사의 영업연도는 매년 ○월 ○일부터 ○월 ○일까지로 한다.

제24조(계산서류의 승인) 업무집행사원은 매 영업연도말에 각 사원에게 다음 서류를 제출하고 그 승인을 받아야 한다.

1. 재산목록 및 사원별 출자내역
2. 재무상태표
3. 영업보고서
4. 포괄손익계산서
5. 이익배당에 관한 의안

제25조(이익배당) ① 본 회사는 순익금으로 결손금을 채운 후가 아니면 어떠한 명목으로도 사원에게 이익배당을 할 수 없다.

② 각 사원의 이익배당비율은 그 출자액의 비율에 의한다.

제6장 해 산

제26조(존립기간) 본 회사의 존립기간은 설립등기일로부터 만 ○○년간으로 한다.

(註6) 이는 定하지 아니할 수도 있다.

제27조(해산사유) 본 회사는 다음 사유로 인하여 해산한다.

1. 제26조에서 정한 존립기간의 만료
2. 총사원의 동의
3. 사원이 1인으로 된 때
4. 합병
5. 파산
6. 법원의 명령 또는 판결

제28조(회사계속) ① 제27조 제1호와 제2호의 사유로 인하여 해산한 경우에는 사원의 전부 또는 일부의 동의로써 회사를 계속할 수 있다. 그러나 동의하지 아니한 사원은 퇴사한 것으로 본다.

② 제27조 제3호의 사유로 인하여 해산한 경우에는 새로운 사원을 가입시켜 회사를 계속할 수 있다.

제29조(합병) 본 회사가 합병을 함에는 총사원의 동의를 얻어야 한다.

제7장 청 산

제30조(청산방법) 본 회사가 해산한 경우, 회사재산의 처분은 총사원의 동의로써 정한 방법에 의한다.

제31조(청산인의 임면) 청산인의 선임 및 해임은 총사원 과반수의 결의에 의한다.

제32조(잔여재산분배) 잔여재산은 각 사원의 출자액의 비율에 따라 분배하되 농지는 농업인 사원에게 분배한나.

부 칙

제33조(적용범위) 본 정관에 규정되지 않은 사항은 농어업 경영체 육성 및 지원에 관한 법률과 상법 및 기타 법령에 정한 규정에 따른다.

제34조(세부내규) 본 회사는 필요에 따라 총사원의 결의로써 업무추진 및 경영상 필요한 회사 세부내규를 정할 수 있다.

위 농업회사법인 ○○합명회사를 설립하기 위하여 본 정관을 작성하고 각 사원이 이에 기명 날인한다.

(註7) 株式會社나 有限會社의 定款과는 달리 公證人의 認證은 받지 않아도 된다.

서기　　　년　　월　　일

농업회사법인 ○○합명회사

사원　○　○　○　㊞

(이하 사원전원이 기명 날인한다.)

부　칙

① (시행일) 이 고시는 2010년 1월 14일부터 시행한다.

② (재검토기한) 이 고시는 2013년 1월 13일까지 "「훈령·예규 등의 발령 및 관리에 관한 규정」(대통령훈령 제248호)" 제7조 제3항 제2호에 따라 재검토하여야 한다.

5. 농업회사법인 합자회사 정관(예)

제1장 총 칙

제1조(상호) 본 회사는 농업·농촌 및 식품산업 기본법에 의하여 설립된 회사로서 그 명칭은 농업회사법인○○합자회사라 칭한다(註1)

제2조(목적) 본 회사는 기업적 농업경영을 통하여 생산성을 향상시키거나 생산된 농산물을 유통·가공·판매함으로써 농업의 부가가치를 높이고 노동력 부족 등으로 농업경영이 곤란한 농업인의 농작업의 전부 또는 일부를 대행하여 영농의 편의를 도모함을 목적으로 함.

제3조(사업) ① 본 회사는 생산성 향상을 위한 기업적 농업경영과 ○○사업을 주사업으로 한다.

② 본 회사는 다음 각호의 사업을 부대사업으로 한다.(註2)

1. 농산물의 유통·가공·판매
2. 농작업의 전부 또는 일부대행
3. 영농에 필요한 자재의 생산·공급
4. 영농에 필요한 종묘생산 및 종균배양사업
5. 농림수산물의 매취·비축사업
6. 농업기계 기타장비의 임대·수리·보관사업
7. 소규모 관개시설의 수탁·관리사업

제4조(본점의 소재지 및 지점의 설치)

① 본 회사의 본점은 ○○시·도 ○○시·군에 둔다.(註3)

② 본 회사는 필요한 경우는 총사원의 결의로 지점, 영업소, 출장소를 둘 수 있다.

제5조(공고방법) 본 회사의 공고사항은 ○○시도에서 발간되는 ○○신문에 게재한다.

제2장 사원과 출자

제6조(사원의 자격) 본 회사의 사원은 농업인, 농산물의 생산자 단체로 하되 제7조에서 정한 출자한도내에서 출자한 비농업인도 사원이 될 수 있다. 단, 농산물의 생산자 단체 및 비농업인은 무한책임사원이 될 수 없다. (註4)

제7조(비농업인의 출자한도) 농업인, 농산물의 생산자단체가 아닌자가 출자하는 출자액의 합계는 본 회사의 총출자액의 10분의 9을 초과할 수 없다.

제8조(사원의 성명·주소 및 출자) 사원의 성명과 주소 및 책임과 그 출자의 목적, 가격 또는 그 평가의 표준은 다음과 같다(註5)

1. 금 ○○○원

무한책임사원 ○ ○ ○ ( ) 주민등록번호 : -
○○시도 ○○시군 ○○읍면 ○○리동 ○○번지
1. ○○시도 ○○시군 ○○읍면 ○○리동 ○○번지
대 ○○○○㎡
위 지상
목조 기와지붕 貳층 사무실
건평 1층 ○○㎡
2층 ○○㎡
가격 금 ○○○○○원
무한책임사원 ○ ○ ○ ( ) 주민등록번호 : -
○○시도 ○○시군 ○○읍면 ○○리동 ○○번지
1. 채권 금 ○○○○○원 단, ○○○에 대하여 가지고 있는 약속어음금
가격 금 ○○○○○원
유한책임사원 ○ ○ ○ ( ) 주민등록번호 : -
○○시도 ○○시군 ○○읍면 ○○리동 ○○번지
1. 노무 단, 회사를 위하여 ○○○을 하는 것
가격표준 1년 금 ○○○원
무한책임사원 ○ ○ ○ ( ) 주민등록번호 : -
○○시도 ○○시군 ○○읍면 ○○리동 ○○번지
1. 신용
평가표준 1년 금 ○○○원
무한책임사원 ○ ○ ○ ( ) 주민등록번호 : -
○○시도 ○○시군 ○○읍면 ○○리동 ○○번지
※ 위 성명 다음의 ( ) 내는 농업인인 경우 '농업인', 생산자단체인 경우 생산자단체명, '비농업인'인 경우 '비농업인'을 기재하고, 주민등록번호란에는 사업자인 경우 사업자등록번호를 기재

제9조(지분양도) ① 사원은 무한책임사원 전원의 동의가 있으면 그 지분의 전부 또는 일부를 타인에게 양도할 수 있다.
② 전항의 경우 비농업인인 사원에게 양도하여 비농업인의 총출자액이 제7조에서 규정한 한도를 초과할 때에는 그 양도는 효력이 없다.
③ 상속 또는 유증에 의하여 비농업인의 총출자액이 제7조에서 규정한 한도를 초과할 경

우에는 그 초과지분을 지체없이 농업인에게 양도하여야 한다.

제10조(**유한책임사원의 경업의 자유**) 유한책임 사원은 다른 사원의 동의없이 자기 또는 제3자의 계산으로 회사의 영업부류에 속하는 거래를 할 수 있고 동종영업을 목적으로 하는 다른 회사의 무한책임사원 또는 이사가 될 수 있다.

제11조(**자기거래**) 사원은 다른 사원 과반수의 승낙이 없으면 자기 또는 제3자를 위하여 회사와 거래를 할 수 없다.

제3장 업무집행과 회사대표

제12조(**업무집행사원과 대표사원**) 본 회사는 무한책임사원 ○○○을(를) 업무집행사원 겸 대표사원으로 한다.

〔유례〕 1. <수인이 업무를 집행하고 회사를 대표하는 경우>

본 회사는 무한책임사원 ○○○과(와) 동 ○○○이 공동하여 업무를 집행하고 회사를 대표한다.

〔유례〕 2. <수인이 업무를 집행하고 그중 1인이 회사를 대표하는 경우>

본 회사는 무한책임사원 ○○○과 동 ○○○을(를) 업무집행사원으로 하고 동 ○○○을(를) 대표사원으로 한다.(註6)

제13조(**선임과 임기**) 업무집행사원과 대표사원은 총사원의 동의로 선임하고 임기는 각 2년으로 한다.

제14조(**통지의무**) 업무를 집행하고 회사를 대표하는 사원은 다른 사원의 청구가 있으면 언제든지 회사의 업무 및 재산상태를 그 사원에게 통지해야 한다.

제15조(**지배인의 임면**) ① 회사의 영업전반에 걸쳐 포괄적인 대리권을 갖고 보조하기 위한 지배인(혹은 지점장, 영업부장)을 둘 수 있다.

② 지배인의 선임 및 해임은 무한책임사원 과반수의 동의로 결정한다.

제16조(**권한상실**) 업무를 집행하고 회사를 대표하는 사원에게 다음 사유가 있는 때에는 다른 사원은 과반수의 결의로서 법원에 그 권한상실신고를 청구할 수 있다.

1. 업무집행 또는 회사대표에 현저히 부적임한 때
2. 기타 중대한 의무위반이 있는 때

제4장 사원의 입사와 퇴사

제17조(입사) 총사원의 동의가 없으면 새로운 사원으로 입사할 수 없다.

第18조(퇴사) 각 사원은 부득이한 사유가 있는 때를 제외하고는 영업연도말에 한하여 퇴사할 수 있으며 이 경우 6개월 전에 이를 예고하여야 한다.

第19조(퇴사사유) 사원은 지분압류가 있는 경우 외에 다음 사유로 인하여 퇴사한다.

1. 총사원의 동의
2. 사망
3. 파산 또는 해산
4. 금치산
5. 제명

第20조(상속) 재산을 출자의 목적으로 한 사원이 사망한 때에는 그 상속인은 다른 사원 전원의 동의를 얻어 피상속인의 지분을 승계하여 사원이 될 수 있다.

〔유례〕① 사원이 사망한 때에는 그 상속인이 피상속인의 지분을 승계하여 사원이 될 수 있다.
② 상속인은 상속개시를 안 날로부터 3월내에 그 승계여부를 회사에 통지해야 하고 위 기간내에 통지를 하지 아니한 때에는 승계하지 않는 뜻으로 본다.

第21조(제명) 사원에게 다음의 사유가 있는 때에는 다른 사원은 과반수의 결의로 법원에 그 사원의 제명선고를 청구할 수 있다.

1. 출자의무를 이행하지 아니한 때
2. 사원의 경업금지의무에 위반한때
3. 회사의 업무집행과 회사대표에 관하여 부정한 행위가 있거나 권한없이 업무를 집행하거나 회사를 대표한 때
4. 기타 중대한 의무를 위반한 때

第22조(지분의 환급) ① 퇴사한 사원은 퇴사당시 회사재산에서 그 출자비율에 따라 그 지분을 환급받을 수 있다. 다만, 노무 또는 신용을 출자의 목적으로 한 사원과 제명선고로 인하여 퇴사한 사원은 그 지분을 환급 받지 못한다.

② 제1항의 경우 농지를 출자한 비농업인 사원이 퇴사한 경우에는 회사는 그에 상당하는 현금 등으로 그 지분을 환급할 수 있다.

제5장 계 산

第23조(영업연도) 본 회사의 영업연도는 매년 ○월 ○일부터 ○월 ○일까지로 한다.

第24조(계산서류의 승인) 업무집행사원은 매 영업연도말에 각 사원에게 다음 서류를 제출하고 그 승인을 받아야 한다.

1. 재산목록 및 사원별 출자내역

2. 재무상태표
3. 영업보고서
4. 포괄손익계산서
5. 이익배당에 관한 의안

제25조(이익배당) ① 본 회사는 순익금으로 결손금을 채운 후가 아니면 어떠한 명목으로도 사원에게 이익배당을 할 수 없다.

② 각 사원은 이익배당비율은 그 출자액의 비율에 의한다.

제6장 해 산

제26조(존립기간) 본 회사의 존립기간은 설립등기일로부터 만 ○○년으로 한다.(註7)

제27조(해산사유) 본 회사는 다음 사유로 인하여 해산한다.

1. 제26조 소정 존립기간의 만료
2. 총사원의 동의
3. 무한책임사원 또는 유한책임사원 전원의 퇴사
4. 합병
5. 파산
6. 법원의 명령 또는 판결

제28조(회사계속) ① 제27조 제1호와 제2호의 사유로 인하여 해산한 경우에는 사원의 전부 또는 일부의 동의로써 회사를 계속할 수 있다. 그러나 동의하지 아니한 사원은 퇴사한 것으로 본다.

② 제27조 제3호의 사유로 인하여 해산한 경우에는 새로운 사원을 가입시켜 회사를 계속할 수 있다.

제29조(합병) 본 회사가 합병을 함에는 총사원의 동의를 얻어야 한다.

제7장 청 산

제30조(청산방법) 본 회사가 해산한 경우, 회사재산의 처분은 총사원의 동의로써 정한 방법에 의한다.

제31조(청산인의 임면) 청산인이 선임 및 해임은 총사원 과반수의 결의에 의한다.

제32조(잔여재산분배) 잔여재산은 각 사원의 출자액의 비율에 따라 분배하되 농지는 농업인 사원에게 분배한다.

부 칙

제33조(적용범위) 본 정관에 규정되지 않은 사항은 농업·농촌 및 식품산업 기본법과 상법 및 기타 법령에 정한 규정에 따른다.

제34조(세부내규) 본 회사는 필요에 따라 총사원의 결의로써 업무추진 및 경영상 필요한 회사 세부내규를 정할 수 있다.

위 농업회사법인 ○○합자회사를 설립하기 위하여 본 정관을 작성하고 각 사원이 이에 기명 날인한다(註8)

서기　　년　　월　　일

농업회사법인 ○○합자회사

무한책임사원 ○　○　○ ㊞

(이하 무한책임사원과 유한책임사원 전원이 기명 날인한다)

부 칙

① (시행일) 이 고시는 2010년 1월 14일부터 시행한다.

② (재검토기한) 이 고시는 2013년 1월 13일까지 "「훈령·예규 등의 발령 및 관리에 관한 규정」(대통령훈령 제248호)" 제7조 제3항 제2호에 따라 재검토하여야 한다.

(註1) 合資會社의 商號中에는 "合資會社"라는 文字를 使用해야 하는 點 이외에는 별다른 制限이 없으나 同一한 市·郡內에서 同種 營業을 위하여 他人이 登記한 商號나 어느 會社의 支店이나 出張所 등과 같이 會社의 獨立性이 認定되지 않고 그 一部임을 表示하는 듯한 商號로는 登記할 수 없음을 留意해야 한다.

(註2) 제2조의 목적과 부합되는 사업이면 數個의 事業을 目的으로 해도 無妨하나 그 營業內容을 明確히 알 수 있도록 具體的으로 記載해야 하며 막연히 "物品都賣業" 등과 같이 抽象的으로 記載해서는 안된다.
또한, 제1항의 ㅇㅇ내에는 농업경영외의 사업으로서 회사가 역점을 두는 사업을 기재한다.

(註3) 그 所在地番까지 記載하지 않고 最小行政區域까지만 記載해도 無妨하며 支店의 所在地는 그를 設置할 경우에 한하여 記載한다.

(註4) 농산물의 생산자단체는 농업·농촌 및 식품산업 기본법시행령 제4조에서 정한 생산자단체를 말한다.

(註5) 社員의 姓名, 住所 그 出資目的과 價格 및 有限·無限의 責任 등을 記載해야 한다. 登記의 경우와는 달리 出資의 履行部分은 必要的 記載事項이 아니다. 出資目的이란 出資의 對象을 말하는 것으로서 반드시 金額에 한하지는 않고 動産, 不動産, 債權, 有價證券등 기타 財産上의 出資는 물론 勞務나 信用등 非財産上의 出資도 無妨하다. 다만, 유한책임사원은 비재산상의 출자는 할 수 없다.
財産上의 出資인 경우에는 그 金額이나 價額도 記載해야 하나 勞務나 信用등 非財産上의 出資인 경우에는 그를 記載하지 아니해도 무방하다.

(註6) 유한책임사원은 회사의 업무집행이나 대표행위를 하지 못한다.

(註7) 이는 定하지 아니할 수도 있다.

(註8) 株式會社나 有限會社의 定款과는 달리 公證人의 認證은 받지않아도 된다.

6. 농업회사법인 유한회사 정관(예)

제1장 총 칙

제1조(상호) 본 회사는 농어업 경영체 육성 및 지원에 관한 법률 제19조에 의하여 설립된 회사로서 그 명칭은 농업회사법인○○유한회사라 칭한다.(註1)

(비고)

상호는 반드시「농업회사법인○○유한회사」라는 명칭을 사용하여야 한다.

제2조(목적) 본 회사는 기업적 농업경영을 통하여 생산성을 향상시키거나 생산된 농산물을 유통·가공·판매함으로써 농업의 부가가치를 높이고 노동력의 부족 등으로 농업경영이 곤란한 농업인의 농작업의 전부 또는 일부를 대행하여 영농의 편의를 도모함을 목적으로 한다.

제3조(사업) ①본 회사는 생산성 향상을 위한 기업적 농업경영과 ○○사업을 주사업으로 한다.

② 본 회사는 다음 각호의 사업을 부대사업으로 한다.(註2)

1. 농산물의 유통·가공·판매
2. 농작업의 전부 또는 일부 대행
3. 영농에 필요한 자재의 생산공급
4. 영농에 필요한 종묘생산 및 종균배양사업
5. 농산물의 매취·비축사업
6. 농업기계, 기타장비의 임대·수리·보관사업
7. 소규모 관개시설의 수탁·관리사업

제4조(본점의 소재지 및 지점의 설치) ① 본 회사의 본점은 ○○시도 ○○시·군에 둔다(註3)

② 본 회사는 필요한 경우에는 총사원의 결의로 지점, 영업소, 출장소를 둘 수 있다.

제5조(공고방법) 본 회사의 공고사항은 ○○시도에서 발간되는 ○○신문에 게재한다.

제6조(자본의 총액) 본 회사의 자본의 총액은 금○○만원으로 한다.(註4)

제7조(존립기간) 본 회사의 존립기간은 회사 성립일로부터 만 ○○년으로 한다.(註5)

제2장 사원과 출자

제8조(사원의 자격) 본 회사의 사업은 농업인, 농산물의 생산자단체로 하되, 제9조에서 정한 출자한도 내에서 출자한 비농업인도 사원이 될 수 있다.

제9조(비농업인의 출자한도) 농업인, 농산물의 생산자단체가 아닌자가 출자하는 출자액의 합계는 본 회사의 총출자액의 10분의 9을 초과할 수 없다.(註6)

제10조(출자의 좌수 및 1좌의 금액) 본 회사의 자본은 이를 0000좌로 나누고, 1좌의 금액

은 ○○○○○원으로 한다. (註7)

제11조(사원의 성명, 주소 및 출자좌수) 사원의 성명, 주소 및 그 출자 좌수는 다음과 같다.

2,000좌 성명 ○ ○ ○ (　　　) 주민등록번호 :　　　-

○○시도 ○○시군 ○○읍면 ○○리동 ○○번지

2,000좌 성명 ○ ○ ○ (　　　) 주민등록번호 :　　　-

○○시도 ○○시군 ○○읍면 ○○리동 ○○번지

1,000좌 성명 ○ ○ ○ (　　　) 주민등록번호 :　　　-

○○시도 ○○시군 ○○읍면 ○○리동 ○○번지

〔유례〕 사원의 성명, 주소 및 그 출자좌수는 말미 기재와 같다.

※ 위 성명 다음의 (　) 내는 농업인인 경우 '농업인', 생산자단체인 경우 생산자단체명, '비농업인'인 경우 '비농업인'을 기재하고, 주민등록번호란에는 사업자인 경우 사업자 등록번호를 기재

제12조(지분의 양도제한) ①사원은 사원총회의 결의가 있는 때에 한하여 그 지분의 전부 또는 일부를 타인에게 양도할 수 있다.

②전항과 관련 비농업인 사원에게 양도하여 비농업인의 총출자액이 제9조에서 규정한 제한을 초과하는 경우에는 그 양도는 효력이 없다.

③상속 또는 유증에 의하여 비농업인의 총출자액이 제9조에서 규정한 한도를 초과할 경우에는 그 초과지분을 지체없이 농업인에게 양도하여야 한다.

제3장 사원총회

제13조(사원총회) 본 회사의 사원총회는 정기총회와 임시총회로 하고, 정기총회는 매년 3월과 9월에 개최하며 임시총회는 필요에 따라 수시로 개최할 수 있다.

제14조(총회의 소집) 사원총회는 대표이사가 회의일자 5일전까지 회의일자와 회의 목적·사항 등을 각 사원에게 통지하여 이를 소집한다.

제15조(결의방법) 사원총회의 결의는 법령에 다른 규정이 없는 경우에는 총사원의 의결권의 과반수를 가지는 사원이 출석하고 그 의결권의 과반수로써 한다.

제16조(의결권) 각 사원은 출자 1좌에 대하여 1개의 의결권을 가진다.

제17조(의장) 사원총회의 의장은 대표이사가 되고 대표이사가 유고인 때에는 미리 정한 순서에 따라 다른 이사가 그 직무를 대행한다.

제4장 임 원

제18조(임원) 본 회사는 이사 3인과 감사 1인을 두되 이사중 2인이상은 농업인이어야 한다.(註8)

제19조(선임) 이사와 감사는 사원인 자 중에서 사원총회에서 이를 선임한다.

제20조(임기) 이사의 임기는 2년, 감사의 임기는 1년으로 한다.

제21조(대표이사) 본 회사는 대표이사 1인을 둔다.(註9) 단, 대표이사는 사원총회에서 선임한다.

제22조(업무집행과 회사대표) 본 회사의 업무집행은 이사 과반수로서 결정하고 회사의 대표는 대표이사가 행한다.

제23조(지배인의 임면) ①회사의 영업전반에 걸쳐 포괄적인 대리권을 갖고 보조하기 위한 지배인(혹은 지점장, 영업부장)을 둘 수 있다.

②지배인의 선임 및 해임은 사원과반수의 동의로 결정한다.

제5장 계 산

제24조(영업연도) 본 회사의 영업연도는 매년 ○월 ○일로부터 ○월 ○일까지로 한다.

제25조(이익배당) 본 회사의 이익배당금은 매 결산기 말일 현재의 사원에게 그 출자좌수의 비율에 따라 배당한다.

제26조(장부의 열람) 본 회사의 사원은 언제든지 이유를 붙인 서면으로서 회계에 관한 장부 및 기타 서류의 열람 또는 등사를 청구할 수 있다.

제6장 해 산

제27조(해산사유) 본 회사는 다음 사유로 인하여 해산한다.(註10)

1. 존립기간의 만료
2. 사원총회의 결의
3. 사원의 1인으로 된 때
4. 합 병
5. 파 산
6. 법원의 명령 또는 판결

제28조(청산인) 본 회사가 해산한 경우에는 해산당시의 대표이사가 청산인이 된다.

제29조(잔여재산분배) 잔여재산은 각 사원의 출자액의 비율에 따라 분배하되 농지는 농업인 사원에게 분배한다.

부 칙

제30조(재산인수) 회사성립후 양수할 것을 약정한 계산, 그 가격 및 양도인의 성명은 다음과 같다.

1. 양도인의 성명 ○ ○ ○ ( ) 주민등록번호 : -

   시도 시군 읍면 리동 번지

2. 재 산 ○○○○○○

3. 가 격 금○○○원

※ 위 성명 다음의 ( ) 내는 농업인인 경우 '농업인', 생산자단체인 경우 생산자단체명, '비농업인'인 경우 '비농업인'을 기재하고, 주민등록번호란에는 사업자인 경우 사업자등록번호를 기재

제31조(현물출자) 본 회사의 설립당시 현물출자를 하는 자의 성명과 그 목적 재산의 종류·수량·가격과 이에 대하여 부여하는 출자좌수는 다음과 같다.

1. 현물출자자의 성명

   사원 ○ ○ ○ ( ) 주민등록번호 : -

2. 출자목적 및 재산 ○○○○○○

3. 출자자산의 가격 금○○○원

4. 이에 대하여 부여하는 출자좌수 ○좌

※ 위 성명 다음의 ( ) 내는 농업인인 경우 '농업인', 생산자단체인 경우 생산자단체명, '비농업인'인 경우 '비농업인'을 기재하고, 주민등록번호란에는 사업자인 경우 사업자등록번호를 기재

제32조(적용범위) 본 정관에 규정되지 않은 사항은 농어업 경영체 육성 및 지원에 관한 법률과 상법 및 기타 법령에 정한 규정에 따른다.

제33조(세부내규) 회사는 필요에 따라 사원총회의 결의로써 업무추진 및 경영상 필요한 회사 세부내부를 정할 수 있다.

위 농업회사법인○○유한회사를 설립하기 위하여 본 정관을 작성하고 사원전원이 이에 기명 날인한다.(註11)

서기 년 월 일

농업회사법인○○유한회사

사원 ○ ○ ○ ㊞

(이하 사원전원이 기명날인)

부 칙

① (시행일) 이 고시는 2010년 1월 14일부터 시행한다.

② (재검토기한) 이 고시는 2013년 1월 13일까지 "「훈령·예규 등의 발령 및 관리에 관한 규정」(대통령훈령 제248호)" 제7조 제3항 제2호에 따라 재검토하여야 한다.

(註1) 有限會社의 商號中에는 "有限會社"라는 文字를 使用해야 하는 點 이외에는 별다른 制限이 없으나 同一한 市 · 郡內에서 同種營業을 위하여 他人이 登記한 것과 同一 또는 類似한 商號로는 登記할 수 없음에 留意해야 한다.

(註2) 제2조의 목적과 부합되는 사업이면 數個의 事業을 目的으로 해도 無妨하나 그 營業內容을 明確히 알 수 있도록 구체적으로 記載해야 하며 막연히 "物品都賣業" 등과 같이 抽象的으로 記載해서는 안된다. 또한, 제1항의 ○○내에는 농업경영외의 사업으로서 회사가 역점을 두는 사업을 기재한다.

(註3) 그 所在場所의 地番까지 確定해야 하는 것은 아니고 最小行政區域까지만 定해도 無妨하다.

그리고 支店은 定款의 絕對的 記載事項이 아니므로 이의 記載與否는 會社의 任意에 屬한다.

(註4) 이는 1,000萬원 以上으로 하여야 한다.

(註5) 이는 정하지 아니할 수도 있으며 이를 定한 경우에 한하여 定款에 記載 한다.

(註6) 농산물 생산자 단체는 농어업 · 농어촌 및 식품산업 기본법 시행령 제4조에서 정한 생산자 단체를 말한다.

(註7) 1座의 金額은 5,000원 이상으로서 均一해야 한다.

(註8) 理事는 1인이상 반드시 두어야 하나 監査는 그를 두지 아니할 수도 있다. 그리하여 必須機關은 아니지만 任意機關으로서 理事會를 두기로 한 때에는 會議體의 性質上 理事의 數는 3인이어야 할 것이다.

(註9) 代表理事는 數人으로 定할 수도 있는 바, 그 경우 특히 數人이 共同으로 會社를 代表하도록 정한 때에는 定款에 記載해야 한다.

(註10) 이는 商法 제227조 및 제609조 제1항의 사유로서 정하지 아니할 수도 있으며 정관에 정한 경우에 한하여 이를 기재한다.

(註11) 社員의 總數는 法院의 許可를 받지 않고는 50인을 超過할 수 없고 이 定款은 公證人의 認證을 받음으로써 효력이 생긴다. 다만, 자본금 총액이 10억원 미만인 회사를 발기 설립하는 경우에는 각 발기인이 정관에 기명날인 또는 서명함으로써 효력이 발생한다.

< 농업법인의 해산절차 >

구분	영농조합법인	농업회사법인			
		합명회사	합자회사	유한회사	주식회사
관련법령	*농어업 경영체 육성 및 지원에 관한 법률 *민법 제720조~제724조	상법 제227조~제267조	상법 제285조~제287조	상법 제609조~제613조	상법 제285조~제287조
		* 상법 제 176조(회사의 해산명령)			
해산사유	○ 총회의 의결이 있는 경우 ○ 영농조합법인이 합병·파산한 경우 ○ 농어업 경영체 육성 및 지원에 관한 법률의 규정에 의한 법원의 해산명령을 받은 경우 ○ 조합원이 5인 미만이 된 후 1년 이내에 5인 이상이 되지 아니한 경우 ○ 기타 정관에서 정한 해산사유가 발생한 경우	○ 존립기간의 만료 ○ 총사원의 동의 ○ 사원이 1인으로 된 경우 ○ 합병 및 파산의 경우 ○ 법원의 해산명령 및 판결 ○ 기타정관이 정한 사유의 발생	○ 무한 및 유한 책임사원 전원 이 퇴사한 경우	○ 존립기간의 만료 ○ 합병 및 파산	○ 존립기간 만료 ○ 합병 및 파산 ○ 법원의 해산명령 및 판결 ○ 주주총회의 의결
해산절차	정관에 정한대로 청산의결(총회에서 해산을 의결)→청산인 선정→해산등기(청산인)→채권신고의 최고(청산인)→청산종결의 등기와 신고→해산완료	해산등기(청산의 목적 범위내)→청산인 선임→청산인의 등기→채무변제 등→청산종결의 등기	해산등기→청산인 선임	해산등기→청산인 결정→청산이 신고(법원)→청산의 종결	해산의결→주주에게 해산 통지→해산등기→청산인 결정→청산인 신고(법원)→청산의 종결

7. 농어업경영체 육성 및 지원에 관한 법률 [법률 제11694호, 2013.3.23개정]

농림축산식품부(경영인력과)
해양수산부(소득복지과)

제1장 총칙

제1조(목적) 이 법은 경쟁력 있는 농어업경영체를 육성하고 농어업경영체의 소득을 안정시키기 위한 직접지불제를 시행하여 국민에게 안전한 농수산물과 식품을 안정적으로 공급하고, 나아가 농어촌사회의 안정과 국가 발전에 이바지함을 목적으로 한다. <개정 2011.3.9>

제2조(정의) 이 법에서 사용하는 용어의 뜻은 다음과 같다. <개정 2009.5.27>

1. "농업인"이란 「농어업·농어촌 및 식품산업 기본법」 제3조제2호가목에 따른 농업인을 말한다.
2. "농업법인"이란 제16조에 따른 영농조합법인과 제19조에 따른 농업회사법인을 말한다.
3. "농업경영체"란 농업인과 농업법인을 말한다.
4. "어업인"이란 「농어업·농어촌 및 식품산업 기본법」 제3조제2호나목에 따른 어업인을 말한다.
5. "어업법인"이란 제16조에 따른 영어조합법인과 제19조에 따른 어업회사법인을 말한다.
6. "어업경영체"란 어업인과 어업법인을 말한다.
7. "농어업경영체"란 농업경영체와 어업경영체를 말한다.

제3조(국가 등의 책무) 국가와 지방자치단체는 경쟁력 있는 농어업경영체의 육성 및 지원을 위하여 필요한 종합적인 시책을 수립·시행하여야 한다.

제2장 농어업경영정보의 등록

제4조(농어업경영정보의 등록) ① 농어업·농어촌에 관련된 융자·보조금 등을 지원받으려는 농어업경영체는 다음 각 호의 사항으로서 대통령령으로 정하는 것(이하 "농어업경영정보"라 한다)을 등록하여야 한다. 등록한 사항 중 대통령령으로 정하는 중요한 사항이 변경된 경우에도 또한 같다. <개정 2009.5.27, 2011.3.9>

1. 농업경영체: 「농어업·농어촌 및 식품산업 기본법」 제40조에 따른 농지·축사·원예시설 등 생산수단, 생산농산물, 생산방법 및 가축사육 마릿수 등 농업경영 관련 정보

2. 어업경영체: 「농어업·농어촌 및 식품산업 기본법」 제40조에 따른 어선·양식시설 등 생산수단, 생산수산물, 생산방법 및 어업생산규모 등 어업경영 관련 정보

② 제1항에 따른 농어업경영정보의 등록 및 변경 절차와 농어업경영정보 등록부의 작성·관리 등에 필요한 사항은 농림축산식품부령 또는 해양수산부령으로 정한다. <개정 2013.3.23>

제5조(등록정보의 확인 등) ① 농림축산식품부장관 또는 해양수산부장관은 제4조의 등록을 원활히 하고, 등록정보(변경등록 정보를 포함한다. 이하 같다)를 확인하기 위하여 필요하면 관계 중앙행정기관의 장, 지방자치단체의 장 또는 「공공기관의 운영에 관한 법률」에 따른 공공기관의 장에게 관련된 자료의 제출을 요청할 수 있다. 이 경우 자료제출을 요청받은 관계 중앙행정기관의 장 등은 특별한 사정이 없으면 이에 따라야 한다. <개정 2013.3.23>

② 농림축산식품부장관 또는 해양수산부장관은 등록정보의 사실 여부를 확인하기 위하여 필요한 경우에는 관계 공무원에게 현지조사를 하게 할 수 있다. <개정 2013.3.23>

③ 제2항에 따른 현지조사를 하기 위하여 다른 사람의 토지·농장·양식장 등을 출입하는 관계 공무원은 그 권한을 나타내는 증표를 지니고 이를 관계인에게 내보여야 한다.

제6조(등록정보의 수정등 요청) ① 농림축산식품부장관 또는 해양수산부장관은 제5조에 따라 등록정보를 확인한 결과, 등록정보의 수정 또는 보완(이하 "수정등"이라 한다)이 필요하면 농어업경영체에 등록정보의 수정등을 요청하여야 한다. <개정 2013.3.23>

② 제1항에 따른 수정등의 요청을 받은 농어업경영체는 요청 내용을 반영하여 농어업경영정보를 변경등록하여야 한다. 다만, 등록정보가 사실과 같음을 증명한 경우에는 그러하지 아니하다.

제7조(농어업경영정보의 보호) 농어업경영정보의 등록 및 관리 등 관련 업무에 종사하거나 종사하였던 자는 그 직무상 알게 된 정보를 다른 사람에게 제공 또는 누설하거나 농어업경영체 육성 및 지원 목적 외의 용도로 사용하여서는 아니 된다.

제8조(자금 지원 등의 제한) 농림축산식품부장관 또는 해양수산부장관은 농어업경영정보를 등록하지 아니한 농어업경영체와 등록정보의 수정등을 하지 아니한 농어업경영체에 대하여 농어업경영체의 육성 및 소득 안정 등을 위한 각종 지원의 전부 또는 일부를 제한할 수 있다. <개정 2013.3.23>

제3장 후계농어업인력의 양성과 경영 규모화

제9조(학교 등 농어업교육 지원) ① 국가와 지방자치단체는 미래 농어업인력의 확보를 위하여 농업 및 수산업 계열학교 또는 전문교육기관이 실시하는 농어업 관련 실습교육 또는

농어업창업교육 등을 지원할 수 있다.

② 국가와 지방자치단체는 우수한 농어업경영체와 협력하여 농어업에 종사하려는 자의 농어업현장연수에 필요한 지원을 할 수 있다.

제10조(후계농어업경영인의 선정 및 지원) ① 특별시장·광역시장·특별자치시장·도지사·특별자치도지사는 농업 또는 어업을 경영하고 있거나 경영할 의사가 있는 자를 후계농업경영인(後繼農業經營人) 또는 후계어업경영인(後繼漁業經營人)(이하 "후계농어업경영인"이라 한다)으로 선정할 수 있다. <개정 2011.11.22>

② 후계농어업경영인에 관하여 다음 각 호의 사항을 심사하기 위하여 지방자치단체에 심사위원회를 둔다. 다만, 심사위원회를 설치·운영하기 어려운 경우에는 「농어업·농어촌 및 식품산업 기본법」 제15조에 따른 농업·농촌및식품산업정책심의회 또는 어업·어촌정책심의회가 그 기능을 대신할 수 있다. <신설 2010.1.25, 2013.3.23>

1. 후계농어업경영인의 선정 및 취소에 관한 사항
2. 융자금의 사용 및 사업추진현황 등에 관한 사항
3. 그 밖에 후계농어업경영인의 사후관리를 위하여 필요한 사항

③ 심사위원회는 제2항 각 호의 사항을 심사하기 위하여 필요한 경우 현지조사를 실시할 수 있다. <신설 2010.1.25>

④ 국가와 지방자치단체는 선정된 후계농어업경영인의 지속적 발전을 위하여 발전단계별로 자금, 컨설팅 또는 농업기술·경영교육 등을 지원할 수 있다. <개정 2010.1.25>

⑤ 다음 각 호의 사항은 농림축산식품부령 또는 해양수산부령으로 정한다. <신설 2010.1.25, 2013.3.23>

1. 후계농어업경영인의 연령, 영농·영어경력 및 교육이수 실적, 그 밖에 후계농어업경영인의 선정에 필요한 사항
2. 제2항에 따른 심사위원회의 구성·운영에 관한 사항
3. 제3항에 따른 현지조사의 방법·내용 및 절차에 관한 사항

[시행일:2012.7.1] 제10조제1항 중 특별자치시에 관한 부분

제11조(농어업경영의 규모화) ① 국가와 지방자치단체는 농어업경영체의 생산성 향상과 경영안정을 위하여 경영규모 확대에 필요한 시책을 수립·시행하여야 한다.

② 농림축산식품부장관 또는 해양수산부장관은 농어업경영체의 경영규모 확대 촉진을 위하여 농지, 양식장, 어선 또는 농어업용 시설의 매매 등을 우선 지원하거나 알선·중개할 수 있다. <개정 2013.3.23>

제4장 소득안정을 위한 직접지불제

제12조(직접지불금) ① 농림축산식품부장관 또는 해양수산부장관은 「세계무역기구 설립을 위한 마라케쉬협정」에 따른 국내보조 감축약속 면제 기준과 범위 에서 농어업경영체의 소득을 안정시키기 위한 보조금(이하 "직접지불금"이라 한다)을 지급할 수 있다. <개정 2011.3.9, 2013.3.23>

② 직접지불금의 산출방법, 지급기준 및 지급절차, 그 밖에 필요한 사항은 대통령령으로 정한다.

제13조(직접지불금의 지급대상자) ① 직접지불금을 지급받을 수 있는 자는 농어업경영정보를 등록하고 농업 또는 어업을 주업으로 하는 농어업경영체로 한다. <개정 2011.3.9>

② 농업 또는 어업을 주업으로 하는 농어업경영체의 범위 등에 필요한 사항은 대통령령으로 정한다. <개정 2011.3.9>

제14조(직접지불금 약정의 체결) ① 직접지불금을 지급받으려는 농어업경영체는 농림축산식품부장관 또는 해양수산부장관과 직접지불금 약정을 체결하여야 한다. <개정 2011.3.9, 2013.3.23>

② 제1항에 따른 직접지불금 약정의 체결 방법·절차 등에 필요한 사항은 농림축산식품부령 또는 해양수산부령으로 정한다. <개정 2013.3.23>

제15조(직접지불금의 지급제한 등) ① 농림축산식품부장관 또는 해양수산부장관은 제14조에 따라 직접지불금 약정을 체결한 농어업경영체가 다음 각 호의 어느 하나에 해당하면 직접지불금의 전부 또는 일부를 지급하지 아니할 수 있다. 다만, 제1호에 해당하면 직접지불금의 전부를 지급하지 아니하며 이미 지급한 금액이 있으면 이를 회수하여야 한다. <개정 2011.3.9, 2013.3.23>

1. 거짓이나 그 밖의 부정한 방법으로 농어업경영정보를 등록한 경우
2. 제13조에 따른 지급대상자의 요건을 갖추지 못한 경우

② 제1항에 따른 직접지불금의 지급제한 등 세부적인 기준은 그 위반행위의 유형과 위반의 정도 등을 고려하여 농림축산식품부령 또는 해양수산부령으로 정한다. <개정 2013.3.23>

제5장 농어업법인의 설립 및 지원 등

제16조(영농조합법인 및 영어조합법인의 설립) ① 협업적 농업경영을 통하여 생산성을 높이고 농산물의 출하·유통·가공·수출 등을 공동으로 하려는 농업인 또는 「농어업·농어촌 및 식품산업 기본법」 제3조제4호에 따른 농업 관련 생산자단체(이하 "농업생산자단체"라

한다)는 5인 이상을 조합원으로 하여 영농조합법인(營農組合法人)을 설립할 수 있다. <개정 2009.5.27>

② 협업적 수산업경영을 통하여 생산성을 높이고 수산물의 출하·유통·가공·수출 등을 공동으로 하려는 어업인 또는 「농어업·농어촌 및 식품산업 기본법」 제3조제4호에 따른 어업 관련 생산자단체(이하 "어업생산자단체"라 한다)는 5인 이상을 조합원으로 하여 영어조합법인(營漁組合法人)을 설립할 수 있다. <개정 2009.5.27>

③ 영농조합법인 및 영어조합법인은 법인으로 하며, 그 주된 사무소의 소재지에서 설립등기를 함으로써 성립한다.

④ 영농조합법인 및 영어조합법인의 해산명령에 관하여는 「상법」 제176조를 준용한다. 이 경우 관할 시장(특별자치도의 경우에는 특별자치도지사를 말한다. 이하 같다)·군수 또는 구청장(자치구의 구청장을 말한다. 이하 같다)은 법원에 영농조합법인 또는 영어조합법인의 해산을 청구할 수 있다.

⑤ 영농조합법인 및 영어조합법인의 설립, 출자, 사업, 정관 기재사항 및 해산 등에 필요한 사항은 대통령령으로 정한다.

⑥ 영농조합법인 및 영어조합법인의 등기에 관하여 이 법에서 규정한 사항 외에는 「상업등기법」 제3조, 제4조, 제5조제2항·제3항, 제6조부터 제15조까지, 제17조부터 제29조까지, 제56조 및 제58조부터 제76조까지의 규정을 준용한다.

⑦ 영농조합법인 및 영어조합법인에 관하여 이 법에서 규정한 사항 외에는 「민법」 중 조합에 관한 규정을 준용한다.

제17조(**영농조합법인 및 영어조합법인의 조합원 등**) ① 영농조합법인은 농업인과 농업생산자단체 중 정관으로 정하는 자를 조합원으로 한다.

② 농업인이 아닌 자로서 대통령령으로 정하는 자는 정관으로 정하는 바에 따라 영농조합법인에 출자하고 준조합원으로 가입할 수 있다. 이 경우 의결권은 행사하지 못한다.

③ 영농조합법인은 대통령령으로 정하는 농업생산자단체의 조합원 또는 준조합원으로 가입할 수 있다.

④ 영어조합법인은 어업인과 어업생산자단체 중 정관으로 정하는 자를 조합원으로 한다. 다만, 「수산업법」 제9조제2항에 따라 협동양식면허를 취득할 수 있는 영어조합법인의 조합원의 자격과 그 밖에 필요한 사항은 대통령령으로 정한다.

⑤ 어업인이 아닌 자로서 대통령령으로 정하는 자는 영어조합법인의 정관으로 정하는 바에 따라 영어조합법인에 출자하고 준조합원으로 가입할 수 있다. 이 경우 의결권은 행사하지 못한다.

第18조(영농조합법인 및 영어조합법인의 조직변경) ① 영농조합법인 또는 영어조합법인은 총조합원의 일치로 총회의 결의를 거쳐 합명회사(合名會社)인 농업회사법인 또는 어업회사법인으로 조직을 변경할 수 있다.

② 영농조합법인 또는 영어조합법인은 총조합원의 일치로 총회의 결의를 거쳐 조합원의 일부를 유한책임사원으로 하거나 유한책임사원을 새로 가입시켜 합자회사(合資會社)인 농업회사법인 또는 어업회사법인으로 조직을 변경할 수 있다.

③ 영농조합법인 또는 영어조합법인이 제1항 또는 제2항에 따라 조직변경의 결의를 한 경우에는 그 결의가 있는 날부터 2주 내에, 조합 채권자에 대하여 조직변경에 이의가 있으면 일정한 기간 내에 이를 제출할 것을 정관으로 정하는 바에 따라 1개월 이상 공고하고 이미 알고 있는 채권자에 대하여는 따로따로 공고 내용을 알려야 한다.

④ 채권자가 제3항에 따른 일정 기간 내에 이의를 제기한 경우에는 영농조합법인 또는 영어조합법인이 채무를 변제하거나 상당한 담보를 제공하지 아니하면 조직변경의 결의는 효력을 발생하지 아니한다.

⑤ 채권자가 제3항의 기간 내에 조직변경의 결의에 대하여 이의를 제기하지 아니한 경우에는 조직변경을 승인한 것으로 본다.

⑥ 영농조합법인 또는 영어조합법인이 제1항 또는 제2항의 조직변경을 한 때에는 본점소재지에서는 2주 내에, 지점소재지에서는 3주 내에 영농조합법인 또는 영어조합법인은 해산등기를, 농업회사법인 또는 어업회사법인은 설립등기를 하여야 한다.

⑦ 영농조합법인 또는 영어조합법인의 조합원으로서 제2항에 따라 유한책임사원이 된 자는 제6항에 따른 본점 등기를 하기 전에 생긴 영농조합법인 또는 영어조합법인의 채무에 대하여 등기 후 2년이 될 때까지 영농조합법인 또는 영어조합법인의 조합원으로서 책임을 진다.

第19조(농업회사법인 및 어업회사법인의 설립 등) ① 농업의 경영이나 농산물의 유통·가공·판매를 기업적으로 하려는 자나 농업인의 농작업을 대행하려는 자는 대통령령으로 정하는 바에 따라 농업회사법인(農業會社法人)을 설립할 수 있다.

② 농업회사법인을 설립할 수 있는 자는 농업인과 농업생산자단체로 하되, 농업인이나 농업생산자단체가 아닌 자도 대통령령으로 정하는 비율 또는 금액의 범위에서 농업회사법인에 출자할 수 있다. <개정 2011.11.22>

③ 수산업의 경영이나 수산물의 유통·가공·판매를 기업적으로 하려는 자는 대통령령으로 정하는 바에 따라 어업회사법인(漁業會社法人)을 설립할 수 있다.

④ 어업회사법인을 설립할 수 있는 자는 어업인과 어업생산자단체로 하되, 어업인이나 어

업생산자단체가 아닌 자도 대통령령으로 정하는 비율 또는 금액의 범위에서 어업회사법인에 출자할 수 있다. <개정 2011.11.22>

⑤ 농업회사법인 및 어업회사법인의 해산명령에 관하여는 제16조제4항을 준용한다.

⑥ 농업회사법인 및 어업회사법인의 설립·출자, 부대사업 등에 필요한 사항은 대통령령으로 정한다.

⑦ 농업회사법인의 농업생산자단체 조합원이나 준조합원 가입에 관하여는 제17조제3항을 준용하고 어업회사법인의 어업생산자단체 조합원이나 준조합원 가입에 관하여는 제17조제4항과 제5항을 준용한다.

⑧ 농업회사법인 및 어업회사법인에 관하여 이 법에서 규정한 사항 외에는 「상법」 중 회사에 관한 규정을 준용한다.

제20조(**농업법인 및 어업법인의 지원 등**) ① 국가와 지방자치단체는 농업법인 또는 어업법인의 기술개발, 경영규모의 확대 또는 농어업기계화 및 시설장비 현대화, 경영정보화, 전문인력의 확보 및 인수합병 등을 위하여 자금 및 컨설팅 등 필요한 지원을 할 수 있다.

② 시장·군수 또는 구청장은 농업법인 또는 어업법인의 효율적 관리를 위하여 농림축산식품부장관 또는 해양수산부장관이 정하는 바에 따라 농업법인 또는 어업법인 운영실태 등에 대한 조사를 하여야 한다. <개정 2013.3.23>

③ 시장·군수 또는 구청장은 제2항의 조사를 위하여 필요한 경우 등기소와 그 밖의 관계 행정기관에 무료로 필요한 서류의 열람·복사 또는 그 등·초본의 발급을 요청할 수 있다.

제6장 농어업경영혁신 기반 구축

제21조(**농어업경영체의 회계**) ① 농어업경영체는 농어업경영의 투명성을 높이기 위하여 회계를 투명하게 하도록 노력하여야 한다.

② 농림축산식품부장관 또는 해양수산부장관은 농어업경영의 성과와 재무상태를 분명하게 파악할 수 있는 농어업회계기준을 정하여 이를 활용하도록 농어업경영체에 권고할 수 있다. <개정 2013.3.23>

③ 농림축산식품부장관 또는 해양수산부장관은 농어업경영 효율화를 위한 지원을 할 때에는 제2항에 따른 농어업회계기준을 활용하는 농어업경영체를 우대할 수 있다. <개정 2013.3.23>

제22조(**농어업교육 계획의 수립 등**) ① 국가와 지방자치단체는 농어업경영체의 경영능력 및 기술수준에 맞는 경영·기술 교육 또는 전문컨설팅 등의 지원을 위한 계획을 수립·시행하여야 한다.

② 농림축산식품부장관 또는 해양수산부장관은 농어업경영체에 대하여 전문적인 농어업 경영·기술 교육 또는 컨설팅 등을 하기 위하여 필요한 경우 농어업인 중에서 전문농어업경영인을 지정하여 활용할 수 있다. <개정 2013.3.23>

③ 농림축산식품부장관 또는 해양수산부장관은 전문농어업경영인의 효율적 활동에 필요한 지원을 할 수 있다. <개정 2013.3.23>

④ 농림축산식품부장관 또는 해양수산부장관은 다음 각 호의 어느 하나에 해당하면 전문농어업경영인의 지정을 취소할 수 있다. 다만, 제1호에 해당하면 지정을 취소하여야 한다. <개정 2013.3.23>

1. 거짓이나 그 밖의 부정한 방법으로 전문농어업경영인으로 지정받은 경우
2. 전문농어업경영인의 지정기준을 갖추지 못한 경우
3. 전문 농어업경영·기술 교육, 컨설팅 등 활동실적 등을 고려하여 더 이상 전문농어업경영인으로 활동하는 것이 곤란하거나 부적합하다고 농림축산식품부장관 또는 해양수산부장관이 인정하는 경우

⑤ 제2항에 따른 전문농어업경영인 지정대상, 지정기준 및 절차 등에 필요한 사항은 농림축산식품부령 또는 해양수산부령으로 정한다. <개정 2013.3.23>

제23조(**농어업인단체 등의 교육운영 지원**) ① 국가와 지방자치단체는 농어업경영체에 대한 교육을 하는 농어업인단체 등에 대하여 교육과정의 개발 및 운영에 필요한 지원을 할 수 있다.

② 국가와 지방자치단체는 농어업경영체에 대한 교육의 효율적인 추진을 위하여 농림축산식품부령 또는 해양수산부령으로 정하는 바에 따라 지역 특성에 맞는 지역농어업교육계획의 수립과 시행에 필요한 지원을 할 수 있다. <개정 2013.3.23>

③ 국가와 지방자치단체는 농어업경영체에 대한 교육의 질을 향상시키기 위하여 농어업교육전문가의 양성, 교육과정의 개발, 교육장소의 제공 또는 농어업교육전문가에 대한 정보제공 등을 할 수 있다.

제24조(**교육기관 평가 등**) 농림축산식품부장관 또는 해양수산부장관은 제22조제2항에 따른 전문농어업경영인 및 제23조에 따른 지원을 받는 농어업인단체 등에 대하여 농림축산식품부령 또는 해양수산부령으로 정하는 바에 따라 평가를 실시하고, 전문농어업경영인 또는 농어업인단체 등을 지원할 때 그 결과를 반영하여야 한다. <개정 2013.3.23>

제25조(**통합농어업교육정보시스템의 운영**) ① 농림축산식품부장관 또는 해양수산부장관은 국가와 지방자치단체, 민간 교육기관의 교육정보를 농어업경영체에 제공하고 농어업경영체의 교육 이수 실적정보를 관리하기 위한 통합농어업교육정보시스템을 구축하여 활용할

수 있다. <개정 2013.3.23>

② 농림축산식품부장관 또는 해양수산부장관은 제1항에 따른 통합농어업교육정보시스템의 효율적 운영을 위하여 농어업경영체를 교육하는 기관 또는 단체에 대하여 교육과정 등에 대한 정보 제공을 요청할 수 있다. <개정 2013.3.23>

③ 제1항의 통합농어업교육정보시스템의 구축·운영에 필요한 사항은 농림축산식품부령 또는 해양수산부령으로 정한다. <개정 2013.3.23>

제26조(선도적 농어업경영모델의 확산) ① 국가와 지방자치단체는 우수한 농어업기술과 지식, 경영 역량을 갖춘 농어업경영체를 선도적 농어업경영모델로 선정하고, 이를 확산시키기 위하여 노력하여야 한다.

② 국가와 지방자치단체는 제1항에 따라 선정된 농어업경영체 간 상호교류활동 및 농어업인 교육활동 등을 지원할 수 있다.

제27조(농어업인재개발전문기관의 지정 등) ① 농림축산식품부장관 또는 해양수산부장관은 농어업 관련 인적자원의 개발을 위하여 농어업경영체에 대한 교육 및 전문컨설팅 등의 수행·연구·평가·사업관리 등을 담당할 전문기관(이하 "농어업인재개발전문기관"이라 한다)을 지정할 수 있다. <개정 2013.3.23>

② 농림축산식품부장관 또는 해양수산부장관은 농어업인재개발전문기관의 사업수행을 위하여 필요한 자금의 전부 또는 일부를 지원할 수 있다. <개정 2013.3.23>

③ 농림축산식품부장관 또는 해양수산부장관은 농어업인재개발전문기관이 다음 각 호의 어느 하나에 해당하면 그 지정을 취소하거나 6개월 이내의 기간을 정하여 업무의 정지를 명할 수 있다. 다만, 제1호에 해당하는 경우에는 그 지정을 취소하여야 한다. <개정 2013.3.23>

1. 거짓이나 그 밖의 부정한 방법으로 지정받은 경우
2. 농어업인재개발전문기관의 지정요건을 갖추지 못한 경우
3. 정당한 사유 없이 1년 이상 업무실적이 없는 경우

④ 농어업인재개발전문기관의 지정 요건 및 운영 등에 필요한 사항은 대통령령으로 정한다.

제7장 보칙

제28조(청문) 농림축산식품부장관 또는 해양수산부장관은 다음 각 호의 어느 하나에 해당하는 처분을 하려면 청문을 실시하여야 한다. <개정 2013.3.23>

1. 제22조제4항에 따른 전문농어업경영인의 지정 취소
2. 제27조제3항에 따른 농어업인재개발전문기관의 지정 취소

제29조(권한의 위임) 이 법에 따른 농림축산식품부장관 또는 해양수산부장관의 권한은 대통령령으로 정하는 바에 따라 그 일부를 소속 기관의 장 또는 지방자치단체의 장에게 위임할 수 있다. <개정 2013.3.23>

제30조(유사명칭의 사용금지) 이 법에 따른 농업법인 또는 어업법인이 아니면 제16조에 따른 영농조합법인과 영어조합법인 또는 제19조에 따른 농업회사법인과 어업회사법인의 명칭 또는 이와 유사한 명칭을 사용할 수 없다.

제8장 벌칙

제31조(벌칙) 제7조를 위반하여 직무상 알게 된 정보를 다른 사람에게 제공 또는 누설하거나 농어업경영체 육성 및 지원 목적 외의 용도로 사용한 자는 1년 이하의 징역 또는 1천만원 이하의 벌금에 처한다.

제32조(양벌규정) 법인의 대표자나 법인 또는 개인의 대리인, 사용인, 그 밖의 종업원이 그 법인 또는 개인의 업무에 관하여 제31조의 위반행위를 하면 그 행위자를 벌하는 외에 그 법인 또는 개인에게도 해당 조문의 벌금형을 과(科)한다. 다만, 법인 또는 개인이 그 위반행위를 방지하기 위하여 해당 업무에 관하여 상당한 주의와 감독을 게을리하지 아니한 경

제33조(과태료) ① 다음 각 호의 어느 하나에 해당하는 자에게는 100만원 이하의 과태료를 부과한다.

1. 거짓이나 그 밖의 부정한 방법으로 제4조에 따른 농어업경영정보를 등록 또는 변경등록을 한 자
2. 제5조제2항의 현지조사를 정당한 사유 없이 거부·기피 또는 방해한 자
3. 제30조를 위반하여 농업법인 또는 어업법인이 아니면서 영농조합법인, 영어조합법인, 농업회사법인 또는 어업회사법인의 명칭이나 이와 유사한 명칭을 사용한 자

② 제1항에 따른 과태료는 대통령령으로 정하는 바에 따라 다음 각 호의 자가 각각 부과·징수한다. <개정 2011.11.22, 2013.3.23>

1. 제1항제1호 및 제2호의 경우: 농림축산식품부장관 또는 해양수산부장관
2. 제1항제3호의 경우: 시장·군수 또는 구청장

부칙 <제11694호, 2013.3.23> (농어업·농어촌 및 식품산업 기본법)

제1조(시행일) 이 법은 공포한 날부터 시행한다.

제2조부터 제4조까지 생략

제5조(다른 법률의 개정) ① 생략

② 농어업경영체 육성 및 지원에 관한 법률 일부를 다음과 같이 개정한다.

제10조제2항 각 호 외의 부분 단서 중 "농어업·농어촌및식품산업정책심의회"를 "농업·농촌및식품산업정책심의회 또는 어업·어촌정책심의회"로 한다.

③ 및 ④ 생략

8. 영농조합법인 설립사례

법인공고 2013-제1호

公 告

체리의 생산성 향상을 도모할 목적으로「체리영농조합법인」을 설립하고자 조합원을 모집하오니 뜻있는 분의 많은 신청 있으시기 바랍니다.

■ 신청기한 : 2013. 10. 25까지

■ 신청장소 : 체리영농조합법인 사무소
(거창군 마리면 적석리 소재)

■ 신청방법 : 조합원 가입신청서 제출
(제출서류 및 신청서는 사무소 비치)

■ 신청자격 : 다음 각 호의 자격을 가진 자

≪조합원≫

1. 1천제곱미터 이상의 농지를 경영 또는 경작하는 자나 농업경영을 통한 농산물의 연간 판매액이 120만원이상인 자 또는 1년 중 90일 이상 농업에 종사하는 자
2. 만20세이상의 성년으로서 본 조합법인의 설립 취지에 찬동하는 자
3. 200만원 이상의 현금 또는 이에 상응하는 농지, 농기계, 가축, 기타의 현물을 출자한 자
4. 1,000제곱미터 이상의 체리를 재배하고 있거나 동일 업종에 종사 하고 있는 자

≪준 조합원≫

1. 본 조합법인에 생산자재를 공급하거나 생산기술을 제공 할 수 있는 자.
2. 본 조합법인에 농지를 임대하거나 농지의 경영을 위탁 할 수 있는 자
3. 본 조합법인이 생산한 체리를 대량으로 구입.가공.유통 또는 수출 할 수 있는 자
4. 그밖에 농업인이 아닌 자로서 영농조합법인의 사업에 참여하기 위하여 영농조합 법인에 출자를 하는 자

■ 가입형태 : 현금 및 현물출자

- 발행 좌수 : 50,000좌
- 1좌당금액 : 10,000원
- 최소출자좌수 : 조합원 100좌 이상, 준 조합원 50좌 이상으로 하며, 현물 출자 시는 평가액에 따른 환산 출자 좌수로 함

※ 기타 문의처 : "가칭" 체리 영농조합법인 설립 발기인 사무소

2013. 10. 10

체리영농조합법인 설립 발기인 대표

체리영농조합법인

우 676-805 / 경남 거창군 마리면 적석리 / ☎(055)
발기인 대표 : 김한솔 총무 정세솔

문서번호 법인2013-1
시행일자 2013. 10. 26 ( )
(경 유)
수신자 : 받는 곳 참조
참 조 :

선람			지시		
접수	일자 시간	. .	결재 · 공람		
	번호				
처리과					
담당자					
심사자			심사일		

제 목 체리영농조합법인 창립총회 개최

1. 귀 가정의 건승을 기원 드립니다.

2. 체리 농업 생산성 향상을 도모하고 농가소득 증대를 위한 체리영농조합법인 설립에 따른 조합원을 기 모집한바 있습니다.

3. 따라서 조합원 가입 신청자를 모시고 아래와 같이 창립총회를 개최하고자 하오니 바쁘시더라도 시간엄수 참석하여 주시기 바랍니다.

= 아 래 =

o 일 시 : 2013. 11. 25(금) 10;00
o 장 소 : 체리 영농조합법인 사무소
o 참석대상 : 체리 영농조합법인 가입신청자 전원
o 안 건
- 정관승인
- 임원선임 및 이사회 구성
- 출자 납입에 관한사항
- 2014년도 예산안 승인
- 기타 법인 발전방안 토의

붙임 : 체리 영농조합법인 가입신청자 명단 1부 "끝"

체리영농조합법인 발기인 대표

받는곳 :

체리영농조합법인 가입신청자 명부

주 소	성 명	주민등록번호	출자방법	출자금액 (천원)
경남과학기술대학교 창업대학원 창업학과	김한솔	2011225714	현 금	60,000
"	김두솔	2011225711	현 금	60,000
"	정세솔	2011225727	농 지	미 평가
"	이네솔	2011225724	농기계	미 평가
"	박오솔	2011225717	현 금	50,000
"	장육솔	2011225725	현 금	30,000
"	박훈종	2011225718	농자재	미 평가
합 계	7명			200,000

체리영농조합법인

우 676-805 / 경남 거창군 마리면 적석리 / ☎(055)
발기인 대표 : 김한솔 총무 정세솔

문서번호 법인2013-2
시행일자 2013. 10. 27 ( )
(경 유)
수신자 : 한국감정평가원장
참 조 :

선람			지시		
접수	일자 시간	. .	결재·공람		
	번호				
처리과					
담당자					
심사자			심사일		

제 목 감정평가 의뢰

1. 귀 원의 무궁한 발전을 기원 드립니다.

2. 영농조합법인 설립에 따른 조합원 현물출자 물건에 대한 감정평가 금액에 의거 조합원의 출자좌수를 정할 목적으로 귀원에 감정평가를 붙임과 같이 의뢰하오니 평가하여 회시하여 주시기 바랍니다.

붙임 : 1. 평가 의뢰서 1부 "끝"
2. 감정평가 의뢰 목록(물건) 1부 "끝"

체리영농조합법인 발기인 대표

받는곳 :

감정평가의뢰서

의뢰 물건	소재지	"붙임과 같음"	예상가액	₩60,000,000원
	종류	토지, 농기계, 농자재		
용도	목적	영농조합법인 출자좌수 환산획정		
	제출처	경남 기창군 마리면 직식리 체리영농조합법인 ☎(055)	소요부수	4 부
소유자명	"붙임" 목록참조			
평가에 필요한자료	· 등기부등본(토지.건물) 1 부 · 건축물관리대장(도면첨부) 부 · 지적도(임야도)등본 1 부		· 토지(임야)대장 1 부 · 토지이용계획확인 1 부 · 기계기구. 자재목록 1 부	

위 물건에 대하여 이면 약정사항에 동의하고 감정평가를 의뢰합니다.

2013년 10 월 27 일

의뢰인 주 소 경남 거창군 마리면 적석리

성 명 체리영농조합법인대표 김한솔 ㊞ ☎ (055)

(법인명또는상호)

사업자 등록번호 업태· 종목

담당자 직위/성명 정세솔 (e-Mail : hagi777@naver.com)

요구사항	평가서 받을 날짜	11월 15일	출 장 희망일	10 월 20일	세 금 계 산 서 공 급 받 는 자			
					사업자등록번호			
	교부방법	빠른등기 € 방문수령 €기타( )			상호또는법인명 (성 명)	체리영농조합법인		
	평가서 받을날짜 및 출장희망일은 의뢰물건의 종류·수량·거리·교통사정 등을 고려하여 기재해 주시기 바랍니다				사업장주소	경남 거창군 마리면 적석리		
	평가조건 및 평가와 관련하여 참고가 될 의견 등을 아래에 기재하시거나, 별도의 자료가 있을 경우 제출하여 주시기 바랍니다.				업태	농업경영체	종목	영농조합
					* 세금계산서 발급에 필요한 위 사항을 기재하여 주시기 바랍니다.			

소유자와 의뢰인이 다른 경우	은행등 협약기관의 확인을 받아 의뢰인이 착수금을 납부하고 의뢰하는 경우
위 의뢰인이 한국감정원에 평가의뢰함을 동의함 2013년 10 월 27 일 소유자명 : 정세솔 ㅁ 이네솔 ㅁ 박훈종 ㅁ ☎ * 한국감정원과 협약된 은행등이 직접 의뢰하거나, 담보용임을 확인하여 의뢰한 경우 소유자 동의는 생략함.	위 평가의뢰 목적이 담보용임을 확인함 년 월 일 은행(협약기관) ㊞ 부점 ☎
접수번호	착수금 ₩ 200,000원

한 국 감 정 원 귀중

약 정 사 항

1. 평가의뢰인은 우리원의 청구에 따라 건설교통부에서 정한 '감정평가업자의 보수에 관한 기준'에 의한 평가보수를 납입하시고 평가에 필요한 제반자료를 제공하셔야 합니다.
2. 천재지변, 사변 또는 기타의 사유로 평가가 불가능하거나 현저히 곤란하다고 인정되는 물건(권리)에 대하여는 평가에 응하지 않을 수 있습니다.
3. 평가의뢰인은 의뢰물건의 평 가예상액을 기준으로 산출한 평 가수수료의 2분의1을 착수금(최저액은 75,000원)으로 납입하셔야 합니다. 다만, 다음 각 목의 경우에는 추정 출장여비 또는 특별용역비를 위 착수금에 추가하여 납입하셔야 합니다.
   가. 출장여비가 착수금을 초과할 것으로 예상되는 경우
   나. 특별용역비가 과다하게 소요될 것으로 예상되는 경우
4. 감정평가서는 평가보수의 완납후에 교부함을 원칙으로 합니다.
5. 제2호의 경우에는 그 사유를 평가의뢰인에게 알려드리고, 평가의뢰시 납입하신 착수금을 환급해 드립니다. 다만, 평가불능 사유가 평가의뢰인(담보평가인 경우 확인 금융기관등도 포함. 이하 같습니다)에게 속하는 경우에는 착수금 환급은 제6호에 준합니다.
6. 평가의뢰인이 임의로 평가의뢰를 철회하시거나, 제1호의 평 가에 필요한 제반자료를 적시에 제공하시지 않아 평가의뢰를 반려하는 경우에는 다음 각 목의 보수를 납입하셔야 합니다.
   가. 현장조사 후 : 제3호에 의한 착수금의 10%와 소요된 출장여비 및 특별용역비의 합산액. 다만, 그 합산액이 착수금을 초과할 경우에는 착수금 전액
   나. 감정평가서 작성 후 : 착수금 전액
7. 법령의 규정이나 우리 원과의 특약에 따라 착수금 없이 평가를 의뢰하신 후 제5호 단서 또는 제6호의 사유로 평가의뢰를 철회하시거나 반려하는 경우에는 동호에 따른 보수를 납입하셔야 합니다.
8. 우리 원의 사정에 의하여 평가의뢰를 반려하는 경우에는 이미 받은 착수금의 1.5배액을 평가의뢰인에게 반환합니다.
9. 감정평가서를 의뢰시의 용도(평가목적과 사용처) 이외에 사용하시거나, 타인이 사용할 수 없으며 우리 원은 이로 인한 결과에 대하여 책임을 지지 않습니다.
10. 우리 원의 승낙없이 감정평가서를 복사 또는 이를 사용하시거나 우리 원 소정절차에 의하여 발급된 감정평가서의 사본을 당초의 용도(목적 및 사용처)이외에 사용함으로 인한 결과에 대하여 우리 원은 책임을 지지 않습니다.yesform
11. 감정평가에 관한 소송은 우리 원 본점 또는 지점 소재지 관할법원의 관할로 하기로 합니다.

○ 감정평가 목록

- 부동산

소 유 자			부동산표시				예상평가액(천원)
주소	성명	주민등록번호	소재지	지번	지목	면적	
과기대 7기	정세솔	201122 5727	경남.거창.마리 적석리	191	대	750㎡	20,000

- 농기계 및 농자재

성 명	주민등록번호	구 분	출 자 내 역				예상평가액(천원)
			기종 및 품 목	대수 및 수 량	규 격	구입년도	
이네솔	2011225724	농기계	트랙터	1대	65HP	2008	30,000
박훈종	2011225718	현 물	부직포	100롤	3m x 90m	2010	5,000
			차광막	50롤	5m x 50m	2010	5,000
		소 계					10,000
합 계							40,000

체리영농조합법인

우 676-805 / 경남 거창군 마리면 적석리 / ☎(055)
발기인 대표 : 김한솔 총무 정세솔

문서번호 법인2013-3
시행일자 2013. 11. 16 ( )
(경 유)
수신자 : 받는곳 참조
참 조 :

선람			지시		
접수	일자 시간	. .	결재·공람		
	번호				
처리과					
담당자					
심사자			심사일		

제 목 체리영농조합법인 현물출자 평가액 및 환산 출자좌수 통보

1. 귀하의 가정에 건승을 기원 드립니다.

2. 귀하께서 신청하신 체리 영농조합법인의 현물출자 평가금액 및환산 출자좌수를 붙임과 같이 통보 하오니 평가 금액에 대하여 이의가 있으시면 2013. 11. 20일 까지 법인 사무소로 신청하여 주시기 바라며, 동 기일까지 이의신청이 없을 경우 적정 평가액으로 간주 처리 할 것임을 알려드립니다.

3. 참고적으로 현물 출자 물건에 대하여는 한국감정평가원의 감정평가 금액이 적용되었으며, 감정 평가서는 사무실에 비치되어 있음을 알려드립니다.

붙임 : 현물출자 내역 및 평가액 1부 "끝"

체리영농조합법인 발기인 대표

받는곳 : 정세솔, 이네솔, 박훈종

○ 현물출자내역 및 평가액

- 부동산

성명	주민등록번호	출자내역	출자부동산표시			평가액 (천원)	환 산 출자좌수
			지번	지목	면적		
정세솔	2011225727	농 지	191	대	750㎡	20,000	2,000

- 농기계 및 농자재

성 명	주민등록번호	구 분	출 자 내 역				평가액 (천원)	환 산 출자좌수
			기종 및 품 목	대수 및 수량	규 격	구입 년도		
이네솔	2011225724	농기계	트랙터	1대	65HP	2008	30,000	3,000
박훈종	2011225718	현 물	부직포	100롤	3m x 90m	2010	5,000	500
			차광막	50롤	5m x 50m	2010	5,000	500
		소 계					10,000	1,000
합 계							40,000	4,000

『회의자료(안) 2013. 11. 25

체리 營農組合法人 創立總會

會 議 資 料

- 회의순서 -

1. 개회
2. 국민의례
3. 인사말씀(발기인대표)
4. 경과보고
5. 안건상정 및 승인
 - 정관제정
 - 출자 납입에 관한사항
 - 임원선출 및 이사회 구성
 - 2014년도 예산안 승인
6. 건의 및 토의사항
7. 폐회

체리영농조합법인 발기인회

체리영농조합법인 설립
經過報告書

1. 2013년 8월 15일 ------- 발기인회 결성
   (발기인 대표 : 김한솔, 총무 : 정세솔)

2. 2013년 10월 10일 ------ 체리 법인설립에 따른 조합원 모집공고
   (신청기한 : 2013. 10. 26/ 7명 신청)

3. 2013년 10월 27일 ----- 현물출자 물건 감정평가 의뢰
   (한국감정평가원 : 서울특별시 강남구 테헤란로 113길 12)

4. 2013년 11월 16일 ------ 현물출자 평가액 및 출자환산 좌수 통보
   (현물출자 : 정세솔, 이네솔, 박훈종 통보)

5. 2013년 10월 30일 ------ 법인정관(안) 작성

6. 2013년 11월 23일 ------ 창립총회 개최에 따른 회의서류 등 준비완료

7. 2013년 11월 25일 ------ 창립총회 개최

체리營農組合法人 定款(案)

第1章 總則

第1條(名稱)

본 조합법인은 농어업경영체 육성 및 지원에 관한법률 제16조에 의하여 설립된 영농조합법인으로서 그 명칭은 체리영농조합법인(이하"조합법인"이라 한다)이라 한다.

第2條(目的)

본 조합법인은 협업적 농업경영을 통하여 생산성을 높이고 체리의 종묘생산·수확·출하·가공·수출 등을 통하여 조합원의 소득증대를 도모함을 목적으로 한다.

第3條(事務所의 所在地)

본 조합법인의 사무소는 경남 거창군 마리면 적석리에 둔다.

第4條(事業)

본 조합법인은 생산성 향상을 위한 협업적 농업의 경영과 체리 사업을 주 사업으로 하여 다음 각 호의 사업을 부대사업으로 한다.

1. 집단재배 및 공동 작업에 관한 사업
2. 체리 공동 육묘사업
3. 공동이용시설의 설치 및 운영
4. 농 작업기 및 시설의 대여사업
5. 농 작업 대행
6. 체리의 공동생산. 가공. 출하 및 수출

第5條(協同組合에의 加入)

본 조합법인은 함양읍농업협동조합에 준 조합원으로 가입한다.

第6條(公告方法)

① 본 조합법인의 공고는 본 조합법인의 사무소 게시판에 게시하고 필요하다고 인정할 때에는 서면으로 조합원과 준조합원에게 통지 하거나 경남신문 신문 등에 게재할 수 있다.

② 제1항의 공고기간은 7일 이상으로 한다.

第7條(規定의 制定)

이 정관에서 정한 것 이외에 업무의 집행, 회계, 직원의 채용 기타 필요한 사항은 별도의 규정으로 정할 수 있다

第2章 組合員 및 準 組合員

第8條(組合員의 資格)

① 본 조합법인의 조합원이 될 수 있는 농업인은 다음 각호의 요건을 갖춘 자로 한다.

1.1천제곱미터 이상의 농지를 경영 또는 경작하는 자나 농업경영을 통한 농산물의 연간 판매액이 120만원 이상인 자 또는 1년 중 90일 이상 농업에 종사하는 자

2.만20세이상의 성년으로서 본 조합법인의 설립 취지에 찬동하는 자

3.200만원 이상의 현금 또는 이에 상응하는 농지, 농기계, 가축, 기타의 현물을 출자한 자

4.1,000제곱미터 이상의 체리를 재배하고 있거나 동일 업종에 종사하고 있는 자

② 본 조합법인의 조합원이 될 수 있는 농산물의 생산자 단체는 함양읍 농업협동조합, 함양영농조합법인으로 한다.

第9條(準 組合員의 資格)

본 조합법인의 준 조합원이 될 수 있는 자는 다음 각 호의 요건을 갖춘 자로 한다.

1.본 조합법인에 생산자재를 공급하거나 생산기술을 제공하는 자.

2.본 조합법인에 농지를 임대하거나 농지의 경영을 위탁하는 자

3.본 조합법인이 생산한 체리를 대량으로 구입.가공.유통 또는 수출하는 자

4.그밖에 농업인이 아닌 자로서 영농조합법인의 사업에 참여하기 위하여 영농조합 법인에 출자를 하는 자

第10條(加入)

①본 조합법인에 조합원으로 가입하고자 하는 자는 다음 각호의 사항을 기재한(혹은 증명할 수 있는 서류를 첨부한) 가입 신청서를 본 조합법인에 제출하여야 한다. 단 생산자 단체의 경우는 제3호 및 사업자 등록증(혹은 법인 등기부 등본)을 제출한다.

1.주소, 성명, 주민등록번호

2.가족관계

3.납입 혹은 인수하고자 하는 출자좌수 및 출자의 목적인 재산

4.경영규모, 경지면적, 연간 판매액) 및 연중 종사일수

5.체리 관련사업 종사자 증명서

②본 조합법인에 준 조합원으로 가입하고자 하는 자는 제1항 제1호 내지 제3호 및 제9조에 의한 준조합원의 자격에 해당함을 증명 할 수 있는 서류를 제출하여야 한다. 단, 사업자등록이 된자(법인포함)는 제1항제1호 및 제2항호 대신 사업자등록증(혹은 법인등기부등본)을 제출한다.

③조합법인은 제1항 및 제2항에 의한 조합원 또는 준조합원의 가입 신청서를 접수 하였

을 경우에는 총회에서 그 가입여부를 결정하고 가입을 승인한 때에는 가입 신청자에게 통지하여 출자의 불입(출자의 목적인 재산을 양도하고 등기.등록 기타 권리의 설정 또는 이전이 필요한 경우에는 이에 관한 서류를 완비하여 교부하는 것을 말한다. 이하 같다)을 하게 한 후 조합원 또는 준 조합원 명부에 기재한다.

④가입 신청자는 제3항의 규정에 의하여 출자를 불입함으로써 조합원 또는 조 조합원의 자격을 갖는다.

⑤출자좌수를 늘리려는 조합원 또는 준 조합원에 대해서는 제1항 내지 제4항의 규정을 준용한다.

第11條(權利)

①본 조합법인의 조합원의 권리는 다음 각 호와 같다.

1.조합법인의 공동 작업에 종사하여 노동에 대한 응분의 대가를 받을 권리
2.지불 환불에 대한 청구권
3.조합법인 해산 시 잔여재산 분배 청구권
4.조합법인의 임원의 선거권 및 피선거권
5.조합법인의 제반회의에 참석하여 의견을 제시할 권리
6.조합법인의 운영에 참여하여 의견을 제시할 권리
7.조합법인의 업무집행에 대한 감독 및 감사의 권리

②제1항 제1호의 조합원의 노동과 대가에 대한 사항을 별도의 규정으로 정한다.

③조합원은 출자의 다소에 관계없이 1개의 의결권과 선거권을 가진다.

④본 조합법인의 준조합원은 제1항 제2호, 제3호 및 제6호의 권리를 갖는다.

第12條(義務)

①본 조합법인 조합원의 의무는 다음 각 호와 같다

1.정관 및 제 규정을 준수 할 의무
2.조합법인에 대한 출자의무
3.조합법인의 제반 노동에 참가하고 노동규정을 준수 할 의무
4.총회에 출석 할 의무와 총회의 의결 사항을 준수 할 의무
5.조합법인의 발전을 위하여 노력 할 의무

②본 조합법인의 준 조합원의 의무는 제1항의 제1호, 제2호 및 제5호와 같으며, 제4호중 총회의 의결사항을 준수 할 의무도 있다.

第13條(脫退)

①탈퇴를 원하는 조합원 또는 준 조합원은 60일전에 탈퇴의사를 서면으로 본 조합법인에

예고하여 탈퇴하며 그에 따른 모든 정산은 당해 회계연도 말에 한다.

②조합원 또는 준조합원은 다음 각 호의 1에 해당하는 사유가 발생하였을 때 에는 자연 탈퇴된다.

1.제8조에 의한 조합원 및 제9조에 의한 준조합원의 자격을 상실하였을 경우

2.사망

3.파산(법인의 경우 파산 또는 해산)

4.금치산 선고

5.제명

6.지분을 전부 양도하였을 경우

③제2항제1호의 자격상실은 총회의 결의에 의한다.

④조합원 또는 준조합원은 제1항의 규정에 불구하고 부득이한 사유없이 조합법인이 경영상 어려움에 처해 있는 시기에 탈퇴하지 못한다.

第14條(除名)

①조합원 또는 준조합원이 다음 각 호의 1에 해당하는 경우에는 총회의 의결로써 제명할 수 있다.

1.제22조에서 규정한 의무를 이행하지 아니한 경우

2.고의 또는 중대한 과실로 조합법인에 상당한 손해를 입힌 경우

3.조합을 빙자하여 부당 이익을 취한 경우

②조합법인은 제1항 각호의 사유로 인한 제명대상 조합원 또는 준조합원에게 총회개최 10일전에 제명의 사유를 통지하고 총회에서 변명할 기회를 주어야 하며, 제명을 결정 한때에는 서면으로 통지하여야 한다.

第3章 出資와 積立金 및 持分

第15條(出資)

①본 조합법인에의 출자는 농지, 농기계, 현금, 기타 현물로 할 수 있다.

②농지.농기계 등 현물의 출자액 산출은 이사회(설립시는 창립총회)에서 정하는 평가율에 의하여 환가한다.

③1좌의 금액은 1만원으로 한다.

④조합원은 100좌 이상의 출자를 불입하여야 하며, 준 조합원은 50좌이상의 출자를 불입하여야 한다.

⑤제1항의 규정에 의하여 본 조합법인에 농지를 출자하는 조합원 및 준조합원의 성명, 출자대상 농지 및 그 평가액과 농지출자 좌수는 별표와 같이 한다.

⑥현물로 출자한 농지는 해당 농지를 출자한 조합원 또는 준조합원의 동의가 없으면 처분하지 못한다.

第16條(出資證書의 發行)

①조합법인은 출자를 불입한 조합원 및 준조합원에게 지체없이 출자증서를 발급하여야 한다.

②출자증서는 대표이사 명의로 발급하고 출자좌수, 출자액, 출자재산의 표시(토지의 경우 지번, 지목, 면적을 말한다)등을 기재하여야 한다.

③조합법인이 토지등을 취득하여 조합원과 준조합원에게 증좌 배분하 는 경우에 대해서도 제1항과 제2항의 규정을 준용한다.

第17條(出資의 均等化)

조합원의 출자를 균등화 할 목적으로 소액 출자자에게는 그 사정을 고려하여 총회의 의결로써 회계연도 말에 증좌를 허용 할 수 있다.

第18條(法定 積立金)

본 조합법인은 출자 총액과 같은 금액이 될 때까지 매회계년도 이익금의 100분의 10이상을 법정 적립금으로 적립한다.

第19條(事業 準備金)

본 조합법인은 장기적인 사업확장 및 다음연도의 사업운영을 위하여 매 회계년도 이익금의 100분의 20을 사업 준비금으로 적립한다.

第20條(資本 積立金)

본 조합법인은 다음 각 호의1에 의하여 생기는 금액을 자본 적립금으로 적립한다.

1.재산 재평가 차익
2.합병에 의한 차익
3.인수재산 차익
4.외부로부터 증여된 현물 및 현금
5.국고 보조금 등
6.감자에 의한 차익
7.고정자산에 대한 보험차익

第21條(積立金 等의 使用 및 處分)

①제18조의 규정에 의한 법정 적립금(이하 "법정 적립금"이라 한다)과 제20조의 규정에 의한 자본 적립금(이하"자본 적립금"이라한다)은 조합법인의 결손을 보전하는데 사용한다.

②법정 적립금과 자본 적립금은 조합원 또는 준조합원의 탈퇴나 제명시 지분으로 환불 할 수 없다

③제19조의 규정에 의한 사업준비금(이하 "사업준비금"이라 한다)은 조합원 또는 준조합원이 가입한 날부터 5년이내에 탈퇴하거나 제명 되는 경우에는 환불 할 수 없다.

第22條(持分의 計算)

본 조합법인의 재산에 대한 조합원과 준조합원의 지분은 다음의 기준에 의하여 계산한다.

1. 납입한 출자금에 대하여는 납입한 출자액에 따라 매회계년도마다 이를 계산한다. 다만, 그 재산이 납입 출자액의 총액보다 감소되었을 경우에는 각 조합원과 준조합원의 출자액에 따라 감액하여 계산한다.
2. 사업 준비금은 매회계년도마다 전 조합원과 준조합원에게 분할하여 가산하되 제35조 제2항의 규정을 준용한다.

第23條(持分相續)

①조합원 또는 준조합원의 상속인으로서 조합원 또는 준조합원의 사망으로 인하여 지불환불권의 전부 또는 일부를 취득한 자가 즉시 조합법인에 가입을 신청하고 조합법인이 이를 승인한 경우에는 상속인은 피 상속인의 지분을 승계한다.

②제1항의 규정에 의한 상속인의 가입신청과 조합법인의 가입승인은 제10조 제1항 내지 제4항의 규정을 준용한다.

第24條(組合의 持分 取得禁止)

본 조합법인은 조합원 또는 준조합원의 지분을 취득하거나 또는 담보의 목적으로 수입하지 못한다.

第25條(持分의 讓渡, 讓受 및 共有禁止)

조합원 및 준조합원은 총회의 승인의결 없이는 그 지분을 양도.양수 할 수 없으며 공유할 수 없다.

第26條(脫退時의 持分 還拂)

①조합원 또는 준조합원이 탈퇴하는 경우에는 그 조합원의 지분을 현금 또는 현물로 환불한다.

②환불재산 가운데 토지나 건물등이 조합법인의 공동경영조직을 깨트릴 염려가 있어 환불이 곤란한 경우에는 그에 상당하는 다른 토지 및 현금으로 지불 할 수 있다.

③탈퇴 조합원 및 준조합원이 출자한 토지가 공동경영의 결과로 인하여 지력이 증대 되었거나 노력과 자본의 투자로 인하여 가치가 상승하였을 경우에는 환불해야 될 지분에서 상계할 수 있다.

④탈퇴 조합원 또는 준조합원이 조합법인에 대하여 채무가 있는 경우에는 환불해야 될 지분에서 상계할 수 있다.

⑤지분의 환불은 당해 회계연도 말에 한다.

第27條(出資額의 一部 還拂)

①조합원 또는 준조합원은 부득이한 사유가 있는 경우에는 조합법인에 대하여 출자액의

일부의 환불을 요구할 수 있다.

②제1항의 규정에 의하여 환불요구를 받은 조합법인은 총회의 의결이 있는 경우에 회계연도 말에 환불할 수 있다. 다만, 부득이한 사유가 있는 경우에는 회계연도 중에 환불하고 회계연도 말에 정산한다.

第4章 會 計

第28條(會計年度)

본 조합법인의 회계연도는 매년 1월1일에 시작하여 12월 31일에 종료 한다.

第29條(資金管理)

본 조합법인의 여유자금은 다음 각호의 방법에 따라 운용한다.

1.함양농업협동조합, 함양축산업협동조합, 경남은행, 함양 신용협동조합

2.국채, 지방채, 정부보증채권 등 금융기관이 발행하는 채권의 취득

第30條(經理公開)

본 조합법인의 모든 장부는 사무소에 비치하여 항상 조합원 및 준조합원에게 공개하며 주요 계정에 대한 내역은 정기적으로 게시한다.

第31條(使用料 및 手數料)

①본 조합법인은 조합법인이 행하는 사업에 대하여 사용료 또는 수수료를 징수 할 수 있다.

②제1항의 규정에 의한 사용료 및 수수료에 관하여는 별도의 규정으로 정할 수 있다.

第32條(先給金制)

조합법인은 조합원에게 지불할 노임을 회계연도말 결산전에 선급금으로 지불 할 수 있다.

第33條(借入金)

조합법인은 제4조의 사업을 위하여 필요한 경우 자금을 차입할 수 있다.

第34條(收益配分 順位)

본 조합법인의 총 수익은 다음 각호의 순서로 배분한다.

1.제세공과금

2.생산자재비, 임차료, 고용노임 및 생산부대비용(제잡비를 말한다)

3.차입금에 대한 원리금 상환

4.조합원 노임

5.자산설비에 대한 감가상각

6.이월 결손금 보전

第35條(利益金의 處分)

①조합법인의 결산결과 발생된 매회계년도의 이익금은 제18조의 규정에 의한 법정적립금, 제19조의 규정에 의한 사업 준비금을 공제하고 나머지에 대해서는 조합원과 준조합원에게 배당한다.

②제1항의 배당은 배당할 이익금의 총액을 조합원과 준조합원의 출자지분의 비율에 따라 배당한다.

第36條(損失金의 處理)

조합법인의 결산결과 손실이 발생 하였을 경우에는 사업 준비금으로 보전하고 사업 준비금으로도 부족할 때에는 법정적립금 및 자본적립금의 순서로 보전하며 그 적립금으로 부족할 때에는 차 년도에 이월한다.

第5章 任 員

第37條(任員의 數)

본 조합법인은 다음 각호의 임원을 둔다.

1.대표이사 1인
2.이사 3인
3.감사 2인
4.총무 1인
5.부장 3인(기획, 생산, 유통)

第38條(任員의 選出)

임원은 총회의 의결로 조합원 중에서 선출한다.

第39條(理事會)

①이사회는 대표이사, 이사 및 총무로 구성하며 대표이사가 그 의장이 된다.

②이사회는 대표이사가 필요하다고 인정하는 경우 또는 이사2인 이상의 요구가 있는 경우 소집한다.

第40條(理事會의 機能)

이사회는 다음 각호의 사항을 재적이사 과반수의 찬성으로 의결한다.

1.총회의 소집과 총회에 부의 할 안건
2.업무를 운영하는 기본방침에 관한사항
3.고정자산의 취득 또는 처분에 관한 사항
4.총회에서 위임된 사항의 의결
5.기타 조합법인의 운영상 필요한 사항

第41條(理事會 議事錄)

이사회에서 의결된 사항은 총무가 기록하여 이사회에 참석한 이사가 기명 날인 후 보관한다.

第42條(任員의 義務)

①대표이사는 본 조합법인을 대표하고 조합법인의 각종회의의 의장이 되며, 조합의 업무를 총괄하고 조합법인의 경영성과에 대해 책임을 진다.

②감사는 회계연도마다 조합의 재산과 업무 집행상황을 1회이상 감사하여 그 결과를 총회 및 대표이사에게 보고하여야 한다.

③이사는 이상회에서 미리정한 순서에 따라 조합장 유고시 그 직무를 대리하고 궐위된 때에는 그 직무를 대행한다.

④총무는 이사중에서 선임하며 조합법인의 일반사무와 회계사무를 담당한다.

⑤각 부장은 조합장과 총무를 보좌하며 각부의 업무를 관장.집행한다.

第43條(任員의 責任)

①본 조합법인의 임원은 법령, 법령에 의한 행정기관의 처분과 정관. 규정 .사업지침 및 총회와 이사회의 의결사항을 준수하여 본 조합법인을 위하여 그 직무를 성실히 수행하여야 한다.

②임원이 그 직무를 수행함에 있어 태만, 고의 또는 중대한 과실로 조합법인이나 다른 사람에게 끼친 손해에 대하여는 단독 또는 연대하여 손해배상의 책임을 진다.

③이사회가 불법행위 또는 중대한 과실로 조합법인에 손해를 끼친 경우에는 그 불법행위 또는 중대한 과실에 관련된 이사회에 출석한 구성원은 그 손해에 대하여 조합법인에 연대하여 책임을 진다. 다만, 그 회의에서 명백히 반대의사를 표시한 구성원은 그러하지 아니한다.

④제2항 내지 제3항의 구상권의 행사는 이사회에 대하여는 대표이사가 대표이사와 이사에 대하여는 감사가, 임원 전원에 대하여는 조합원의 3분의1 이상의 동의를 얻은 조합원 대표가 이를 행한다.

第44條(任員의 任期)

①임원의 임기는3년으로 하되, 감사의 임기는 2년으로 한다.

②제1항의 임원의 임기는 전임자의 임기만료일의 다음 날부터 기산한다.

③보궐선거에 의한 임원의 임기는 전임자의 잔임 기간으로 한다.

第45條(任員의 解任)

조합원이 임원을 해임하고자 하는 경우에는 조합원 3분의1이상의 서면 동의를 얻어 총회에 해임을 요구하고 총회의 의결로써 해임한다.

第46條(任員의 報酬)

임원에 대한 보수는 지급하지 아니하며 여비 등 필요한 경비는 별도 규정에 의하여 실비로 지급 할 수 있다

第47條(書類備置의 義務)

①대표이사는 다음 각호의 서류를 조합법인의 사무소에 비치하여야 한다.

1.정관 및 규정

2.조합원과 준조합원 명부 및 지분대장

3.총회 의사록

4.기타 필요한 서류

②대표이사는 정기총회 1주일전까지 결산보고서를 사무소에 비치하여야 한다.

第6章 會議의 運營

第48條(總會)

총회는 조합원으로 구성하며 정기총회와 임시총회로 구분한다.

第49條(總會의 召集)

①정기총회는 회계연도 마다 1회 1월에 대표이사가 소집하며 대표이사는 총회소집 5일전까지 회의내용과 회의 자료를 서면으로 조합원에게 통지 하여야 한다.

②임시총회는 조합원 3분의 1이상의 소집요구가 있거나 이사회가 필요하다고 인정하여 소집을 요구한 때, 대표이사가 필요하다고 인정한 때 대표이사가 소집한다.

③감사는 다음 각호의 1에 해당하는 경우에는 임시총회를 소집한다.

1.대표이사의 직무를 행 할 자가 없을 때

2.제2항의 요구가 있는 경우에 대표이사가 정당한 이유없이 2주일이내에 총회소집의 절차를 취하지 아니한 때

3.감사가 조합법인의 재산상황 또는 사업의 집행에 관하여 부정사실을 발견하여 이를 신속히 총회에 보고할 필요가 있을 때

第50條(總會의 議決事項)

다음 각호의 사항은 총회의 의결을 얻어야 한다.

1.정관의 변경

2.규정의 제정 및 개정

3.해산. 합병 또는 분할
4.조합원 및 준조합원의 가입.탈퇴 및 제명
5.사업계획 및 수지예산의 승인.책정과 변경
6.사업보고서, 결산서, 이익금 처분 및 결손금 처리
7.출자에 관한 사항
8.임원의 선출
9.임기중 임원의 해임

第51條(總會의 開議와 議決 定足數)

①총회는 조합원 과반수의 출석으로 개의하고 출석 조합원 과반수의 찬성으로 의결한다.

②다음 각호에 해당하는 사항은 총조합원 3분의2이상의 출석과 출석 조합원 3분의2이상의 찬성으로 의결한다.

1.정관의 변경
2.해산.합병 또는 분할
3.조합원 및 준조합원의 가입승인
4.제14조의 규정에 의한 조합원 및 준조합원의 제명
5.제45조의 규정에 의한 임원의 해임

③제1항의 총회소집 정족수 미달로 유화된 경우에는 10일 이내에 다시 소집하여야 한다.

第52條(議決權의 代理)

①조합원은 대리인으로 하여금 의결권을 행사하게 할 수 있다

②대리인은 조합원과 동일세대에 속하는 성년이어야 하며, 대리인이 대리 할 수 있는 조합원의 수는 1인에 한한다.

③제1항의 규정에 의한 대리인은 대리권을 증명하는 위임장을 조합법인에 제출하여야 한다.

第53條(議事錄의 作成)

총회의 의사에 관하여는 의사의 경과 및 결과를 기재한 의사록을 작성하고 대표이사 및 총회에 참석한 조합원 3분의 2이상이 서명 날인한다.

第54條(會議內容 公告)

총회의 의결사항은 제6조의 공고방법에 의하여 공고한다.

第7章 解 散

第55條(解散)

본 조합법인은 다음 각호의 1에 해당하는 경우에는 해산된다

1.총회에서 해산 및 합병을 의결한 경우

2.파산한 경우 및 법원의 해산명령을 받은 경우

3.조합원이 5인 미만이 된 후 1년 이내에 5인 이상이 되지 아니한 경우

第56條(清算人)

본 조합법인이 해산하는 경우에는 파산으로 인한 경우를 제외하고는 청산인은 대표이사가 된다. 다만, 총회에서 다른 사람을 청산인으로 정한 경우에는 그러하지 아니한다.

第57條(清算人의 職務)

①청산인은 취임 후 지체없이 재산상황을 조사하여 재산목록과 재무상태표를 작성하고 재산처분의 방법을 정하여 총회의 승인을 얻어야 한 다.

②청산사무가 종결된 경우에는 청산인은 지체없이 결산 보고서를 작성하여 총회의 승인을 얻어야 한다.

③청산인은 그 취임 후 3주일이내에 해산의 사유 및 연월일과 청산인의 성명 및 주소를 등기하여야 한다.

第58條(清算 財産의 處理)

해산의 경우 조합법인의 재산은 채무를 완제하고 잔여가 있는 경우에는 다음 각호의 방법에 의하여 조합원과 준조합원에게 분배한다.

1.출자금액은 출자 조합원과 출자 준조합원에게 환급하되 출자총액에 미달시는 출자액의 비례로 분배한다.

2.자본 적립금, 법정 적립금, 사업준비금은 출자 지분의 비율에 따라 분배한다.

附 則

본 정관은 창립총회의 의결을 얻은 날로부터 시행한다.

①(시행일) 이 고시는 2013. 11월 26일부터 시행한다

②(재검토기한) 이 고시는 2013년 11월 26일까지 "훈령「훈령.예규 등의 발령 및 관리에 관한 규정」(대통령 훈령 제248호)" 제7조 제3항 제2호에 따라 재 검토하여야한다.

《별표》 제15조(出資)와 관련

○ 출자 조합원 현황

구 분	성명	주민등록번호	출자방법	출자금액 및 평가액 (천원)	출자좌수
조합원	김한솔	2011225714	현 금	60,000	6,000
	김두솔	2011225711	현 금	60,000	6,000
	정세솔	2011225727	현 물	20,000	2,000
	이네솔	2011225724	현 물	30,000	3,000
	박오솔	2011225717	현 금	50,000	5,000
	장육솔	2011225725	현 금	30,000	3,000
	소계	6명		250,000	25,000
준 조합원	박훈종	2011225718	현 물	10,000	1,000
	소계	1명		10,000	1,000
합 계		7명		260,000	26,000

- 현물출자(농지) 조합원 현황 및 대상농지 평가액

성명	주민등록번호	출자 방법	출자부동산표시			평가액 (천원)	출자좌수
			지번	지목	면적		
정세솔	2011225727	농 지	191	대	750㎡	20,000	2,000
소계	1명					20,000	2,000

- 현물(농기계 및 농자재) 출자내역 및 평가액

성 명	주민등록 번호	구 분	출자내역				평가액 (천원)	비 고
			기종 및 품목	대수 및 수량	규 격	구입 년도		
이네솔	2011225724	농기계	트랙터	1	65HP	2008	30,000	부속기 포함
		소 계					30,000	
박훈종	2011225718	현 물	부직포	100롤	3m x 90m	2010	5,000	
			차광막	50롤	5m x 50m	2010	5,000	
		소 계					10,000	
합 계							40,000	

2014年度 豫算(案)

○ 歲入 . 歲出總括

세 입			세 출			
과 목	13년도 결산액	예 산 액	과 목		13년도 결산액	예 산 액
합 계	0	100,000	합 계		0	100,000
자체자금	0	50,000	일 반 운영비	수 용 비	0	2,000
지 원 금	0	50,000		회 의 비	0	3,000
				여 비	0	2,000
			자 산 취득비	물 품 구입비	0	8,000
				농기계 구입비	0	5,000
			관리비	시설비	0	10,000
				임대비	0	5,000
			사 업 비		0	50,000
			예 비 비		0	5,000

○ 歲入豫算

과 목	2013년도 결 산 액	2014년도 예 산 액	산출근기 (내역)
합 계	0	100,000	
자 체 자본금	0	50,000	o 정부지원 사업 자부담금 --- 10,000천원 o 자체 자본금 ------------ 40,000천원
군 지원금	0	50,000	o 체리 묘종 구입비 지원 -- 50,000천원

○ 歲出豫算

과 목		2013년도 결 산 액	2014년도 예 산 액	산출근거 (내역)
합 계		0	100,000	
일반운영비	수용비	0	2,000	o 사무용품 구입 및 홍보비 ………… 1,000 o 음료 및 기타 구입 ……………………… 300 o 소모품 구입비 ……………………………… 200 o 복사기 임대료 ……………………………… 500
	회의비	0	3,000	o 정기 및 임시총회 경비 …………… 2,000 o 회의서류 유인비 ………………………… 500 o 현수막등 제작비 ………………………… 500
	여 비	0	2,000	o 간담회 등 참석경비 ………………… 1,000 o 교육여비 ……………………………………… 1,000
소 계			7,000	
자산취득비	물 품 구입비	0	8,000	o 커피 자판기 구입 …………………… 2,000 o 컴퓨터 및 주변기기 구입 ………… 5,000 o 카메라 구입 ……………………………… 1,000
	농기계 구 입	0	5,000	o 관리기 구입 ……………………………… 3,000 (1대(본체및작업) × 3,000,000원) o 예취기 구입 ……………………………… 2,000 (5대 × 400,000원 = 2,000,000)
소 계			13,000	
관리비	시설비	0	10,000	o 사무실 건립 ………………………… 100,000 (100㎡ × 100,000원 = 10,000,000원)
	임대료	0	5,000	o 사무실 임대료 ………………………… 5,000 (10월 × 500,000원 = 5,000,000원)
소 계			15,000	
사 업 비		0	60,000	o 종묘 구입비 ……………………………… 60,000 - 군비 : 50,000,000원 - 법인 부담: 10,000,000원 (60,000주 × 1,000원 = 60,000,000원)
예 비 비		0	5,000	o 예비비 ……………………………………… 5,000

議 事 錄

○ 회의일시 : 2013. 11. 25 10;00

○ 회의장소 : 법인 사무소

○ 회의목적 : 체리영농조합법인 정기총회

○참 석 자 : 김한솔, 김두솔, 정세솔, 이네솔, 박오솔, 장육솔, 박훈종

○ 회의내용

創立總會

議 決 書

<table>
<tr><td>日 時</td><td colspan="2">2013. 11. 25 10;00 ~ 13;00</td></tr>
<tr><td>場 所</td><td colspan="2">법인 사무실</td></tr>
<tr><td>參席人員</td><td colspan="2">7명</td></tr>
<tr><td>議決事項</td><td colspan="2">1. 議案 第1號 : 법인 정관승인(원안)
2. 議案 第2號 : 임원선출
대표 : 김한솔
감사 : 박오솔, 이네솔
총무 : 정세솔

3.議案 第3號 : 출자 납입에 관한사항
·발행좌수 : 5만좌수
·1좌당 액면가 : 1만원
·출자금 납입일 : 2013. 12. 10
·부동산 이전등기 : 2013. 12. 10
·현물입고 : 2013. 12. 10

4. 議案 第4號 : 2012년도 예산안 승인(원안)</td></tr>
<tr><td rowspan="8">參 席 者</td><td>성 명</td><td>서명날인</td></tr>
<tr><td>김한솔</td><td>♀</td></tr>
<tr><td>김두솔</td><td>★</td></tr>
<tr><td>정세솔</td><td>♂</td></tr>
<tr><td>이네솔</td><td>§</td></tr>
<tr><td>박오솔</td><td>∴</td></tr>
<tr><td>장육솔</td><td>ო</td></tr>
<tr><td>박훈종</td><td>∂</td></tr>
</table>

체리영농조합법인

우 676-805 / 경남 거창군 마리면 적석리 / ☎(055)
발기인 대표 : 김한솔 총무 정세솔

문서번호 법인2013-3
시행일자 2013. 11. 27 ( )
(경 유)
수신자 : 내부결재
참 조 :

선람			지시		
접수	일자 시간	. .	결재·공람		
	번호				
처리과					
담당자					
심사자			심사일		

제 목 법인 의결사항 공고

체리 영농조합법인 창립 총회 조합원 의결사항을 법인정관 제6조의 규정에 의하여 아래와 같이 공고하고자 합니다.

= 아 래 =

o 공고기간 : 2013. 11. 26 - 2013. 12. 4(9일간)
o 공고방법 : 게시판 및 일간신문 게재(경남신문)
o 소요예산 : 일금 삼십만원정도(\300,000)
o 공고내용 : "붙임" 공고문(안) 참조

붙임 : 공고문(안) 1부 "끝"

체리영농조합법인대표

받는곳 :

법인공고 2013-제2호

공 고(안)

정관 제6조 규정에 의한 체리영농조합법인 창립총회 의결사항을 아래와 같이 공고합니다.

■ 창립총회 일시 : 2013. 11. 25

■ 참석인원 : 7명(전 조합원)

■ 의결사항

1. 법인 정관승인

2. 임원선출

 대표 : 김한솔

 감사 : 박오솔, 이네솔

 총무 : 정세솔

3. 출자 납입에 관한사항

 · 발행좌수 : 5만좌수

 · 1좌당 액면가 : 1만원

 · 출자금 납입일 : 2013. 12. 10

 · 부동산 이전등기 : 2013. 12. 10

 · 현물입고 : 2013. 12. 10

4. 2014년도 예산안 승인

※ 기타 문의처 : "가칭" 체리 영농법인 설립 발기인 사무소 (TEL 055-)

2013. 11. 26

체리영농조합법인 대표

체리영농조합법인

우 676-805 / 경남 거창군 마리면 적석리 / ☎(055)
발기인 대표 : 김한솔 총무 정세솔

문서번호 법인2013-8
시행일자 2013. 12. 10 ( )
(경 유)
수신자 : 전 조합원
참 조 :

<table>
<tr><td colspan="2">선람</td><td></td><td>지시</td><td colspan="2"></td></tr>
<tr><td rowspan="2">접수</td><td>일자
시간</td><td>. .</td><td rowspan="4">결재
·
공람</td><td></td><td></td></tr>
<tr><td>번호</td><td></td><td></td><td></td></tr>
<tr><td colspan="2">처리과</td><td></td><td></td><td></td></tr>
<tr><td colspan="2">담당자</td><td></td><td></td><td></td></tr>
<tr><td colspan="2">심사자</td><td></td><td colspan="2">심사일</td><td></td></tr>
</table>

제 목 조합원 출자금 및 현물출자 사후조치 완료 통보

1. 귀 조합원의 가정에 건승을 기원 드립니다.

2. 체리 영농조합법인 출자금 입금 및 현물출자 조합원에 대한 사후조치(이전등기 및 입고)가 완료되어 통보하오니 참고하여 주시기 바랍니다.

= 아 래 =

가. 출자금 현황
- 합계 : 260,000천원
- 현금 : 200,000천원
- 현물 : 60,000천원

나. 완료일시
- 현금임금 : 2013. 12. 5
- 부동산 이전등기 : 2013. 12. 10
- 농기계 및 농자재 입고일 : 2013. 12. 10

다. 기타사항 : 조합법인의 현금 및 현물출자가 완료되어 조만간 임시회시 출자증서를 전달 할 계획임 "끝"

체리영농조합법인 대표

받는곳 :

체리영농조합법인

우 676-805 / 경남 거창군 마리면 적석리 / ☎(055)
발기인 대표 : 김한솔 총무 정세솔

문서번호 법인2013-9
시행일자 2013. 12. 13 ( )
(경 유)
수신자 : 전 조합원
참 조 :

선람			지시		
접수	일자	. .	결재·공람		
	시간				
	번호				
처리과					
담당자					
심사자			심사일		

제 목 체리영농조합법인 임시총회 개최

1. 귀 조합원의 가정에 건승을 기원 드립니다.

2. 체리 영농조합법인의 임시총회를 아래와 같이 개최하오니 시간엄수 참석하여 주시기 바랍니다.

= 아 래 =

가. 일 시 : 2013. 12. 20 10:00

나. 장 소 : 법인 사무소

다. 참석대상 : 전 조합원

라. 안 건

- 출자증서 전달
- 법인등기 협의
- 농기계 및 농자재 입고확인
- 법인 발전방안 토의

마. 기타사항

- 전 조합원께서는 법인등기에 필요한 인감증명서 및 인감도장, 주민등록증을 지참하여 참석바람 "끝"

체리영농조합법인 대표

받는곳 :

出資證書

김한솔　貴下

加 入 年 月 日　:　2013 年　10 月　26 日
出資金納入年月日 :　2013 年　12 月　10 日

一金　: 육천만원정 (₩60,000,000)

위 金額을 收納하고 이 證書를 發行합니다.

2013년　12月　20 日

체리營農組合法人代表

出資證書

김두솔 貴下

加 入 年 月 日 : 2013 年 10 月 26 日
出資金納入年月日 : 2013 年 12 月 10 日

一金 : 육천만원정 (₩60,000,000)

위 金額을 收納하고 이 證書를 發行합니다.

2013년 12月 20 日

체리營農組合法人代表

出資證書

정세솔 貴下

加 入 年 月 日 : 2013 年 10 月 26 日
出資金納入年月日 : 2013 年 12 月 10 日

一金 : 이천만원정 (₩20,000,000)

위 金額을 收納하고 이 證書를 發行합니다.

2013년 12月 20 日

체리營農組合法人代表

出資證書

이네솔　貴下

加 入 年 月 日　：　2013 年　10 月　26 日
出資金納入年月日：　2013 年　12 月　10 日

一金　：삼천만원정 (₩30,000,000)

위 金額을 收納하고 이 證書를 發行합니다.

2013년　12月　20 日

체리營農組合法人代表

出資證書

박오솔　貴下

加 入 年 月 日　：　2013 年　10 月　26 日
出資金納入年月日：　2013 年　12 月　10 日

一金　：오천만원정 (₩50,000,000)

위 金額을 收納하고 이 證書를 發行합니다.

2013년　12月　20 日

체리營農組合法人代表

出資證書

장육솔　貴下

加 入 年 月 日　:　2013 年　10 月　26 日
出資金納入年月日 :　2013 年　12 月　10 日

一金　: 삼천만원정 (₩30,000,000)

위 金額을 收納하고 이 證書를 發行합니다.

2013년　12月　20 日

체리營農組合法人代表

出資證書

박훈종　貴下

加 入 年 月 日　:　2013 年　10 月　26 日
出資金納入年月日 :　2013 年　12 月　10 日

一金　: 일천만원정 (₩10,000,000)

위 金額을 收納하고 이 證書를 發行합니다.

2013년　12月　20 日

체리營農組合法人代表

9. 농업회사법인 주식회사 설립사례

정 관

제1장 총 칙

제1조(상호) 본 회사는 농어업경영체 육성 및 지원에 관한 법률 제19조에 의하여 설립된 회사로서 그 명칭은 농업회사법인 지리산주식회사라 한다.

제2조(목적) 본 회사는 기업적 농업경영을 통하여 생산성을 향상시키거나, 생산된 농산물을 유통·가공·판매함으로써 농업의 부가가치를 높이고 노동력부족 등으로 농업경영이 곤란한 농업인의 농작업의 전부 또는 일부를 대행하여 영농의 편의를 도모함을 목적으로 한다.

제3조(주주의 자격) 본 회사의 주주는 농업인, 농산물의 생산자단체로 하되 제10조에서 정한 출자한도내에서 출자한 비농업인도 주주가 될 수 있다.

제4조(사업) ①본 회사는 생산성 향상을 위한 기업적 농업경영과 농산물의 생산가공 및 유통사업을 주사업으로 한다.

②본 회사는 다음 각 호의 사업을 부대사업으로 한다

1.농산물의 유통.가공.판매. 수출입업
1.농작업의 전부 또는 일부 대행
1.영농에 필요한 자재의 생산.공급 및 수출입업
1.영농에 필요한 종묘생산 및 종균배양사업
1.농약,종자,비료 판매업
1.농업기계 기타 장비의 임대.수리.보관사업
1.부동산업
1.통신판매업
1.기타 농업회사 법인의 제2조의 목적달성을 위하여 정관으로 정하는 사업

제5조(본점의 소재지 및 지점의 설치) 총칙상행위 ①본 회사의 본점은 경상남도내에 둔다.

②단, 이사회의 결의로 각지에 지점, 영업소 및 출장소를 둘 수 있다.

제6조(공고방법) 본 회사의 공고사항은 경상남도내에서 발행하는 일간 경남일보에 게재한다.

제7조(존립기간) 본 회사의 존립기간은 회사성립연월일로부터 해산까지 한다.

제2장 주식과 주권

제8조(회사가 발행할 주식의 총수 및 각종 주식의 내용과 수) 본 회사가 발행할 주식의 총수는 보통주식 40,000주로 한다.

제9조(1주의 금액) 본 회사가 발행하는 주식 1주의 금액은 금10,000원으로 한다.

제10조(비농업인의 출자한도) 농업인, 농산물의 생산자단체가 아닌자가 출자하는 출자액의 합계는 본 회사의 총출자액의 100분의 90을 초과할 수 없다.

제11조(회사설립시 발행하는 주식의 총수) 본 회사가 회사설립시에 발행하는 주식의 총수는 10,000주로 한다.

제12조(주권) 본 회사의 주식은 기명주식으로서 주권은 1주권, 10주권, 100주권 3종으로 한다.

제13조(주권의 명의개서) 주식의 양도로 인하여 명의개서를 청구할 때에는 본 회사 소정의 청구서에 주권을 첨부하여 제출하여야 한다. 상속, 유증 기타 계약이외의 사유로 인하여 명의개서를 청구할 때에는 본 회사 소정의 청구서에 주권 및 취득원인을 증명하는 서류를 첨부하여 제출하여야 한다.

제14조(주식의 양도제한) ① 본 회사의 주식은 이사회의 승인이 없으면 양도할 수 없다.

② 전항과 관련 비농업인인 주주에게 양도하여 비농업인의 총출자액이 제10조에서 규정한 제한을 초과하는 경우에는 그 양도는 효력이 없다.

③ 상속 또는 유증에 의하여 비농업인의 총출자액이 제10조에서 규정한 한도를 초과하는 경우에는 그 초과지분을 지체없이 농업인에게 양도하여야 한다.

제15조(주권의 재발행) 주권의 재발행을 청구할 때에는 본 회사 소정의 청구서에 다음 서류를 첨부하여 제출해야 한다.

1.주권을 상실한 때에는 확정된 제권판결정본

2.주권을 훼손한 때에는 그 주권, 다만 훼손으로 인하여 그 진위를 판별할 수 없는 때에는 전호에 준한다.

제16조(주주의 주소신고 등) 주주나 등록질권자 및 그 법정대리인은 성명주소 및 인감을 신고해야 한다. 그 변경이 있는 때에도 역시 같다.

제17조(주주명부의 폐쇄) 본 회사는 매 결산기 종료일 익일부터 그 결산에 관한 정기 주주총회 종료일까지 주주명부기재의 변경을 정지한다.

제3장 주 주 총 회

제18조(소집) ①본 회사의 정기주주총회는 영업연도 말일의 다음날부터 1월 이내에 소집하고 임시주주총회는 필요한 경우에 수시 소집한다.

②총회의 소집은 법령에 다른 규정이 있는 경우를 제외하고는 이사회의 결의에 의하여 대표이사가 소집한다.

③대표이사의 유고시는 이 정관이 정한 직무대행자 순으로 소집한다.

제19조(의장) 주주총회의 의장은 대표이사가 된다. 대표이사가 유고인 때에는 이사회에서 정한 순서에 따라 다른 이사가, 다른 이사 전원이 유고인때에는 출석한 주주중에서 선임된 자가 그 직무를 대행한다.

제20조(의장의 질서유지권 등) ①주주총회의 의장은 주주총회에서 의사진행을 고의로 방해하기 위한 발언, 기타 유형력의 행사로 질서를 문란하게 하는 자에게 그 발언의 정지 또는 퇴장을 명할 수 있다.

②주주총회의 의장은 원활한 의사진행을 위하여 필요하다고 인정할 때에는 주주의 발언 시간과 회수를 제한할 수 있다

제21조(주주총회의 결의 및 의결정족수) ①주주총회의 결의는 법령에 별도의 규정이 있는 경우를 제외하고는 발행주식총수의 과반수에 해당하는 주식을 가진 주주의 출석과 그 의결권을 과반수로 한다.

②의결권 없는 주식은 의결권의 과반수와 발행주식총수에 산입하지 아니한다

③다음 사항은 출석한 주주의 의결권의 3분의2 이상의 수와 발행주식총수의 3분의1 이상의 수로써 하여야 한다.

1.정관변경

2.수권자본의 증가

3.본 회사의 영업 및 자산의 전부 또는 2분의1 이상의 양도, 또는 다른 회사의 영업 및 자산의 전부 또는 2분의1 이상의 양수

4.자본의 감소

5.기타 법령의 규정에 의한 경우

④주주전원의 서면동의로써 주주총회의 결의에 갈음할 수 있다.

제22조(의결권등) ①주주의 의결권은 1주마다 1개로 한다.

②주주는 대리인으로 하여금 의결권을 행사할 수 있다. 대리인이 의결권을 행사함에는 표결전에 그 권한을 증명하는 서면을 의장에게 제출하여야 한다.

제23조(총회의 의사록) 주주총회 의사록에는 의사의 경과 요령과 그 결과를 기재하고 의장과 출석한 이사가 기명날인 또는 서명하여 본점에 보존, 비치한다.

제4장 임 원

제24조(이사와 감사의 원수 및 선임) ①본 회사의 이사는 1인 이상으로 하며 사외이사 및 비상무이사를 둘 수 있다, ②감사는 1인 이상으로 하며 이사와 감사는 주주총회에서 선임하되 이사 과반수는 농업인으로 한다. ③단, 감사의 선임은 의결권 없는 주식을 제외한

발행주식 총수의 100분의 3을 초과하는 주식을 가지는 주주는 그 초과하는 주식에 관하여는 선임 의결권을 행사하지 못한다.

제25조(**이사 및 감사의 임기**) 이사와 대표이사의 임기는 2년, 감사의 임기는 1년으로 한다. 다만 재임중 최종결산기에 관한 정기주주총회 이전에 그 임기가 만료될 때에는 그 총회 종결시까지 그 임기를 연장할 수 있다.

제26조(**임원의 보선**) ①이사 또는 감사가 결원되었을 때는 임시주주총회를 소집하여 보결 선임한다. 그러나 잔여 임원의 법정원수가 충족되고 또한 업무집행상 지장이 없을 때는 보결 선임을 보류하거나 다음 정기주주 총회시까지 연기할 수 있다.

②보결 또는 증원에 의하여 선임된 이사의 임기는 다른 이사의 잔임기와 같이 한다.

③보결 또는 증원에 의하여 선임된 감사의 임기는 취임한 날로부터 진행한다.

제27조(**대표이사**) 대표이사는 본 회사를 대표하고 대표이사가 수 명일때는 각자 회사를 대표하되 이사회의 결의로 공동대표 규정을 정할 수 있다.

제28조(**대표이사의 선임**) 대표이사는 이사회에서 선임한다.

제29조(**업무집행**) ①대표이사는 본 회사의 업무를 통할하고 전무이사 또는 상무이사는 대표이사를 보좌하여 그 업무를 분장한다.

②대표이사가 유고시에는 이사회에서 정한 순서에 따라 전무이사 또는 상무이사등이 대표이사의 직무를 대행한다.

제30조(**이사의 의무**) ①이사는 법령과 정관의 규정에 따라 선량한 관리자의 주의로서 회사를 위하여 그 직무를 수행하여야 한다.

②이사는 회사에 현저하게 손해를 미칠 염려가 있는 사실을 발견한 때에는 즉시 이를 감사에게 보고 하여야 한다.

제31조(**임원의 보수와 퇴직금**) ①임원의 보수는 주주총회의 결의로 정한다. 단, 직원의 업무를 겸하여 수행하는 임원에 있어서 직원의 업무에 대한 보수는, 여타 직원의 경우에 준한다.

②임원의 퇴직금의 지급은 주주총회의 결의를 거친 임원퇴직금 지급규정에 의한다.

③전항의 퇴직금은 최소 근로기준법에서 규정되어 있는 금액이상으로 한다.

제5장 이 사 회

제32조(**이사회**) ①본 회사의 이사는 이사회를 조직하여 매월 최초의 월요일에 정기이사회를 개최함을 원칙으로 하고, 필요에 따라 수시로 임시이사회를 개최할 수 있다.

②이사회는 대표이사 1명을 사장에 보하고 또는 필요할 때에는 대표이사 1명을 더 선임하여 회장에 보하고 전무이사, 상무이사를 임명할 수 있다.

③이사회는 동영상과 음성을 동시 송수신하는 통신수단으로 개최할 수 있다.

제33조(**이사회의 소집**) 이사회는 대표이사 또는 이사회에서 따로 정한 가 있는 때에는 그 이사가 회일의 일주 전에 각 이사 및 감사에게 통지하여 소집한다. 그러나 이사 및 감사전원의 동의가 있는 때에는 소집절차를 생략할 수 있다.

제34조(**이사회 의결사항**) 이사회는 다음 사항을 의결한다.

1.최초사업계획의 수정
2.연간사업계획, 예산, 결산에 관한 사항
3.정관변경안의 채택
4.대표이사 및 지배인의 선임과 해임
5.지점, 사무소의 설치 및 폐쇄, 자회사의 설립
6.자금의 차입. 단, 일정범위를 별도규정으로 정하여 대표이사에게 위임할 수 있다.
7.주요 사규의 제정 및 개폐에 관한 사항
8.주주총회의 소집 및 제출안건에 관한 사항
9.자본증가에 관한 사항
10.주요 자산의 취득 및 처분에 관한 사항
11.주요 소송의 제기 및 화해에 관한 사항
12.이사의 겸업허용
13.기타 합작투자계약서 및 정관에서 이사회의 승인 또는 결의사항으로 정하고 있는 사항
14. 기타 이 정관에서 별도로 정하지 아니한 사항중 상법, 기타 법률에 의하여 이사회의 권한으로 정한 사항.
15.기타 중요하다고 인정되는 사항

제35조(**이사회의 결의**) ①이사회의 결의 방법은 이사과반수의 출석과 출석이사 과반수로 한다. 단, 전환사채의 발행, 신주인수권부사채의 발행은 이사과반수의 출석과 출석이사 3분의2의 찬성으로 정한다.

②이사회결의에 특별한 이해관계있는 이사는 의결권을 행사하지 못한다.

제36조(**이사회 의사록**) ①이사회의 의사에는 의사록을 작성하여야 한다.

②이사회의사록에는 의장과 출석한 이사 및 감사가 기명날인 또는 서명하여 본점에 비치한다.

제6장 계 산

제37조(**영업연도**) 본 회사의 영업연도는 매년 1월 1일부터 12월 31일까지로 하여 결산한다.

제38조(이익배당) 위 배당금은 지급개시일로부터 3년이내에 지급청구를 하지 아니한 때에는 그 청구권을 포기한 것으로 간주하고 이를 본 회사에 귀속시킨다.

제7장 해 산

제39조(해산사유) 본 회사는 다음 각호의 경우에 해당할 경우 해산한다.

1.합병

2.파산

3.법원의 명령 또는 판결

4.주주총회의 결의

5.존립기간의 만료

제40조(해산의 결의) 해산의 결의는 발행주식 총수의 과반수에 해당하는 주식을 가진 주주의 출석으로 그 의결권의 3분의 2이상의 다수로써 하여야 한다.

제41조(회사계속) 회사가 존립기간의 만료, 주주총회의 결의에 의하여 해산한 경우에는 제40조의 규정에 의한 결의로 회사를 계속할 수 있다.

제42조(해산의 통지) 회사가 해산한 때에는 파산의 경우외에는 대표이사는 지체없이 주주에 대하여 그 통지를 한다.

제43조(합병계약서와 그 승인의결) 회사가 합병을 함에는 합병계약서를 작성하여 주주총회의 승인을 얻어야 한다.

제8장 청 산

제44조(청산방법) 본 회사가 해산한 경우, 회사재산의 처분은 주주총회의 동의로써 정한 방법에 의한다.

제45조(청산인의 임면) 청산인의 선임 및 해임은 주주총회의 결의에 의한다.

제46조(잔여재산의 분배) 잔여재산은 각 주주가 가진 주식의 수에 따라 주주에게 분배한다.

제9장 부 칙

제47조(적용범위) 본 정관에 규정되지 않은 사항은 농어업경영체 육성 및 지원에 관한 법률과 상법 및 기타 법령에 정한 규정에 따른다.

제48조(세부내규) 본 회사는 필요에 따라 주주총회의 결의로써 업무수신 및 경영상 필요한 회사 세부내규를 정할 수 있다.

第49조(최초의 영업연도) 본 회사의 제1기 영업연도는 본 회사 설립일로부터 동년 12월 31일까지로 한다.

第50조(발기인의 성명과 주소) 본 회사 발기인의 성명과 주소는 이 정관 말미의 기재와 같다.

이상과 같이 정관을 작성하고 발기인이 이에 서명 또는 기명날인 한다.

2012년 12월 14일

발기인 황 두 솔 (인) (721220-19*****)
경상남도 사천시 사천읍 옥산로 97
발기인 전 한 솔 (인) (560211-18*****)
경상남도 산청군 대의면 마상리 285
발기인 최 세 솔 (인) (640607-19*****)
경상남도 진주시 솔밭로 140길 28
발기인 진 네 솔 (인) (631205-19*****)
경상남도 창원시 의창구 용호동
발기인 이 기 백 (인) (770418-10*****)
경상남도 진주시 내동면 신율리
발기인 조 오 솔 (인) (600203-19*****)
경상남도 창원시 신촌동 65

< 농업회사법인 지리산(주) 발기인 구비서류 >

1. 발기인 전한솔 : 인감증명서 첨부, 주민등록등본 첨부, 인감도장
2. 발기인 조오솔 : 인감증명서 첨부, 주민등록등본 첨부, 인감도장
3. 발기인 진네솔 : 인감증명서 첨부, 주민등록등본 첨부, 인감도장
4. 발기인 최세솔 : 인감증명서 첨부, 주민등록등본 첨부, 인감도장
5. 발기인 황두솔 : 인감증명서 첨부, 주민등록등본 첨부, 인감도장
6. 발기인 이기백 : 인감증명서 첨부, 주민등록등본 첨부, 인감도장

주 식 청 약 서(샘플)

상 호	농업회사법인지리산(주)
인수할 주식의 종류와 수	보통주식 2,600주
위 총 액	금 26,000,000원
1 주 의 금 액	금 10,000원
납 입 기 관 및 장 소	경남은행 진주지점

귀 회사의 정관과 이 청약서에 기재한 사항을 승낙하고 위 주식을 인수 청약합니다.

서기 2013년 12월 13일

주식청약인 : 전 한 솔

농업회사법인지리산(주) 발기인대표 전 한 솔 귀하

상 호	농업회사법인지리산(주)
본 점 의 소 재 지	경남 산청군 대의면 마쌍리 610-4

목 적	1.농산물의 유통.가공.판매. 수출입업 1.농작업의 전부 또는 일부 대행 1.영농에 필요한 자재의 생산.공급 및 수출입업 1.영농에 필요한 종묘생산 및 종균배양사업 1.농약,종자,비료 판매업 1.농업기계 기타 장비의 임대.수리.보관사업 1.부동산업 1.통신판매업 1.기타 농업회사 법인의 제2조의 목적달성을 위하여 정관으로 정하는 사업
회사가 발행할 주식의 총수	40,000주
1주의 금액	금 10,000원
회사가 설립시에 발행하는 주식의 총수	10,000주
주식의 종류와 수	보통주식 10,000주
납입 받을 은행	경남은행 진주지점
회사가 공고하는 방법	공고는 경상남도 경상남도에서 발행하는 경남신문에 게재한다.
일정시기까지 창립총회를 종결하지 아니한 때에는 주식의 인수를 취소할 수 있다는 취지	서기 2012. 12. 31일까지 창립총회가 종결하지 않을 시는 청약을 취소할 수 있다.

각 발기인이 인수한 주식의 종류와 수 각 발기인들의 성명 주소		
인수주식 수	주식의 종류와 수	발기인의 성명과 주소
2,600주	보통주식	전 한 솔 (경남과학기술대학교)
1,500주	보통주식	조 오 솔 (경남과학기술대학교)
1,700주	보통주식	진 네 솔 (경남과학기술대학교)
1,700주	보통주식	최 세 솔 (경남과학기술대학교)
2,500주	보통주식	황 두 솔 (경남과학기술대학교)

창 립 총 회 의 사 록

서기 2013년 12월 13일 14시 경남 산청군 마쌍리 610-4번지 본점 회의실에서 다음과 같이 창립총회를 개최하다.

주식의 총수 10,000주 주주의 총수 5명
출석 주주 수 5명 출석 주식 수 10,000주

발기인 대표는 위와 같이 상법 제309조 소정 수에 달하게 주주가 출석하였으므로 본 총회는 적법하게 성립됨을 고하고, 의사를 진행하기 전에 의장을 선임할 것을 구한 바 주주전원 만장일치로 발기인대표를 의장으로 선임한 즉 동인은 그 취임을 승낙하고 의장석에 등단하여 개회를 선언하고 다음 의안의 심의를 구하다.

제1호 의안 : 창립사항 보고에 관한 건

의장은 발기인을 대표하여 별지 창립사항 보고서와 같이 본 창립총회까지의 경과를 소상히 설명, 보고한 바 전원일치로 이를 승낙하다.

제2호 의안 : 정관 승인의 건

의장은 정관을 낭독하고 축조 설명을 가한 후 그 가부를 물은 바 전원일치로 원안대로 승인하다.

제3호 의안 : 이사 선임의 건 및 보수 결정의 건

의장은 이사의 선임방법을 물은 즉 이사 2명은 무기명투표로 선출하기로 전원 의견 일치되어 즉시 투표한 결과 다음과 같이 선출되다.

이사 전한솔 이사 조오솔 이사 진네솔 이사 최세솔 이사 황두솔

위 피선임자 등은 즉석에서 그 취임을 승낙하다.

의장은 보수 결정에 대하여 2014년도는 이사들의 합의로 회사의 경영 상태에 따라 결정하기로 하고 일단은 무임으로 하기로 전원 일치 동의하에 결정하다.

제4호 의안 : 감사 선임의 건 및 보수 결정의 건

의장은 감사의 선임방법을 물은 즉 무기명투표로 선출하기로 전원 의견 일치되어 즉시 투표한 결과 다음과 같이 선출되다.

감사 이기백

위 피선임자는 즉석에서 그 취임을 승낙하다.

의장은 보수 결정에 대하여 2014년도는 이사들의 합의로 회사의 경영 상태에 따라 결정하기로 하고 일단은 무임으로 하기로 전원 일치 동의하에 결정하다.

제5호 의안 : 대표이사 선임의 건 및 보수 결정의 건

의장은 대표이사의 선임방법을 물은 즉 대표이사 1명은 무기명투표로 선출하기로 전원 의견 일치되어 즉시 투표한 결과 다음과 같이 선출되다.

대표이사 전 한 솔

위 피선임자는 즉석에서 그 취임을 승낙하다.

의장은 보수 결정에 대하여 2014년도는 이사들의 합의로 회사의 경영 상태에 따라 결정하기로 하고 일단은 무임으로 하기로 전원 일치 동의하에 결정하다.

제6호 의안 : 상법 제313조 소정사항 조사보고의 건

의장은 상법 제313조 소정사항을 이사,가 조사보고 하여야 할 것인 바, 이사 모두는 발기인이었던 관계로 의장이 공증인에게 조사의뢰하여 보고하기로 하고 이를 전원 찬성하다. 이에 의장은 공증인 윤월롱에게 조사의뢰하고 이를 수락하여 조사에 착수한다. 잠시 후 조사자는 별지 조사보고서와 같이 보고한 즉 전원 동의한다.

제7호 의안 : 본점 설치장소 결정의 건

의장은 본 회사 본점을 다음 장소에 설치함이 적당한 뜻을 설명하고 그 가부를 물은 즉 만장일치로 이의 없이 승인하다.

본 점 산청군 대의면 마쌍리 610-4번지

이상으로서 금일 총회의 목적인 의안 전부를 심의 종료하였으므로 의장은 폐회를 선언하다. 때는 14시 30분이다. 위 의사의 결의를 명확하게 하기 위하여 이 의사록을 작성하고 의장과 출석한 이사가 다음에 기명날인하다.

2013년 12월 13일

농업회사법인 지리산(주) 의장이사 전한솔(인) 이사 조오솔(인) 이사 진네솔(인)
이사 최세솔(인) 이사 황두솔(인) 감사 이기백(인)

창 립 사 항 보 고 서

본인 등은 본 회사의 발기인으로서 회사 창립에 관한 사항을 다음과 같이 보고함.

1. 본인 등은 회사가 발행할 주식의 총수는 40,000주, 설립 시에 발행하는 주식의 총수 10,000주, 모든 주식은 기명식 보통주이며, 1주의 금액은 금 10,000원, 자본금은 금 100,000,000원으로 하는 주식회사를 설립하고자 기획하고 전한솔을 발기인 대표로 선임하여 회사설립 시까지의 필요한 사항에 관하여 발기인을 대표하기로 하였음.
2. 본인 등은 2013년 12월 14일 정관을 작성하고 서명 날인 함.
3. 본인 등은 2013년 12월 13일 전원 일치로 1주의 발행가액을 금 10,000원으로 정하여 설립 시에 발행하는 주식총수 10,000주 를 본인 등 발기인이 인수하기로 함.
4. 위 주식 인수인에 대하여 2013년 12월 13일 납입 받을 은행인 주식회사 경남은행 진주지점에 2013년 12월 16일까지 그 주금 전액을 납입할 것을 통지했던바 동년 12월 13일 그 납입이 완료되어 그 납입금을 발기인 대표명의로 위 은행에 별단예금으로 보관하였음.
5. 본인 등은 조속히 회사 설립시키고자 하여 주식인수인 전원의 동의를 얻어 2주간의 법정소집기간을 거쳐 오늘 창립총회를 개최하기에 이르렀음.

위와 같이 보고함.

2013년 12월 13일

농업회사법인 지리산(주) 발기인 전한솔 (인)

발기인 조오솔 (인)

발기인 진네솔 (인)

발기인 최세솔 (인)

발기인 황두솔 (인)

발기인 이기백 (인)

(이하 발기인 전원 기명날인)

납 입 통 지 서(샘플)

귀하께옵서 인수하신 본 회사 주식에 대한 납입금 25,000,000원을 서기 2012년 12월 16일까지 다음 은행에 납입하여 주시길 바라와 이에 통지합니다.

경남은행 진주지점

납입장소 : 진주시 동진로 33

서기 2013 년 12 월 13 일

농업회사법인 지리산(주) 발기인대표 전한솔

주식인수인 전한솔 귀하

조 사 보 고 서

본인은 2013년 12월 13일 본 회사 창립총회에서 조사자로 선임되었으므로 상법 제313조 소정 사항을 조사하여 다음과 같이 보고함.

1. 회사 설립 시에 발행하는 주식의 총수에 대한 인수의 정확여부
회사 설립 시에 발행하는 주식의 총수는 10,000주(1주의 금액 금 10,000원)로서 다음과 같이 인수와 완료되었음이 인정됨.
– 발기인이 인수한 주식수 10,000주(2013년 12월 14일 인수 완료)

2. 주식인수에 대한 납입의 정확여부
– 회사 설립 시에 발행하는 주식총수 10,000주 중에 10,000주에 대한 주식금액 금 100,000,000원이 2013년 12월 14일에 납입이 완료되었음은 그 납입을 맡은 경남은행 진주지점이 발행한 주금납입보관증명서에 의하여 명확히 확인되며

위와 같이 보고함.

2013년 12월 14일

농업회사법인지리산(주) 조사자(감사) 이 기 백(인)

주 금 납 입 보 관 증 명 서

일 금 : 일억원정 (100,000,000)

신주식발행총수 : 10,000주

1 주 의 금 액 : 금 10,000 원

위 금액은 귀 회사의 설립시에 발행하는 주식총수에 대한 납입금으로서 2013년 12월 14일 납입이 완료되어 현재 이를 보관중임을 증명함.

2013년 12월 14일

농업회사법인지리산(주) 발기인 대표 전한솔 귀하

승 낙 서(샘플)

2013년 12월 13일 창립총회에서 대표이사에

선임되었으므로 그 취임을 승낙함.

2013년 12월 13일

대표이사 : 전 한 솔 (인)

농업회사법인지리산(주) 귀중

주 식 인 수 증(샘플)

상 호	농업회사법인지리산(주)
인수할 주식의 종류와 수	보통주식 2,500주
위 총 액	금 25,000,000원
1 주 의 금 액	금 10,000원
납 입 기 관 및 장 소	경남은행 진주지점

위의 주식을 발기인으로 인수합니다.

서기 2013년 12 월 13일

발기인 전 한 솔

농업회사법인지리산(주) 발기인대표 전한솔 귀하

<table>
<tr><td colspan="2">기 준 일</td><td colspan="5" rowspan="2">주주등의 명세</td><td colspan="2">법 인 명</td></tr>
<tr><td colspan="2">2013년 12월14일 현재</td><td colspan="2">농업회사법인
지리산(주)</td></tr>
<tr><td>①성명
(법인명)</td><td>②주민등록번호
(사업자등록번호)</td><td rowspan="3">④전화번호
(휴대전화)</td><td colspan="4">지분 또는 출자관계</td><td rowspan="3">⑨
대주주
와의
관계</td><td rowspan="3">비 고</td></tr>
<tr><td colspan="2" rowspan="2">③주 소</td><td rowspan="2">⑤주식
수</td><td rowspan="2">⑥주당
액면
가액</td><td rowspan="2">⑦금 액</td><td rowspan="2">⑧지분
율(%)</td></tr>
<tr></tr>
<tr><td>전한솔</td><td>560211-18*****</td><td rowspan="2">010-4943
-0085</td><td rowspan="2">2,600</td><td rowspan="2">10,000</td><td rowspan="2">26,000,000</td><td rowspan="2">26</td><td rowspan="2">본인</td><td rowspan="2">대표
이사</td></tr>
<tr><td colspan="2">산청군 대의면 마쌍리 285</td></tr>
<tr><td>황두솔</td><td>721220-19*****</td><td rowspan="2">010-4099
-8295</td><td rowspan="2">2,500</td><td rowspan="2">10,000</td><td rowspan="2">25,000,000</td><td rowspan="2">25</td><td rowspan="2">타인</td><td rowspan="2">이사</td></tr>
<tr><td colspan="2">사천시 사천읍 선인리 덕진봄 APT 106-401</td></tr>
<tr><td>최세솔</td><td>640607-19*****</td><td rowspan="2">011-9594
-3272</td><td rowspan="2">1,700</td><td rowspan="2">10,000</td><td rowspan="2">15,000,000</td><td rowspan="2">17</td><td rowspan="2">타인</td><td rowspan="2">이사</td></tr>
<tr><td colspan="2">진주시 솔밭로 140길8</td></tr>
<tr><td>진네솔</td><td>631205-19*****</td><td rowspan="2">010-3895
-6694</td><td rowspan="2">1,700</td><td rowspan="2">10,000</td><td rowspan="2">15,000,000</td><td rowspan="2">17</td><td rowspan="2">타인</td><td rowspan="2">이사</td></tr>
<tr><td colspan="2">창원시 의창구 용호동 무학 APT6동213호</td></tr>
<tr><td>조오솔</td><td>600203-19*****</td><td rowspan="2">010-4585
-7160</td><td rowspan="2">1,500</td><td rowspan="2">10,000</td><td rowspan="2">15,000,000</td><td rowspan="2">15</td><td rowspan="2">타인</td><td rowspan="2">이사</td></tr>
<tr><td colspan="2">창원시 신촌동 65번지</td></tr>
<tr><td>계</td><td></td><td></td><td>10,000</td><td>10,000</td><td>100,000,000</td><td>100</td><td></td><td></td></tr>
</table>

210㎜×297㎜(신문용지 54g/㎡(재활용품)

[별지제73호서식] (앞 쪽)

접수번호	법인설립신고 및 사업자등록신청서	처리기간
166-6365		7일 (보정시는 14일)

귀 법인의 사업자등록신청서상의 내용은 사업내용을 정확하게 파악하여 근거과세의 실현 및 사업자등록 관리업무의 효율화를 위한 자료로 활용됩니다. 아래의 사항에 대하여 사실대로 작성하시기 바라며 신청서에 서명 또는 인감(직인) 날인하시기 바랍니다.

1. 인적사항

법 인 명(단체명)	농업회사법인지리산(주)	승인법인고유번호 (폐업당시 사업자등록번호)	
대 표 자	전 한 솔	주민등록번호	560211-****
사업장(단체)소재지	경남 산청군 대의면 마쌍리 610-4번지		
총괄사업장소재지	경남 산청군 대의면 마쌍리 610-4번지	총괄사업장 등록번호	
전 화 번 호	(사업장)055-572-9090	전자우편주소	lxlsorang@naver.com

2. 법인현황

법인등록번호		자본금	100,000천원	사업연도	2012년

법 인 성 격 (해당란에 ○표)

내국법인						외국법인			지점(내국법인의 경우)		
영리일반	영리외투	비영리	국가지방자치	법인으로 보는 단체: 승인법인	법인으로 보는 단체: 기타	지점(국내사업장)	연락사무소	기타	여	부	본점사업자 등록번호
√											

조합법인 해당여부		공익법인						외국·외투 법인	국적	투자비율
여	부	해당여부		사업유형	주무부처명	출연자산여부				
		여	부			여	부			

3. 사업장현황

사업의 종류						사업(수익사업) 개시일
주업태	주종목	주업종코드	부업태	부종목	부업종코드	2012년 12월20일
농산물생산, 유통, 가공	유통, 가공					

사업장 구분 및 면적		도면첨부		사업장을 빌려준 사람(임대인)			
자가	타가	여	부	성 명 (법인명)	사업자 등록번호	주민(법인) 등록번호	전화번호
m²	80m²		√	전재준		580212-18	055-572-9087

임 대 차 계 약 기 간	(전세)보증금	월 세(부가세 포함)
2012. 12. 20. ~ 2015 . 12. 19.	10,000,000원	0 원

특별소비세				주류면허			부가가치세 과세사업		인·허가 사업 여부			
제조	판매	장소	유흥	면허 번호	면허 신청		여	부	신고	등록	인·허가	기타
					여	부						

설립등기일 현재 기본 재무상황 등

자산 계	유동자산	고정자산	부채 계	유동부채	고정부채	종업원수
100,000천원		0천원	0천원	0천원	0천원	2명

210㎜×297㎜(신문용지 54g/㎡(재활용품))

(뒤 쪽)

4. 사업자등록신청 및 사업시 유의사항(아래 사항을 반드시 읽고 확인하시기 바랍니다)				
가. 사업자등록 상에 자신의 명의를 빌려주는 경우 해당 법인에게 부과되는 각종 세금과 과세자료에 대하여 소명 등을 하여야 하며, 부과된 세금의 체납시 소유재산의 압류 · 공매처분, 체납내역 금융기관 통보, 여권발급제한, 출국규제 등의 불이익을 받을 수 있습니다. 나. 내국법인은 주주(사원)명부를 작성하여 비치하여야 합니다. 주주(사원)명부는 사업자등록신청 및 법인세 신고시 제출되어 지속적으로 관리되므로 사실대로 작성하여야 하며, 주주명의 대여시는 양도소득세 또는 증여세가 과세될 수 있습니다. 다. 사업자등록 후 정당한 사유 없이 6월이 경과할 때까지 사업을 개시하지 아니하거나 부가가치세 및 법인세를 신고하지 아니하거나 사업장을 무단 이전하여 실지사업여부의 확인이 어려울 경우에는 사업자등록이 직권으로 말소될 수 있습니다. 라. 실물거래 없이 세금계산서 또는 계산서를 교부하거나 수취하는 경우 「조세범처벌법」 제11조의2에 따라 해당 법인 및 대표자 또는 관련인은 3년 이하의 징역 또는 공급가액 및 그 부가가치세액의 2배 이하에 상당하는 벌금에 처하는 처벌을 받을 수 있습니다. 마. 신용카드 가맹 및 이용은 반드시 사업자 본인 명의로 하여야 하며 사업상 결제목적 이외의 용도로 신용카드를 이용할 경우 「여신전문금융업법」 제70조제2항에 따라 3년 이하의 징역 또는 2천만원 이하의 벌금에 처하는 처벌을 받을 수 있습니다.				
신청인의 위임을 받아 대리인이 사업자등록신청을 하는 경우 아래 사항을 기입하여 주시기 바랍니다.				
대리인 인적사항	성 명		주민등록번호	
	주 소 지			
	전화 번호		신청인과의 관계	
신청구분	□ 사업자등록만 신청 □ 사업자등록신청과 확정일자를 동시에 신청 □ 확정일자를 이미 받은 자로서 사업자등록신청(확정일자 번호 :) □ 사업자단위 신고 · 납부 승인을 받은 사업자의 사업장 신설			
신청서의 기입내용과 실제 사업내용이 일치함을 확인하고, 「법인세법」 제109조 · 제111조, 동법 시행령 제152조 · 제154조, 동법 시행규칙 제82조제3항제11호 및 「상가건물 임대차보호법」 제5조제2항의 규정에 의하여 법인설립신고, 사업자등록 및 확정일자를 신청합니다. 2013년 12월 20일 신 청 인 농업회사법인지리산(주) 대표이사 전한솔(서명 또는 인) 세무서장 귀하				
구비서류	1. 법인 등기부등본 1부 2. 정관 1부 3. 임대차계약서 사본(사업장을 임차한 경우에 한합니다) 1부 4. 「상가건물 임대차보호법」 의 적용을 받는 상가건물의 일부를 임차한 경우 해당부분 도부 5. 주주 또는 출자자명세서 1부 6 사업허가 · 등록 · 신고필증 사본(해당 법인에 한합니다) 또는 설립허가증사본(비영리법인에 한함) 7. 현물출자명세서(현물출자법인의 경우에 한합니다) 1부 8. 본점 등의 등기에 관한 서류(외국법인에 한합니다) 9. 지점등기부등본 또는 국내사업장의 사업영위내용을 입증할 수 있는 서류(외국법인에 한함)			

창업법실무

제 5 편

협동조합 창업법규

제1장 협동조합기본법 제정 배경 및 다른 법률과의 관계

1. 제정 배경

○ (협동조합의 부각) '08년 금융위기를 안정적으로 극복*하면서 새로운 경제사회 발전의 대안모델로 '협동조합'이 주목

o UN도 협동조합의 경제안정 효과 및 사회통합 기능에 주목하여 각국에 협동조합 활성화를 위한 법령 정비를 권고**

* 스페인의 3대 기업인 '몬드라곤 협동조합연합체'는 '08년 금융위기시 협동조합 간 고용승계 등으로 구조조정 없이 위기를 극복

**'09년 UN 136호 결의문("Resolution 64/136. Cooperatives in social development")에서 2012년 '세계 협동조합의 해' 선포와 함께 관련 법제도의 정비를 권고

〈 각국의 협동조합 관련 입법 현황 〉

▪ 기본법 체제	독일, 스웨덴, 핀란드, 스페인, 캐나다, 포르투갈, 태국 등
▪ 기본법 + 개별법	한국(기본법 제정 후), 프랑스, 러시아
▪ 개별법만 존재	한국(기본법 제정 전), 일본, 루마니아, 우루과이
▪ 민법, 상법 형태	영국, 스위스, 멕시코, 벨기에, 이탈리아, 체코, 뉴질랜드 등
▪ 기타	중국, 덴마크, 노르웨이, 미국

○ (국내 입법 미비) 협동조합에 대한 일반법이 부재하여 8개 개별법(농협·수협 등)에 의한 협동조합으로 설립 분야 제한

o '협동조합'을 지향하고 협동조합적 사업* 운영을 희망하나 법인격이 없어 애로를 겪고 있는 단체** 다수

* 출자자와 이용자의 일치, 1인 1표의 사업운영, 사업이익의 균등한 분배 등

** 전국적으로 약 4~5천여 개의 협동조합 지향단체들의 대표들이 모여 '협동조합기본법 제정연대회의'를 발족하여 입법청원('11.10월)

기존 8개 개별법상 협동조합

- ㅇ 생산자 조합
  - 1차 산업: 농업협동조합·수산업협동조합(농식품부), 엽연초조합(재정부), 산림조합(산림청)
  - 2차 산업: 중소기업협동조합(중기청)
  - 3차 산업: 신용협동조합(금융위)·새마을금고(행안부)
- ㅇ 소비자 조합: 소비자생활협동조합(공정위)

2. 다른 법률과의 관계

1) 협동조합기본법과 협동조합 관련 개별법의 관계

2012년도에 우리나라 협동조합기본법이 제정되어 시행됨으로써 개별법에 규정된 협동조합을 제외한 모든 협동조합은 협동조합기본법에 따라 설립하게 되었다. 이에 따라 우리나라 협동조합 법률 체계는 기본법과 8개의 개별법이 공존하게 되었다. 양자간의 법 적용 관계를 명확하게 하기 위해 협동조합기본법은 "다른 법률에 따라 설립되었거나 설립되는 협동조합에 대하여는 협동조합기본법을 적용하지 아니한다"고 명시적으로 규정하였다(동법 제13조 제1항). 협동조합기본법과 개별 협동조합법은 서로 일반법과 특별법의 관계가 되어 개별 협동조합법에 의해 설립되었거나 설립되는 농협, 수협, 신협 등의 협동조합은 협동조합기본법의 적용을 받지 않는다. 따라서 법률 상호간의 적용에 있어서 충돌 우려는 없다고 볼 수 있다. 다만, 협동조합의 설립 육성과 관련되는 기존의 개별 협동조합법 등을 제정하거나 개정하는 경우에는 협동조합기본법의 목적과 원칙에 맞도록 하여야 한다고 규정하고 있다(동법 제13조 제2항).

2) 협동조합기본법과 민법, 상법과의 관계

협동조합이 가지고 있는 특징은 조직이 자발적이고, 운영이 민주적이며, 사업활동이 자조적이고, 경영이 자율적이라는 점에서 정부기업과 구별되며, 또 경제활동의 목적이 조합의 이윤 추구에 있지 않고 조합원에게 봉사하는 데 있다는 점에서 상법상의 주식회사와도 구별된다. 협동조합은 불특정 다수를 주주로 하여 무한이익을 추구하는 상법상의 주식회사와 달리 조합원에 대한 서비스 향상을 목표로 하며, 이용자가 곧 소유자라는 점에서 차이가 있다. 즉 경제활동을 하는 부분은 협동조합이 주식회사와 다르지 않지만 상행위를 통해 얻어진 수익의 처리 여부에 따라 큰 차이가 발생한다. 또 투자자들이 보유 주식에 비례해 소유권을 가지고 있는 상법상의 주식회사와 달리 출자액수와 관계없이 1인 1개의 의결권과 선거권을 가지는 것이 특징이다.

협동조합등의 법인격은 법인으로 하고 사회적협동조합등의 법인격은 비영리법인으로 하되, 협동조합기본법에서 규정한 사항 외에는 다음과 같이 각각 상법과 민법을 준용한다. 협동조합등에 관하여 협동조합기본법에서 규정한 사항 외에는 상법 제1편 총칙, 제2편 상행위, 제3편제3장의2 유한책임회사에 관한 규정을 준용한다(동법 제14조 제1항). 협동조합등의 경우 적용되는 상법 준용사항의 예시로 상법 제1편 총칙을 준용하는 사항으로는 자기명의로 상행위를 하는 자를 협동조합등이라 하고, 동일한 영업에는 단일상호를 사용하여야 하며, 지점의 상호에는 본점과의 종속관계를 표시하여야 하고, 누구든지 부정한 목적으로 타인의 영업으로 오인할 수 있는 상호사용이 불가하며, 협동조합등은 영업상의 재산 및 손익의 상황을 명백히 하기 위하여 회계장부를 작성하고 10년간 보존하여야 하는 것을 들 수 있다. 상법 제2편 상행위를 준용하는 사항으로는 상행위로 인한 채무의 법정이율은 연6%로 하며, 협동조합등이 그 영업에 대하여 금전을 대여한 경우에는 법정이자를 청구할 수 있으며, 상행위로 인한 채권은 다른 규정이 없는 한 5년간 행사하지 않으면 소멸시효가 완성된다는 것 등을 그 예시로 들 수 있다. 상법 제3장의2 유한책임회사에 관한 규정을 준용하는 사항으로는 협동조합등을 대표하는 이사가 그 업무집행으로 타인에게 손해를 입힌 경우에는 협동조합등은 그 이사와 연대하여 배상한다는 내용을 들 수 있다. 사회적협동조합등의 경우 적용되는 민법 준용사항의 예시로서 민법 제1편 제3장 법인에 관한 규정을 준용하는 사항으로는 이사의 대표권에 대한 제한은 이를 정관에 기재하지 아니하면 그 효력이 없고, 이사의 직무집행을 정지하거나 직무대행자를 선임하는 가처분을 하거나 그 가처분을 변경·취소하는 경우에는 주사무소의 분사무소가 있는 곳의 등기소에 등기하며, 조합원 등의 지위는 양도 또는 상속이 불가하고, 이사가 없거나 결원이 있는 경우에 이로 인하여 손해가 생길 염려가 있는 때에는 법원은 임시이사를 선임하며, 이사는 선량한 관리자의 주의로 그 직무를 행하여야 하고, 이사가 그 임무를 해태한 때에는 그 이사는 법인에 대하여 연대하여 손해배상책임이 있으며, 청산인은 알고 있는 채권자에 대한 채권신고 최고의무 등을 들 수 있다.

3) 협동조합기본법과 농어업 경영체 육성 및 지원에 관한 법률과의 관계

농어업 경영체 육성 및 지원에 관한 법률에 따른 농어업법인은 농어촌 지역으로 한정되지만 협동조합은 도시, 농어촌 등에서 모두 활용할 수 있다는 점에서 차이가 있다.

4) 협동조합기본법과 독점규제 및 공정거래에 관한 법률과의 관계

협동조합기본법은 일정한 요건[26]의 협동조합 행위에 대하여 독점규제 및 공정거래에 관

26) 소규모의 사업자 또는 소비자의 상부상조를 목적으로 할 것, 임의로 설립하고 조합원이 임의로 가입 또는 탈퇴할 수 있을 것, 각 조합원이 평등한 의결권을 가질 것, 조합원에 대하여 이익배분을 행하는 경우 그 한도가 정관에 정하여져 있을 것 등의 요건을 모두 충족하는 경우를 말한다.

한 법률의 적용 예외를 규정하고 있다. 다만, 이 경우에도 공정거래위원회 예규에 따라 공정거래위원회 심사에 따라 결정된다. 한편 불공정거래행위 등 일정한 거래분야에서 부당하게 경쟁을 제한하는 경우에는 독점규제 및 공정거래에 관한 법률을 적용한다. 이는 소액·소규모로 운영되는 협동조합을 활성화하기 위해 독점규제 및 공정거래에 관한 법률상의 최초의 특례 조항을 두게 된 것이다. 독점규제 및 공정거래에 관한 법률은 공정하고 바른 상거래와 시장 질서를 유지하기 위해 시장경제에서 필수적인 규율이다. 하지만 취약계층 등 경제적인 약자들이 상호 협동과 협력을 기반으로 하는 사업조직인 협동조합을 설립하여 소득격차를 완화하고 경제의 균형발전을 도모하기 위한 것이라면, 대기업과 경쟁하기 위한 토대를 마련하기 위해 이러한 중소기업 규모의 협동조합들을 독점규제 및 공정거래에 관한 법률 적용에서 배제할 필요가 있었다.

제2장 협동조합의 개념 및 특징

1. 협동조합의 개념

○ (정의) "재화 또는 용역의 구매·생산·판매·제공 등을 협동으로 영위함으로써 조합원의 권익을 향상하고 지역 사회에 공헌하고자 하는 사업조직"이다(협동조합기본법 제2조).

ㅇ (사업범위) 공동의 목적을 가진 5인 이상의 구성원이 모여 조직한 사업체로서 그 사업의 종류에 원칙적으로 제한이 없다.

* 다만, 금융 및 보험업 제외(법 제45조제3항)

- 사업은 관계 법령에서 정하는 목적·요건·절차·방법 등에 따라 적법하고 타당하게 시행한다.

* 협동조합은 사업에 필요한 법인격을 취득하는 것이며, 영업 신고·인허가를 받아야 하는 사업인 경우 그에 따른 관련 법령에 따라 영업 신고·인허가 등 필요한 절차를 밟은 이후에 사업 가능하다.

- 식당을 운영하고자 협동조합을 설립한 경우에는 식품위생법령에 따른 신고 절차를 밟은 이후에 사업 운영 가능하다.
- 교육사업을 하고자 협동조합을 설립한 경우에는 교육법 등 관련 법령에 따른 신고·허가를 받은 이후에 사업 운영 가능하다.
- 의료기관을 운영하고자 사회적협동조합을 설립한 경우에는 의료법령에 따른 의료기관 신고·허가를 받은 이후에 사업 운영 가능하다.

ㅇ (의결권·선거권) 출자규모와 무관하게 1인 1표

ㅇ (책임범위) 조합원은 출자자산에 한정한 유한책임

ㅇ (가입 및 탈퇴) 조합원은 가입·탈퇴가 자유로우나, 조합원의 동질성을 유지하기 위해 가입자격은 제한 가능하다.

ㅇ (배당) 정관에 의해 배당하되 전체 배당액의 50% 이상을 이용실적 배당으로 하여 이용자 이익을 최대한 확보한다.

- 사회적협동조합은 배당 금지

○ (기대효과) 협동조합의 고유한 특징에 의해 다양한 긍정적 효과 기대

ㅇ (경제주체별 효과) 다양한 협동조합 설립 활성화를 통해 조합원으로 참여하는 경제주체별로 다양한 효과가 기대된다.

- (소비자) 원하는 맞춤형 물품(유기농산물 등), 서비스(의료, 돌봄, 보육 등)를 저렴하고 안정적으로 구매하여 편익을 증가시킨다.

* 한살림 등 소비자생활협동조합의 유기농 재배 농산물은 산지 직거래를 통해 일반 매장 대비 30% 정도 저렴하다.

- (생산자) 소비자조합 등과 연계하여 직거래 및 사전계약재배 등을 통해 안정적이고 높은 수익을 보장한다.

* 서울우유협동조합에 조합원으로 가입한 축산 농가는 다른 우유업체(주식회사)와 거래하는 농가들보다 더 높은 가격에 원유를 납품

- (근로자) 직원으로 구성된 협동조합 설립을 통해 고용불안정 문제 해결은 물론 임금수준 향상도 기대된다.

* 대리운전기사들이 모여 협동조합을 설립할 경우 고객에게 받는 수입 중 사업주 귀속분(20~30%)을 자기수입으로 전환 가능

ㅇ (경제·사회적 효과) 새로운 법인격 도입을 통해 경제 활력을 제고하고 사회서비스 등 기존 복지체계에 민간 참여를 확대시킨다.

- (경제적효과) 창업활성화를 통한 일자리 확대, 유통구조 개선을 통한 물가안정, 경제위기시 경제안정 효과가 기대된다.

* 스페인의 3대 기업인 '몬드라곤 협동조합(9만2천명 고용('08년))'은 협동조합간 협동을 통해 '08년 금융위기시 구조조정 없이 위기를 극복

- (사회적효과) 취약계층에게 일자리 및 사회서비스를 제공하여 '복지시스템'을 보완하고 '일을 통한 복지'에 기여한다.

* 청년창업, 소액창업 등 신규창업 활성화를 통한 취약계층 일자리 제고와 돌봄노동

등 사회서비스를 활성화하고, 대안학교 등 공공서비스를 보완한다.

ㅇ (기타) 민주적 운영(1인 1표)에 따른 의사결정의 조합원 참여를 보장하여 구성원의 만족감, 주인의식 등을 제고한다.

2. 협동조합기본법 구성 및 주요내용

〈 제1장 총칙 〉	
(법인격)	■협동조합을 '법인' 으로 하고, 사회적협동조합은 '비영리법인' 으로 규정(제4조)
(정책)	■재정부가 협동조합정책을 총괄하고 기본계획을 수립(제11조) ■3년 주기의 협동조합 실태조사 실시·국회보고(제11조) ■협동조합 활성화를 위해 협동조합의 날 제정(제12조)
(타법과의 관계)	■타법에 따라 설립된 협동조합 등에 대해서는 동법 적용 배제 ■제한적 공정거래법 적용배제(제13조)
〈 제2장 협동조합 〉	
(의결 · 선거권)	■출자좌수에 관계없이 1개의 의결권 및 선거권을 가짐 ⇒ 1인 1표(제23조)
(설립등록)	■5인 이상, 협동조합 설립시 시 · 도지사에게 신고(제15조)
(적립금)	■잉여금의 100분의 10 이상 적립 등(제50조)
(해산)	■해산시 잔여재산을 정관이 정하는 바에 따라 처분(제59조)
〈 제3장 협동조합연합회 〉	
(설립등록)	■협동조합연합회 설립 신고(기재부장관)(제71조)
(의결 · 선거권)	■협동조합연합회의 의결권은 협동조합의 조합원수, 연합회 사업참여량 등을 기준으로 함(제75조)
〈 제4장 사회적협동조합 〉	
(설립인가)	■사회적협동조합은 기재부장관 인가로 설립(제85조) ■설립절차, 사업, 소액대출 등을 협동조합과 구분(제86-88조, 제93-95조)
(적립금)	■잉여금의 100분의 30이상 적립 등(제97조)
(소액대출)	■사회적협동조합은 총 출자금 범위내에서 조합원을 대상으로 하는 소액대출 및 상호부조 가능(제94조)
(해산)	■사회적 협동조합의 경우 국고 등에 귀속(제104조)
〈 제5장 사회적협동조합연합회〉	
(설립인가)	■사회적협동조합연합회 설립은 인가(기재부장관)(제114조)
〈 제6장 보칙 〉 〈 제7장 벌칙 〉	
(벌칙)	■의무 위반사항에 대한 벌칙을 규정(제117~119조)

제3장 유사법인과 비교

1. 서

○「협동조합기본법」 시행으로 "협동조합(영리법인)" 과 "사회적협동조합(비영리법인)" 이라는 새로운 법인격이 도입되었다.

ㅇ (사회적)협동조합은 새로운 경제적·사회적 수요가 반영된 상법상 회사, 민법상 법인과 다른 대안적인 기업모델이다.

○ (협동조합과 영리법인) 협동조합은 조합원 공동소유·민주적 운영·지역사회 기여 등 상법상 회사와 구별되는 차이점이 있다.

ㅇ 상법상 '유한책임회사'는 소규모 벤처, 컨설팅회사 설립 등에 적합한 기업모델

- 1인 1표의 의사결정 구조, 사원(조합원)의 유한책임 등에서 '협동조합'과 공통점을 가지나, '사업목적', '조직규모', '설립방법' 등에서 차이점이 존재한다.

<table>
<tr><th colspan="3">구 분</th><th>유한책임회사</th><th>협동조합</th></tr>
<tr><td rowspan="3">공통점</td><td colspan="2">운영방식</td><td colspan="2">1인 1표</td></tr>
<tr><td colspan="2">책임범위</td><td colspan="2">유한책임 (출자액 한도)</td></tr>
<tr><td colspan="2">설립방법</td><td colspan="2">설립 등기 (신고제)</td></tr>
<tr><td rowspan="5">차이점</td><td colspan="2">사업목적</td><td>이윤 극대화</td><td>조합원 실익증진</td></tr>
<tr><td colspan="2">내부구조</td><td>이사회 無</td><td>이사회 有</td></tr>
<tr><td colspan="2">가입/탈퇴</td><td>제한적(정관변경 사항)</td><td>자유
※ 단, 정관으로 자격제한 가능</td></tr>
<tr><td rowspan="2">기타</td><td>의결 정족수</td><td>총사원 동의
(정관변경 등 중요사안 결정시)</td><td>2/3이상 찬성
(정관변경 등 중요사안 결정시)</td></tr>
<tr><td>지분 양도</td><td>他 출자자 동의필요
※ 단, 정관에서 정할 경우 자유양도 가능</td><td>총회 의결</td></tr>
</table>

○ (사회적협동조합과 비영리법인) 비영리법인은 비영리사단법인과 재단법인으로 나눌 수 있으며

* 재단법인 : 일정한 목적을 위해 "재산출연"을 구성요소로 하는 단체

- 재단법인의 의사는 설립자의 의사에 따라야 하는 점에서 비영리사단법인 및 사회적협동조합과는 다른 구조를 가지고 있다.

ㅇ 사회적협동조합은 비영리사단법인과 유사한 점은 있으나 사업목적, 설립방법, 내부구조 등에 있어서 차이점이 있다.

<table>
<tr><th colspan="3">구 분</th><th>사회적협동조합</th><th>비영리사단법인</th></tr>
<tr><td rowspan="2">공통점</td><td colspan="2">법인의 구성</td><td colspan="2">일정한 목적을 위해 결합한 사람을 구성요소로 함</td></tr>
<tr><td colspan="2">운영방식</td><td colspan="2">1인 1표</td></tr>
<tr><td rowspan="7">차이점</td><td colspan="2">사업목적</td><td>지역사회공헌, 취약계층 일자리 창출 및 사회서비스 제공 등</td><td>영리가 아닌 사업을 목적</td></tr>
<tr><td colspan="2">설립방법</td><td>인가제</td><td>허가제</td></tr>
<tr><td colspan="2">설립행위</td><td>5인 이상
※ 서로 다른 이해관계자 둘 이상 포함</td><td>2인 이상</td></tr>
<tr><td rowspan="4">내부구조</td><td>임원</td><td>임기(4년), 연임 등 법에서 규정</td><td>정관에서 자유롭게 정함</td></tr>
<tr><td>이사회</td><td>필수기관 ○</td><td>필수기관 ×</td></tr>
<tr><td>경영공시</td><td>의무사항 ○</td><td>의무사항 ×</td></tr>
<tr><td>잔여재산</td><td>잔여재산 처리에 관한 사항을 법에 규정</td><td>잔여재산 처리를 정관에서 자유롭게 정할 수 있음</td></tr>
</table>

○ (사회적기업과 관계) 사회적기업은 비영리법인·단체·조합 상법상 회사 등의 조직(법인) 중에 일정 요건*을 충족하여 고용노동부장관의 인증을 받은 기업으로

ㅇ 사회적 목적을 우선적으로 추구하면서 재화·서비스의 생산·판매 등 영업활동을 수행하는 기업이다.

* 조직의 주된 목적이 취약계층 일자리 제공인 경우 전체 근로자 중 취약계층 비율이 30% 이상, 주된 목적이 취약계층 사회서비스 제공인 경우 서비스 수혜자 중 취약계층 비율이 30% 이상 등

ㅇ 협동조합 또는 사회적협동조합은 비영리법인, 상법상 회사와 마찬가지로 사회적기업이 택할 수 있는 조직형태(법인)이다.

2. 상법상 회사·민법상 사단법인·협동조합 비교

<table>
<tr><th></th><th colspan="5">상 법</th><th colspan="2">협동조합기본법</th><th>민 법</th></tr>
<tr><td rowspan="2">구분</td><td rowspan="2">주식회사</td><td rowspan="2">유한회사</td><td rowspan="2">유한
책임회사</td><td rowspan="2">합명회사</td><td rowspan="2">합자회사</td><td colspan="2">협 동 조 합</td><td rowspan="2">사단법인</td></tr>
<tr><td>일반</td><td>사회적</td></tr>
<tr><td>사업
목적</td><td colspan="5">이윤 극대화</td><td colspan="2">조합원 실익증진</td><td>공익 또는
영리를
추구하지
않을 것</td></tr>
<tr><td>운영
방식</td><td>1주 1표</td><td>1좌 1표</td><td colspan="3">1인 1표</td><td colspan="2">1인 1표</td><td>1인 1표</td></tr>
<tr><td>설립
방식</td><td colspan="5">신고제</td><td>신고
(영리)</td><td>인가
(비영리)</td><td>허가제</td></tr>
<tr><td>책임
범위</td><td colspan="3">유한 책임</td><td>무한책임</td><td>무한책임
+유한책
임</td><td colspan="2">유한책임</td><td>해당 없음</td></tr>
<tr><td>규모</td><td>대규모</td><td colspan="4">주로 중·소규모</td><td colspan="2">소규모 + 대규모</td><td>주로
소규모</td></tr>
<tr><td>성격</td><td>물적결합</td><td>물적·
인적결합</td><td>물적·인적
결합</td><td>인적결합</td><td>물적·
인적결합</td><td colspan="2">인적결합</td><td>인적결합</td></tr>
<tr><td rowspan="2">사업
예</td><td>대기업
집단</td><td>중소기업
,세무법
인 등</td><td>(美) 벤처,
컨설팅,
전문서비스
업 등</td><td>법무법인
등</td><td>사모투자
회사 등</td><td rowspan="2">일반경
제
활동분
야</td><td rowspan="2">의료
협동조
합 등</td><td rowspan="2">학교,
병원,
자선단체,
종교단체
등</td></tr>
<tr><td>삼성전자
(주) 등</td><td>세무법인
하나 등</td><td>(美)
DreamWo
rks
Animation
L.L.C</td><td>법무법인
율촌 등</td><td>미래에셋
PEF 등</td></tr>
<tr><td></td><td colspan="6">< 영 리 법 인 ></td><td colspan="2">< 비영리법인 ></td></tr>
<tr><td></td><td colspan="8">< 사 회 적 기 업 ></td></tr>
</table>

3. 「협동조합」과 「회사」의 차이

	협동조합 (조합법)	주식회사 (상법)
목 적	△자주·자립·자치적 협동조합 활동 촉진 △상생발전과 국민 삶의 질 향상	△상행위에 관한 규정(회사)
정의	△조합원의 권익을 향상 △지역사회에 공헌하고자 하는 사업조직 △(사회적) 지역주민들의 권익, 복리 증진 등과 관련된 사업 추진 △취약계층에게 사회서비스 및 일자리 제공	△"회사"란 상행위나 그 밖의 영리를 목적으로 하여 설립한 법인을 말한다
설립목적 운영원칙	△조합원의 경제적 이익 및 상호부조 △자발적 결성, 공동의 소유, 민주적 운영 △투기목적의 행위 금지 △소수 조합원의 이익을 위한 사업 금지 △다른 협동조합등과 상호협력, 공동사업	△영리 목적
공직선거	△특정정당 지지 금지	△없음(정치자금법 등에 적용)
의결권 및 선거권	△출자좌수와 관계없이 1인 1표	△1주 1표(주식회사) * 1좌 1표(유한회사)
제명	△일정기간동안 협동조합 사업을 이용하지 아니한 경우, 조합원 제명 가능	△없음
사업	△아래 사업을 반드시 포함(일반) - 조합원에 대한 상담, 교육훈련등 - 협동조합간 협동 - 협동조합의 홍보 및 지역에 기여 △ (사회적협동조합) - 지역사회 재생, 지역경제활성화, 권익 증진 - 취약계층의 사회서비스 및 일자리 제공	△22개 행위로 구분(상법제46조) 1.동산, 부동산, 유가증권 기타의 재산의 매매 2.동산, 부동산, 유가증권 기타의 재산의 임대차 3.제조, 가공 또는 수선에 관한 행위 등
운영의 공개	△경영공시자료 게재(사회적협동조합)	△경영공개(주식회사)
적립금	△잉여금의 100분의 10이상 법정적립금으로 적립	△없음
배 당	△이용실적에 대한 배당은 전체 배당액의 100분의 50 이상이어야 함 △납입출자액에 대한 배당은 출자금의 100분의 10을 초과하여서는 안됨	△주총 결정사항
잔여재산 처리	△해산시 부채 및 출자금을 변제하고 잔여재산은 연합회 등 귀속(사회적협동조합)	△청산규정에 따라 청산 △없음(비영리법인 해당, 민법)
자금조달 금융사업	△조합원에 대한 소액대출 및 상호부조 (출자금 한도내에서)	△다양한 금융사업 (단 금융업법 적용)
출자방식	△조합원의 출자 이외의 수단 없음	△채권, 유상증자 등

4. 「협동조합」과 「사회적협동조합」의 차이

○ 「협동조합기본법」은 다른 개별 협동조합법과는 달리 협동조합과 사회적협동조합의 "2종 구조"를 도입하였다.

o 최근 세계적으로 사회적 목적(공익)의 실현을 위한 협동조합과 그 활동이 증가하는 추세

* '70년대 유럽에서 등장하여 '91년 이탈리아에서 사회적협동조합법 제정이후, 캐나다, 스페인, 프랑스 등에서도 법제화

- 별도로 공익을 추구하는 사회적협동조합의 법적근거를 마련 사회서비스 활성화 및 공공서비스 보완에 기여

〈 협동조합과 사회적협동조합 차이점 〉

구 분	(일반)협동조합	사회적협동조합
법인격	■ (영리)법인	■ 비영리법인
설 립	■ 시도지사 신고	■ 기획재정부(관계부처) 인가
사 업	■ 업종 및 분야 제한 없음	■ 공익사업 40% 이상 수행
경영공시	■ 의무사항 아님 ※ 조합원수 200인이상 또는 자기자본이 30억원 이상	■ 의무사항
법정적립금	■ 잉여금의 10/100 이상 ※ 자기자본의 3배에 이를 때까지	■ 잉여금의 30/100 이상 ※ 자기자본의 3배에 이를 때까지
배 당	■ 배당가능	■ 배당금지
청 산	■ 정관에 따라 잔여재산 처리	■ 비영리법인·국고 등 귀속
감 독	■ 관련내용 없음 (상법등에서 준용)	■ 필요시, 기획재정부장관(관계부처) 업무상황, 장부, 서류 등 검사 ■ 인가요건 위반시 인가 취소

○ 협동조합에 대한 중소기업 정책지원

o 일반협동조합은 중소기업기본법상 중소기업 요건에 충족할 경우 중소기업에 해당. 따라서 중소기업 지원 정책 대상이 될 수 있다.

o 사회적협동조합은 중소기업 범위에 추가 예정이다(중소기업청과 협의중).

○ 협동조합과 사회적협동조합 신고 및 인가

o (협동조합) 협동조합법 제15조에 따라 주된 사무소의 소재지를 관할하는 시·도지사에게 신고한다.

- 시·도지사는 설립신고를 받은 때에는 기획재정부장관에게 그 사실을 통보해야 한다.

o (사회적협동조합) 협동조합기본법 제12조 및 같은 법 시행령 제16조에 따라 인가를 관계 중앙행정기관의 장에게 위탁한다.

- (인가업무) 각 중앙행정기관의 장은 소관 업무에 해당하는 사회적협동조합의 인가업무를 수행한다.
  · 사회적협동조합의 사업이 다수의 중앙행정기관에 관련된 경우, 주 사업의 소관 중앙행정기관 장이 그 권한을 행사한다.
  · 소관업무는 정부조직법, 직제 및 관계법령 등에 따르되 소관업무가 불분명한 경우 기획재정부장관이 정한다.
- (인가부처) 중앙행정기관 32개기관, 감사원 등 위원회 9개기관
  · (부 조직) 기획재정부, 교육과학기술부, 외교통상부, 통일부, 법무부 국방부, 행정안전부, 문화체육관광부, 농림수산식품부, 지식경제부, 보건복지부, 환경부, 고용노동부, 여성가족부, 국토해양부
  · (위원회 등) 감사원, 방송통신위원회, 국가과학기술위원회 원자력안전위원회, 법제처, 국가보훈처, 공정거래위원회, 금융위원회, 국민권익위원회
  · (청 조직) 국세청, 관세청, 조달청, 통계청, 검찰청, 병무청, 방위사업청, 경찰청, 소방방재청, 문화재청, 농촌진흥청, 산림청, 중소기업청, 특허청, 식품의약품안전청, 기상청, 해양경찰청

5. 협동조합의 유형

○ 잉여금의 사용에 따라 협동조합의 유형이 결정

* 상품 가격이 100원, 생산 비용이 75원이라면, 상품 가격에서 생산 비용, 판매관리비용, 제세금 등을 제외한 25원이 잉여금이 된다.

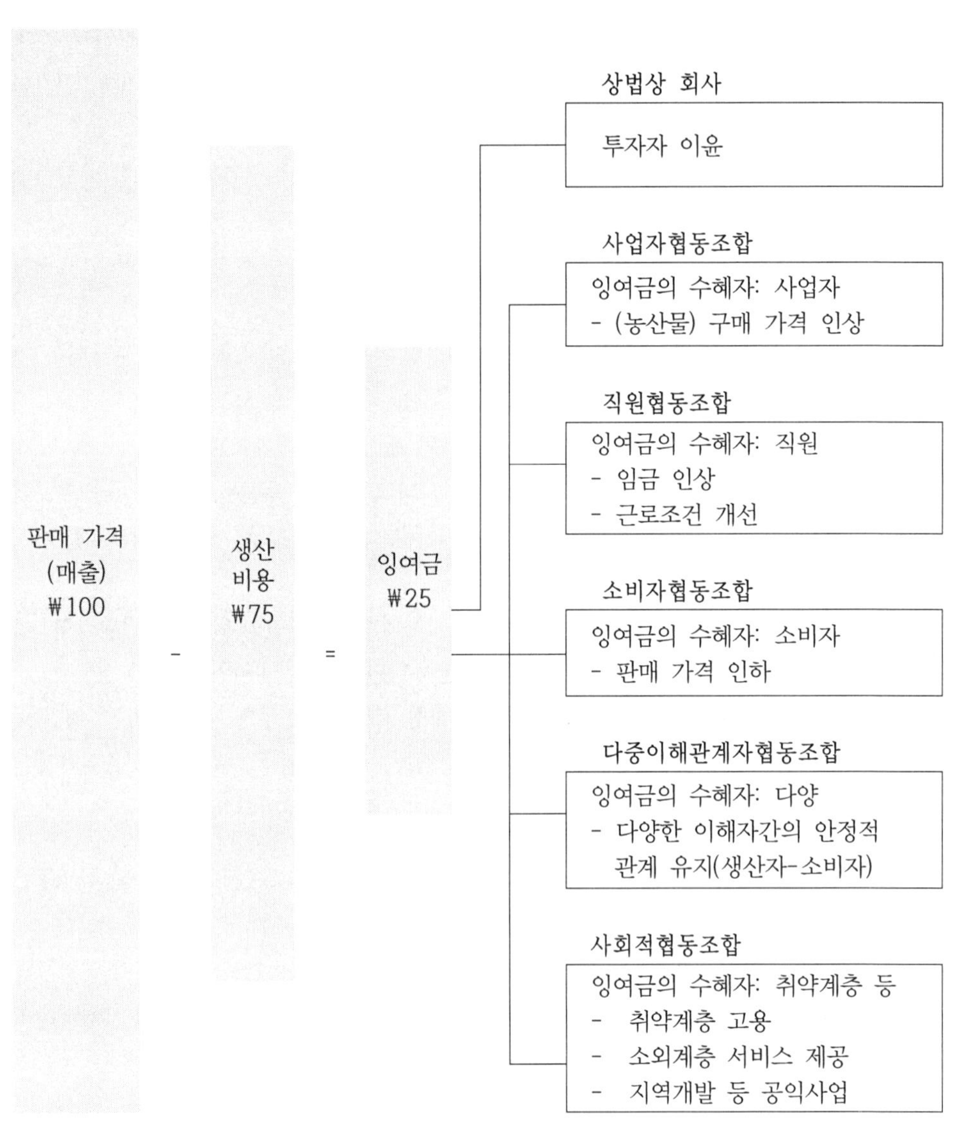
판매 가격
(매출)
₩100
-
생산
비용
₩75
=
잉여금
₩25
상법상 회사
투자자 이윤
사업자협동조합
잉여금의 수혜자: 사업자
- (농산물) 구매 가격 인상
직원협동조합
잉여금의 수혜자: 직원
- 임금 인상
- 근로조건 개선
소비자협동조합
잉여금의 수혜자: 소비자
- 판매 가격 인하
다중이해관계자협동조합
잉여금의 수혜자: 다양
- 다양한 이해자간의 안정적 관계 유지(생산자-소비자)
사회적협동조합
잉여금의 수혜자: 취약계층 등
- 취약계층 고용
- 소외계층 서비스 제공
- 지역개발 등 공익사업

6. 협동조합 유형별 사업의 이용

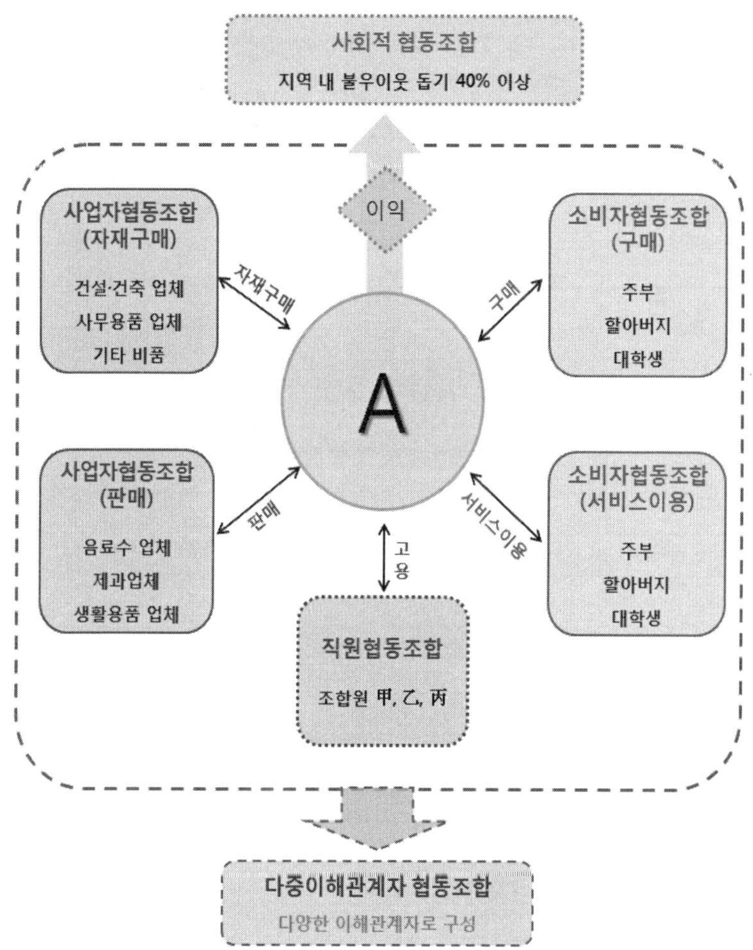

제4장 협동조합 등의 설립

【협동조합의 설립】

○ 협동조합기본법 제15조에 따라 5인 이상의 조합원이 모여 시·도지사에 신고 및 설립등기를 거쳐 설립한다.

* 형편에 따라서 설립동의자 모집 이후에 정관을 작성할 수도 있음. 다만, 이 경우에도 창립총회 개최 이전에 정관을 작성해야 한다.
* 설립 등기를 할 때 총회 의사록은 공증인의 인증을 받아야 한다(공증인법 제66조의2).

○ 시·도의 신고 수리 절차

- o 시·도지사는 특별한 사유가 없는 한 신고서를 접수한 때로부터 30일 이내에 신고증을 교부하여야 한다.
- o 제출서류가 미비할 경우 행정절차법령에 따라 자료보완 요청할 수 있다.

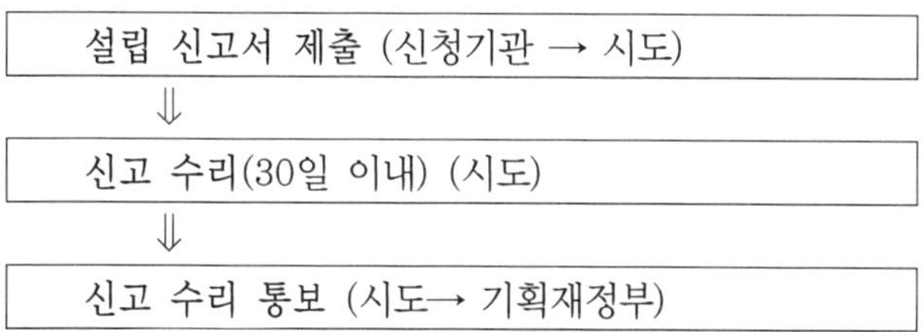

* 협동조합 신고 업무는 지방자치단체 자치사무로서 시·군·구로 위임 여부는 시·도지사가 결정

○ (제출서류) 협동조합을 설립하고자 하는 경우에는 설립신고신청서에 다음 서류를 첨부하여 시·도지사에게 제출한다.

- o 신고인 : 발기인

☞ 협동조합 설립 신고 제출서류

1. 정관 사본
2. 창립총회 의사록 사본
3. 사업계획서
4. 임원 명부
   - * 임원 명부에 임원의 이력서 및 사진을 첨부
   - * 사진 : 가로 3센티미터, 세로 4센티미터
   - * 이력서에 사진을 붙인 경우에는 사진 추가제출 불필요
5. 설립동의자 명부
6. 수입·지출 예산서
7. 출자 1좌(座)당 금액과 조합원별로 인수하려는 출자좌수를 적은 서류
8. 창립총회 개최 공고문
9. 합병 또는 분할을 의결한 총회 의사록
   - * 협동조합기본법 제56조에 따른 합병 및 분할에 의한 설립이 경우에만 해당

【협동조합연합회의 설립】

○ 협동조합기본법 제71조에 따라 셋 이상의 협동조합이 모여 기획재정부장관에게 신고 및 설립등기를 거쳐 설립한다.

① 발기인 모집 (3개 이상 협동조합)
⇓
② 정관 작성 (목적, 명칭, 사업 등 포함)
⇓
③ 설립동의자 모집
⇓
④ 창립총회 의결 (설립동의자 과반수 출석, 출석 2/3 찬성)
⇓
⑤ 설립 신고 (기획재정부장관)
⇓
⑥ 사무 인수 인계 (발기인 → 회장)
⇓
⑦ 출자금 납입
⇓
⑧ 설립 등기 (관할 등기소)
⇓
⑨ 협동조합연합회 (법인격 부여)

* 형편에 따라서 설립동의자 모집 이후에 정관을 작성할 수도 있다. 다만, 이 경우에도 창립총회 개최 이전에 정관을 작성해야 한다
* 설립 등기를 할 때 총회 의사록은 공증인의 인증을 받아야 한다(공증인법 제66조의2).

○ 기획재정부의 신고 수리 절차

- 기획재정부는 특별한 사유가 없는 한 신고서를 접수한 때로부터 30일 이내에 신고증을 교부하여야 한다.
- 제출서류가 미비할 경우 행정절차법령에 따라 자료보완 요청할 수 있다.

설립 신고서 제출 (신청기관 → 기획재정부)

⇓

신고 수리 (기획재정부)

○ (제출서류) 협동조합연합회를 설립하고자 하는 경우에는 설립신고신청서에 다음 서류를 첨부하여 기획재정부장관에게 제출한다.

o 신고인 : 발기인 협동조합의 이사장

 협동조합연합회 설립 신고 제출서류

1. 정관 사본
2. 창립총회 의사록 사본
3. 사업계획서
4. 임원 명부
   * 임원 명부에 임원의 이력서 및 사진을 첨부
   * 사진 : 가로 3센티미터, 세로 4센티미터
   * 이력서에 사진을 붙인 경우에는 사진 추가제출 불필요
5. 설립동의자 명부
6. 수입·지출 예산서
7. 출자 1좌(座)당 금액과 회원별로 인수하려는 출자좌수를 적은 서류
8. 창립총회 개최 공고문
9. 합병 또는 분할을 의결한 총회 의사록
   * 협동조합기본법 제101조 및 제115조에 따른 합병 및 분할에 의한 설립의 경우에만 해당

【사회적협동조합의 설립】

○ 협동조합기본법 제85조에 따라 5인 이상의 조합원이 모여 소관 부처의 인가를 받고 설립등기를 거쳐 설립한다.

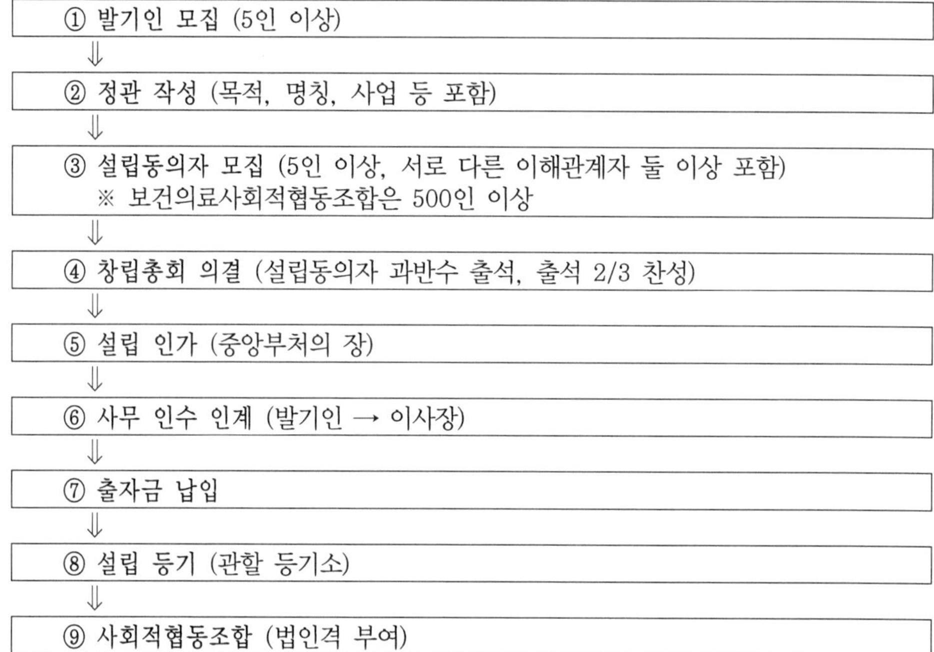

* 형편에 따라서 설립동의자 모집 이후에 정관을 작성할 수도 있다. 다만, 이 경우에도 창립총회 개최 이전에 정관을 작성해야 한다.
* 설립 등기를 할 때 총회 의사록은 공증인의 인증을 받아야 하나, 사회적협동조합은 법무부의 공증 제외 승인을 받은 경우 공증 필요 없다(공증인법 제66조의2).

○ 소관부처의 인가 절차

- 소관부처는 특별한 사유가 없는 한 신고서를 접수한 때로부터 60일 이내(1회 연장 가능)에 인가증을 교부하여야 한다.
- 제출서류가 미비할 경우 행정절차법령에 따라 자료보완 요청할 수 있다.
- 소관부처가 명확하지 않은 경우에는 기획재정부가 소관부처를 지정한다.
- 각 소관부처는 한국사회적기업진흥원을 통해 사회적협동조합 인가 등 관련 지원을 받을 수 있다.

  * 각 부처는 서류 접수후 1주일 이내에 진흥원에 검토요청하고 진흥원은 15일 이내에 검토보고서를 각 부처로 송부한다.

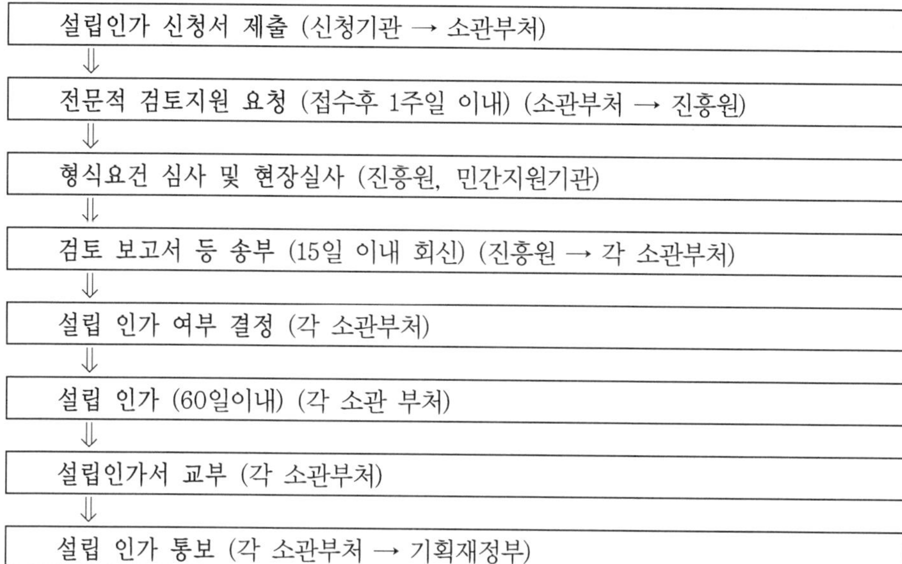

○ (제출서류) 사회적협동조합을 설립하고자 하는 경우에는 설립인가신청서에 다음 서류를 첨부하여 소관부처에 제출한다.

o 신청인 : 발기인

☞ 사회적협동조합 설립 인가 제출서류

1. 정관 사본
2. 창립총회 개최 공고문
3. 창립총회 의사록
4. 사업계획서(추정재무제표를 포함)
5. 수입·지출예산서
6. 설립동의자 명부
7. 출자 1좌(座)당 금액과 조합원별로 인수하려는 출자좌수를 적은 서류
8. 임원 명부
9. 임원의 이력서 및 사진
   * 사진 : 가로 3센티미터, 세로 4센티미터
   * 이력서에 사진을 붙인 경우에는 사진 추가제출 불필요
10. 주 사업의 내용이 설립인가 기준을 충족함을 증명하는 서류
11. 합병 또는 분할을 의결한 총회 의사록
   * 협동조합기본법 제101조 및 제115조에 따른 합병 및 분할에 의한 설립의 경우에만 해당

【사회적협동조합연합회 설립】

○ 협동조합기본법 제114조에 따라 셋 이상의 협동조합이 모여 기획재정부 인가 및 설립 등기를 거쳐 설립한다.

① 발기인 모집 (3개 이상 사회적협동조합)
⇓
② 정관 작성 (목적, 명칭, 사업 등 포함)
⇓
③ 설립동의자 모집
⇓
④ 창립총회 의결 (설립동의자 과반수 출석, 출석 2/3 찬성)
⇓
⑤ 설립 신고 (기획재정부)
⇓
⑥ 사무 인수 인계 (발기인 → 회장)
⇓
⑦ 출자금 납입
⇓
⑧ 설립 등기 (관할 등기소)
⇓
⑨ 사회적협동조합연합회 (법인격 부여)

* 형편에 따라서 설립동의자 모집 이후에 정관을 작성할 수도 있다. 다만, 이 경우에도 창립총회 개최 이전에 정관을 작성해야 한다.

* 설립 등기를 할 때 총회 의사록은 공증인의 인증을 받아야 하나, 사회적협동조합연합회는 법부무의 공증 제외 승인을 받은 경우 공증 필요 없다 (공증인법 제66조의2).

○ 기획재정부의 인가 절차

ㅇ 기획재정부는 특별한 사유가 없는 한 신고서를 접수한 때로부터 60일 이내(1회 연장 가능)에 인가증을 교부하여야 한다.

ㅇ 제출서류가 미비할 경우 행정절차법령에 따라 자료보완 요청할 수 있다.

ㅇ 필요시 한국사회적기업진흥원을 통해 사회적협동조합 인가 등 관련 지원을 받을 수 있다.

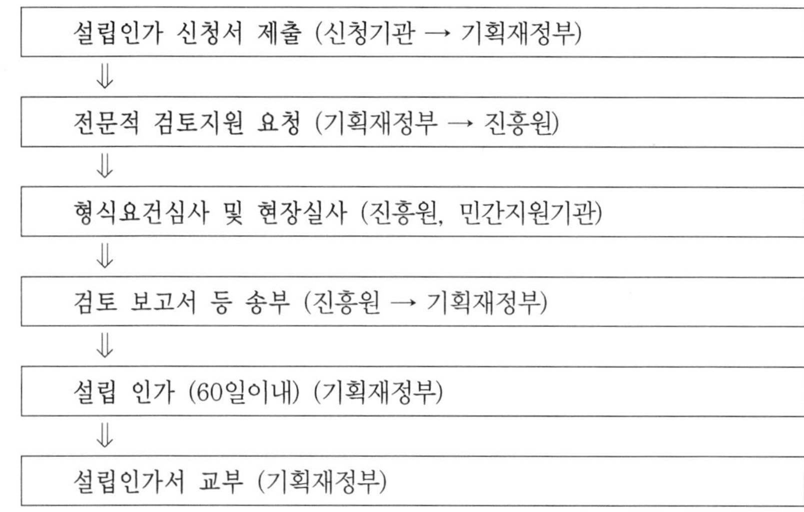
설립인가 신청서 제출 (신청기관 → 기획재정부)
⇓
전문적 검토지원 요청 (기획재정부 → 진흥원)
⇓
형식요건심사 및 현장실사 (진흥원, 민간지원기관)
⇓
검토 보고서 등 송부 (진흥원 → 기획재정부)
⇓
설립 인가 (60일이내) (기획재정부)
⇓
설립인가서 교부 (기획재정부)

○ (제출서류) 설립인가신청서에 다음 서류를 첨부하여 기획재정부장관에게 제출한다.

ㅇ 신청인 : 발기인 협동조합의 이사장

☞ 사회적협동조합연합회 설립 인가 제출서류

1. 정관 사본
2. 창립총회 개최 공고문
3. 창립총회 의사록
4. 사업계획서(추정재무제표를 포함)
5. 수입·지출예산서
6. 설립동의자 명부
7. 출자 1좌(座)당 금액과 회원별로 인수하려는 출자좌수를 적은 서류
8. 임원 명부
9. 임원의 이력서 및 사진
   * 사진 : 가로 3센티미터, 세로 4센티미터
   * 이력서에 사진을 붙인 경우에는 사진 추가제출 불필요
10. 주 사업의 내용이 설립인가 기준을 충족함을 증명하는 서류
11. 합병 또는 분할을 의결한 총회 의사록
   * 협동조합기본법 제101조 및 제115조에 따른 합병 및 분할에 의한 설립의 경우에만 해당

제5장 표준정관례

1. 일반협동조합 표준정관례

■는 선택기재 조항, 나머지는 필수기재 조항

제1조(설립과 명칭) 이 조합은 협동조합기본법에 의하여 설립하며, ○○협동조합이라 한다.

제2조(목적) ○○협동조합(이하 '조합'이라 한다)은 자주적·자립적·자치적인 협동조합 활동을 통하여 구성원의 복리증진과 상부상조 및 국민경제의 균형 있는 발전에 기여함을 목적으로 한다.

<소비자협동조합 정관례> 제2조를 다음과 같이 규정한다.

제2조(목적) ○○협동조합(이하 '조합'이라 한다)은 자주적·자립적·자치적인 협동조합 활동을 통하여 구성원의 복리증진과 상부상조 및 국민경제의 균형 있는 발전에 기여하기 위하여 조합원이 필요로 하는 물품을 공동으로 구매하거나 조합이 공동으로 구성한 서비스를 공동으로 이용하는 것을 목적으로 한다.

(비고) '산악장비', '육아용품' 등 조합이 공동으로 구매하는 물품을 구체적으로 명시하거나 '주택임대', '공동육아' 등 조합이 공동으로 구성한 서비스를 구체적으로 명시할 수도 있다.

<사업자협동조합 정관례> 제2조를 다음과 같이 규정한다.

제2조(목적) ○○협동조합(이하 '조합'이라 한다)은 자주적·자립적·자치적인 협동조합 활동을 통하여 구성원의 복리증진과 상부상조 및 국민경제의 균형 있는 발전에 기여하기 위하여 ○○○업(혹은 ○○지역의 ○○업, ○○시장 등 조합원 구성에 적합한 문구를 적시)의 건전한 발전을 목적으로 한다.

<직원협동조합 정관례> 제2조를 다음과 같이 규정한다.

제2조(목적) ○○협동조합(이하 '조합'이라 한다)은 자주적·자립적·자치적인 협동조합 활동을 통하여 구성원의 복리증진과 상부상조 및 국민경제의 균형 있는 발전에 기여하기 위하여 직원이 함께 조합을 소유하고 관리하며, 안정적인 일자리를 늘려나가는 것을 목적으로 한다.

(비고) 조합원의 3분의 2 이상이 직원이고, 조합원인 직원이 전체 직원의 3분의 2 이상인 협동조합을 직원협동조합이라고 함

<다중이해관계자협동조합 정관례> 제2조를 다음과 같이 규정한다.

제2조(목적) ○○협동조합(이하 '조합'이라 한다)은 자주적·자립적·자치적인 협동조합 활동

을 통하여 구성원의 복리증진과 상부상조 및 국민경제의 균형 있는 발전에 기여하기 위하여 둘 이상 유형의 조합원들이 모여 조합원의 경영 개선 및 생활 향상을 목적으로 한다.

제3조(조합의 책무) ① 조합은 조합원 등의 권익 증진을 위하여 교육·훈련 및 정보 제공 등의 활동을 적극적으로 수행한다.

② 조합은 다른 협동조합, 다른 법률에 따른 협동조합, 외국의 협동조합 및 관련 국제기구 등과의 상호 협력, 이해 증진 및 공동사업 개발 등을 위하여 노력한다.

제4조(사무소의 소재지) 조합의 주된 사무소는 ○○시·도 ○○시·군·구 ○○읍·면·동 ○○리에 두며, 규정에 따라 필요한 곳에 지사무소를 둘 수 있다.

제5조(공고방법) ① 조합의 공고는 주된 사무소의 게시판(지사무소의 게시판을 포함한다)에 게시하고, 필요하다고 인정하는 때에는 ○○특별시·광역시·특별자치시·도·특별자치도에서 발간되는 일간신문 및 중앙일간지에 게재할 수 있다.

② 제1항의 공고기간은 7일 이상으로 하며, 조합원의 이해에 중대한 영향을 미칠 수 있는 내용에 대하여는 공고와 함께 서면으로 조합원에게 통지하여야 한다.

(■)**제6조(통지 및 최고방법)** 조합원에 대한 통지 및 최고는 조합원명부에 기재된 주소지로 하고, 통지 및 최고기간은 7일 이상으로 한다. 다만, 조합원이 따로 연락받을 연락처를 지정하였을 때에는 그곳으로 한다.

제7조(공직선거 관여 금지) ① 조합은 공직선거에 있어서 특정 정당을 지지·반대하거나 특정인을 당선되도록 하거나 당선되지 아니하도록 하는 일체의 행위를 하여서는 아니 된다.

② 누구든지 조합을 이용하여 제1항에 따른 행위를 하여서는 아니 된다.

제8조(규약 또는 규정) 조합의 운영 및 사업실시에 관하여 필요한 사항으로서 이 정관으로 정한 것을 제외하고는 규약 또는 규정으로 정할 수 있다.

제9조(조합원의 자격) 조합의 설립목적에 동의하고 조합원으로서의 의무를 다하고자 하는 자는 조합원이 될 수 있다.

<직원협동조합 정관례> 제9조를 다음과 같이 규정한다.

제9조(조합원의 자격) 조합의 설립목적에 동의하고 조합원으로서의 의무를 다하고자 하는 자는 조합원이 될 수 있다. 다만, 이 조합의 직원은 ○개월 이상 계속 근무 할 경우 조합원이 될 수 있다.

(비고) 직원의 조합원 가입은 이 조합에 정규 직원으로 채용되는 것을 의미하므로 수습기간이 필요함

<다중이해관계자협동조합 정관례> 제9조를 다음과 같이 규정한다.

제9조(조합원의 자격 및 유형) ① 조합의 설립목적에 동의하고 조합원으로서의 의무를 다하

고자 하는 자는 조합원이 될 수 있다.

② 조합원의 유형은 다음 각 호와 같다.

1. 생산자조합원: 조합의 생산활동 등에 함께 참여하는 자
2. 소비자조합원: 조합의 재화나 서비스를 이용하는 자
3. 직원조합원: 조합에 고용된 자
4. 자원봉사자조합원: 조합에 무상으로 필요한 서비스 등을 제공하는 자
5. 후원자조합원: 조합에 필요한 물품 등을 기부하거나 자금 등을 후원하는 자

(비고) 다중이해관계자협동조합은 위 5가지 중 2 이상의 다양한 유형의 조합원으로 구성되어야 한다.

제10조(조합원의 가입) ① 조합원의 자격을 가진 자가 조합에 가입하고자 할 때에는 가입신청서를 제출하여야 한다.

② 조합은 제1항에 따른 신청서가 접수되면 신청인의 자격을 확인하고 가입의 가부를 결정하여 신청서를 접수한 날부터 2주 이내에 신청인에게 서면 또는 전화 등의 방법으로 통지하여야 한다.

③ 제2항의 규정에 따라 가입의 통지를 받은 자는 조합에 가입할 자격을 가지며 납입하기로 한 출자좌수에 대한 금액 중 제1회의 금액을 지정한 기일 내에 조합에 납부함으로써 조합원이 된다.

④ 조합은 정당한 사유없이 조합원의 자격을 갖추고 있는 자에 대하여 가입을 거절하거나 가입에 관하여 다른 조합원보다 불리한 조건을 붙일 수 없다.

(비고) 협동조합의 설립 목적 및 특성에 부합되는 자로 조합원의 자격을 정관으로 제한할 수 있다.

(■)제11조(조합원의 고지의무) 조합원은 제10조제1항에 따라 제출한 가입신청서의 기재사항에 변경이 있을 때 또는 조합원으로서의 자격을 상실하였을 때에는 지체 없이 조합에 이를 고지하여야 한다.

제12조(조합원의 책임) 조합원의 책임은 납입한 출자액을 한도로 한다.

제13조(탈퇴) ① 조합원은 예고하고 조합을 탈퇴할 수 있다.

② 조합원은 다음 각 호의 어느 하나에 해당하는 때에는 당연히 탈퇴된다.

1. 조합원 지위의 양도 등 조합원으로서의 자격을 상실한 경우
2. 사망한 경우
3. 파산한 경우
4. 금치산선고를 받은 경우
5. 조합원인 법인이 해산한 경우

(비고) 그 밖에 필요에 따라 제13조제2항의 사유를 정관에 정할 수 있다.

제14조(제명) ① 조합은 조합원이 다음 각 호의 어느 하나에 해당하면 총회의 의결을 얻어 제명할 수 있다.

1. ○년 이상 계속해서 조합의 시설 또는 사업을 이용하지 아니한 경우
2. 출자금 및 경비의 납입 등 조합에 대한 의무를 이행하지 아니한 경우
3. 조합의 목적사업과 관련된 법령·행정처분·정관 및 규정을 위반한 경우
4. 고의 또는 중대한 과실로 조합의 사업을 방해하거나 신용을 상실하게 하는 행위를 한 경우

<직원협동조합 정관례> 다음과 같이 제14조제1항제5호를 추가한다.

5. ○년 이상 계속해서 조합의 활동에 참여하지 아니한 경우

(비고) 조합의 성질을 고려하여 그 밖에 제명 사유를 추가하여 정할 수 있다.

② 조합은 제1항에 따라 조합원을 제명하고자 할 때에는 총회 개최 10일 전에 그 조합원에게 제명의 사유를 알리고 총회에서 의견을 진술할 기회를 주어야 한다.

③ 제2항에 따른 의견진술의 기회를 주지 아니하고 행한 총회의 제명 의결은 해당 조합원에게 효력이 없다.

④ 조합은 제명결의가 있었을 때에 제명된 조합원에게 제명이유를 서면으로 통지하여야 한다.

제15조(탈퇴·제명조합원의 지분환급청구권) ① 조합을 탈퇴하거나 조합으로부터 제명된 조합원은 다음 각 호의 정하는 바에 따라 지분의 환급을 청구할 수 있다.

1. 제13조의 규정에 의한 탈퇴의 경우에는 탈퇴조합원의 출자금에 해당하는 금액
2. 제14조 제1항의 1호 및 2호의 규정에 의한 제명의 경우에는 제명조합원의 출자금에 해당하는 금액

② 제1항의 지분은 제명 또는 탈퇴한 회계연도 말의 조합의 자산과 부채에 따라 정한다.

③ 조합은 탈퇴 조합원이 조합에 대한 채무를 다 갚을 때까지는 제1항에 따른 지분의 환급을 정지할 수 있다.

④ 조합은 탈퇴하거나 제명된 조합원이 조합에 대하여 채무가 있을 때에는 제1항에 따른 환급금과 상계할 수 있다.

⑤ 제1항에 따른 청구권은 탈퇴하거나 제명된 날부터 2년간 행사하지 아니하면 소멸된다.

⑥ 제1항에 따른 청구권은 탈퇴하거나 제명된 당시의 회계연도의 다음 회계연도부터 청구할 수 있다. 다만, 이사회의 승인이 있을 경우 탈퇴 또는 제명 당시에 바로 지급할 수 있다.

제16조(탈퇴조합원의 손실액 부담) ① 탈퇴한 조합원의 지분 환급분을 계산할 때 이 조합의 재산으로 그 채무를 다 갚을 수 없는 경우에는 탈퇴한 조합원은 납입의무를 이행하지 아니한 출자액의 범위에서 그가 부담하여야 할 손실액을 납입한다.

② 제1항에 따른 손실액의 납입 청구에 관하여는 제15조제5항을 준용한다.

제17조(출자) ① 조합원은 1좌 이상의 출자를 하여야 하며 출자 1좌의 금액은 ○○○원으로 한다.

② 한 조합원의 출자좌수는 총 출자좌수의 100분의 30을 넘어서는 아니 된다.

(비고) 100분의 30의 범위 안에서 정관으로 정할 수 있다.

③ 출자금은 일시에 납입한다. 다만, 불가피할 경우에는 2회로 나누어 납입할 수 있다.

④ 제3항 단서의 경우 출자 제1회의 납입금액은 출자금액의 2분의 1로 하고, 제2회 납입일자는 제1회 출자납입일로부터 6개월 이내로 한다.

⑤ 조합에 납입할 출자금은 조합에 대한 채권과 상계하지 못한다.

⑥ 출자는 현물로도 할 수 있고, 현물출자의 경우 규약이 정하는 바에 따라 출자액을 계산한다. 이 경우 현물출자자는 출자의 납입기일에 출자의 목적인 재산의 전부를 조합 또는 조합에서 지정한 장소에 납입하여야 한다.

(■)제18조(출자증서 등의 교부) ① 조합의 이사장은 조합원이 제17조의 규정에 의하여 최초 출자금을 납입한 때 및 조합원이 요구할 때에는 다음 각 호의 사항을 적은 출자증서 또는 출자를 확인할 수 있는 증표에 기명날인하여 조합원에게 발급하여야 한다.

1. 조합의 명칭
2. 조합원의 성명 또는 명칭
3. 조합 가입 연월일
4. 출자금의 납입 연월일
5. 출자금액 또는 출자좌수
6. 발행 연월일

② 조합의 이사장은 매년 정기총회 7일 전까지 조합원의 출자금액 변동상황을 조합원에게 알려주어야 한다. 이 경우 우편, 전자메일, 팩시밀리, 휴대폰 문자 등을 이용하여 통지할 수 있다.

제19조(지분등의 양도와 취득금지) ① 조합원 지위의 양도 또는 조합원 지분의 양도는 총회의 의결을 받아야 한다.

② 조합원이 아닌 자가 지분을 양수하려고 할 때에는 가입의 예에 따른다.

③ 지분의 양수인은 그 지분에 관하여 양도인의 권리의무를 승계한다.

④ 조합원은 지분을 공유하지 못한다.

⑤ 조합은 조합원의 출자지분을 취득하거나 이를 질권의 목적으로 하여서는 아니 된다.

(■)제20조(경비의 부과 및 징수) ① 조합은 조합의 사업 및 그 사업에 부대하는 사업에 필요한 경비를 충당하기 위하여 조합원에게 경비를 부과 및 징수할 수 있다.

(비고) 조합이 경비를 징수하는 경우에는 그 명목을 구체적으로 명시하여야 한다.

② 제1항에 따른 경비의 부과금액, 부과방법, 징수시기와 징수방법은 이사회에서 정한다.

(비고) 서비스를 이용하는 소비자협동조합의 경우에는 경비가 조합원의 조합 이용에 있어 중요한 사항이므로 '경비의 부과금액, 부과방법, 징수시기와 징수방법을 규약으로 정하고, 회계연도 중 시급한 조정이 필요한 경우에는 이사회에서 조정 후 임시총회를 소집하여 사후 추인을 받아야 한다'고 규정할 필요 있음

③ 조합원은 제1항에 따른 경비를 납입할 때 조합에 대한 채권과 상계할 수 없다.

④ 제2항의 부과금에 있어서 조합원에 대한 부과금액의 산정기준 사항에 변경이 있어도 이미 부과한 금액은 변경하지 못한다.

(■)제21조(사용료 및 수수료) ① 이 조합은 조합의 사업을 이용하는 자에 대하여 사용료나 수수료를 부과할 수 있다.

② 이 조합이 계약을 체결함에 있어 계약당사자의 위임에 따라 운송·보관 그 밖의 행위를 대행하는 경우에는 이 조합은 그 대행에 필요한 부대비를 징수한다.

③ 제1항에 따른 조합원의 사용료나 수수료 납입을 조합에 대한 채권과 상계할 수 없다.

④ 제1항의 부과에 관한 사항은 규약으로 정한다.

(■)제22조(과태금) ① 조합은 조합원이 출자금 또는 경비 등의 납입의무를 그 기한까지 이행하지 아니하는 경우에는 과태금을 징수할 수 있다.

(비고) 조합이 징수할 수 있는 과태금의 명목을 구체적으로 명시하여야 한다.

② 조합원은 제1항에 따른 과태금을 조합에 대한 채권과 상계할 수 없다.

③ 과태금의 금액 및 징수방법은 규약으로 정한다.

제23조(총회) ① 조합은 총회를 둔다.

② 총회는 정기총회와 임시총회로 구분한다.

③ 총회는 이사장과 조합원으로 구성하며, 이사장이 그 의장이 된다.

제24조(대의원총회) ① 조합원의 수가 200인을 초과하는 경우 총회에 갈음할 대의원 총회를 둘 수 있다.

② 대의원은 조합원 중에서 선출한다.

<다중이해관계자협동조합 정관례> 제24조제2항을 다음과 같이 규정한다.

② 대의원은 조합원 중에서 제9조제2항의 조합원 유형에 따라 각각 선출한다. 다만, 선출할 대의원 수는 이사회에서 정한다.

(비고) 대의원은 조합원 유형에 따라 2 이상의 유형으로 구성하여야 한다.

③ 대의원의 의결권 및 선거권은 대리인으로 하여금 행사하게 할 수 없다.

④ 대의원의 정수는 ○○명이상으로 하며 임기는 ○년으로 한다.

(비고) 대의원의 정수는 50명 이상으로 하며, 임기는 4년 이내로 하여야 한다.

⑤ 결원으로 인하여 선출된 대의원의 임기는 전임자 임기의 남은 기간으로 한다.

⑥ 대의원은 조합원의 선거를 통하여 선출하며, 선거방법에 관한 사항은 선거관리규약으로 정한다.

⑦ 대의원총회에 관하여는 총회에 관한 사항을 준용하며, 이 경우 "조합원"은 "대의원"으로 본다.

⑧ 대의원총회는 조합의 합병, 분할 및 해산에 관한 사항은 의결할 수 없다.

(■)제25조(**대의원의 의무 및 자격상실**) ① 대의원은 성실히 대의원총회에 출석하고, 그 의결에 참여하여야 한다.

② 대의원총회는 대의원이 다음 각 호의 어느 하나에 해당하는 행위를 할 때에는 그 의결로 대의원자격을 상실하게 할 수 있다. 이 경우 해당 대의원에게 서면으로 자격상실 이유를 의결일 7일 전까지 통지하고, 총회 또는 대의원총회에서 의견을 진술할 기회를 주어야 한다.

1. 대의원총회 소집통지서를 받고 정당한 사유 없이 계속하여 3회 이상 출석하지 아니하거나 대의원총회에 출석하여 같은 안건에 대한 의결에 2회 이상 참가하지 아니한 경우
2. 부정한 방법으로 대의원총회의 의사를 방해한 경우
3. 고의 또는 중대한 과실로 이 조합의 명예 또는 신용을 훼손시킨 경우

제26조(**선거운동의 제한**) ① 누구든지 자기 또는 특정인을 조합의 임원 또는 대의원으로 당선되도록 하거나 당선되지 아니하도록 할 목적으로 다음 각 호의 어느 하나에 해당하는 행위를 할 수 없다.

1. 조합원(협동조합에 가입신청을 한 자를 포함한다. 이하 이 조에서 같다)이나 그 가족 또는 조합원이나 그 가족이 설립·운영하고 있는 기관·단체·시설에 대한 다음 각 목의 어느 하나에 해당하는 행위

가. 금전·물품·향응이나 그 밖의 재산상의 이익을 제공하는 행위

나. 공사의 직을 제공하는 행위

다. 금전·물품·향응, 그 밖의 재산상의 이익이나 공사의 직을 제공하겠다는 의사표시 또는 그 제공을 약속하는 행위

2. 후보자가 되지 못하도록 하거나 후보자를 사퇴하게 할 목적으로 후보자가 되려는 사람이나 후보자에게 제1호 각 목에 규정된 행위를 하는 행위
3. 제1호 또는 제2호의 이익이나 직을 제공받거나 그 제공의 의사표시를 승낙하는 행위 또는 그 제공을 요구하거나 알선하는 행위

② 임원 또는 대의원이 되려는 사람은 후보자등록마감일의 다음날부터 선거일 전일까지의 선거운동기간을 제외하고는 선거운동을 위하여 조합원을 호별로 방문하거나 특정 장소에 모이게 할 수 없다.

③ 누구든지 협동조합의 임원 또는 대의원 선거와 관련하여 연설·벽보, 그 밖의 방법으로 거짓의 사실을 공표하거나 공연히 사실을 적시하여 후보자를 비방할 수 없다.

④ 누구든지 임원 또는 대의원 선거와 관련하여 다음 각 호의 방법 이외의 선거운동을 할 수 없다.

1. 선전 벽보의 부착
2. 선거 공보의 배부
3. 소형 인쇄물의 배부
4. 합동 연설회 또는 공개 토론회의 개최
5. 전화·컴퓨터통신을 이용한 지지 호소

제27조(**선거관리위원회의 구성·운영**) ① 조합의 임원 및 대의원 선거사무를 공정하게 관리하기 위하여 본 조합에 선거관리위원회(이하 "위원회"라 한다)를 둘 수 있다.

② 위원회는 조합원(대의원을 포함한다)중에서 이사회의 의결을 거쳐 이사장이 위촉하는 ○명 이내의 위원으로 구성한다. 이 경우 당해 선거에 임원으로 후보등록한 자는 위원이 될 수 없다.

③ 위원회는 다음 각 호의 사무를 관장한다.

1. 후보자의 자격심사
2. 선거인 명부의 확정
3. 후보자 추천의 유·무효 판정
4. 선거공보의 작성과 선거운동방법 결정 및 계도
5. 선거관리, 투표관리 및 개표관리
6. 투표의 유·무효의 이의에 대한 판정
7. 선거관련 분쟁의 조정
8. 선거운동 제한규정 위반여부 심사 및 조치
9. 당선인의 확정
10. 그 밖에 선거에 필요한 사항

④ 그 밖에 위원회의 구성·운영 등에 관하여 필요한 사항은 선거관리규약으로 정한다.

제28조(**정기총회**) 정기총회는 매년 1회 회계연도 종료 후 3개월 이내에 이사장이 소집한다.

제29조(**임시총회**) ① 임시총회는 다음 각 호의 어느 하나에 해당하는 경우에 이사장이 소집한다.

1. 이사장 및 이사회가 필요하다고 인정할 때
2. 조합원이 조합원 5분의 1 이상의 동의를 받아 소집의 목적과 이유를 적은 서면을 제출하여 이사장에게 소집을 청구한 때

(비고) 직원 협동조합의 경우 조합의 원활한 운영을 위해 조합원의 동의 비율을 3분의 1 이상 등으로 조정할 수 있다.

3. 감사가 조합의 재산상황이나 업무집행에 부정한 사실이 있는 것을 발견하고 그 내용을 총회에 신속히 보고할 필요가 있다고 인정하여 이사장에게 소집을 청구한 때

② 이사장은 제1항 제2호(제48조 규정에 따른 해임 요구를 포함한다) 및 제3호의 청구를 받으면 정당한 사유가 없는 한 2주 이내에 소집절차를 밟아야 한다.

③ 제1항 제2호 및 제3호의 규정에 의하여 총회의 소집을 청구하였으나 총회를 소집할 자가 없거나 그 청구가 있은 날부터 2주 이내에 이사장이 총회의 소집절차를 밟지 아니한 때에는 감사가 7일 이내에 소집절차를 밟아야 한다. 이 경우 감사가 의장의 직무를 수행한다.

④ 감사가 제3항의 기한 이내에 총회의 소집절차를 밟지 아니하거나 소집할 수 없는 경우에는 제1항 제2호의 규정에 의하여 총회의 소집을 청구한 조합원의 대표가 이를 소집한다. 이 경우 조합원의 대표가 의장의 직무를 수행한다.

제30조(총회의 소집절차) ① 이사장은 총회 개최 7일 전까지 회의목적·안건·일시 및 장소를 정하여 우편 또는 전자메일 등으로 각 조합원에게 통지하여야 한다.

② 이사장이 궐위 또는 부득이한 사유로 총회를 소집할 수 없는 때에는 제50조에서 정하고 있는 순으로 이를 소집한다.

제31조(총회의 의결사항) 다음 각 호의 사항은 총회의 의결을 얻어야 한다.

1. 정관의 변경
2. 규약의 제정과 변경 또는 폐지
3. 임원의 선출과 해임
4. 사업계획 및 예산의 승인
5. 재무상태표, 수지계산서, 결산보고서의 승인과 잉여금의 처분 및 손실금의 처리
6. 감사보고서의 승인
7. 조합의 합병·분할·해산 또는 휴업
8. 조합원의 제명
9. 그 밖에 이사장 또는 이사회가 필요하다고 인정하는 사항

(비고) 조합은 법령에 반하지 않는 범위에서 총회의결사항을 추가적으로 규정할 수 있다.

제32조(**총회의 의사**) ① 총회의 의사는 법령상 다른 규정이 있는 경우를 제외하고는 총 조합원 과반수의 출석으로 개회하고 출석조합원 과반수의 찬성으로 의결한다.

② 제1항의 규정에 의한 총회의 개의 정족수 미달로 총회가 유회된 때에는 이사장은 20일 이내에 다시 총회를 소집하여야 한다.

③ 총회는 제30조에 따라 미리 통지한 사항에 한하여 의결할 수 있다. 다만, 긴급을 요하여 총 조합원의 3분의 2이상의 출석과 출석조합원 3분의 2 이상의 찬성이 있는 때에는 그러하지 아니하다.

④ 총회에서 조합과 조합원간의 이익이 상반되는 사항에 대하여 의결을 행할 때에는 해당 조합원은 의결에 참가하지 못한다.

제33조(**합병·분할 및 해산등의 의결**) 다음 각 호의 사항은 조합원 과반수의 출석과 출석조합원 3분의 2 이상의 찬성으로 의결한다.

1. 정관의 변경
2. 조합의 합병·분할·해산 또는 휴업
3. 조합원의 제명

제34조(**의결권 및 선거권**) ① 조합원은 출자좌수에 관계없이 각각 1개의 의결권과 선거권을 갖는다.

② 조합원은 대리인으로 하여금 의결권 및 선거권을 행사하게 할 수 있다. 이 경우 그 조합원은 출석한 것으로 본다.

③ 제35조의 자격을 갖춘 대리인이 의결권 또는 선거권을 행사할 때에는 대리권을 증명하는 서면을 의결권 또는 선거권을 행사하기 전에 조합이 정하는 양식에 따라 미리 조합에 제출하여야 한다.

제35조(**대리인이 될 자격**) 전조 제2항에 따른 대리인은 다른 조합원 또는 본인과 동거하는 가족(조합원의 배우자, 조합원 또는 그 배우자의 직계 존속·비속과 형제자매, 조합원의 직계 존속·비속 및 형제자매의 배우자를 말한다. 이하 같다)이어야 하며, 대리인이 대리할 수 있는 조합원의 수는 1인에 한한다.

제36조(**총회의 의사록**) ① 총회의 의사에 관하여 의사록을 작성하여야 한다.

② 의사록에는 의사의 진행 상황과 그 결과를 적고 의장과 총회에서 선출한 조합원 3인 이상이 기명날인하거나 서명하여야 한다.

(■)제37조(**총회의 운영규약**) 정관에 규정하는 외에 총회의 운영에 관하여 필요한 사항은 총회운영규약으로 정한다.

(■)제38조(**총회의 회기연장**) ① 총회의 회기는 총회의 결의에 의하여 연장할 수 있다.

② 제1항의 규정에 의하여 속행된 총회는 제30조제1항의 규정을 적용하지 아니한다.

제39조(이사회) ① 조합에 이사회를 두고, 이사회는 조합의 업무집행을 결정한다.

② 이사회는 이사로서 구성하고 이사장 1인 외 부이사장, 전무이사, 상무이사 등을 둘 수 있다.

(비고) 이사의 종류 및 명칭은 필요에 따라 달리 정할 수 있다.

③ 이사장은 이사회를 소집하고 그 의장이 된다.

④ 이사회의 소집은 회의일 7일전까지 회의의 목적사항, 일시 및 장소를 기재한 서면을 각 이사에게 통지하여야 한다. 다만 긴급을 요하여 이사회 구성원 과반수의 동의가 있을 때에는 소집절차를 생략할 수 있다.

⑤ 이사 3분의 1 이상 또는 감사 전원이 회의목적 사항과 회의 소집이유를 기재한 서류를 제출하고 이사회의 소집을 요구할 수 있다.

⑥ 이사장은 제5항의 요구가 있는 때에는 7일 이내에 이사회를 소집하여야 한다.

제40조(이사회의 의결사항) ① 이사회는 다음 각 호의 사항을 의결한다.

1. 조합의 재산 및 업무집행에 관한 사항
2. 총회의 소집과 총회에 상정할 의안
3. 규정, 규칙 등의 제정과 변경 및 폐지
4. 사업계획 및 예산안 작성
5. 간부 직원의 임면 승인
6. 기본자산의 취득과 처분
7. 그 밖에 조합의 운영에 중요한 사항
8. 이사장이 부의하는 사항

(비고) 협동조합기본법 제29조에 규정된 필요적 총회의결 사항은 이사회에 위임할 수 없다.

(비고) 조합은 법령에 반하지 않는 범위에서 조합의 업무집행을 위하여 필요한 사항을 추가적으로 규정할 수 있다.

② 이사회는 제55조 각 호의 사업을 수행하기 위하여 필요한 위원회를 설치 운영할 수 있다.

③ 제2항의 위원회 구성 및 운영에 관하여는 별도 규약으로 정한다.

제41조(이사회의 의사) ① 이사회는 구성원 과반수의 출석으로 개회하고 출석이사 과반수의 찬성으로 의결한다.

② 이사장은 의결에 참가하지 아니하며, 가부동수일 때에는 결정권을 갖는다.

③ 이사의 개인 이익과 조합의 이익이 상반되는 사항이나 신분에 관련되는 사항에 관하여는 당해이사는 이사회의 의결에 관여할 수 없다.

제42조(이사회의 의사록) 이사회의 의사에 관하여는 의사의 경과와 그 결과를 기재한 의사록을 작성하고 참석 이사 전원이 이에 기명날인하거나 서명하여야 한다.

제43조(임원의 정수) ① 조합의 임원으로 이사장 1명을 포함한 3명 이상 ○○명 이내의 이사와 1명 이상의 감사를 둔다.

<다중이해관계자협동조합 정관례> 제43조제1항을 다음과 같이 규정한다.

① 조합의 임원으로 이사장 1명을 포함한 3명 이상 ○○명 이내의 이사와 1명 이상의 감사를 둔다. 다만, 이사는 다양한 이해관계자들로 구성하여야 한다.

② 제1항의 임원 중 이사회의 호선에 의해 상임임원을 둘 수 있다.

제44조(임원의 선임) ① 이사 및 감사는 총회가 조합원 중에서 선출한다. 다만, 이사는 정수의 5분의 1의 범위 내에서, 감사는 2분의 1의 범위 내에서 이사회의 추천에 따라 조합원 외의 자를 선출할 수 있다.

② 이사장은 이사 중에서 총회에서 선출하고, 부이사장, 전무이사 및 상무이사 등은 이사회가 이사 중에서 호선한다.

(비고) 임원의 직책은 조합의 필요에 따라 달리 정할 수 있다.

③ 제1항, 제2항의 선거 방법, 절차 등에 관하여는 별도의 선거관리규약으로 정한다.

제45조(임원의 결격사유) ① 다음 각 호의 어느 하나에 해당하는 자는 이 조합의 임원이 될 수 없다.

1. 금치산자
2. 한정치산자
3. 파산선고를 받고 복권되지 아니한 사람
4. 금고 이상의 실형을 선고받고 그 집행이 끝나거나(집행이 끝난 것으로 보는 경우를 포함한다) 집행이 면제된 날부터 3년이 지나지 아니한 사람
5. 금고 이상의 형의 집행유예를 선고받고 그 유예기간 중에 있거나 유예기간이 끝난 날부터 2년이 지나지 아니한 사람
6. 금고 이상의 형의 선고유예를 받고 그 선고유예기간 중에 있는 사람
7. 법원의 판결 또는 다른 법률에 따라 자격이 상실 또는 정지된 사람

② 제1항 각호의 사유가 발생하면 해당 임원은 당연히 퇴직된다.

③ 제2항에 따라 퇴직된 임원이 퇴직 전에 관여한 행위는 그 효력을 상실하지 아니한다.

제46조(임원의 임기) ① 임원의 임기는 ○년으로 한다.

(비고) 임원의 임기는 4년의 범위내에서 정관으로 정해야 한다

② 임원은 연임할 수 있다. 다만, 이사장은 2차에 한하여 연임할 수 있다.

③ 결원으로 인하여 선출된 임원의 임기는 전임자의 임기종료일까지로 한다.

제47조(임원의 의무와 책임) ① 임원은 법령과 조합의 정관, 규약, 규정 및 총회와 이사회의 의결을 준수하고 조합을 위하여 성실히 그 직무를 수행하여야 한다.

② 임원이 법령 또는 정관을 위반하거나 그 임무를 게을리하여 조합에 손해를 가한 때에는 연대하여 그 손해를 배상하여야 한다.

③ 임원이 고의 또는 중대한 과실로 그 임무를 게을리하여 제3자에게 손해를 끼친 때에는 제3자에게 연대하여 그 손해를 배상하여야 한다.

④ 제2항 및 제3항의 행위가 이사회의 의결에 의한 것일 때에는 그 의결에 찬성한 이사도 제2항 및 제3항의 책임이 있다.

⑤ 제4항의 의결에 참가한 이사로서 명백한 반대의사를 표시하지 아니한 자는 그 의결에 찬성한 것으로 본다.

⑥ 제2항부터 제5항까지의 규정에 따른 구상권의 행사는 감사 및 이사에 대하여는 이사장이, 이사장에 대하여는 감사가, 전체 임원에 대하여는 조합원 5분의 1 이상의 동의를 받은 조합원 대표가 한다.

제48조(임원의 해임) ① 조합원은 조합원 5분의 1 이상의 동의로 총회에 임원의 해임을 요구할 수 있다. 이 경우 해임의 사유를 서면으로 조합에 제출하여야 한다.

② 조합은 제1항에 따른 서면 제출이 있을 때에는 총회 개최 10일 전에 해당 임원에게 해임 이유를 서면으로 통보하고, 총회에서 의견을 진술할 기회를 주어야 한다.

(■)제49조(임원의 보수 등) ① 임원에 대하여 규정이 정하는 바에 따라 여비 등 조합업무와 관련된 비용을 실비 범위내에서 지급할 수 있다.

② 상임임원에 대하여는 규정이 정하는 바에 따라 보수를 지급할 수 있다.

제50조(이사장 및 이사의 직무) ① 이사장은 이사회의 결정에 따라 조합의 업무를 집행하고 조합을 대표한다.

② 이사는 이사장을 보좌하며 조합의 업무를 집행한다.

③ 이사장이 사고가 있을 때에는 부이사장, 전무이사, 상무이사, 이사, 감사의 순으로 그 직무를 대행하고 해당자가 2인 이상일 경우에는 연장자 순으로 한다.

④ 제3항의 경우와 이사장이 권한을 위임한 경우를 제외하고는 이사장이 아닌 이사는 조합을 대표할 수 없다.

제51조(감사의 직무) ① 감사는 연 ○회 이상 조합의 업무집행 상황, 재산상태, 장부 및 서류 등을 감사하여 총회에 보고하여야 한다. 반기별 감사보고서는 이사회에, 반기별 감사보고서를 종합한 종합감사보고서는 정기총회에 각각 제출하여야 한다.

② 감사는 예고 없이 조합의 장부나 서류를 대조 확인할 수 있다.

③ 감사는 이사장 및 이사가 법령·정관·규약·규정 또는 총회의 의결에 반하여 업무를 집행한 때에는 이사회에 그 시정을 요구하여야 한다.

④ 감사는 총회 또는 이사회에 출석하여 의견을 진술할 수 있다.

⑤ 제1항 및 제2항의 감사보고서 제출에 있어서 감사가 2인 이상인 경우 감사의 의견이 일치하지 아니할 경우에는 각각 의견을 제출할 수 있다.

제52조(감사의 대표권) 조합이 이사장을 포함한 이사와 소송, 계약 등의 법률행위를 하는 때에는 감사가 조합을 대표한다.

제53조(임직원의 겸직금지) ① 이사장은 다른 조합의 이사장을 겸직할 수 없다.

② 이사장을 포함한 이사와 직원은 감사를 겸직할 수 없다.

③ 임원은 이 조합의 직원을 겸직할 수 없다. 다만, 조합원의 수가 10인 이하인 조합은 해당 기간 동안 그러하지 아니하다.

<직원협동조합 정관례> 제53조 내용 중 제3항을 삭제하고 규정함

(■)**제54조(직원의 임면등)** ① 직원은 이사장이 임면한다. 다만, 간부직원은 이사회의 결의를 거쳐 이사장이 임면한다.

② 직원의 임면, 급여, 기타 직원에 관하여 필요한 사항은 규정으로 정한다.

제55조(사업의 종류) ① 이 조합은 그 목적을 달성하기 위하여 다음 각 호의 사업을 할 수 있다.

1. 조합원과 직원에 대한 상담, 교육·훈련 및 정보제공
2. 조합간 협력을 위한 사업
3. 조합의 홍보 및 지역사회를 위한 사업
4. ○○○ 사업
5. ○○○ 사업

(비고) 사업의 종류 중에서 제1호부터 제3호까지의 사업은 반드시 포함되어야 하고, 그 밖의 사업은 조합의 설립목적을 달성하기 위하여 필요한 사업을 정관으로 정한다.

<예시>

1. 국가·지방자치단체 또는 연합회나 전국연합회로부터 위탁받은 사업
2. 제1호부터 제3호까지의 사업과 관련된 부대사업
3. 제1호부터 제3호까지의 사업을 생산자, 생산자단체 및 문화단체와 공동으로 추진하는 사업
4. 정부, 지방자치단체 및 「공공기관의 운영에 관한 법률」제4조에 따른 공공기관과 공동으로 추진하는 사업
5. 소비자협동조합의 경우 '조합원이 필요로 하는 물품의 공동구매 사업', '돌봄서비스

사업', '임대사업', '사업자문 및 컨설팅 사업' 등을 규정할 수 있다.

6. 생산자협동조합의 경우 '조합원에게 필요한 자재의 공동구매 사업', '조합원 생산품의 공동판매 사업', '공동브랜드 개발 및 판촉 사업' 등을 규정할 수 있다.

7. 다중이해관계자협동조합의 경우 '친환경농산물 꾸러미 사업', '지역클러스터 등 상호 협력하는 회원제 사업' 등을 규정할 수 있다.

② 제1항에도 불구하고 조합은 「통계법」 제22조제1항에 따라 통계청장이 고시하는 한국 표준산업분류에 의한 금융 및 보험업을 영위할 수 없다.

第56조(사업의 이용) 조합은 조합원이 아닌 자에게 조합의 사업을 이용하게 하여서는 아니 된다. 다만, 다음 각 호의 경우에는 조합원이 아닌 자도 사업을 이용할 수 있다.

1. 조합이 재고로 보유하고 있는 물품으로서 부패 또는 변질의 우려가 있어 즉시 유통되지 아니하면 제품의 품질을 유지하기 어려운 물품을 처리하기 위한 경우

2. 조합원으로 가입하도록 홍보하기 위하여 견본품을 유상 또는 무상으로 공급하는 경우. 다만, 조합이「사회서비스 이용 및 이용권 관리에 관한 법률」제2조제4호에 따른 사회서비스 제공자인 경우는 제외한다.

3. 공공기관·사회단체 등이 공익을 목적으로 주최하는 행사에 참여하는 경우

4. 조합이 정부, 지방자치단체 및 「공공기관 운영에 관한 법률」제4조에 따른 공공기관과 공동으로 추진하는 사업에서 일반 국민이 해당 사업의 목적에 따라 사업을 이용하는 경우

5. 다른 법령에서 조합원이 아닌 자에게 의무적으로 물품을 공급하게 하거나 용역을 제공하도록 규정하는 경우

6. 천재지변이나 그 밖에 이와 유사한 긴급한 상황일 때 공중(公衆)에게 생활필수품 또는 용역을 공급하는 경우

7. 학교를 사업구역으로 하는 조합이 그 사업구역에 속하는 학생·교직원 및 학교 방문자를 상대로 물품을 공급하거나 용역을 제공하는 경우

8. 조합(「사회서비스 이용 및 이용권 관리에 관한 법률」제2조제4호에 따른 사회서비스 제공자에 해당하는 협동조합은 제외한다)이 가입을 홍보하기 위하여 시·도지사에게 신고하는 기간(이하 이 호에서 '홍보기간'이라 하며, 그 기간은 1년에 3개월을 넘지 못한다) 동안 전년도 총공급고(總供給高)의 100분의 5 범위에서 물품을 유상 또는 무상으로 공급하는 경우. 다만, 조합이 설립신고필증을 받은 날부터 1년(단위매장의 경우에는 매장 개장일부터 1년) 동안은 홍보기간이 6개월을 넘지 아니하는 범위에서 총공급고에 대한 제한 없이 물품을 유상 또는 무상으로 공급할 수 있다.

9. 조합원과 같은 가구에 속하는 자가 조합의 사업을 이용하는 경우

(비고) 조합은 조합의 종류에 따라 해당성이 있는 조항을 선택·명시하여야 한다.
<직원협동조합 정관례> 제56조를 다음과 같이 규정한다.

제56조(사업의 이용) 조합은 조합원이 아닌 자를 직원으로 고용해서는 아니 된다. 다만, 다음 각 호의 경우에는 조합원이 아닌 자를 고용할 수 있다.

1. 전체 직원의 3분의 1을 넘지 아니하는 범위에서 조합원이 아닌 자를 고용하는 경우
2. 조합이 정부, 지방자치단체 및「공공기관의 운영에 관한 법률」제4조에 따른 공공기관과 공동으로 추진하는 사업에서 일반 국민을 해당 사업의 목적에 따라 고용하는 경우

(비고) 직원협동조합의 경우 사업의 이용은 다른 협동조합과 달리 직원을 고용하는 것을 말한다.

제57조(사업계획과 수지예산) ① 이사회는 매 회계연도 경과 후 3개월 이내에 해당 연도의 사업계획을 수립하고 동 계획의 집행에 필요한 수지예산을 편성하여 총회의 의결을 받아야 한다.

② 제1항에 따른 사업계획과 예산이 총회에서 확정될 때까지는 전년도 예산에 준하여 가예산을 편성하여 집행할 수 있다. 이 경우 총회의 사후 승인을 받아야 한다.

③ 이사회가 총회에서 확정된 사업계획과 예산을 변경한 때에는 차기 총회에서 사후 변경 승인을 받아야 한다.

제58조(회계연도등) ① 조합의 회계연도는 매년 ○월 ○일부터 ○월 ○일까지로 한다.

② 조합의 회계는 일반회계와 특별회계로 구분하되, 당해 조합의 주 사업은 일반회계로 하고 그 외의 사업은 특별회계로 한다.

(비고) 각 회계별 사업구분을 정하여 정관에 규정한다.

(■)**제59조(특별회계의 설치)** 특별회계는 조합의 주 사업외의 특정사업을 운영할 때, 특정자금을 보유하여 운영할 때, 기타 일반회계와 구분 경리할 필요가 있을 때 설치한다.

제60조(운영의 공개) ① 이사장은 결산결과의 공고 등 운영사항을 적극 공개하여야 한다.

② 이사장은 정관·규약·규정과 총회·이사회의 의사록, 회계장부 및 조합원 명부를 주된 사무소에 비치하여야 한다.

③ 결산보고서는 정기총회 7일 전까지 주된 사무소에 비치하여야 한다.

④ 조합원과 조합의 채권자는 이사장에게 제2항 및 제3항의 서류의 열람 또는 그 사본을 청구할 수 있다.

(비고) 조합은 조합원의 개인정보보호 등 정당한 사유로 서류의 사본청구를 제한하는 규정을 둘 수 있다.

⑤ 이사장은 제4항의 청구가 있을 때에는 정당한 이유 없이 이를 거부하지 못한다.

⑥ 이사장은 결산일로부터 3개월 이내에 설립신고를 한 ○○특별시·광역시·특별자치시·

도·특별자치도 또는 협동조합연합회의 홈페이지에 다음 각 호의 자료를 게재하여야 한다.

1. 정관, 규약, 규정
2. 사업계획서
3. 결산서
4. 조합원·직원 등에 대한 교육·홍보 실적
5. 총회, 대의원총회, 이사회의 활동 상황

(비고) 조합원수가 200인 이상인 협동조합이거나 정기총회의 승인을 받은 직전 사업연도의 결산보고서에 적힌 자기자본이 30억원 이상인 협동조합은 제6항의 자료를 게재하여야 함

제61조(법정적립금) ① 조합은 매 회계년도 결산의 결과 잉여금이 있는 때에는 자기자본의 3배가 될 때까지 잉여금의 100분의 10 이상을 적립하여야 한다.

(비고) 잉여금의 최저비율은 100분의 10으로 되어 있으나, 정관에서 그 이상으로 정할 수 있다.

② 제1항의 법정적립금은 손실금의 보전에 충당하거나 해산하는 경우 외에는 사용하여서는 아니 된다.

제62조(임의적립금) ① 조합은 매 회계연도의 잉여금에서 제61조에 따른 법정적립금을 빼고 나머지가 있을 때에는 총회에서 결정하는 바에 따라 매 회계연도 잉여금의 ○○분의 ○이상을 임의적립금으로 적립할 수 있다.

② 임의적립금은 총회에서 결정하는 바에 따라 사업준비금, 사업개발비, 교육 등 특수목적을 위하여 지출할 수 있다.

제63조(손실금의 보전) 조합은 매 회계연도의 결산 결과 손실금(당기손실금을 말한다)이 발생하면 미처분이월금, 임의적립금, 법정적립금 순으로 이를 보전하고, 보전 후에도 부족이 있을 때에는 이를 다음 회계연도에 이월한다.

제64조(잉여금의 배당 및 이월) ① 조합은 제63조에 따른 손실금의 보전과 제61조 및 제62조의 법정적립금 및 임의적립금 등을 적립한 후에 잔여가 있을 때에는 총회의 결의로 조합원에게 잉여금을 배당할 수 있다.

② 제1항의 배당시 조합원별 배당금의 계산은 조합사업의 이용실적 또는 조합원이 납입한 출자액의 비율에 따라 이를 행한다. 이 경우 잉여배당금은 다음 각 호의 원칙을 준수하여야 한다.

1. 이용실적에 대한 배당은 전체 배당액의 100분의 50 이상이어야 한다.
2. 납입출자액에 대한 배당은 납입출자금의 100분의 10을 초과하여서는 아니 된다.

(비고) 이용실적 또는 조합원이 납입한 출자액 비율 이외에 인적배당 등 배당금 지급기준을 추가로 규정할 수 있다.

③ 잉여금배당의 방법, 절차 등은 규약으로 정한다.

④ 조합은 제63조에 따른 보전과 제61조 및 제62조에 따른 적립금 적립 및 제1항에 따른 배당을 실시한 후에 잔여가 있을 때에는 총회의 결의로 잉여금을 다음 회계연도에 이월할 수 있다.

제65조(**출자금액의 감소의결**) ① 조합은 부득이한 사유가 있을 때에는 조합원의 신청에 의하여 출자좌수를 감소할 수 있다.

② 조합은 출자 1좌의 금액 또는 출자좌수의 감소(이하 "출자감소"라 한다)를 총회에서 의결한 경우에는 그 의결을 한 날부터 14일 이내에 재무상태표를 작성한다.

③ 조합은 제1항에 따른 의결을 한 날부터 14일 이내에 채권자에 대하여 이의가 있으면 조합의 주된 사무소에 이를 서면으로 진술하라는 취지를 공고하고, 이미 알고 있는 채권자에게는 개별적으로 최고하여야 한다.

④ 제3항에 따른 이의신청 기간은 30일 이상으로 한다.

⑤ 그 밖의 출자좌수의 감소 절차와 방법에 관하여는 별도의 규약으로 정할 수 있다.

제66조(**출자감소 의결에 대한 채권자의 이의**) ① 채권자가 제65조의 이의신청 기간에 출자감소에 관한 의결에 대하여 이의를 신청하지 아니하면 출자 1좌 금액의 감소를 승인한 것으로 본다.

② 채권자가 이의를 신청하면 조합은 채무를 변제하거나 상당한 담보를 제공하여야 한다.

제67조(**결산등**) ① 조합은 정기총회일 7일 전까지 결산보고서(사업보고서, 재무상태표, 포괄손익계산서, 잉여금처분안 또는 손실금처리안 등을 말한다)를 감사에게 제출하여야 한다.

② 조합은 제1항에 따른 결산보고서와 감사의 의견서를 정기총회에 제출하여 승인을 받아야 한다.

제68조(**합병과 분할**) ① 조합은 합병계약서 또는 분할계획서를 작성한 후 총회의 의결을 얻어 합병 또는 분할할 수 있다.

② 합병 또는 분할로 인하여 존속 또는 새로 설립되는 조합은 합병 또는 분할로 인하여 소멸되는 조합의 권리·의무를 승계한다.

제69조(**해산**) ① 조합은 다음 각 호의 어느 하나에 해당하는 사유가 발생하였을 때에는 해산하고 해산절차는 민법 등 관련 법령에 의한다.

1. 총회의 의결
2. 합병·분할 또는 파산

(비고) 필요한 해산사유를 정관으로 정한다.

② 이사장은 조합이 해산한 때에는 지체 없이 조합원에게 통지하고 공고하여야 한다.

제70조(청산인) ① 조합이 해산한 때에는 파산으로 인한 경우를 제외하고는 이사장이 청산인이 된다. 다만, 총회에서 다른 사람을 청산인으로 선임하였을 경우에는 그에 따른다.

② 청산인은 취임 후 지체 없이 재산상태를 조사하고 재산목록과 재무상태표를 작성하여 재산처분의 방법을 정하여 총회의 승인을 얻어야 한다.

③ 청산사무가 종결된 때에는 청산인은 지체 없이 결산보고서를 작성하여 총회의 승인을 얻어야 한다.

④ 제2항 및 제3항의 경우에 총회를 2회 이상 소집하여도 총회가 구성되지 아니할 때에는 출석 조합원 3분의 2 이상의 찬성이 있으면 총회의 승인이 있은 것으로 본다.

제71조(청산 잔여재산의 처리) ① 조합이 해산 후 채무를 변제하고 청산잔여재산이 있을 때에는 출자좌수의 비율에 따라 총회가 정한 산정방법에 의하여 이를 조합원에게 분배한다.

② 조합의 청산잔여재산은 총회에서 정하는 바에 따라 이 조합과 유사한 목적을 가진 비영리법인에 증여할 수 있다.

부 칙

이 정관은 ○○○시·도지사의 신고서류 수리가 완료된 날부터 시행한다.

3. 사회적협동조합 표준정관례

■는 선택기재 조항, 나머지는 필수기재 조항

제1조(설립과 명칭) 이 조합은 협동조합기본법에 의하여 설립하며, ○○사회적협동조합이라 한다.

제2조(목적) ○○협동조합(이하 '조합'이라 한다)은 자주적·자립적·자치적인 협동조합 활동을 통하여 구성원의 복리증진과 상부상조 및 국민경제의 균형 있는 발전에 기여하기 위하여 둘 이상 유형의 조합원들이 모여 조합원의 경영 개선 및 생활 향상과 지역사회 발전을 목적으로 한다.

<보건의료사회적협동조합 정관례> 제2조를 다음과 같이 규정한다.

제2조(목적) ○○보건의료사회적협동조합(이하 '조합'이라 한다)은 자주적·자립적·자치적인 협동조합 활동을 통하여 구성원의 복리증진과 상부상조 및 국민경제의 균형 있는 발전에 기여하기 위하여 2명 이상의 서로 다른 이해관계자들이 모여 구성원의 건강증진 및 사회복지 향상과 지역사회 발전을 목적으로 한다.

제3조(조합의 책무) ① 조합은 조합원 등의 권익 증진을 위하여 교육·훈련 및 정보 제공 등의 활동을 적극적으로 수행한다.

② 조합은 다른 협동조합, 다른 법률에 따른 협동조합, 외국의 협동조합 및 관련 국제기구 등과의 상호 협력, 이해 증진 및 공동사업 개발 등을 위하여 노력한다.

제4조(사무소의 소재지) 조합의 주된 사무소는 ○○시·도 ○○시·군·구 ○○읍·면·동 ○○리에 두며, 규정에 따라 필요한 곳에 지사무소를 둘 수 있다.

제5조(공고방법) ① 조합의 공고는 주된 사무소의 게시판(지사무소의 게시판을 포함한다)에 게시하고, 필요하다고 인정하는 때에는 ○○특별시·광역시·특별자치시·도·특별자치도에서 발간되는 일간신문 또는 중앙일간지에 게재할 수 있다.

② 제1항의 공고기간은 7일 이상으로 하며, 조합원의 이해에 중대한 영향을 미칠 수 있는 내용에 대하여는 공고와 함께 서면으로 조합원에게 통지하여야 한다.

(■)제6조(통지 및 최고방법) 조합원에 대한 통지 및 최고는 조합원명부에 기재된 주소지로 하고, 통지 및 최고기간은 7일 이상으로 한다. 다만, 조합원이 따로 연락받을 연락처를 지정하였을 때에는 그곳으로 한다.

제7조(공직선거 관여 금지) ① 조합은 공직선거에 있어서 특정 정당을 지지·반대하거나 특정인을 당선되도록 하거나 당선되지 아니하도록 하는 일체의 행위를 하여서는 아니 된다.

② 누구든지 조합을 이용하여 제1항에 따른 행위를 하여서는 아니 된다.

제8조(규약 또는 규정) 조합의 운영 및 사업실시에 관하여 필요한 사항으로서 이 정관으로 정한 것을 제외하고는 규약 또는 규정으로 정할 수 있다.

제9조(조합원의 자격 및 유형) ① 조합의 설립목적에 동의하고 조합원으로서의 의무를 다하고자 하는 자는 조합원이 될 수 있다.

② 조합원의 유형은 다음 각 호와 같다.

1. 생산자조합원: 조합의 생산활동 등에 함께 참여하는 자
2. 소비자조합원: 조합의 재화나 서비스를 이용하는 자
3. 직원조합원: 조합에 고용된 자
4. 자원봉사자조합원: 조합에 무상으로 필요한 서비스 등을 제공하는 자
5. 후원자조합원: 조합에 필요한 물품 등을 기부하거나 자금 등을 후원하는 자

(비고) 위 5가지 중 2 이상의 다양한 유형의 조합원으로 구성되어야 한다.

<보건의료사회적협동조합 정관례> 제9조를 다음과 같이 규정한다.

제9조(조합원의 자격 및 유형) ① 조합의 설립목적에 동의하고 조합원으로서의 의무를 다하고자 하는 자는 조합원이 될 수 있다.

② 조합원의 유형은 다음 각 호와 같다.

1. 소비자조합원: 조합이 제공하는 보건의료서비스를 이용하는 자
2. 직원조합원: 조합에 고용된 자.
3. 자원봉사자조합원: 조합에 무상으로 필요한 서비스 등을 제공하는 자
4. 후원자조합원: 조합에 필요한 물품 등을 기부하거나 자금 등을 후원하는 자

제10조(조합원의 가입) ① 조합원의 자격을 가진 자가 조합에 가입하고자 할 때에는 가입신청서를 제출하여야 한다.

② 조합은 제1항에 따른 신청서가 접수되면 신청인의 자격을 확인하고 가입의 가부를 결정하여 신청서를 접수한 날부터 2주 이내에 신청인에게 서면 또는 전화 등의 방법으로 통지하여야 한다.

③ 제2항의 규정에 따라 가입의 통지를 받은 자는 조합에 가입할 자격을 가지며 납입하기로 한 출자좌수에 대한 금액 중 제1회의 금액을 지정한 기일 내에 조합에 납부함으로써 조합원이 된다.

<보건의료사회적협동조합 정관례> 제10조제3항을 다음과 같이 규정한다.

③ 제2항의 규정에 따라 가입의 통지를 받은 자는 조합에 가입할 자격을 가지며 납입하기로 한 출자좌수에 대한 금액을 지정한 기일 내에 조합에 납부함으로써 조합원이 된다.

(비고) 보건의료사회적협동조합은 출자금 분납불가

④ 조합은 정당한 사유없이 조합원의 자격을 갖추고 있는 자에 대하여 가입을 거절하거나 가입에 관하여 다른 조합원보다 불리한 조건을 붙일 수 없다.

(비고) 협동조합의 설립 목적 및 특성에 부합되는 자로 조합원의 자격을 정관으로 제한할 수 있다.

(■)**제11조(조합원의 고지의무)** 조합원은 제10조제1항에 따라 제출한 가입신청서의 기재사항에 변경이 있을 때 또는 조합원의 자격을 상실하였을 때에는 지체 없이 조합에 이를 고지하여야 한다.

제12조(조합원의 책임) 조합원의 책임은 납입한 출자액을 한도로 한다.

제13조(탈퇴) ① 조합원은 예고하고 조합을 탈퇴할 수 있다.

② 조합원은 다음 각 호의 어느 하나에 해당하는 때에는 당연히 탈퇴된다.

1. 조합원 지위의 양도 등 조합원으로서의 자격을 상실한 경우
2. 사망한 경우
3. 파산한 경우
4. 금치산선고를 받은 경우
5. 조합원인 법인이 해산한 경우

(비고) 그 밖에 필요에 따라 제13조제2항의 사유를 정관에 정할 수 있다.

제14조(제명) ① 조합은 조합원이 다음 각 호의 어느 하나에 해당하면 총회의 의결을 얻어 제명할 수 있다.

1. ○년 이상 계속해서 조합의 시설 또는 사업을 이용하지 아니한 경우
2. 출자금 및 경비의 납입 등 조합에 대한 의무를 이행하지 아니한 경우
3. 조합의 목직사입과 관련된 법령·행정처분·정관 및 규정을 위반한 경우
4. 고의 또는 중대한 과실로 조합의 사업을 방해하거나 신용을 상실하게 하는 행위를 한 경우

(비고) 조합의 성질을 고려하여 그 밖에 제명 사유를 추가하여 정할 수 있다.

② 조합은 제1항에 따라 조합원을 제명하고자 할 때에는 총회 개최 10일 전에 그 조합원에게 제명의 사유를 알리고 총회에서 의견을 진술할 기회를 주어야 한다.

③ 제2항에 따른 의견진술의 기회를 주지 아니하고 행한 총회의 제명 의결은 해당 조합원에게 효력이 없다.

④ 조합은 제명결의가 있었을 때에 제명된 조합원에게 제명이유를 서면으로 통지하여야 한다.

제15조(탈퇴·제명조합원의 지분환급청구권) ① 조합을 탈퇴하거나 조합으로부터 제명된 조합원은 다음 각 호의 정하는 바에 따라 지분의 환급을 청구할 수 있다.

1. 제13조의 규정에 의한 탈퇴의 경우에는 탈퇴조합원의 출자금에 해당하는 금액

2. 제14조 제1항의 1호 및 2호의 규정에 의한 제명의 경우에는 제명조합원의 출자금에 해당하는 금액

② 제1항의 지분은 제명 또는 탈퇴한 회계연도 말의 조합의 자산과 부채에 따라 정한다.

③ 조합은 탈퇴 조합원이 조합에 대한 채무를 다 갚을 때까지는 제1항에 따른 지분의 환급을 정지할 수 있다.

④ 조합은 탈퇴하거나 제명된 조합원이 조합에 대하여 채무가 있을 때에는 제1항에 따른 환급금과 상계할 수 있다.

⑤ 제1항에 따른 청구권은 탈퇴하거나 제명된 날부터 2년간 행사하지 아니하면 소멸된다.

⑥ 제1항에 따른 청구권은 탈퇴하거나 제명된 당시의 회계연도의 다음 회계연도부터 청구할 수 있다. 다만, 이사회의 승인이 있을 경우 탈퇴 또는 제명 당시에 바로 지급할 수 있다.

제16조(탈퇴조합원의 손실액 부담) ① 탈퇴한 조합원의 지분 환급분을 계산할 때 이 조합의 재산으로 그 채무를 다 갚을 수 없는 경우에는 탈퇴한 조합원은 납입의무를 이행하지 아니한 출자액의 범위에서 그가 부담하여야 할 손실액을 납입한다.

② 제1항에 따른 손실액의 납입 청구에 관하여는 제15조제5항을 준용한다.

제17조(출자) ① 조합원은 1좌 이상의 출자를 하여야 하며 출자 1좌의 금액은 ○○○원으로 한다.

② 한 조합원의 출자좌수는 총 출자좌수의 100분의 30을 넘어서는 아니 된다.

③ 출자금은 일시에 납입한다. 다만, 불가피할 경우에는 2회로 나누어 납입할 수 있다.

④ 제3항 단서의 경우 출자 제1회의 납입금액은 출자금액의 2분의 1로 하고, 제2회 납입일자는 제1회 출자납입일로부터 6개월 이내로 한다.

⑤ 조합에 납입할 출자금은 조합에 대한 채권과 상계하지 못한다.

⑥ 출자는 현물로도 할 수 있고, 현물출자의 경우 규약이 정하는 바에 따라 출자액을 계산한다. 이 경우 현물출자자는 출자의 납입기일에 출자의 목적인 재산의 전부를 조합 또는 조합에서 지정한 장소에 납입하여야 한다.

<보건의료사회적협동조합 정관례> 제17조를 다음과 같이 규정한다.

제17조(출자) ① 조합원은 1좌 이상의 출자를 하여야 하고, 출자 1좌의 금액은 ○○○원으로 하며, 조합원 1인당 최저출자금은 5만원 이상이어야 한다. 다만, 다음 각 호에 해당하는 자는 제외한다.

1.「의료급여법」제3조에 따른 수급권자

2.「장애인고용촉진 및 직업재활법」제2조제1호에 따른 장애인

3.「한부모가족지원법」제5조 및 제5조의2에 따른 보호대상자

4.「재한외국인 처우 기본법」제2조제3호에 따른 결혼이민자
5. 보건복지부장관이 정하여 고시하는 희귀난치성질환을 가진 자
6. 조합원과 같은 가구에 속하는 자

② 한 조합원의 최고출자금은 출자금 납입총액의 10퍼센트 이내여야 한다. 다만, 2인 이상의 조합원이 6촌 이내의 혈족, 4촌 이내의 인척, 배우자(사실상의 혼인관계에 있는 자 포함)일 경우에는 그 2인 이상의 조합원 출자금 총액이 총 출자금 납입총액의 10퍼센트 이내여야 한다.

③ 조합에 납입할 출자금은 조합에 대한 채권과 상계하지 못한다.

④ 출자는 현물로도 할 수 있고, 현물출자의 경우 규약이 정하는 바에 따라 출자액을 계산한다. 이 경우 현물출자자는 출자의 납입기일에 출자의 목적인 재산의 전부를 조합 또는 조합에서 지정한 장소에 납입하여야 한다.

⑤ 출자금 납입총액이 1억원 이상이면서 총자산 대비 100분의 50 이상이어야 한다.

(비고) 인가관청의 승인을 받은 경우 총자산 대비 출자금 납입총액의 비율을 100분의 50 미만으로 할 수 있다.

(■)제18조(출자증서 등의 교부) ① 조합의 이사장은 조합원이 제17조의 규정에 의하여 최초 출자금을 납입한 때 및 조합원이 요구할 때에는 다음 각 호의 사항을 적은 출자증서 또는 출자를 확인할 수 있는 증표에 기명날인하여 조합원에게 발급하여야 한다.

1. 조합의 명칭
2. 조합원의 성명 또는 명칭
3. 조합 가입 연월일
4. 출자금의 납입 연월일
5. 출자금액 또는 출자좌수
6. 발행 연월일

② 조합의 이사장은 매년 정기총회 7일 전까지 조합원의 출자금액 변동상황을 조합원에게 알려주어야 한다. 이 경우 우편, 전자메일, 팩시밀리, 휴대폰 문자 등을 이용하여 통지할 수 있다.

제19조(지분등의 양도와 취득금지) ① 조합원 지위의 양도 또는 조합원 지분의 양도는 총회의 의결을 받아야 한다.

② 조합원이 아닌 자가 지분을 양수하려고 할 때에는 가입의 예에 따라야 한다.

③ 지분의 양수인은 그 지분에 관하여 양도인의 권리의무를 승계한다.

④ 조합원은 지분을 공유하지 못한다.

⑤ 조합은 조합원의 출자지분을 취득하거나 이를 질권의 목적으로 하여서는 아니 된다.

(■)제20조(**경비의 부과 및 징수**) ① 조합은 조합의 사업 및 그 사업에 부대하는 사업에 필요한 경비를 충당하기 위하여 조합원에게 경비를 부과 및 징수할 수 있다.

(비고) 조합이 경비를 징수하는 경우에는 그 명목을 구체적으로 명시하여야 한다.

② 제1항에 따른 경비의 부과금액, 부과방법, 징수시기와 징수방법은 이사회에서 정한다.

③ 조합원은 제1항에 따른 경비를 납입할 때 조합에 대한 채권과 상계할 수 없다.

④ 제2항의 부과금에 있어서 조합원에 대한 부과금액의 산정기준 사항에 변경이 있어도 이미 부과한 금액은 변경하지 못한다.

(■)제21조(**사용료 및 수수료**) ① 이 조합은 조합의 사업을 이용하는 자에 대하여 사용료나 수수료를 부과할 수 있다.

② 이 조합이 계약을 체결함에 있어 계약당사자의 위임에 따라 운송·보관 그 밖의 행위를 대행하는 경우에는 이 조합은 그 대행에 필요한 부대비를 징수한다.

③ 제1항에 따른 조합원의 사용료나 수수료 납입을 조합에 대한 채권과 상계할 수 없다.

④ 제1항의 부과에 관한 사항은 규약으로 정한다.

(■)제22조(**과태금**) ① 조합은 조합원이 출자금 또는 경비 등의 납입의무를 그 기한까지 이행하지 아니하는 경우에는 과태금을 징수할 수 있다.

(비고) 조합이 징수할 수 있는 과태금의 명목을 구체적으로 명시하여야 한다.

② 조합원은 제1항에 따른 과태금을 조합에 대한 채권과 상계할 수 없다.

③ 과태금의 금액 및 징수방법은 규약으로 정한다.

제23조(**총회**) ① 조합은 총회를 둔다.

② 총회는 정기총회와 임시총회로 구분한다.

③ 총회는 이사장과 조합원으로 구성하며, 이사장이 그 의장이 된다.

제24조(**대의원총회**) ① 조합원의 수가 200인을 초과하는 경우 총회에 갈음할 대의원 총회를 둘 수 있다.

<보건의료사회적협동조합 정관례> 제24조제1항을 다음과 같이 규정한다.

① 조합은 총회에 갈음할 대의원 총회를 둘 수 있다.

② 대의원은 조합원 중에서 제9조제2항의 조합원 유형에 따라 각각 선출한다. 다만, 선출할 대의원 수는 이사회에서 정한다.

(비고) 대의원은 조합원 유형에 따라 2 이상의 유형으로 구성하여야 한다.

③ 대의원의 의결권 및 선거권은 대리인으로 하여금 행사하게 할 수 없다.

④ 대의원의 정수는 oo명이상으로 하며 임기는 ○년으로 한다.

(비고) 대의원의 정수는 50명 이상으로 하며, 임기는 4년 이내로 하여야 한다.

⑤ 결원으로 인하여 선출된 대의원의 임기는 전임자 임기의 남은 기간으로 한다.

⑥ 대의원은 조합원의 선거를 통하여 선출하며, 선거방법에 관한 사항은 선거관리규약으로 정한다.

⑦ 대의원총회에 관하여는 총회에 관한 사항을 준용하며, 이 경우 "조합원"은 "대의원"으로 본다.

⑧ 대의원총회는 조합의 합병, 분할 및 해산에 관한 사항은 의결할 수 없다.

(■)제25조(대의원의 의무 및 자격상실) ① 대의원은 성실히 대의원회에 출석하고, 그 의결에 참여하여야 한다.

② 대의원회는 대의원이 다음 각 호의 어느 하나에 해당하는 행위를 할 때에는 그 의결로 대의원자격을 상실하게 할 수 있다. 이 경우 해당 대의원에게 서면으로 자격상실 이유를 의결일 7일 전까지 통지하고, 총회 또는 대의원회에서 의견을 진술할 기회를 주어야 한다.

1. 대의원총회 소집통지서를 받고 정당한 사유 없이 계속하여 3회 이상 출석하지 아니하거나 대의원총회에 출석하여 같은 안건에 대한 의결에 2회 이상 참가하지 아니한 경우
2. 부정한 방법으로 대의원총회의 의사를 방해한 경우
3. 고의 또는 중대한 과실로 이 조합의 명예 또는 신용을 훼손시킨 경우

제26조(선거운동의 제한) ① 누구든지 자기 또는 특정인을 조합의 임원 또는 대의원으로 당선되도록 하거나 당선되지 아니하도록 할 목적으로 다음 각 호의 어느 하나에 해당하는 행위를 할 수 없다.

1. 조합원(협동조합에 가입신청을 한 자를 포함한다. 이하 이 조에서 같다)이나 그 가족 또는 조합원이나 그 가족이 설립·운영하고 있는 기관·단체·시설에 대한 다음 각 목의 어느 하나에 해당하는 행위
   가. 금전·물품·향응이나 그 밖의 재산상의 이익을 제공하는 행위
   나. 공사의 직을 제공하는 행위
   다. 금전·물품·향응, 그 밖의 재산상의 이익이나 공사의 직을 제공하겠다는 의사표시 또는 그 제공을 약속하는 행위
2. 후보자가 되지 못하도록 하거나 후보자를 사퇴하게 할 목적으로 후보자가 되려는 사람이나 후보자에게 제1호 각 목에 규정된 행위를 하는 행위
3. 제1호 또는 제2호의 이익이나 직을 제공받거나 그 제공의 의사표시를 승낙하는 행위 또는 그 제공을 요구하거나 알선하는 행위

② 임원 또는 대의원이 되려는 사람은 후보자등록마감일의 다음날부터 선거일 전일까지의 선거운동기간을 제외하고는 선거운동을 위하여 조합원을 호별로 방문하거나 특정 장소에 모이게 할 수 없다.

③ 누구든지 협동조합의 임원 또는 대의원 선거와 관련하여 연설·벽보, 그 밖의 방법으로 거짓의 사실을 공표하거나 공연히 사실을 적시하여 후보자를 비방할 수 없다.

④ 누구든지 임원 또는 대의원 선거와 관련하여 다음 각 호의 방법 이외의 선거운동을 할 수 없다.

1. 선전 벽보의 부착
2. 선거 공보의 배부
3. 소형 인쇄물의 배부
4. 합동 연설회 또는 공개 토론회의 개최
5. 전화·컴퓨터통신을 이용한 지지 호소

第27조(**선거관리위원회의 구성·운영**) ① 조합의 임원 및 대의원 선거사무를 공정하게 관리하기 위하여 본 조합에 선거관리위원회(이하 "위원회"라 한다)를 둘 수 있다.

② 위원회는 조합원(대의원을 포함한다)중에서 이사회의 의결을 거쳐 이사장이 위촉하는 ○명 이내의 위원으로 구성한다. 이 경우 당해 선거에 임원으로 후보등록한 자는 위원이 될 수 없다.

③ 위원회는 다음 각 호의 사무를 관장한다.

1. 후보자의 자격심사
2. 선거인 명부의 확정
3. 후보자 추천의 유·무효 판정
4. 선거공보의 작성과 선거운동방법 결정 및 계도
5. 선거관리, 투표관리 및 개표관리
6. 투표의 유·무효의 이의에 대한 판정
7. 선거관련 분쟁의 조정
8. 선거운동 제한규정 위반여부 심사 및 조치
9. 당선인의 확정
10. 그 밖에 선거에 필요한 사항

④ 그 밖에 위원회의 구성·운영 등에 관하여 필요한 사항은 선거관리규약으로 정한다.

第28조(**정기총회**) 정기총회는 매년 1회 회계연도 종료 후 3개월 이내에 이사장이 소집한다.

第29조(**임시총회**) ① 임시총회는 다음 각 호의 어느 하나에 해당하는 경우에 이사장이 소집한다.

1. 이사장 및 이사회가 필요하다고 인정할 때
2. 조합원이 조합원 5분의 1 이상의 동의를 받아 소집의 목적과 이유를 적은 서면을 제출하여 이사장에게 소집을 청구한 때
3. 감사가 조합의 재산상황이나 업무집행에 부정한 사실이 있는 것을 발견하고 그 내용을 총회에 신속히 보고할 필요가 있다고 인정하여 이사장에게 소집을 청구한 때

② 이사장은 제1항 제2호(제48조 규정에 따른 해임 요구를 포함한다) 및 제3호의 청구를 받으면 정당한 사유가 없는 한 2주 이내에 소집절차를 밟아야 한다.

③ 제1항 제2호 및 제3호의 규정에 의하여 총회의 소집을 청구하였으나 총회를 소집할 자가 없거나 그 청구가 있은 날부터 2주 이내에 이사장이 총회의 소집절차를 밟지 아니한 때에는 감사가 7일 이내에 소집절차를 밟아야 한다. 이 경우 감사가 의장의 직무를 수행한다.

④ 감사가 제3항의 기한 이내에 총회의 소집절차를 밟지 아니하거나 소집할 수 없는 경우에는 제1항 제2호의 규정에 의하여 총회의 소집을 청구한 조합원의 대표가 이를 소집한다. 이 경우 조합원의 대표가 의장의 직무를 수행한다.

제30조(**총회의 소집절차**) ① 이사장은 총회 개최 7일 전까지 회의목적·안건·일시 및 장소를 정하여 우편 또는 전자메일 등으로 각 조합원에게 통지하여야 한다.

② 이사장이 궐위 또는 부득이한 사유로 총회를 소집할 수 없는 때에는 제50조에서 정하고 있는 순으로 이를 소집한다.

제31조(**총회의 의결사항**) 다음 각 호의 사항은 총회의 의결을 얻어야 한다.

1. 정관의 변경
2. 규약의 제정과 변경 또는 폐지
3. 임원의 선출과 해임
4. 사업계획 및 예산의 승인
5. 재무상태표, 수지계산서, 결산보고서의 승인과 잉여금의 처분 및 손실금의 처리
6. 감사보고서의 승인
7. 조합의 합병, 분할, 해산 또는 휴업
8. 조합원의 제명
9. 그 밖에 이사장 또는 이사회가 필요하다고 인정하는 사항

<보건의료사회적협동조합 정관례> 제31조제10항을 다음과 같이 추가한다.

10. 차입금의 최고한도 결정

(비고) 조합은 법령에 반하지 않는 범위에서 총회의결사항을 추가적으로 규정할 수 있다.

제32조(총회의 의사) ① 총회의 의사는 법령상 다른 규정이 있는 경우를 제외하고는 총 조합원 과반수의 출석으로 개회하고 출석조합원 과반수의 찬성으로 의결한다.

② 제1항의 규정에 의한 총회의 개의 정족수 미달로 총회가 유회된 때에는 이사장은 20일 이내에 다시 총회를 소집하여야 한다.

③ 총회는 제30조에 따라 미리 통지한 사항에 한하여 의결할 수 있다. 다만, 긴급을 요하여 총 조합원의 3분의 2이상의 출석과 출석조합원 3분의 2 이상의 찬성이 있는 때에는 그러하지 아니하다.

④ 총회에서 조합과 조합원간의 이익이 상반되는 사항에 대하여 의결을 행할 때에는 해당 조합원은 의결에 참가하지 못한다.

제33조(합병·분할 및 해산등의 의결) 다음 각 호의 사항은 조합원 과반수의 출석과 출석조합원 3분의 2 이상의 찬성으로 의결한다.

1. 정관의 변경
2. 조합의 합병·분할·해산 또는 휴업
3. 조합원의 제명

제34조(의결권 및 선거권) ① 조합원은 출자좌수에 관계없이 각각 1개의 의결권과 선거권을 갖는다.

② 조합원은 대리인으로 하여금 의결권 및 선거권을 행사하게 할 수 있다. 이 경우 그 조합원은 출석한 것으로 본다.

③ 제35조의 자격을 갖춘 대리인이 의결권 또는 선거권을 행사할 때에는 대리권을 증명하는 서면을 의결권 또는 선거권을 행사하기 전에 조합이 정하는 양식에 따라 미리 조합에 제출하여야 한다.

제35조(대리인이 될 자격) 전조 제2항에 따른 대리인은 다른 조합원 또는 본인과 동거하는 가족(조합원의 배우자, 조합원 또는 그 배우자의 직계 존속·비속과 형제자매, 조합원의 직계 존속·비속 및 형제자매의 배우자를 말한다. 이하 같다)이어야 하며, 대리인이 대리할 수 있는 조합원의 수는 1인에 한한다.

제36조(총회의 의사록) ① 총회의 의사에 관하여 의사록을 작성하여야 한다.

② 의사록에는 의사의 진행 상황과 그 결과를 적고 의장과 총회에서 선출한 조합원 3인 이상이 기명날인하거나 서명하여야 한다.

(■)제37조(총회의 운영규약) 정관에 규정하는 외에 총회의 운영에 관하여 필요한 사항은 총회운영규약으로 정한다.

(■)제38조(총회의 회기연장) ① 총회의 회기는 총회의 결의에 의하여 연장할 수 있다.

② 제1항의 규정에 의하여 속행된 총회는 제30조제1항의 규정을 적용하지 아니한다.

제39조(이사회) ① 조합에 이사회를 두고, 이사회는 조합의 업무집행을 결정한다.

② 이사회는 이사로서 구성하고 이사장 1인 외 부이사장, 전무이사, 상무이사 등을 둘 수 있다.

(비고) 이사의 종류 및 명칭은 필요에 따라 달리 정할 수 있다.

③ 이사장은 이사회를 소집하고 그 의장이 된다.

④ 이사회의 소집은 회의일 7일전까지 회의의 목적사항, 일시 및 장소를 기재한 서면을 각 이사에게 통지하여야 한다. 다만 긴급을 요하여 이사회 구성원 과반수의 동의가 있을 때에는 소집절차를 생략할 수 있다.

⑤ 이사 3분의 1 이상 또는 감사 전원이 회의목적 사항과 회의 소집이유를 기재한 서류를 제출하고 이사회의 소집을 요구할 수 있다.

⑥ 이사장은 제5항의 요구가 있는 때에는 7일 이내에 이사회를 소집하여야 한다.

제40조(이사회의 의결사항) ① 이사회는 다음 각 호의 사항을 의결한다.

1. 조합의 재산 및 업무집행에 관한 사항
2. 총회의 소집과 총회에 상정할 의안
3. 규정, 규칙 등의 제정과 변경 및 폐지
4. 사업계획 및 예산안 작성
5. 간부 직원의 임면 승인
6. 기본자산의 취득과 처분
7. 그 밖에 조합의 운영에 중요한 사항
8. 이사장이 부의하는 사항

(비고) 협동조합기본법 제29조에 규정된 필요적 총회의결 사항은 이사회에 위임할 수 없다.

(비고) 조합은 법령에 반하지 않는 범위에서 조합의 업무집행을 위하여 필요한 사항을 추가적으로 규정할 수 있다.

② 이사회는 제55조 각 호의 사업을 수행하기 위하여 필요한 위원회를 설치 운영할 수 있다.

③ 제2항의 위원회 구성 및 운영에 관하여는 별도 규약으로 정한다.

제41조(이사회의 의사) ① 이사회는 구성원 과반수의 출석으로 개회하고 출석이사 과반수의 찬성으로 의결한다.

② 이사장은 의결에 참가하지 아니하며, 가부동수일 때에는 결정권을 갖는다.

③ 이사의 개인 이익과 조합의 이익이 상반되는 사항이나 신분에 관련되는 사항에 관하여는 당해이사는 이사회의 의결에 관여할 수 없다.

제42조(이사회의 의사록) 이사회의 의사에 관하여는 의사의 경과와 그 결과를 기재한 의사록을 작성하고 참석 이사 전원이 이에 기명날인하거나 서명하여야 한다.

제43조(임원의 정수) ① 조합의 임원으로 이사장 1명을 포함한 3명 이상 ○○명 이내의 이사와 1명 이상의 감사를 둔다. 다만, 이사는 제9조제2항의 조합원 유형에 따라 다양한 이해관계자들로 구성하여야 한다.

② 제1항의 임원중 이사회의 호선에 의해 상임임원을 둘 수 있다.

제44조(임원의 선임) ① 이사 및 감사는 총회가 조합원 중에서 선출한다. 다만, 이사는 정수의 5분의 1의 범위 내에서, 감사는 2분의1의 범위 내에서 이사회의 추천에 따라 조합원 외의 자를 선출할 수 있다.

② 이사장은 이사 중에서 총회에서 선출하고, 부이사장, 전무이사 및 상무이사는 이사회가 이사 중에서 호선한다.

③ 제1항, 제2항의 선거 방법, 절차 등에 관하여는 별도의 선거관리규약으로 정한다.

제45조(임원의 결격사유) ① 다음 각 호의 어느 하나에 해당하는 자는 이 조합의 임원이 될 수 없다.

1. 금치산자
2. 한정치산자
3. 파산선고를 받고 복권되지 아니한 사람
4. 금고 이상의 실형을 선고받고 그 집행이 끝나거나(집행이 끝난 것으로 보는 경우를 포함한다) 집행이 면제된 날부터 3년이 지나지 아니한 사람
5. 금고 이상의 형의 집행유예를 선고받고 그 유예기간 중에 있거나 유예기간이 끝난 날부터 2년이 지나지 아니한 사람
6. 금고 이상의 형의 선고유예를 받고 그 선고유예기간 중에 있는 사람
7. 법원의 판결 또는 다른 법률에 따라 자격이 상실 또는 정지된 사람

② 제1항 각호의 사유가 발생하면 해당 임원은 당연히 퇴직된다.

③ 제2항에 따라 퇴직된 임원이 퇴직 전에 관여한 행위는 그 효력을 상실하지 아니한다.

제46조(임원의 임기) ① 임원의 임기는 ○년으로 한다.

(비고) 임원의 임기는 4년의 범위내에서 정관으로 정해야 한다.

② 임원은 연임할 수 있다. 다만, 이사장은 2차에 한하여 연임할 수 있다.

③ 결원으로 인하여 선출된 임원의 임기는 전임자의 임기종료일까지로 한다.

제47조(임원의 의무와 책임) ① 임원은 법령과 조합의 정관, 규약, 규정 및 총회와 이사회의 의결을 준수하고 조합을 위하여 성실히 그 직무를 수행하여야 한다.

② 임원이 법령 또는 정관을 위반하거나 그 임무를 게을리하여 조합에 손해를 가한 때에는 연대하여 그 손해를 배상하여야 한다.

③ 임원이 고의 또는 중대한 과실로 그 임무를 게을리하여 제3자에게 손해를 끼친 때에는 제3자에게 연대하여 그 손해를 배상하여야 한다.

④ 제2항 및 제3항의 행위가 이사회의 의결에 의한 것일 때에는 그 의결에 찬성한 이사도 제2항 및 제3항의 책임이 있다.

⑤ 제4항의 의결에 참가한 이사로서 명백한 반대의사를 표시하지 아니한 자는 그 의결에 찬성한 것으로 본다.

⑥ 제2항부터 제5항까지의 규정에 따른 구상권의 행사는 감사 및 이사에 대하여는 이사장이, 이사장에 대하여는 감사가, 전체 임원에 대하여는 조합원 5분의 1 이상의 동의를 받은 조합원 대표가 한다.

제48조(**임원의 해임**) ① 조합원은 조합원 5분의 1 이상의 동의로 총회에 임원의 해임을 요구할 수 있다. 이 경우 해임의 사유를 서면으로 조합에 제출하여야 한다.

② 조합은 제1항에 따른 서면 제출이 있을 때에는 총회 개최 10일 전에 해당 임원에게 해임 이유를 서면으로 통보하고, 총회에서 의견을 진술할 기회를 주어야 한다.

(■)제49조(**임원의 보수 등**) ① 임원에 대하여 규정이 정하는 바에 따라 여비 등 조합업무와 관련된 비용을 실비 범위내에서 지급할 수 있다.

② 상임임원에 대하여는 규정이 정하는 바에 따라 보수를 지급할 수 있다.

제50조(**이사장 및 이사의 직무**) ① 이사장은 이사회의 결정에 따라 조합의 업무를 집행하고 조합을 대표한다.

② 이사는 이사장을 보좌하며 조합의 업무를 집행한다.

③ 이사장이 사고가 있을 때에는 부이사장, 전무이사, 상무이사, 이사, 감사의 순으로 그 직무를 대행하고 해당자가 2인 이상일 경우에는 연장자 순으로 한다.

④ 제3항의 경우와 이사장이 권한을 위임한 경우를 제외하고는 이사장이 아닌 이사는 조합을 대표할 수 없다.

제51조(**감사의 직무**) ① 감사는 연 ○회 이상 조합의 업무집행 상황, 재산상태, 장부 및 서류 등을 감사하여 총회에 보고하여야 한다. 반기별 감사보고서는 이사회에, 반기별 감사보고서를 종합한 종합감사보고서는 정기총회에 각각 제출하여야 한다.

② 감사는 예고 없이 조합의 장부나 서류를 대조 확인할 수 있다.

③ 감사는 이사장 및 이사가 법령·정관·규약·규정 또는 총회의 의결에 반하여 업무를 집행한 때에는 이사회에 그 시정을 요구하여야 한다.

④ 감사는 총회 또는 이사회에 출석하여 의견을 진술할 수 있다.

⑤ 제1항 및 제2항의 감사보고서 제출에 있어서 감사가 2인 이상인 경우 감사의 의견이 일치하지 아니할 경우에는 각각 의견을 제출할 수 있다.

제52조(감사의 대표권) 조합이 이사장을 포함한 이사와 소송, 계약 등의 법률행위를 하는 때에는 감사가 조합을 대표한다.

제53조(임직원의 겸직금지) ① 이사장은 다른 조합의 이사장을 겸직할 수 없다.

② 이사장을 포함한 이사와 직원은 감사를 겸직할 수 없다.

③ 임원 총 수의 3분의 1을 초과하여 임원은 이 조합의 직원을 겸직할 수 없다. 다만, 조합원의 수가 10인 이하인 조합은 해당 기간 동안 그러하지 아니하다.

(비고) 사회적협동조합 중 조합원의 3분의 2 이상이 직원이고, 조합원인 직원이 전체 직원의 3분의 2 이상인 협동조합인 경우 제53조제3항을 삭제하고 규정할 수 있다.

(■)**제54조(직원의 임면등)** ① 직원은 이사장이 임면한다. 다만, 간부직원은 이사회의 결의를 거쳐 이사장이 임면한다.

② 직원의 임면, 급여, 기타 직원에 관하여 필요한 사항은 규정으로 정한다.

제55조(사업의 종류) ① 이 조합은 그 목적을 달성하기 위하여 다음 각 호의 사업 중 하나 이상을 주 사업으로 하여야 하고, 주 사업은 협동조합 전체 사업량의 100분의 40이상이어야 한다.

1. ○○○ 사업
2. ○○○ 사업
3. ○○○ 사업

(비고) 주 사업은 지역사회 재생, 지역경제 활성화, 지역 주민들의 권익·복리 증진 및 그 밖에 지역사회가 당면한 문제 해결에 기여하는 사업, 취약계층에게 복지·의료·환경 등의 분야에서 사회서비스 또는 일자리를 제공하는 사업, 국가·지방자치단체로부터 위탁받은 사업, 그 밖에 공익증진에 이바지 하는 사업 등이 될 수 있다.

<지역사회 재생 및 지역경제의 활성화에 기여하는 사업 예시>

1. 지역특산품·자연자원 활용사업
2. 전통시장·상가 활성화 사업
3. 농산물·임산물·축산물·수산물의 생산 및 유통에 관한 사업

<지역주민의 권익과 복리를 증진시키는 사업 예시>

1. 지역주민의 생활환경 개선사업
2. 지역의 공중접객업소 위생 개선 사업

3. 지역의 감염병 또는 질병 예방에 관한 사업
4. 지역의 재해, 화재 또는 안전사고의 예방에 관한 사업
5. 지역주민들의 고충상담을 위한 사업
6. 지역주민에게 사회서비스를 제공하는 사업

<취약계층에게 사회서비스 또는 일자리를 제공하는 사업 예시>

1. 교육, 보건·의료, 사회복지, 환경 및 문화 분야의 관련 사업
2. 보육, 간병 및 가사 지원 서비스를 제공하는 사업
3.「직업안정법」제2조의2제9호에 따른 고용서비스를 제공하는 사업
4. 예술·관광 및 운동 분야의 사업
5. 산림 보전 및 관리 서비스를 제공하는 사업
6. 문화재 보존 또는 활용과 관련된 사업
7. 청소 등 사업시설 관리 사업
8. 범죄 예방 및 상담치료 관련 사업

② 이 조합은 그 목적을 달성하기 위하여 다음 각 호의 사업을 기타 사업으로 할 수 있다.

1. ○○○ 사업
2. ○○○ 사업
3. ○○○ 사업

(비고) 기타 사업은 조합원에 대한 소액대출 사업, 조합원에 대한 상호부조 사업, 조합원과 직원에 대한 상담, 교육·훈련 및 정보제공 사업, 조합간 협력을 위한 사업, 조합의 홍보 및 지역사회를 위한 사업 등이 될 수 있다.

③ 이 조합은 주 사업의 목적 및 판단기준을 적용하기 위하여 수행할 사업방식은 ○○로 한다.

(비고) 주 사업의 목적 및 판단기준은 아래 내용 중 정관으로 정한다.

1. 목적사업이 '지역사회 재생, 지역경제 활성화, 지역 주민들의 권익·복리 증진 및 그 밖에 지역사회가 당면한 문제 해결에 기여하는 사업' 또는 '그 밖에 공익증진에 이바지하는 사업'에 해당하는 경우 '수입·지출 예산서상 전체 사업비의 100분의 40 이상을 주 사업 목적으로 지출할 것' 또는 '사업계획서상 주 사업에 해당하는 서비스 대상인원, 시간, 횟수 등이 전체 서비스의 100분의 40 이상일 것'으로 한다.
2. 목적사업이 '취약계층에게 복지·의료·환경 등의 분야에서 사회서비스를 제공하는 사업'에 해당하는 경우 '사업계획서상 취약계층에게 제공된 사회서비스 대상인원, 시간, 횟수 등이 전체 사회서비스의 100분의 40 이상일 것'으로 한다.
3. 목적사업이 '취약계층에게 복지·의료·환경 등의 분야에서 일자리를 제공하는 사업'에

해당하는 경우 '수입·지출 예산서상 전체 인건비 총액 중 취약계층인 직원에게 지급한 인건비 총액이 차지하는 비율이 100분의 40 이상일 것' 또는 '사업계획서상 전체 직원 중 취약계층인 직원이 차지하는 비율이 100분의 40 이상일 것'으로 한다.

4. 목적사업이 '국가·지방자치단체로부터 위탁받은 사업'에 해당하는 경우 '수입·지출 예산서상 전체 사업비의 100분의 40 이상이 국가 및 지방자치단체로부터 위탁받은 사업의 예산일 것'으로 한다.

5. 목적사업이 위 '제1호부터 제4호까지의 사업에 중복'하여 해당하는 경우 '목적사업이 제1호부터 제4호까지의 사업에 해당하는 비율의 합이 100분의 40 이상일 것'으로 한다.

④ 이 경우 주 사업 및 기타 사업은 구분하여 따로 회계처리되어야 한다.

⑤ 조합의 사업구역은 ○○○로 한다.

(비고) 사업구역에 대한 제한은 없으나, 필요시 정관으로 정할 수 있다.

제56조(소액대출) ① 조합은 상호복리 증진을 위하여 제55조의 주 사업 이외의 사업으로 조합원을 대상으로 납입 출자금 총액의 3분의 2를 초과하지 않는 범위에서 소액대출을 할 수 있다.

(비고) 소액대출 총액은 출자금 총액의 3분의 2를 초과할 수 없다.

② 조합원 가입 후 ○개월이 경과한 조합원에 한해서 대출자격을 가진다.

(비고) 조합의 설립취지 등에 부합하는 조합원 활동을 충족한 자에 대해서 대출 제공

③ 제1항에 따른 소액대출을 할 때 조합원 1인당 한도는 ooo원으로 한다.

(비고) 조합원당 소액대출 한도는 출자금 총액의 3분의 1 범위내에서 조합이 정관에 정한다.

④ 소액대출 이자율은 oo으로 한다.

(비고) 소액대출 이자율은 기획재정부장관이 고시하는 최고 한도(5%) 내에서 조합이 정관에 정한다.

⑤ 소액대출 연체이자율은 oo으로 한다.

(비고) 소액대출 연체이자율은 해당 대출에 적용된 이자율의 1.5배를 최고 한도로 조합이 정관에 정한다. 다만, 연체이자율의 최고한도는 「이자제한법」제2조제1항에 따른 최고이자율(연 30%)을 초과할 수 없다.

⑥ 대출 종류, 대출 종류별 이자율 및 연체이자율, 대출절차와 상환 등 소액대출 사업 운영에 대한 세부 사항은 별도의 규약으로 정한다.

⑦ 조합은 정기적으로 대출 조합원의 채무상환능력과 금융거래내용 등을 감안하여 적정한 수준의 대손충당금을 적립·유지하여야 하며, 대손충당의 구체적 적립수준 등에 관해서는 별도의 규약으로 정한다.

⑧ 소액대출 사업은 제55조에 따른 주 사업 및 기타 사업과 구분하여 따로 회계처리되어야 한다.

제57조(상호부조) ① 조합은 조합원 간 상부상조를 목적으로 조합원들이 각자 나눠 낸 상호부조회비를 기금으로 적립하여 그 기금으로 상호부조회비를 낸 조합원에게 혼례, 사망, 질병 등의 사유가 생긴 경우 일정 금액의 상호부조금을 지급한다.

(비고) 조합은 상호부조사업의 여부 및 상호부조의 조건에 해당하는 혼례, 사망, 질병 등을 정관으로 정할 수 있다.

② 조합원 가입 후 ○개월이 경과한 조합원 가운데 심사위원회의 승인을 얻은 조합원에 한해서 상호부조사업 참여자격을 가진다.

(비고) 조합의 설립취지 등에 부합하는 조합원 활동을 충족한 자에 대해서 사업 참여

③ 조합원 1인당 상호부조의 범위는 ooo원 이내로 한다.

(비고) 상호부조의 범위는 납입 출자금 총액의 한도에서 정관으로 정한다.

④ 제1항의 상호부조회비는 oo원으로 한다. 상호부조 사업에 참여하는 조합원은 상호부조 회비를 매월 납부하여야 한다.

⑤ 상회부조 계약은 조합의 상호부조사업부 또는 계약사업부와 조합원 간에 직접 이루어지도록 해야 하며, 제3의 판매조직이나 금융기관과의 제휴를 통한 계약은 허용되지 않는다.

⑥ 상호부조 회비 적립금의 운영은 지나친 위험에 노출되지 않도록 하여야 한다. 이를 위해 예금 및 국공채 이외의 주식, 회사채, 여타 시장성 증권에 투자하여서는 아니 된다.

⑦ 상호부조계약의 양식, 상호부조 회비의 사용, 상호부조 회비의 환급 등 사업 운영에 대한 세부 사항은 별도의 규약으로 정한다.

⑧ 상호부조 사업은 제55조에 따른 주 사업 및 기타 사업과 구분하여 따로 회계처리되어야 한다.

제58조(사업의 이용) ① 조합은 조합원이 아닌 자에게 조합의 사업을 이용하게 하여서는 아니 된다. 다만, 조합원이 이용하는데 지장이 없는 범위에서 다음 각 호의 경우에는 조합원이 아닌 자도 사업을 이용할 수 있다.

1. 조합이 재고로 보유하고 있는 물품으로서 부패 또는 변질의 우려가 있어 즉시 유통되지 아니하면 제품의 품질을 유지하기 어려운 물품을 처리하기 위한 경우

2. 조합원으로 가입하도록 홍보하기 위하여 견본품을 유상 또는 무상으로 공급하는 경우. 다만, 조합이「사회서비스 이용 및 이용권 관리에 관한 법률」제2조제4호에 따른 사회서비스 제공자인 경우는 제외한다.

3. 공공기관·사회단체 등이 공익을 목적으로 주최하는 행사에 참여하는 경우

4. 조합이 정부, 지방자치단체 및 「공공기관 운영에 관한 법률」제4조에 따른 공공기관과 공동으로 추진하는 사업에서 일반 국민이 해당 사업의 목적에 따라 사업을 이용하는 경우

5. 다른 법령에서 조합원이 아닌 자에게 의무적으로 물품을 공급하게 하거나 용역을 제공하도록 규정하는 경우

6. 천재지변이나 그 밖에 이와 유사한 긴급한 상황일 때 공중(公衆)에게 생활필수품 또는 용역을 공급하는 경우

7. 학교를 사업구역으로 하는 조합이 그 사업구역에 속하는 학생·교직원 및 학교 방문자를 상대로 물품을 공급하거나 용역을 제공하는 경우

8. 조합이 법령에 따라 국가나 공공단체로부터 위탁받은 사회서비스를 제공하거나 취약계층의 일자리 창출을 위한 사업을 하는 경우

9. 조합(「사회서비스 이용 및 이용권 관리에 관한 법률」제2조제4호에 따른 사회서비스 제공자에 해당하는 협동조합은 제외한다)이 가입을 홍보하기 위하여 기획재정부장관에게 신고하는 기간(이하 이 호에서 '홍보기간'이라 하며, 그 기간은 1년에 3개월을 넘지 못한다) 동안 전년도 총공급고(總供給高)의 100분의 5 범위에서 물품을 유상 또는 무상으로 공급하는 경우. 다만, 조합이 설립인가를 받은 날부터 1년(단위매장의 경우에는 매장 개장일부터 1년) 동안은 홍보기간이 6개월을 넘지 아니하는 범위에서 총공급고에 대한 제한 없이 물품을 유상 또는 무상으로 공급할 수 있다.

10. 조합원과 같은 가구에 속하는 자가 조합의 사업을 이용하는 경우

<보건의료사회적협동조합 정관례> 제58조를 다음과 같이 규정한다.

제58조(사업의 이용) ① 조합은 조합원이 아닌 자에게 조합의 사업을 이용하게 하여서는 아니 된다. 다만, 조합원이 이용하는데 지장이 없는 범위에서 다음 각 호의 경우에는 조합원이 아닌 자도 사업을 이용할 수 있다.

1. 조합이 재고로 보유하고 있는 물품으로서 부패 또는 변질의 우려가 있어 즉시 유통되지 아니하면 제품의 품질을 유지하기 어려운 물품을 처리하기 위한 경우

2. 공공기관·사회단체 등이 공익을 목적으로 주최하는 행사에 참여하는 경우

3. 조합이 정부, 지방자치단체 및 「공공기관 운영에 관한 법률」제4조에 따른 공공기관과 공동으로 추진하는 사업에서 일반 국민이 해당 사업의 목적에 따라 사업을 이용하는 경우

4. 다른 법령에서 조합원이 아닌 자에게 의무적으로 물품을 공급하게 하거나 용역을 제공하도록 규정하는 경우

5. 천재지변이나 그 밖에 이와 유사한 긴급한 상황일 때 공중(公衆)에게 생활필수품 또는

용역을 공급하는 경우

6. 학교를 사업구역으로 하는 조합이 그 사업구역에 속하는 학생·교직원 및 학교 방문자를 상대로 물품을 공급하거나 용역을 제공하는 경우

7. 조합이 법령에 따라 국가나 공공단체로부터 위탁받은 사회서비스를 제공하거나 취약계층의 일자리 창출을 위한 사업을 하는 경우

8. 조합원과 같은 가구에 속하는 자가 조합의 사업을 이용하는 경우

② 제1항에도 불구하고 조합은 총 공급고의 100분의 50의 범위에서 조합원이 아닌 자 중 다음 각 호에 해당하는 사람에 대하여 보건의료서비스를 제공할 수 있다.

1. 「응급의료에 관한 법률」 제2조제1호에 따른 응급환자

2. 「의료급여법」제3조에 따른 수급권자

3. 「장애인고용촉진 및 직업재활법」 제2조제1호에 따른 장애인

4. 「한부모가족 지원법」 제5조 및 제5조의2에 따른 보호대상자

5. 「재한외국인 처우 기본법」 제2조제3호에 따른 결혼이민자

6. 보건복지부장관이 정하여 고시하는 희귀난치성질환을 가진 자

7. 조합(「사회적기업 육성법」 제7조에 따른 사회적기업의 인증을 받은 사회적협동조합에 한한다)이 개설한 의료기관이 소재하는 시·도의 관할 구역에 주소·거소·사업장 또는 근무지가 있는 자

8. 조합원과 같은 가구에 속하는 자

③ 조합의 공급고의 산정기준은 직전 연도 매출액 또는 서비스 이용인원으로 한다. 이 경우 제2항제8호에 해당하는 자에게 보건·의료 서비스를 제공하는 경우 해당 조합원이 이사회의 승인을 받으면 그 조합원이 이용한 것으로 보아 공급고를 산정한다.

(비고) 조합의 공급고 산정기준은 직전 연도 매출액 또는 서비스 이용인원 중 정관에서 기준을 선택할 수 있다.

제59조(**사업계획과 수지예산**) ① 이사회는 매 회계연도 경과 후 3개월 이내에 해당 연도의 사업계획을 수립하고 동 계획의 집행에 필요한 수지예산을 편성하여 총회의 의결을 받아야 한다.

② 제1항에 따른 사업계획과 예산이 총회에서 확정될 때까지는 전년도 예산에 준하여 가예산을 편성하여 집행할 수 있다. 이 경우 총회의 사후 승인을 받아야 한다.

③ 이사회가 총회에서 확정된 사업계획과 예산을 변경한 때에는 차기 총회에서 사후 변경 승인을 받아야 한다.

제60조(**회계연도등**) ① 조합의 회계연도는 매년 ○월 ○일부터 ○월 ○일까지로 한다.

② 조합의 회계는 일반회계와 특별회계로 구분하되, 당해 조합의 주사업은 일반회계로 하고 그 외의 사업은 특별회계로 한다.

(비고) 각 회계별 사업구분을 정하여 정관에 규정한다.

(■)제61조(특별회계의 설치) 특별회계는 조합의 주 사업외의 특정사업을 운영할 때, 특정자금을 보유하여 운영할 때, 기타 일반회계와 구분 경리할 필요가 있을 때 설치한다.

제62조(운영의 공개) ① 이사장은 결산결과의 공고 등 운영사항을 적극 공개하여야 한다.

② 이사장은 정관·규약·규정과 총회·이사회의 의사록, 회계장부 및 조합원 명부를 주된 사무소에 비치하여야 한다.

③ 결산보고서는 정기총회 7일 전까지 주된 사무소에 비치하여야 한다.

④ 조합원과 조합의 채권자는 이사장에게 제2항 및 제3항의 서류의 열람 또는 그 사본을 청구할 수 있다.

(비고) 조합은 조합원의 개인정보보호 등 정당한 사유로 서류의 사본청구를 제한하는 규정을 둘 수 있다.

⑤ 이사장은 제4항의 청구가 있을 때에는 정당한 이유 없이 이를 거부하지 못한다.

⑥ 이사장은 결산일로부터 3개월 이내에 기획재정부 또는 사회적협동조합연합회의 홈페이지에 다음 각 호의 자료를 게재하여야 한다.

1. 정관, 규약, 규정
2. 사업계획서
3. 결산서
4. 조합원·직원 등에 대한 교육·홍보 실적
5. 총회, 대의원총회, 이사회의 활동 상황
6. 수지예산서
7. 사업결과보고서
8. 소액대출 및 상호부조 사업현황

제63조(법정적립금) ① 조합은 매 회계년도 결산의 결과 잉여금이 있는 때에는 자기자본의 3배가 될 때까지 잉여금의 100분의 30 이상을 적립하여야 한다.

(비고) 잉여금의 최저비율은 100분의 30으로 되어 있으나, 정관에서 그 이상으로 정할 수 있다.

② 제1항의 법정적립금은 손실금의 보전에 충당하거나 해산하는 경우 외에는 사용하여서는 아니 된다.

제64조(임의적립금) ① 조합은 매 회계연도의 잉여금에서 제63조에 따른 법정적립금을 빼고 나머지가 있을 때에는 총회에서 결정하는 바에 따라 매 회계연도 잉여금의 ○○분의

○이상을 임의적립금으로 적립할 수 있다.

② 임의적립금은 총회에서 결정하는 바에 따라 사업준비금, 사업개발비, 교육 등 특수목적을 위하여 지출할 수 있다.

제65조(손실금의 보전) ① 조합은 매 회계연도의 결산 결과 손실금(당기손실금을 말한다)이 발생하면 미처분이월금, 임의적립금, 법정적립금 순으로 이를 보전하고, 보전 후에도 부족이 있을 때에는 이를 다음 회계연도에 이월한다.

② 조합은 제1항에 따른 손실금을 보전하고 제63조에 따른 법정적립금 등을 적립한 이후에 발생하는 잉여금은 임의적립금으로 적립하여야 하고, 이를 조합원에게 배당할 수 없다.

제66조(출자금액의 감소의결) ① 조합은 부득이한 사유가 있을 때에는 조합원의 신청에 의하여 출자좌수를 감소할 수 있다.

② 조합은 출자 1좌의 금액 또는 출자좌수의 감소(이하 "출자감소"라 한다)를 총회에서 의결한 경우에는 그 의결을 한 날부터 14일 이내에 재무상태표를 작성한다.

③ 조합은 제1항에 따른 의결을 한 날부터 14일 이내에 채권자에 대하여 이의가 있으면 조합의 주된 사무소에 이를 서면으로 진술하라는 취지를 공고하고, 이미 알고 있는 채권자에게는 개별적으로 최고하여야 한다.

④ 제3항에 따른 이의신청 기간은 30일 이상으로 한다.

⑤ 그 밖의 출자좌수의 감소 절차와 방법에 관하여는 별도의 규약으로 정할 수 있다.

제67조(출자감소 의결에 대한 채권자의 이의) ① 채권자가 제66조의 이의신청 기간에 출자감소에 관한 의결에 대하여 이의를 신청하지 아니하면 출자 1좌 금액의 감소를 승인한 것으로 본다.

② 채권자가 이의를 신청하면 조합은 채무를 변제하거나 상당한 담보를 제공하여야 한다.

제68조(결산등) ① 조합은 정기총회일 7일 전까지 결산보고서(사업보고서, 재무상태표, 포괄손익계산서, 잉여금처분안 또는 손실금처리안 등을 말한다)를 감사에게 제출하여야 한다.

② 조합은 제1항에 따른 결산보고서와 감사의 의견서를 정기총회에 제출하여 승인을 받아야 한다.

제69조(합병과 분할) ① 조합은 합병계약서 또는 분할계획서를 작성한 후 총회의 의결을 받아 합병 또는 분할할 수 있다.

(비고) 조합이 합병 또는 분할할 경우 기획재정부장관의 인가를 받아야 한다.

② 합병 또는 분할로 인하여 존속 또는 새로 설립되는 조합은 합병 또는 분할로 인하여 소멸되는 조합의 권리·의무를 승계한다.

(비고) 조합은 협동조합기본법에 따른 사회적협동조합 이외의 법인, 단체 및 협동조합 등과

합병하거나 동법에 따른 사회적협동조합 이외의 법인, 단체 및 협동조합 등으로 분할할 수 없다.

제70조(해산) ① 조합은 다음 각 호의 어느 하나에 해당하는 사유가 발생하였을 때에는 해산하고 해산절차는 민법 등 관련 법령에 의한다.

1. 총회의 의결
2. 합병·분할 또는 파산
3. 설립인가의 취소

(비고) 필요한 해산사유를 정관으로 정한다.

② 이사장은 조합이 해산한 때에는 지체 없이 조합원에게 통지하고 공고하여야 한다.

제71조(청산인) ① 조합이 해산한 때에는 파산으로 인한 경우를 제외하고는 이사장이 청산인이 된다. 다만, 총회에서 다른 사람을 청산인으로 선임하였을 경우에는 그에 따른다.

② 청산인은 취임 후 지체 없이 재산상태를 조사하고 재산목록과 재무상태표를 작성하여 재산처분의 방법을 정하여 총회의 승인을 얻어야 한다.

③ 청산사무가 종결된 때에는 청산인은 지체 없이 결산보고서를 작성하여 총회의 승인을 얻어야 한다.

④ 제2항 및 제3항의 경우에 총회를 2회 이상 소집하여도 총회가 구성되지 아니할 때에는 출석 조합원 3분의 2이상의 찬성이 있으면 총회의 승인이 있은 것으로 본다.

제72조(청산 잔여재산의 처리) 조합이 해산 후 채무를 변제하고 청산잔여재산이 있을 때에는 다음 각 호의 어느 하나에 귀속한다.

1. 상급 사회적협동조합연합회
2. 유사한 목적의 사회적협동조합
3. 비영리법인·공익법인
4. 국고

(비고) 제1호부터 제4호까지의 사항 중 하나를 정관으로 정한다.

부 칙

이 정관은 ○○○○○장관의 인가를 받은 날부터 시행한다.

협동조합 설립등기신청

<table>
<tr><td rowspan="2">접
수</td><td>년 월 일</td><td rowspan="2">처
리
인</td><td>접 수</td><td>조 사</td><td>기 입</td><td>교 합</td><td>각종통지</td></tr>
<tr><td>제 호</td><td></td><td></td><td></td><td></td><td></td></tr>
</table>

<table>
<tr><td>등 기 의 목 적</td><td>협동조합 설립등기</td></tr>
<tr><td>등 기 의 사 유</td><td>000협동조합을 설립하기 위하여 정관을 작성하고, 창립총회의 의결을 거쳐 2014. 1. 23. 경상남도지사에게 설립신고를 마치고, 출자의 납입을 완료하였기에 다음 사항의 등기를 구함</td></tr>
<tr><td>본무소/분사무소
신청구분</td><td>1.본점신청 ■ 2.지점신청 □ 3.본 · 지점일괄신청 □</td></tr>
<tr><td colspan="2">등 기 할 사 항</td></tr>
<tr><td>명 칭</td><td>000협동조합</td></tr>
<tr><td>주 사 무 소</td><td>경상남도 진주시 칠암동 150 11호관</td></tr>
<tr><td>이사와 감사의
성명 · 주민
등록번호</td><td>이 사 정한솔 (주민등록번호)
이 사 김두솔 (주민등록번호)
이 사 김세솔 (주민등록번호)
이 사 박오솔 (주민등록번호)
감 사 성다솔 (주민등록번호)</td></tr>
<tr><td>이사장의 성명 ·
주민등록번호
및 주소</td><td>이사장 정한솔 (주민등록번호)
경상남도 진주시 ....</td></tr>
</table>

등 기 할 사 항	
목 적	당조합은 자주적·자립적·자치적인 협동조합 활동을 통하여 구성원의 복리증진과 상부상조 및 국민경제의 균형 있는 발전에 기여하고, 기업가 정신을 겸비한 창업자 육성을 위하여 창업관련 교육, 경영, 지원정책, 컨설팅 등을 조합원에게 지원하고, 창업학 및 이와 관련된 학문의 연구와 실천을 통하여 기업의 성장발전과 조합원 상호간에 정보공유를 통한 상생번영과 예비창업자들의 성공적인 창업을 지원함으로써 일자리를 창출하고 국가경제 발전에 기여함을 목적으로 한다. 1. 조합원과 직원에 대한 상담, 교육·훈련 및 정보제공 1. 조합간 협력을 위한 사업 1. 조합의 홍보 및 지역사회를 위한 사업 1. 조합원 경영관리 자문 및 창업 컨설팅업 1. 조합원 창업 보육을 위한 사무실 임대 및 사무지원업 1. 조합원 예비창업자 및 조합원 기업 대상 경영등에 관련된 교육 및 훈련사업 1. 조합원 기업 각종 상품 유통판매 및 위탁판매사업과 관련된 통신 판매 및 방문판매업 1. 위 각호에 관련된 부대사업
분 사 무 소	
출자 1좌의 금액 및 출자총액	출자 1좌의 금액 : 금 100,000원 출자총액 : 금 50,000,000원
설립신고 또는 설립인가 연월일	2014년 1월 23일

신청등기소 및 등록면허세/수수료						
순번	신청등기소	구분	등록면허세	지방교육세	세액합계	등기신청수수료
	창원지방법원 진주등기소		금 200,000원	금 40,000원	금 240,000원	금 30,000원
합 계						
등기신청수수료 은행수납번호						
과 세 표 준 액	금 원					

첨 부 서 면	
1. 정관 1통 1. 창립총회의사록 1통 1. 취임승낙서와 인감증명서 5통 1. 주민등록표등(초)본 5통 1. 주무관청의 설립신고필증 또는 설립인가증 1통 1. 출자금 총액의 납입이 있음을 증명하는 서면 1통	1. 인감신고서 1통 1. 등록면허세영수필확인서 1통 1. 법인인감카드발급신청서 1통 1. 위임장 1통

2014년 1월 15 일

신청인 명 칭 000협동조합

주사무소 경상남도 진주시 ....

이사장 성 명 징한솔 (인) (전화 :)

주 소 경상남도 진주시 ....

대리인 성 명 법무사 성변호 (인) (전화 :)

주 소 경상남도 진주시 ....

창원지방법원 진주등기소 귀중

- 신청서 작성요령 및 등기수입증지 첨부란 -

1. 해당란이 부족할 때에는 별지를 이용합니다.
1. 해당 등기신청과 관계없는 사항에 대하여는 "해당없음"으로 기재하거나 삭제하고, 필요한 사항은 추가 기재합니다.
1. 등기신청수수료 상당의 대법원등기수입증지를 이 난에 붙입니다.

정 관

제1조(설립과 명칭) 이 조합은 협동조합기본법에 의하여 설립하며,'000협동조합'이라 한다.

제2조(목적) 000협동조합(이하 '조합'이라 한다)은 자주적·자립적·자치적인 협동조합 활동을 통하여 구성원의 복리증진과 상부상조 및 국민경제의 균형 있는 발전에 기여하고, 기업가 정신을 겸비한 창업자 육성을 위하여 창업관련 교육, 경영, 지원정책, 컨설팅 등을 조합원에게 지원하고, 창업학 및 이와 관련된 학문의 연구와 실천을 통하여 기업의 성장발전과 조합원 상호간에 정보 공유를 통한 상생번영과 예비창업자들의 성공적인 창업을 지원함으로써 일자리를 창출하고 국가경제 발전에 기여함을 목적으로 한다.

제3조(조합의 책무) ① 조합은 조합원 등의 권익 증진을 위하여 교육·훈련 및 정보 제공 등의 활동을 적극적으로 수행한다.

② 조합은 다른 협동조합, 다른 법률에 따른 협동조합, 외국의 협동조합 및 관련 국제기구 등과의 상호 협력, 이해 증진 및 공동사업 개발 등을 위하여 노력한다.

제4조(사무소의 소재지) 조합의 주된 사무소는 진주시내에 두며, 이사회결의에 따라 필요한 곳에 지사무소를 둘 수 있다.

제5조(공고방법) ① 조합의 공고는 주된 사무소의 게시판(지사무소의 게시판을 포함한다)에 게시하고, 필요하다고 인정하는 때에는 우편 또는 전자메일, 진주시내에서 발간되는 일간신문에 게재할 수 있다.

② 제1항의 공고기간은 7일 이상으로 하며, 조합원의 이해에 중대한 영향을 미칠 수 있는 내용에 대하여는 공고와 함께 서면으로 조합원에게 통지하여야 한다.

제6조(공직선거 관여 금지) ① 조합은 공직선거에 있어서 특정 정당을 지지·반대하거나 특정인을 당선되도록 하거나 당선되지 아니하도록 하는 일체의 행위를 하여서는 아니 된다.

② 누구든지 조합을 이용하여 제1항에 따른 행위를 하여서는 아니 된다.

제7조(규약 또는 규정) 조합의 운영 및 사업실시에 관하여 필요한 사항으로서 이 정관으로 정한 것을 제외하고는 규약 또는 규정으로 정할 수 있다.

제8조(조합원의 자격) 중소기업 경영자 또는 법인, 사회적기업, 예비창업자, 소상공인 자영업자 등으로서 조합의 설립목적에 동의하고 조합원으로서의 의무를 다하고자 하는 자는 조합원이 될 수 있다.

제9조(조합원의 가입) ① 조합원의 자격을 가진 자가 조합에 가입하고자 할 때에는 가입신청서를 제출하여야 한다.

② 조합은 제1항에 따른 신청서가 접수되면 신청인의 자격을 확인하고 가입의 가부를 결

정하여 신청서를 접수한 날부터 2주 이내에 신청인에게 서면 또는 전화 등의 방법으로 통지하여야 한다.

③ 제2항의 규정에 따라 가입의 통지를 받은 자는 조합에 가입할 자격을 가지며 납입하기로 한 출자좌수에 대한 금액 중 제1회의 금액을 지정한 기일 내에 조합에 납부함으로써 조합원이 된다.

④ 조합은 정당한 사유없이 조합원의 자격을 갖추고 있는 자에 대하여 가입을 거절하거나 가입에 관하여 다른 조합원보다 불리한 조건을 붙일 수 없다.

제10조(**조합원의 책임**) 조합원의 책임은 납입한 출자액을 한도로 한다.

제11조(**탈퇴**) ① 조합원은 예고하고 조합을 탈퇴할 수 있다.

② 조합원은 다음 각 호의 어느 하나에 해당하는 때에는 당연히 탈퇴된다.

1. 조합원 지위의 양도 등 조합원으로서의 자격을 상실한 경우
2. 사망한 경우
3. 파산한 경우
4. 금치산선고를 받은 경우
5. 조합원인 법인이 해산한 경우

제12조(**제명**) ① 조합은 조합원이 다음 각 호의 어느 하나에 해당하면 총회의 의결을 얻어 제명할 수 있다.

1. 1년 이상 계속해서 조합의 시설 또는 사업을 이용하지 아니한 경우
2. 출자금 및 경비의 납입 등 조합에 대한 의무를 이행하지 아니한 경우
3. 조합의 목적사업과 관련된 법령·행정처분·정관 및 규정을 위반한 경우
4. 고의 또는 중대한 과실로 조합의 사업을 방해하거나 신용을 상실하게 하는 행위를 한 경우

② 조합은 제1항에 따라 조합원을 제명하고자 할 때에는 총회 개최 10일 전에 그 조합원에게 제명의 사유를 알리고 총회에서 의견을 진술할 기회를 주어야 한다.

③ 제2항에 따른 의견진술의 기회를 주지 아니하고 행한 총회의 제명 의결은 해당 조합원에게 효력이 없다.

④ 조합은 제명결의가 있었을 때에 제명된 조합원에게 제명이유를 서면으로 통지하여야 한다.

제13조(**탈퇴·제명조합원의 지분환급청구권**) ① 조합을 탈퇴하거나 조합으로부터 제명된 조합원은 다음 각 호의 정하는 바에 따라 지분의 환급을 청구할 수 있다.

1. 제11조의 규정에 의한 탈퇴의 경우에는 탈퇴조합원의 출자금에 해당하는 금액
2. 제12조 제1항의 1호 및 2호의 규정에 의한 제명의 경우에는 제명조합원의 출자금에 해당하는 금액

② 제1항의 지분은 제명 또는 탈퇴한 회계연도 말의 조합의 자산과 부채에 따라 정한다.
③ 조합은 탈퇴 조합원이 조합에 대한 채무를 다 갚을 때까지는 제1항에 따른 지분의 환급을 정지할 수 있다.
④ 조합은 탈퇴하거나 제명된 조합원이 조합에 대하여 채무가 있을 때에는 제1항에 따른 환급금과 상계할 수 있다.
⑤ 제1항에 따른 청구권은 탈퇴하거나 제명된 날부터 2년간 행사하지 아니하면 소멸된다.
⑥ 제1항에 따른 청구권은 탈퇴하거나 제명된 당시의 회계연도의 다음 회계연도부터 청구할 수 있다. 다만, 이사회의 승인이 있을 경우 탈퇴 또는 제명 당시에 바로 지급할 수 있다.

제14조(**탈퇴조합원의 손실액 부담**) ① 탈퇴한 조합원의 지분 환급분을 계산할 때 이 조합의 재산으로 그 채무를 다 갚을 수 없는 경우에는 탈퇴한 조합원은 납입의무를 이행하지 아니한 출자액의 범위에서 그가 부담하여야 할 손실액을 납입한다.
② 제1항에 따른 손실액의 납입 청구에 관하여는 제15조제5항을 준용한다.

제15조(**출자**) ① 조합원은 1좌 이상의 출자를 하여야 하며 출자 1좌의 금액은 100,000원으로 한다.
② 한 조합원의 출자좌수는 총 출자좌수의 100분의 30을 넘어서는 아니 된다.
③ 출자금은 일시에 납입한다. 다만, 불가피할 경우에는 2회로 나누어 납입할 수 있다.
④ 제3항 단서의 경우 출자 제1회의 납입금액은 출자금액의 2분의 1로 하고, 제2회 납입일자는 제1회 출자납입일로부터 6개월 이내로 한다.
⑤ 조합에 납입할 출자금은 조합에 대한 채권과 상계하지 못한다.
⑥ 출자는 현물로도 할 수 있고, 현물출자의 경우 규약이 정하는 바에 따라 출자액을 계산한다. 이 경우 현물출자자는 출자의 납입기일에 출자의 목적인 재산의 전부를 조합 또는 조합에서 지정한 장소에 납입하여야 한다.

제16조(**지분등의 양도와 취득금지**) ① 조합원 지위의 양도 또는 조합원 지분의 양도는 총회의 의결을 받아야 한다.
② 조합원이 아닌 자가 지분을 양수하려고 할 때에는 가입의 예에 따른다.
③ 지분의 양수인은 그 지분에 관하여 양도인의 권리의무를 승계한다.
④ 조합원은 지분을 공유하지 못한다.
⑤ 조합은 조합원의 출자지분을 취득하거나 이를 질권의 목적으로 하여서는 아니 된다.

제17조(**총회**) ① 조합은 총회를 둔다.
② 총회는 정기총회와 임시총회로 구분한다.
③ 총회는 이사장과 조합원으로 구성하며, 이사장이 그 의장이 된다.

제18조(**대의원총회**) ① 조합원의 수가 200인을 초과하는 경우 총회에 갈음할 대의원 총회

를 둘 수 있다.

② 대의원은 조합원 중에서 선출한다.

③ 대의원의 의결권 및 선거권은 대리인으로 하여금 행사하게 할 수 없다.

④ 대의원의 정수는 50명이상으로 하며 임기는 4년으로 한다.

⑤ 결원으로 인하여 선출된 대의원의 임기는 전임자 임기의 남은 기간으로 한다.

⑥ 대의원은 조합원의 선거를 통하여 선출하며, 선거방법에 관한 사항은 선거관리규약으로 정한다.

⑦ 대의원총회에 관하여는 총회에 관한 사항을 준용하며, 이 경우 "조합원"은 "대의원"으로 본다.

⑧ 대의원총회는 조합의 합병, 분할 및 해산에 관한 사항은 의결할 수 없다.

제19조(선거운동의 제한) ① 누구든지 자기 또는 특정인을 조합의 임원 또는 대의원으로 당선되도록 하거나 당선되지 아니하도록 할 목적으로 다음 각 호의 어느 하나에 해당하는 행위를 할 수 없다.

1. 조합원(협동조합에 가입신청을 한 자를 포함한다. 이하 이 조에서 같다)이나 그 가족 또는 조합원이나 그 가족이 설립·운영하고 있는 기관·단체·시설에 대한 다음 각 목의 어느 하나에 해당하는 행위

가. 금전·물품·향응이나 그 밖의 재산상의 이익을 제공하는 행위

나. 공사의 직을 제공하는 행위

다. 금전·물품·향응, 그 밖의 재산상의 이익이나 공사의 직을 제공하겠다는 의사표시 또는 그 제공을 약속하는 행위

2. 후보자가 되지 못하도록 하거나 후보자를 사퇴하게 할 목적으로 후보자가 되려는 사람이나 후보자에게 제1호 각 목에 규정된 행위를 하는 행위

3. 제1호 또는 제2호의 이익이나 직을 제공받거나 그 제공의 의사표시를 승낙하는 행위 또는 그 제공을 요구하거나 알선하는 행위

② 임원 또는 대의원이 되려는 사람은 후보자등록마감일의 다음날부터 선거일 전일까지의 선거운동기간을 제외하고는 선거운동을 위하여 조합원을 호별로 방문하거나 특정 장소에 모이게 할 수 없다.

③ 누구든지 협동조합의 임원 또는 대의원 선거와 관련하여 연설·벽보, 그 밖의 방법으로 거짓의 사실을 공표하거나 공연히 사실을 적시하여 후보자를 비방할 수 없다.

④ 누구든지 임원 또는 대의원 선거와 관련하여 다음 각 호의 방법 이외의 선거운동을 할 수 없다.

1. 선전 벽보의 부착
2. 선거 공보의 배부
3. 소형 인쇄물의 배부
4. 합동 연설회 또는 공개 토론회의 개최
5. 전화·컴퓨터통신을 이용한 지지 호소

제20조(선거관리위원회의 구성·운영) ① 조합의 임원 및 대의원 선거사무를 공정하게 관리하기 위하여 본 조합에 선거관리위원회(이하 "위원회"라 한다)를 둘 수 있다.

② 위원회는 조합원(대의원을 포함한다)중에서 이사회의 의결을 거쳐 이사장이 위촉하는 3명 이내의 위원으로 구성한다. 이 경우 당해 선거에 임원으로 후보등록한 자는 위원이 될 수 없다.

③ 위원회는 다음 각 호의 사무를 관장한다.

1. 후보자의 자격심사
2. 선거인 명부의 확정
3. 후보자 추천의 유·무효 판정
4. 선거공보의 작성과 선거운동방법 결정 및 계도
5. 선거관리, 투표관리 및 개표관리
6. 투표의 유·무효의 이의에 대한 판정
7. 선거관련 분쟁의 조정
8. 선거운동 제한규정 위반여부 심사 및 조치
9. 당선인의 확정
10. 그 밖에 선거에 필요한 사항

④ 그 밖에 위원회의 구성·운영 등에 관하여 필요한 사항은 선거관리규약으로 정할 수 있다.

제21조(정기총회) 정기총회는 매년 1회 회계연도 종료 후 3개월 이내에 이사장이 소집한다.

제22조(임시총회) ① 임시총회는 다음 각 호의 어느 하나에 해당하는 경우에 이사장이 소집한다.

1. 이사장 및 이사회가 필요하다고 인정할 때
2. 조합원이 조합원 5분의 1 이상의 동의를 받아 소집의 목적과 이유를 적은 서면을 제출하여 이사장에게 소집을 청구한 때
3. 감사가 조합의 재산상황이나 업무집행에 부정한 사실이 있는 것을 발견하고 그 내용을 총회에 신속히 보고할 필요가 있다고 인정하여 이사장에게 소집을 청구한 때

② 이사장은 제1항 제2호(제39조 규정에 따른 해임 요구를 포함한다) 및 제3호의 청구를 받으면 정당한 사유가 없는 한 2주 이내에 소집절차를 밟아야 한다.

③ 제1항 제2호 및 제3호의 규정에 의하여 총회의 소집을 청구하였으나 총회를 소집할 자가 없거나 그 청구가 있은 날부터 2주 이내에 이사장이 총회의 소집절차를 밟지 아니한 때에는 감사가 7일 이내에 소집절차를 밟아야 한다. 이 경우 감사가 의장의 직무를 수행한다.

④ 감사가 제3항의 기한 이내에 총회의 소집절차를 밟지 아니하거나 소집할 수 없는 경우에는 제1항 제2호의 규정에 의하여 총회의 소집을 청구한 조합원의 대표가 이를 소집한다. 이 경우 조합원의 대표가 의장의 직무를 수행한다.

제23조(**총회의 소집절차**) ① 이사장은 총회 개최 7일 전까지 회의목적·안건·일시 및 장소를 정하여 주된 사무소의 게시판(지사무소의 게시판을 포함한다)에 게시하고, 필요하다고 인정하는 때에는 우편 또는 전자메일 등으로 각 조합원에게 통지하여야 한다.

② 이사장이 궐위 또는 부득이한 사유로 총회를 소집할 수 없는 때에는 제50조에서 정하고 있는 순으로 이를 소집한다.

제24조(**총회의 의결사항**) 다음 각 호의 사항은 총회의 의결을 얻어야 한다.

1. 정관의 변경
2. 규약의 제정과 변경 또는 폐지
3. 임원의 선출과 해임
4. 사업계획 및 예산의 승인
5. 재무상태표, 수지계산서, 결산보고서의 승인과 잉여금의 처분 및 손실금의 처리
6. 감사보고서의 승인
7. 조합의 합병·분할·해산 또는 휴업
8. 조합원의 제명
9. 그 밖에 이사장 또는 이사회가 필요하다고 인정하는 사항

제25조(**총회의 의사**) ① 총회의 의사는 법령상 다른 규정이 있는 경우를 제외하고는 총 조합원 과반수의 출석으로 개회하고 출석조합원 과반수의 찬성으로 의결한다.

② 제1항의 규정에 의한 총회의 개의 정족수 미달로 총회가 유회된 때에는 이사장은 20일 이내에 다시 총회를 소집하여야 한다.

③ 총회는 제30조에 따라 미리 통지한 사항에 한하여 의결할 수 있다. 다만, 긴급을 요하여 총 조합원의 3분의 2이상의 출석과 출석조합원 3분의 2 이상의 찬성이 있는 때에는 그러하지 아니하다.

④ 총회에서 조합과 조합원간의 이익이 상반되는 사항에 대하여 의결을 행할 때에는 해당 조합원은 의결에 참가하지 못한다.

제26조(합병·분할 및 해산등의 의결) 다음 각 호의 사항은 조합원 과반수의 출석과 출석조합원 3분의 2 이상의 찬성으로 의결한다.

1. 정관의 변경
2. 조합의 합병·분할·해산 또는 휴업
3. 조합원의 제명

제27조(의결권 및 선거권) ① 조합원은 출자좌수에 관계없이 각각 1개의 의결권과 선거권을 갖는다.

② 조합원은 대리인으로 하여금 의결권 및 선거권을 행사하게 할 수 있다. 이 경우 그 조합원은 출석한 것으로 본다.

③ 제28조의 자격을 갖춘 대리인이 의결권 또는 선거권을 행사할 때에는 대리권을 증명하는 서면을 의결권 또는 선거권을 행사하기 전에 조합이 정하는 양식에 따라 미리 조합에 제출하여야 한다.

제28조(대리인이 될 자격) 전조 제2항에 따른 대리인은 다른 조합원 또는 본인과 동거하는 가족(조합원의 배우자, 조합원 또는 그 배우자의 직계 존속·비속과 형제자매, 조합원의 직계 존속·비속 및 형제자매의 배우자를 말한다. 이하 같다)이어야 하며, 대리인이 대리할 수 있는 조합원의 수는 1인에 한한다.

제29조(총회의 의사록) ① 총회의 의사에 관하여 의사록을 작성하여야 한다.

② 의사록에는 의사의 진행 상황과 그 결과를 적고 의장과 총회에서 선출한 조합원 3인 이상이 기명날인하거나 서명하여야 한다.

제30조(이사회) ① 조합에 이사회를 두고, 이사회는 조합의 업무집행을 결정한다.

② 이사회는 이사로서 구성하고 이사장은 이사중에서 총회에서 선출한다.

③ 이사장은 이사회를 소집하고 그 의장이 된다.

④ 이사회의 소집은 회의일 7일전까지 회의의 목적사항, 일시 및 장소를 기재한 서면을 각 이사에게 통지하여야 한다. 다만 긴급을 요하여 이사회 구성원 과반수의 동의가 있을 때에는 소집절차를 생략할 수 있다.

⑤ 이사 3분의 1 이상 또는 감사 전원이 회의목적 사항과 회의 소집이유를 기재한 서류를 제출하고 이사회의 소집을 요구할 수 있다.

⑥ 이사장은 제5항의 요구가 있는 때에는 7일 이내에 이사회를 소집하여야 한다.

제31조(이사회의 의결사항) ① 이사회는 다음 각 호의 사항을 의결한다.

1. 조합의 재산 및 업무집행에 관한 사항
2. 총회의 소집과 총회에 상정할 의안

3. 규정, 규칙 등의 제정과 변경 및 폐지
4. 사업계획 및 예산안 작성
5. 간부 직원의 임면 승인
6. 기본자산의 취득과 처분
7. 그 밖에 조합의 운영에 중요한 사항
8. 이사장이 부의하는 사항

② 이사회는 제49조 각 호의 사업을 수행하기 위하여 필요한 위원회를 설치 운영할 수 있다.

③ 제2항의 위원회 구성 및 운영에 관하여는 별도 규정이 필요한 경우에는 이사회에서 의결하여 시행한다.

제32조(**이사회의 의사**) ① 이사회는 구성원 과반수의 출석으로 개회하고 출석이사 과반수의 찬성으로 의결한다.

② 이사장은 의결에 참가하지 아니하며, 가부동수일 때에는 결정권을 갖는다.

③ 이사의 개인 이익과 조합의 이익이 상반되는 사항이나 신분에 관련되는 사항에 관하여는 당해이사는 이사회의 의결에 관여할 수 없다.

제33조(**이사회의 의사록**) 이사회의 의사에 관하여는 의사의 경과와 그 결과를 기재한 의사록을 작성하고 참석 이사 전원이 이에 기명날인하거나 서명하여야 한다.

제34조(**임원의 정수**) ① 조합의 임원으로 이사장 1명을 포함한 3명 이상 5명 이내의 이사와 1명 이상의 감사를 둔다.

② 제1항의 임원 중 이사회의 호선에 의해 상임임원을 둘 수 있다.

제35조(**임원의 선임**) ① 이사 및 감사는 총회가 조합원 중에서 선출한다. 다만, 이사는 정수의 5분의 1의 범위 내에서, 감사는 2분의 1의 범위 내에서 이사회의 추천에 따라 조합원 외의 자를 선출할 수 있다.

② 제1항의 선거 방법, 절차 등에 관하여는 별도의 선거관리규약으로 정할 수 있다.

제36조(**임원의 결격사유**) ① 다음 각 호의 어느 하나에 해당하는 자는 이 조합의 임원이 될 수 없다.

1. 금치산자
2. 한정치산자
3. 파산선고를 받고 복권되지 아니한 사람
4. 금고 이상의 실형을 선고받고 그 집행이 끝나거나(집행이 끝난 것으로 보는 경우를 포함한다) 집행이 면제된 날부터 3년이 지나지 아니한 사람

5. 금고 이상의 형의 집행유예를 선고받고 그 유예기간 중에 있거나 유예기간이 끝난 날부터 2년이 지나지 아니한 사람
6. 금고 이상의 형의 선고유예를 받고 그 선고유예기간 중에 있는 사람
7. 법원의 판결 또는 다른 법률에 따라 자격이 상실 또는 정지된 사람

② 제1항 각호의 사유가 발생하면 해당 임원은 당연히 퇴직된다.

③ 제2항에 따라 퇴직된 임원이 퇴직 전에 관여한 행위는 그 효력을 상실하지 아니한다.

제37조(**임원의 임기**) ① 임원의 임기는 4년으로 한다.

② 임원은 연임할 수 있다. 다만, 이사장은 2차에 한하여 연임할 수 있다.

③ 결원으로 인하여 선출된 임원의 임기는 전임자의 임기종료일까지로 한다.

제38조(**임원의 의무와 책임**) ① 임원은 법령과 조합의 정관, 규약, 규정 및 총회와 이사회의 의결을 준수하고 조합을 위하여 성실히 그 직무를 수행하여야 한다.

② 임원이 법령 또는 정관을 위반하거나 그 임무를 게을리하여 조합에 손해를 가한 때에는 연대하여 그 손해를 배상하여야 한다.

③ 임원이 고의 또는 중대한 과실로 그 임무를 게을리하여 제3자에게 손해를 끼친 때에는 제3자에게 연대하여 그 손해를 배상하여야 한다.

④ 제2항 및 제3항의 행위가 이사회의 의결에 의한 것일 때에는 그 의결에 찬성한 이사도 제2항 및 제3항의 책임이 있다.

⑤ 제4항의 의결에 참가한 이사로서 명백한 반대의사를 표시하지 아니한 자는 그 의결에 찬성한 것으로 본다.

⑥ 제2항부터 제5항까지의 규정에 따른 구상권의 행사는 감사 및 이사에 대하여는 이사장이, 이사장에 대하여는 감사가, 전체 임원에 대하여는 조합원 5분의 1 이상의 동의를 받은 조합원 대표가 한다.

제39조(**임원의 해임**) ① 조합원은 조합원 5분의 1 이상의 동의로 총회에 임원의 해임을 요구할 수 있다. 이 경우 해임의 사유를 서면으로 조합에 제출하여야 한다.

② 조합은 제1항에 따른 서면 제출이 있을 때에는 총회 개최 10일 전에 해당 임원에게 해임 이유를 서면으로 통보하고, 총회에서 의견을 진술할 기회를 주어야 한다.

제40조(**임원의 보수 등**) ① 임원에 대하여 규정이 정하는 바에 따라 여비 등 조합업무와 관련된 비용을 실비 범위내에서 지급할 수 있다.

② 상임임원에 대하여는 이사회결의에 따라 보수를 지급할 수 있다.

제41조(**이사장 및 이사의 직무**) ① 이사장은 이사회의 결정에 따라 조합의 업무를 집행하고 조합을 대표한다.

② 이사는 이사장을 보좌하며 조합의 업무를 집행한다.

③ 이사장이 사고가 있을 때에는 이사, 감사의 순으로 그 직무를 대행하고, 해당자가 2인 이상일경우에는 연장자순으로 한다.

④ 제3항의 경우와 이사장이 권한을 위임한 경우를 제외하고는 이사장이 아닌 이사는 조합을 대표할 수 없다.

제42조(감사의 직무) ① 감사는 연 1회 이상 조합의 업무집행 상황, 재산상태, 장부 및 서류 등을 감사하여 총회에 보고하여야 한다. 반기별 감사보고서는 이사회에, 반기별 감사보고서를 종합한 종합감사보고서는 정기총회에 각각 제출하여야 한다.

② 감사는 예고 없이 조합의 장부나 서류를 대조 확인할 수 있다.

③ 감사는 이사장 및 이사가 법령·정관·규약·규정 또는 총회의 의결에 반하여 업무를 집행한 때에는 이사회에 그 시정을 요구하여야 한다.

④ 감사는 총회 또는 이사회에 출석하여 의견을 진술할 수 있다.

⑤ 제1항 및 제2항의 감사보고서 제출에 있어서 감사가 2인 이상인 경우 감사의 의견이 일치하지 아니할 경우에는 각각 의견을 제출할 수 있다.

제43조(감사의 대표권) 조합이 이사장을 포함한 이사와 소송, 계약 등의 법률행위를 하는 때에는 감사가 조합을 대표한다.

제44조(임직원의 겸직금지) ① 이사장은 다른 조합의 이사장을 겸직할 수 없다.

② 이사장을 포함한 이사와 직원은 감사를 겸직할 수 없다.

③ 임원은 이 조합의 직원을 겸직할 수 없다. 다만, 조합원의 수가 10인 이하인 조합은 해당 기간 동안 그러하지 아니하다.

제45(직원의 임면등) ① 직원은 이사장이 임면한다. 다만, 간부직원은 이사회의 결의를 거쳐 이사장이 임면한다.

② 직원의 임면, 급여, 기타 직원에 관하여 필요한 사항은 규정으로 정할 수 있다.

제46조(사업의 종류) ① 이 조합은 그 목적을 달성하기 위하여 다음 각 호의 사업을 할 수 있다.

1. 조합원과 직원에 대한 상담, 교육·훈련 및 정보제공
1. 조합간 협력을 위한 사업
1. 조합의 홍보 및 지역사회를 위한 사업
1. 조합원 경영관리 자문 및 창업 컨설팅업
1. 조합원 창업 보육을 위한 사무실 임대 및 사무지원업
1. 조합원 예비창업자 및 조합원 기업 대상 경영등에 관련된 교육 및 훈련사업
1. 조합원 기업 각종 상품 유통판매 및 위탁판매사업과 관련된 통신판매 및 방문판매업

1. 위 각호에 관련된 부대사업

② 제1항에도 불구하고 조합은「통계법」제22조제1항에 따라 통계청장이 고시하는 한국표준산업분류에 의한 금융 및 보험업을 영위할 수 없다.

제47조(사업의 이용) 조합은 조합원이 아닌 자에게 조합의 사업을 이용하게 하여서는 아니 된다. 다만, 다음 각 호의 경우에는 조합원이 아닌 자도 사업을 이용할 수 있다.

1. 조합원으로 가입하도록 홍보하기 위하여 견본품을 유상 또는 무상으로 공급하는 경우. 다만, 조합이「사회서비스 이용 및 이용권 관리에 관한 법률」제2조제4호에 따른 사회서비스 제공자인 경우는 제외한다.
2. 공공기관·사회단체 등이 공익을 목적으로 주최하는 행사에 참여하는 경우
3. 조합이 정부, 지방자치단체 및「공공기관 운영에 관한 법률」제4조에 따른 공공기관과 공동으로 추진하는 사업에서 일반 국민이 해당 사업의 목적에 따라 사업을 이용하는 경우
4. 다른 법령에서 조합원이 아닌 자에게 의무적으로 물품을 공급하게 하거나 용역을 제공하도록 규정하는 경우
5. 천재지변이나 그 밖에 이와 유사한 긴급한 상황일 때 공중(公衆)에게 생활필수품 또는 용역을 공급하는 경우
6. 학교를 사업구역으로 하는 조합이 그 사업구역에 속하는 학생·교직원 및 학교 방문자를 상대로 물품을 공급하거나 용역을 제공하는 경우
7. 조합(「사회서비스 이용 및 이용권 관리에 관한 법률」제2조제4호에 따른 사회서비스 제공자에 해당하는 협동조합은 제외한다)이 가입을 홍보하기 위하여 시·도지사에게 신고하는 기간(이하 이 호에서 '홍보기간'이라 하며, 그 기간은 1년에 3개월을 넘지 못한다) 동안 전년도 총공급고(總供給高)의 100분의 5 범위에서 물품을 유상 또는 무상으로 공급하는 경우. 다만, 조합이 설립신고필증을 받은 날부터 1년(단위매장의 경우에는 매장 개장일부터 1년) 동안은 홍보기간이 6개월을 넘지 아니하는 범위에서 총공급고에 대한 제한 없이 물품을 유상 또는 무상으로 공급할 수 있다.
8. 조합원과 같은 가구에 속하는 자가 조합의 사업을 이용하는 경우

제48조(사업계획과 수지예산) ① 이사회는 매 회계연도 경과 후 3개월 이내에 해당 연도의 사업계획을 수립하고 동 계획의 집행에 필요한 수지예산을 편성하여 총회의 의결을 받아야 한다.

② 제1항에 따른 사업계획과 예산이 총회에서 확정될 때까지는 전년도 예산에 준하여 가예산을 편성하여 집행할 수 있다. 이 경우 총회의 사후 승인을 받아야 한다.

③ 이사회가 총회에서 확정된 사업계획과 예산을 변경한 때에는 차기 총회에서 사후 변경 승인을 받아야 한다.

제49조(회계연도 등) ① 조합의 회계연도는 매년 1월 1일부터 12월 31일까지로 한다.

② 조합의 회계는 일반회계와 특별회계로 구분하되, 당해 조합의 주 사업은 일반회계로 하고 그 외의 사업은 특별회계로 한다.

제50조 (재원조달) 당 조합의 수입금은 다음 각 호의 것으로 충당한다.

1.사업수익금, 2.기부금 및 후원금, 3.각종 보조금, 4. 전년도이월금, 5.기타 수입금

제51조 (출자 및 융자) 당 조합의 목적을 실현하기 위해 이사회의 결의로 외부단체의 출자나 융자를 받을 수 있다.

제52조(운영의 공개) ① 이사장은 결산결과의 공고 등 운영사항을 적극 공개하여야 한다.

② 이사장은 정관·규약·규정과 총회·이사회의 의사록, 회계장부 및 조합원 명부를 주된 사무소에 비치하여야 한다.

③ 결산보고서는 정기총회 7일 전까지 주된 사무소에 비치하여야 한다.

④ 조합원과 조합의 채권자는 이사장에게 제2항 및 제3항의 서류의 열람 또는 그 사본을 청구할 수 있다.

⑤ 이사장은 제4항의 청구가 있을 때에는 정당한 이유 없이 이를 거부하지 못한다.

⑥ 이사장은 결산일로부터 3개월 이내에 설립신고를 한 진주시·경상남도 또는 협동조합연합회의 홈페이지에 다음 각 호의 자료를 게재하여야 한다.

1. 정관, 규약, 규정
2. 사업계획서
3. 결산서
4. 조합원·직원 등에 대한 교육·홍보 실적
5. 총회, 대의원총회, 이사회의 활동 상황

제53조(법정적립금) ① 조합은 매 회계년도 결산의 결과 잉여금이 있는 때에는 자기자본의 3배가 될 때까지 잉여금의 100분의 10 이상을 적립하여야 한다.

② 제1항의 법정적립금은 손실금의 보전에 충당하거나 해산하는 경우 외에는 사용하여서는 아니 된다.

제54조(임의적립금) ① 조합은 매 회계연도의 잉여금에서 제53조에 따른 법정적립금을 빼고 나머지가 있을 때에는 총회에서 결정하는 바에 따라 매 회계연도 잉여금의 100분의 10이상을 임의적립금으로 적립할 수 있다.

② 임의적립금은 총회에서 결정하는 바에 따라 사업준비금, 사업개발비, 교육 등 특수목적을 위하여 지출할 수 있다.

제55조(손실금의 보전) 조합은 매 회계연도의 결산 결과 손실금(당기손실금을 말한다)이 발

생하면 미처분이월금, 임의적립금, 법정적립금 순으로 이를 보전하고, 보전 후에도 부족이 있을 때에는 이를 다음 회계연도에 이월한다.

제56조(잉여금의 배당 및 재투자 등) ① 조합은 제58조에 따른 손실금의 보전과 제53조 및 제54조의 법정적립금 및 임의적립금 등을 적립한 후에 잔여가 있을 때에는 총회의 결의로 조합원에게 잉여금을 배당할 수 있다.

② 제1항의 배당시 조합원별 배당금의 계산은 조합사업의 이용실적 또는 조합원이 납입한 출자액의 비율에 따라 이를 행한다. 이 경우 잉여배당금은 다음 각 호의 원칙을 준수하여야 한다.

1. 이용실적에 대한 배당은 전체 배당액의 100분의 50 이상이어야 한다.
2. 납입출자액에 대한 배당은 납입출자금의 100분의 10을 초과하여서는 아니 된다.

③ 잉여금배당의 방법, 절차 등은 규약으로 정한다.

④ 조합은 제58조에 따른 보전과 제56조 및 제57조에 따른 적립금 적립 및 제1항에 따른 배당을 실시한 후에 잔여가 있을 때에는 총회의 결의로 잉여금을 아래 각 호에 재투자하거나 다음 회계연도에 이월할 수 있다.

1. 사업확장, 시스템 구축 및 연구개발 등 사업을 위한 재투자
2. 근로자의 급여인상 및 수당지급, 기타 복리후생을 위한 사용
3. 저소득층 아동과 그 가족, 저소득 근로자를 위한 교육 불평등 해소 및 공익을 위한 지역 사회 서비스를 위해 사용
4. 지역 연계기관 등의 공익사업에 기부

제57조(출자금액의 감소의결) ① 조합은 부득이한 사유가 있을 때에는 조합원의 신청에 의하여 출자좌수를 감소할 수 있다.

② 조합은 출자 1좌의 금액 또는 출자좌수의 감소(이하 "출자감소"라 한다)를 총회에서 의결한 경우에는 그 의결을 한 날부터 14일 이내에 재무상태표를 작성한다.

③ 조합은 제1항에 따른 의결을 한 날부터 14일 이내에 채권자에 대하여 이의가 있으면 조합의 주된 사무소에 이를 서면으로 진술하라는 취지를 공고하고, 이미 알고 있는 채권자에게는 개별적으로 최고하여야 한다.

④ 제3항에 따른 이의신청 기간은 30일 이상으로 한다.

⑤ 그 밖의 출자좌수의 감소 절차와 방법에 관하여는 별도의 규약으로 정할 수 있다.

제58조(출자감소 의결에 대한 채권자의 이의) ① 채권자가 제57조의 이의신청 기간에 출자감소에 관한 의결에 대하여 이의를 신청하지 아니하면 출자 1좌 금액의 감소를 승인한 것으로 본다.

② 채권자가 이의를 신청하면 조합은 채무를 변제하거나 상당한 담보를 제공하여야 한다.

제59조(결산등) ① 조합은 정기총회일 7일 전까지 결산보고서(사업보고서, 재무상태표, 포괄손익계산서, 잉여금처분안 또는 손실금처리안 등을 말한다)를 감사에게 제출하여야 한다.

② 조합은 제1항에 따른 결산보고서와 감사의 의견서를 정기총회에 제출하여 승인을 받아야 한다.

제60조(합병과 분할) ① 조합은 합병계약서 또는 분할계획서를 작성한 후 총회의 의결을 얻어 합병 또는 분할할 수 있다.

② 합병 또는 분할로 인하여 존속 또는 새로 설립되는 조합은 합병 또는 분할로 인하여 소멸되는 조합의 권리·의무를 승계한다.

제61조(해산) ① 조합은 다음 각 호의 어느 하나에 해당하는 사유가 발생하였을 때에는 해산하고 해산절차는 민법 등 관련 법령에 의한다.

1. 총회의 의결
2. 합병·분할 또는 파산

② 이사장은 조합이 해산한 때에는 지체 없이 조합원에게 통지하고 공고하여야 한다.

제62조(청산인) ① 조합이 해산한 때에는 파산으로 인한 경우를 제외하고는 이사장이 청산인이 된다. 다만, 총회에서 다른 사람을 청산인으로 선임하였을 경우에는 그에 따른다.

② 청산인은 취임 후 지체 없이 재산상태를 조사하고 재산목록과 재무상태표를 작성하여 재산처분의 방법을 정하여 총회의 승인을 얻어야 한다.

③ 청산사무가 종결된 때에는 청산인은 지체 없이 결산보고서를 작성하여 총회의 승인을 얻어야 한다.

④ 제2항 및 제3항의 경우에 총회를 2회 이상 소집하여도 총회가 구성되지 아니할 때에는 출석 조합원 3분의 2 이상의 찬성이 있으면 총회의 승인이 있은 것으로 본다.

제63조(청산 잔여재산의 처리) ① 조합이 해산 후 채무를 변제하고 청산잔여재산이 있을 때에는 출자좌수의 비율에 따라 총회가 정한 산정방법에 의하여 이를 조합원에게 분배한다.

② 조합의 청산잔여재산은 총회에서 정하는 바에 따라 이 조합과 유사한 목적을 가진 비영리법인에 증여할 수 있다.

부 칙

이 정관은 진주시·경상남도지사의 신고서류 수리가 완료된 날부터 시행한다.

이상과 같이 "000협동조합"을 설립하기 위하여 정관을 작성하여 발기인 전원이 기명·날인한다.

2012년 12월 15일

발기인대표 정한솔 (590117-*******) (인)
경상남도 진주시 예술촌길 *************
출자좌수 150좌

발기인 김두솔 (600818-*******) (인)
경상남도 진주시 망경남길**************
출자좌수 150좌

발기인 김세솔 (700924-********) (인)
서울특별시 송파구 토성로 *****
(*****, *************)
출자좌수 150좌

발기인 박오솔 (681028-*******) (인)
경상남도 진주시 천수로 ****************
(주악동, ************)
출자좌수 25좌

발기인 성다솔 (661105-*******) (인)
경상남도 진주시 모덕로 ********
(상대동, *********)
출자좌수 25좌

창 립 총 회 의 사 록

1. 일시 및 장소

2013년 12월 27일 10:00, 경상남도 진주시 칠암동 150 11호관

2. 출석상황

발기인총수 : 5명,   출석발기인수 : 5명 전원참석

발기인대표 의장 정한솔은 정관규정에 따라 의장석에 등단하여 위와 같이 법정수에 달하는 발기인이 출석하였으므로 본 창립총회가 적법히 성립되었음을 알리고 개회를 선언한 후 다음의 의안을 부의하고 심의를 구하다.

제1호 의안 정관 승인의 건

의장은 본 조합의 설립함에 있어 정관 및 선거관리규약을 작성하고 이에 대하여 발기인들의 의견을 구한 바, 별첨 정관을 전원 이의 없이 이를 승인 가결하다.

제2호 의안 사업계획안 및 수입 · 지출 예산안 승인의 건

의장은 본 조합의 사업계획안 및 수입 · 지출예산안에 대하여 설명한 바, 발기인 전원이 신중히 토의한 결과 전원 이의 없이 이를 승인 가결하다.

제3호 의안 임원 선출의 건

의장은 당 조합의 주요업무를 수행할 이사들을 선임해야 한다는 취지를 상세히 설명한 바, 발기인 전원이 신중히 토의한 결과 만장일치로 다음 사람들을 당 법인의 이사 및 감사로 선임하다.

이 사 정한솔 (주민등록번호)
이 사 김두솔 (주민등록번호)
이 사 김세솔 (주민등록번호)
이 사 박오솔 (주민등록번호)
감 사 성다솔 (주민등록번호)
이 사 장 정한솔 (주민등록번호)

피선자들은 즉석에서 취임을 승낙하다.

제4호 의안 제1회 출자납입의 건

의장은 본 조합 설립당시의 제1회 출자납입에 대하여 심의를 요청한바, 별첨 출자자산 내역서와 같이 납입키로 전원일치 합의로 의결한다.

제5호 의안 주사무소의 소재장소의 건

의장은 조합의 주된 사무소는 진주시내에 두며, 이사회결의에 따라 필요한 곳에 지사무소를 둘 수 있다는 정관 제4조에 의거 본 조합의 주사무소 설치장소를 결정하자고 제의한 바, 전원 일치된 의견으로 다음의 장소에 사무소를 설치하기로 가결하였다.

현 사무소 주소지 : 경상남도 진주시 칠암동 150 11호관

제6호 의안 설립경비 등 설립에 필요한 사항의 건

의장은 본 조합의 설립준비 과정에서 전세보증금 2000만원, 기타 경비 500만원 등 약 2,500만원 가량의 설립경비가 소요되나 출자금이 조성되지 아니한 관계로 발기인대표가 지출하고, 추후 조합원 출자이후에 정산하는 것을 제안한 바, 전원 이의 없이 이를 승인 가결하다.

의장은 이상으로서 총회의 목적인 의안 전부의 심의를 종료하였으므로 폐회한다고 선언하다 (회의종료시각 10시 40분)

위 의사의 경과와 결의를 명확히 하기 위하여 이 의사록 3통을 작성하고 의장과 출석한 발기인이 다음과 같이 기명날인 또는 서명하다.

2013. 12. 27.

000협동조합

경상남도 진주시 칠암동 150 11호관
의장 겸 발기인 정한솔 (인)
발기인 김두솔 (인)
발기인 김세솔 (인)
발기인 박오솔 (인)
발기인 성다솔 (인)

취임승낙서

본인은 2013년 12월 27일에 개최한 창립총회에서 동 조합의 이사 겸 이사장으로 선임되었기 이에 그 취임을 승낙합니다.

2013년 12월 27일

정한솔 (주민등록번호)

경상남도 진주시 칠암동 150 11호관

000협동조합 발기인대표 귀하

■ 협동조합 기본법 시행규칙 [별지 제1호서식]

[0] 협동조합 / [] 협동조합연합회 설립신고서

※ 첨부서류를 확인하시기 바라며, 색상이 어두운 난은 신청인이 작성하지 않습니다.

접수번호	접수일	처리기간 30일

설립신고인	성 명(명칭) 정 한 솔 (000협동조합)	생년월일(사업자등록번호)
	주소 경상남도 진주시 칠암동 150 11호관	전화번호

신고내용	설립동의자 수	총 출 자 금 액	발기일 및 창립 총회 개최일
	5	50백만원	2013.12.12. 2013.12.27

법 인	조합명(연합회명) 000협동조합	전화번호
	소재지 경상남도 진주시 칠암동 150 11호관	
	이사장(회장) 성명 정 한 솔	주민등록번호 (외국인등록번호)
	주소 진주시 판문동	전화번호

협동조합 기본법」 제15조제1항 또는 제71조제1항에 따라 위와 같이 설립하였음을 신고합니다.

2013년 12 월 31 일

신고인 정 한 솔 (서명 또는 인)

기획재정부장관

시 · 도지사

귀하

첨부서류	1. 정관 사본 1부 2. 창립총회 의사록 사본 1부 3. 사업계획서 1부 4. 임원 명부(임원의 이력서 및 사진 첨부) 1부 5. 설립동의자 명부 1부 6. 수입 · 지출 예산서 1부 7. 출자 1좌당 금액과 조합원 또는 회원별로 인수하려는 출자 좌수를 적은 서류 1부 8. 창립총회 개최 공고문 1부 9. 합병 또는 분할을 의결한 총회 의사록[「협동조합 기본법」 제56조(제83조에서 준용하는 경우를 포함한다)에 따른 합병 또는 분할로 인하여 설립하는 경우에만 제출합니다) 1부	수수료 없 음

처리절차

설립신고서 작성	➔	접 수	➔	서류 확인 및 검 토	➔	결 재	➔	신고필증 교부
신고인		처리기관 (기획재정부장관 또는 시 · 도지사)		처리기관 (기획재정부장관 또는 시 · 도지사)		처리기관 (기획재정부장관 또는 시 · 도지사)		

210㎜×297㎜[백상지 80g/㎡(재활용품)]

■ 협동조합 기본법 시행규칙 [별지 제4호서식]

협동조합등 사업계획서

(제1쪽)

<table>
<tr><td rowspan="8">조직 개요</td><td colspan="2">조합명(연합회명)　000협동조합</td><td>업종(표준산업분류번호)서비스업(759919)</td></tr>
<tr><td colspan="2">설립 연월일　2013.12.</td><td>업태: 사업지원서비스업</td></tr>
<tr><td colspan="2">신고번호</td><td>사업자등록번호</td></tr>
<tr><td colspan="3">연합회 가입 현황(* 협동조합만 작성)</td></tr>
<tr><td rowspan="3">주소</td><td colspan="2">주사무소　경상남도 진주시 칠암동 150 11호관</td></tr>
<tr><td colspan="2">제1 지사무소</td></tr>
<tr><td colspan="2">제2 지사무소</td></tr>
<tr><td colspan="2">출자금　50 백만원</td><td></td></tr>
</table>

<table>
<tr><td rowspan="6">조직
연혁</td><td>연월일</td><td>주요내용</td></tr>
<tr><td>2013.12.12</td><td>발기인 모집</td></tr>
<tr><td>2013.12.15</td><td>정관작성</td></tr>
<tr><td>2013.12.18</td><td>설립동의자모집</td></tr>
<tr><td>2013.12.19</td><td>창립총회 개최공고</td></tr>
<tr><td>2013.12.27</td><td>창립총회결의</td></tr>
</table>

설립 목적	000협동조합(이하 '조합'이라 한다)은 자주적·자립적·자치적인 협동조합 활동을 통하여 구성원의 복리증진과 상부상조 및 국민경제의 균형 있는 발전에 기여하고, 기업가 정신을 겸비한 창업자 육성을 위하여 창업관련 교육, 경영, 지원정책, 컨설팅 등을 조합원에게 지원하고, 창업학 및 이와 관련된 학문의 연구와 실천을 통하여 기업의 성장발전과 조합원 상호간에 정보 공유를 통한 상생번영과 예비창업자들의 성공적인 창업을 지원함으로써 일자리를 창출하고 국가경제 발전에 기여함을 목적으로 한다.

의사결정 기구	[o]조합원 총회　[ ]대의원 총회　[o]이사회 ※ 중복 표시 가능

조직도	조합원총회 이사회 이사장---감사 컨설팅사업부, 보육사업부, 교육사업부, 유통사업부

<table>
<tr><td rowspan="6">임원현황</td><td>직위</td><td>성명</td><td>경력</td><td>직원 겸직 여부</td></tr>
<tr><td>이사장</td><td></td><td></td><td>부</td></tr>
<tr><td>이사</td><td></td><td></td><td>여</td></tr>
<tr><td>이사</td><td></td><td></td><td>부</td></tr>
<tr><td>이사</td><td></td><td></td><td>부</td></tr>
<tr><td>감사</td><td></td><td></td><td>부</td></tr>
</table>

조합원 현황 ※ 해당유형에만 표기	생산자	소비자	직원	자원봉사자	후원자	계
	명	5 명	명	명	명	5 명

직원현황	1　명

210㎜×297㎜[백상지 80g/㎡(재활용품)]

임 원 명 부

연번	직위	성명	주민등록번호	주 소	연락처	날 인
1	이사장					
2	이사					
3	이사					
4	이사					
5	감사					

위와 같이 상위 없음.

2013. 12. 27.

(가칭)000협동조합 (인)

경상남도 진주시 칠암동 150 11호관

발기인대표 정한솔

(가칭)000협동조합 설립취지문

000협동조합(이하 '조합'이라 한다)은 자주적·자립적·자치적인 협동조합 활동을 통하여 구성원의 복리증진과 상부상조 및 국민경제의 균형 있는 발전에 기여하고, 기업가 정신을 겸비한 창업자 육성을 위하여 창업관련 교육, 경영, 지원정책, 컨설팅 등을 조합원에게 지원하고, 창업학 및 이와 관련된 학문의 연구와 실천을 통하여 기업의 성장발전과 조합원 상호간에 정보 공유를 통한 상생번영과 예비창업자들의 성공적인 창업을 지원함으로써 일자리를 창출하고 국가경제 발전에 기여함을 목적으로 한다.

1. 조합원과 직원에 대한 상담, 교육·훈련 및 정보제공
1. 조합간 협력을 위한 사업
1. 조합의 홍보 및 지역사회를 위한 사업
1. 조합원 경영관리 자문 및 창업 컨설팅업
1. 조합원 창업 보육을 위한 사무실 임대 및 사무지원업
1. 조합원 예비창업자 및 조합원 기업 대상 경영등에 관련된 교육 및 훈련사업
1. 조합원 기업 각종 상품 유통판매 및 위탁판매사업과 관련된 통신판매 및 방문판매업
1. 위 각호에 관련된 부대사업

협동조합기본법이 시행에 따른 조합의 첫출발에 즈음하여 비록 출발은 보잘 것 없으나 조합이 지향하는 목적에 동의하는 발기인들이 힘을 합친다면 빠른 시일내 조합의 목적실현은 물론이고, 사회에 지대한 공헌을 할 수 있으리라는 믿음을 갖고 000협동조합의 첫 걸음을 힘차게 내딛고자 합니다.

2013 12월 18일

(가칭)000협동조합 발기인대표 정한솔

설립동의서

본인은 귀회가 발기한 000협동조합의 지향과 목적에 동의하며, 설립에 참여하고자 이에 동의서를 제출합니다.

2013년 12월 18일

정한솔 (주민등록번호)

경상남도 진주시 칠암동 150 11호관

(가칭)000협동조합 발기인대표　귀하

위 설립동의자는 본 조합의 설립목적에 동의하였음을 확인합니다.

2013년 12월 18일

(가칭)000협동조합 발기인대표 정한솔　(인)

설립동의자 명부

연번	성명	주민등록번호	주소	연락처	이해관계인
1	정한솔				조합원
2	김두솔				조합원
3	김세솔				조합원
4	박오솔				조합원
5	성다솔				조합원

사실과 상위 없음

2013년 12월 18일
창원지원협동조합
발기인대표 정한솔

협동조합등 수입 · 지출 예산서

회계연도: 2014년도

<table>
<tr><td rowspan="7">조직
개요</td><td colspan="2">조합명(연합회명) 000협동조합</td><td>업종(표준산업분류번호)서비스업(759919)</td></tr>
<tr><td colspan="2">설립 연월일</td><td>업태: 사업지원서비스업</td></tr>
<tr><td colspan="2">신고번호</td><td>사업자등록번호</td></tr>
<tr><td rowspan="3">주소</td><td colspan="2">주사무소 경상남도 진주시 칠암동 150 11호관</td></tr>
<tr><td colspan="2">제1 지사무소</td></tr>
<tr><td colspan="2">제2 지사무소</td></tr>
<tr><td colspan="2">출자금 50백만원</td><td></td></tr>
</table>

<table>
<tr><td colspan="3">수입 (단위: 원)</td><td colspan="3">지출 (단위: 원)</td></tr>
<tr><td colspan="2">구분</td><td>금액</td><td colspan="2">구분</td><td>금액</td></tr>
<tr><td colspan="2">① 전기이월금</td><td>0</td><td rowspan="3">①경상비</td><td>인건비</td><td></td></tr>
<tr><td rowspan="5">②사업수입</td><td>컨설팅사업</td><td></td><td>운영비</td><td></td></tr>
<tr><td>보육사업</td><td></td><td>소계</td><td></td></tr>
<tr><td>교육사업</td><td></td><td rowspan="5">②사업비</td><td>컨설팅사업경비</td><td></td></tr>
<tr><td>유통사업</td><td></td><td>보육사업경비</td><td></td></tr>
<tr><td>소계</td><td></td><td>교육사업경비</td><td></td></tr>
<tr><td rowspan="4">③ 사 업 외 수입</td><td>기부금</td><td></td><td>유통사업경비</td><td></td></tr>
<tr><td>지원금</td><td></td><td>소계</td><td></td></tr>
<tr><td>기타</td><td></td><td rowspan="5">③사업외 지출</td><td>기부금및출연금</td><td></td></tr>
<tr><td>소계</td><td></td><td>전세보증금</td><td></td></tr>
<tr><td rowspan="2">④ 출자금</td><td>설립시</td><td></td><td>인테리어비</td><td></td></tr>
<tr><td>설립후</td><td></td><td>집기비품비</td><td></td></tr>
<tr><td colspan="2">⑤ 차입금</td><td></td><td>소계</td><td></td></tr>
<tr><td colspan="2">⑥ 기타수입</td><td></td><td colspan="2">④ 출자금반환</td><td></td></tr>
<tr><td colspan="2"></td><td></td><td colspan="2">⑤ 임대료,관리비</td><td></td></tr>
<tr><td colspan="2"></td><td></td><td colspan="2">⑥ 설립비용 등</td><td></td></tr>
<tr><td colspan="2"></td><td></td><td colspan="2">⑦ 배당금</td><td></td></tr>
<tr><td colspan="2"></td><td></td><td colspan="2">⑧ 차기이월금</td><td></td></tr>
<tr><td colspan="2">합계</td><td></td><td colspan="2">합계</td><td></td></tr>
</table>

작성방법
예시된 항목 외의 수입 또는 지출항목이 있을 경우 모두 적습니다.

출자금인수확약서

1. 상호 : 000협동조합

2. 1좌의 금액 : 금 100,000원

3. 인수할 출자좌수 : 200좌

4. 인수할 출자금총액 : 금 20,000,000원

위 출자금을 발기인으로서 인수함을 확약합니다.

2013년 12월 18일

위 발기인 정한솔 (주민등록번호)

경상남도 진주시 칠암동 150 11호관

(가칭)000협동조합 발기인대표 귀하

위 발기인이 출자금을 인수한 사실을 확인합니다.

2013년 12월 18일

(가칭)000협동조합 발기인대표 정한솔 (인)

조합원 출자금인수 확인내역서

번호	조합원 성명	주민등록 번 호	주 소	좌 수	1좌금액 (원)	금 액 (원)
1	정한솔			200좌	100,000원	20,000,000원
2	김두솔					
3	김세솔					
4	박오솔					
5	성다솔					
			합 계			

위와 같이 상위 없음.

2013. 12. 18.

000협동조합 (인)

경상남도 진주시 칠암동 150 11호관

발기인대표 정한솔

000협동조합 창립총회 공고

본 조합의 발기인들이 그 동안 추진해 오던 000협동조합 법인설립을 위한 준비가 완료되어 협동조합기본법 제15조 및 동법 시행령 제6조에 의거하여 다음과 같이 창립총회를 개최합니다. 법인 설립에 동의해주신 여러 조합원님들은 총회에 꼭 참석하셔서 성원을 이뤄 주시기 바랍니다.

○ 일시 : 2013년 12월 27일 목요일 오전 10시

○ 장소 : 경남 진주시 칠암동 150 11호관

○ 참가자격: 000협동조합을 발기하고 설립에 동의한 자 또는 창업지원협동조합을 발기하고 설립에 동의하고 출자금 인수를 확약한 자. 단, 대리인은 다른 조합원 또는 본인과 동거하는 가족이어야 하며, 대리인이 대리할 수 있는 조합원의 수는 1인에 한한다.

○ 순서

- 의장 지명
- 성원보고 및 개회선언
- 의사록 서기와 서명 날인인 선임
- 의사 일정 확정
- 심의 의안

○ 안건

제1호 의안 - 정관 제정의 건

제2호 의안 - 초대 임원 선출의 건

제3호 의안 - 2014년도 사업계획 및 수입 · 지출예산안 승인의 건

제4호 의안 - 법인설립에 따른 제반사항 승인의 건

제5호 의안 - 기타 안건

2013년 12월 19일

000협동조합발기인회 발기인대표 정 한 솔

조합원가입신청서

본인은 귀 조합 정관 및 기타 규정을 준수하고 성실히 조합사업에 참여할 것을 약속하며 정관 제9조 1항의 규정에 의거 조합원 가입을 신청합니다.

2013년 12월 18일

위 신청인 정한솔 (주민등록번호) (인)

경상남도 진주시 칠암동 150 11호관

(출자좌수 200좌, 출자금총액 20,000,000원)

(가칭)000협동조합 발기인대표 귀하

위 신청인의 가입자격을 확인하고 가입승인을 통지함

2013년 12월 19일

(가칭)000협동조합 발기인대표 정한솔 (인)

창업법실무

제 6 편

전자상거래창업 관련법규

Ⅰ. 인터넷쇼핑몰(사이버몰)

Ⅱ. 통신판매중개

Ⅲ. 인터넷 도메인이름(Internet Domain Name)

Ⅳ. 전자상거래 소비자피해 구제방법

Ⅰ. 인터넷쇼핑몰(사이버몰)

1. 분류

1) 온라인쇼핑몰(단독몰)
2) 오픈마켓(입점형 사이버몰, 임대형 사이버몰, 통신판매중개사이트거래)

2. 옥션 창업

1) 일반옷가게와 인터넷옷가게의 차이

구 분	일 반 옷 가 게	인 터 넷 옷 가 게
판매물품 선정	물품의 선정 및 구색을 갖추어 준비	단품 또는 몇 종류의 물품준비
매장 확보	판매물품에 맞는 인테리어, 시설투자	인터넷가게 및 컴퓨터 등의 기본장비 확보
사업자등록	사업 시작할 때 사업자등록	사업자등록 및 통신판매업 신고
광고/홍보	홍보전단 제작 및 배포	인터넷광고를 통한 방문자 모집
상품 판매	매장에서 직접 판매	인터넷 주문 접수 후 택배 발송
일반 관리	매장 / 재고 / 비용 / 인원관리	인터넷 시스템을 통한 관리

2) 일반인터넷창업과 옥션창업의 사업 준비단계 차이

단 계 별 내 용	일반 인터넷 창업	옥션 창업
판매상품 결정	○	○
인터넷가게 이름 결정/도메인 등록	○	-
사업자등록증 내기/통신판매업 신고	○	○ (다만, 사업자회원이 아닌 일반회원 자격으로 물품을 판매할 경우에는 이를 하지 않아도 됨)
쇼핑몰 구축 형태 결정	○	-
쇼핑몰 구축	○	○
기본 컨텐츠 작업	○	-
인터넷가게 오픈	○	-
인터넷가게 홍보	○	-
상품 판매	○	○
(종 합)	절차가 복잡함	판매상품을 결정하고 상품등록 과정을 거쳐 곧바로 상품판매단계로 이동함

<table>
<tr><td colspan="4">□ 통신판매업신고서</td><td>처리기간
3일</td></tr>
<tr><td rowspan="9">신
고
인</td><td colspan="2">법인명 (상호)</td><td colspan="2">농업회사법인주식회사키위타운</td></tr>
<tr><td colspan="2">소 재 지</td><td colspan="2">경남 진주시 칠암동 123번지 시티-펄 8층(전화 742-1234)</td></tr>
<tr><td colspan="2">대표자 (성명)</td><td>윤 월 롱</td><td>주민등록번호 861129-1234567</td></tr>
<tr><td colspan="2">주 소</td><td colspan="2">경남 진주시 칠암동 1번지 (전화번호 :742-1234)</td></tr>
<tr><td colspan="2">전자우편주소</td><td colspan="2">kiwi@town.co.kr</td></tr>
<tr><td colspan="2">인터넷도메인이름</td><td colspan="2">http://www.kiwitown.co.kr</td></tr>
<tr><td colspan="2">호스트서버소재지</td><td colspan="2">경남 진주시 칠암동 123번지</td></tr>
<tr><td rowspan="2">참 고
사 항</td><td>판매방식</td><td colspan="2">TV홈쇼핑( ), 인터넷(○), 카다로그( ), 신문잡지( ), 기타( )</td></tr>
<tr><td>취급품목</td><td colspan="2">종합몰( ), 교육/도서/완구/오락( ), 가전( ), 컴퓨터/사무용품( ), 가구/수용품( ), 의류/패션/잡화/뷰티( ), 레저/여행/공연( ), 건강/식품(○), 성인/성인용품( ), 자동차/자동차용품( ), 상품권( ), 기타( )</td></tr>
</table>

전자상거래등에서의소비자보호에관한법률 제12조제1항, 동법시행령 제13조 및 동법시행규칙 제8조제1항의 규정에 의하여 위와 같이 신고합니다.

2011년 11월 10일

신고인 : 윤 월 롱 (인)

※ 위 신고인과 동일인이 아닐 경우에만 기재합니다.

공 정 거 래 위 원 회
귀하
시장 · 군수 · 구청장

수수료
없 음

※ 구비서류

1. 사업자등록증 사본 1부(신규로 통신판매업 신고를 하는 경우에는 신고증 교부일부터 30일 이내에 제출합니다)
2. 법인등기부등본 1부(법인인 경우에 한합니다. 다만, 법인의 설립등기 전에 신고를 하는 경우에는 발기인의 주민등록표등본 1부를 제출합니다)

3) 옥션의 경매 절차

(1) 물품 등록

'경매로 팔기'에서 일반경매나 공동경매, 고정가 판매 방식 중 하나를 선택하여 물품을 등록한다. 판매자는 구매자들에게 등록물품을 잘 노출시킬 수 있도록 다양한 부가서비스를 이용할 수 있다.

(2) 경매 진행

물품 등록과정에서 선택한 기간 동안 경매가 이루어진다. 이 과정에서 판매자는 게시판을 통하여 올라오는 구매자의 질문사항에 성실히 답을 해주어야 판매가 효과적으로 이루어진다.

(3) 입찰

등록된 물품과 가격, 판매자의 신용도를 보고 구매자들이 경매에 참여한다. 경매가 종료되기 이전에 물품구입을 희망하는 구매자는 '즉시구매'로 물품을 구입할 수 있다.

(4) 낙찰

일반경매의 경우 판매수량 만큼 최고입찰가 순으로 참여한 구매자에게 낙찰된다.

(5) 입금/카드결재

물품이 낙찰되면 구매자는 물품대금을 입금한다. My Auction '입금요망' 페이지에서 「결제하기」 버튼을 클릭하고 물품을 받을 수령지 주소와 입금방법을 선택할 수 있다. 낙찰 후 7일(공휴일 제외)이 지나도록 입금확인이 되지 않으면 구매거부로 경매가 취소된다.

(6) 결제 통보

옥션은 구매자가 정상적으로 입금하였다는 것을 판매자에게 통보한다.

(7) 포장/배송

판매자는 구매자의 입금이 확인되면 최대한 빨리 물품을 발송한다. 구매자의 입장에서는 물품을 얼마나 빨리 받는지가 서비스 만족도와 직결되는 경우가 많다. 입금확인 후 7일(공휴일 제외)이 지나도록 물품을 발송하지 않으면 판매거부로 경매가 취소된다.

(8) 물품 수령

낙찰된 물품을 택배나 우편으로 받는다. 구매자는 물품을 확인하고 물품과 서비스에 대하여 '구매만족도'와 '옥션토크'를 이용하여 '구매평가'를 한다. 구매만족도, 옥션토크 등의 구매자에 의한 판매자의 평가 정보는 다른 구매자들이 언제든지 열람할 수 있는 정보이다. 즉 판매자의 신뢰도와 직접적으로 연결이 되는 부분이다. 이러한 이유 때문에 판매자는 물품을 판매한 구매자로부터 좋은 평가를 받고자 노력해야만 한다. 판매자의 구매평가 정보는 판매자 ID를 클릭하면 신용도와 함께 확인할 수 있다.

(9) 경매 취소/환불

물품에 이상이 있거나 구매의사가 변경될 경우에는 경매를 취소하고 환불을 요구할 수 있다. 다만, 구매거부를 하면 구매자도 구매 신용점수에 벌점이 부과되며, 구매거부 3회 시 회원자격이 정지된다.

(10) 송금

판매대금은 구매자의 '구매결정' 후 2일 이내(토요일, 공휴일 제외)에 사전 요청한 통장계좌로 입금된다.

(11) 종료

경매 전 과정이 완료된다.

4) 옥션의 회원가입 두 가지

(1) 개인 회원

- 개인 회원이란 사업을 목적으로 하지 않고 개인적으로 물품을 구매하거나 판매하려는 회원
- 주민등록번호와 실명으로 가입
- 실명인증을 받은 20세 이상 성인이거나 보호자의 동의를 받은 14세 이상 ~ 20세 미만의 미성년자이면 가입 가능

(2) 사업자 회원

- 사업자등록번호와 사업자명으로 가입
- 실명인증을 받은 20세 이상 성인으로서 사업자등록증을 갖춘 개인 또는 법인이면 사업자회원으로 가입 가능
- 사업자 회원은 의무적으로 통신판매 신고를 관할구청에 하여야 함
- 사업자등록증이 여러 개이면 등록증 수만큼 ID를 부여받을 수 있음
- 가입 방법 : 온라인을 통하여 가입한 후, 사업자등록증 등 관련 서류를 옥션으로 보내 승인 받으면 된다. 옥션에서는 서류 접수 후 10일 이내에 가입을 승인하여 회원가입 시 입력한 이메일로 '사업자 회원 승인완료' 메일을 보낸다. 판매자는 이 때부터 사업자회원으로 정상적인 활동이 가능해진다.
- 승인을 위한 증빙서류 : 사업자등록증 사본, 개인/법인 인감증명서 원본, 대표이사 또는 업체명으로 개설된 통장 사본(판매대금 송금계좌)

(3) 개인 회원에서 사업자 회원으로의 전환

- 사업자 회원가입에 필요한 자격이 갖추어지면 언제든지 전환이 가능하다.

- 개인 회원에서 누적된 판매, 구매실적 및 신용도를 그대로 반영할 수도 있다(옥션 ID를 동일하게 사용하는 경우에 한함).
- 전환방법은 본인 My Auction 내의 '나의 회원정보' 페이지에서 가능하다.

5) 옥션의 판매방식

(1) 일반경매

판매자가 설정한 판매기간 동안 물품의 '시작가'를 두고 구매자들의 입찰을 통하여 입찰가격이 높은 순으로 물품을 판매하는 가장 일반적인 경매방식이다. 그런데 일반경매는 물품을 즉시 필요로 하는 구매자들에게는 경매가 종료될 때까지 대응할 수가 없기 때문에 즉시구매가를 판매자가 선택적으로 제시할 수 있어 경매종료 이전에도 판매할 수 있도록 되어 있다.

(2) 고정가 판매

고정가 판매는 판매기간 동안 판매가능 수량만큼 구매자들이 바로 구매할 수 있도록 한 방식이다. 고정가 판매는 경매방식이 아니므로 시작가가 없으며 즉시구매가만을 판매자가 결정하여 물품을 등록한다.

(3) 공동경매

공동경매는 입찰자가 많아지면 판매가격이 떨어지는 판매방식으로 3단계로 판매자가 물품의 판매가격을 정할 수 있으며, 일정 인원이 입찰에 참여하여 최저가에 도달한 물품은 구매자들이 바로 구매할 수 있는 것이 특징이다.

6) 판매방식별 활용방법

구 분	장 점	단 점	적합한 판매물품
순수경매	- 중고제품을 포함하여 시장에서 가격이 명확하지 않은 제품도 판매 가능 - 입찰여부에 따라 지속적으로 판매가격 상승 - 저가 낙찰에 따른 기대심리로 노출 효과 증대 - 경매에 참여하는 즐거움 제공	- 경매기간이 끝나도록 기다려야 함 - 저가에 낙찰될 가능성 상존	- 처분목적의 중고제품 - 시장성 판단 및 홍보가 요구되는 시장진입 초기 제품 - 쇠퇴기에 접어든 처분제품
즉시구매가 가능한 경매	- 경매와 고정가의 장점을 두루 갖춤 - 옥션 내부에서 가장 많은 노출 제공 - 원가손실 부담을 최소화 하면서 입찰에 의한 기대수익 추구	- 즉시구매가 설정에 의한 가격 상승 제한	- 처분목적의 중고제품 - 시장성 판단 및 홍보가 요구되는 시장진입 제품 - 유행이나 계절에 민감한 시즌 상품

고정가 판매	- 기다리지 않고 원하는 제품을 바로 구매할 수 있음 - 고정가판매로 원가손실의 염려가 없음 - 구매 프로세스가 간단하여 초보 구매자에게 적합한 방식	- 상품거래의 재미가 반감 - 저가 낙찰의 기대 심리 저하	- 쇠퇴기에 접어든 처분 제품 - 유행이나 계절에 민감한 시즌 상품 - 시장에서 가격 통제가 심한 상품
공동경매	- 상대적으로 싼 이미지 - 대량판매 - 공동경매 베스트 노출 기회	- 경매 참여의 제한 - 추가 수수료 지불	- 철 지난 상품의 처분 - 이월재고상품의 판매 - 가격경쟁력 가진 계절 상품의 대량 판매

Ⅱ. 통신판매중개

1. 개념

ㅇ 통신판매중개라 함은 '사이버몰(컴퓨터 등과 정보통신설비를 이용하여 재화 등을 거래할 수 있도록 설정된 가상의 영업장을 말한다)의 이용을 허락하거나 그 밖에 총리령이 정하는 방법에 의하여 거래 당사자 간의 통신 판매를 알선하는 행위를 말한다.'(전자상거래소비자보호법 제2조제4호)

ㅇ "사이버몰"은 취급상품의 범위에 따라 '종합몰'과 '전문몰'로 구분할 수 있다.

ㅇ 운영형태에 따라 '온라인몰'과 '온·오프라인 병행몰' 등으로 구분할 수 있다.

ㅇ 법적으로 의미 있는 분류

① 단독몰(온라인쇼핑몰) : 자신의 상품만을 판매하는 형태, 오프라인 상의 개별상점에 비유할 수 있다.

② 입점형 사이버몰(오픈마켓, 임대형 사이버몰) : 사이버몰 운영사가 별도로 존재하고 다수의 개별입점업체가 각자 자기의 상품을 판매, 오프라인 상의 백화점과 유사하다.

ㅇ 전자상거래소비자보호법 제2조제3호와 제4호에서 통신판매업자와 통신판매중개자를 구분하고 있는 바, 이는 '단독몰'과 '입점형 사이버몰'을 염두에 둔 규정이라 할 것이다.

ㅇ 대법원도 사업자가 직접 상품구매, 재고관리, 물류, 판매 등을 하는 경우와 사업자가 이러한 일을 하지 않는 경우로 나누어 후자를 '임대형 사이버몰'이란 용어를 사용하고 있는 점에서도 '단독몰'과 '입점형 사이버몰'의 구분을 염두에 두고 있다고 평가한다.

2. 통신판매중개자의 법적 지위

1) 통신판매중개자는 인터넷상의 경매중개서비스를 통하여 입찰과 낙찰의 방식으로 판매자와 구매자 사이에서 거래가 이루어질 수 있도록 알선하고 수수료를 받는 자이다.

2) 상사중개인

ㅇ 통신판매중개자가 경매사이트를 통하여 상인과 상인 간에 또는 상인과 비상인 간에 쌍방적 상행위 또는 일방적 상행위가 되는 거래가 이루어지도록 한 경우에 그 통신판매중개자는 상사중개인에 해당한다.

ㅇ 이렇게 통신판매중개자가 상사중개인이 되는 경우에는 상인으로서 상법총칙과 상행위 통칙 및 상법상 중개인의 권리와 의무에 관하여 규정하고 있는 상법 제94조 내지 제100조의 규정이 적용된다.

ㅇ 그러나 인터넷의 특성으로 인하여 통신판매중개자에 대하여는 일반 상사중개인에 관한 규정이 동일하게 적용될 수는 없다.

- 상법은 경매의 목적물에 관한 분쟁을 방지하고 또한 분쟁이 발생한 경우에 증거로 사용하기 위하여 상사중개인에게 견품보관의무를 부과하고 있으나(상법 제95조) 인터넷 거래의 특성상 인터넷경매인은 경매 대상물의 견품을 받지 않으므로 원칙적으로 견품보관의무는 없다. 다만, 인터넷경매에서 판매인이 제품사진을 등록하는 경우가 있는데 이는 견품과 유사한 성질의 것으로 보아야 할 것이다. 또한 제품의 성능과 품질에 대한 설명도 견품과 유사한 것으로 보아 판매인이 게시한 물품의 사진 및 설명자료의 전자문서를 보존할 의무가 인터넷경매인에게 있다고 보아야 할 것이다.
- 상사중개인은 성명 또는 상호의 묵비의무 및 개입의무를 부담한다(상법 제99조). 이에 반해 인터넷경매인은 약관의 규정에 의하여 판매인과 구매인간의 이행에 관한 책임을 배제하고 있으므로 당사자 중의 일방의 성명 또는 상호를 묵비해서는 아니 된다.
- 일반 상사중개인은 판매인과 구매인 사이에 매매계약이 성립된 때에는 지체 없이 그 계약이 성립되었음을 확인하는 결약서를 각 당사자에게 교부하여야 한다(상법 제96조 제1항). 다만, 인터넷경매인은 판매인과 구매인에게 낙찰확인 메일을 발송하고 게시판에 '낙찰' 여부를 게시함으로써 결약서 교부의무를 다한 것으로 볼 수 있을 것이다. 또한 약관에 매매보호장치가 규정되어 있는 경우에는 인터넷경매인은 당사자를 위하여 대금을 지급받을 수 있다(상법 제94조 단서).

3) 민사중개인

ㅇ 통신판매중개자가 경매사이트를 통하여 상행위 이외의 거래가 이루어지도록 한 경우에는 그 통신판매중개자는 민사중개인이 된다.

ㅇ 민사중개에 관하여는 민법에 규정이 없기 때문에 그 적용법규는 판례와 학설에 의하여 정해질 수밖에 없다.

ㅇ 판례와 통설은 민사중개의 법적 성질을 위임으로 보고 민사중개인에 대하여 민법상의

위임 규정을 준용하여야 한다고 한다. 따라서 통신판매중개자는 선량한 관리자의 주의로서 위임사무를 처리할 의무를 부담한다(민법 제681조).

3. 통신판매중개자와 입점업체와의 법률관계

- ㅇ 인터넷쇼핑몰이 특정된 물건을 직접 판매하는 경우에는 계약 당사자는 소비자와 인터넷쇼핑몰이 되므로 양자간에 법률문제가 발생한다.
- ㅇ 그런데 그 물건이 인터넷쇼핑몰이 판매하는 것이 아니라 통신판매중개사이트에 입점한 업체(이하에서는 '입점업체'라고 하기로 한다)가 판매하는 경우에는 소비자와 통신판매중개자, 입점업체 3자의 구도로 된다.
- ㅇ 이 문제는 구체적으로 전자거래의 소비자가 피해를 입은 경우 소비자는 통신판매중개자와 입점업체 중 누구를 상대로 채무불이행책임이나 불법행위책임을 물을 수 있는가의 문제와 관련이 있다.

4. 통신판매중개자의 책임

1) 전자상거래소비자보호법

- ㅇ 통신판매중개자는 입점업체가 독자적으로 제공하는 재화·용역에 의하여 소비자와 행하는 거래에 대해서 보증책임을 지지 않는다는 뜻을 통신판매중개사이트에서 명시한 경우에는 그 거래에 대한 보증책임을 지지 않는다고 전자상거래소비자보호법에서 규정하고 있다.
- ㅇ 거의 모든 통신판매중개자는 이를 이용약관에 명시하거나 홈페이지 초기화면에 게시하는 방법으로 자신들의 책임을 회피할 수 있는 근거를 두고 있다.
- ㅇ 통신판매중개자의 책임(제20조)
  - 통신판매중개자가 재화등을 판매함에 있어서 책임이 없다는 사실을 약정하지 아니하거나 미리 고지하지 아니하고 통신판매의 중개를 한 경우에는 당해 통신판매와 관련하여 통신판매의 중개를 의뢰한 자의 고의 또는 과실로 소비자에게 발생한 재산상의 손해에 대하여 그 통신판매중개자는 중개를 의뢰한 자와 연대하여 배상할 책임을 진다.
  - 통신판매중개자에게 통신판매의 중개를 의뢰한 사업자는 통신판매중개자의 고의 또는 과실로 인하여 소비자에게 발생한 재산상 손해에 대하여 중개자의 행위라는 이유로 면책되지 아니한다. 다만, 소비자에게 피해가 가지 아니하도록 상당한 주의를 기울인 경우에는 그러하지 아니하다.

2) 문제점

- 실제 거래시에 판매자 신분이 사업자인지, 개인인지 확인이 안 되어 사후 피해구제가 불명확하고, 이들의 신용도 확인이 어려우며, 상품의 특성상 중고품, 위조품, 견본 등 신뢰성이 떨어지는 상품도 많은 관계로 구매선택을 위한 상품정보 표시는 절실히 필요함에도 불구하고 관련 규정이 미비하여 선택정보로서 제구실을 하지 못하고 있다.
- 소비자는 우선 거래상대방이 통신판매중개자가 아니라 해당 사이트를 통해 제품 등을 판매하는 판매자라는 사실에 주의하여야 한다. 왜냐하면 대부분의 통신판매중개사이트들은 광고내용, 제품의 품질, A/S 등에 대해 책임을 지지 않기 때문에 판매자와 직접 문제를 해결해야 하기 때문이다. 또한 통신판매중개사이트를 통해 개인 판매자와 거래하게 되는 경우 청약철회권 등이 제한될 수 있다는 사실도 유념해야 한다.
- 이러한 문제점들이 있으면 소비자보호를 위해서는 우선 현행 전자상거래소비자보호법이 통신판매중개자의 책임을 강화하는 방향으로 개정될 필요가 있다.
- 판매자의 신원정보를 제공함으로써 직거래 유도 및 이에 따른 문제발생(거래 수수료 수익 감소 포함) 때문에 신원정보 제공을 꺼리는 경향이 있기도 하지만, 통신판매중개자는 소비자에게 중요한 정보의 하나인 판매자의 신용도, 신원정보 등을 적극 제공하여야 하며, 특히 소비자 피해구제의 기준으로서 판매자가 법인사업자인지, 개인사업자인지, 순수개인인지에 대한 정보를 공식적으로 제공할 필요가 있다는 견해가 있다.
- 이와 관련하여 전자상거래소비자보호법 제20조제4항은 '통신판매중개자는 통신판매의 중개를 의뢰한 사업자의 신원에 관한 정보를 열람할 수 있는 방법을 소비자에게 제공하여야 하고 통신판매의 중개를 의뢰한 자가 사업자가 아닌 경우에는 주소·전화번호 등 대통령령이 정하는 사항에 관하여 통신판매의 중개 대상이 되는 거래의 당사자들에게 거래상대방에 대한 정보를 열람할 수 있는 방법을 제공하여야 한다.'고 규정하고 있다.
- 전자상거래소비자보호법 제24조제2항은 선불식 전자상거래의 안전성을 확보하기 위하여 판매자(통신판매업자)로 하여금 소비자가 원하는 경우에는 소비자가 상품 등을 공급받을 때까지 그 결제대금을 제3자에게 예치하도록 하거나, 판매자(통신판매업자) 본인이 소비자피해보상보험계약 등을 체결하도록 규정하고 있다.
- 그런데 통신판매중개사이트는 판매자(통신판매업자)가 아닌 통신판매중개자이어서 전자상거래소비자보호법 제24조제2항의 규정을 적용할 수 없다. 물론 통신판매중개자도 통신판매중개업자로서 전술한 바와 같이 전자상거래소비자보호법 제20조에 따른 책임을 부담하지만 대부분의 통신판매중개자는 미리 통신판매중개사이트에서 책임이 없음을 약관에 명시하여 고지함으로써 판매자의 고의 또는 과실에 따른 소비자피해에 대해서 책임을 지지 않고 있다.

ㅇ 그런데 사실상 통신판매중개사이트를 이용하는 소비자들은 통신판매중개자의 경제적인 신용상태를 신뢰하고 상품을 구입하고 있다. 따라서 전자상거래소비자보호법은 전자거래에서 발생할 수 있는 소비자피해의 방지 및 보호라는 측면에서 볼 때 소비자가 자신이 입은 피해를 충분히 배상받을 수 있는 제도적 장치를 마련하여야 함에도 불구하고 이러한 장치의 마련 없이 통신판매중개자에게 면책의 가능성을 열어 준 것은 비판받아 마땅하다고 할 것이다. 그러므로 통신판매중개자도 소비자피해의 구제에 있어서 일정한 기능을 수행하는 제도적 뒷받침이 필요하다는 견해가 있다.

Ⅲ. 인터넷 도메인이름(Internet Domain Name)

1. 도메인이름의 정의

우리가 다른 사람에게 전화를 걸기 위하여 전화가 전화망에 연결되어 있어야 하고, 그 사람의 전화번호를 알고 있어야 한다. 마찬가지로 인터넷에 연결된 다른 컴퓨터와 통신을 하기 위해서는 컴퓨터가 인터넷에 연결되어 있어야 하고 컴퓨터의 주소를 알고 있어야 한다. 컴퓨터의 주소는 숫자로 표현된 주소(IP주소)와 영문이름으로 표현된 주소 2가지가 있다. 숫자로 표현된 IP주소는 도트로 구분되어 4단계(예:123.234.56.7)로 표시한다. 이 숫자로 표현된 주소는 전세계적으로 중복되지 않도록 사용한다. 숫자로 표현된 주소를 인터넷 IP주소라 한다. 그러나 인터넷 사용자들이 다른 컴퓨터와 통신을 위해서 이렇게 숫자로 표현된 주소를 사용하게 되면, 주소를 이해하기 힘들고 기억하기가 어렵다. 따라서 숫자로 표현된 주소대신에 영문으로 표현된 주소를 사용할 수 있도록 하였다. 영문으로 표현된 주소는 우리가 실생활에서 사용하는 영문단어로 구성되어 있어 인터넷 사용자들이 편리하게 다른 컴퓨터와 통신을 할 수 있다. 영문으로 표현된 주소는 도트로 구분되어 여러 단계로 구성되어 있는데 이를 인터넷 도메인(domain)이라고 하고, 도메인이름이란 호스트에 대한 이름과 주소를 지칭하는 용어이다. 인터넷 도메인이름은 인터넷에 연결된 전세계의 어떠한 컴퓨터와도 통신을 가능하게 한다.

인터넷상에서 단체나 개인이 할당받은 일정영역에 붙여진 명칭으로 도메인이름 그 자체는 홈페이지의 주소를 나타내는 것이다. 즉 호스트에 대한 이름과 주소를 지칭하는 용어라고 할 수 있다. 예컨대 gntech.ac.kr라는 도메인이름이라 하면 gntech은 교명이고, ac는 교육기관, kr은 경남과기대가 한국에 소재하고 있다는 것을 알 수 있도록 한 것이다.

2. 도메인이름 체계 및 관리

최상위 도메인(TLD)으로는 com, net, org, edu, gov, mil, int 등 인터넷 초창기부터 사용되

던 7개의 일반도메인과 인터넷이 국제화되면서 ISO3166에 의거하여 세계의 각 국가들을 두 자리 영문약자로 표현한 약 243여개의 국가도메인을 포함하여 전세계적으로 약 250여개의 최상위 도메인이 있다.

국가 도메인 kr은 한국을 대표하는 최상위 도메인이며, jp는 일본, fr은 프랑스를 의미한다. 각 국가들은 서로 다른 최상위 도메인을 사용하며, 최상위 도메인별로 도메인 이름 체계 및 등록원칙이 다를 수 있다. 최상위 도메인이 com인 경우 aaa, bbb, ccc 등 2단계에서 도메인 신청자가 원하는 이름을 사용할 수 있으며, 최상위 도메인이 kr인 경우 2단계 도메인은 기관을 분류(co, or, ac 등)하기 위해서 미리 정의된 이름을 사용하며, 3단계에서 aaa, bbb, nic 등 도메인 신청자가 원하는 이름을 사용할 수 있다.

일반적으로 도메인 이름의 등록 및 관리는 NIC(Network Information Center)에서 수행한다. jp도메인은 일본의 JPNIC에서 관리하며, com, org, net, edu, gov 등은 미국 InterNIC에서 관리한다. 그러나 국가 도메인 중에서 국가 NIC이 있는 경우 국가 NIC에서 도메인을 관리하지만 국가 NIC이 없는 경우에는 미국 국제정보망센터(InterNIC)에서 도메인을 대신 관리해 준다.

우리나라에서 "인터넷주소관리기관"이란 인터넷주소의 할당·등록 등과 관련된 업무를 수행하는「정보통신망 이용촉진 및 정보보호 등에 관한 법률」제52조에 따른 한국인터넷진흥원(이하 "인터넷진흥원"이라 한다)과 인터넷진흥원으로부터 인터넷주소 관리업무를 위탁받은 법인 및 단체를 말한다(인터넷주소 자원에 관한 법률 제2조제3호)

- 분쟁조정기구 : 인터넷주소분쟁조정위원회(인터넷주소자원법 제16조)

3. 문제점

인터넷을 통한 서비스업자들이 많은 고객을 확보하기 위하여 일반인들이 기억하기 쉬운 도메인이름을 등록하는데 있어 주지성 있는 저명상표를 이용하는 경우가 많다는데 문제가 있다. 도메인이름과 상표권을 둘러싼 분쟁이 발생한 경우에 쟁점은 상표법상 침해행위를 구성하는지 여부, 부정경쟁 방지 및 영업비밀 보호에 관한 법률(이하 '부정경쟁방지법'이라고 한다)에 위반되는지 여부와 인터넷주소자원법에 위반되는지 여부이다.

4, 상표법상 침해행위를 구성하는 경우

1) 미국의 연방상표희석화법

도메인이름 등록자와 유명상표의 상표권자간의 분쟁 해결을 위해 미국은 1996년 1월 16일에 연방상표희석화(稀釋化)법(The Federal Trade-mark Dilution Act of 1995)을 제정하였다. 이 법은 유명상표에 대한 희석화 행위에 대하여 연방법원이 관할권을 행사할 수 있는 근거를 마련해 주고 있으며, 희석화 행위를 '상품 또는 서비스를 식별하고 구분하는 저명상표의 능력을 감소시키는 행위'라고 정의하고 있다. 저명상표의 권리자는 다른 사람이 저명 상표를 그 상표의 권리자의 허락 없이 사용함으로써 그 상표의 독특한 성격을 희석화한 경우에는 법원이 금지명령 외에 금전배상 및 침해물품의 폐기를 명할 수 있도록 하였다. 또한 법원이 희석화 이론에 의한 소송에서 고려해야 할 사항을 상세히 열거하고 있는데 주로 주지성(周知性) 여부에 관한 요소에 중점을 두고 있다. 연방상표희석화법은 저명상표를 이용한 인터넷 주소 사용을 억제하는 효과가 있을 것으로 예측하고 있다.

영미법상의 상표희석화이론에 따르면 등록 상표가 저명한 경우에는 도메인이름의 보유자의 영업과 전혀 상이하더라도 동일한 문자를 도메인이름으로 사용함으로써 상표의 가치가 희석화된다고 볼 수 있는 경우에는 상표권 침해로 인정될 수 있을 것이다. 다수의 영미 판례는 등록해서 사용하는 것을 상표권의 침해로 인정하고 있다.

2) 우리나라의 경우

상표법상 상표권자만이 등록상표를 지정상품에 사용할 권리를 독점하므로 상표권자 이외의 자가 정당한 권한 없이 등록상표와 동일 또는 유사한 상표를 사용하는 경우에는 상표권 침해행위가 된다(동법 제66조). 따라서 도메인이름을 등록하여 사용하는 것이 상표권 침해행위로 되는지 여부가 문제로 된다.

도메인이름의 분쟁에 대해 혼동가능성에 기한 상표법을 적용하는데 문제점이 있는가에 대해 다음과 같이 견해가 나뉜다. 먼저 도메인이름을 상품이나 서비스와 관련하여서는 사용하지 아니하고 단지 도메인이름을 등록하여 보유하고 있거나 상품이나 서비스의 거래는 하지 않고 일반적 목적의 웹사이트만 운영한다면 이는 전자주소의 등록에 불과하므로 등록된 상표나 서비스표와 동일하게 취급할 수는 없다는 견해가 있다. 이 경우에는 상표의 사용이 인정되지 않으므로 도메인이름의 유사만으로 상표권의 침해가 인정된다는 것이다. 이에 반해 인터넷상의 광고는 일반 광고와 달리 취급할 이유가 없는 바 타인의 등록상표와 동일 또는 유사한 도메인이름을 사용하는 것은 상표의 사용이며 상표권의 침해를 구성할 수 있다고 보는 견해도 있다.

생각건대 도메인이름은 단순한 주소에 불과한 것이 아니며, 주소 이상의 기능을 행사한다. 그 소유자가 누구인지를 밝혀 주며, 유명한 상표로 구성된 인터넷주소는 상표로서 가지는 모든 가치를 포함하고 있으며 그것이 인터넷에서 사용된다고 하여 상표에 기초한 보호를 받지 못한다고 해서는 안 된다. 즉 도메인이름은 실제 상표가 일정한 기능을 수행하는 것과 동일한 기능을 수행한다. 이렇게 도메인이름은 상표와 마찬가지로 특정한 인터넷 사이트와 관계된 상품이나 서비스의 출처와 품질을 나타내 주므로 상표권자 이외의 자에 의하여 사용되는 경우에는 소비자들의 착오나 혼동을 불러일으킬 수 있다. 또한 도메인이름은 제공되는 상품이나 서비스의 출처를 나타내 주는 중요한 기능을 행사한다. 따라서 도메인이름은 상표로서 보호되어야 하고 다른 상표를 침해할 수 있다는 것이 인정되어야 하므로 도메인이름은 정보통신기술이 만들어 낸 특수한 무체재산권으로 상표권에 가장 유사한 위치에 있다. 그러므로 상표법은 도메인이름과 관련하여 적절한 구제수단이 될 수 있다. 우리나라 특허청은 도메인이름을 상표로서 등록까지 시켜주고 있다. 우리나라는 아래에서 살펴보는 바와 같이 타인의 상표와 동일한 도메인이름을 등록한 후 이를 사용하지 않고 이득을 얻을 목적으로 보유하는 것을 금지한다고 하여 이 문제를 입법적으로 해결하였다. 다만, 이러한 논리에 따를 경우 등록상표권자만 우선적으로 보호하는 결과가 될 수도 있다. 그로 인해 상표권자 등의 부당한 권리남용이 있는 경우에도 도메인이름 등록인의 권리는 보호받지 못하게 되는 모순이 발생할 수 있다. 따라서 지나치게 상표권 등의 보호에 치중함으로써 도메인이름의 활용과 사회적 기능 내지 효용이 감소되지 않도록 도메인이름 등록인에 대한 보호에 보다 더 신중을 기할 필요가 있다.

만약 상표법 제66조상의 상표권 침해행위에 해당하는 경우에는 상표권을 침해당한 자는 침해자에 대하여 침해행위의 중지청구, 손해배상청구 등을 제기할 수 있다.

5. 부정경쟁방지 및 영업비밀보호에 관한 법률 위반이 되는 경우

우리나라도 근래에 도메인이름과 상호, 상표와의 관계로 분쟁이 다발하자 2001년 2월 3일 부정경쟁방지법을 개정하여 동법 제2조 제1호 다목에 희석화와 관련된 조항을 도입하였으며(혼동방지 + 손상방지), 2004년 1월 20일에는 동법 제22조 제1호 아목에 사이버스쿼팅 방지 조항을 추가하였다.

도메인이름의 무단점유를 제재하기 위하여 부정경쟁방지법은 “정당한 권원이 없는 자가 ①상표 등 표지에 대하여 정당한 권원이 있는 자 또는 제3자에게 판매하거나 대여할 목적, ②정당한 권원이 있는 자의 도메인이름의 등록 및 사용을 방해할 목적, ③그 밖의 상업적 이익을 얻을 목적으로, 국내에 널리 인식된 타인의 성명·상호·상표 그 밖의 표지와 동일하거나 유사한 도메인이름을 등록·보유·이전 또는 사용하는 행위를 부정경쟁행위의 하나로 추가하여 소위 사이버스쿼팅(cybersquatting) 행위를 금지하고 있다(동법 제2조 제1호 아목). 한편 인터넷주소자원법에서도 이와 같은 도메인이름의 무단점유를 금지하는 규정을 두고 있다(동법 제12조).

이러한 부정경쟁행위로 인하여 자신의 영업상의 이익이 침해되거나 침해 우려가 있는 자는 부정경쟁행위를 한 자에 대하여 그러한 행위의 금지청구, 손해배상청구, 신용회복청구 등을 할 수 있다(동법 제6조).

1) .com, .net과 같은 gTLD(general Top Level Domain-국제적으로 사용되는 최상위도메인)에 관한 분쟁의 처리

세계지식재산권기구(WIPO)는 1999년에 통일된 도메인분쟁해결정책(UDRP : Uniform Domain Name Dispute Resolution Policy)을 만들었다. 인터넷주소관리기구(ICANN : Internet Corp. for Assigned Names and Numbers)는 도메인이름의 등록 및 사용과 관련한 분쟁의 해결방안으로서 UDRP를 채택하여 1999. 12월부터 적용해 오고 있다. UDRP는 법원의 판결에 의하지 않는 간편하고 신속한 분쟁해결절차를 규정하고 있다.

상표권 분쟁이 자주 발생하는 "com"도메인 주소는 미국의 국제정보방센터(InterNic) 산하에 있는 NSI(Network Solutions Inc.)에서 발급신청을 받고 등록 및 발급관리업무를 담당하고 있다.

도메인이름의 등록이 사이버스쿼팅으로 입증될 경우, 강제행정절차(Mandatory Administrative Proceeding)에 따라 당해 도메인이름의 등록을 직권으로 말소시키거나 정당한 권리자에게 양도하도록 명하고 있다(UDRP 3). 강제행정절차는 ICANN이 승인한 4개기관 즉, 세계지적재산권기구의 중재조정센터(WIPO Arbitration and Mediation Center), 전미국가중재위원회National Arbitration Forum, NAF), DeC(Disputes.org / eResolution Consortium), CPR(CPR Institute for Dispute Resolution) 중에서 이의신청인이 신청서를 제출한 기관이 행하게 된다(UDRP 4.d). 이들 4개의 기관은 모두 UDRP와 그 절차 규정(Rules for UDRP)에 따라 분쟁을 처리한다(UDRP 1).

도메인이름이 강제행정절차의 대상이 되기 위해서는, (ⅰ) 도메인이름이 이의신청인의 상표 또는 서비스표와 동일하거나 혼동을 초래할 만큼 유사할 것(your domain name is identical or confusingly similar to a trademark or service mark in which the complaint has rights), (ⅱ) 도메인이름의 선점자가 도메인이름에 관한 정당한 법률상 이익이 없을 것(you have no rights of legitimate interests in respect of the domain name), (ⅲ) 도메인이름의 선점자가 악의로 등록되고 사용되었을 것(your domain name has been registered and is being used in bad faith) 등 3가지 요건이 필요하다 (UDRP 4.a). 강제행정절차는 1인 또는 3인의 Panelist로 구성되는 Administrative Panel에 의해 수행되며 판정(Decision)이 나기까지는 통상 3 내지 4개월이 소요된다. UDRP에 의한 판정은 도메인이름의 말소나 양도명령에 국한되며(UDRP 4.i), 도메인이름의 등록기관은 동 판정에 기속된다(UDRP 3).

2) .co.kr과 같은 ccTLD(country code Top Level Domain)에 관한 분쟁의 처리

각국의 국가도메인에 대한 분쟁처리는 각국에 위임되어 있다. 우리나라는 인터넷주소자원법에 따라 한국인터넷진흥원이 도메인이름의 등록 업무를 담당하고 있다. 한국인터넷진흥원

의 도메인이름 등록의 일반원칙은 다음과 같다. 즉 1) 선접수 우선등록주의, 2) 도메인이름의 상업적 거래 불허, 3) 도메인이름에 대한 적법성 여부에 대하여 책임을 지지 않음, 4) 상호등록증에 대하여는 상호에 관계되는 명칭을 사용하기를 권고함, 5) 상표등록증에 대한 도메인이름 등록 신청은 상표에 관계되는 영문이름 또는 영문약자를 신청해야 한다는 것 등이다.

☞ 법원의 판결에 의한 처리

우리나라의 인터넷주소자원법 제12조 제1항은 "누구든지 정당한 권원이 있는 자의 도메인이름등의 등록을 방해하거나 정당한 권원이 있는 자로부터 부당한 이득을 얻을 목적으로 도메인이름 등을 등록하여서는 아니된다."고 규정하고 있으며 동조 제2항은 "정당한 권원이 있는 자는 제1항의 규정을 위반하여 도메인이름 등을 등록한 자에 대하여 법원에 그 도메인이름 등의 등록말소를 청구할 수 있다."고 규정하고 있다. 따라서 한국인터넷정보진흥원은 도메인이름 등록의 정당성 여부에 대한 심사의 권한이 없고, 오직 법원의 판결이나 중재판정에 전적으로 기속 될 뿐이다.

☞ 법원의 판례동향

우리나라에는 UDRP를 참고하여 이와 유사한 강제행정절차를 제정하기 위해 준비하고 있으나, 아직까지 도메인이름의 분쟁에 관한 통일적 규범이 없다. 따라서 우리나라의 ccTLD에 관한 분쟁은 주로 제3자에 의한 ccTLD의 무단 등록 및 사용이 상표법상 상표권의 침해나 부정경쟁방지법상 부정경쟁행위에 해당하는지 여부가 문제로 되고 있다. 도메인이름의 사이버스쿼팅 문제와 관련하여 우리나라 법원이 도메인이름의 말소를 명한 판결로는 샤넬판결, 하이마트판결, 비아그라판결이 있고, 도메인이름의 말소청구를 배척한 판결로는 롤스로이스판결 및 주연테크판결이 있다.

위 판결에서 법원은 국내외에서 주지, 저명한 타인의 상호나 상표를 자신의 도메인이름으로 무단 등록하였다 하더라도 이를 동종 또는 유사한 업종에 상업적으로 사용한 경우에만 도메인이름의 사용 중지와 등록 말소를 명하였다. 반면에, 도메인 등록만 해놓고 실제로는 전혀 사용하지 않거나, 사용하더라도 비상업적, 비영리적으로만 사용하는 경우, 또는 상품이나 영업 출처의 오인, 혼동 가능성이 없는 비유사 업종에 사용하는 경우에는 사용 중지와 등록 말소 청구를 배척하였다.

① 도메인이름의 말소를 명한 판결

- 샤넬 사건

이 판결은 도메인이름과 관련한 최초의 판결이다. 저명한 샤넬(chanel)이라는 상표와 동일한 "chanel"을 "chanel.co.kr"이라는 도메인이름으로 등록하고, 홈페이지에

"Chanel International" 또는 "샤넬 인터네셔널"이라는 상호를 표시하고, 샤넬 제품이 연상되는 상품을 전자상거래에서 취급한 사건이다. 이러한 행위는 부정경쟁방지법 위반에 해당한다고 판시하여 피고가 'chanel.co.kr'이라는 도메인이름을 사용해서는 안 된다고 판결하였다(서울지법 1999.10.8. 선고, 99가합41812판결).

- 하이마트 사건

원고는 약 10년간 '하이마트(HI-MART)'라는 상호로 가전제품 판매업을 하여 신청인의 가전제품 판매업을 표시하는 상표로 널리 인식되었는데, 피고가 "himart.co.kr"이라는 도메인네임을 등록한 뒤 위 도메인이름에 개설된 홈페이지에서 전자주문방식에 의한 가전제품판매업을 하면서 위 홈페이지 및 그 하위 사이트 화면에 'Himart'라는 표시를 하고 "webmaster@himart.co.kr"이라는 전자우편주소를 사용하였다. 이에 법원은 피고가 등록한 도메인이름의 일부인 'Himart'는 신청인의 상호인 'HI-MART'와 거의 동일한 것으로 인식되고, 위 도메인이름에 개설한 홈페이지에서 판매한 것은 원고의 영업과 동일한 가전제품이며, 피고의 홈페이지에 'Himart'라는 상호를 계속 나타나게 하여 접속하는 소비자에게 이를 원고의 상호로 인식시켰기 때문에 당해 홈페이지를 통한 가전제품의 판매는 원고에 의하여 이루어지거나 최소한 원고와 어떤 관련이 있는 것이 아닌가 하는 혼동을 초래할 것으로 보여지므로 원고에 대한 부정행위를 인정하여 피고의 도메인이름과 전자우편주소의 사용 및 홈페이지에의 표기를 금지시켰다(서울지법 1999.11.24. 선고, 99카합2819결정 ; 서울지법 2000.11.14. 선고, 2000고단5178판결 ; 서울지법 2000.11.17. 선고, 99가합88101판결).

- 비아그라 사건

원고:화이자프로덕츠인크와 화이자프로덕츠인크의 자회사인 한국화이자주식회사
피고:'vigra.co.kr' 도메인이름을 이용하여 건강식품을 판매하는 영업을 한 자

1999년 지방법원 판결(서울지법 1999.11.18,99가합8863판결)	- 피고들의 행위가 혼동을 초래하는 부정경쟁행위가 아니며, 현행법 체계하에서는 희석화에 관한 주장을 받아들일 수 없다는 이유로 원고패소판결을 내렸다. - 피고들이 원고의 등록상표인 "Viagra", "비아그라"와 동일한 것을 도메인이름으로 등록하여 생칡즙 등의 건강식품을 판매하였는데 생칡즙, 칡수 등의 건강식품은 위 상표의 발기기능장애 치료제인 비아그라와 같은 의약품과는 그 기능이 상이하고 그 차이가 일반인에게 널리 인식되어 있으므로 위 상품과는 유사상품이라고 보기 어렵고, 도메인이름 등록과 홈페이지의 이용만으로 등록상표권을 침해하였다고 보기 어렵다고 판시하였다. 아울러 부정경쟁행위에도 해당하지 않는다고 보았다.

2001년 고등법원 판결	- 피고들이 행위가 혼동을 초래하는 부정경쟁행위이며, 상표의 식별력을 손상시키는 부정경쟁행위라는 이유로 원고승소판결을 내렸다. - 저명상표가 생칡즙이라는 상품에 사용됨으로써 그 상표의 식별력이 손상되었다고 판결하였다(간명한 논리 전개). -4구 당구게임의 원칙적인 득점방법과 유사
2004년 대법원 판결	- 피고들의 행위가 혼동을 초래하는 부정경쟁행위는 아니지만, 상표의 식별력을 손상시키는 부정경쟁행위라는 이유로 원고승소판결을 내렸다. - 도메인이름 자체가 곧바로 상품의 출처를 표시하는 것은 아니지만, 피고들의 행위는 저명상표와 유사한 상표를 영업활동에 사용하는 행위이며, 이러한 피고들의 영리행위로 인하여 저명상표의 출처 표시기능이 손상되었다고 판결하였다(복잡한 논리 전개). - 당구의 스리쿠션의 득점방법과 비슷

- 결론 : 비아그라 사건에서 피고들은 영리를 목적으로 사이트를 운영하였는데, 이 'vigra'라는 저명상표를 자신들의 건강식품을 나타내는 상표로 이용한 행위로 판단할 수 있다. 이렇게 생각한다면 고등법원의 판결과 논리적으로 일치하게 된다. 이 사건에서 저명상표의 식별력이 손상되었다는 대법원의 판결과 결론적으로 동일하다. 그러나 결론에 도달하기 위한 과정이란 측면에서는 대법원 판결보다 간명한 방법이다.

② 도메인이름의 말소청구를 배척한 판결(롤스로이스 사건)

o 원고 : 롤스로이스(ROLLS-ROYCE) 피엘씨<PLC(Public Limited Company : 공개유한책임회사>는 자동차, 항공기 및 관련부품을 제조하여 ROLLS-ROYCE라는 상표를 이용하여 판매하는 영국법인으로 한국에서 ROLLS-ROYCE 등을 상표로 등록하여 사용하고 있었다. 원고의 상표는 오랜 기간 동안 자동차 분야에서 우수한 품질의 제품을 판매함으로써 세계적으로 유명한 업체로 성장한 원고의 영업 또는 그 상품을 지칭하는 상표로서 우리나라에서도 널리 알려져 있었다.

o 피고 : 'rollc-royce.co.kr'이라는 도메인이름으로 된 웹사이트를 운영하면서 이 웹사이트에 PROFILE, 항공기, 특허정보, 구매관련, 게시판의 항목을 두고 있었으며, 원고에게 이 도메인이름의 양도에 대가로 금전을 요구하였다.

o 대법원판결(2004.2.13. 선고 2001다57709 판결) : 원고 패소

- 대법원은 저명한 상호나 상표를 영업과 관련하여 사용하는 경우 부정경쟁방지법상 영업주체 혼동행위를 방지하기 위한 규정이 적용된다고 하였다. 또한 저명한 상호나 상표를 상업적으로 사용하는 경우 부정경쟁방지법상 식별력이나 명성의 손상을 방지하기 위한 규정이 적용된다고 하였다.
- 그런데 도메인이름의 양도에 대한 대가로 금전을 요구하는 행위는 도메인이름을 상품 또는 영업을 표시하는 상호 또는 상표로 사용한 것이 아니라고 판단하고 있다.

따라서 피고의 행위가 부정경쟁방지법상 영업주체의 혼동행위 또는 식별력 또는 명성의 손상행위에 해당하지 아니한다고 판결하였다.

- ㅇ 사이버스쿼팅(Cybersquatting)행위를 금지하는 부정경쟁방지법의 개정법은 2004. 1월 개정 후 6개월이 경과한 날부터 시행되었는데, 본 대법원판결은 2004년 2월에 있었다.

③ 사이버스쿼팅행위 금지(입법적 해결)

- ㅇ 통상 사이버스쿼팅이란 상표권자가 아닌 자가 유명한 상표와 동일하거나 유사한 도메인이름을 등록한 후 그 도메인이름을 상표권자가 가장 높은 가격을 제시하는 자에게 매도하려는 행위를 말한다.
- ㅇ 타인의 상표와 동일한 도메인이름을 등록하면서 이를 사용하지 않고 이득을 얻을 목적으로 보유하는 소위 도메인이름의 무단점유행위(사이버스쿼팅행위)는 위에서 살펴본 부정경쟁방지법 및 인터넷주소자원법 규정에 의하여 명문으로 금지된다.

※ 부정경쟁방지법의 개정과 상표권의 보호범위

개정	상표권의 보호 범위
2001년 개정 이전	혼동방지규정에 의하여 상표권 보호 - 동법 제2조 제1호 가목, 나목 1. "부정경쟁행위"라 함은 그 목적의 여하를 불문하고 다음 각목의 1에 해당하는 행위를 말한다. 가. 국내에 널리 인식된 타인의 성명·상호·상표·상품의 용기·포장 기타 타인의 상품임을 표시한 표지와 동일하거나 이와 유사한 것을 사용하거나 이러한 것을 사용한 상품을 판매·반포 또는 수입· 수출하여 타인의 싱품과 혼동을 하게 하는 행위 나. 국내에 널리 인식된 타인의 성명·상호·표장 기타 타인의 영업임을 표시하는 표지와 동일하거나 이와 유사한 것을 사용하여 타인의 영업상의 시설 또는 활동과 혼동을 하게 하는 행위
2001년 2월 3일 개정	혼동방지규정과 손상방지규정에 의하여 상표권 보호 - 동법 제2조 제1호 다목 1. "부정경쟁행위"라 함은 그 목적의 여하를 불문하고 다음 각목의 1에 해당하는 행위를 말한다. 다. 가목 또는 나목의 규정에 의한 혼동을 하게 하는 행위외에 비상업적 사용 등 대통령령이 정하는 정당한 사유없이 국내에 널리 인식된 타인의 성명·상호·상표·상품의 용기·포장 그 밖에 타인의 상품 또는 영업임을 표시한 표지와 동일하거나 이와 유사한 것을 사용하거나 이러한 것을 사용한 상품을 판매·반포 또는 수입·수출하여 타인의 표식의 식별력이나 명성을 손상하게 하는 행위
2004년 개정	혼동방지규정, 손상방지규정 및 사이버스쿼팅방지규정에 의하여 상표권 보호

- 개정일 : 2004.1.20 - 시행일 : 공포 후 6개월 경과한 날부터 시행	- 동법 제2조 제1호 아목 1. "부정경쟁행위"라 함은 다음 각목의 1에 해당하는 행위를 말한다. 아. 정당한 권원이 없는 자가 다음의 어느 하나의 목적으로 국내에 널리 인식된 타인의 성명·상호·상표 그 밖의 표지와 동일하거나 유사한 도메인이름을 등록·보유·이전 또는 사용하는 행위 (1)상표 등 표지에 대하여 정당한 권원이 있는 자 또는 제3자에게 판매하거나 대여할 목적 (2)정당한 권원이 있는 자의 도메인이름의 등록 및 사용을 방해할 목적 (3)그 밖의 상업적 이익을 얻을 목적

(3) 대 책

시간이 경과하면서 법적으로 상표권의 보호범위가 확장되는 것을 볼 수 있다. 인터넷상에서 기업경영을 하고자 하는 기업은 자기 상표를 타인이 도메인네임으로 선점하지 않도록 명칭을 결정한 후 즉시 등록 절차를 밟는 것이 중요하다. 나아가 도메인네임에 대응하는 등록상표가 있으면 더욱 안전하다.

6. 상표법과 부정경쟁방지법의 상호관계

일반적으로 상표법은 부정경쟁방지법에 대하여 특별법적인 지위에 있다. 부정경쟁행위에 대하여 상표법에 다른 규정이 있으면 상표법에 따르며(부정경쟁방지법 제15조), 상표의 침해는 부정경쟁행위보다 그 형사적인 제재가 엄격하고(상표법 제93조, 부정경쟁방지법 제18조 제3항), 형사적인 제재가 민사적인 구제수단보다 효과적이다. 이런 점들을 고려한다면 상표법을 우선적으로 적용하여 분쟁을 해결하는 것이 법이론적으로나 실무적으로 적합하다.

CASE 1

1 문제

제3자가 우리회사 서비스표를 .com 혹은 .net 형태의 도메인으로 등록하였는데, 등록말소를 청구할 수 있는가?

2 답

도메인 이름의 등록 말소를 청구할 수 있다.

타인의 서비스표를 도메인 이름으로 등록한 경우의 분쟁은 주로 그 등록 사이트를 통해 어떤 영업활동을 수행하고 그 사이트의 영업활동이 서비스표권자의 영업활동인 것으로 혼동을 일으키는 경우에 많이 일어난다. 이러한 경우에 상표법, 부정경쟁방지 법, 상법 등의 관련

규정이 적용된다.

귀하(귀사)의 경우에는 귀하의 서비스표가 특허청에 등록되어 있고 도메인 이름이 귀하의 서비스표와 동일•유사하며 상대방이 해당 사이트를 통해 귀하의 등록서비스표의 지정서비스업과 동일 또는 유사한 영업을 하고 있으므로 상표법 제65조에 근거하여 도메인 이름의 등록말소를 청구할 수 있다. 이때 서비스표 등의 사용자에게 부정한 목적이 있는지, 수요자들 사이에서 실제로 혼동이 있는지 여부는 따질 필요가 없다. 그리고 동법 제69조에 의해서 손해배상과 함께 또는 그에 갈음하는 신용회복청구 등을 할 수 있다. 그리고 상표권 침해행위자는 동법 제93조에 의해서 7년 이하의 징역 또는 1억원 이하의 벌금에 처해지게 된다.

CASE 2

1 문제

제3자가 우리회사 상호를 한글키워드로 등록하였는데 등록 말소 청구할 수 있는가?

2 답

귀하는 타인이 등록한 한글키워드의 말소를 청구할 수 있다.

타인의 상호를 한글키워드로 등록한 경우의 분쟁은 주로 그 등록 사이트를 통해 어떤 영업활동을 수행하고 그것이 원래의 상호권자가 하는 영업으로 혼동을 일으키는 경우에 많이 일어난다. 이러한 경우에 상표법, 부정경쟁방지법, 상법 등의 관련 규정이 적용되게 된다. 그러나 예외적으로는 사이트를 통한 영업활동을 하지 않는 경우에도 부정경쟁방지법 제2조 제1호 다목에서 정하는 희석화 방지규정의 적용을 받는 경우가 있을 수 있다.

부정경쟁방지법에서 보호되는 상호는 본점의 소재지에 있는 등기소에 등록되어 있지 않아도 되지만 귀하의 사업에 대한 표지로서 국내에 널리 알려진 것이어야 한다.

또한 귀하가 부정경쟁방지법에 의하여 한글키워드의 등록 말소를 청구하기 위해서는 키워드를 등록한 자가 그 키워드로 접속되는 사이트를 통해 영업을 하거나 광고를 하는 등 상업적인 사용을 하여 마치 귀하(회사)가 그 사이트를 운영하거나 아니면 귀하와 그 사이트 사이에 거래상, 경제상 또는 조직상 일정한 관계가 있는 것처럼 소비자들 사이에 혼동을 일으키게 하는 행위를 하거나 아니면 정당한 사유 없이 귀하의 상호가 가지는 식별력이나 명성을 손상시키는 행위(희석화 행위)를 하여야 한다(부정경쟁방지법 제2조).

귀하의 경우 키워드를 등록한 자가 그 키워드를 사용하여 영업을 하거나 광고를 하는 등 상업적인 사용을 하여 귀하가 그 사이트를 직접 운영하는 것처럼 거래자나 수요자 사이에 혼동을 일으키고 있으므로 부정경쟁방지법에 의해서 상대방이 등록한 한글키워드의 말소를 청구할 수 있다.

7. 인터넷주소자원에 관한 법률[시행 2013.3.23]미래창조과학부(인터넷정책과)

제1장 총칙 <개정 2009.6.9>

제1조(목적) 이 법은 인터넷주소자원의 개발·이용을 촉진하고 인터넷주소자원의 안정적인 관리체계를 구축함으로써 인터넷 이용자의 편익을 증진하고 국가사회의 정보화에 이바지함을 목적으로 한다.

제2조(정의) 이 법에서 사용하는 용어의 뜻은 다음과 같다.

1. "인터넷주소"란 인터넷에서 국제표준방식 또는 국가표준방식에 의하여 일정한 통신규약에 따라 특정 정보시스템을 식별하여 접근할 수 있도록 하는 숫자·문자·부호 또는 이들의 조합으로 구성되는 정보체계로서 다음 각 목의 어느 하나에 해당하는 것을 말한다.
   가. 인터넷 프로토콜(protocol) 주소: 인터넷에서 컴퓨터 및 정보통신설비가 인식하도록 만들어진 것
   나. 도메인(domain)이름: 인터넷에서 인터넷 프로토콜 주소를 사람이 기억하기 쉽도록 하기 위하여 만들어진 것
   다. 그 밖에 대통령령으로 정하는 것
2. "인터넷주소자원"이란 인터넷주소 및 인터넷주소의 사용에 필요한 정보·설비·기술 등의 자원을 말한다.
3. "인터넷주소관리기관"이란 인터넷주소의 할당·등록 등과 관련된 업무를 수행하는 「정보통신망 이용촉진 및 정보보호 등에 관한 법률」 제52조에 따른 한국인터넷진흥원(이하 "인터넷진흥원"이라 한다)과 인터넷진흥원으로부터 인터넷주소 관리업무를 위탁받은 법인 및 단체를 말한다.
4. "인터넷주소의 사용자"란 인터넷에서 컴퓨터 등 정보시스템을 식별하기 위하여 인터넷주소관리기관으로부터 인터넷 프로토콜 주소를 할당받거나 인터넷주소관리기관·인터넷주소관리대행자 또는 최상위도메인등록업체(이하 "인터넷주소관리기관등"이라 한다)에 도메인이름 또는 제1호다목의 인터넷주소(이하 "도메인이름등"이라 한다)를 등록한 자를 말한다.
5. "개인정보"란 「정보통신망 이용촉진 및 정보보호 등에 관한 법률」 제2조제1항제6호에 따른 개인정보를 말한다.
6. "인터넷주소관리대행자"란 인터넷주소의 할당 또는 등록에 관한 업무의 일부를 대행하기 위하여 제14조제1항에 따라 인터넷주소관리기관이 선정한 자를 말한다.

7. “최상위도메인등록업체”란 일반최상위도메인 또는 국가코드최상위도메인(대한민국 국가코드 최상위도메인은 제외한다)의 등록업무를 대행하는 업체를 말한다. [전문개정 2009.6.9]

제3조(국가의 책무) ① 국가는 인터넷주소자원의 개발과 이용을 촉진하고 인터넷주소가 공정하고 적절하게 사용될 수 있도록 노력하여야 한다.

② 국가는 인터넷주소자원 관련 정책이 투명하고 민주적으로 수립·시행되도록 노력하여야 한다. [전문개정 2009.6.9]

제4조(적용범위) 이 법은 대한민국에서 할당되는 인터넷 프로토콜 주소와 대한민국에서 등록·보유 또는 사용되는 도메인이름등의 인터넷주소자원에 대하여 적용한다. [전문개정 2009.6.9]

제2장 인터넷주소자원에 관한 정책의 추진 등

제5조(기본계획의 수립·시행) ① 미래창조과학부장관은 인터넷주소자원의 개발과 이용촉진 및 관리에 관한 기본계획(이하 “기본계획”이라 한다)을 수립·시행하여야 한다. <개정 2013.3.23>

② 기본계획에는 다음 각 호의 사항이 포함되어야 한다.

1. 인터넷주소자원의 개발·이용촉진 및 관리를 위한 기본목표
2. 인터넷주소자원의 현황과 수급에 관한 사항
3. 인터넷주소자원의 개발과 표준화에 관한 사항
4. 인터넷주소의 사용자 보호와 분쟁해결에 관한 사항
5. 인터넷주소자원과 관련한 국가·지방자치단체 및 민간의 협력에 관한 사항
6. 인터넷주소자원과 관련된 국제협력에 관한 사항
7. 인터넷주소자원의 개발과 이용촉진 및 관리를 위한 재원의 조달 및 운용에 관한 사항
8. 그 밖에 인터넷주소자원의 개발과 이용촉진 및 관리에 관한 사항

③ 미래창조과학부장관은 기본계획을 수립하는 때에는 제6조에 따른 인터넷주소정책심의위원회의 심의를 거쳐야 한다. <개정 2013.3.23>

④ 기본계획의 수립과 시행 등에 필요한 사항은 대통령령으로 정한다. [전문개정 2009.6.9]

제6조(인터넷주소정책심의위원회) ① 인터넷주소자원에 관한 정책 등을 심의하기 위하여 미래창조과학부 소속으로 인터넷주소정책심의위원회(이하 “심의위원회”라 한다)를 둔다. <개정 2013.3.23>

② 심의위원회는 다음 각 호의 사항을 심의한다.

1. 기본계획의 수립·시행에 관한 사항
2. 제9조에 따른 인터넷주소관리기관 업무위탁의 승인에 관한 사항
3. 제13조에 따른 인터넷주소관리준칙의 승인에 관한 사항
4. 인터넷주소와 관련된 분쟁의 해결을 위한 주요 정책에 관한 사항
5. 인터넷주소자원과 관련된 주요 국제협력에 관한 사항
6. 그 밖에 인터넷주소자원과 관련된 주요 정책사항으로서 위원장이 부의하는 사항

③ 심의위원회는 위원장을 포함한 10명 이내의 위원으로 구성하고, 위원장은 위원 중에서 호선한다.

④ 심의위원회의 위원은 인터넷주소자원에 관한 학식과 경험이 풍부한 자로서 다음 각 호의 어느 하나에 해당하는 자 중에서 미래창조과학부장관이 위촉 또는 지명한다. <개정 2013.3.23>

1. 3급 이상의 공무원 또는 이에 상당하는 공공기관의 직에 있거나 있었던 자
2. 판사·검사·변호사 또는 변리사의 직에 10년 이상 있거나 있었던 자
3. 대학이나 공인된 연구기관에서 부교수 이상 또는 이에 상당하는 직에 5년 이상 있거나 있었던 자로서 정보통신분야를 전공한 자
4. 정보통신관련 기업의 임원의 직에 5년 이상 있거나 있었던 자
5. 정보통신관련 단체 또는 기관의 대표자의 직에 있거나 있었던 자
6. 그 밖에 위와 동등한 자격이 있다고 미래창조과학부장관이 인정하는 자

⑤ 심의위원회의 구성 및 운영 등에 관하여 필요한 사항은 대통령령으로 정한다. [전문개정 2009.6.9]

제7조(인터넷주소자원의 개발 및 표준화) ① 미래창조과학부장관은 인터넷주소자원의 지속적 개발과 표준화를 위하여 필요한 시책을 수립·시행하여야 한다. <개정 2013.3.23>

② 미래창조과학부장관은 민간부문에서 추진하는 인터넷주소자원의 연구개발과 표준화사업에 재정적·행정적·기술적 지원을 할 수 있다. <개정 2013.3.23>

③ 제1항과 제2항에 따른 인터넷주소자원의 연구개발 및 표준화에 관한 시책의 수립·시행 및 지원에 필요한 사항은 대통령령으로 정한다. [전문개정 2009.6.9]

제8조(인터넷주소자원에 관한 국제협력) ① 미래창조과학부장관은 인터넷을 안정적으로 운영하고 인터넷주소자원을 확충하기 위하여 다른 국가나 국제기구와의 상호협력을 위한 시책을 수립·시행하여야 한다. <개정 2013.3.23>

② 미래창조과학부장관은 인터넷주소자원에 관한 민간부문의 국제협력활동을 지원할 수 있다. <개정 2013.3.23>

③ 제2항에 따른 민간부문의 국제협력활동 지원에 필요한 사항은 대통령령으로 정한다. [전문개정 2009.6.9]

제9조(인터넷주소관리기관의 업무위탁) 인터넷진흥원은 인터넷주소관리기관의 업무를 인터넷주소별로 구분하여 미래창조과학부장관의 승인을 받아 대통령령으로 정하는 법인 및 단체에 위탁할 수 있다. <개정 2013.3.23>

[전문개정 2009.6.9]

제3장 인터넷주소의 사용·관리 등

제10조(인터넷 프로토콜 주소의 할당) ① 인터넷 프로토콜 주소를 사용하려는 자는 인터넷주소관리기관으로부터 이를 할당받아야 한다.

② 제1항에 따른 인터넷 프로토콜 주소의 할당신청·할당기준 및 방법 등에 관하여 필요한 사항은 대통령령으로 정한다. [전문개정 2009.6.9]

제11조(도메인이름등의 등록) ① 도메인이름등을 사용하려는 자는 인터넷주소관리기관등에 이를 등록하여야 한다. 이 경우 인터넷주소관리기관등은 필요 시 등록인에게 본인임을 확인할 수 있는 정보를 요구할 수 있다.

② 제1항 후단에 따른 본인확인정보가 거짓인 것으로 확인될 경우 인터넷주소관리기관등은 도메인이름등을 말소하여야 한다.

③ 제1항에 따른 도메인이름등의 등록기준·등록신청·등록방법 및 본인확인방법 등에 관하여 필요한 사항은 대통령령으로 정한다. [전문개정 2009.6.9]

제12조(부정한 목적의 도메인이름등의 등록 등의 금지) ① 누구든지 정당한 권원이 있는 자의 도메인이름등의 등록을 방해하거나 정당한 권원이 있는 자로부터 부당한 이득을 얻는 등 부정한 목적으로 도메인이름등을 등록·보유 또는 사용하여서는 아니 된다.

② 정당한 권원이 있는 자는 제1항을 위반하여 도메인이름등을 등록·보유 또는 사용한 자가 있으면 법원에 그 도메인이름등의 등록말소 또는 등록이전을 청구할 수 있다. [전문개정 2009.6.9]

제13조(인터넷주소관리준칙) ① 인터넷주소관리기관은 다음 각 호의 사항이 포함된 인터넷주소관리에 관한 준칙(이하 "인터넷주소관리준칙"이라 한다)을 작성하여 미래창조과학부장관의 승인을 받아야 한다. 승인받은 사항을 변경하는 경우에도 또한 같다. <개정 2013.3.23>

1. 인터넷주소의 할당 또는 등록업무에 관한 사항
2. 인터넷주소의 사용기준과 사용조건에 관한 사항

3. 인터넷주소 관련 정보와 시설의 보호에 관한 사항
4. 인터넷주소의 사용정지, 사용폐지 또는 등록말소에 관한 사항
5. 인터넷주소 데이터베이스의 인계·인수에 필요한 사항(제9조에 따라 업무를 위탁한 경우에만 해당한다)
6. 인터넷주소의 할당 또는 등록수수료에 관한 사항
7. 인터넷주소관리대행자의 선정·관리 및 감독 등에 관한 사항
8. 그 밖에 인터넷주소의 관리에 필요한 사항

② 인터넷주소관리기관은 제1항에 따른 인터넷주소관리준칙을 성실히 따라야 한다. [전문개정 2009.6.9]

제14조(**인터넷주소관리업무의 대행**) ① 인터넷주소관리기관은 인터넷주소의 할당 또는 등록에 관한 업무의 일부를 대행하게 하기 위하여 인터넷주소관리대행자를 선정할 수 있다.

② 인터넷주소관리기관은 제1항에 따라 인터넷주소관리대행자를 선정할 때에 공정하고 투명한 절차에 따라야 하고, 부당한 조건을 강요하여서는 아니 된다. [전문개정 2009.6.9]

제15조(**개인정보의 보호**) ① 인터넷주소관리기관등은 인터넷주소 사용자의 개인정보를 보호하여야 한다.

② 제1항에 따른 개인정보보호에 관하여는 「정보통신망 이용촉진 및 정보보호 등에 관한 법률」 제22조, 제23조, 제23조의2, 제24조, 제24조의2, 제25조, 제26조의2, 제27조, 제27조의2, 제28조, 제28조의2, 제29조부터 제32조까지, 제36조제1항, 제63조, 제64조, 제71조제1호부터 제8호까지, 제73조제1호, 제76조제1항제1호부터 제5호까지, 같은 조 제2항(같은 항 제2호는 제외한다), 같은 조 제3항제22호부터 제24호까지의 개인정보에 관한 규정을 준용한다. 이 경우 "정보통신서비스 제공자"는 "인터넷주소관리기관등"으로, "이용자"는 "인터넷주소의 사용자"로 본다. [전문개정 2009.6.9]

제4장 인터넷주소분쟁조정위원회

제16조(인터넷주소분쟁조정위원회의 설치 및 구성) ① 인터넷주소의 등록과 사용에 관한 분쟁(이하 "분쟁"이라 한다)을 조정하기 위하여 인터넷주소분쟁조정위원회(이하 "분쟁조정위원회"라 한다)를 둔다.

② 분쟁조정위원회는 위원장 1명을 포함한 30명 이내의 위원으로 구성한다.

③ 위원은 다음 각 호의 사람 중에서 미래창조과학부장관이 임명하거나 위촉한다. <개정 2013.3.23>

1. 대학이나 공인된 연구기관에서 부교수 이상 또는 이에 상당하는 직위에 재직하거나 재직하였던 법학 전공자
2. 4급 이상 공무원(고위공무원단에 속하는 일반직 공무원을 포함한다) 또는 이에 상당하는 공공기관의 직위에 재직하거나 재직하였던 자로서 인터넷주소 또는 지식재산권 업무에 관한 경험이 있는 사람
3. 판사·검사·변호사 또는 변리사의 자격이 있는 사람
4. 그 밖에 위와 동등한 자격이 있다고 미래창조과학부장관이 인정한 사람

④ 위원의 임기는 3년으로 한다.

⑤ 위원장은 위원 중에서 미래창조과학부장관이 임명한다. <개정 2013.3.23>

⑥ 분쟁조정위원회의 업무를 지원하기 위하여 인터넷진흥원에 사무국을 둔다.

⑦ 분쟁조정위원회가 아닌 자는 인터넷주소분쟁조정위원회 또는 이와 유사한 명칭을 사용하지 못한다.

[전문개정 2009.6.9]

제17조(위원의 제척·기피·회피) ① 다음 각 호의 어느 하나에 해당하는 위원은 해당 분쟁조정청구사건(이하 "사건"이라 한다)의 심의·의결에서 제척(除斥)된다.

1. 위원 또는 그 배우자나 배우자였던 사람이 해당 사건의 당사자가 되거나 그 사건에 관하여 공동권리자 또는 의무자의 관계에 있는 경우
2. 위원이 해당 사건의 당사자와 친족이거나 친족이었던 경우
3. 위원이 해당 사건에 관하여 증언이나 감정을 한 경우
4. 위원이 해당 사건에 관하여 당사자의 대리인 또는 임직원으로서 관여하거나 관여하였던 경우

② 당사자는 위원에게 공정한 심의·의결을 기대하기 어려운 사정이 있는 경우에는 분쟁조정위원회에 기피신청을 할 수 있다. 이 경우 분쟁조정위원회는 기피신청이 타당하다고 인정하면 그 위원에 대하여 기피의 결정을 한다.

③ 위원이 제1항이나 제2항의 사유에 해당하는 경우에는 스스로 그 사건의 심의·의결에서 회피할 수 있다.

[전문개정 2009.6.9]

제18조(분쟁의 조정) ① 인터넷주소의 등록·보유 또는 사용과 관련된 분쟁의 조정을 원하는 자는 분쟁조정위원회에 조정을 신청할 수 있다.

② 제1항에 따른 조정신청이 있는 경우 분쟁조정위원회는 인터넷주소의 등록인인 피신청인에게 사실을 통지하고, 피신청인은 통지를 받은 날부터 14일 이내에 답변서 및 관련자료(이하 "답변서등"이라 한다)를 분쟁조정위원회에 제출하여야 한다. 다만, 피신청인이

불가피한 사유가 있어 답변서등의 제출의 연기를 요청하는 경우에는 1회에 한하여 제출기한을 연장할 수 있다.

③ 피신청인이 제2항에 따른 제출기한 내에 답변서등을 제출하지 아니하면 분쟁조정위원회는 피신청인의 답변 없이 심리를 진행할 수 있다.

④ 제1항에 따른 조정신청을 받은 분쟁조정위원회는 답변서 제출기한 경과 후 7일 이내에 1명 또는 3명의 위원으로 조정부(調停部)를 구성하고 조정부 구성 후 14일 이내에 그 사건을 심리하여 조정안을 작성하여야 한다. 다만, 부득이한 사정이 있는 경우에는 그 기간을 연장할 수 있다.

⑤ 제4항 단서에 따라 기간을 연장한 경우에는 그 사실을 당사자에게 통보하여야 한다. [전문개정 2009.6.9]

제18조의2(판단기준) ① 피신청인이 등록한 인터넷주소의 사용이 다음 각 호의 어느 하나에 해당하는 경우에는 조정부는 피신청인의 인터넷주소를 신청인에게 이전하도록 하거나 말소하는 조정결정을 할 수 있다.

1. 피신청인의 인터넷주소의 사용이 국내에 등록된 신청인의 상표, 서비스표 등 「상표법」에서 보호되는 표장(이하 "표장"이라 한다)에 대한 권리를 침해하는 경우
2. 피신청인의 인터넷주소의 사용이 국내에 널리 인식된 신청인의 상품이나 영업과 혼동을 일으키게 하는 경우
3. 피신청인의 인터넷주소의 사용이 국내에서 저명한 신청인의 성명, 명칭, 표장 또는 상호 등에 대한 식별력이나 명성을 손상하는 경우

② 피신청인의 인터넷주소의 등록·보유 또는 사용이 정당한 권원이 있는 자의 인터넷주소의 등록 또는 사용을 방해하거나 성명, 명칭, 표장 또는 상호 등에 대하여 정당한 권한이 있는 자에게 판매·대여하려는 등 부당한 이득을 얻으려는 목적으로 행하여진 경우에도 조정부는 제1항과 같은 결정을 할 수 있다.

③ 제1항 및 제2항에도 불구하고 피신청인의 인터넷주소가 피신청인이 정당한 권원을 가지고 있는 성명, 명칭, 표장 또는 상호와 동일하거나 그 밖에 피신청인이 인터넷주소의 등록이나 사용에 정당한 권리나 이익을 가지고 있는 경우에는 조정부는 신청을 기각할 수 있다. [본조신설 2009.6.9]

제19조(자료요청 등) ① 분쟁조정위원회는 분쟁조정을 위하여 필요한 자료의 제공을 분쟁당사자 또는 인터넷주소관리기관등에 요청할 수 있다. 이 경우 분쟁당사자 등은 정당한 사유가 없으면 그 요청에 따라야 한다.

② 분쟁조정위원회는 필요하다고 인정하면 분쟁당사자 또는 참고인으로 하여금 분쟁조정

위원회에 출석하게 하여 그 의견을 들을 수 있다. [전문개정 2009.6.9]

제20조(조정의 효력) ① 분쟁조정위원회는 제18조제4항에 따라 조정안을 작성하였으면 지체 없이 조정안을 당사자에게 통지하여야 한다.

② 제1항에 따라 조정안을 송달받은 피신청인은 송달받은 날부터 15일 이내에 다음 각 호의 어느 하나의 증명서를 제출하지 아니하면 분쟁조정위원회의 조정을 수락한 것으로 보며, 신청인은 분쟁조정위원회에 그 조정내용의 실행을 신청할 수 있다.

1. 피신청인이 관할 법원에 해당 인터넷주소에 관한 소를 제기하였다는 증명서
2. 피신청인이 당사자 합의에 따라 「중재법」에 따른 중재를 신청하였다는 증명서

③ 신청인이 제2항에 따라 분쟁조정위원회에 조정내용의 실행을 신청한 경우 분쟁조정위원회는 인터넷주소관리기관등에 그 조정내용의 실행을 요청하고 인터넷주소관리기관등은 이를 지체 없이 시행하여야 한다.

④ 제1항에 따라 통지받은 조정안을 당사자가 수락한 경우에는 당사자 간에 조정안과 동일한 내용의 합의가 성립된 것으로 본다. [전문개정 2009.6.9]

제21조(조정의 거부 및 중지) ① 분쟁조정위원회는 분쟁의 성질상 분쟁조정위원회에서 조정하는 것이 적합하지 아니하다고 인정하거나 부정한 목적으로 신청되었다고 인정하는 경우에는 그 조정을 거부할 수 있다. 이 경우 조정 거부 사유 등을 신청인에게 통보하여야 한다.

② 분쟁조정위원회는 신청된 조정사건에 대한 처리절차가 진행되는 동안 한쪽 당사자가 소송을 제기한 경우에는 그 조정을 중지하고 그 사실을 다른 당사자에게 통보하여야 한다. [전문개정 2009.6.9]

제22조(조정비용) 분쟁조정위원회는 분쟁의 조정을 신청한 자에게 대통령령으로 정하는 바에 따라 조정비용을 부담하게 할 수 있다. [전문개정 2009.6.9]

제23조(비밀유지) 분쟁조정위원회의 분쟁조정업무에 종사하는 사람 또는 종사하였던 사람은 그 직무상 알게 된 비밀을 타인에게 누설하거나 직무상 목적 외의 용도로 사용하여서는 아니 된다. 다만, 다른 법률에 특별한 규정이 있는 경우에는 그러하지 아니하다. [전문개정 2009.6.9]

제24조(조정절차 등) 이 장에서 정한 것 외에 분쟁조정위원회의 조직·운영 및 분쟁 조정의 방법·절차와 조정업무의 처리 등에 필요한 사항은 대통령령으로 정한다. [전문개정 2009.6.9]

제5장 벌칙 〈개정 2009.6.9〉

Ⅳ. 전자상거래 소비자피해 구제방법

1. 전자상거래와 분쟁발생

ㅇ 전자거래의 발전과 전자상거래 규모의 증가에 따라 전자상거래와 관련된 분쟁의 양상이 날로 다양화 ⇒ 전자상거래 관련분쟁으로 분쟁조정 신청과 소비자피해사례도 급증추세

ㅇ 상품배달의 지연과 같은 배송 관련, 반품 및 환불 관련, 물품하자, 가격오기, 계약조건의 불이행, 개인정보의 침해, 허위과장광고 등

2. 사전 예방제도(결제대금예치제도)

ㅇ 선불식 판매자(통신판매업자)는 소비자가 원하는 경우에는 소비자가 재화 등을 공급받을 때까지 그 결제대금을 제3자에게 예치하도록 하거나, 판매자(통신판매업자) 본인이 소비자피해보상보험계약 등을 체결하도록 하되(전자상거래소비자보호법 제24조제2항)

ㅇ 신용카드거래, 인터넷 게임과 같이 배송이 필요 없는 거래, 1회 결제하는 금액이 10만원 미만인 소액거래, 분할되어 공급되는 재화 등을 구매하는 거래 등에 대하여는 그 적용을 제외하도록 하였다(전자상거래소비자보호법 제24조제3항).

ㅇ 통신판매중개사이트를 이용하는 거래의 경우에도 결제대금예치제도가 적용된다. 옥션과 같은 제3자인 통신판매중개자가 소비자의 결제대금을 예치하고 있다가 상품배송이 완료된 후 그 대금을 판매자에게 지급하는 거래안전장치이다.

ㅇ 결제대금예치 사업자는 은행 등 금융기관과 자본금 10억원이상, 부채비율 200% 이하 등의 요건을 갖추고 소비자피해보상보험계약 등에 가입한 상법상 회사 또는 민법상 법인이 된다.

ㅇ 추가 개선방안

- 상기와 같은 대금결제와 관련한 안전장치 외에 물품의 사용 중에 발생하는 고장으로 인한 A/S 등의 문제와 같이 물품에 대한 안전장치도 필요하다. 따라서 향후에는 이러한 결제대금예치라는 매매보호서비스 제도만으로 보장하기 어려운 구매 후 발생되는 고장 등 상품의 하자에 대해서도 안전장치를 둘 필요가 있다.
- 일정기간 A/S 보장 방안을 마련하여 이를 적용시킬 필요가 있다.
- 판매자가 사업자인지 개인인지 신원정보 제공을 의무화하도록 한다.
- 상품정보 제공에 대한 구체적 규정을 마련하고 품질보증 표시 강화 등 소비자 보호제도를 강화할 필요가 있다.

3. 분쟁해결제도의 유형

- ㅇ 당사자간 거래의 신속성과 비용절감 효과가 장점인 전자상거래의 특성에 비추어볼 때 전자거래의 분쟁에 대하여는 신속·공정·저렴하며 분쟁당사자간에 이용이 편리한 분쟁 해결시스템의 도입이 필요하다.
- ㅇ 분쟁해결제도의 유형으로는 시간과 비용이 많이 드는 소송제도와 중재, 조정, 화해 등과 같은 다양한 소송외적 분쟁해결제도가 있다.

4. 소송외적 분쟁해결제도

1) 중 재

당사자간의 합의로 사법상의 분쟁을 법원의 판결에 의하지 아니하고 중재인의 판정에 의해 신속하게 해결할 수 있는 제도로서 당사자간에는 법원의 확정판결과 동일한 효력이 있다.

2) 조 정

(1) 민사조정법에 의한 조정

- ㅇ 조정에는 민사에 관한 분쟁을 간이한 절차에 따라 해결하기 위한 민사조정과 행정위원회(예:소비자분쟁조정위원회)에 의한 여러 형태의 조정제도가 있다.
- ㅇ 당사자가 법원에 조정 신청, 조정담당판사나 조정위원회가 분쟁당사자 사이에 개입한다.
- ㅇ 조정은 비공개로 진행. 분쟁당사자가 조정위원회에서 제시한 조정안에 대해 당사자 사이에 합의가 이뤄지면 조정조서가 작성되고 조정이 성립한다(재판상 화해와 동일한 효력) .

(2) 전자문서·전자거래분쟁조정위원회(www.ecmc.or.kr)에 의한 조정(정보통신산업진흥원)

① 대면 조정

② 사이버 조정 : 사이버분쟁조정센터의 진행

- ㅇ 조정관계인이 조정장소에 직접 출석하지 않고 정해진 조정기일 및 시간에 맞추어 조정관계인 각자의 장소에서 전자거래분쟁조정위원회 홈페이지 사이버조정센터 내에 음성화상 조정시스템 또는 사이버조정(채팅방식)을 이용, 실시간에 동시 참여하여 진행
- ㅇ 분쟁사건에 대하여 이해관계인들이 사이버조정센터의 조정에 응하기로 합의
- ㅇ 사무국 직원은 비공개 대화방을 개설하고 비밀번호를 실시간 조정이 이루어지기 전에 이해관계인에게 통지

ㅇ 정해진 기일과 시간에 부여된 비밀번호로 조정관계인이 비공개 대화방에 접속하여 실시간 조정이 진행

ㅇ 조정결과 토대로 사무국직원이 조정안 작성 후 조정관계인 확인 받아 조정조서 작성

③ 효 력

ㅇ 분쟁당사자가 분쟁조정위원회의 조정권고에 대하여 동의하거나, 분쟁당사자가 분쟁조정위원회에 자체적인 조정합의서를 제출한 경우 조정이 성립. 분쟁조정위원회는 조정조서를 작성하고 분쟁당사자가 기명·날인함. 조정조서는 당사자간 합의와 동일한 효력이 있다.

ㅇ 이러한 조정의 효력은 법원의 확정판결과 동일한 효력을 갖는 중재판정과 차이가 있고, 재판상 화해의 효력을 갖는 소비자분쟁조정위원회에 의한 조정과도 다르다.름

(3) 자동상담사례(www.lex.ecmc.or.kr)

< 법령의 체계 >

■ 중앙정부

헌법→법률→명령(법규명령 : 시행령, 시행규칙)→규칙(행정규칙 : 훈령, 예규, 고시등)

○ 헌법 : 국가 근본법으로 최상위규범(하위법인 법률, 명령, 규칙 등은 이에 저촉되어서는 아니 됨)

○ 법률 : 국회의 의결을 거쳐 대통령이 서명·공포하여 제정(예시:협동조합기본법)

○ 명령(법규명령) : 각 법의 시행령 또는 시행규칙

- 국회의 의결을 거치지 아니하고 행정기관에서 제정
- 법규성을 가지므로 대외적 구속력 있음(위반하면 위법효과 발생)
- 예시 : 협동조합기본법시행령(대통령령), 협동조합기본법시행규칙(기획재정부령)
- 위임명령 : 법률 또는 상위명령에 의하여 위임된 사항을 규정하는 법규명령
- 집행명령 : 법률 또는 상위법령의 규정범위 내에서 그 법규의 시행에 관하여 필요한 세부적인 사항을 규정한 명령
- 헌법 또는 상위법령의 근거가 필요(대통령령, 총리령, 부령 등)

○ 규칙(행정규칙)

- 형식에 의한 분류 : 훈령, 예규, 고시 등

- 내용에 의한 분류 : 영조물 규칙, 근무 규칙, 조직 규칙 등
- 원칙 : 법규로서의 성질을 가지지 않음(구속력 없음, 위법성 없음, 단지 내부책임만 발생)
- 예외
  ·행정조직 내부의 사항에 국한되고 대외적으로 아무런 관계가 없는 한 그 법규성은 시인되어야 함
  ·행정규칙이 당해 법령의 내용이 될 사항을 구체적으로 규정한 경우에는 당해 법령의 위임한계를 벗어나지 아니하는 한 그 법령의 규정과 결합하여 대외적으로 구속력이 있는 법규으로서의 효력을 갖게 됨(예시 : 국세청훈령인 재산제세사무처리규정, 공업배치 및 공장설립에 관한 법률 제8조에 근거하여 산자부장관이 정한 '공장입지 기준고시')
- 훈령 : 상급기관이 하급기관에 대하여 장기간에 걸쳐 그 권한의 행사를 일반적으로 지시하기 위하여 발하는 명령(법령이 결여된 부분 메움, 불확정개념 해석 등)
- 예규 : 행정사무의 통일을 기하기 위하여 반복적 행정사무의 처리기준을 제시하는 법규문서 외의 문서(편람, 매뉴얼)
- 고시 : 법령이 정하는 바에 따라 일정한 사항을 일반에게 알리기 위한 문서

■ 지방자치단체 : 조례/규칙

○ 조례 : 지방자치단체가 지방의회의 의결을 거쳐 제정하는 자치법규
  ·지역법, 자주법
  ·입법작용이 아닌 행정작용
  ·대외적 효력을 가지는 사항 또는 대내적 효력을 가지는 사항을 정할 수 있음
  ·법령의 범위 내에서 정함(헌법, 법률, 명령에서 정하는 내용에 위반되어서는 아니 됨)
  ·조례의 구속력은 당해 지방자치단체의 모든 주민과 지방자치단체 그리고 감독청과 법원에도 미침

○ 규칙 : 지방자치단체장이 정함
  (진주시지방공무원인사규칙, 진주시주차장조례시행규칙)

○ 지방자치단체의 사무에 관한 조례가 규칙보다 상위규범임

■ 조약(국제조약) : 헌법에 의해 체결·공포된 조약은 국내법과 동일한 효력 가짐

< 참 고 문 헌 >

고시계 편저, 사시 2차 기출해설과 예상논점 - 상법, 고시계사, 2013
권기범, 현대회사법론(제3판), 삼영사, 2010
권기훈·송호신, 기업법Ⅰ, 경상대학교 출판부, 2011
기획재정부, 협동조합 설립운영 안내서, 2013
김문정·조윤기, 창업과 경영정책, 두남, 2009
김은기, 신회사법 이론과 실무, 영화조세통람, 2012
김정호, 회사법(제2판), 법문사, 2012
김춘환 외 5인 편저, 테마 상법, 고시계사, 2002
명호인·정세희, 한국회사법(제2판), 학헌사, 2012
변강림, 협동조합설립과 변경등기실무, 백영사, 2013
손주찬, 상법(상), 박영사, 2005
윤창술, 벤처창업법규, 이타, 2007
윤창술, 상사법실무강의, 혜명, 2011
윤창술, 창업과법, 디비북스, 2011
이기수·최병규, 회사법(제9판), 박영사, 2011
이상수, 상법기본강의(제10판), 형설출판사, 2012
이철송, 상법강의(제13판), 박영사, 2012
이철송, 2011 개정상법-축조해설-, 박영사, 2011
이철송, 회사법강의(제21판), 박영사, 2013
이훈종, 이야기로 듣는 상법(개정판), 동방문화사, 2013
전타식, 쉽게 배우는 창업경영론, 두남, 2010
정찬형, 상법강의(상)(제16판), 박영사, 2013
최기원, 상법학신론(상)(19판), 박영사, 2011

< 색 인 >

윤창술

▶ 저자 약력
한양대학교 법과대학 법학과(법학사)
한양대학교 대학원 법학과(법학석사)
경상대학교 대학원 법학과(법학박사)

▶ 저자 경력
국립경남과학기술대학교 기획처장(역임)
국립경남과학기술대학교 교명변경위원회 위원장(역임)
국립경남과학기술대학교 상경대학 전자상거래학과 교수(현재)

창업법실무

지은이 / 윤 창 술
펴낸이 / 조 형 근
펴낸곳 / 도서출판 동방문화사

인쇄 / 2014. 3. 1
발행 / 2014. 3. 1

서울시 서초구 방배동 905-16, 101호
전 화 / 02)3473-7294 **팩 스** / (02)587-7294
메 일 / 34737294@hanmail.net **등 록** / 서울 제22-1433호

저자와의 합의, 인지생략

파본은 바꿔 드립니다.
정 가 / 32,000원

ISBN 978-89-97569-48-9 93360